물리 교재 연구 및 수업 지도

김범기 · 송영욱 · 윤기상 공저

자유아카데미

머리말

인류가 오늘날과 같은 과학문명을 발달시킨 것은 여러 사람들의 연구를 집대성해서 과학 지식을 공유하기 때문이다. 독자적으로 자기 연구만하고 생산된 지식을 공유할 수 없었다면, 오늘날 같은 과학의 발전은 가져오지 못했을 것이다. 다행히 인간은 지식을 축적할 수 있는 문자를 사용하여 공간적으로 시간적인 제약을 뛰어 넘어서 지식을 서로 공유할 수 있기 때문에 끊임없는 발전을 가져온 것이다.

학교에서 재미있고 바람직한 물리 교육이 이루어지기 위해서는 대학에서 예비교사 교육도 중요하고, 물리 교사들 연수와 교사들 사이의 많은 정보 교환도 중요할 것이다. 그러나 마땅히 참고할 자료도 없어, 부족하나마 물리 교육에 조그만 보탬이 될 수 있는 자료를 만든다는 생각으로 이 책을 쓰게 되었다.

그 동안 교원 양성대학에서 학부생들의 지도와 대학원생들과의 교육연구를 통하여 느낀 점을 토대로 이 책을 구성하게 되었다.

이 책의 구성은, 물리 교사로서 먼저 알아두어야 할 교육과정을 이해하기 위하여 우리나라의 교육과정의 변천과 현행 교육과정까지의 흐름을 고찰하였다. 그리고 물리 개념 자체가 외국에서 만들어져 학생들의 이해가 어렵고, 한자 용어로 되어 있어 개념 이해를 돕기 위하여 용어를 역사적으로 이해하여 지도할 수 있도록 하였다. 또한, 학생들이 많이 갖는 물리 오개념을 선정하여 오개념 해소 방안을 제시하였다. 오개념 해소 방안은 연구실에서 석박사 학위 논문의 결과를 토대로 하여 논문 연구 및 설계에도 도움을 줄 것으로 사료된다.

물리 수업을 지도하기 위해서는 수업뿐만 아니라 실험 지도 및 평가도 매우 중요한 역할을 한다. 개념 지도를 위한 수업 및 실험을 지도하고 학습한 결과를 평가하는 활동의 예시를 보여 참고하도록 하였고, 외국의 평가 예를 참고로 하여 우리나라에서 물리평가의 바른 방향을 찾는 데 도움이 되기를 바란다.

이 책이 나오기까지는 저자들뿐만 아니라 학부생들의 수업 및 연구실 대학원생들의 노력한 결과를 많이 참고하게 되었으며, 연구실 졸업생들에게 감사의 말을 전한다. 이 책의 부족한 점이 있으면 기탄없이 지적해 주시기를 바란다. 이 책이 물리 교사가 되려는 예비교사나 현장에서 물리 교육 발전과 연구에 조금 참고가 되기를 바란다.

2013년 2월
저자 일동

차례

제 I 장 과학 및 물리 교육과정

제Ⅱ장 물리 용어 지도

제Ⅲ장 오개념 및 물리 개념 지도

제IV장 수업 모형과 수업 지도

제V장 물리 실험 지도

제VI장 물리 학습 평가

부록

제 I 장

과학 및 물리 교육과정

1. 우리나라 과학과 교육과정 변천
2. 교수 요목기부터 제7차 과학과 교육과정
3. 2007 개정 과학과 교육과정
4. 2009 개정 과학과 교육과정

1 우리나라 과학과 교육과정 변천

우리나라에 신제 학교가 설립되고 학교에서 과학을 가르치기 시작한 것은 1894년 갑오경장 이후부터라고 할 수 있지만, 실제로 정상적인 교육과정의 운영은 해방 이후이다(권재술 외, 2007). 해방 이후 교수 요목기(1946~1954)를 거쳐, 처음 나온 교수 요목을 수정 보완하여 교육과정을 개발하려 하다가 6·25 전쟁이 일어나면서 미루어지다가 1955년에 가서야 교육과정의 틀을 다 못 갖추어 교육과정이란 이름으로 제1차 교육과정(1954~1963)이 공포되었다. 그 이후 제7차 교육과정(1997~2007)까지 공포되었고, 2005년 '교육과정 수시 개정 체제 운영'에 따라 2007 개정 교육과정과 2009 개정 교육과정이 고시되었다. 우리나라 교육과정의 기간, 공포(고시), 시행은 표 1-1과 같다.

우리나라의 과학과 교육과정의 주요내용은 제3차에서부터 2009 개정 교육과정에 이르기까지 과학적 탐구 과정 및 과학 지식 체계를 중심으로 선정·조직되어

표 1-1 우리나라 교육과정 및 시행

교육과정	기간	공포 (고시)	시행		
			초 1, 2	초 3, 4	초 5, 6
			중 1	중 2	중 3
			고 1	고 2	고 3
교수 요목기	1946~1954	1946. 9. 1	1946.9.1		
제1차	1954~1963	1954. 4.20	1954		
제2차	1963~1973	1963. 2.15	초 1964.3.1, 중 1965.3.1, 고 1965.3.1		
제3차	1973~1981	1973. 2.14	초 1973.3.1, 중 1974.3.1, 고 1977.3.1		
제4차	1981~1987	1981.12.31	초 1982.3.1, 중 1984.3.1, 고 1984.3.1		
제5차	1987~1992	1987. 6.30	초 1989.3.1, 중 1989.3.1, 고 1990.3.1		
제6차	1992~1997	1992. 9.30	초 1995.3.1, 중 1995.3.1, 고 1996.3.1		
제7차	1997~2007	1997.12.30	2000.3.1	2001.3.1	2002.3.1
			2001.3.1	2002.3.1	2003.3.1
			2002.3.1	2003.3.1	2004.3.1
2007 개정	2007~2009	2008.12.26	2009.3.1	2010.3.1	2011.3.1
			2010.3.1	2011.3.1	2012.3.1
			2011.3.1	2012.3.1	2013.3.1
2009 개정	2009~	2009.12.23	2011.3.1	2012.3.1	2013.3.1

표 1-2 고등학교 과학과 편제와 단위 수의 변천

교육과정	편제/단위	과목			
		물리	화학	생물	지구과학
제1차	편제	택 2과목			
	단위	8	8	8	8
제2차	편제	I문, II자	I문, II자	I문, II자	공통필수
	단위	6, 12	6, 12	6, 12	4
제3차	편제	문: 택 2, 자: 전부 이수			
	단위	8–10	8–10	8–10	8–10
제4차	편제	I 공통, II 자	I 공통, II 자	I 공통, II 자	I 공통, II 자
	단위	4–6, 4	4–6, 4	4–6, 4	4–6, 4
제5차	편제	과학 I, 과학 II		물리, 화학, 생물, 지구과학	
	단위	10(공통), 8(인)		8 자, 8 자, 자 6, 택 1	
제6차	편제	공통 과학	물리, 화학, 생물, 지구과학, 각 I, II		
	단위	8	I 4, II 8		
제7차	편제	과학, 생활과 과학		물리, 화학, 생물, 지구과학, 각 I, II	
	단위	6 4		I 4, II 6	
2007 개정	편제	과학	물리, 화학, 생명과학, 지구과학 각 I, II		
	단위	8	I 4, II 6		
2009 개정	편제	과학	물리, 화학, 생명과학, 지구과학 각 I, II		
	단위	5	I 5, II 5		

왔다. 제7차 과학 교육과정의 내용은 지식과 과정으로 구분되어 있으며, 2007 개정 교육과정과 2009 개정 교육과정에서는 내용으로 과학 지식 이외에 단원마다 1~5개의 탐구 활동이 제시되어 있고, 2007 개정 교육과정의 3~10학년 과학에는 학년마다 2~3개의 자유탐구 주제가 예시되어 있다.

해방 이후 고등학교 과학과 과목 편제 및 단위 수의 변천 사항을 간단히 정리하면 표 1-2와 같다. 표 1-2에서 알 수 있는 바와 같이 고등학교 과학 과목은 선택과 필수가 반복되어 왔다. 제7차 교육과정과 2007 개정 교육과정에서 10학년의 과학은 필수이고, 11학년, 12학년의 다른 과목들은 학습자의 선택에 의하여 학습할 수 있도록 교육과정이 개정되었고, 2009 개정 교육과정에서는 9학년까지 공통 교육과정이고 10학년부터 선택 교육과정으로 개정되었다.

2 교수 요목기부터 제7차 과학과 교육과정

2.1 교수 요목기(1946~1954)

1945년 광복 후 우리나라는 교육 심의회를 발족시켜 교육의 방침을 마련하였다. 이듬해에 '교수 요목'이란 이름으로 교과명, 학년, 총 이수 시간 수 및 내용만을 나열한 간결한 교육과정이 공포되었다. 이 교수 요목에서 초급 중학교의 과학은 물상과 생물을, 고급 중학교의 과학은 물리, 화학, 생물을, 농업학교에서는 과학을, 상업학교에서는 이과를 각각 이수시키도록 하였다.

당시 초급 중학교에서 가르친 600교시분의 과학과 교수 요목을 보면 산·알칼리, 전기, 식물계, 동물계 등과 같이 현행 교육과정의 내용 제목과 비슷한 것도 있으며, 전기, 통신, 라디오, 내연기관, 세탁, 가축, 약용식물, 회충, 지혈법 등과 같이 현행 기술 교과에서 다루는 내용과 실생활과 관계가 깊은 내용을 포함하고 있음을 볼 수 있다.

2.2 제1차 교육과정기(1954~1963)

이 기간에는 '교육과정기'라는 명칭이 처음으로 사용되었다. 1954년 교육과정 시간 배당 기준령 공포로부터 1963년 새로운 교육과정이 공포될 때까지의 기간이다. 이때, 과학과 시간 배당 기준은 1학년이 주당 4시간, 2학년이 3시간, 3학년이 2시간으로 되어 있으며, 물상과 생물을 통합하여 '과학'으로 하였다.

이 교육과정의 특징은 당시의 교육 사조인 미국의 진보주의에 의한 생활 경험을 중시한 교육과정이었으며, 체제면에서도 목표와 내용을 별도로 구성하여 교육과정으로서의 체제를 갖추게 되었다. 과학과의 목표를 일상생활에서 나타나는 문제를 과학적으로 해결하여, 합리적인 생활을 도모할 수 있는 과학적인 지식과 태도 및 능력을 체득시키고 습관화하는 데 두었다. 즉, 자연 사물과 현상 및 인체에 관한 과학적 여러 문제를 국민학교의 자연과 교육의 기초 위에 심화, 확충하여 기초적인 지식과 원리, 법칙을 이해시키며, 과학적인 태도, 습관을 기르고, 보다 나은 생활을 합리적으로 영위할 수 있는 능력을 기르는 데 목표를 두었다(김범기, 2005).

가. 중학교 과학

중학교 과학은 과학적 지식, 과학적 능력, 과학적 태도와 습관으로 나누어져 목표가 기술되었다. 과학적 지식은 실험, 인과관계 등에 관한 것들이 나열되었으며,

과학적 능력은 사고 처리하는 능력, 기술적 능력 등 2가지로 나누어서 기술하였다. 그리고 과학적 태도는 진리를 발견하고, 새로운 것을 만들어 내려는 의욕과 태도를 나열하여 기술하고 있다. 각 학년별로 지도하는 내용을 보면 다음과 같다.

1) 1학년

- 단원 1. 계절과 일기는 우리의 생활에 어떤 영향을 주나?
- 단원 2. 물과 공기는 우리 생활에 어떤 관계가 있나?
- 단원 3. 지구는 어떻게 되어 있나? 또 우리의 생활과 어떤 관계가 있나?
- 단원 4. 천체는 우리의 생활과 어떤 관계가 있나?
- 단원 5. 식물은 어떻게 살고 있나?
- 단원 6. 동물은 사람과 어떤 관계가 있나?

2) 2학년

- 단원 1. 건강을 유지하는 데 어떤 의복이 필요한가?
- 단원 2. 빛은 현대 생활에 어떻게 이용되나?
- 단원 3. 불과 열은 우리 생활에 어떻게 이용되나?
- 단원 4. 전기는 가정과 사회에서 어떻게 쓰이나?
- 단원 5. 우리의 몸은 어떻게 되어 있으며 어떻게 일을 하나?
- 단원 6. 생물은 자연계에서 음식물을 어떻게 얻나?

3) 3학년

- 단원 1. 기계와 연모는 어떻게 일의 능률을 높이나?
- 단원 2. 천연 자원은 어떻게 개발 이용하며 보호하여야 하나?
- 단원 3. 교통은 과학에 의하여 어떻게 발달되어 왔나?
- 단원 4. 통신은 어떻게 진보시켰나?
- 단원 5. 우리는 어떻게 병을 막아 낼 수 있나?
- 단원 6. 과학의 발달로 생물은 어떻게 개량되나?

나. 고등학교 과학

1954년에 교육과정 시간 배당 기준령이 공포되고, 1955년에 초등학교 교육과정이 공포되었다. 주당 총 시간에서 자연과에 배당된 시간의 백분율은 고학년에서는 10~15%로 저학년의 8~10%보다 높았다. 과학과 시간 배당 기준은 1학년이 주당 4시간, 2학년이 3시간, 3학년이 2시간이었고, 물상과 생물이 '과학'으로 통합되었다. 자연과는 '생물의 생활', '자연의 변화', '천체의 움직임', '건강한 생활', '기계와 연모의 작용', '자연의 이용과 보호'의 6개 분야로 구성하였고, 학년이 올라가면서 반복·심화하여 지도하도록 나선형으로 조직하였다. 독립된 실과의 교육 내용은 줄어들었으나 '건강한 생활', '교통 기관과 그 동력', '가정의 전기', '식품과 일용품' 등 실생활 관련 내용이 강조되었다. 제1차 교육과정은 미국의 진보주의 교육사조에 따라 생활 경험을 중시했고, 목표와 내용을 별도로 구성하여 교육과정으로서의 체제를 갖추었다. 물리 과목의 단원으로는 ① 물리는 어떤 학문인가, ② 광선, ③ 힘과 운동, ④ 형상과 형태의 변화, ⑤ 에네르기, ⑥ 전기와 자기, ⑦ 진동과 파동, ⑧ 물질 구조 등 8개로 되어 있었으며, 각 단원은 3~7개의 지도 내용으로 되어 있다.

2.3 제2차 교육과정기(1963~1973)

이 기간은 산업구조의 변화가 빠르게 이루어진 시기로, 자주성, 생산성, 유용성, 합리성, 지역성을 강조하고, 개정의 요점으로는 기초학력의 충실, 교육과정의 계열성과 일관성 유지, 생활경험 중심의 종합 지도를 강조하였다. 이때부터 고등학교의 교과단위제를 채택하고, 교과활동, 반공·도덕 생활, 특별활동으로 교육과정을 구성하였다. 과학 교육과정은 과학적인 생활태도육성에 주력하여 과학 기술의 후진성을 극복하는 데에 목표를 두고 과학 기술교육을 강조하였다. 따라서 교육내용도 실제적인 경험이나 문제에서 선정하게 하였다. 그러나 이와 같은 진보주의나 생활중심의 과학교과의 지도는 1950년대에 그 비판이 일기 시작하였다(김범기, 2005).

가. 중학교 과학

중학교 과학은 1학년은 3~4시간, 2학년은 3~4시간, 3학년은 2~4시간으로 지도하게 되었으며, 과학과 목표는 '가'에서 '라'까지 4개의 목표가 기술되었다. 각 학년별로 지도하는 내용을 보면 다음과 같다.

- 1학년: 물, 공기, 불, 지표와 그 변화, 주변의 식물, 주변의 동물
- 2학년: 날씨, 자석과 전기, 산, 알칼리, 염, 식품과 영양, 인체, 힘과 운동
- 3학년: 빛, 에너지, 교통과 통신, 화학 변화, 위생, 자원의 개발과 관리, 생물의 발달, 태양계와 우주

제2차 교육과정기에서 학습하는 내용의 단원수의 변화는 없지만, 전과 달리 크게 눈에 뜨이는 것이 있다. 의문형의 기술이 간단한 학습 요소로 바뀌어진 것을 알 수 있다. 그렇지만, 기술, 생활, 가정 등과 같은 내용이 많이 포함되어 있어서 생활과학의 내용이 많은 생활 중심 과학과 교육과정이 운영되고 있었음을 알 수 있다. 그리고 교육과정에서는 지도상의 유의점이 기술되어 있는 것이 큰 특징의 하나라고 볼 수 있다. 또한, 실험 실습에서도 50% 이상을 실험을 하도록 교육과정에 명시되어 실험 실습이 강조되었던 교육과정이었다.

나. 고등학교 물리 I, II

제2차 고등학교 물리 교육과정 내용은 제1차 내용과 상당히 다르다. 첫째는 내용이 개념 체계 중심으로 되어 있어서 소재나 현상 중심에서 탈피하고 있다. 그러나 여전히 열기관, 광학기계, 진공관 등에서와 같이 실생활 응용 측면도 완전히 배제된 것은 아님을 볼 수 있다. 둘째는 물리 I과 물리 II로 구분하고 있으나 물리 I과 물리 II는 거의 항목이 비슷하다. 단지 물리 I은 정성적으로 취급하였고, 물리 II는 정량적으로 취급하였다(정연태, 1984). 고등학교의 경우 모든 학생들에게 물리를 부과해야 한다는 입장을 취하고 있다. 물리 I과 물리 II를 별도로 마련하고, 물리 I은 6단위로 하여 인문, 직업, 예체능계 학생들에게, 물리 II는 12단위로 하여 자연계 학생들에게 필수로 부과하도록 하였다.

1) 물리 I

제2차 교육과정 고등학교 물리 I의 목표 및 내용을 보면 다음과 같다(문교부, 1989).

가) 목표

① 자연계에서 일어나는 물리 현상에 관한 기본 원리 법칙과 물리량에 관한 개념을 이해시키고 직업 선정에 필요한 지식을 갖게 한다.
② 물리 현상에서 나타나는 여러 가지 문제를 실증적으로 해결하는 기능과 이것을 생활에 응용하는 능력을 기른다.
③ 과학적 방법으로 사물을 처리하고 자연계의 여러 물리 현상을 생활에 활용하고 생활을 향상시키려는 태도를 기른다.
④ 물리학자의 연구가 인류 문화 향상에 기여함이 큼을 인식시킨다.

나) 내용

물리 I 단원은 힘, 운동과 일, 열, 진동과 파동, 빛, 전기와 자기, 교류와 전파, 전자와 그 응용, 원자와 원자핵 등 9개로 되어 있었으며, 각 단원은 2~3개의 내용 요소로 되어 있다(표 1-3).

표 1-3 물리 I 영역 및 내용 요소(문교부, 1989)

영역	내용 요소
힘	힘, 고체에 작용하는 힘, 유체에 작용하는 힘
운동과 일	물체의 운동, 운동의 법칙, 일과 에너지
열	온도와 열, 열과 일
진동과 파동	단진동, 파동, 소리
빛	빛의 성질, 광학기계, 광파와 스펙트럼
전기와 자기	전기와 자기, 전류와 저항, 전류의 작용
교류와 전파	전자기 유도, 교류, 전파
전자와 그 응용	전자의 발견, 진공관 전자공학
원자와 원자핵	원자모형, 원자핵, 방사능

2) 물리 II

제2차 교육과정 고등학교 물리 II의 목표 및 내용을 보면 다음과 같다(문교부, 1989).

가) 목표

① 자연계에서 일어나는 물리 현상에 관한 기본 원리 법칙과 물리량에 관한 기본 개념을 이해시켜 이공학 연구의 기초가 되도록 한다.
② 물리 현상에서 나타나는 여러 가지 문제를 실증적으로 해결하는 기능과 이것을 생활과 산업에 응용하는 능력을 기른다.
③ 과학적인 방법으로 사물을 처리하고 자연계의 여러 물리 현상을 생활에 활용하고 생활을 향상시키려는 태도를 기른다.
④ 물리학자의 연구가 인류 문화 향상에 기여함이 크고, 앞으로 우주 시대에 처하여 물리학의 연구가 긴요함을 인식시킨다.

나) 내용

물리 II 단원으로 힘, 운동과 일, 열, 진동과 파동, 빛, 전기와 자기, 교류와 전파, 전자와 그 응용, 원자와 원자핵 등 9개로 되어 있었으며, 각 단원은 2~3개의 내용 요소로 되어 있다(표 1-4).

표 1-4 물리 II 영역 및 내용 요소(문교부, 1989)

영역	내용 요소
힘	힘, 고체에 작용하는 힘, 유체에 작용하는 힘
운동과 일	물체의 운동, 운동의 법칙, 일과 에너지
열	온도와 열, 열과 일, 열기관*
진동과 파동	단진동, 파동, 소리
빛	빛의 성질, 광학기계, 광파와 스펙트럼
전기와 자기	전장과 자장*, 전류와 저항, 전류의 작용
교류와 전파	전자기 유도, 교류, 전기진동과 전파*
전자와 그 응용	전자의 발견, 진공관 전자공학
원자와 원자핵	원자 구조*, 방사능

(* 물리 I과 다른 내용)

2.4 제3차 교육과정기(1973~1981)

우리나라에서 생활중심의 과학교육이 실시되는 동안 미국에서는 1957년 '스푸트니크' 충격으로 인한 과학교육 혁신운동이 일어나, IPS, ISCS 중학 과학과정 등 새 교육과정이 개발되고 있었다. 이와 같은 새과학과 교육과정은 종래의 과학에 대한 단편적 지식의 전수를 지양하고, 과학의 지식을 구조화하여 제공하며, 자연을 탐구하는 과학적인 방법을 구사할 수 있는 능력과 태도를 기르는 데에 목표를 두었다. 이에 따라 지금까지의 생활중심 과학교육에서 완전히 탈피한 탐구중심, 학문중심의 과학 교육과정을 개정 공포하게 되었다. 생활중심의 교육과정으로부터 탈피하여 새로운 과학교육 사상을 받아들여 학문중심 교육과정의 입장에서 편성되었다. 따라서 생활에 필요한 지식보다는 학문으로서의 교과의 구조와 과학적 기본 개념을 탐구적으로 학습하게 하는 형태를 취하게 되었다.

가. 중학교 과학

중학교 과학은 미국의 PSSC 물리 등 새로운 교육과정들이 개발된 후에 우리나라에서 개정된 교육과정이므로 혁신적 과학과 교육과정이라고 볼 수 있는 학문중심 교육과정이다. 목표에는 일반 목표가 있고, 학년별로 각 학년별 목표가 기술되어 있다. 학습 내용은 큰 개념으로서 물질, 생명, 상호작용, 변화, 에너지 등 5개의 기본 개념을 중심으로 개정된 교육과정이며, 학문의 구조가 중요하다는 철학 때문에 배워야 되는 학습내용을 축소시켰다고 볼 수 있다. 각 학년별로 지도하는 내용을 보면 다음과 같다.

- 1학년: 물질의 특성, 물질의 분리, 화합물과 원소, 지구의 물질과 지표의 변화, 생물의 종류
- 2학년: 원자와 분자, 열에너지, 전기 에너지, 태양 에너지와 일기 변화, 생물과 환경, 자연과 인생
- 3학년: 물질의 변화, 힘과 운동, 에너지의 전환, 태양계와 우주, 지각의 변화와 지구의 역사, 생명의 연속성, 물질대사

제3차 교육과정기에서 학습하는 내용의 단원 수가 5개로 축소되었고, 전에는 기술, 생활, 가정 등과 같은 내용이 많이 포함되어 있었지만, 새 교육과정에서는 생활과학의 내용이 삭제되었고, 학문중심의 교육과정으로 바뀌었음을 알 수 있다. 그리고 IPS의 영향을 많이 받았기 때문에 화학의 내용이 많이 포함되었다.

나. 고등학교 물리

제3차 교육과정은 제2차 교육과정에서 과학 과목을 I과 II로 각각 나누었던 것을 통합하여 인문 사회 과정과 자연 과정에서 다같이 8~10단위의 시간 배당을 하되, 4과목 중 2과목을 더 이수하여, 결과적으로 인문 사회 과정의 학생은 16~20단위, 자연 과정의 학생은 32~40단위를 이수하도록 하였다. 과학 과목은 물리, 화학, 생물, 지구과학의 단원 수를 각각 5개로 구성하였으며, 그 내용도 미국에서 개발된 PSSC 물리, CHEM 화학, BSCS 생물, ESCP 지구과학의 영향을 많이 받았다고 할 수 있다.

제3차 교육과정 고등학교 물리 목표 및 내용을 보면 다음과 같다(문교부, 1989).

1) 물리 목표

① 물리 현상에 관한 기본 개념을 이해시켜 올바른 자연관을 가지게 한다.
② 과학적 탐구 방법을 통하여 자연의 규칙성을 스스로 발견하는 능력과 태도를 기른다.
③ 물리 현상에 대한 과학적인 탐구과정을 통하여 탐구 정신을 함양시키며, 계

속 학습하려는 의욕과 흥미를 가지게 한다.

④ 물리가 과학에서 차지하는 위치와 그 구실을 알게 하고, 국가 발전에 이바지 하려는 태도를 기른다.

2) 물리 내용

물리 단원은 힘과 운동, 에너지와 열, 파동과 빛, 전기와 자기, 원자와 원자핵 등 5개 영역으로 되어 있으며, 각 단원은 4개의 내용 요소로 되어 있다(표 1-5).

표 1-5 물리 내용 영역 및 내용 요소(문교부, 1989)

영역	내용 요소
힘과 운동	물질과 시공간, 벡터와 운동의 기술, 힘과 운동의 법칙, 운동량의 보존
에너지와 열	일과 일률, 역학적 에너지, 열 현상과 분자운동, 에너지의 보존
파동과 빛	진동과 주기 운동, 파동과 그 성질, 빛의 성질, 거울과 렌즈
전기와 자기	Coulomb의 법칙과 기본 전하, 전류와 저항, 전류와 자기장, 전자기 유도, 전자진동과 전자기파 및 그 응용
원자와 원자핵	원자 모델과 양자가설, 빛의 이중성과 물질파, 원자핵과 원자력, 소립자

2.5 제4차 교육과정기(1981~1987)

1973년에 개정된 혁신적 학문중심 교육과정을 실시한 결과, 학습 내용의 과다, 기초교육의 소홀, 전인교육의 경시 등의 여러 가지 문제점이 제기되었다. 한편, 1980년 7월 30일 학교 교육의 정상화 조치로 교육과정의 개정이 필요하게 되었다. 이 교육과정의 기본 방향은 국민정신교육의 체계화, 전인교육의 강화, 기초교육의 강화, 진로지도의 충실화에 두었다. 과학적 생활을 할 수 있는 인간을 기르는 데에 역점을 두고 과학의 기본 개념의 이해, 탐구 능력의 신장, 과학적인 태도 함양을 강조하였다.

가. 중학교 과학

중학교 과학은 중학교 과학의 목표, 학년별 과학교육의 목표가 기술되었고, 학년별로 배워야 되는 내용이 기술되었다. 각 학년별로 지도하는 내용을 보면 다음과 같다.

- 1학년: 대기와 물의 순환, 주변의 생물, 물질의 특성과 분리, 힘과 운동
- 2학년: 지구의 물질과 변화, 물질대사, 물질의 입자, 전기
- 3학년: 에너지, 물질의 변화, 지구와 우주, 생명의 연속성, 보존

제4차 교육과정기에서 학습하는 내용의 단원 수가 5개에서 4개로 축소되었고, 중학교 3학년만 환경 단원이 포함되어 5개의 단원이 있지만 전체적으로 본다면, 각 학년에 물리, 화학, 생물, 지구과학 내용이 한 단원씩 포함되어 있다고 볼 수 있다. 이와 같은 단원의 구성은 단원의 크기가 커졌고, 물리 단원은 1, 2학년에서 마지막 단원에 있기 때문에 원활한 학습이 이루어지기 어려운 점이 있었다는 점이 커다란 문제점으로 대두되었고, 단원이 커짐으로 인하여 한 단원의 내용 수준이 높은 내용이 포함되었기 때문에 학습에 어려운 문제점을 갖고 있었다.

나. 고등학교 물리 I, II

고등학교 물리인 경우에는 제2차 과학 교육과정에서와 같이 각 과학 과목을 물리 I과 물리 II로 나누어 구성하였다. 그러나 그 내용 구성 방법은 제2차 교육과정의 물리 I과 물리 II와는 다르다. 인문계에서 물리는 거의 선택되지 않았다. 그래서 제4차 교육과정에서는 다시 모든 학생에게 과학의 4과목을 학습시키는 방안이 강구되었다. 과학과의 단위 시간은 물리, 화학, 생물, 지구과학의 I을 공통 필수로 이수하도록 하고, 다시 자연 과정의 학생에게는 각각의 II를 더 이수하여 결과적으로 일반계 고등학생들 중 인문 사회 과정인 학생은 16~24단위를 이수하고, 자연 과정의 학생은 32~40단위를 이수하도록 하였다.

제4차 교육과정 고등학교 물리 I과 물리 II의 내용 및 지도상의 유의점을 보면 다음과 같다(문교부, 1989).

1) 물리 I

물리 I의 목표는 제3차 과학 교육과정과 마찬가지로 물리 현상의 기본 개념의 체계적 이해, 물리 현상을 과학적으로 탐구하는 능력 배양, 물리학 개념들의 계속적인 발전 인식, 물리학 지식을 문제 해결에 활용하려는 태도 함양, 물리학이 인류사회에 끼치는 영향 인식 등으로 되어 있다(김영민 외, 2005). 물리 I단원으로는 힘과 운동, 전자기, 파동과 빛, 현대물리 등 4개의 영역으로 되어 있으며, 각 단원은 2개의 내용 요소로 되어 있다(표 1-6).

표 1-6 물리 I 영역 및 내용 요소(문교부, 1989)

영역	내용 요소
힘과 운동	운동의 법칙, 힘과 에너지
전자기	전하와 전류, 전류와 자기장
파동과 빛	파동, 빛
현대 물리	원자의 탐구, 물질과 에너지

● 지도상 유의점

물리 I에서는 가급적 복잡한 수식을 사용하지 않으면서 물리적 현상과 관련된 기본 개념들을 체계적으로 이해시켜 물리학의 윤곽을 파악하는 데 중점을 두어 지도한다. 지도내용의 재구성 가능, 물리학의 기본 개념을 폭넓게 제공, 관련 서적 읽기 권장, 다른 교과와의 관련성을 고려, 단위는 국제단위계(SI) 사용, 물리 실험에 학생의 흥미와 참여 의욕 유발, 학습 자료의 대치 기능, 철저한 안전 교육, 개별지도 방안 강구 등을 언급하였다.

2) 물리 II

물리 II는 물리 I을 학습한 학생들 중에서 자연계열을 선택한 학생들에게 가르쳐지도록 되어 있었다. 물리 II의 목표는 물리 I과 거의 마찬가지로 물리 현상이 기본개념의 체계적 이해, 물리 현상을 과학적으로 탐구하는 능력 배양, 물리학 개념들의 계속적인 발전 인식, 물리학 지식을 문제 해결에 활용하려는 태도 함양이 들어 있고 단지 이 학생들이 계속 물리를 공부할 가능성이 높은 학생들임을 감안하여 물리 I에 있던 물리학이 인류 사회에 끼치는 영향 인식 대신에 물리학 탐구의 즐거움 및 물리학을 계속 학습하려는 태도 함양이 들어 있다(김영민 외, 2005). 물리 II 단원은 운동량과 에너지, 천체의 운동, 분자운동과 열, 열역학의 법칙, 전자기 유도와 전자기파, 원자모형과 스펙트럼, 원자핵과 기본 입자 등 7개의 영역으로 되어 있다(표 1-7).

표 1-7 물리 II 내용 영역(문교부, 1989)

교과목	영역
물리 II	운동량과 에너지
	천체의 운동
	분자운동과 열
	열역학의 법칙
	전자기 유도와 전자기파
	원자모형과 스펙트럼
	원자핵과 기본 입자

● 지도상 유의점

물리 I에서 학습한 기본 개념을 바탕으로 물리 II에서는 비교적 수준이 높은 개념들을 이해하게 하는 데 중점을 두어 지도하며, 학습 지도 내용은 다음과 같은 점에 유의하여 지도한다고 하는 전제를 두고 언급하고 있다. 지도에 있어서 교육과정의 운영에 대해 언급하였는데, 여기에는 지도 내용의 재구성 기능, 관찰과 측정 등 과학적 방법의 사용, 물리에 관련된 클럽 활동 권장, 물리 I 및 다른 교과와의 중복성 및 관련성을 고려하여 지도, 정량적으로 실험 결과 처리, 실험 기구 다루는 기초적인 기술 숙달 등을 언급하고 있다.

2.6 제5차 교육과정기(1987~1992)

이 교육과정은 학문중심에 대한 많은 비판을 받아 이를 완화하는 방향으로 내용 수준과 배열을 조절하고, 실생활 문제를 약간 다루었다. 이 교육과정에서는 교육 철학, 학문 내용, 교육 방법의 적합성을 기하고, 경제 발전과 사회 구조의 변화에 적응을 목표로 하고, 국제 경쟁력 강화, 교육의 질적 고도화를 개정의 중점으로 하였다. 과학교육의 목표로는 자연 현상에 대한 흥미와 호기심을 가지고 과학의 지식과 방법을 습득하여, 과학적으로 사고하고 창의적으로 문제를 해결하는 능력의 육성을 강조하였다.

가. 중학교 과학

중학교 과학은 중학교 과학의 목표, 학년별 과학교육의 목표가 기술되었고, 학년별로 배워야 되는 내용이 기술되었다. 각 학년별로 지도하는 내용을 보면 다음과 같다.

- 1학년: 대기와 물의 순환, 주변의 생물, 물질의 성질, 힘과 운동
- 2학년: 물질의 구성, 생물체의 구조와 기능, 지각의 변화, 전기
- 3학년: 일과 에너지, 생명의 연속성, 물질의 변화, 지구와 우주, 자연 환경의 구성

제5차 교육과정기에서 학습하는 내용의 단원 수는 전과 마찬가지이다. 단지, 단원명이 조금 바뀐 것 이외에 별다른 변화가 없는 교육과정의 개정이었다. 단원의 순서가 바뀐 것은 3학년에서 생명의 연속성이 뒤에서 앞으로 이동한 이외에 별다른 변화가 없는 교육과정이었다고 볼 수 있다.

나. 고등학교 과학 II, 물리

제5차 고등학교 교육과정의 과학 과목은 과학 I, 과학 II, 물리, 화학, 생물, 지구과학으로 되어 있었으며, 부분적이긴 하지만 통합을 시도하였다는 점이 제5차 교육과정의 특징이다. 과학 I은 생물과 지구과학이, 과학 II는 물리와 화학이 합해져 구성되어 있다. 과학 I은 고등학교 학생들에게 필수이며 10단위를 부과되었고, 과학 II는 인문계 학생들에게만 필수로 8단위로 부과되었다. 자연계 학생들은 과학 I을 필수로 하고 과학 II는 배우지 않고 바로 물리(8단위), 화학(8단위)을 필수로 하고, 생물(6단위)과 지구과학(6단위) 과목 중 한 과목을 선택하여 배울 수 있었다(김영민 외, 2005).

제5차 교육과정 고등학교 과학 II와 물리의 목표 및 내용을 보면 다음과 같다(문교부, 1989).

1) 과학 II

가) 과학 II의 목표

과학 II의 목표는 물리와 화학에 관한 기본 개념의 이해, 물리 현상과 화학 현상을 과학적으로 탐구하는 능력의 신장 및 이를 문제 해결에 활용, 물리 현상과 화학 현상 및 과학 학습에 대한 흥미와 호기심 증진과 과학적 태도 함양, 물리학과 화학의 여러 개념들이 계속 발전하고 있음에 대한 인식, 물리학과 화학이 기술의 발달과 사회 발전에 미치는 영향 인식 등으로 되어 있다.

나) 과학 II(물리)의 내용

과학 II의 물리 내용은 운동과 에너지, 전자기, 빛과 파동 등 3개의 영역으로 되어 있으며, 각 단원은 2~3개의 내용 요소로 되어 있다(표 1-8).

표 1-8 과학 II의 물리 영역 및 내용 요소(문교부, 1989)

영역	내용 요소
운동과 에너지	물체의 운동, 에너지
전자기	전하와 전류, 전류와 자기장
빛과 파동	빛, 파동, 빛과 물질의 이중성

● 지도상 유의점

물리 영역에 관련된 내용을 복잡한 수식을 사용하지 않으면서 물리적 현상과 관련된 기본 개념들을 체계적으로 이해하도록 지도할 것을 권장하고 있다. 특히 운동과 에너지 단원 중에서 물체의 운동 부분은 운동이 기술과 Newton 역학을 그 발전 과정에 따라 지도하되, 운동의 기술, 운동의 법칙과 중력장 내의 운동은 직선상에서의 운동을 중심으로 지도한다고 못 박고 있는 점이 그것이다.

• 운동과 에너지

① 물체의 운동: 운동의 기술과 Newton 역학을 그 발전 과정에 따라 지도하되 운동의 기술, 운동의 법칙과 중력장 내의 운동은 직선상에서의 운동을 중심으로 지도한다.

② 에너지: 일의 개념을 도입하여 운동 에너지와 위치 에너지, 그리고 역학적 에너지 보존을 체계적으로 지도하고, 에너지 보존에서는 열량 및 일과 열의 관계를 포함하여 전반적인 에너지 보존 법칙을 지도한다.

• 전자기

① 전하와 전류 : 전하량을 도입하여 전기장, 전위차 및 전류의 개념을 지도하며, 전기 회로는 직류 회로를 중심으로 지도한다.

② 전류와 자기장 : 직선 전류와 원형 전류에 의한 자기장을 B를 도입하여 지도하며, 자기장에서 움직이는 전하와 전류가 흐르는 도선이 받는 힘을 다루고, 전자기 유도는 그 현상의 이해에 중점을 두어 간단히 지도한다.

• 빛과 파동

① 빛: 빛의 직진과 속력을 다루고, 거울과 렌즈를 이용한 관찰 및 실험을 통하여 빛의 반사 굴절 현상에 관한 실험이나 사진 등을 활용하여 파동 성질을 쉽게 이해할 수 있도록 하며, 빛의 간섭과 회절 실험을 통하여 빛의 피동성을 지도한다.

② 빛과 물질의 이중성: 광전효과를 도입하여 빛은 파동성뿐만 아니라 입자성도 있음을 지도하고, 물질과 개념을 소개하여 물질의 이중성을 알 수 있도록 지도한다.

2) 물리

가) 물리의 목표

물리의 목표는 물리의 기본 개념의 체계적 이해와 이를 자연 현상 설명에 활용, 물리 현상을 과학적으로 탐구하는 능력의 신장 및 이를 문제 해결에 활용, 물리 현상과 물리 학습에 대한 흥미와 호기심 증진과 과학적 태도 함양, 물리 현상을 탐구하는 데 필요한 기본적인 실험 기능 신장, 물리학의 여러 개념들이 계속 발전하고 있음에 대한 인식, 물리학이 기술의 발달과 사회 발전에 미치는 영향 인식 등으로 되어 있다. 과학 II의 목표와 다른 점은 물리 현상을 탐구하는 데 필요한 기본적인 실험 기능 신장이 더 들어가 있다는 점과 물리 현상의 체계적 이해 및 활용을 강조하고 있다는 점이다.

나) 물리의 내용

물리 내용은 물리학의 세계, 힘과 운동, 에너지와 열, 전자기, 빛과 파동, 현대 물리 등 6개의 영역으로 되어 있으며, 각 단원은 2~3개의 내용 요소로 되어 있다(표 1-9).

표 1-9 물리의 영역 및 내용 요소(문교부, 1989)

영역	내용 요소
물리학의 세계	물리학의 특성, 물리학과 과학 기술의 발전
힘과 운동	운동의 기술, 힘과 운동의 법칙, 운동량
에너지와 열	일과 에너지, 열 현상과 분자운동
전자기	전기장과 전류, 자기장과 전자기 유도
빛과 파동	빛, 파동
현대 물리	빛과 물질의 이중성, 원자의 구조, 원자핵

● 지도상 유의점

힘과 운동 단원 중에서 힘과 운동의 법칙 부분은 물체에 작용하는 힘과 운동과의 관계를 지도하며, 중력장 내의 운동에서는 낙하 운동, 포물선 운동, 단진동을 다루고, 만유인력의 법칙에서 천체의 운동을 등속 원운동으로 취급하여 지도한다고 정해 놓고 있다.

• 물리학의 세계

물리학의 특성, 물리학과 과학 기술의 발전 등을 간단히 소개하여 물리 학습에 대한 동기가 유발될 수 있도록 지도한다.

• 힘과 운동

① 운동의 기술: 변위, 속도, 가속도, 등가속도 운동을 지도하되, 벡터를 사용하여 직선 및 공간에서의 운동을 기술할 수 있도록 지도한다.

② 힘과 운동의 법칙: 물체에 작용하는 힘과 운동과의 관계를 지도하며, 중력장 내의 운동에서는 낙하 운동, 포물선 운동, 단진동을 다루고, 만유인력의 법칙에서 천체의 운동은 등속 원운동으로 취급하여 지도한다.

③ 운동량: 물체에 작용하는 힘과의 관계에 유의하여 운동량과 충격량을 다루고 운동량의 보존을 지도한다.

• 에너지와 열

① 일과 에너지: 일과 관련하여 일률, 역학적 에너지, 열 에너지를 다루고, 에너지 보존 개념

을 심화하여 지도한다.

② 열 현상과 분자운동: 열 현상에서는 비열의 개념을 도입하여 열과 온도의 관계와 상태의 변화 및 열팽창 현상을 지도하고, 기체의 분자운동은 이상 기체의 운동을 중심으로 취급하며, 열역학의 법칙에서 제2법칙은 그 현상을 중심으로 간단히 지도한다.

• 전자기

① 전기장과 전류: 전하량의 개념을 도입하여 전기장 및 전위의 개념을 지도하고, 직류 회로를 중심으로 전압과 전류, 전기 회로를 지도한다.

② 자기장과 전자기 유도: 직선 전류와 원형 전류에 의한 자기장을 B을 사용하여 지도하고, 자기장에서 움직이는 전하와 전류가 흐르는 도선이 받는 힘, 전자기 유도 현상 및 전자기파를 간단히 지도한다.

• 빛과 파동

① 빛: 빛의 진행, 반사와 거울, 굴절과 렌즈를 지도하며, 광학 기계는 간단히 다룬다.

② 파동: 파동의 종류와 진행, 반사, 굴절, 간섭, 회절 현상은 실험이나 사진 등을 활용하여 그 개념을 쉽게 이해할 수 있도록 지도하며, 빛의 간섭과 회절 실험을 통하여 빛의 파동성을 지도한다.

• 현대물리

① 빛과 물질의 이중성: 광전효과를 도입하여 빛은 파동성뿐만 아니라 입자성도 있음을 지도하고, 물질파의 개념을 지도하여 물질은 입자성과 함께 파동성도 있음을 파악할 수 있도록 한다.

② 원자의 구조: 전자와 원자핵의 발견, 보어의 원자모형 및 원자 스펙트럼을 지도하여 원자 구조를 이해할 수 있도록 하되, 원자모형과 스펙트럼은 수소 원자를 중심으로 지도한다.

③ 원자핵: 양성자와 중성자를 중심으로 원자핵의 구성을 지도하고, 원자핵의 변환과 방사능, 핵에너지 및 질량과 에너지의 등가 관계를 지도한다.

2.7 제6차 교육과정기(1992~1997)

이 교육과정은 건강한 사람, 자주적인 사람, 창의적인 사람, 도덕적인 사람을 추구하고자 하는 인간상으로 하고, 제5차 교육과정을 평가한 결과를 토대로 다음과 같은 내용을 개정의 중점으로 정하였다. 이 교육과정에서는 교육과정 결정을 분권화하여 시·도 교육청과 학교의 재량권의 확대, 교육과정의 구조를 다양화 및 다양한 이수과정과 교과목의 개설, 필수 과목의 축소와 선택 과목의 확대, 교육과정의 내용의 적정화와 학습량과 수준 조정과 학습 부담의 감소 등을 들 수 있다. 제6차 고등학교 과학과 교육과정에서는 제5차 때의 과학 I, 과학 II를 더 통합하여 고등학교 학생이면 누구나 배워야 하는 '공통과학' 과목이 신설되었고 물리, 화학, 생물, 지구과학 등을 더 학습하고자 하는 학생들을 위해 이들을 선택으로 두어, 공통과학을 학습한 후에 심층적으로 공부할 수 있도록 하였다.

가. 중학교 과학

중학교 과학은 중학교 과학의 목표, 학년별 과학교육의 목표가 기술되었고, 학년별로 배워야 되는 내용이 기술되었다. 각 학년별로 지도하는 내용을 보면 다음과 같다.

- 1학년: 지각의 물질과 변화, 주변의 생물, 물질의 특성과 분리, 힘과 운동
- 2학년: 물질의 구성, 생물체의 구조와 기능, 대기와 물의 순환, 전기와 자기
- 3학년: 일과 에너지, 물질의 반응, 유전과 진화, 지구와 우주, 자연 환경과 우리 생활

학습하는 내용의 단원 수는 전과 마찬가지이다. 단지, 단원명이 조금 바뀐 것 이외에 별다른 변화가 없는 교육과정의 개정이었다. 단원의 순서가 바뀐 것은 3학년에서 유전과 진화로 바뀌어 유전이 강조되었음을 알 수 있다. 그러나 각 학습 내용별로, 지식과 탐구활동으로 구분되어 있어서, 각 단원에서 학습하여야 할 학습 내용과 그 학습내용을 공부하는 데 필요한 탐구활동이 각 단원별로 명시되어 있는 것이 매우 색다른 특색이라고 볼 수 있다.

나. 고등학교 물리 I, II

1) 물리 I

물리 I 과목은 자연계에서 시·공간의 성질, 물질의 상호 작용과 변화 및 에너지의 이동과 분포 등 물리에 관련된 정보를 이해하고, 실생활의 문제를 과학적으로 해결할 수 있는 능력을 함양시키는 과목으로, 교양 과학의 성격을 가진다. 우리가 늘 접하는 시공간의 성질, 물질의 상호 작용과 변화 및 에너지의 이동과 분포 등에 관련하여 운동과 에너지, 전기와 자기, 파동과 입자 등을 학습 내용으로 설정하였다. 물리학의 심층적인 개념의 학습보다는 과학적 사고력과 창의력을 기르고 물리학의 발전 과정과 물리학이 기술의 발달과 사회의 발전에 미치는 영향을 인식하게 함으로써 과학에 대한 긍정적인 태도를 함양시키는 데 중점을 두었다.

제6차 교육과정 고등학교 물리 I의 목표 및 내용을 보면 다음과 같다(교육부, 1992).

가) 물리 I의 목표

① 물리에 관한 기본 개념을 이해하고, 자연 현상을 설명하는 데 이를 적용하게 한다.
② 물리 현상을 과학적으로 탐구하는 능력을 신장시키고, 실생활 문제 해결에 이를 활용하게 한다.
③ 물리 탐구와 물리 학습에 대한 흥미와 관심을 증진시키고, 과학적 태도를 함양하게 한다.
④ 물리학의 여러 개념들은 계속 발전하고 있음을 깨닫게 한다.
⑤ 물리학이 목표 구성은 발달과 사회에 미치는 영향을 인식하게 한다.

나) 물리 I의 내용

물리 I의 내용은 운동과 에너지, 전기와 자기, 파동과 입자 등 3개의 영역으로 되어 있으며, 각 영역은 4~6개의 내용 요소로 되어 있다(표 1-10).

표 1-10 물리 I의 영역 및 내용 요소(교육부, 1992)

영역	내용 요소
운동과 에너지	등가속도 운동, 운동의 법칙, 중력장 내의 운동, 일과 에너지, 역학적 에너지 보존, 열과 에너지 보존
전기와 자기	정전기, 전류와 전기 저항, 전류의 열작용, 전류의 자기 작용
파동과 입자	파동의 발생, 파동의 회절과 간섭, 빛의 이중성, 물질의 이중성, 원자모형

● 지도상 유의점

제5차 교육과정에서는 단원명과 소단원명을 제시하고, 그 단원에 다루어야 할 주요 개념을 제시하였으나, 제6차 교육과정에서는 단원이라는 용어 대신 영역이라는 용어를 사용하였다. 내용의 영역별로 다루어야 할 지식과 탐구활동 주요 내용은 다음과 같다.

• 운동과 에너지
운동과 에너지 영역은 '등가속도 운동'과 '중력장 내의 운동'에서는 직선상에서의 운동을 다루고, '열과 에너지 보존'에서는 에너지의 이용과 절약을 포함하여 다룬다. 탐구활동에서는 운동에 관한 자료 해석, 운동의 법칙 실험, 에너지 전환 실험, 에너지의 이용 조사 등을 다룬다.

• 전기와 자기

전기와 자기 영역은 '정전기'에서는 마찰 전기, 정전기유도, Coulomb의 법칙을 다룬다. '전류와 전기 저항'에서는 전류의 개념과 간단한 직류 회로를 다룬다. '전류의 자기 작용'에서는 전류의 자기장, 전자기력, 전자기 유도를 정성적으로 다룬다. 탐구활동에서는 옴의 법칙 실험, 전류의 작용 실험 등을 다룬다.

• 파동과 입자

파동과 입자 영역은 '파동의 발생'에서는 속도, 진동수, 파장 사이의 관계를 다룬다. '파동의 회절과 간섭'은 정성적으로 다룬다. '원자모형'은 보어의 원자모형을 역사적인 발전 과정에 따라 정성적으로 다룬다. 탐구활동에서는 파동의 회절과 간섭 실험, 빛의 회절 및 간섭 현상 관찰, 광전효과 실험 등을 다룬다.

2) 물리 II

물리 II에서는 물리와 관련된 실생활 문제를 과학적으로 해결할 수 있는 능력을 길러 주는 교양 과학의 성격뿐 아니라, 앞으로 과학에 관련된 분야를 전공하는 데 필요한 기본 지식과 탐구 방법을 익히는 준비 과목의 성격도 가진다. 우리가 늘 접하는 시공간의 성질, 물질의 상호 작용과 변화 및 에너지의 이동과 분포 등에 관련하여 힘과 운동, 에너지와 열, 전자기, 파동과 입자 등을 학습 내용으로 설정되었다.

제6차 교육과정 고등학교 물리 I의 목표 및 내용을 보면 다음과 같다(교육부, 1992).

가) 물리 II의 목표

① 물리학의 기본 개념을 체계적으로 이해하게 하고, 자연 현상을 설명하는 데 이를 적용하게 한다.
② 물리 현상을 과학적으로 탐구하는 능력을 신장시키고, 문제 해결에 이를 활용하게 한다.
③ 물리 탐구와 물리 학습에 대한 흥미와 관심을 계속 증진시키고, 과학적 태도를 함양하게 한다.
④ 물리학이 여러 개념들을 계속 발전시키고 있음을 깨닫게 한다.
⑤ 물리학이 기술의 발달과 사회의 발전에 미치는 영향을 인식하게 한다.

나) 물리 II의 내용

물리 II의 내용은 힘과 운동, 에너지와 열, 전자기, 파동과 입자 등 4개의 영역으로 되어 있으며, 각 영역은 4~7개의 내용 요소로 되어 있다(표 1-11).

표 1-11 물리 II의 영역 및 내용 요소(교육부, 1992)

영역	내용 요소
힘과 운동	등가속도 운동, 중력장 내의 운동, 운동의 법칙, 원운동, 만유인력의 법칙, 운동량, 운동량의 보존
에너지와 열	일, 역학적 에너지의 보존, 기체의 분자운동, 열역학의 법칙
전자기	전기장과 전위, 직류 회로, 전류의 자기장, 전자기력, 전자기 유도
파동과 입자	파동, 반사와 굴절, 회절과 간섭, 빛과 물질의 이중성, 원자모형, 원자핵

● 지도상 유의점

물리 II의 내용 체계는 지식 영역과 탐구 영역으로 나뉘어져 있다. 지식 영역은 다시 '힘과 운동', '에너지와 열', '전자기', '파동과 입자' 등 4개의 영역으로 구성되어 있다. 이 4개의 지식 영역들은 단원 수준의 범위를 포함하고 있다. 탐구 활동들은 중력 가속도 측정, 원운동 실험 등 전부 14가지의 활동이 제시되어 있다. 이 탐구 활동들은 지식 영역의 내용들과 조화를 이루어 지도되어야 할 탐구 활동 내용이다. 물론, 이 내용은 '물리 II'에서 다루어야 할 최소한의 탐구 내용이며, 이 외에 필요한 내용들을 추가하여 보완하고 지도할 필요가 있다.

• 힘과 운동 영역
'운동량'에서는 충격량과 운동량의 관계를 다룬다. '운동량 보존'은 직선상의 충돌 경우만 다룬다. 탐구활동에서는 중력 가속도 측정, 원운동 실험, 운동의 법칙 실험, 운동량 보존 실험 등을 다룬다.

• 에너지와 열
'역학적 에너지 보존'은 지표면 근처에서의 운동에 대해 다룬다. '열역학의 법칙'은 열의 이동을 중심으로 다룬다. 탐구활동에서는 역학적 에너지 보존 실험, 열역학의 법칙에 관한 토의를 다룬다.

• 전자기
'직류 회로'에서는 전류, 전력, 전지의 기전력, 전기 저항을 다룬다. 탐구활동에서는 전력량 조사, 전지의 측정, 전자기 유도 실험, 전압과 전류의 관계 실험 등을 다룬다.

• 파동과 입자
'회절과 간섭'에서는 파동과 빛의 회절과 간섭, 정상파를 다룬다. '원자모형'은 보어 모형을 다룬다. '원자핵'에서는 원자핵의 구성 입자, 핵붕괴, 핵반응을 다룬다. 탐구활동에서는 파동의 성질 실험, 빛의 성질 실험, 물질의 이중성에 관한 토의, 원자모형 토의 등을 다룬다.

2.8 제7차 교육과정기(1997~2007)

제7차 교육과정기에서는 국민공통기본과정이 신설된 것이 가장 큰 특징이라고 볼 수 있으며, 국민공통기본과정의 과학과 목표가 있고, 내용 체계는 학년별 내용과 분야는 지식과 탐구로 나누어져 있으며, 학습 내용을 3학년부터 10학년까지 일관성 있게 제시하고 있다(표 1-12, 13).

표 1-12 학년별 지식 내용 체계

<table>
<tr><th colspan="2">학년
분야</th><th>3</th><th>4</th><th>5</th><th>6</th><th>7</th><th>8</th><th>9</th><th colspan="2">10</th></tr>
<tr><td rowspan="4">지식</td><td>에너지</td><td>· 자석놀이
· 소리내기
· 그림자놀이
· 온도재기</td><td>· 수평잡기
· 용수철 늘이기
· 열의 이동
· 전구에 불켜기</td><td>· 물체의 속력
· 거울과 렌즈
· 전기회로 꾸미기
· 에너지</td><td>· 물속에서 무게와 압력
· 편리한 도구
· 전자석</td><td>· 빛
· 힘
· 파동</td><td>· 여러 가지 운동
· 전기</td><td>· 일과 에너지
· 전류의 작용</td><td>· 에너지</td><td rowspan="4">탐구 환경</td></tr>
<tr><td>물질</td><td>· 주변의 물질 알아보기
· 여러 가지 고체의 성질 알아보기
· 물에 가루 물질 녹이기
· 고체 혼합물 분리하기</td><td>· 여러 가지 액체의 성질 알아보기
· 혼합물 분리하기
· 열에 의한 물체의 온도와 부피 변화
· 모습을 바꾸는 물</td><td>· 용액 만들기
· 결정 만들기
· 용액의 성질 알아보기
· 용액의 변화</td><td>· 기체의 성질
· 여러 가지 기체
· 촛불 관찰</td><td>· 물체의 세 가지 상태
· 분자의 운동
· 상태 변화와 에너지</td><td>· 물질의 특성
· 혼합물의 분리</td><td>· 물질의 구성
· 물질 변화에서의 규칙성</td><td>· 물질</td></tr>
<tr><td>생명</td><td>· 초파리의 한살이
· 어항에 생물기르기
· 여러 가지 잎조사하기
· 식물의 줄기 관찰하기</td><td>· 강낭콩 기르기
· 식물의 뿌리
· 여러가지 동물의 생김새
· 동물의 생활 관찰하기</td><td>· 꽃과열매
· 식물의 잎이 하는 일
· 작은생물 관찰하기
· 환경과 생물</td><td>· 우리 몸의 생김새
· 주변의 생물
· 쾌적한 환경</td><td>· 생물의 구성
· 소화와 순환
· 호흡과 배설</td><td>· 식물의 구조와 기능
· 자극과 반응</td><td>· 생식과 발생
· 유전과 진화</td><td>· 생명</td></tr>
<tr><td>지구</td><td>· 여러 가지 돌과 흙
· 운반되는 흙
· 둥근 지구, 둥근 달
· 맑은 날, 흐린 날</td><td>· 별자리 찾기
· 강과바다
· 지층을 찾아서
· 화석을 찾아서</td><td>· 날씨 변화
· 물의 여행
· 화산과 암석
· 태양의 가족</td><td>· 계절의 변화
· 일기 예보
· 흔들리는 땅</td><td>· 지구의 구조
· 지각의 물질
· 해수의 성분과 운동</td><td>· 지구와 별
· 지구의 역사와 지각 변동</td><td>· 물의 순환과 날씨변화
· 태양계의 운동</td><td>· 지구</td></tr>
</table>

표 1-13 학년별 탐구과정 및 탐구활동 내용 체계

<table>
<tr><th colspan="3">학년
분야</th><th>3</th><th>4</th><th>5</th><th>6</th><th>7</th><th>8</th><th>9</th><th>10</th></tr>
<tr><td rowspan="3">탐구</td><td rowspan="2">탐구 과정</td><td>관찰, 분류, 측정, 예상, 추리 등</td><td colspan="3">○○○</td><td colspan="2">○○○</td><td colspan="3">○○○</td></tr>
<tr><td>문제 인식, 가설 설정, 변인 통제, 자료 변환, 자료 해석, 결론 도출, 일반화 등</td><td colspan="3">○</td><td colspan="2">○○</td><td colspan="3">○○○</td></tr>
<tr><td>탐구 활동</td><td>토의, 실험, 조사, 견학, 과제 연구 등</td><td colspan="3">○○○</td><td colspan="2">○○○</td><td colspan="3">○○○</td></tr>
</table>

가. 중학교 과학

제7학년부터 9학년까지 지도하는 내용을 보면 다음과 같다.

- 7학년: 지구의 구조, 빛, 지각의 물질, 물질의 세 가지 상태, 분자의 운동, 생물의 구성, 상태 변화와 에너지, 소화와 순환, 호흡과 배설, 힘, 해수의 성분과 운동, 파동
- 8학년: 여러 가지 운동, 물질의 특성, 지구와 별, 식물의 구조와 기능, 자극과 반응, 지구의 역사와 지각변동, 전기, 혼합물의 분리
- 9학년: 생식과 발생, 일과 에너지, 물질의 구성, 물의 순환과 날씨 변화, 물질 변화에서의 규칙성, 전류의 작용, 태양계의 운동, 유전과 진화

학습하는 내용의 단원 수는 7학년은 초등학교 6학년과 마찬가지로 12단원이며, 8, 9학년은 8단원으로 구성되어 있다. 특히 7학년에서 9학년까지의 내용은 심화 교육과정이 개발되어 있는 것이 특색이며, 교과서에는 보충과정도 개발되어 있는 것이 제7차 교육과정의 매우 커다란 특징의 하나라고 볼 수 있다.

나. 고등학교 과학

제7차 교육과정에서 과학과 교육과정을 중심으로 개정의 중점은 다음과 같은 것들을 기술할 수 있다. 고등학교 과학과 과목의 구성, 신설된 과학의 개발 방향은 다음과 같다.

1) 고등학교 과학과 과목의 구성

제7차 교육과정에서 개설된 과학과의 과목을 간단히 정리하여 보면 다음과 같다. 학년별, 과목별 연계성을 고려하여 3학년부터 10학년까지 적용되는 국민 공통 기본 교육과정인 '과학'이 신설된 것이 커다란 특징이다. 한편, 11학년 및 12학년에서는 선택 중심 교육과정이 운영되며, 일반 선택 과목과 심화 선택 과목이 있다. 일반 선택 과목으로는 '생활과 과학'이 있으며, 심화 선택 과목으로는 '물리 I, II, 화학 I, II, 생물 I, II, 지구과학 I, II'가 있다.

제7차 교육과정의 과학과 교과목은 국민 공통 기본 교과인 '과학', 일반 선택 과목 '생활과 과학', 심화 선택 과목으로 '물리, 화학, 생물, 지구과학'의 I과 II로 구성되어 있어 국민 공통 기본 교육과정 이후에는 일반 선택과 심화 선택을 두어 선택 중심으로 교육과정을 운영할 수 있는 것을 그 특징으로 들 수 있다.

제7차 교육과정의 과학과 교과목 학교급별 교과목을 보면 표 1-14와 같다.

표 1-14 제7차 교육과정의 과학과 교과목

학교급	초등학교	중학교	고등학교		
학년	3~6	7~9	10	11~12	
과목	국민 공통 기본 과정 '과학'			일반 선택	생활과 과학
				심화 선택	물리 I,II, 화학 I,II, 생물 I,II, 지구과학 I,II

2) '과학'의 개발 방향

가) 10학년 과학의 성격

10학년은 10년 국민 공통 기본 교육과정의 마지막 학년이며, 고등학교라는 특수한 성격을 갖는다. 또한, 제6차 교육과정의 '공통과학'을 이수하는 학년에 해당한다. 따라서 10학년은 9학년까지와는 달리 특수성을 살릴 필요가 있다.

10학년 과학의 교육과정은 국민 공통 기본 교육과정의 마지막 학년의 교육과정이라는 의미에서 대단원의 막을 내리면서 어떤 형식으로든지 각 분야별로 전체의 내용을 마무리할 필요가 있다는 점을 고려하고, 현재의 공통과학이 상당히 성공적이라는 점을 고려하여 과학과 교육과정을 개발하였다. 특히, '공통과학'이 강조하는 탐구학습과 환경 친화적인 성격은 새 교육과정의 기본 취지와도 부합되는 것으로써, '공통과학'의 탐구 영역과 환경 영역을 살릴 필요가 있다고 생각하였다. 따라서, 10학년 교육과정은 선행되는 학년의 내용 구조인 에너지, 물질, 생명, 지구 등 4개 분야에 더하여 '탐구'와 '환경'을 추가하여 교육과정을 개발하였다.

나) 심화 과정의 개발

기본 과정은 모든 학생들이 공통적으로 학습해야 할 기본 필수 내용으로 구성하고, 심화·보충과정은 학습 능력에 대응하여 자기 주도적으로 학습이 가능하도록 기본 과정에 근거해서 심화 과정과 보충 과정을 운영하게 되었다.

심화 과정은 기본 과정의 성취도가 높은 학생들을 대상으로 하며, 앞으로 학습하게 될 교육과정에 있는 내용은 배제하고, 기본 학습을 성공적으로 이수한 학생들에게 추가적으로 제공하는 과제 학습이나 활동을 통하여 기본 과정을 심화하여 학습의 경험을 넓힐 수 있는 기회를 제공할 수 있도록 교육과정을 편성하도록 하였다. 반면에 보충 학습은 기본 과정을 성공적으로 이수하지 못한 학생들에게 제공되는 교육과정이다.

3) 내용 체계

공통과학 지식 영역은 에너지, 물질, 생명, 지구 단원으로 나누어져 있고, 에너지 영역에는 힘과 에너지, 전기 에너지, 에너지 전환, 물질 영역에는 전해질과 이온, 산관 염기의 반응, 반응 속도, 생명 영역에는 물질 대사, 산과 염기의 반응, 반응 속도, 지구 영역에는 지구의 변동, 대기와 해양으로 구성되어 있다(표 1-15).

표 1-15 공통과학 내용 체계 및 단원명(교육부, 1998)

분야 \ 학년		10	
지식	에너지	힘과 에너지 전기 에너지 파동 에너지 에너지 전환	탐구 환경
	물질	전해질과 이온 산과 염기의 반응 반응 속도	
	생명	물질 대사 자극과 반응 생식	
	지구	지구의 변동 대기와 해양	

제7차 교육과정 고등학교 공통과학 에너지 영역의 소단원 및 내용을 자세히 알아보면 다음과 같다(교육부, 1998).

- 힘과 에너지
  ① 여러 가지 종류의 힘이 작용할 때의 운동을 운동의 법칙으로 설명한다.
  ② 충돌이 일어날 때, 운동하고 있는 물체가 가지고 있는 물리량의 변화를 이해한다.

- 전기 에너지
  ① 전류의 여러 가지 작용을 이해하고, 전기 에너지의 이용을 조사한다.
  ② 전자기 유도 현상을 이해하고, 이용하는 예를 찾는다.

- 파동 에너지
  ① 파동의 종류를 알고, 여러 가지 예를 찾는다.

② 파동이 에너지를 가지고 있음을 알고 파동의 전파와 에너지의 관계를 이해한다.

- 에너지 전환
  ① 여러 가지 에너지의 전환을 이해한다.
  ② 에너지의 흐름과 보존을 이해한다.

- 심화 과정
  ① 비탄성 충돌에서 운동 에너지의 변화 알아보기
  ② 전자기 유도 현상을 이용하여 간단한 스피커 만들기
  ③ 소음이나 진동을 줄이는 방법 찾아보기
  ④ 여러 가지 에너지의 효율적인 사용 방법 찾아보기

다. 고등학교 물리 I, II

1) 물리 I

'물리 I'의 내용은 힘과 에너지, 전기와 자기 및 파동과 입자 등의 영역과 실험, 조사, 토의, 견학, 과제 연구 등의 탐구로 구성한다. 물리 I의 학습은 실생활에서 흔히 경험할 수 있는 스포츠, 교통, 놀이 공원, 전기 제품, 통신, 음악, 의료 등의 상황 속에서 흥미와 호기심을 유발할 수 있는 소재를 선택하여 이를 과학적으로 탐구함으로써 물리 개념을 쉽게 이해하고, 물리 학습에 친숙해질 수 있도록 하였다.

제7차 교육과정 고등학교 물리 I의 목표 및 내용 체계는 다음과 같다(교육부, 1998).

가) 물리 I의 목표

① 자연 현상의 탐구를 통하여 물리의 기본 개념을 이해하고, 실생활에 이를 적용한다.
② 자연 현상을 과학적으로 탐구하는 능력을 기르고, 실생활 문제 해결에 이를 활용한다.
③ 자연 현상과 물리 학습에 대하여 흥미와 호기심을 가진다.
④ 물리학이 기술의 발달과 생활에 미치는 영향을 바르게 인식한다.

나) 물리 I의 내용

물리 I의 내용은 운동과 에너지, 전기와 자기, 파동과 입자 등 3개의 영역으로 되어 있으며, 각 영역은 4~6개의 내용 요소로 되어 있다(표 1-16).

표 1-16 물리 I의 영역 및 내용 요소(교육부, 1998)

영역	내용 요소
힘과 에너지	속도와 가속도, 운동의 법칙, 운동량과 충격량, 운동량 보존, 일과 일률, 역학적 에너지 보존, 에너지 보존
전기와 자기	전압과 전류, 전기 저항, 전류의 열작용, 전류의 자기 작용, 전자기 유도
파동과 입자	파동의 발생과 전파, 파동의 반사와 굴절, 파동의 간섭과 회절, 편광, 광전효과, 물질파

제7차 교육과정 고등학교 물리 I 영역의 힘과 에너지, 전기와 자기, 파동과 입자 영역 내용을 자세히 알아보면 다음과 같다(교육부, 1998).

- 힘과 에너지
  ① 속력과 속도를 구별하여 사용하고, 시간 기록계를 이용하여 물체의 속도와 가속도를 구한다.
  ② 등가속도 직선 운동의 시간, 거리, 속력의 관계를 식과 그래프로 나타내고 해석한다.
  ③ 힘은 두 물체 사이의 상호 작용임을 알고, 한 물체에 여러 힘이 작용할 때, 이들 힘을 한 힘으로 나타낸다.
  ④ 물체에 힘이 작용할 때와 작용하지 않을 때의 운동 상태의 변화를 이해하고, 힘과 가속도 및 질량과 가속도 사이의 관계를 실험 또는 자료 분석을 통하여 알아낸다.
  ⑤ 실생활에서 관성 또는 힘의 상호 작용으로 잘 설명되는 현상을 찾는다.
  ⑥ 실생활에서 경험하는 현상을 도입하여 중력, 마찰력, 탄성력 등에 의한 운동의 특성을 이해한다.
  ⑦ 운동량과 충격량과의 관계를 이해하여, 실생활에서 운동량과 충격량으로 잘 설명되는 현상을 찾는다.
  ⑧ 물체에 힘이 작용하는 방향에 따라 한 일의 양이 다르게 됨을 알고, 힘이 작용한 시간으로 일률을 구한다.
  ⑨ 물체에 해 준 일이 물체의 운동 에너지의 변화로 나타남을 이해한다.
  ⑩ 식과 그래프를 이용하여 중력에 의한 위치 에너지와 탄성력에 의한 위치 에너지를 이해한다.

⑪ 다양한 상황에서 역학적 에너지가 보존되는 경우와 보존되지 않는 경우를 구별한다.

- 전기와 자기
  ① 실험을 통해 전압과 전류의 관계를 알아내고, 옴의 법칙을 이해한다.
  ② 비저항의 뜻과 온도에 따른 전기 저항의 변화를 이해하고, 여러 개의 저항을 연결하여 합성 저항을 구한다.
  ③ 교류를 직류와 비교한다.
  ④ 저항기에 전류가 흐를 때, 전압이나 전류의 변화에 따라 발생하는 열량의 변화를 이해한다.
  ⑤ 직선 도선과 솔레노이드에 전류가 흐를 때 만들어지는 자기장을 실험을 통하여 관찰하고, 전류의 자기 작용을 이해한다.
  ⑥ 자기장 속에서 전류가 흐르는 도선이 받는 힘의 크기와 방향에 영향을 주는 요인을 찾는다.
  ⑦ 실험을 통하여 전자기 유도 현상을 관찰하고, 패러데이 법칙과 렌츠의 법칙을 이해한다.

- 파동과 입자
  ① 파동의 특성을 나타내는 요소를 알고, 이들 사이의 관계를 이해한다.
  ② 파동의 진행과 반사 현상을 조사하고, 실생활과 관련하여 이를 이해한다.
  ③ 굴절 실험으로 굴절률을 구하고, 실생활에서 굴절 현상을 찾는다.
  ④ 빛의 전반사 현상을 이해하고, 주변에서 그 전반사로 설명되는 현상을 찾는다.
  ⑤ 프리즘을 통과한 빛으로 빛의 분산 현상을 이해하고, 무지개 현상을 설명한다.
  ⑥ 두 개의 파동이 만났을 때, 합성파를 분석하여 중첩의 원리를 이해한다.
  ⑦ 보강 간섭과 상쇄 간섭을 이해하고, 이중 슬릿에 의한 실험 결과를 분석한다.
  ⑧ 정상파를 이해하고, 이를 이용하여 현악기를 설명한다.
  ⑨ 물결파의 회절을 관찰하고, Huygens의 원리를 이해한다.
  ⑩ 빛의 회절과 간섭 현상을 이해하고, 그 예를 찾는다.
  ⑪ 편광판을 이용하여 편광 현상을 관찰하고, 실생활에서 활용되는 예를 찾는다.

2) 물리 II

'물리 II'의 내용은 운동과 에너지, 전기장과 자기장, 원자와 원자핵 등의 영역과 실험, 조사, 토의, 견학, 과제 연구 등의 다양한 탐구로 구성한다. 각 영역은 우리 주위에서 쉽게 볼 수 있는 공간상의 운동을 수식으로 분석하고, 에너지 보존 개념으로 이해하며, 전기장과 전자기파의 학습으로 현대 과학 기술의 물리학적 원리와 미시 세계의 현상 등을 체계적으로 다루어 자연 현상을 새로운 시각으로 볼 수 있도록 한다.

제7차 교육과정 고등학교 물리 II의 목표 및 내용 체계는 다음과 같다(교육부, 1998).

가) 물리 II의 목표

① 탐구 활동을 통하여 물리의 개념을 체계적으로 이해하고, 자연 현상을 설명하 데 이를 적용한다.
② 자연 현상을 과학적으로 탐구하는 능력을 기르고, 문제 해결에 이를 활용한다.
③ 자연 현상과 물리 학습에 흥미와 호기심을 가지고, 과학적으로 탐구하려는 태도를 기른다.
④ 물리학이 기술의 발달과 사회의 발전에 미치는 영향을 바르게 인식한다.

나) 물리 II의 내용

물리 II의 내용은 운동과 에너지, 전기장과 자기장, 원자와 원자핵 등 3개의 영역으로 되어 있으며, 각 영역은 5~8개의 내용 요소로 되어 있다(표 1-17).

표 1-17 물리 II의 영역 및 내용 요소(교육부, 1998)

영역	내용 요소
운동과 에너지	운동의 기술, 중력장 내의 운동, 충돌, 등속 원운동, 만유인력에 의한 운동, 단진동, 기체의 분자운동, 열역학의 법칙
전기장과 자기장	전기장, 직류 회로, 자기장 내 운동 전하, 교류, 전자기파
원자와 원자핵	전기장 원자핵의 발견, 원자모형, 수소 원자 스펙트럼, 원자핵의 구성과 소립자, 핵 변환

제7차 교육과정 고등학교 물리 II 영역의 운동과 에너지, 전기장과 자기장, 원자와 원자핵 영역 내용을 자세히 알아보면 다음과 같다(교육부, 1998).

- 운동과 에너지
  ① 위치와 변위 벡터로 물체의 위치 변화를 나타내고, 벡터양을 합성, 분해한다.
  ② 직선상의 운동뿐만 아니라 평면상의 운동을 순간 속도, 평균 속도, 상대

속도, 가속도 등으로 나타낸다.
③ 평면상의 충돌 현상을 분석한다.
④ 중력장과 중력 가속도의 개념을 이해하고, 포물선 운동을 분석한다.
⑤ 등속 원운동을 구심 가속도와 구심력, 주기 등으로 나타내고, 관성력을 이해한다.
⑥ 단진자와 용수철 진자의 주기 측정 실험으로 주기를 구한다.
⑦ 천동설과 지동설에 대하여 토의하고, 케플러의 법칙을 Newton의 운동 법칙과 관련지어 이해한다.
⑧ 만유인력의 법칙이 만들어지기까지의 과정을 이해한다.
⑨ 만유인력에 의한 역학적 에너지 보존을 이해하고 인공위성의 운동을 적용한다.
⑩ 열을 포함한 에너지 보존과 비가역 현상, 열기관 및 열효율 등을 이해한다.

• 전기장과 자기장
① 정전기유도 현상을 이해하고, 실생활에서 나타나는 정전기 현상을 찾아 설명한다.
② Coulomb의 법칙을 이해한다.
③ 전기장을 이해하고, 전기력선을 이용하여 전기장을 가시적으로 나타낸다.
④ 전위와 전위차 개념을 이해한다.
⑤ 전위차와 전기장 사이의 관계를 구한다.
⑥ 축전기의 원리를 이해하고, 축전기를 직렬 또는 병렬로 연결하여 합선 전기용량을 구한다.
⑦ 실험을 통하여 단자전압을 구하고, 기전력과 내부저항을 이해한다.
⑧ 평행한 두 도선 사이에 작용하는 힘과 자기장 속에서 운동 전하가 받는 힘을 이해한다.
⑨ 실생활과 현대 과학 기술 문명 속에서 전자기력을 응용한 예를 찾아 설명한다.
⑩ 코일에 흐르는 전류가 변할 때 일어나는 자체 유도와 상호유도 현상을 이해하고, 이를 변압기에 적용한다.
⑪ 코일과 축전기가 있는 교류회로에서 전압과 전류의 위상 및 임피던스를 이해하고 전류가 최대가 되는 조건을 안다.
⑫ 전기진동 현상과 전자기파의 발생을 이해한다.
⑬ 전자기파의 종류와 성질을 안다.

- 원자와 원자핵

① 음극선의 성질을 통하여 음극선의 정체가 전자임을 안다.
② 전자의 비전하를 이해하고, 전자의 전하량이 기본 전하임을 안다.
③ Rutherford의 실험으로 원자핵이 발견되기까지의 과정을 이해한다.
④ Thomson의 원자모형, Rutherford의 원자모형, 보어의 원자모형 등을 통하여 원자모형이 수정되고 발전되어 온 과정을 이해한다.
⑤ 수소 원자 스펙트럼을 관찰하고, 그 계열을 보어의 원자모형으로 설명한다.
⑥ 프랑크-헤르츠 실험 결과를 통하여 원자 내 불연속적인 에너지준위가 존재함을 안다.
⑦ 질량분석기의 원리를 이해하고 동위 원소를 안다.
⑧ 원자핵의 전하와 크기, 원자핵의 구성 입자 및 기본 입자 등을 이해한다.
⑨ 방사성 원소의 붕괴 과정을 알고, 반감기를 식과 그래프로 나타낸다.
⑩ 자연 방사능과 원자핵의 인공 변환의 예를 알고, 실생활에서 이용되는 방사선에 대하여 조사한다.
⑪ 질량-에너지 등가 원리를 핵변환이 일어날 때 에너지의 관계로 이해한다.
⑫ 원자핵 분열 과정을 이해하고, 원자력의 발전 과정에 이를 적용한다.
⑬ 태양이나 별에서 방출되는 에너지를 핵융합 과정으로 이해한다.

3 2007 개정 과학과 교육과정

2007 개정 교육과정은 제7차 교육과정을 보완하는 수시 개정 작업의 일환으로 개정되었다. 2007 개정 교육과정은 제7차 교육과정의 기본 체제를 유지하면서 운영상의 문제점을 보완하는 수준에서 개정을 최소화하였다. 국민 공통 기본 교육과정은 10년까지 그대로 유지하면서, 심화·보충 과정에 관련된 내용을 제시하지 않았다. 2007 개정 교육과정은 전체적으로 제7차 교육과정을 따르지만 다음과 같은 변화가 있다. 첫째는 영역명에 일부 변화가 있다. 에너지에서 운동과 에너지, 지구에서 지구와 우주로 영역명이 변하였다. 둘째는 각 영역의 주제수가 줄어들었다. 내용 중복을 줄이고 관련 개념을 유기적으로 지도하기 위해 유사한 내용으로 구성된 단원은 통합하였다. 셋째는 각 학년별로 자유 탐구를 도입하였다. 학생들의 탐구능력 신장과 과학의 흥미를 위해서 1년에 6시간 자유탐구활동 시간을 편성하였다. 넷째는 과학 내용 및 과학과 관련된 사회적 쟁점에 대한 과학 글쓰기와 토론을 강화하였다. 첨단 과학, 과학자, 과학사 등과 관련된 자료를 활용하여 과학 글쓰기 능력을 신장시키도록 하였다. 2007 개정 교육과정 과학 학년별 지식 영역 내용 체계표 표 1-18을 보면 제7차 교육과정 과학 학년별 지식 영역 내용 체계표와 비교하여 주제수가 반으로 줄었고, 일부 주제는 생략되거나 다른 학년으로 이동된 것을 알 수 있다.

표 1-18 학년별 지식 영역 내용 체계(교육인적자원부, 2007)

영역＼학년	3	4	5	6	7	8	9	10	
운동과 에너지	·자석의 성질 ·빛의 직진	·무게 ·열 전달	·물체의 속력 ·전기 회로	·빛 ·에너지 ·자기장	·힘과 운동 ·정전기	·열에너지 ·빛과 파동	·일과 에너지 ·전기	·물체의 운동 ·전자기	·자연계에서의 에너지
물질	·물체와 물질 ·액체와 기체 ·혼합물 분리	·물의 상태 변화	·용해와 용액	·산과 염기 ·여러 가지 기체 ·연소와 소화	·물질의 세 가지 상태 ·분자의 운동 ·상태 변화와 에너지	·물질의 구성 ·우리 주위의 화합물	·물질의 특성 ·전해질과 이온	·화학 반응에서의 규칙성 ·여러 가지 화학 반응	
생명	·동물의 한살이 ·동물의 세계	·식물의 한살이 ·식물의 세계	·식물의 구조와 기능 ·작은 생물의 세계 ·우리의 몸	·생태계와 환경	·생물의 구성과 다양성 ·식물의 영양	·소화와 순환 ·호흡과 배설	·자극과 반응 ·생식과 발생	·유전과 진화 ·생명 과학과 인간의 미래	
지구와 우주	·날씨와 우리 생활	·지층과 화석 ·화산과 지진 ·지표의 변화	·지구와 달 ·태양계와 별	·날씨의 변화 ·계절의 변화	·지각의 물질과 변화 ·지각 변동과 판구조론	·태양계 ·별과 우주	·대기의 성질과 일기 변화 ·해수의 성분과 운동	·지구계 ·천체의 운동	

3.1 중학교 과학

제7학년부터 9학년까지 지도하는 내용을 보면 다음과 같다.

- 7학년: 물질의 세 가지 상태, 분자의 운동, 상태 변화와 에너지, 생물의 구성과 다양성, 지각의 물질과 변화, 식물의 영양, 힘과 운동, 지각의 변동과 판구조론, 정전기
- 8학년: 열에너지, 물질의 구성, 우리 주위의 화합물, 소화와 순환, 태양계, 빛과 파동, 호흡과 배설, 별과 우주
- 9학년: 자극과 반응, 물질의 특성, 일과 에너지, 대기의 성질과 일기 변화, 전기, 전해질과 이온, 해수의 성분과 운동, 생식과 발생

학습하는 내용의 단원 수는 7학년은 9단원이며, 8, 9학년은 8단원으로 구성되어 있다. 교육과정의 학년별 내용은 지식과 탐구 분야로 나누어 기술되었다. 지식에는 해당 학년의 해당 단원에서 다루어야 하는 사실이나 개념, 원리를 기술하였으며, 탐구 활동에서는 해당 단원의 학습에서 반드시 해야 할 필수 탐구 활동을 기술하였다. 성취 기준 형태로 기술된 지식에는 그 지식을 성취하기 위한 방법 또는 탐구 활동은 제시하지 않았다. 그 이유는 그러한 지식을 성취하기 위해서 교사가 사용할 수 있는 교수 학습 방법은 다양하기 때문이다.

3.2 고등학교 과학

국민 공통 기본 교육과정의 '과학'은 3학년부터 10학년까지 모든 학생들이 학습하는 교과이다. '과학'의 교육목표는 과학의 기본 개념을 이해하고 과학적 탐구 능력과 태도를 함양하여 일상생활의 문제를 창의적이고 합리적으로 해결하는 데 필요한 과학적 소양을 기르는 데 있다. '과학'은 초등학교 1, 2학년의 슬기로운 생활과 고등학교 2, 3학년의 물리 I, 화학 I, 생명 과학 I, 지구 과학 I, 물리 II, 화학 II, 생명 과학 II, 지구 과학 II 과목과 긴밀한 연계를 가지도록 구성한다(교육인적자원부, 2007).

'과학'의 내용은 운동과 에너지, 물질, 생명, 지구와 우주 영역으로 구성하되, 기본 개념과 탐구 과정이 학년과 영역 간에 연계되도록 한다. 또한 학생들의 과학에 대한 흥미를 높이고 창의력을 신장시킬 수 있도록 학생 스스로 관심 있는 주제를 선정하여 탐구할 수 있는 '자유 탐구'를 포함하여 구성한다. '과학'에서는 학생 수준에 따라 관찰, 실험, 조사, 토론 등 다양한 탐구 활동 중심의 학습이 이루어지

도록 한다. 그리고 '과학'의 주요 개념을 학습자의 경험과 밀접한 관련이 있는 상황에서 지도하고, 학습한 지식과 탐구 방법을 일상생활이나 사회 문제 해결에 적용할 수 있는 기회를 제공함으로써 과학의 가치뿐만 아니라 과학, 기술, 사회의 상호 관계를 인식할 수 있도록 한다(교육인적자원부, 2007).

2007 개정 교육과정 고등학교 '과학'의 목표 및 내용 체계는 다음과 같다(교육인적자원부, 2007).

가. 고등학교 '과학' 목표

고등학교 '과학' 목표는 자연 현상과 사물에 대하여 흥미와 호기심을 가지고 탐구하여 과학의 기본 개념을 이해하고, 과학적 사고력과 창의적 문제 해결력을 길러 일상생활의 문제를 창의적이고 과학적으로 해결하는 데 필요한 과학적 소양을 기르는 데 있다.

① 과학의 기본 개념을 이해하고, 자연 탐구와 일상생활의 문제 해결에 이를 적용한다.
② 자연을 과학적으로 탐구하는 능력을 기르고, 일상생활의 문제 해결에 이를 활용한다.
③ 자연현상과 과학 학습에 대한 흥미와 호기심을 기르고, 일상생활의 문제를 과학적으로 해결하려는 태도를 함양한다.
④ 과학, 기술, 사회의 상호 관계를 인식한다.

나. 고등학교 '과학' 내용 체계

고등학교 '과학' 지식 영역은 운동과 에너지, 물질, 생명, 지구와 우주 단원으로 나누어져 있고, 운동과 에너지 영역에는 물체의 운동, 전자기, 물질 영역에는 화학 반응에서의 규칙성, 여러 가지 화학 반응, 생명 영역에는 유전과 진화, 생명 과학과 인간의 미래, 지구 영역에는 지구의 변동, 대기와 해양으로 구성되어 있다(표 1-19).

표 1-19 고등학교 과학 영역별 내용(교육인적자원부, 2007a)

영역 \ 학년	10	
운동과 에너지	· 물체의 운동 · 전자기	· 자연계에서의 에너지
물질	· 화학 반응에서의 규칙성 · 여러 가지 화학 반응	
생명	· 유전과 진화 · 생명 과학과 인간의 미래	
지구와 우주	· 지구계 · 천체의 운동	

2007 개정 고등학교 '과학' 영역의 운동과 에너지 영역의 소단원 내용 및 탐구 활동을 자세히 알아보면 다음과 같다(교육인적자원부, 2007a).

- 물체의 운동

① 속도와 가속도를 설명할 수 있다.
② 등속 직선 운동과 등가속도 직선 운동을 설명할 수 있다.
③ 관성의 법칙을 예를 들어 설명할 수 있다.
④ 힘, 질량, 가속도의 관계를 설명할 수 있다.
⑤ 작용·반작용의 법칙을 이해한다.

탐구활동

① 물체의 속도와 가속도 측정하기
② 힘, 질량, 가속도의 관계를 알아보는 실험하기

- 전자기

① 전류가 흐르는 직선 도선, 원형 도선, 솔레노이드 주위에 생기는 자기장을 설명할 수 있다.
② 자기장 속에서 전류에 작용하는 힘을 설명할 수 있다.
③ 전자기 유도 현상을 설명할 수 있다.

탐구활동

① 전류가 흐르는 도선 주위에 생기는 자기장에 영향을 주는 요인 알아보기
② 전자기 유도 실험하기

3.3 고등학교 물리 I, II

가. 물리 I

'물리 I'은 국민 공통 기본 교육과정의 '과학'을 이수한 학생을 대상으로 하며, 물리학적 소양을 함양하기 위한 과목이다. '물리 I'의 내용은 운동, 전기, 파동, 현대 물리의 응용 등의 4개 영역으로 구성되었다. 각 영역은 실생활 관련 주제를 중심으로 우리에게 유용한 물리의 기본 개념들을 이해할 수 있도록 구성하였으며, 물리의 유용성에 대하여 인식할 수 있도록 하였다(교육인적자원부, 2007b). 예를 들어 운동은 스포츠나 탈 것 등과 연관시켜 단원을 전개하도록 하며, 전기는 생활과 관련하여, 파동은 정보 통신에서의 활용과 관련하여, 현대 물리의 응용에서는 의료 및 산업 기기와 관련하여 내용을 구성하였다. '물리 I'에서는 학습자의 경험과 관련된 주제를 중심으로 학생의 학습 동기를 유발하여 물리학의 기본 개념을 지도하고, 관찰, 실험, 조사, 토론 등 다양한 활동을 통하여 탐구하는 능력을 기르도록 하였다(교육인적자원부, 2007b).

2007 개정 교육과정 고등학교 물리 I의 목표 및 내용 체계는 다음과 같다(교육인적자원부, 2007b).

1) 물리 I의 목표

물리 I의 목표는 자연 현상에 대하여 흥미와 호기심을 가지고 탐구하여 물리학의 기본 개념을 이해하고, 과학적 사고력과 창의적 문제 해결력을 길러, 자연 현상과 관련된 문제를 과학적으로 해결하는 데 필요한 과학적 소양을 기르는 데 있다.

① 물리학의 기본 개념을 이해하고, 자연 현상의 탐구와 일상생활의 문제 해결에 이를 적용한다.
② 자연 현상을 과학적으로 탐구하는 능력을 기르고, 일상생활의 문제 해결에 이를 활용한다.
③ 자연 현상에 흥미와 호기심을 가지고, 자연 현상과 관련된 문제를 과학적으로 해결하려는 태도를 기른다.
④ 과학, 기술, 사회의 상호 관계를 인식한다.

2) 물리 I의 내용

물리 I의 내용은 운동, 전기, 파동, 현대 물리의 응용 등 4개의 영역으로 되어 있으며, 각 영역은 5~8개의 내용 요소로 되어 있다(표 1-20).

표 1-20 물리 I의 영역 및 내용 요소(교육인적자원부, 2007)

영역	내용 요소
운동	상대 속도, 가속도 운동, 마찰력, 운동 법칙, 운동량과 충격량, 운동량 보존 법칙
전기	직류와 교류, 비저항, 저항의 연결, 전력, 전자기 유도
파동	Huygens의 원리, 파동의 굴절, 렌즈에 의한 상, 전반사, 중첩의 원리, 간섭과 정상파, 회절, 전자기파
현대 물리의 응용	초음파, X선, 방사선, 반도체, 센서, 초전도체, 레이저

2007 개정 고등학교 물리 I 영역의 운동, 전기, 파동, 현대 물리의 응용 소단원 내용 및 탐구활동을 자세히 알아보면 다음과 같다(교육인적자원부, 2007b).

- 운동

① 상대 속도를 속도의 합성으로 설명할 수 있다.
② 등가속도 직선 운동하는 물체의 시간, 변위, 속도의 관계를 식과 그래프로 나타내고 설명할 수 있다.
③ 마찰력의 특성을 알고, 마찰력이 작용할 때의 운동을 설명할 수 있다.
④ 여러 가지 스포츠 상황이나 탈 것과 관련하여 운동 법칙을 이해하고, 이를 이용하여 운동 기능을 향상시키기 위한 방안을 설명할 수 있다.
⑤ 충돌 현상에서 운동량과 충격량의 관계를 설명할 수 있다.
⑥ 운동량 보존 법칙을 이용하여 직선상에서의 충돌 현상을 분석할 수 있다.
⑦ 스포츠 장비의 발달과 선수의 경기력 향상에 물리학이 어떻게 기여했는지 예를 들어 설명할 수 있다.

탐구활동

① 마찰력 실험하기
② 운동량 보존 법칙 실험하기

- 전기

① 직류와 교류의 차이를 설명할 수 있다.
② 도선의 길이, 단면적, 비저항과 저항의 관계를 안다.
③ 여러 개의 저항이 연결된 회로에서 합성 저항을 구할 수 있다.
④ 온도에 따라 저항이 변화됨을 안다.
⑤ 저항에서 발생하는 열량을 전압, 전류, 저항의 관계로 설명할 수 있다.

⑥ 전자기 유도 현상을 패러데이 법칙으로 설명할 수 있다.
⑦ 현대의 전기 문명에 물리학이 어떻게 기여했는지 예를 들어 설명할 수 있다.

탐구활동

① 여러 가지 전자기 유도 현상 관찰하기

• 파동

① 파동이 진행하는 현상을 Huygens의 원리로 설명할 수 있다.
② 파동의 굴절을 이해한다.
③ 실생활에서 렌즈에 의해 상이 맺히는 현상을 찾아 그 원리를 설명할 수 있다.
④ 광섬유에서의 빛의 진행을 전반사로 설명할 수 있다.
⑤ 파동의 간섭 현상이 나타나는 이유를 중첩의 원리로 설명할 수 있다.
⑥ 줄에서 정상파가 만들어지는 원리를 설명할 수 있다.
⑦ 파동의 회절에 영향을 주는 요인들을 안다.
⑧ 실생활에서 전자기파가 사용되는 예를 들 수 있다.
⑨ 정보 통신 기술의 발달에 물리학이 어떻게 관련이 있는지 예를 들어 설명할 수 있다.

탐구활동

① 빛의 굴절 실험하기
② 파동의 간섭 실험하기

• 현대 물리의 응용

① 파동의 반사를 이용하여 초음파 진단의 기본 원리를 이해하고, 활용하는 예를 들 수 있다.
② X선 진단의 원리를 투과율의 차이로 설명할 수 있다.
③ 방사성 원소의 성질을 이해하고, 방사성 원소를 진단이나 치료에 활용하는 예를 들 수 있다.
④ 반도체의 특성을 알고, 반도체를 이용한 전기 회로가 실생활에서 사용되는 예를 들 수 있다.
⑤ 다양한 센서를 이용하면 여러 가지 물리량을 전기 신호로 전환할 수 있음을 안다.
⑥ 초전도체의 특징과 응용 분야를 정성적으로 설명할 수 있다.
⑦ 레이저의 특성에 대하여 알고, 실생활에서 활용되는 예를 들 수 있다.

⑧ 현대 의료 기기 및 산업과 기술의 발달에 물리학이 기여한 바를 이해한다.

탐구활동

① 물리학이 의학에 응용된 사례 조사하기

나. 물리 II

'물리 II'는 '물리 I'을 이수하고 과학과 관련된 분야를 전공하고자 하는 학생을 대상으로, 심화된 물리 개념과 다양한 탐구 방법을 적용하여 물리 현상과 관련된 문제를 해결하는 능력을 기르기 위한 과목이다. '물리 II'의 내용은 운동과 에너지, 전기장과 자기장, 원자와 원자핵의 영역으로 구성되었다(교육인적자원부, 2007b). '물리 II'의 학습에서는 물리학의 기본 개념들을 체계적으로 다루는 데 중점을 두었다. 각 영역에서는 물리학에서 활발히 연구되고 있는 내용과 관련된 기본 개념들을 체계적으로 다루었다. 또한, 최근의 연구 결과나 연구 동향과 관련된 물리 현상을 이용하여 학생의 흥미를 유발하고, 자기 주도적 활동을 강조하여 과학적 태도 및 창의적인 문제 해결력을 기르는 데 있다(교육인적자원부, 2007b).

2007 개정 교육과정 고등학교 물리 II의 목표 및 내용 체계는 다음과 같다(교육인적자원부, 2007b).

1) 물리 II의 목표

고등학교 물리 II의 목표는 자연 현상에 대하여 흥미와 호기심을 가지고 탐구하여, 과학과 관련된 전공 분야로 진출하는 데 필요한 물리학의 전공 기초 소양을 기르는 데 있다.

① 물리학의 개념을 체계적으로 이해하고, 자연 현상의 탐구와 문제 해결에 이를 적용한다.
② 자연 현상을 과학적으로 탐구하는 능력을 기르고, 자연 현상과 관련된 문제 해결에 이를 활용한다.
③ 자연 현상과 물리학 학습에 흥미와 호기심을 가지고, 자연 현상과 관련된 문제를 과학적으로 해결하려는 태도를 기른다.
④ 과학, 기술, 사회의 상호 관계를 인식한다.

2) 물리 II의 내용

물리 II의 내용은 운동과 에너지, 전기장과 자기장, 원자와 원자핵 등 3개의 영역으로 되어 있으며, 각 영역은 5~7개의 내용 요소로 되어 있다(표 1-21).

표 1-21 물리 II의 영역 및 내용 요소(교육인적자원부, 2007b)

영역	내용 요소
운동과 에너지	힘의 합성과 분해, 중력장 내의 운동, 등속 원운동과 관성력, 단진동, 만유인력에 의한 운동, 이상 기체 분자운동론, 열역학 법칙
전기장과 자기장	Coulomb 법칙, 전기장과 전위, 전지의 내부저항, 자기장에서 전하가 받는 힘, 자체 유도와 상호유도
원자와 원자핵	빛과 물질의 이중성, 보어의 원자모형과 수소 원자, 원자핵의 구성, 원자핵 변환, 질량-에너지 등가 원리

2007 개정 고등학교 물리 II 영역의 운동과 에너지, 전기장과 자기장, 원자와 원자핵 내용 및 탐구활동을 자세히 알아보면 다음과 같다(교육인적자원부, 2007b).

- 운동과 에너지

① 한 물체에 작용하는 힘을 합성, 분해할 수 있다.
② 지표면 근처에서 일어나는 연직선상의 운동과 포물선 운동을 분석할 수 있다.
③ 등속 원운동하는 물체의 운동을 분석할 수 있고, 관성력을 이해한다.
④ 단진자와 용수철 진자의 주기에 영향을 주는 요인을 안다.
⑤ 만유인력의 법칙을 이해한다.
⑥ 만유인력에 의한 역학적 에너지 보존을 이해하고 인공위성의 운동에 적용할 수 있다.
⑦ 기체의 온도와 압력을 분자운동으로 설명할 수 있다.
⑧ 열역학 제1법칙과 열역학 제2법칙을 이해한다.
⑨ 실생활과 현대 과학 기술 문명 속에서 역학적 에너지 보존 법칙을 응용한 예를 찾아 설명할 수 있다.

탐구활동

① 중력 가속도 측정 실험하기
② 등속 원운동 실험하기

• 전기장과 자기장

① Coulomb의 법칙을 이해한다.
② 전기장과 전위를 이해한다.
③ 단자전압과 기전력 및 내부저항의 관계를 이해한다.
④ 자기장 속에서 운동하는 전하가 받는 힘과 평행한 두 도선 사이에 작용하는 힘을 설명할 수 있다.
⑤ 코일에 흐르는 전류가 변할 때 일어나는 자체 유도와 상호유도 현상을 이해한다.
⑥ 실생활과 현대 과학 기술 문명 속에서 전자기력을 응용한 예를 찾아 설명할 수 있다.

탐구활동

① 전지의 기전력 측정 실험하기
② 상호유도 현상 관찰하기

• 원자와 원자핵

① 광전효과와 전자의 회절 현상을 이용하여 빛과 물질의 이중성을 설명할 수 있다.
② 수소 원자 스펙트럼의 계열성을 보어의 원자모형으로 설명할 수 있고, 원자모형이 양자 역학에 의하여 수정되고 발전되어 왔음을 안다.
③ 원자핵의 구성 입자를 알고, 기본 입자를 이해한다.
④ 원자핵 변환과 방사선의 관계를 이해한다.
⑤ 질량-에너지 등가 원리를 원자핵 분열과 원자핵 융합에 적용할 수 있다.
⑥ 핵에너지의 안전한 이용 방법을 설명할 수 있다.

탐구활동

① 원자핵 변환을 응용한 예 조사하기

4 2009 개정 과학과 교육과정

2007 개정 교육과정은 제7차 교육과정의 기본적인 큰 틀은 그대로 유지하면서 적용상의 문제점을 개선하는 방향에서 개정이 이루어졌다면, 2009 개정 교육과정은 2007 개정 교육과정의 기본적인 큰 틀을 바꾸는 방향으로 개정이 이루어졌다. 2009 개정 교육과정의 특징은 교과군, 학년군 도입과 공통 교육과정을 학제와 일치시키고 고등학교의 핵심 역량을 강화시킨 데 있다. 학년군은 초등학교는 1~2학년, 3~4학년, 5~6학년의 3개 학년군으로, 중학교와 고교는 3개 학년을 각각 1개 학년군으로 설정하였다. 교과군, 학년군 도입은 초등학교에서는 학생들의 학기당 이수 과목 수를 줄여주는 효과가 있으며, 중·고등학교에서는 집중이수제로 학기당 이수과목을 10~13과목에서 8과목 이하로 축소된다. 초·중학교에서 통합 운영 가능한 교과는 특정 학기, 학년에 집중 이수할 수 있도록 하였고, 고등학교는 1년 동안 두 개 학기에 나누어 배우던 것을 한 학기에 집중해서 학습할 수 있도록 하였다. 2009 개정 교육과정에서는 공통 교육과정을 중학교 3학년까지 9학년으로 하여 기간과 일치하도록 하고, 창의적인 인재 양성, 과학의 통합교과적 성격을 강조하였다.

2009 개정 교육과정 과학 과목에서는 2007 개정 교육과정에서 시도되었던 주제 중심의 접근을 포기한 대신 내용을 일부 이동하였다. 특히 꼭 필요한 개념이라면 어렵더라도 효율적인 교수 방법을 개발하여 적극적으로 가르침으로써 학생들이 실생활에서 활용할 수 있고, 이공계 대학 진학에 도움이 되도록 개정되었다(조희형 외, 2012). 표 1-22는 초등학교 3~4 및 5~6학년군 지식 내용 체계표이고, 표 1-23은 중학교 1~3학년군 지식 내용 체계표이다.

표 1-22 초등학교 3~4 및 5~6학년군 지식 내용 체계(교육과학기술부, 2011)

학년군	3~4학년군		5~6학년군	
물질과 에너지	· 물체의 무게 · 물체와 물질 · 기체 · 소리와 성질	· 자석의 이용 · 혼합물의 분리 · 거울과 그림자 · 물의 상태 변화	· 온도와 열 · 용해와 용액 · 산과 염기 · 물체의 빠르기	· 전기의 작용 · 여러 가지 기체 · 렌즈의 이용 · 연소와 소화
생명과 지구	· 지구와 달 · 동물의 한살이 · 동물의 생활 · 지표의 변화	· 식물의 한살이 · 화산과 지진 · 식물의 생활 · 지층과 화석	· 날씨와 우리 생활 · 식물의 구조와 기능 · 태양계와 별 · 우리 몸의 구조와 기능	· 지구와 달의 운동 · 생물과 환경 · 생물과 우리 생활 · 계절의 변화

표 1-23 중학교 1~3학년군 지식 내용 체계(교육과학 기술부, 2011)

<table>
<tr><th>학년군</th><th colspan="5">중학교 1~3학년군</th></tr>
<tr><td>물질과
에너지</td><td rowspan="2">과
학
이
란
?</td><td>· 힘과 운동
· 열과 우리 생활
· 분자운동과 상태 변화</td><td>· 물질의 구성
· 빛과 파동
· 물질의 특성
· 일과 에너지 전환</td><td>· 전기와 자기
· 화학 반응에서의 규칙성
· 여러 가지 화학 반응</td><td rowspan="2">과
학
과
인
류
문
명</td></tr>
<tr><td>생명과
지구</td><td>· 지구계와 지권의 변화
· 광합성
· 수권의 구성과 순환</td><td>· 기권과 우리 생활
· 소화 · 순환 · 호흡 · 배설
· 자극과 반응</td><td>· 태양계
· 생식과 발생
· 유전과 진화
· 외권과 우주 개발</td></tr>
</table>

4.1 중학교 과학

중학교 1학년부터 3학년군 지도 내용을 보면 다음과 같다.

- 물질과 에너지

  힘과 운동, 열과 우리 생활, 분자운동과 상태 변화, 물질의 구성, 빛과 파동, 물질의 특성, 일과 에너지 전환, 전기와 자기, 화학 반응에서의 규칙성, 여러 가지 화학 반응
- 생명과 지구

  지구계와 지권의 변화, 광합성, 수권의 구성과 순환, 기권과 우리 생활, 소화·순환·호흡·배설, 자극과 반응, 태양계, 생식과 발생, 유전과 진화, 외권과 우주 개발

중학교 1~3학년군 성취 기준은 다음과 같다. 첫째, 기초 탐구 능력의 바탕 위에 통합 탐구 과정이 포함된 탐구 활동을 통하여 종합적인 과학 탐구 능력을 기른다. 둘째, '과학이란?' 영역을 통하여 과학에 대한 흥미와 호기심을 갖고, 과학을 학습하려는 태도를 기른다. 셋째, 물질과 에너지 분야에서는 힘과 운동, 열과 우리 생활, 분자운동과 상태 변화, 물질의 구성, 빛과 파동, 물질의 특성, 일과 에너지 전환, 전기와 자기, 화학 반응에서의 규칙성, 여러 가지 화학 반응으로 물질과 에너지의 주요 과학 개념을 이해한다. 넷째, '생물과 지구' 분야에서는 지구계와 지권의 변화, 광합성, 수권의 구성과 순환, 기권과 우리생활, 소화·순환·호흡·배설, 자극과 반응, 태양계, 생식과 발생, 유전과 진화, 외권과 우주 개발의 주요 개념을 이해한다(교육과학기술부, 2009).

4.2 고등학교 과학

고등학교 선택 교육과정의 '과학'은 학생들이 민주주의 사회의 구성원으로서 갖추어야 할 최소한의 과학적 소양을 함양하기 위한 과목이다. '과학'은 제1부 '우주와 생명'과 제2부 '과학과 문명'으로 구성된다. 제1부에서는 우주의 탄생에서부터 태양계의 형성 및 생명체의 출현에 이르는 과정에 관한 주요 과학 개념의 이해를 바탕으로 한다. 이 과정을 통해서 과학자들이 가졌던 의문과 해결 방안을 탐색하게 함으로써 과학의 본성을 이해하게 한다. 제2부에서는 첨단 과학 기술을 기반으로 하는 현대 사회에 대한 과학의 기여를 이해한다. 정보통신과 신소재, 인류의 건강과 과학 기술, 에너지와 환경 등에 관련된 기초적인 과학 개념을 학습함으로써 올바른 의사소통과 판단 능력을 갖추도록 한다(교육과학기술부, 2009). '과학'에서는 물리, 화학, 생명 과학, 지구 과학의 기본 개념들이 적절하게 균형을 이루면서 자연스럽게 융합되도록 구성되었다. '과학'을 통하여 학생들이 심화된 물리, 화학, 생명 과학, 지구 과학을 학습할 수 있는 의욕을 갖도록 한다. 또한 관찰, 실험, 조사, 토론 등 다양한 활동을 통하여 과학적 탐구 방법과 과정을 이해하게 하고, 이를 바탕으로 창의적 문제 해결 능력과 시민 사회에서 합리적인 의사결정을 위한 과학적 사고력을 기르도록 한다(교육과학기술부, 2009).

2009 개정 교육과정 고등학교 '과학'의 목표 및 내용을 보면 다음과 같다(교육과학기술부, 2009).

가. 고등학교 과학 목표

① 우주와 생명, 그리고 현대 문명과 사회를 이해하는 데 필요한 과학 개념을 통합적으로 이해한다.

② 자연을 과학적으로 탐구하는 능력을 기르고, 과학 지식과 기술이 형성되고 발전하는 과정을 이해한다.

③ 자연 현상과 과학 학습에 대한 흥미와 호기심을 기르고, 일상생활의 문제를 과학적으로 해결하려는 태도를 함양한다.

④ 과학·기술·사회의 상호 작용을 이해하고, 과학 지식과 탐구 방법을 활용한 합리적 의사 결정 능력을 기른다.

나. 고등학교 과학 내용 체계

고등학교 "과학" 지식 영역은 우주와 생명, 과학과 문명 단원으로 나누어져 있다.

우주와 생명 영역에는 우주의 기원과 진화, 태양계와 지구, 생명의 진화 영역으로 세분되고, 과학과 문명 영역에는 정보통신과 신소재, 인류의 건강과 과학 기술, 에너지와 환경으로 세분되었다(표 1-24).

표 1-24 고등학교 과학영역 및 내용 요소(교육과학기술부, 2009)

영역			내용 요소
우주와 생명	우주의 기원과 진화	우주의 기원	우주의 팽창, 허블의 법칙, 선스펙트럼, 우주의 나이
		빅뱅과 기본입자	기본 입자, 양성자, 중성자, 원자핵의 형성
		원자의 형성	수소와 헬륨 원자, 우주배경복사
		별과 은하	별의 탄생과 진화, 무거운 원소의 합성, 은하의 구조, 성간 화합물, 공유 결합, 반응 속도
	태양계와 지구	태양계의 형성	태양계 형성 과정, 태양 에너지, 지구형 행성, 목성형 행성
		태양계의 역학	케플러의 법칙, Newton의 운동 법칙, 행성의 운동, 지구와 달의 운동, 자전, 공전
		행성의 대기	탈출 속도, 행성 대기의 차이, 분자 구조와 성질
		지구	지구의 진화, 지구계, 지구의 원소 분포, 지자기
	생명의 진화	생명의 탄생	원시 지구, 화학 반응과 화학적 진화, 탄소 화합물, 생명의 기본 요소, DNA, 단백질, 세포막의 구조
		생명의 진화	원시 생명체의 탄생, 광합성과 대기의 산소, 화석, 지질 시대, 원핵세포, 진핵세포, 생물의 다양성
		생명의 연속성	유전자와 염색체, 유전 암호, 세포 분열, 유전자의 복제와 분배, 생식을 통한 유전자 전달
과학과 문명	정보 통신과 신소재	정보의 발생과 처리	정보의 발생, 센서, 디지털 정보 처리
		정보의 저장과 활용	저장 매체, 디스플레이, 정보 처리의 응용
		반도체와 신소재	반도체 특성, 반도체 소자, 고분자 소재
		광물 자원	광물의 유형, 생성 과정, 탐사, 활용
	인류의 건강과 과학 기술	식량 자원	육종, 비료, 식품 안전, 생태계와 생물 다양성
		과학적 건강 관리	영양, 물질대사, 질병과 면역, 물의 소독, 세제, 천연 및 합성 의약품, 건강 검진
		첨단 과학과 질병 치료	첨단 영상 진단, 암의 발생과 진단, 치료
	에너지와 환경	에너지와 문명	에너지의 종류·보존·전환, 에너지 보존 법칙, 에너지 효율, 화석 연료
		탄소 순환과 기후 변화	지구 에너지의 균형, 온실 효과와 기후 변화, 탄소 순환, 광합성과 이산화탄소의 환원
		에너지 문제와 미래	에너지 자원의 생성과 고갈, 신재생에너지, 핵에너지, 지속가능 발전과 에너지

2009 개정 고등학교 '과학' 영역의 문명의 정보통신, 신소재 및 에너지와 환경 영역의 내용 및 탐구활동을 자세히 알아보면 다음과 같다(교육과학기술부, 2009).

- 정보 통신과 신소재

① 빛, 힘, 소리, 온도 변화, 압력 변화, 탄성파, 전자기파 등 자연계의 물리적 정보 발생 과정을 이해하고, 아날로그 정보와 디지털 정보의 의미와 차이를 이해한다.

② 정보를 인식하는 여러 가지 센서의 기본 작동 원리를 과학적으로 이해하고 휴대전화, 광통신 등 첨단 정보 전달 기기를 통하여 정보가 다른 형태로 변환되어 전달되는 과정을 이해한다.

③ 하드디스크 등 여러 가지 디지털 정보 저장 장치의 원리와 구조를 이해하고, 자기 기록 카드 등의 전자기적 원리와 활용 방법을 이해한다.

④ 눈에서 색을 인식하는 세포의 특성과 빛의 3원색 사이의 관계를 이해하고, 이를 바탕으로 LCD 등 영상 표현 장치와 디지털 카메라 등 영상 저장 장치의 원리와 구조를 과학적으로 이해한다.

⑤ 고체에 대한 에너지 띠구조를 바탕으로 도체, 부도체, 반도체의 차이를 이해하고, 초전도체와 액정 등 새로운 소재의 물리적 원리를 이해한다.

⑥ 반도체의 도핑과 반도체 소자의 전기적 특성을 통해 다이오드와 트랜지스터, 고집적 메모리의 구조와 활용 방법을 이해한다.

⑦ 고분자 물질의 구조와 특성을 바탕으로 합성섬유, 합성수지, 나노 물질 등 다양한 첨단 소재의 원리와 활용 방법을 이해한다.

⑧ 중요한 광물 자원의 생성 과정과 유형, 분포와 탐사 방법을 이해하고, 광물 자원의 여러 가지 활용 방법을 안다.

탐구활동

① CD 표면을 현미경으로 관찰하고, 레이저의 파장과 기록 밀도의 관계를 조사하고 토론하기

② 간단한 코일과 자석을 이용한 전자기 신호 변환 센서를 제작하고, 활용 방법을 고안하기

③ 자연을 모방하여 만드는 신소재에는 어떤 것이 있는지를 조사하고 토론하기

④ 현대 사회에서 많이 사용되는 주요 광물 자원에 대해 조사하고 토론하기

⑤ 광물 자원의 생성 과정 조사 및 고갈 문제에 대한 토론하기

- 에너지와 환경

① 에너지가 다양한 형태로 존재하고, 자연이나 일상생활에서 에너지가 다른 형태로 전환되는 과정에서 에너지가 보존되는 것을 이해한다.
② 지구의 가장 중요한 에너지원이 태양 에너지와 화석 연료임을 알고, 에너지를 빛, 열, 소리, 전기 등으로 전환시키는 기술을 바탕으로 인류 문명이 발전했음을 이해한다.
③ 에너지 전환 과정의 효율을 이해하고, 영구기관이 불가능함을 안다.
④ 지구의 에너지 순환 과정으로서 대기와 해양의 순환을 이해하고, 엘리뇨나 라니냐와 같은 해양 순환의 변화가 기후에 심각하게 영향을 미친다는 것을 이해한다.
⑤ 화석 연료의 사용을 산화와 환원 과정으로 이해하고, 화석 연료의 과다 사용에 따른 지구 온난화와 기후 변화를 이해한다.
⑥ 식물의 광합성을 이산화탄소의 환원 과정임을 탄소의 순환과 관련하여 설명하고, 광합성에서 빛 에너지의 역할을 빛의 특성과 관련하여 이해한다.
⑦ 화석 연료와 방사성 에너지 자원의 생성 과정을 이해하고, 에너지 자원의 고갈에 따른 문제를 이해한다.
⑧ 태양, 풍력, 조력, 파력, 지열, 바이오 등의 재생 에너지, 핵융합이나 수소와 같은 새로운 에너지 자원에 대해 알고, 에너지 자원의 활용을 지속가능한 발전의 관점에서 이해한다.
⑨ 태양전지, 연료전지, 하이브리드 기술의 기본적인 원리를 이해하고 이러한 기술의 필요성을 환경적 관점에서 이해한다.

탐구활동

① 자전거, 놀이 기구, 운동 기구 등을 이용한 발전 기구를 고안하기
② 광원의 색에 따른 식물의 광합성량 비교하기
③ 여러 가지 연료의 연소열 측정하기
④ 태양열 집열판을 이용하여 물 끓이기
⑤ 온실 기체 배출을 줄이기 위한 이산화탄소 발생 총량 조절 방안에 대해 조사하고 토론하기
⑥ 물의 광분해에 의한 수소 생산에 대해 탐구하고 수소 에너지가 이상적인 에너지가 될 수 있는지에 대해 토론하기
⑦ 기후 변화로 인한 지구 미래 시나리오를 작성하고 극복하기 위한 방안에 대해 토론하기
⑧ 지구 기온 변화 자료 분석을 통하여 지구 온난화 경향에 대해 토론하기

⑨ 관측 자료를 활용하여 한반도의 기후 변화 경향성에 대해 토론하기
⑩ 화석 연료(에너지 자원)의 생성 과정 조사 및 고갈 문제에 대해 토론하기

4.3 고등학교 물리 I, II

가. 물리 I

고등학교 '물리 I'은 물리학의 기본 개념을 바탕으로 자연 현상과 첨단 과학 기술에 대한 이해를 기본 목표로 하며, 물리학에 대한 소양을 함양하기 위한 과목이다. '물리 I'의 내용은 시공간과 우주, 물질과 전자기장, 정보와 신호, 에너지 등의 영역으로 구성되었다. 각 영역의 내용은 실생활 관련 주제를 중심으로 물리학의 기본 개념들을 이해하고 적용할 수 있도록 구성되었으며, 미래 사회에 적합한 과학적 소양인 양성을 위해 현대 물리학의 내용을 포괄적으로 도입하였다. 실생활 관련 주제와 현대 물리학의 내용은 단순히 정보를 제공하는 형식으로 제시하지 않고, 논의하고 체험하며 탐구할 수 있는 방법으로 도입하였다(교육과학기술부, 2009). '물리 I'의 내용들은 물리학 이론의 개념적 구조뿐 아니라, 학생의 선행 개념과 지적 수준, 학생의 경험과 흥미, 인지적 학습 과정에서 밝혀진 연구 결과 등을 반영하여 제시하였다. 또 내용의 이해를 돕기 위해 다양한 학습 전략과 활동들을 포함하여 능동적 학습이 이루어질 수 있도록 구성되었다. '물리 I'의 탐구활동은 과학의 본성에 맞도록 구성하였으며, 탐구 문제의 발견으로부터 결론 도출에 이르기까지의 다양한 탐구 기능을 균형 있게 다루도록 하였다. 또한 실험탐구뿐 아니라 사고중심의 탐구활동, 조사와 토론 등 다양한 활동 유형들을 다루고, 탐구활동 과정 속에서 자연스럽게 창의적 사고가 활용되고 발현되도록 하였다(교육과학기술부, 2009).

2009 개정 교육과정 고등학교 물리 I의 목표 및 내용을 보면 다음과 같다(교육과학기술부, 2009).

1) 물리 I의 목표

물리 I의 목표는 자연 현상에 대하여 흥미와 호기심을 가지고 탐구하여 물리학의 기본 개념을 이해하고, 과학적 사고력과 창의적 문제 해결력을 길러 자연 현상에 대한 이해와 문제 해결에 필요한 과학적 소양을 기르는 데 있다.

① 물리학의 기본 개념을 이해하고, 자연 현상의 탐구와 일상생활의 문제 해결에 이를 적용한다.
② 과학의 본성에 맞추어 자연을 탐구하는 능력을 기르고, 일상생활의 문제 해결에 이를 활용한다.

③ 자연 현상에 흥미와 호기심을 가지고, 자연 현상과 관련된 문제를 창의적으로 해결하려는 태도를 기른다.
④ 과학·기술·사회의 상호 관계를 인식한다.

2) 물리 I의 내용

물리 I의 내용은 시공간과 우주, 물질과 전자기장, 정보와 통신, 에너지 등 4개의 영역으로 되어 있으며, 각 영역은 8~14개의 내용 요소로 되어 있다(표 1-25).

표 1-25 물리 I의 영역 및 내용 요소(교육과학기술부, 2009)

영역		내용 요소
시공간과 우주	시간, 공간, 운동	시간의 측정과 표준, 길이의 측정과 표준, Newton 운동 법칙, 운동량과 충격량, 역학적 에너지 보존 법칙
	시공간의 새로운 이해	중력의 발견, 상대성 이론, 블랙홀과 중력 렌즈, 우주 모형, 4가지 상호 작용과 기본 입자
물질과 전자기장	전자기장	전기장과 전기력선, 정전기유도와 유전 분극, 자기장과 자기력선, 유도전류와 패러데이 법칙
	물질의 구조와 성질	에너지준위와 빛의 방출, 에너지띠 이론, 반도체, 신소재
정보와 통신	소리와 빛	음파와 초음파, 화음과 소음, 마이크와 전기 신호, 광전효과와 광센서, 색채 인식과 영상 장치
	정보의 전달과 저장	전자기파의 스펙트럼, 안테나와 무선 통신, 광케이블, 교류와 신호 조절, 정보 저장 장치
에너지	에너지의 발생	기전력, 전기 에너지, 발전기, 핵발전, 핵융합과 태양 에너지, 태양전지, 여러 가지 발전
	힘과 에너지의 이용	힘의 전달과 돌림힘, 힘의 평형과 안정성, 유체의 법칙, 열역학 법칙과 열기관, 열전달, 상태 변화와 기상 현상, 전기에너지 이용

2009 개정 고등학교 물리 I 영역의 시공간과 우주, 물질과 전자기장, 정보와 통신, 에너지 내용 및 탐구활동을 자세히 알아보면 다음과 같다(교육과학기술부, 2009).

시공간과 우주

• 시간, 공간, 운동
① 시간을 측정하는 다양한 방법을 알고, 시간 표준의 의미와 확립 과정을 이해한다.
② 거리와 위치 측정에 대한 다양한 방법을 알고, 길이 표준의 의미와 확립 과정을 이해한다.

③ 속도, 가속도의 개념을 이해하고, 이를 바탕으로 1차원 등가속도 운동을 이해한다.
④ Newton의 운동 법칙을 1차원 운동에 적용하고, 스포츠 등에서 충격량과 운동량 변화의 관계를 이해한다.
⑤ 등가속도 운동에서 일-운동 에너지의 정리를 이해하고, 역학적 에너지가 보존되기 위해서는 퍼텐셜 에너지를 도입하는 것이 필요함을 안다.

탐구활동

① 앙부일구, 일성정시의 등 전통 천문시계를 만들어 시간 측정하기
② 디지털 카메라(또는 휴대전화기 카메라)의 동영상을 분석하여 운동 기술하기
③ GPS 위성을 이용하여 시각과 위치에 대한 측정법을 탐구하기
④ 골프채나 테니스 라켓의 충격 흡수 방법에 대해 탐구하기

• 시공간의 새로운 이해

① 행성의 운동에 대한 케플러 법칙이 Newton의 중력 법칙을 만족하는 것을 이해한다.
② 빛의 속도 일정, 시간 지연, 길이 수축, 동시성, 질량-에너지 동등성 등 특수 상대성 이론의 기본 원리에 대해 이해한다.
③ 가속좌표계와 등가원리 등 일반 상대성 이론의 기본 원리에 대해 이해한다.
④ 항성의 질량이 크면 중력이 강해서 중력 렌즈 효과가 일어나고 블랙홀이 형성될 수 있음을 정성적으로 이해한다.
⑤ 상대성 이론을 바탕으로 현대의 우주 모형을 정성적으로 이해한다.
⑥ 4가지 상호 작용과 기본 입자에 대한 표준 모형을 이해한다.

탐구활동

① 행성의 관측 데이터를 이용하여 케플러 법칙 확인하기
② 엘리베이터나 놀이기구 등에서 몸무게 재기
③ 위성발사와 궤도를 이해하기

물질과 전자기장

- 전자기장

① 정지한 전하 주위에는 전기장이 발생함을 전기력선의 개념을 이용하여 이해한다.

② 전기장 속의 도체에는 정전기유도 현상이 발생하고, 부도체에서는 유전 분극이 발생함을 원자모형으로 설명할 수 있다.

③ 전류 주위에 자기장이 발생함을 자기력선 개념을 이용하여 이해한다.

④ 자성(강자성, 반자성 등)이 전자의 스핀이나 궤도운동에 의해 생김을 이해한다.

⑤ 자기선속이 시간에 따라 변화할 때 유도기전력이 회로에 유도된다는 패러데이 법칙을 이해함으로써 유도전류의 개념을 설명할 수 있다.

탐구활동

① 머리카락 조각과 베이비오일을 이용한 전기장 모습 관찰

② 패러데이의 유도전류 실험

- 물질의 구조와 성질

① 원자는 양자화된 에너지준위를 가지고 있음을 알고, 들뜬 원자에서 빛의 방출이 불연속적 스펙트럼의 형태로 나타나게 됨을 이해한다.

② 에너지띠 이론을 정성적으로 이해하고, 전도성을 기준으로 도체, 반도체, 절연체 등의 차이를 안다.

③ 불순물 첨가를 통한 PN접합의 원리와 반도체 소자인 다이오드, LED, 트랜지스터 등의 작동 원리를 이해한다.

④ 초전도체, 유전체, 액정 등 다양한 신소재의 기본 성질을 이해한다.

탐구활동

① 마이스너 효과 실험하기(자석 위에 초전도체 띄우기)

② Cu_2O-ZnO 다이오드 만들기

정보와 통신

- 소리와 빛

① 파동의 특성과 관련하여 소리의 굴절, 반사, 회절 등을 이해하고 소리 정보의 활용, 초음파의 의미와 발생 장치 및 실생활의 이용을 안다.

② 소리의 공명, 간섭을 이해하고, 음악적 화음과 소음의 차이 및 그 응용을 안다.

③ 소리가 마이크에서 전기 신호로 변환되는 원리를 이해한다.
④ 광전효과를 이해하고, 여러 가지 광센서의 구조와 원리를 안다.
⑤ 눈에서 색채를 인식하는 과정과 빛의 3원색의 의미를 이해하고, 영상장치에서 색을 구현하는 과정을 안다.

탐구활동

① 스피커를 만들어 음성 정보의 전기적 재생 과정 실험하기
② 광섬유, 물줄기, 유리판에 묻힌 그을음 등을 이용한 전반사 현상을 관찰하고 거울에서의 반사와 다른 점 알아보기
③ 음악의 평균율에 대한 진동수를 계산하고, 악기의 음계를 측정하여 비교하기

• 정보의 전달과 저장
① 전자기파의 스펙트럼을 이해하고, 각 파동의 영역별 파장의 크기와 파장별 쓰임새를 안다.
② 전자기파 발생과 안테나를 통한 수신 과정을 이해하고, 이를 바탕으로 무선통신과 방송의 원리를 안다.
③ 전반사 현상을 이해하고, 광섬유에서 빛 신호 전달을 통한 광통신 과정을 안다.
④ 저항, 축전기와 코일을 이용하여 전기 신호의 진동수 및 크기를 조절하는 원리를 이해한다.
⑤ 전자기파 센서의 원리와 전자기파를 이용한 정보 인식 방법을 이해한다.
⑥ 정보 저장 매체의 구조와 원리를 이해한다.

탐구활동

① 다이오드를 교류 발생기와 오실로스코프 사이에 연결하여 정류 작용 관찰하기
② 레이저를 이용하여 광신호를 태양전지에 보내고, 스피커를 연결하여 음성 신호 관찰하기

에너지

• 에너지의 발생
① 유도전류를 이용하여 발전소에서 전기 에너지를 만드는 방법을 이해한다.
② 전력수송 과정에서 열로 소모되는 에너지를 구하고, 소모 전력을 줄이는 방법을 안다.

③ 핵이 분열할 때와 융합할 때 질량 변화와 에너지 발생을 이해한다.
④ 원자로의 종류와 구조를 이해하고, 방사선이 인체에 미치는 영향에 대해 안다.
⑤ 반도체 소자로부터 태양 전지의 원리를 정성적으로 이해한다.
⑥ 연료전지, 태양광, 풍력, 조력 등 전기 에너지를 만드는 다양한 방법을 이해한다.

탐구활동

① 구리 파이프 안으로 자석을 떨어뜨릴 때 자석의 낙하 속도에 영향을 주는 변인을 찾기
② 바람개비와 직류모터를 이용한 풍력발전기 만들기

- 힘과 에너지의 이용

① 지레의 원리를 응용한 힘의 전달을 이해하고, 돌림힘의 정의를 안다.
② 힘과 돌림힘의 평형을 이용하여 구조물의 안정성을 정량적으로 계산할 수 있다.
③ 유체에서 아르키메데스 법칙과 파스칼 법칙을 이해하고, 실생활과 산업에 대한 이용을 안다.
④ 베르누이 법칙을 이용하여 양력과 마그누스 힘을 이해하고, 항공기와 구기 운동에 대한 이용을 안다.
⑤ 열역학 법칙을 정성적으로 이해하고, 열기관의 작동 원리와 열효율을 안다.
⑥ 열전달, 물질의 상태 변화, 기상 현상 등이 에너지의 전환과 이동에 의해 일어남을 이해한다.
⑦ 전동기, 조명기구, 전열기 등의 작동 원리를 이해한다.

탐구활동

① 코일과 자석을 이용하여 간단한 전동기 만들기
② 단열팽창을 이용하여 안개상자 만들기

나. 물리 II

'물리 II'는 과학기술과 관련된 분야를 전공하고자 하는 학생을 대상으로, 심화된 물리 개념과 다양한 탐구 방법을 적용하여 물리현상과 관련된 기본적인 문제를 해결하는 능력을 기르기 위한 과목이다. '물리 II'의 내용은 역학, 열역학, 전자기학,

광학, 현대물리학 등 물리학의 기본 영역을 학습할 수 있도록 구성되었다. 각 영역에서는 물리학에서 활발히 연구되고 있는 내용과 관련된 기본 개념들을 체계적으로 다루어, 이러한 개념들이 첨단과학기술의 탐구와 발전에 어떻게 활용되는지 알게 하였다(교육과학기술부, 2009). '물리 II'의 학습에서는 물리학의 기본 개념들을 구조화된 체계로서 이해하게 하고, 기초적인 정량적 계산 능력도 기르게 하는 데 중점을 두었다. 또한 최근 연구 결과나 연구 동향과 관련된 물리현상을 이용하여 학생의 흥미를 유발하고, 자기 주도적 활동을 강조하여 학생의 과학적 태도 및 창의적인 문제 해결력을 기르며, 물리적인 시각으로 자연 현상과 주변 사물을 탐구하도록 하였다(교육과학기술부, 2009)

2009 개정 교육과정 고등학교 물리 II의 목표 및 내용을 보면 다음과 같다(교육과학기술부, 2009).

1) 물리 II의 목표

물리 II의 목표는 자연 현상에 대하여 흥미와 호기심을 가지고 탐구하여, 과학기술과 관련된 전공 분야로 진출하는 데 필요한 물리학의 전공 기초 소양을 기르는 데 있다.

① 물리학의 개념을 체계적으로 이해하고, 자연 현상의 탐구와 문제 해결에 이를 적용한다.
② 물리학의 탐구 방법을 익히고, 자연 현상 및 첨단기술과 관련된 문제 해결에 이를 활용한다.
③ 자연현상과 물리학 학습에 흥미와 호기심을 가지고, 자연현상 및 첨단기술과 관련된 문제를 창의적으로 해결하려는 태도를 기른다.
④ 과학·기술·사회의 상호 관계를 인식한다.

2) 물리 II의 내용

물리 II의 내용은 운동과 에너지, 전기와 자기, 파동과 빛, 미시세계와 양자 현상 등 4개의 영역으로 되어 있으며, 각 영역은 10~12개의 내용 요소로 되어 있다(표 1-26).

표 1-26 물리 II의 영역 및 내용 요소(교육과학기술부, 2009)

영역		내용 요소
운동과 에너지	힘과 운동	위치 벡터, 힘과 운동 법칙, 포물선과 원운동, 운동량 보존, 가속좌표계와 관성력, 단진동
	열에너지	절대온도, 기체 운동론, 이상 기체 상태 방정식, 내부 에너지, 열역학 과정, 엔트로피
전기와 자기	전하와 전기장	전위, 전기쌍극자, 평행판축전기, 전기용량, 유전체
	전류와 자기장	전류에 의한 자기장, 자기선속과 패러데이 법칙, 로렌츠 힘, 자기 쌍극자, 자성체, 상호유도, 자체 유도, RLC 회로
파동과 빛	파동의 발생과 전달	Huygens 원리, 정상파와 공명, 굴절과 반사, 회절과 간섭, 도플러효과와 충격파
	빛의 이용	거울과 렌즈, 광학기기, 엑스선과 감마선, 마이크로파, 레이저, 편광
미시세계와 양자 현상	물질의 이중성	플랑크의 양자설, 빛의 입자성, 드브로이 물질파와 입자의 파동성, 전자 현미경
	양자물리	불확정성 원리, 슈뢰딩거 방정식, 파동함수, 원자모형, 에너지준위, 양자터널 효과

2009 개정 교육과정 고등학교 물리 II 영역의 운동과 에너지, 전기와 자기, 파동과 빛, 미시세계와 양자 현상 내용 및 탐구활동을 자세히 알아보면 다음과 같다(교육과학기술부, 2009).

운동과 에너지

- 힘과 운동
  ① 위치, 속도, 가속도를 벡터로 표현할 수 있다.
  ② 물체에 작용하는 힘이 주어졌을 때 운동 변화를 정량적으로 이해한다.
  ③ 지표면 근처에서 일어나는 포물선 운동과 원운동을 분석할 수 있다.
  ④ 2차원에서 운동량 보존 개념을 이용하여 충돌 현상을 설명할 수 있다.
  ⑤ 가속좌표계 안에서 관성력을 도입하여, 가속좌표계 안에서의 물체의 운동을 설명할 수 있다.
  ⑥ 단진동의 의미와 진자의 주기에 영향을 주는 변인을 이해한다.

탐구활동

① 운동 센서 등을 이용하여 등속 운동과 등가속도 운동 분석하기
② 충돌 실험에서 운동량 보존 관찰하기

• 열에너지

① 절대온도, 섭씨온도와 화씨온도의 차이를 이해한다.

② 기체의 내부 에너지와 온도, 압력 등을 분자운동의 개념으로 이해한다.

③ 이상 기체의 의미와 상태 방정식을 이해한다.

④ 열과 일의 출입에 따른 여러 가지 열역학 과정을 이해한다.

⑤ 엔트로피의 의미와 열역학 제2법칙을 이해한다.

탐구활동

① 액체질소에 풍선을 넣으면 부피가 거의 사라지는 현상을 관찰하고 토론하기

② 스털링엔진의 작동 원리에 대해 조사하고 제작하기

전기와 자기

• 전하와 전기장

① 전기장, 전기력선, 전위의 관계를 이해하고, 전기쌍극자의 의미를 안다.

② 평행판축전기의 전기장과 전기용량의 관계를 이해한다.

③ 평행판축전기의 전기용량을 변화시키기 위한 유전체의 역할을 이해한다.

④ 평행판축전기의 직렬연결과 병렬연결을 이해하고, 저장된 에너지를 안다.

탐구활동

① 전기쌍극자에 대한 등전위면과 전기력선 그려보기

② 유전체의 종류와 그 쓰임새 조사하기

• 전류와 자기장

① 전류에 의해 자기장이 생성됨을 알고, 직선 전류와 원형 전류 주위의 자기장을 안다.

② 전류가 흐르는 도체에 작용하는 자기력이나 평행한 도선 사이에 작용하는 힘을 이해한다.

③ 패러데이의 법칙을 이용하여 자기선속이 시간에 따라 변화할 때 회로에 유도되는 기전력을 구할 수 있다.

④ 자기장 속에서 운동하는 전하가 받는 로렌츠의 힘을 안다.

⑤ 원형 전류에 의한 자기쌍극자 모형을 이해하고, 이를 통해 자석의 원리를 설명할 수 있다.

⑥ 코일에 흐르는 전류가 변할 때 자체 유도와 상호유도를 이해하고, 변압기의 원리를 안다.
⑦ RLC회로에서 전자기 진동이 발생하는 과정을 정성적으로 이해한다.

탐구활동

① 전자그네 만들기
② 발전기 만들기

파동과 빛

- 파동의 발생과 전달

① 파동을 진폭, 파장, 진동수, 파동 속도의 함수로 표현할 수 있다.
② 중첩의 원리와 Huygens의 원리에 따라 파동이 진행하는 현상을 이해한다.
③ 정상파와 공명, 굴절과 반사, 회절과 간섭 등 파동의 성질에 대해 이해한다.
④ 도플러효과를 이해하고 충격파가 발생하는 이유를 안다.

탐구활동

① 기주공명을 이용한 음파의 파장 측정하기
② 도플러효과를 이용하여 물체의 속도 측정하기

- 빛의 이용

① 거울과 렌즈에 의해 상이 맺히는 원리를 이해하고, 광학기기의 구조와 원리를 안다.
② 엑스선, 감마선, 마이크로파와 같은 여러 전자기파가 실생활에서 사용되는 예를 들 수 있다.
③ 레이저의 원리와 종류를 이해한다.
④ 편광의 원리와 응용에 대해 이해한다.

탐구활동

① 두 개의 볼록렌즈를 이용하여 천체망원경을 만들고 배율 구하기
② 편광판을 이용한 광탄성 효과 관찰하기

미시 세계와 양자 현상

- 물질의 이중성
  ① 흑체복사에 대하여 빈 법칙, 슈테판-볼츠만 법칙 등이 만족됨을 알고 플랑크의 양자설을 이해한다.
  ② 광전효과와 컴프턴 산란을 통하여 빛의 입자성을 이해한다.
  ③ 드브로이의 물질파 이론과 데이비슨-저머 실험을 통하여 입자의 파동성을 이해한다.
  ④ 전자의 속도에 따른 물질파의 파장을 구하고, 전자 현미경의 분해 성능을 이해한다.

탐구활동

① 광전효과 실험 장치를 이용하여 플랑크상수 찾기
② 전압에 따른 꼬마전구의 색과 스펙트럼 변화 관찰하기

- 양자물리
  ① 불확정성의 원리에 따르면 미시 세계의 현상은 고전역학으로 설명될 수 없음을 이해한다.
  ② 슈뢰딩거 방정식을 알고, 그 해인 파동함수와 에너지준위의 의미를 정성적으로 이해한다.
  ③ 원자에서 전자의 파동함수에 따른 확률분포를 이해한다.
  ④ 양자터널 효과와 STM에 대해 정성적으로 이해한다.

탐구활동

① 양자터널 현상 관측 컴퓨터 모의실험하기

참고문헌

교육과학기술부 (2009). 과학과 교육과정. 교육과학기술부 고시 제2009-41호 [별책 9].

교육과학기술부 (2011). 과학과 교육과정. 교육과학기술부 고시 제2011-361호 [별책 9].

교육부 (1992). 고등학교 교육과정(1). 대한교과서주식회사.

교육부 (1998). 제7차 과학과 교육과정. 대학교과서주식회사.

교육인적자원부 (2007a). 초 · 중등학교 교육과정. 교육인적자원부 고시 제2007- 79호[별책 1].

교육인적자원부 (2007b). 과학과 교육과정. 교육인적자원부 고시 제2007-79호 [별책9].

권재술, 김범기, 우종옥, 정완호, 정진우, 최병순 (2007). 과학교육론. 교육과학사.

김범기 (2005). 우리나라 과학과 교육과정의 역사적 고찰. 한국교원대학교 기성회 보고서.

김영민, 최경희, 박윤배, 김익균, 손정우, 김지나 (2005). 물리교재연구 및 학습지도론. 교육과학사.

문교부 (1989). 고등학교 교육과정 해설. 삼진인쇄주식회사.

정연태 (1984). 한국 과학교육의 오늘과 내일. 대한교과서주식회사.

조희형, 김희경, 윤희숙, 이기영 (2012). 과학교육의 이론과 실제. 교육과학사.

제II장

물리 용어 지도

1. 역　　학
2. 전자기학
3. 파　　동
4. 현대물리

1 역학

1.1 힘

가. 과학사

Aristoteles(B.C. 384~322)는 자연계의 운동을 '변화', '수직 운동', '수평 운동' 및 '천체 운동'의 네 가지로 분류했다. 이 중 변화는 쇠가 녹스는 것, 나뭇잎에 단풍이 드는 것, 색깔이 퇴색하는 것 등을 말하는 것으로, 오늘날의 관점에서 보면 이것들은 화학 변화의 일부이지 운동은 아니다. Aristoteles는 물질의 자연적 체계가 변하는 것을 모두 운동이라고 보았으므로 변화를 운동에 포함시켰던 것이다. 수직 운동은 그의 운동 이론의 핵심이 되는 부분으로, '위로의 운동'과 '아래로의 운동'으로 나뉜다. 물체에 아무런 힘을 가하지 않을 때 대부분의 물체는 아래로 떨어지지만 불, 연기, 수증기 등은 위로 올라간다. Aristoteles는 이러한 현상으로 미루어 보아 물체의 본성 자체에 위나 아래로 운동하는 성질이 포함되어 있다고 생각하였다. 즉, 모든 물체들은 그 고향으로 가려는 성질이 있는데, 흙과 물이 주를 이루는 물체(바위, 모래, 강물 등)의 고향은 지구의 중심이고 불이나 공기가 주를 이루는 물체들의 고향은 하늘이기 때문에 이들의 운동 방향이 달라지는 것이라고 설명했던 것이다. 그의 세 번째 범주의 운동인 수평 운동은 강제 운동이라고 하였다. 말이 끌거나 사람이 밀어야 마차는 움직이고 끌거나 밀기를 멈추면 마차는 정지한다. 그는 마차의 운동 원인은 마차의 본성이 아니라 힘을 가하는 말이나 사람에게 있다고 생각하였고, 더 나아가 물체가 운동을 계속하기 위해서는 힘이 계속 가해져야만 한다고 주장하였다(김태일, 2002). 또한, Aristoteles는 사물의 운동을 제자리에서 이탈하는 운동인 강제적인 운동과 제자리로 돌아오는 운동인 자연스런 운동, 그리고 동물의 운동과 같이 의지에 의해 일어나는 자발적인 운동으로 나누었다. 강제 운동을 계속하기 위해서는 힘이 계속 가해져야 되는데, 힘은 접촉에 의해서만 전달이 가능하다고 보았다. 돌을 던질 때 돌이 손과의 접촉을 떠나서도 강제 운동을 계속하는 것을 설명하기 위해 그는 물체가 공기를 밀면 공기가 뒤로 와서 미는데 이때 미는 추진력이 조금씩 작아져서 마침내 자연운동인 낙하 운동을 하게 된다고 하였다.

Aristoteles의 가벼운 물체는 가벼움이라는 성질을 갖고 무거운 물체는 무거움이라는 성질을 갖는다는 생각은 후에 Newton(1642~1727)의 만유인력의 법칙에 의해 부정될 때까지 2000년 동안 유럽 사람들의 기본적인 자연관이 되었었다. 또한 물체가 운동 상태를 유지하기 위해서 힘이 계속 가해져야 한다는 생각 역시 Newton 역학에 의해 힘은 물체의 운동 상태를 유지하는 데 필요한 것이 아니라 물체의 운동 상태를 변화시키는 데 필요하다는 것이 밝혀질 때까지 일반적으로 받아들여지는 역학의 기본 원리였다(곽영직, 2006).

나. 응용

계란 모양의 현수선을 이용한 대표적인 돔 형태의 건축물로는 파리 노트르담 대성당과 런던의 성 바오르 대성당이 있다(폴 휴이트 저, 박찬웅 역, 2006).

1.2 Newton의 운동 법칙

가. 용어

Aristoteles가 움직이는 물체는 그들을 움직이게 하는 힘에 의해 꾸준히 나아가게 되는 것이라고 주장한 반면, Galilei(1564~1642)는 경사면 실험을 통해 일단 움직인 것은 다른 힘의 작용이 없다면 그 움직임을 계속한다는 것을 입증하였다. Galilei는 이렇게 움직이는 물체의 특성을 관성(inertia)이라 불렀다. 관성은 '게으른' 또는 '활동력이 없는'이라는 뜻을 가진 iners라는 라틴어에서 왔다. 관성력 중 지구의 자전과 관련이 깊은 전향력(Corioli force)은, 구를 전(轉), 향할 향(向), 힘 력(力)으로, 회전하는 방향으로 작용하는 힘이라는 의미이다.

더할 가(加), 빠를 속(速), 법도 도(度), 가속도란 빠른 정도를 더한다는 뜻으로 점점 빨라진다는 뜻을 가지고 있다. 덜 감(減), 빠를 속(速), 법도 도(度), 감속도란 빠른 정도를 던다는 뜻으로 점점 느려진다는 뜻을 가지고 있다. 하지만 물리학에서는 가속도라는 단어만 사용할 뿐 감속도라는 말은 사용하지 않는다. 감속도 대신 (−)가속도[마이너스 가속도]라고 표현하며, 가속도에는 빠르기는 변하지 않지만 방향이 변하는 것도 포함되므로 한자풀이만으로 학생들을 가르치면 학생들의 오개념을 불러올 수 있다.

지을 작(作), 쓸 용(用). 일반적으로 물체 사이에 어떤 힘이 존재할 때, 그 힘에 의해 한쪽이 다른 쪽에 미치는 영향, 또는 그 영향에 의해 생기는 변동. 넓은 뜻으로는 물체에 한정되지 않고 물질이나 파동의 구성 성분 간, 또는 물리 현상뿐만 아니라 화학 반응 현상에 이르기까지 상호간에 미치는 힘의 결과도 작용이다. 되돌릴 반(反), 지을 작(作), 쓸 용(用). 작용을 되돌린다는 뜻으로 작용과 반대 방향으로 작용함을 의미한다. 영어로는 action−reaction으로 표현한다.

나. 과학사

Copernicus(1473~1543)는 별이 달에 의해 가려지는 식현상을 관측하여 동료들에게 발표하기도 하였다. 그는 우주는 기하학적으로 조화를 이룰 것이라고 믿는 플라톤주의자였다. 플라톤주의자였던 그는 전지전능한 신이 이렇게 복잡하게 우주를 창조했을 것이라고는 믿을 수 없다고 생각하고, 간단하면서도 정확한 예측이 가능한 새로운 체계를 구상하게 되었다. 그것은 태양을 중심으로 모든 행성이 회전하는 태양 중심의 체계로, 태양 중심설 또는 지동설이라고 부르는 새로운 체계였다. 그는 태양 중심 체계에 대해 확신을 가지고 1510년에 『천체의 배열에 근거한 천체 운동에 관한 제안』이라는 제목의 논문을 써서 동료들 사이에 회람시키는 등 자기의 새로운 체계를 홍보하였다. 그러나 그는 태양 중심 체계에 대한 논문을 발표하는 것을 뒤로 미루다가 1533년 당시의 교황 클레멘트 7세 앞에서 지동설의 체계를 설명하고 1536년에 출판 허가를 받았다. 그러나 Copernicus의 『천체의 회전에 대하여』라는 논문은 그에 의해서가 아니라 Copernicus에게 배운 바 있는 독일의 수학자 레티커스와 신학자 오시안더에 의해 그가 죽던 1543년에 가서야 출판되었다. 그가 출판을 미룬 것은 그의 새로운 천문학 체계가 지구를 우주의 중심으로 생각하던 당시의 기독교 교리에 맞지 않는데서 오는 반발을 염려하였기 때문이었을 것이라는 설과 지구를 우주의 중심으로 믿고 있던 사람들의 웃음거리가 되는 것을 염려하였기 때문이었다는 설이 있다. 그러나 그는 많은 부분에서 Aristoteles의 한계를 극복하지 못했다. 그는, 천체는 원운동을 하고 있다는 원운동의 가설을 조금도 뛰어 넘지 못하였고, 하늘의 별들이 수정으로 되어 있는 천구에 붙어 있다는 생각을 의심없이 받아들였다. 따라서 그가 태양과 지구의 위치를 바꾸어 놓기는 하였지만 아직도 Aristoteles의 물리학에 그대로 매달려 있었다. 그런 의미에서 그는 천문학 혁명을 시작한 최초의 근대 천문학자인 동시에 마지막 고대 천문학자였다고 할 수 있다(곽영직, 2006).

Brahe(1546~1601)는 망원경이 발명되어 본격적으로 천체관측에 이용되기 이전에 관측된 자료로는 가장 정밀하고 정확한 관측 자료를 수집했던 뛰어난 관측 천문학자였다. Brahe는 당시의 덴마크 왕이었던 Frederick 2세의 적극적 재정 지원 하에, 코펜하겐 근처에 세웠던 우라니보르그 천문대에서 20년 동안 천문 관측에 전념하였다. 그러나 Frederick 2세가 죽은 후 재정적 지원이 끊어지자 신성로마 제국의 제국수학자가 되어 프라하로 옮겨와 이곳에서 그가 수집한 천문 관측 자료를 이용하여 새로운 천문학 체계를 연구하였다. Brahe의 천문 체계에서는 모든 행성은 태양을 중심으로 공전하고 태양은 다시 지구를 중심으로 돌도록 하였다. 그러나 그의 노력은 끝내 성공하지 못하고 그의 자료를 넘겨받은 제자 Kepler(1571~ 1630)에 의해 그의 체계가 아니라 태양 중심 체계가 완성되게 되었다.

Kepler는 Gilbert(1544~1603)의 중력에 관한 개념을 발전시켜, 중력을 '같은 종류의 물체를 결합 또는 접합하려 하는 자력 비슷한 상호간의 친화'라고 생각하였다. Kepler는 금성이 수성보다 더 천천히 운행하고 지구는 더욱 천천히 운행하는 것을 관찰하였다. 이에 따라 Kepler는 태양으로부터 어떤 종류의 '힘(vis)'이 마치 수레바퀴의 살처럼 방사되며 태양이 그 차체의 축 주의를 회전할 때 바퀴살들이 따라 돌면서 행성들을 태양과 같은 방향으로 회전하게 한다고 상상하였다. 태양에서 방사되는 힘의 개념이 우주의 신비에서 처음 나타났을 때 Kepler는 그것을 '움직이게 하는 영혼(anima motrix)'이라는 물활론적인 이름을 불렀다. 그러나 1621년에 그는 우주의 신비 재판을 준비하면서 '동인(motive caus)'이 태양에서의 거리가 멀어짐에 따라 마치 태양의 빛이 흐려지듯이 흐려지는 물질적인 것이라는 사고 전환을 하였음은 주목할만한 일이다(양승훈, 2003).

Kepler는 행성 운동의 설명에서 행성의 궤도가 타원임을 밝혔다. Descartes(1596~1650)는 행성의 궤도가 타원이지만 거의 원에 가까운 점과 행성이 같은 평면에서 같은 방향으로 운동하는 이유를 설명하기 위해서 '소용돌이설'을 도입하였다. 소용돌이설은 커다란 소용돌이가 태양을 중심으로 단일한 축을 따라 회전하며, 행성은 소용돌이에 의해 원 궤도를 단일한 방향을 따라 매우 정밀한 것은 아니므로 약간의 편차가 생겨 행성의 궤도도 정확한 원 궤도가 아닌 원에 가까운 타원 궤도를 만든다고 하였다(양승훈, 2003).

Galilei는 1564년 2월 15일 이탈리아의 피사(Pisa)에서 태어났다. 이름과 성이 비슷한 것은 장남에게 성을 이름으로 붙여 주는 당시의 관습 때문이라고 한다. Galilei의 집안은 대대로 그 지방의 명문이었으나 당시에는 몰락해서 그의 아버지는 장남인 Galilei가 가난하게 살지 않도록 의사가 되기를 원해서 17세에 의사가 되기 위해 피사대학에 들어갔지만 의학에 별로 뜻이 없었던 그는 기하학을 독학으로 공부하기 시작하다가 아버지의 친구인 수학자 릿치로부터 아버지 몰래 본격적으로 기하학을 배웠다. 이것을 알게 된 아버지는 수학책을 빼앗아버리기까지 했지만 수학이 자신의 적성에 맞는다는 것을 알게 된 Galilei는 아버지를 설득시켜 의과대학을 중퇴하고 집으로 돌아왔다. 25세에 유지의 도움으로 피사대학의 수학강사 일을 했지만 가계를 책임져야 했던 그는 대학의 급료로는 모자라 개인교수도 하였다(김태일, 2002). Galilei가 실제로 피사의 사탑에서 낙하 실험을 하였는지는 확실하지 않다. 다만 그가 실험을 하지 않고도 무거운 물체가 가벼운 물체보다 먼저 떨어진다는 것이 모순이라는 것은 알고 있었다고 전해진다. Galilei는 그의 저서에서 만약에 무거운 것이 가벼운 것보다 빨리 떨어진다면 가벼운 물체와 무거운 물체를 묶어 놓으면 어떻게 될 것인가 하고 질문하고 있다. 가벼운 것과 무거운 것을 묶어 놓았으니 중간 속도로 떨어질 것인가 아니면 두 물체를 묶어서 더 무거워졌으니 더 빠른 속도로 떨어지겠느냐는 것이다. 따라서 Galilei는 무거운 물체와 가벼운 물체가 같은 속도로 떨어진다는 것을 보여주기 위해 굳이 실험을 할 필요는 없었을 것으로 보인다(곽영직, 2006). Galilei는 사고실험(thought experiment)을 즐겼고, 실험을 관찰하기보다는 오히려 결과를 상상하였다. 그는 자신의 저서인 〈두 주요 세계 시스템에 관한 대화 Dialogue Concerning the Two Chief World Systems〉에서 항해하는 배의 마스코트에서 떨어지는 공의 운동에 대해 기술하고 있다. 그것에 대해 Aristoteles 학파의 심플리시오(Simplicio)는 Galilei 스스로 실험을 했는가의 여부를 물었다. 이 질문에 Galilei는 분명히 답하지 않았다. "나에게는 그것이 필요하지 않다. 왜냐하면 낙하체의 운동은 그렇게 되는 것이고, 그 외에는 있을 수 없다고 단언할 수 있기 때문이다."라고 대답했다. Galilei를 빈틈없고 꼼꼼한 실험가로 묘사한 교과서의 기술은 학자들에 의해서 강조된 것이다. 그 한 예로는 Galilei 저작물의 번역서에는 그가 다음과 같이 말했다고 기술되어 있다. "자연 속에서 운동은 다분히 가장 오래 전부터 존재하는 것이고, 그것에 대해 철학자가 저술한 책만 해도 적지 않다. 하지만 나는 실험에 의해서 알 가치가 있었음에도 불구하고 이제까지 관찰도 설명도 되지 않았던 운동의 제반 성질을 발견했다". 그러나 여기서 말하는 '실험에 의해서'란 말은 이탈리아어로 된 원전에서는 찾아 볼 수 없다. 이 말은 번역자에 의해 첨부된 것이다. Galilei가 자기의 생각을 입증하기에 앞서 실험을 했다고 보고한 것은 분명하지만, 그러한 실험을 그가 기술한대로 재현하는 것은 불가능해 보인다. 이처럼 데이터에 대한 애매모호한 태도는 서양의 실험과학에 처음부터 존재했다. 한편 실험 데이터는 진리의 궁극적인 결재자로 인정되고는 있었지만, 다른 한편에서 실험 사실은 필요한 경우 이론에 종속되고, 이론과 합치되지 않을 때는 맞도록 왜곡되었다. 르네상스는 서양의 실험과학을 개화시켰다. 그러나 이처럼 Galilei에게서 사실을 조작하는 경향은 이미 찾아볼 수 있었다(민영기 등, 2007).

Newton(1642~1727)은 크리스마스에 태어났다. 의사는 아기가 너무 허약하고 작아서 곧 죽을 것이라고 생각하였다. 어린 시절 과학에 흥미를 갖게 되었지만 학교 선생님들은 그가 특별히 영리하다고 생각하지 않았다. Newton은 집에서 실험하는 데 정신이 팔려 학교 공부는 열심히 하지 않았다. 16세 때 어머니는 그에게 농장 관리를 맡겼다. 그런데 Newton은 실험에 몰두하느라고 양들이 밀밭을 다 먹어 치우도록 내버려두곤 하였다. Newton은 케임브리지 대학에 입학하였다. 수학책을 즐겨 읽었고 꾀죄죄한 옷차림을 하고 정신을 딴 데 팔아 저녁을 먹으러 가다가 다른 데로 빠지곤 하였다. 1665년 런던에는 무서운 흑사병이 돌았다. 일주일에 7000명씩 죽자 케임브리지 대학은 휴교를 했고 Newton은 고향 울스소프로 돌아와 연구를 하였다(김혜원 옮김, 2007). 1666년 울스소프에서 Newton은 과수원에 앉아서 달이 어떻게 지구 주위를 도는지 그 원리를 알아내려고 애썼다. 찬 바람이 불어 책을 덮고 일어서서 집으로 들어가려는 중 사과가 떨어져 머리에 부딪쳤다. 그는 머리를 문지르며 달을 쳐다보면서 "그런데 달은 왜 떨어지지 않는 걸까?"라고 생각하였다. Newton은 학교에서 종종 했던 '물통돌리기놀이'가 생각났다. 물이 담긴 물통을 줄에 묶어 머리 위로 돌리는 놀이였다. 놀랍게도 물통 속의 물은 마치 보이지 않는 힘에 의해 갇혀 있는 것처럼 쏟아지지 않았다. 23세 되던 해에 Newton은 Aristoteles의 생각을 완전히 사장시켜버린 그 유명한 운동의 세 가지 법칙을 발전시켰으며, 최초로 Newton이 저술한 〈프린키피아〉(*Philosophiae Naturalis Principia Mathematica*; 자연철학의 수학적 원리)에 선보였다. Newton은 중력의 법칙을 수식으로 나타낸 천재지만 그는 자신의 연구에 대한 예언 능력을 과장하기 위해 대작 〈프린키피아〉에 명확하지 않은 오류라고 생각되는 요인을 만들어냈다. 데이터에 대한 모호한 태도는 Newton의 연구에서 절정을 이루었다. 물리학의 창시자일 뿐 아니라 역사상 최고의 과학자라고도 할 수 있는 Newton은 〈프린키피아〉에서 근대 과학의 목적과 방법을 확립하고 그 한계를 분명히 하였다. 그러나 과학의 방법에 대해 기술하고 있는 이 원전은 실제의 결과가 그의 이론을 지지하지 않았을 때는 거짓 데이터로 자신의 주장을 보강한 것에 지나지 않았다. 〈프린키피아〉는 유럽에서 몇 가지 저항에 부딪혔다. 특히 독일에서 만유인력의 이론과 반목되는 철학 체계를 구축해 그의 라이벌로 지목되었던 Leibniz(1646~1716)가 이의를 제기하였다. Newton은 〈프린키피아〉가 보다 설득력을 갖게 하기 위해서 제2판 이후에 확고한 증거가 되는 측정 결과의 정밀도를 개선하였다. 미국의 역사학자이자 Newton 연구가인 리터드 웨스트폴에 의하면 Newton은 음속과 세차운동에 관한 자신의 계산을 수정하였을 뿐만 아니라, 만유인력의 이론 속에 있는 변수의 상관관계를 이론과 일치하도록 수정했다. Newton은 그의 저서 최종판에 1,000분의 1 이상의 정밀도를 나타내 이제까지는 천문학의 영역이었던 높은 정밀도에 대해 언급하고 있다. 웨스트폴은 거짓은 "얼굴도 붉히지 않는 Newton에 의해 유례가 없는 기교로 조작되었다."고 설명하고 있다. 고상한 신조와 소홀한 실천 간의 거리가 사람들의 관심을 끌지는 못했지만 Newton같은 재능 있는 인물이 거짓말을 했다는 사실은 놀랄만한 일이다. 그러나 더 놀라운 사실은 Newton과 같은 시대의 사람 중 누구도 그와 같은 사실을 알지 못했다는 점이다. Newton은 그가 고안한 데이터와 교묘한 설득력을 무기로 자기 이론의 정당성을 주장해 의심하는 사람들을 설득하는 데 성공했다. 그리고 250년 이상 지난 오늘날에 와서야 이 조작은 완전하게 밝혀졌다. 진리의 기준으로 정밀한 상관관계를 제안하면서 Newton은 그것이 잘 성립되었는지 혹은 되지 않았는지에 대해 세심하게 주의를 기울여 다뤘다. 〈프린키피아〉가 설득력을 갖는 이유도 정당한 주장을 훨씬 뛰어넘는 정밀도에 대한 의도적인 겉치레 때문이었다. 만약 〈프린키피아〉에 의해 근대 과학의 정량법이 확립되었다면, 어느 누구도 숙련된 수학자가 날조의 요소를 효과적으로 조작했다고는 생각할 수 없었을 것이다. 속임수에 의존하려 했던 Newton의 의도는 단순한 데이터의 날조 이상으로 명백하였다. 미적분을 최초로 발견한 Leibniz와의 논쟁에서 그는 영국 최고의 과학 클럽인 Royal Society 회장의 직책을 이용했다. 이와 같은 Newton의 행위는 입으로는 공정한 절차를 역설하면서 실제로는 정반대의 짓을 한 수치스러운 위선 행위였다(민영기 등, 2007). 1961년 소련이 보스토크 1호로 첫 번째 유인 인공위성 발사국이 되었고, 1963년 미국의 제미니 3호가 두 번째, 2003년 중국의 신저우 5호가 세 번째가 되었다. 모든 인공위성은 지구를 한 바퀴 도는 데 약 90분이 걸렸는데 만유인력과 구심력이 같다는 간단한 개념으로부터 계산할 수 있다. 이 사실은 Newton이 이미 250년 전에 계산한 바 있다.

다. 실험

삶은 달걀과 날달걀을 바닥 위에 올려놓고 돌리면 삶은 달걀이 날달걀보다 훨씬 잘 돈다. 그 이유는 날달걀 속은 걸쭉한 액체이고, 삶은 달걀 속은 고체이기 때문이다. 날달걀을 회전시키면 관성에 의해서 계속 돌려고 하여도 속에 들어 있는 액체가 도는 것을 방해하기 때문에 삶은 달걀에 비해서 더 느리게 도는 것이다(박종규 외, 2005). 또 이와 비슷한 실험이 있다.

날달걀과 삶은 달걀을 평평한 바닥 위에 눕혀 놓고 각각 부드럽게 회전시킨다. 회전하는 달걀에 손가락을 살짝 대어 달걀을 멈추게 한 후 손가락을 살짝 뗀다. 날달걀은 계속 회전하지만 삶은 달걀은 더 이상 회전하지 않는다. 날달걀의 껍데기가 멈추어도 속은 계속 회전하기 때문에 그 관성에 의해 계속 회전한다(닉아놀드 저, 김혜원 옮김, 2006).

사과 두 개 중에 어느 것이 더 무거운지 양손에 들어봐서 잘 모를 때, 몇 번 위아래로 들었다 내렸다 하는 경우가 있다. 왜 이런 행동을 할까? 사과를 그저 들고만 있는 것은 사과의 무게를 알기 위한 것이다. 즉 지구가 사과를 당기는 인력을 상쇄시키면서 들고 있으려면 얼마만큼의 힘이 필요한지를 비교하는 것이다. 사과를 들었다 내렸다 하는 동작은 가속도를 갖게 해서 물체가 움직이지 않으려고 하는 고집(관성)이 얼마나 센지 재보는 것이다(김태일, 2002).

1.3 마찰력

가. 용어

갈 마(摩), 비빌 찰(擦). 한자어로 마찰은 '갈고 비빈다.'는 의미를 갖고 있다. 마찰력은 영어로 friction이라고 하며 그 때문에 마찰력을 f로 표현한다. 주의할 점은 마찰력의 영어 표현에 force는 포함되지 않는다. friction 자체가 마찰력을 의미한다.

나. 과학사

매끄러운 표면도 미시적으로 보면 매우 거칠다. 그러나 거친 표면에 의한 마찰 효과는 전체 마찰의 10%에도 미치지 않는다. 1950년에서야 Boeden과 Tabor에 의해 마찰력을 결정하는 주된 요인이 '표면 달라붙기 현상'이라는 것이 밝혀졌다. 접해 있는 두 종류의 금속 중 더 부드러운 금속 내부에서 잘림이 생겨서 작은 부스러기들이 튀어나온다. 이것을 '접착이론'이라고 부른다. 진공상태에서 매우 깨끗한 표면에 아무런 압력을 가하지 않아도 이러한 접합이 일어난다. 이와 같이 마찰에 대한 미시적 이론을 '나노트리볼로지(nanotribology)'라고 부른다(김태일, 2002).

배를 진수시킬 때 마찰을 줄이는 것이 필요하다. 중세 시대에 경사진 조선대(선체를 조립하여 선박을 건조하는 대)에 구역질나는 동물의 기름을 바른 것도 그 때문이다. 배를 바다로 띄우는 순간, 배 밑에 있던 버팀목을 제거하는 위험한 일은 노예에게 맡겼다. 그는 버팀목을 제거하는 마지막 순간에 필사적으로 도망쳐야 했다. 만약 미끄러지기라도 하는 날에는 배 밑에 깔려 죽고 만다. 그렇지만 여기서 살아남은 노예에게는 자유가 주어졌다(닉아놀드 저, 김혜원 옮김, 2006).

1586년 로마에서 있었던 사건이다. 고대의 오벨리스크가 약 2천년 동안 성 베드로 대성당 서쪽에 사람들의 무관심 속에 쓰러져 있었다. 시대가 변하자 교황은 오벨리스크를 대성당 앞에 세워두면 멋질 것이라고 생각했다. 그런데 오벨리스크를 세우는 것이 문제였다. 무게가 무려 327톤이나 나갔기 때문이다. 폰타나라는 사람이 이 오벨리스크에 각종 장치와 줄을 매달아 세우고자 하였다. 사람들로 하여금 줄을 당기게 하였다. 나팔소리가 나면 밧줄을 잡아당기고 종소리가 나면 멈추도록 지시했다. 그리고 완전한 침묵 속에 신호를 지키도록 하였으며 위반자는 사형에 처하겠다고 했다. 나팔소리가 울리고 사람들은 침묵 속에서 밧줄을 잡아당겼다. 오벨리스크가 조금씩 올라가던 중 잠시 쉬고 다시 밧줄을 잡아당겼다. 그러나 밧줄과 권양기(줄을 감았다 풀었다 함으로써 무거운 물건을 위아래로 옮기는 기계) 사이의 마찰 때문에 더 이상 움직이지 않았다. 이때 마르코라는 선원이 밧줄에 물을 뿌리라고 소리쳤다. 그러나 그는 침묵을 지키지 않았다는 이유로 그 자리에서 교수대로 끌려갔다. 사형집행인 마르코의 목 주위에 거친 밧줄을 조였고 신부는 마르코에게 마지막 소원을 말하라고 하였다. 마르코는 밧줄에 물을 부어줄 것을 부탁했고 폰타나는 그의 말대로 밧줄과 권양기에 물을 뿌렸다. 그 때부터 오벨리스크는 다시 세워지기 시작했고 마르코는 풀려났다. 마르코는 선원생활 중 젖은 밧줄을 당기는 경험으로 젖은 밧줄이 마찰이 작다는 것을 알고 있었던 것이다. 마르코는 오벨리스크를 구한 상으로 교황과 차 한 잔을 하였다고 한다(닉아놀드 저, 김혜원 옮김, 2006).

다. 실험

책 두 권을 마주하고 한 장씩 엇갈려 포갠 후, 두 권을 당겨 분리되도록 힘을 가한다.

라. 응용

당구공이 큐와 충돌한 시점에서는 바닥과 미끄러져 움직인다. 왜냐하면 큐의 샷 방향이 바닥과 평행하기 때문이다. 이때는 당구공과 바닥 사이에 '미끄럼마찰력'이 작용한다. 미끄럼마찰력은 당구공이 움직이는 반대 방향으로 작용해, 당구공이 운동하는 방향으로 굴러가도록 한다. 이 회전하는 속도가 운동 속도와 일치하는 때부터 당구공은 미끄러지지 않고 굴러간다. 그러므로 당구공이 얼마간 이동해 간 후에는 굴러간다. 이때는 자동차 바퀴가 구르듯이 당구공과 바닥 사이에는 '구름마찰력'이 작용한다. 구름마찰력은 당구공이 굴러가는 경우에 작용하므로 그다지 크지 않다. 그러나 당구공이 최종적으로 정지하는 이유는 이 구름마찰력 때문이다(김태일, 2002).

중·고등학교에서는 접촉 면적과 마찰력은 상관이 없다고 가르치지만 강체에서만 해당되며 타이어와 같이 강체가 아닌 경우에는 접촉 면적이 크면 마찰력도 커진다. 광폭타이어는 마찰면을 늘려 마찰력을 크게 하기 위해 개발되었다. 보통 타이어에 나 있는 홈은 젖은 도로에서 마찰력을 증가시키기 위한 것이다. 홈이 나 있지 않다면 도로와 바퀴 사이에 얇은 물층이 생기는 수막현상이 더 심해진다. 타이어의 홈은 물이 이곳을 타고 흘러나가게 하기 위해 만들어진 것이다. 그러나 경주용 자동차에는 접촉 면적을 넓히기 위해 홈 없이 완전히 매끄러운, '슬릭'이라는 타이어를 사용한다. 마찰이 작으면 바퀴의 회전 속도가 빨라졌을 때, 노면에서 미끄러져 바퀴가 헛돌기 때문이다(김태일, 2002).

호버크래프트는 거대한 팬이 급격한 하강 기류를 형성하면서 외부 가장자리의 통풍구를 따라 기류가 이동한다. 이 공기는 고무 재질의 스커트에 의해 배의 아래쪽에 모이고 그에 따라 배는 위로 올려진다. 다른 엔진으로 작동되는 뒤쪽의 팬은 추력을 발생시켜 배를 앞으로 나아가게 한다. 이들 프로펠러 뒤에 위치한 방향타와 바우스러스터가 배의 방향을 조종한다(김미화·김세중 공역, 2001).

눈과 스키 사이에 생기는 마찰은 무게, 온도, 스키에 칠한 왁스, 스키의 재질, 눈의 푸석한 정도 등 여러 가지 요소의 영향을 받는다. 스키를 즐길 수 있는 것은 스키와 눈 사이의 마찰로 인해 생기는 열 때문이다. 이 열에 의해 눈과 얼음 표면에 0.1 mm 정도의 얇은 수막이 생긴다. 아주 낮은 온도에서는 눈이 녹지 않아 수막이 생기지 못하므로 마찰이 매우 커진다. 금속 스키는 나무 스키보다 열전도율이 크기 때문에 발생된 열이 쉽게 방출되므로 수막이 생기는 것을 방해한다. 따라서 금속 스키가 마찰을 더 크게 받는다(김태일, 2002).

브레이크를 밟은 순간부터 차체가 완전히 정지할 때까지의 제동거리는 차가 진행하는 속력의 제곱에 비례한다. 브레이크 페달을 펌프질하듯이 끊어 밟으면 최대 정지 마찰력의 효과로 그냥 한 번에 밟는 것에 비해 제동거리가 짧아진다. 이를 이용한 것이 브레이크를 밟았다가 떼는 작업을 운전자 대신 해 주는 장치인 ABS(Anti-lock Breaking System)이다. ABS를 장착하지 않은 경우는 곡선 도로를 주행할 때 브레이크를 밟아도 직선 방향으로 밀린다(김태일, 2002).

골프공의 표면은 왜 곰보투성인가? 야구공에 솔기는 왜 있을까? 테니스공은 왜 보플이 있나? 모두 공이 날아가는 과정에서 공의 속도를 유지하고 멀리 날아가게 하기 위해서이다. 공은 날아가면서 공기 저항을 받는다. 날아가는 공의 경우 공의 앞뒤 표면에 작용하는 압력 차이 때문에 생기게 되는 저항, 즉 형상 저항(form resistance, 形狀抵抗)이 크다. 이러한 형상 저항을 줄이기 위해서는 공의 표면에서 공기의 흐름이 부드러워야 한다. 하지만 공의 속도가 굉장히 빠른 경우 공의 표면이 매끈하다면 공 표면의 공기 흐름은 공의 중간쯤부터 공에서 멀어진다. 그리고 이때 공 표면 앞뒤의 압력차가 크기 때문에 공의 속도가 현저하게 줄어들어 공은 멀리 가지 못한다. 반면에 울퉁불퉁한 공이라면 공 주위에 미세한 난류가 발생한다. 이런 난류는 공 표면의 공기가 서로 섞이게 해주기 때문에 공 표면 앞뒤의 압력차가 줄어들고 공기 저항도 작아진다. 골프공의 경우 매끈할 때보다 곰보일 때가 2배나 멀리 날아간다. 물론 야구공에도 솔기가 없다면 박찬호 선수가 시속 150 km가 넘는 강속구를 구사하거나 메이저리그 한 시즌 최다 홈런 기록을 깬 마크 맥과이어 선수가 가공할 만한 홈런을 치지 못하였을 것이다(김태일, 2002).

자동차의 브레이크에서 발생하는 열은 브레이크의 성능을 떨어뜨리기도 한다. 특히 내리막길에서 잦은 브레이크 조작을 삼가야 하는 것은 이 때문이다. 브레이크를 너무 자주 밟으면 과열되고, 그 열이 브레이크액에도 전달된다. 브레이크액이 지나친 열을 받아 기화되면 브레이크가 작동되지 않고 스펀지처럼 푹 들어가 버리는 '베이퍼 록 현상'이 일어날 수도 있다(조광희, 2002).

1.4 탄성력

가. 용어

튀길 탄(彈), 성품 성(性). 탄(彈)은 활 궁(弓)+ 홑 단(單)으로 이루어져 있는데, 弓이 들어간 이유는 활이 탄성을 갖고 있기 때문이다.

용 용(龍), 수염 수(鬚), 쇠 철(鐵). 용수철은 철사가 용의 수염을 닮았다고 하여 붙여진 이름이다.

나. 과학사

1700년대 유럽의 옷에는 고무줄이 사용되었는데, 당시의 고무는 무더운 날씨에는 녹고, 추운 날씨에는 끊어졌다. 1839년에 이런 일들을 막아주는 화학적 처리법이 발견되었고, 1930년대부터는 고무줄이 코르셋과 니커 바지에 사용되었다. 고무줄이 나오기 전에는 고래뼈를 이용해 코르셋을 튼튼하게 하기도 하였다(닉아놀드 저, 김혜원 옮김, 2006).

1919년에 판매된 최초의 토스트 굽는 기계에는 토스트를 공중으로 튀어나가게 할 정도로 강력한 용수철이 달려 있었다(닉아놀드 저, 김혜원 옮김, 2006).

1960년 섬유유리 낚싯대 제작자인 허브 젠크스는 길이가 3 m나 되고 지름이 2.5 cm가 넘는 새로운 바다 낚싯대를 제작하였다. 당시 중학교 장대높이뛰기 선수였던 그의 아들은 아버지의 신제품 낚싯대를 하나 빌려서 장대높이뛰기 연습을 시도하였다. 그런데 놀랍게도 자신의 최고 기록보다 15 cm나 더 높게 뛸 수 있었다. 섬유유리의 탁월한 탄력성이 선수를 더 높이 뛰게 할 뿐만 아니라 장대를 잡은 곳보다 더 높이 몸을 밀어 올릴 수 있게 해줬기 때문이었다. 그전까지 장대높이뛰기 선수는 대나무 장대를 사용하였다. 대나무 장대 이후 잠시 강철, 두랄루민, 알루미늄 등의 금속제 장대가 유행하기도 하였지만 곧 섬유유리 장대로 교체되었다. 그 결과 장대높이뛰기의 기록은 다른 어느 종목의 기록보다도 눈부시게 향상되었다. 현재 장대는 탄성이 더 뛰어난 탄소 화합물로 구성되어 있다(김태일, 2002).

다. 응용

사람을 대포로 발사시키는 서커스 묘기에 힘을 제공하는 것은 폭발이 아니라 대포 속에 숨겨진 용수철이다. 대포 소리는 대포가 정말로 발사되는 것처럼 보이기 위한 폭죽 소리에 불과하다(닉아놀드 저, 김혜원 옮김, 2006).

1.5 운동량과 충격량

가. 용어

움직일 운(運), 움직일 동(動), 찌를 충(衝), 부딪칠 격(擊), 헤아릴 양(量). 운동량이란 움직이는 양을, 충격량이란 물체가 부딪친 양을 의미한다.

찌를 충(衝), 갑자기 돌(突). 충돌이란 갑자기 찌른다는 뜻으로, '서로 맞부딪히다.'의 의미로 사용된다.

나. 과학사

중세 과학자들 중에는 천체에는 천체를 밀고 있는 천사가 하나씩 붙어 있다고 주장하는 사람도 있었다. 이보다 진보된 이론이 임페투스 이론이다. Philoponus는 임페투스라는 추진력이 물체에 주어지면 물체는 이 임페투스가 다 소모될 때까지 운동한다고 주장하였다. 그는 물체가 공기 중에서 포물선 운동을 할 수 있는 것은 Aristoteles가 설명했던 것처럼 공기가 뒤로 와서 물체를 밀기 때문이 아니라 물체에 주어진 임페투스 때문이라고 하였다(곽영직, 2006). 원래 임페투스는 '세(勢)'라는 뜻으로서 현재의 운동량의 개념에 해당된다. 즉, 던져진 물체의 운동이 지속하는 것은, 마치 신이 무거운 것에 지상으로 낙하하는 성질을 부여한 것처럼 던진 것이 던져진 물체에 모종의 빗물체적인 운동량을 부여하기 때문이라고 하였다. 그러므로 Philoponus는 일반적으로 운동하고 있는 물체는 기동자와 항상 물리적으로 접촉하고 있지 않아도 된다고 제안하였다. 기동력설에 따르면, 임페투스라는 추진력이 공기 아닌 투사체에 주어져 운동이 가능하게 되므로 물리적인 접촉에 의한 작용을 전달하는 연속적인 물질이 필요하지 않고 진공이 존재해도 된다. 10세기에 아랍의 아비케나는 임페투스와 비슷한 개념으로서 '새겨진 힘(impressed force)' 또는 경향(傾向)을 뜻하는 '마일(mayle, inclinatio)'이란 개념을 사용했다. 아비케나는 추진력을 양적으로 표시하려 했으며, 무게가 클수록 마일이 크다고 했다(양승훈, 2003). 알베르는 자유낙체가 한결같이 가속되는 데 주목하였다. 낙체의 계속적으로 증가하는 속도는 얻은 임페투스에 그것이 본래 갖고 있는 '코나투스(conatus:

자연위치에 도달하기 위한 노력)'가 부가됨으로써 생긴다. 물체가 떨어지는 동안 코나투스가 갑자기 없어진다 해도 임페투스는 그것을 일정한 속도로 떨어뜨리게 할 것이다. 알베르는 또한 순간적인 속도는 경과한 시간이나 통과한 거리에 비례한다고 했는데 이것은 불완전한 개념이다(양승훈, 2003).

1871년 존 홀텀이라는 서커스 단원은 날아가는 포탄을 맨손으로 잡으려고 했다. 그 포탄은 물론 진짜 대포에서 발사된 것은 아니었다. 홀텀은 천천히 움직이는 공을 발사하는, 특별 제작된 대포를 사용하였다. 그럼에도 불구하고 그는 손가락 하나를 잃을 뻔했다. 그 묘기는 큰 인기를 얻었으며, 홀턴은 용감하게도 연습을 계속하여 그 묘기를 완벽하게 해냈다(닉아놀드 저, 김혜원 옮김, 2006).

19세기의 미국 철도에는 울타리가 없어서 들소들이 철도 위에서 머뭇거리는 일이 종종 있었다. 이 골칫덩어리들 때문에 1860년대부터 기차에 쐐기 모양의 배장기(排障器)를 달게 되었다. 기차의 운동량을 이용해 들소를 들어 올려 안전한 곳으로 치운다는 아이디어였다(닉아놀드 저, 김혜원 옮김, 2006).

1944년 영국 공군의 앨커메이드는 독일 영공 5500 m 상공에서 큰 위험에 처하였다. 비행기는 불타고 있고, 낙하산은 새까맣게 타 버렸다. 그는 뛰어내리긴 하였지만 살 것이라고 기대하진 않았다. 그런데 그는 운이 좋았다. 나무 꼭대기에 떨어진 다음, 두꺼운 눈 더미 위로 구르는 바람에 충격이 흡수되었던 것이다. 앨커메이드는 무사히 살았을 뿐만 아니라 뼈 한 조각 부러지지 않았다(닉아놀드 저, 김혜원 옮김, 2006).

캘리포니아의 황금러시 때, 당시 금광 작업에 사용했던 수차가 비효율적이었는데, Pelton(1881~1961)은 평평한 물갈퀴에 떨어진 후 U턴(되튀김)을 하도록 시도하였다. 이러한 방식으로 수차에 가해지는 충격이 크게 증가하였다. Pelton은 자신의 아이디어를 특허로 내어 'Pelton의 수차'라는 발명품으로 제작하였고, 다른 광부들이 금을 캐 버는 것보다 훨씬 많은 돈을 벌었다. Pelton의 수차는 현재 수력발전소의 터빈에 붙어 있어 효율을 높이는 데 사용된다.

다. 응용

충돌사고가 일어났을 때 사람에게 미치는 충격력을 줄이기 위해 자동차에는 범퍼와 더불어 충돌 시간을 길게 해 주는 장치가 여러 가지 사용된다(닉아놀드 저, 김혜원 옮김, 2006). 에어백은 1960년대 미국의 무명의 자동차 부품업자가 GM, 포드의 협조 아래 4년간 연구 끝에 1971년 최초로 개발되었다. 안전띠 보조용 승차자 보호장치(SRS: Supplemental Restraint System Airbag)라 불리었던 이 장치는 당시 운전자의 허리만 시트에 고정하는 2점 고정 방식의 안전띠 때문에 자동차 충돌 시 발생하는 사망사고를 방지하기 위해 만들어졌다. 이 무명의 개발자는 'SRS 에어백'이라는 회사를 만들었지만 이후 특허를 몇몇 회사를 팔고 회사 문을 닫았다. 이후 에어백은 어느 회사에서 만들었든지 'SRS 에어백'으로 불리고 있다(KISTI 매일진 과학향기, 2004).

충격을 받으면, 사이클 헬멧의 스타이로폼 라이너가 천천히 부서지면서 충돌 에너지를 약화시켜 착용자의 머리에 가해지는 충격을 완화해 준다. 한편 헬멧의 외부는 둥글게 되어 있어 전체적으로 충격을 분산시켜 특정 부위의 부상을 줄인다(김미화·김세중 공역, 2001).

장대높이뛰기에서 높이 뛰는 것만큼 중요한 것이 안전하게 착지하는 것이다. 과거에는 착지 장소에 톱밥이 깔려 있었으나 현재는 스펀지 고무나 에어쿠션이 깔려 있다. 선수가 아무런 두려움 없이 높이 뛸 수 있게 해 주므로 기록 갱신에 도움을 준다(김태일, 2002).

1.6 일과 에너지

가. 용어

에너지(Energy)는 희랍어의 en(내부)과 ergon(일)의 합성어이다. 즉, '물체의 내부에 간직된 일'이라는 뜻이다(권재술, 김범기, 1993). 일상에서는 에너지와 에너지원(Energy源)을 혼동하는 경우가 있다. 석유나 대체에너지로 주목받는 수소는 에너지가 아니라 에너지원에 해당한다.

나. 과학사

Huygens(1629~1695)가 말한 질량과 속도의 제곱과의 곱의 합을 Leibniz는 '활력(vis viva)'이라고 불렀는데 이는 오늘날의 운동 에너지에 해당되는 개념이다(양승훈, 2003).

'일'의 개념을 처음을 명확하게 한 것은 Galilei이다(다케우치 가오루 지음, 박재현 옮김, 2008). 하지만 열에너지 1 cal와 일에너지 1 J 사이의 관계를 최초로 해소한 사람은 영국의 Joule(1818~1889)이다. 그는 역학적으로 일을 해서 그 에너지로 물을 데워 1 cal가 약 4.2 J이 됨을 실험적으로 확정하였다. 이 결과를 얻기 위해 Joule은 높은 폭포수의 낙하 직전의 물의 온도와 낙하 지점의 물의 온도를 재어 그 온도 차이가 폭포의 높이(h)에 대응되는 퍼텐셜 에너지 차이 mgh와 연관될 것이라는 생각으로 큰 폭포를 찾아 실험을 하였으나 이 방법으로는 성공하지 못하였다는 일화도 있다. 1842년에 독일의 마이어가 열과 일이 같다는 원리를 최초로 정확하게 발표하였다. 또한 1847년 줄은 실험을 통하여 열의 일당량을 정량적으로 측정하였는데, 능란한 실험가인 그는 만족할 만한 수치를 얻었다. 같은 해 독일의 Helmholtz(1821~1894)는 열을 포함하여 모든 에너지란 실체는 같은 것으로 모습이 다를 뿐이며, 총량은 불변이라는 에너지 보존 법칙을 발표하였다. 줄의 발표 이후 1842년에 독일의 의사 로버트 마이어는 "음식물이 몸속에 들어가서 열로 변하고 이것이 몸을 움직이게 하는 역학 에너지로 변한다."고 발표하였다. 또한 모든 종류의 에너지는 서로 변환이 가능하며, 전체 에너지의 양은 보존된다며 줄의 '에너지 보존 법칙'에 힘을 실어 주었다. 그러나 마이어의 논문은 과학적이지 못하고 수학적인 논증이 약해 설득력이 떨어진다는 평가를 받으며 유력한 과학잡지에는 실리지 못하였다(조광희, 2002).

2001년 9월 11일 미국 뉴욕 맨해튼의 세계무역센터가 무너졌다. 110층짜리 쌍둥이 빌딩이었던 세계무역센터는 자살테러여객기가 충돌한지 얼마되지 않아 폭삭 주저앉으며 잿더미로 변하였다. 여객기 두 대의 운동 에너지가 1.9×10^{9} J, 두 대에 실린 항공기 기름이 타면서 생긴 에너지가 6.9×10^{10} J, 건물 두 채와 나머지 다른 건물의 붕괴로 인한 중력 위치 에너지는 6.8×10^{11} J이었다. 이들 계산수치는 약 25% 이내의 정확성을 갖는다고 한다. 이것은 TNT 2백톤이 폭발할 때와 맞먹는 에너지라고 한다. 히로시마에 떨어진 원자 폭탄이 TNT 1만 톤에 상당하는 것을 생각해 보면, 세계무역센터 건물 붕괴와 관련된 에너지는 적어도 히로시마 원자폭탄의 $\frac{1}{50}$에 해당한다(조광희, 2002).

다. 응용

더운 한여름이면, 딱히 뭘 꺼내려고 하는 것은 아니지만 시도 때도 없이 냉장고 문을 여닫곤 한다. 냉장고에서 나오는 시원한 냉기로 잠시나마 더위를 잊어 보려는 생각으로 무작정 냉장고 문을 열기 일쑤다. 냉장고 문을 열어두고 에어컨 대신 사용하면 되지 않을까하는 생각을 할 수도 있다. 하지만 냉장고 문을 열어두면 오히려 방안의 온도가 올라간다. 냉장고 문을 계속 열어두면, 밀도가 큰 차가운 공기는 아래로 빠져나가고 방안의 더운 공기가 냉장고 안으로 들어오게 된다. 잠시 쉬고 있던 냉장고는 다시 열심히 응축기 모터를 돌려 냉장고 안의 온도를 낮추려고 한다. 결국 이로 인해 냉장고 뒷면으로 방출되는 열이 점점 더 많아지므로, 방안 온도는 점점 높아지게 된다. 그러나 같은 냉장고라도 뚜껑형 김치냉장고는 문을 열어둔다고 갑자기 열을 내지는 않는다. 뚜껑형 김치냉장고는 밀도가 큰 차가운 공기가 쉽게 밖으로 나오지 못하기 때문에 안의 온도 변화가 심하지 않다(조광희, 2002).

1.7 원운동

가. 용어

멀 원(遠), 중심 심(心)이니 원심력은 중심에서 멀어져 가려는 힘이고, 구심력의 구는 찾을 구(求)이니, 중심을 향하는 힘이다(닉아놀드 저, 김혜원 옮김, 2006).

나. 과학사

1926년에 한 부인이 Schrödinger(1887~1961)에게 '차를 저을 때, 왜 찻잎이 가장자리로 밀려 나지 않고 바닥 가운데로 가라앉는가?'에 대해 질문했을 때 Schrodinger는 대답하지 못했다고 한다.

다. 실험

다음 두 개의 차바퀴는 같은 폭, 같은 직경, 같은 재료, 같은 무게이다. 하지만 단면을 보면 아래 그림과 같이 모양이 다르다. 이 두 개의 차바퀴를 같은 언덕에서 굴리게 되면 어느 쪽이 먼저 밑으로 떨어질까?

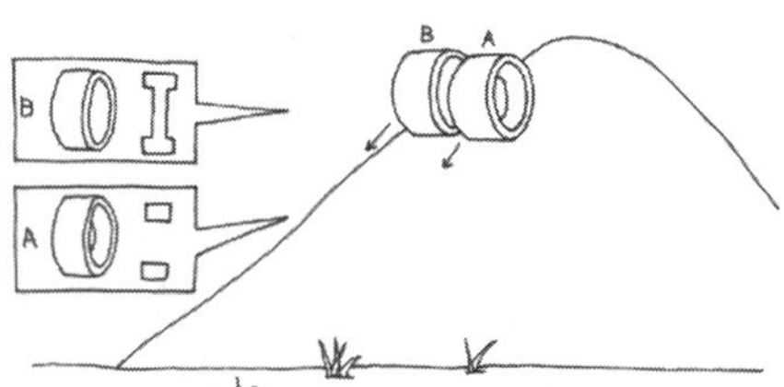

A는 중량이 주위에 치우치고 있으므로 회전하는 데 B보다 더 많은 에너지가 필요하다. A와 B가 언덕 아래에 도착했을 때 A쪽이 회전 에너지를 B보다도 많이 가지고 있지만 반대로 이동의 운동 에너지는 B쪽이 A보다도 크다. 각각을 합한 에너지는 똑같지만, 이동의 운동 에너지를 많이 지닌 B쪽이 빨리 도착하게 된다(박종규, 2005).

고체 덩어리로 되어 있는 파인애플 통조림과 액체로 되어 있는 오렌지 주스 통조림을 매끄러운 빗면 위에서 굴러가게 했다. 동시에 출발시켰을 때 어느 통조림이 빨리 굴러갈까?

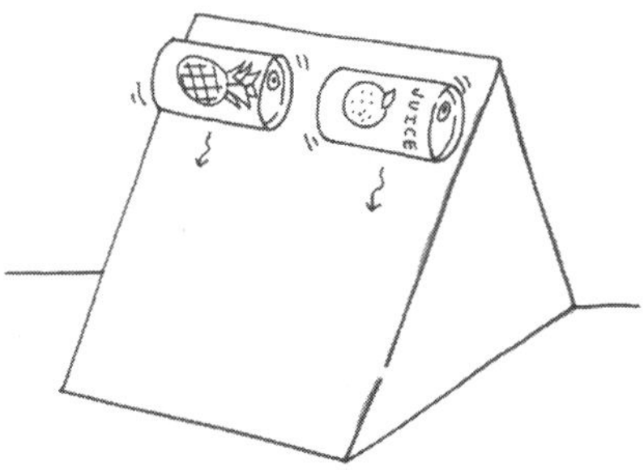

주스 통조림은 거의 액체이기 때문에 바깥쪽의 깡통이 회전한다고 하더라도 액체는 회전하지 않고 굴러가게 된다. 그런데 파인애플 통조림은 고체이기 때문에 바깥쪽에 있는 깡통이 회전하게 되면 그 속에 들어 있는 고체 물질도 회전하게 된다(박종규, 2005).

두 사람이 야구방망이의 양쪽 끝을 각각 잡고서 비틀어 돌릴 때, 어느 쪽을 잡은 사람이 힘이 덜 들까?

야구방망이의 굵은 쪽과 가는 쪽을 잡고서 비틀어 돌릴 때 굵은 쪽을 잡은 사람은 얼마 안 되는 적은 힘으로도 쉽게 돌릴 수 있다. 이것은 지레의 원리와도 같은 것이다(박종규, 2005).

라. 응용

생물실험실에서 자주 사용되는 원심분리기는 혈액에서 혈구와 혈장을 분리해 내는 데 사용된다. 무거운 혈구는 원심력을 크게 받아 아래에, 혈장은 위에 위치하게 된다.

세탁기는 구심력을 이용해서 세탁을, 원심력을 이용해 탈수를 한다(김미화, 김세중 공역, 2001).

자가용 자동차의 핸들보다 버스의 핸들을 더 크게 만든 것은 지름이 클수록 힘이 적게 들기 때문이다.

1.8 진자

가. 용어

떨칠(떨) 진(振), 아들 자(子)로 '떠는 것'을 의미한다. 우리말로는 '흔들이'라고도 한다.

나. 과학사

Galilei가 1581년 피사대학 의학부에 입학하였는데, 이 무렵 우연히 성당에 걸려 있는 램프가 흔들리는 것을 보고 진자의 등시성을 발견하였다고 전해진다(곽영직, 2006).

다. 응용

괘종시계는 진자를 이용한 것이다. 괘종시계에서 진자 운동은 시계 바늘을 움직이는 방탈장치의 움직임을 조절한다(김미화·김세중 공역, 2001).

1.9 만유인력

가. 용어

일만 만(萬), 있을 유(有), 끌 인(引), 힘 력(力). 한자 일만 만(萬)은 모든 것을 의미하여, '모든 것은 끄는 힘이 있다.'는 뜻으로 풀이된다.

나. 과학사

Descartes와 Huygens는 진정한 공간이란 존재하지 않으며 공간에는 에테르란 매질로 차 있고 이 매질을 통하여 힘이 전달되는 것이지 원격작용 같은 것은 존재하지 않는다고 주장하였다(곽영직, 2006).

Galilei는 떨어지는 물체의 가속도를 최초로 측정하였다. 놀라운 사실은 그가 측정한 가속도의 값은 어떤 물체든 9.8 m/s^2로 일정하다는 것이다. 한편 Galilei의 실험 과정 역시 논란이 되고 있다. 그는 물체를 똑바로 떨어뜨려서 속도를 측정한 것이 아니라 경사진 평면을 만들어 공이 굴러가는 시간을 측정하였다. 이에 대해 그는 똑바로 떨어지는 물체의 속도는 너무 빨라 측정이 어려웠기 때문이라고 밝히고 있으나, 이는 Aristoteles의 이론에 반하는 것이다. Aristoteles는 인공적으로 실험 조건을 주어 관찰하는 것은 자연 그대로의 진실을 왜곡하는 것이라고 말하였었다. 따라서 보수적인 학자들은 Galilei가 일부러 경사면을 만들어 실험 조건을 조작한 것은, 자연 그대로를 관찰하지 않고 임의로 연구 결과를 이끌어 내려는 경박한 행위라며 비난하였다(장수하늘소, 2007).

다. 응용

목성, 토성, 천왕성, 해왕성들이 있는 태양계 외곽 지역으로 우주 탐사선을 보내는 것은 훨씬 어렵다. 그러나 많은 우주 탐사선이 명왕성을 지나는 대장정에 나섰으며, 이들은 결국 태양계를 벗어나게 될 것이다. 이 지도의 모든 탐사선은 중력 슬링샷(고무새총) 효과를 이용하여 속도를 높이고 방향을 변경시켰다. 중력 슬링샷 효과를 내기 위해 탐사선은 행성 궤도의 안쪽으로 접근했다가 바깥쪽으로 빠져나왔다. 행성 중력이 탐사선을 안쪽으로 잡아당기고 탐사선의 중력도 미미하게 행성을 잡아끈다. 이때 행성의 운동력(모멘텀)이 탐사선에 전달되면서 행성 궤도를 빠져 나올 때 속도가 매우 빨라진다(김미화·김세중 공역, 2001).

1.10 열과 온도

가. 용어

따뜻할 온(溫), 법도 도(度). 온도란 물체의 따뜻한 정도를 의미한다.

독일의 Fahrenheit가 만든 온도 개념을 흔히 화씨(華氏)온도라고 하는데, 중국에서 파렌하이트의 이름을 '화륜해'라고 번역하였기에 그 '성'을 따서 붙여진 이름이다. 스웨덴의 Celcius는 한자로 '섭이사'로 표기되어 섭씨(攝氏)온도라는 온도 개념이 생겼다(조광희, 2002).

견줄 비(比), 더울 열(熱). 비열이란 더움을 견준다는 의미로 풀이되는데, 어떤 물건이 더 열을 오래 가지고 있을 수 있는가를 비교할 수 있는 척도로 사용된다.

더울 열(熱), 전할 전(傳), 이끌 도(導). 열을 이끌어서 전함.

대답할 대(對), 흐를 류(流). 대(對)는 대답하다 외에 짝(pair)의 의미를 가지고 있다. 대류가 일어나려면 찬 공기(물)와 더운 공기(물)가 짝을 이루어 흘러야 하기 때문에 대(對)자가 사용되었다.

나. 과학사

대부분의 장치와 마찬가지로, 온도계도 언제 누구에 의해 발명되었다고 콕 찍어서 얘기하기 힘들다. 일반적으로 네덜란드 사람인 Drebbel(1572~1634)이 온도계를 처음으로 만든 사람 가운데 한 명으로 전해지고 있다. 유명한 Galilei도 1597년에 물체가 온도에 따라 팽창하고 수축하는 현상을 이용해 공기 온도계를 만들었다. Newton도 얼음의 녹는점과 사람의 체온을 택하여 그 사이를 12등분한 자신의 온도 기준을 이용하였다. 프랑스의 Réaumur(1683~1757)는 1730년경에 훌륭한 알코올 온도계를 만들었다. 그는 두 고정점으로 녹는 얼음과 끓는 물을 선택하여 각각 0도, 80도로 정의하였다. 이 온도계는 프랑스와 이탈리아에서 사용되었다. 그러나 이와 같은 다양한 눈금은 상당한 불편을 가져왔고, 공통 눈금의 필요성이 제기되었으나 배타적인 애국심 때문에 이뤄지지 않았다(조광희 엮음, 2002).

중세 유럽에서는 열과 관련하여 연소설과 열소설이 양립하였다. 독일의 슈탈은 물체가 불에 타는 현상을 설명하기 위하여 '연소설(燃素說)'을 제안하였다. 연소설은 17세기 후반에 제안되어 18세기 후반에 이르기까지 약 1백여 년 동안 화학 현상을 설명하는 데 지배적으로 사용된 이론이었다. '연소', 즉 '불의 원소'로 번역되는 '플로지스톤(phlogiston)'은 그리스어의 '탄다.'에서 온 말이다. 연소론자들은 이 플로지스톤이 가연성 물질뿐 아니라 금속에도 모두 포함되어 있으며 특히 목탄이나 유황, 기름 등 타기 쉬운 물질은 다량의 플로지스톤과 재가 합쳐진 것이라고 주장하였다(조광희, 2002). 또한 17세기의 많은 학자들은 열은 물질의 기계적인 운동이며, 그 운동의 속도는 온도와 함께 증가한다고 하였다. 18세기에 와서는 열은 무게가 없는 물질이라고 규정되어 열소라고 불리게 되었고, 고체의 융해나 액체의 증발은 열소와 고체 또는 액체의 화학 작용이라고 여겨지게 되었다. 열소설에 따르면 마찰에 의한 열의 발생은 마찰하는 두 물질에 화학적으로 결합되어 있는 열소가 그 물질로부터 떨어져 나감으로써 일어나는 현상이므로 마찰의 양과 발생하는 열의 양은 비례해야 한다고 하였다. 열소 이론은 1850년대까지 일반적으로 받아들여지고 있었다(곽영직, 2006).

18세기 말에 들어서면서 온도 측정 기술의 발달로 열과 온도는 서로 다른 개념이라는 것이 밝혀지게 된다. 이즈음 블랙은 얼음이 녹을 때는 열을 가해줘도 온도는 하나도 변하지 않고 일정 온도를 유지하고 있다는 특이한 사실을 발견한다. 아울러 이때 가해준 열을 이용하면 같은 양의 물을 약 80℃나 올릴 수 있다는 사실도 밝혀낸다. 블랙의 이 실험은 최초로 열과 온도를 구분한 것으로 알려져 있다(조광희 엮음, 2002).

구들의 독특한 구조는 열기를 가능한 내부에 오래 머물도록 하기 위해서이다. 여기에서 베르누이의 정리나 대류 현상과 같은 과학적인 원리가 잘 적용되었음을 확인할 수 있다.

① 열기가 넓은 아궁이 후렁이에서 좁은 부넹기로 넘어가면서, 열기의 압력이 낮아진다. 공기나 물 같은 유체가 지나가는 길이 좁아지면 속력이 빨라지면서 압력이 낮아지기 때문이다. 이것이 바로 베르누이의 원리이다.
② 부넹기에서 구들개자리로 넘어간 열기는 넓은 공간을 만나 속도가 급격히 떨어지고 천천히 소용돌이 흐름이 생긴다. 이때 열기가 한꺼번에 고래로 이동하지 않고 한동안 구들개자리에 머물게 된다.
③ 바다 고래의 배처럼 생긴 고래의 모양 때문에, 고래 내부 전체에서 대류가 원활하게 일어난다.
④ 고래개자리로 넘어간 열기는 고래개자리의 넓은 공간으로 들어가면서 이동 속도가 줄어들게 된다. 이때 여러 고래에서 넘어온 열기가 섞이고, 마지막으로 남은 열로 구들장을 데운다.
⑤ 내굴길을 지난 열기가 굴뚝개자리에서 머물다가 굴뚝으로 빠져나간다. 굴뚝개자리는 외부에서 굴뚝으로 불어오는 바람을 막는 역할을 한다.
⑥ 아랫목과 윗목의 방바닥 온도 차이를 줄이기 위해 아랫목을 윗목보다 더 두껍게 만든다.

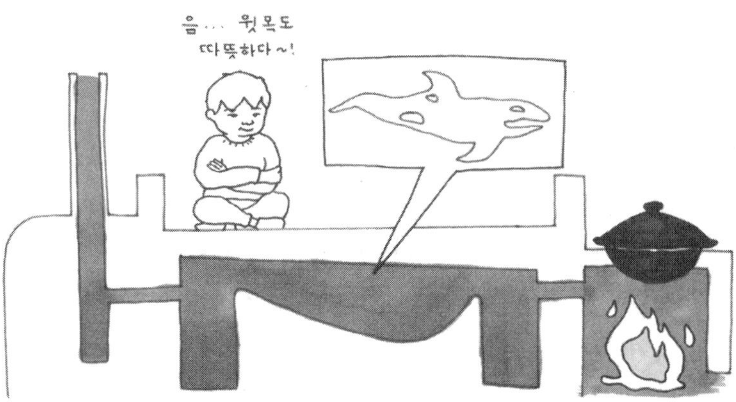

다. 실험

컵 속에 물을 반쯤 넣고, 그 위에 샐러드유를 넣는다. 이 컵을 냉장고 속에 두었다가 약 10℃쯤 되었을 때 꺼내어 따뜻한 방안에 두었다가 잠시 후에 온도를 측정한다. 물과 샐러드유의 온도를 따로따로 측정해 보았을 때 더 높은 쪽은 어디일까?

샐러드유의 온도는 물보다 높고 따뜻하다. 그것은 샐러드유가 물보다 열을 잘 전달해 주기 때문에 주위에 있는 열을 잘 흡수해서 샐러드유의 온도가 빨리 올라가기 때문이다(박종규 외 엮음, 2005).

라. 응용

보온병은 이중 유리병으로 외부의 온도가 주는 영향을 막아 내용물의 온도를 유지한다. 진공 상태에서는 대류나 전도가 일어나지 않는데, 불완전하나마 이중 유리벽 사이의 진공 상태가 열전도를 최소화한다. 유리병은 표면이 은도금되어 있어 안쪽과 바깥쪽의 열에너지를 반사시켜 복사에 따른 열전도를 줄인다(김미화·김세중 공역, 2001).

'체감 온도'는 기온과 풍속 등에 따라 신체가 느끼는 온도로서 느낌 온도라고도 한다. 몸으로 느낀다는 것은 결국 몸과 주변 환경 사이에서 어떻게 열이 옮겨지는가와 밀접한 관련이 있다. 그러므로 기온뿐만 아니라 바람의 빠르기, 습기, 햇볕의 양과 같은 외부적인 기상 요인이 결정적인 작용을 한다. 겨울철 일기예보에서 말하는 체감 온도는 주로 바람을 기준으로 계산한 것이다. 겨울 바람 때문에 더욱 춥게 느껴지는 경우가 많은데, 같은 온도에서도 바람이 세차게 불수록 체감 온도가 낮아진다(조광희 엮음, 2002).

열은 크게 전도, 대류, 복사의 방식으로 전달된다. 일단 체온을 기준으로 본다

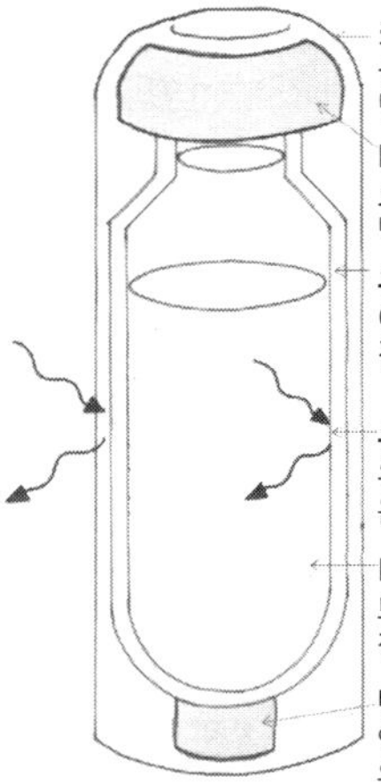

그림 2-1 보온병

면 옷을 두껍게 입는다고 해서 복사로 방출되는 열의 양이 크게 달라지지는 않는다. 그렇다면 겨울철에 따뜻하게 옷을 입기 위해서는 되도록 전도와 대류 작용이 안 일어나게 하는 것이 중요하다. 전도와 대류는 물질의 종류에 따라서 열이 전달되는 정도가 다르지만 대개 온도 차이가 클수록, 노출 시간이 길수록, 두께가 얇을수록 강하게 일어난다. 예를 들어 모자를 쓰거나 목도리를 두르면 몸이 직접 외부의 차가운 공기와 닿는 면적이 줄어들기 때문에 덜 춥게 느껴진다. 또한 얇은 옷을 입으면 차가운 공기와 몸과의 거리가 얇아지므로 전도와 대류가 일어나기 쉽다. 겨울에 대표적으로 추운 부분이 바로 소매끝과 바지끝이다. 관절이 많이 움직이는 부분이면서도 장갑과 윗옷, 바지와 양말처럼 두 종류의 옷이 만나면서 틈새가 드러나는 곳이라서 쉽게 찬 공기에 노출된다. 게다가 몸에 의하여 온도가 조금이라도 올라간 주변 공기는 밀도가 작아져서 상승하게 되고 그 빈자리에 다시 차디찬 공기가 들어오게 되므로, 자연스럽게 강한 대류 현상이 일어나게 된다. 따라서 소매 단추를 잠그거나 바짓단이 넓지 않은 바지를 입는 것이 조금이라도 따뜻하게 지내는 방법이다. 겨울철에는 두꺼운 옷 한두 벌보다는 얇은 옷을 여러 벌 입는 것이 더 좋은 보온 방법이다. 두꺼운 외투를 입고 거동이 불편하다고 투덜거리는 사람들이 있는데, 내복을 입는 것은 보온과 편리함을 동시에 얻을 수 있는 방법이다. 겉옷과 맨몸 사이에는 얇은 공기층이 존재한다. 내복을 입어서 대류가 일어나지 않는 공기층을 만들면, 훨씬 보온 효과가 좋아진다. 그런 까닭으로 어떤 회사에서는 상표 이름에 공기(air)를 집어넣기도 한다. 내복을 입고 그 위에 여러 겹의 옷을 입으면 공기가 대류하지 않으면서 자연스럽게 열의 급격한 전도를 막아주게 되므로 보온 효과가 뛰어나다는 것을 강조하는 광고인 셈이다. 스타킹도 마찬가지이다. 여름용 스타킹은 나일론 스타킹이라고 하고, 겨울용은 울스타킹이라고 한다. 겨울용도 나일론으로 만드는데, 다만 '울리가공'과 '벌키가공'이라는 특수한 공법을 이용해 나일론을 파마머리처럼 꼬이도록 하는 것에 차이가 있을 뿐이다. 울리가공(wooly finish)이란 나일론·폴리프로필렌·폴리에스테르 등의 각종 합성섬유에 꼬임을 주는 것으로서, 부풀기와 신축성·유연성·보온성이 뛰어나다. 글자 그대로 양털(wool)과 같은 부드러운 감촉을 주기 위한 가공으로 가장 대표적인 것은 울리나일론이며, 이 가공을 거친 섬유를 이용하여 내의·양말·옷감 등을 만든다. 벌키가공(bulky finish)이란 섬유를 부풀게 해 털실과 같은 촉감이 나게 하는 방법이다. 이렇게 만들어진 섬유는 공기가 많이 포함되어 있고 잘 구겨지지 않는 특성이 있어 스웨터 등을 만들 때 주로 사용된다. 이런 가공을 통하여 만든 스타킹은 비록 얇지만 섬유 사이에 공기층을 가둘 수 있다. 그러므로 얇은 공기층 덕분에 맨다리인 경우보다 전도가 천천히 일어난다. 또 스타킹의 온도는 공기보다 높지만 체온보다 낮은 상태가 되기 때문에, 맨다리인 경우보다 온도 차이가 적다. 따라서 대류 현상도 맨다리인 경우처럼 강하게 일어나지는 않는다(조광희 엮음, 2002). 소방관처럼 강력한 불과 싸워야 하는 사람들은 가볍고 방화 기능을 갖춘 소재로 만든 보호 복장을 착용한다. 강력한 방화복에는 복사열을 반사하는 알루미늄성 직물이 사용되며, 방화 마스크에는 테플론으로 코팅된 캅톤이 쓰인다. 이 두 소재는 모두 아폴로 우주 비행사의 우주복에도 사용되었다(김미화·김세중 공역, 2001). 수천 년 동안 사막에서의 생활을 이어 온 유목민들은 생활 속에서 공기를 단열재로 사용하는 지혜를 터득하였는데, 그 원리를 이용한 발명품이 바로 양털로 만든 카펫이다. 양털을 확대해 보면 자잘한 섬유들이 마치 스프링처럼 꼬인 채 여러 겹 엉켜 있는 것을 볼 수 있다. 이런 나선형 구조 덕택에 양털은 공기를 많이 함유할 수 있고, 따라서 보온성이 매우 뛰어나다. 또 양털은 물에 잘 젖지 않으며 습기가 많아도 나선형 구조가 유지되고, 따라서 보온력도 떨어지지 않는다. 사막의 공기는 매우 건조하기 때문에, 사막은 밤과 낮의 일교차가 매우 크다. 한낮에는 불볕더위가 기승을 부리다가도 밤에는 찬이슬이 맺히고 온도가 영하로 떨어지기도 한다. 이렇게 혹독한 사막 기후에서 건강을 유지하면서 유목 생활을 하기 위해서는, 뛰어난 보온 효과를 지니면서도 이슬이나 습기도 막아 줄 수 있는 양털은 필수적인 재료가 된다. 덕분에 유목민들에게 카펫은 낙타를 타고 다닐 때는 안장으로, 기도할 때는 깔개로, 천막을 치고 잘 때는 바닥으로 두루 요긴하게 쓰인다(조광희 엮음, 2002). 사람은 정상 체온보다 약 2~3℃만 높아지더라도 체내 단백질이 응고해 생명이 위험하다. 따라서 열사(熱死)하지 않고 살아남으려면 어떻게 하든 체온이 상승하지 않도록 해야 한다. 그러한 생존 방법은 크게 두 가지로 나타난다. 첫째는 육체적인 적응이다. 강하게 내려쬐는 햇볕을 차단하고 빨리 체열을 공기 중으로 내보내야 한다. 물론 체내에서 열이 발생하지 않도록 대사량도 낮춰야 한다. 따라서 열대 지방 사람들은 걸을 때 햇볕을 가장 많이 받는 머리를 보호하기 위해 고수머리(곱슬머리)를 갖고 있다. 고수머리는 공기구멍이 많은 스펀지 같아 단열재 구실을 해서 태양광선이 머리 피부에 도달하지 않도록 한다. 또 공기가 잘 통하기 때문에 머리 피부에서 나오는 땀을 효과적으로 증발시켜 머리를 빨리 냉각시킨다. 열대 지방 사람들은 피부의 땀샘 숫자도 약 5백만 개로, 온대 지방 사람들의 2배나 된다. 땀샘 숫자만 많은 것이 아니다. 열대 지역에 사는 흑인들의 체형 구조를 떠올려 보자. 땀의 효과적인 증발을 위해서 팔과 다리의 길이가 몸통 길이에 비해 훨씬 긴 체형을 가졌음을 알 수 있다. 모든 사물은 공 모양에 비해 길쭉한 모양일수록 부피보다 표면적이 넓어져, 그만큼 열을 내보내는 데 유리하기 때문이다. 반대로 한대 지방에서 얼어 죽지 않으려면 체열을 뺏기지 않아야 한다. 팔과 다리는 몸통에 비해 짧아야 되고, 머리털은 자신의 키 길이까지 자랄 수 있는 갈기머리(속칭 '돼지털머리'와 같은 것)가 적당하다(조광희 엮음, 2002). 인체 전체, 또는 특정 부위의 체온 변화를 과학적으로 설명함으로써 병을 진단하고 치료에 응용하는 것을 '체열 의학'이라고 한다. 문헌상에 기록된 가장 오래된 체열 검사는 히포크라테스에 의해 이루어졌다. 그는 환자의 몸에 진흙을 얇게 덮은 뒤 빨리 건조되는 부분을 질병 부위로 예측하였다고 한다. 현재는 인체의 피부에서 발산되는 열을 감지하고 이를 등고선 모양의 체열 지도로 나타내어 신체의 이상 부위를 진단하는 체열 촬영 검사 등의 방법이 이용되고 있다(조광희 엮음, 2002).

무더위가 기승을 부리는 여름철에는 오히려 삼계탕과 같이 뜨거운 음식을 종종 먹는다. 날씨도 더운데 더욱 뜨거운 음식을 찾는 이유는 무엇일까? '열의 원리'를 알면 답이 나온다. 사람의 기초 대사량은 남성이 1700 kcal, 여성이 1500 kcal 정도이다. 이때 생기는 열이 빠지지 않고 체내에 쌓이면 매시간 체온이 1도씩 올라간다. 게다가 뜨거운 음식까지 먹으면 소화 기관의 온도가 일시적으로 오른다. 정상체온인 36.5℃를 2~3℃만 넘어도 신진대사에 필요한 효소나 단백질이 파괴되기 시작하므로, 뇌의 온도 조절 중추인 연수는 신체를 36.5℃로 유지하기 위해 땀을 내라는 명령을 내리게 된다. 땀이 나면서 수증기로 증발하면 살갗이 시원해지는데, 이것이 바로 '이열치열'의 원리이다(조광희 엮음, 2002).

인체 냉동보존술(cryonics)은 인공동면과는 달리 죽은 사람을 냉동 보관해 두었다가 일정 기간이 경과한 뒤 소생시키려는 기술이다. 체온은 동물의 동면온도와 같은 3℃까지 내려간다. 인류 최초로 냉동 인간이 된 사람은 미국의 심리학자 Bedford 박사이다. 그는 간암에 걸려 현대 의학으로는 죽음을 피할 수 없게 되자 스스로 냉동 인간을 자원하였다. 그는 사망하기 직전인 1967년 1월 12일 어는 현상을 방지하는 DMSO(디메틸설파옥사이드)를 녹여 만든 부동액으로, 혈액을 바꾼 뒤 섭씨 영하 196℃의 액체질소가 채워진 알루미늄 용기에 넣어졌다. Bedford 박사는 인류의 암 치료술에 큰 발전이 예상되는 2030년쯤 해동돼 전신에 퍼진 암 세포를 몰아내고 60년이 넘는 긴 겨울잠에서 깨어날 예정이다(조광희 엮음, 2002).

감열이미지 장치는 온도의 차이를 감지한다. 각기 다른 온도의 사물에서 방출되는 적외선은 게르마늄 렌즈로 수집되고 전자 감지기에 흡수된다. 이 감지기는 온도에 따라 전자를 방출하는 세라믹 픽셀로 나뉜다. 광학 전하 결합 소자 장치(CCD)에서처럼 수집된 전자는 전류로 판독된다. 이 전류는 텔레비전 모니터에서 이미지를 다른 색으로 재구성한다(김미화·김세중 공역, 2001).

냉장고와 냉동고는 온도가 낮은 곳에서 높은 곳으로 열에너지를 옮겨 온도가 낮은 곳의 온도를 더욱 낮추는 열펌프 장치이다. 냉장고는 냉매라고 불리는 물질을 압축시킨 다음 다시 팽창시키는 원리로 작동한다(김미화·김세중 공역, 2001). 최초의 가정용 냉장고는 1917년 미국의 켈비네이터사가 개발하였다. 하지만 가격이 너무 비싸 일반인들에게 공급되지 못하였다. 이후 선보인 첫 대중용 냉장고는 1925년 출하된 제너럴일렉트릭(GE)사의 '모니터 탑'이었다. 작동 부품이 냉장고의 꼭대기에 위치한 원형 상자에 있었기 때문에 붙여진 이름이었다(조광희 엮음, 2002).

엔진을 식혀 주는 방법에는 두 가지가 있다. 자동차가 달릴 때 바람으로 식혀 주는 '공냉식'과, 엔진에 물이 지나가는 통로를 만들어 놓고 냉수를 순환시키는 '수냉식'이 그것이다. 공냉식을 사용한 대표적 경우는 '딱정벌레'라는 애칭으로 통하는 독일의 폴크스바겐이다. 이 차는 엔진에 물고기 지느러미와 같은 냉각핀을 장착하여 주행할 때 공기와 접촉하는 면적을 높였다. 오토바이의 경우에는 엔진이 외부에 노출돼 있고 상대적으로 엔진의 크기가 작기 때문에 아직도 공냉식 방식이 애용되고 있다. 하지만 수냉식보다 냉각 성능이 떨어지기 때문에 자동차에는 요즘은 공냉식을 잘 사용하지 않는다(조광희 엮음, 2002).

1.11 기체의 분자운동

가. 용어

다스릴 이(理), 생각할 상(想), 기체. 이상 기체란 실제로 있는 기체가 아닌 생각을 다스려서 만든 실제로는 없는 기체를 의미한다.

나. 과학사

브라운 운동은 1827년 영국의 식물학자 Brown(1773~1858)이 물에 떠 있는 꽃가루를 현미경으로 관찰하고 있을 때, 꽃가루에서 나온 작은 입자가 수면 위를 끊임없이 돌아다니는 것을 발견한 것이 시초이다. 브라운을 비롯한 당시 많은 학자들은 이 운동의 원인을 화분의 특별한 생명력에 의한 것으로 생각했으나, 1872년 프랑스의 델소 등은 당시의 시론적 단계에 있던 분자운동론을 이 현상에 적용하여, 열운동 때문에 움직이고 있는 액체 분자가 미소 입자의 표면과 충돌하여 일으키는 현상이라는 학설을 제창하였다.

19세기 중반 스코틀랜드의 인쇄공이었던 제임스 해리슨은 에테르로 활자를 세척하던 중 에테르가 증발하면서 손이 차가워지는 데 착안하여 이를 냉매로 한 냉장고를 처음으로 개발하였다(조광희 엮음, 2002).

영국 왕립학회의 초대 회장인 Boyle(1627~1691)이 기체의 압력에 대한 법칙을 발견하고 이를 왕립학회에 보고했다. 그는 이번 실험에서 자신이 특별히 제작한 J자형의 유리관을 사용하였는데, 이것은 길이가 무려 3 m나 되어서, 원활한 실험을 위해서 천장까지 뚫어야 하였다. 실험 과정 중 가장 힘들었던 것은 유리관에 수은을 넣어 공기를 압축하는 일. 압축된 공기의 압력을 견디지 못한 유리관이 번번이 터지는 바람에 수없이 새로운 유리관을 만들어야 하였고 흩어진 수은을 모아야만 하였다(장수하늘소, 2007).

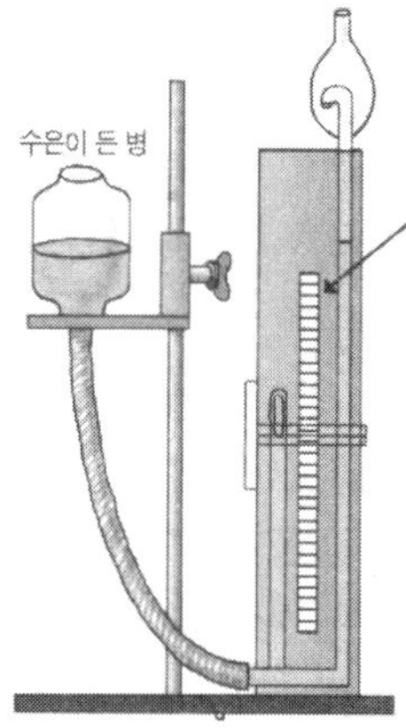

그림 2-2 보일의 실험 장치
짧은 관은 위가 막혀 있고 긴 관은 위가 뚫려 있다. 짧은 관 안에서는 공기가 압축되고, 긴 관에서 수은주의 높이를 비교하면, 공기 부피와 압력의 상관관계를 알 수 있다.

다. 실험

주스병 2개에 각각 차가운 물과 뜨거운 물을 넣는다. 동시에 물을 쏟은 다음 빈 병을 물속에 세워 둔다. 잠시 후 주스병을 관찰한다. 차가운 물을 넣었던 주스병과 뜨거운 물을 넣었던 주스병이 어떻게 될까?

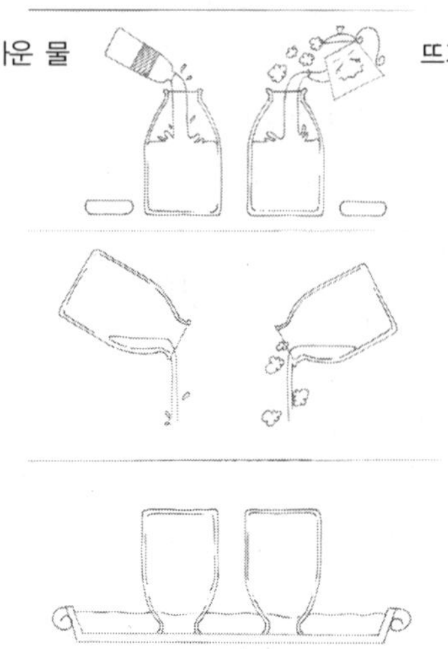

날씨가 더우면 우리의 몸이 풀리고 활동을 많이 하듯이 뜨거운 물을 넣었던 주스병 속은 따뜻하여 공기가 성기게 된다. 반대로 찬물을 넣었던 주스병 속의 공기는 차가워서 빽빽하게 된다. 날씨가 추우면 웅크리고 서로 가까이 하듯이. 공기가 성겼을 때를 '기압이 낮다'(저기압), 공기가 빽빽했을 때를 '기압이 높다'(고기압)라고 한다. 공기는 고기압에서 저기압으로 이동하는 성질이 있다. 그래서 따뜻한 물을 넣었던 주스병 속으로 물이 밀려들어가게 되는 것이다(박종규 외 엮음, 2005).

1.12 열역학 법칙

가. 용어

엔트로피(entropy)는 엔탈피(enthalpy)와 같은 어원을 공유하는 단어로, 어원은 '열'을 뜻하는 엔탈피엔(enthalpien)에서 나왔다. Clausius(1822~1888)는 엔트로피를 '변형용량'이라고도 불렀으며 '변형'을 뜻하는 그리스어 '트로페'(τροπη)와 에너지란 말의 어원이며 '활동', 혹은 '동작'을 뜻하는 그리스어 '에네르게이아'(ενεργεια)의 첫 두 글자를 따서 'entropy'라는 용어를 만들었다(양승훈 편저, 2003).

옳을 가(可), 거스를 역(逆), 반응. 거스르는 것이 가능한 반응을 의미한다.

나. 과학사

신경쇠약증을 앓아온 물리학자 Boltzmann(1844~1906)이 끝내 자살로 생을 마감하였다. '엔트로피 법칙'을 확립한 그는 오랫동안 자신의 이론을 공격해 온 과학자와 철학자들 때문에 스트레스에 시달려왔던 것으로 알려졌다. Boltzmann은 원자들의 운동 방식으로 엔트로피 법칙, 즉 열역학 제2법칙을 완벽하게 설명함으로써 과학계에 큰 업적을 남겼다. 그러나 원자의 존재를 인정하지 않는 철학자와 과학자들은 줄기차게 그를 공격하였다. 그들은 눈으로 보지 못하는 것은 그 존재를 인정할 수 없다는 철학적 원칙을 고수하고 있다. 이에 Boltzmann은 자신이 재직하던 대학에서 '과학철학' 강좌를 열어 원자의 존재를 철학적으로 논증하려고 애쓰기도 하였다. 그러나 그는 뛰어난 과학자이기는 했어도 뛰어난 철학자가 되지는 못했는지 논증에 성공하지 못하였다(장수하늘소, 2007).

열역학의 발전은 기계 공업의 동력원이 되는 열기관의 개발과 발전에 큰 힘이 되었다. 1876년에 오토가 기체를 사용하는 내연기관을 개발하였고, 1883년에는 다임러가 석유를 사용하는 내연기관을 개발하여 실용화하는 데 성공하였다. 중유기관은 1895년에 디젤에 의해 개량되어 많은 공장과 산업체의 동력원이 되었다. 내연기관의 개발과 함께 외연기관도 개발되어 1884년에는 파슨즈가 개발한 증기터빈이 발전에 이용되었다(곽영직, 2006).

그림은 15세기에 나온 영구기관이다. 바퀴 가장자리 끝에 무거운 추를 단 막대가 연결돼 있다. 바퀴 오른쪽의 추가 떨어지는 힘에 의해 왼쪽의 추들이 계속 밀려올라가는 형태이다. 최초의 영구기관과 마찬가지로 여러 가지 마찰에 의한 에너지 손실이 문제이다(조광희 엮음, 2002).

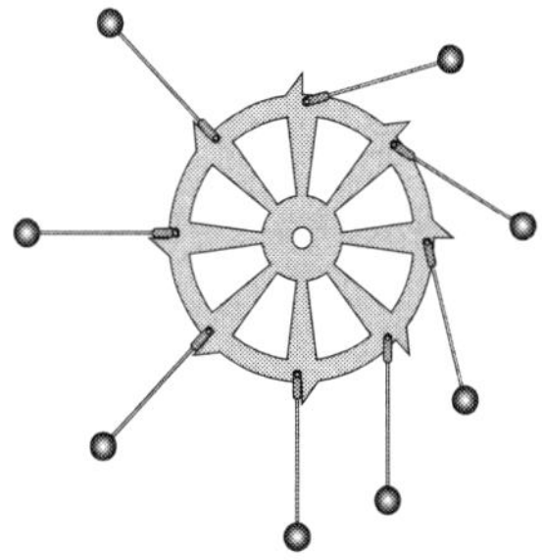

그림 2-3 영구기관

Leonardo da Vinci(1452~1519)도 영구기관을 만들려고 시도한 적이 있었다. 물론 곧 불가능하다고 판단하고 "아! 영구운동을 희롱하는 공상가들이여 어찌하여 그렇게 덧없는 시도를 많이 했는가?"라며 탄식하였다. 하지만 영구기관에 대한 발명가들의 열정은 좀처럼 식을 줄 몰랐다. 18세기에 접어들어 전기력이나 자기력과 같은 자연의 힘이 새롭게 발견되자 이를 영구기관에 응용해 보려는 시도가 끊이지 않았다. 증기력이 산업과 수송에 큰 역할을 담당한 19세기에는 이를 활용해 영구운동을 실현시키려는 관심이 절정에 달하였다. 1855~1903년에 영국에서만 영구기관과 관련하여 신청된 특허 건수가 5백건 이상이었다. 이미 열역학 제1,2법칙에 따라 영구

기관이 만들어질 수 없다는 점이 과학적으로 밝혀졌지만 아무 소용이 없었다. 이런 열광적인 분위기는 미국에서도 마찬가지였다. 물밀듯 밀려오는 특허 신청을 참다 못한 미국 특허국은 1911년 영구기관에 대한 특허 출원을 할 때 반드시 실제 작동하는 모형을 함께 제출하라고 발표하기까지 했다. 국내의 상황도 비슷하다. 1990년대에 들어서도 여전히 영구기관 설계도가 특허청에 제출되고 있다. 그래서 1997년 말부터 특허청은 영구기관 특허 출원을 아예 사절한다는 방침을 정하고 홍보에 나섰다. 그러나 특허 신청이 줄어들 기미는 전혀 보이지 않는다(조광희 엮음, 2002).

유럽에서는 곡식을 가는 데 수세기 동안 수차(水車)를 사용하였다. 그러나 많은 지역에서 곡식방아를 위해 필요한 물이 적절한 양으로 흐르는 개울이 드물었다. 그래서 농부들은 멀리 떨어져 있는 방앗간으로 곡식을 운반해 가고 다시 운반해 와야만 하였다. 1618년 영국 런던의 유명한 의사인 로버트 플루드는 개울과 같은 자연에 의존하지 않는 방앗간을 만들 수 있는 방법이 없을까 생각하게 되었다. 플루드는 Newman처럼 끝없는 자기 신념과 폭넓은 지식을 가지고 있었다. 그는 수차를 펌프를 돌리는 데 사용하는 동시에 곡식을 가는 데도 사용할 수 있을 것이라고 생각하였다. 바퀴를 돌린 물이 다시 사용하기 전의 도랑으로 옮겨질 수 있다. 그는 이 방법으로 방앗간을 영구히 돌리는 데 사용되는 물을 확보할 수 있다고 여겼다. 그의 이러한 생각은 실패하였지만 그의 실패는 다른 사람들에게 역사적으로 가장 위대한 과학적인 통찰력을 갖게 하였고, 산업 혁명의 길을 닦아 놓았다. 플루드 박사의 아이디어가 성립하기 위해서는 물이 바퀴를 돌리기 위해서 아래로 떨어진 거리만큼 다시 위로 올라와야 한다. 바퀴를 돌리는 데 사용된 모든 에너지가 물 저장소로 물을 다시 끌어 올리는 데 필요하다. 그러니까 곡식을 가는 데 필요한 에너지는 남지 않는 것이다. 플루드의 아이디어가 실패한지 거의 400년이 지나서야 전 세계 수백 명의 발명가들이 이 열역학 법칙을 깨트리려고 노력하였다. 여러 발명가들이 기계를 끊임없이 돌아가게 하는 에너지원을 교묘하게 숨기는 복잡한 장치를 만들어 결국에는 사기꾼이라는 낙인으로 끝을 보기가 일쑤였다. 실패할 때마다 사기가 노출되어 열역학 법칙만 더 확고해져 갔다(민영기 등, 2007). 18세기 초에는 독일의 Orffyreus가 크고 작은 톱니바퀴와 낙하하는 추를 연결하여 바퀴를 영원히 돌릴 수 있는 자동바퀴를 선보였다. 그 역시 장치의 중요한 부분을 가린 채 사람이 밑에 숨어 밧줄로 바퀴를 움직이는 속임수를 쓴 것이었지만, 여러 나라의 귀족들과 부유층들은 깜박 속고 그에게 많은 돈을 투자하였다. 대담하게도 러시아 황제 표트르 1세에게 10만 루블을 받고 자신의 자동바퀴를 빌려주기까지 하였다(장수하늘소, 2007).

미국의 킬리는 1874년 '킬리 모터회사'를 설립하고 1리터의 물로 미국 전역을 달릴 수 있는 모터를 공개적으로 선보였다. 그것은 그야말로 물만으로 영원히 움직일 듯 보였고, 이로써 킬리는 기업과 투자자로부터 거액의 투자비를 받아냈다. 그러나 킬리가 죽은 뒤, 그의 실험실 마루 밑에서 모터를 돌리는 압축 공기 장치가 발견됨으로써 킬리 모터는 사기극이었다는 게 만천하에 드러났다. 거액의 투자비는 이미 그의 사치스런 생활로 모두 날아가 버린 뒤였다(장수하늘소, 2007).

영국의 물리학자 캐번디시 연구소 소장인 Maxwell(1831~1879)이 재미있는 상상을 하였다. 그는 자신의 저서 「열의 이론」에서 엔트로피를 거꾸로 흐르게 하는 도깨비의 존재를 가정하였다. "만약 서로 섞인 분자들을 따로따로 분리해 내는 도깨비가 있다면 어떻게 될까?" 이 경우에는 알코올과 물이 섞여도 걱정할 필요가 없다. Maxwell의 도깨비가 알코올 분자는 왼쪽으로, 물 분자는 오른쪽으로 보내면 금세 분리될 테니까 말이다. 뜨거운 물과 차가운 물을 섞어도 마찬가지이다. 운동 에너지가 큰 분자는 왼쪽으로, 운동 에너지가 작은 분자는 오른쪽으로 보내면 왼쪽에는 뜨거운 물이, 오른쪽에는 차가운 물이 모일 것이다. 만약 그의 상상대로 이런 도깨비가 실제로 존재한다면, 인류의 에너지는 무한해질 것이다. 뒤죽박죽 뒤섞여 쓸모없는 형태가 된 열에너지를 다시 분류하여 써먹으면 되기 때문이다. 그러나 안타깝게도 현실에서는 이런 도깨비가 존재하지 않는다. Maxwell은 이 도깨비는 엔트로피의 이론을 설명하기 위해 도입된 허상에 지나지 않는다고 말하였다.

1984년 미국의 발명가 Newman은 자신의 변칙적인 물리학 이론에 근거를 둔 무한동력기관을 발명했다고 발표하였다. 그는 자신의 발명품을 인정받기 위해 특허국과 투쟁을 벌였고, 대규모의 시연회를 개최하는 등 각종 언론 매체에 소개되어 유명해졌다. Newman의 기계는 배터리팩, 회전하는 영구자석에 기계적으로 연결된 전환자, 그리고 선으로 이루어진 코일 등으로 구성되었다. 배터리팩은 12개의 배터리 뭉치 5개와 16개 배터리 한 뭉치 등 총 116개의 배터리로 이루어졌다. 각 뭉치 속의 배터리들은 병렬로 연결되고, 이들을 병렬로 연결하기 위해 외부의 선이 사용되었다. 전환자는 배터리의 극성 연결을 자석이 1번 회전하는 동안 2번 바뀌게 한다. 또한 각 회전 때마다 배터리와 코일을 24번 연결시키고, 단절시키는 일을 반복한다. Newman은 배터리의 힘으로 그의 기관에 시동을 건 후 소모되는 힘보다 생산되는 에너지가 더 많음을 측정할 수 있다고 주장하였다. Newman은 이 기관의 원리가 19세기 물리학자인 Maxwell에 의해서 생각되었지만, 학계에서 받아들여지지 않았던 자기 소용돌이 이론에 있다고 말하고 있다. 이 소용돌이는 지구에서 지진과 같은 대규모 사건을 일으키는 원동력이라고 Newman은 지적하고 있다. Newman은 미국 특허국에 특허를 신청했지만 거절당하자 소송을 제기하였고, 뉴올리언스에 있는 슈퍼 돔에서 9,000명 이상의 관객을 모아 놓고, 기계에 대한 시연회를 1주일 동안 열기도 하였다. 그는 미국 특허국이 특허 출원을 허가하지는 않았으나 미국과는 북미자유무역협정이 체결되어 있고, 관세협정이 있는 멕시코에서는 특허를 얻었기 때문에 그의 특허는 전 세계에서 통한다고 주장하였다. Newman의 영구기관에 대한 주장과 대중을 대상으로 하는 설득과 시범 행사는 아직도 계속되고 있다(민영기 등, 2007).

2 전자기학

2.1 전하와 전기장

가. 용어

고요할 정(靜), 번개 전(電), 기운 기(氣). 마찰로 인해 발생하는 전기는 전하가 흐르지 않기 때문에 정전기라고 한다(백종민, 2002).

전기는 그리스의 철학자 Thales(B.C. 624?~B.C. 546?)에 의해 최초로 관찰된 것으로 전해진다. 기원전 600년경 탈레스는 호박(琥珀)을 모피로 문질렀을 때 호박이 보릿짚 또는 먼지 같은 작고 가벼운 물체를 끌어당긴다는 것을 관찰하였다. 오늘날 사용되는 전기(electricy)라는 용어는 그리스 말 elektron(호박)에서 유래되었다(양승훈, 2003).

꾈 유(誘), 번개 전(電), 몸 체(體). 유전체란 전하를 꾀어내면 전기를 띠는 물체를 의미한다.

나. 과학사

마찰로 인해 물체가 먼지를 끌어당긴다는 고대인의 생각에서 출발해, 18세기에는 Gray(1670~1736)와 Nollet'(1700~1770) 신부에 의해 재미있는 정전기 실험이 이루어졌다. Gray는 길이가 1 m, 지름이 2.5 cm 정도 되는 유리막대를 마찰해 작은 새털이나 금속박을 끌어당겨 보았고, 이 막대에 손을 댔을 때 짜릿한 자극을 느껴 보기도 했다. 또한, 명주실 고리와 놋쇠 철사로 만든 고리를 천장에 매달아 정전기유도 실험을 해봄으로써 명주실과 달리 놋쇠를 통해서는 전기가 천장으로 흘러간다는 것을 알아내기도 하였다. 또 Gray는 사람이 전기를 통하는가 알아보기 위해서 매우 길고 튼튼한 명주 끈을 두 가닥 준비해서 양끝을 천장에 매달았다. 데리고 있던 급사 청년을 명주 끈을 이용해 공중에 매단 다음 유리막대를 대전시켜 청년의 발바닥에 갖다 대었다. 그런 다음 청년의 머리에 손을 대 봤더니 짜릿한 자극을 느껴졌다. 이 실험을 통해 Gray는 전기가 청년의 몸을 통해 발끝에서 머리끝으로 전해졌다는 것을 알게 되었다. Gray의 실험에 흥미를 느낀 Nollet' 신부 역시 소년을 명주 끈으로 매달고 작게 자른 금속박을 쌓아놓은 탁자에 손을 가까이 가져가도록 하였다. 소년에게 대전된 막대를 대는 순간 금속박이 튀어 올라 소년의 손에 붙는 것을 보고 많은 사람들은 놀라움을 금치 못하였다. 전기의 실체가 전혀 드러나지 않았던 18세기만 해도 이것은 정말로 대단한 일이었다(백종민, 2002).

Millican(1868~1953)은 최초로 전자의 전하량을 측정해 1923년에 노벨상을 수

그림 2-4 Nollet' 신부의 실험

상한 미국의 물리학자이다. 그는 16개의 상과 30개의 명예학위를 받은 당시 가장 유명한 과학자였다. 무명의 시카고 대학 교수였던 Millican은 1910년에 최초로 전하 e의 측정 결과를 발표하였다. 전기장에 기름방울을 넣어 전기장의 세기를 기록하는 측정은 매우 어렵고 변동이 심한 것이었다. 데이터의 완전 공개를 엄격히 지킨 Millican은 그가 실시한 38회의 측정을 '최고'에서 '상당히 좋은' 단계까지 별표를 붙여 분류하였다. 그렇게 해서 일곱 개의 측정치를 떼어버렸다고 그는 거짓 없이 써 놓았다. 전하량의 측정에서 Millican의 라이벌인 오스트리아 비엔나 대학의 Ehrenhaft(1879~1952)는 Millican이 발표한 측정에서의 가변성은 바로 미소한 전하를 갖는 부(副)전자가 존재한다는 자신의 주장을 실제로 입증하는 것임을 지적하였다. Ehrenhaft에게 반박하기 위해 Millican은 1913년에 보다 정확한 새로운 결과를 담은 논문을 발표해 전하에는 단일전하가 적합하다고 결론을 내렸다. 그리고 이탤릭체로 "이것은 선택된 유적군(油滴群)이 아니라 60일간에 걸쳐 연속적으로 실시한 실험의 모든 유적에 대한 결과이다."라고 강조하였다. Millican은 Ehrenhaft에게 멋진 회답을 한 것이 되었고 과학적 정확성이라는 절대적 힘에 의해 그의 전하 측정의 정확성을 명확히 증명하였다. 하버드 대학의 역사학자인 Holton은 Millican이 1913년 논문을 저술할 때 사용한 오리지널 노트를 조사해 그가 발표한 데이터와 노트에 많은 차이가 있다는 사실을 발표하였다. Millican은 발표를 위해 가장 적합한 데이터만을 선택한 것이었다. 그의 노트에서 볼 수 있는 본래의 측정 결과에는 "아름답다. 이것을 꼭 발표해야지."라든가, "매우 낮다. 무엇인가 이상하다." 등등의 사적인 주석이 곳곳에 기록되어 있었다. 1913년의 논문에 발표한 58회의 관측은 사실 모두 140회에 걸쳐 실시한 관측 중에서 선택한 것이었다. 최초의 관측이 실시되었다는 1912년 12월 13일 이후 일부의 관측을 세어 보아도 역시 49회의 관측이 제외되어 있었다. 그러나 Millican은 속임수가 밝혀지는 것을 염려할 필요가 없었다. Holton은 그 이유를 다음과 같이 설명하고 있다.

"노트는 사적인 것이었다. … 그러므로 그는 데이터를 자유로이 고르고… 전하 이론과 특정한 실험에 의해서 데이터를 도출하였다. 그것을 그는 이미 최초의 중요한 논문에도 적용하고 있다. 그리고 그 후 그는 발표하는 데이터에는 별표를 붙이지 않는 것은 깨달은 것이다." 한편 대서양 건너에서 Ehrenhaft와 그의 동료들이 잇달아 실험 데이터를 발표하였다. 그것은 좋은 데이터와 나쁜 데이터를 모두 포함한 공평한 것이었다. 그들의 연구 결과에는 분할이 되지 않는 단일 전하라는 개념은 제기되지 않았다. 이러한 견해는 당시의 지배적인 이론과는 상반되는 것이었으며, Holton은 이에 대해 다음과 같이 기술하였다. "Ehrenhaft의 견해는 흥분을 불러일으키는 것으로 도전이라고 표현할 수 있을 만한 것이었다. Millican에 의하면 오리지널 데이터에 대한 그와 같은 해석은 자연의 기본적인 사실(전하의 실체)에 등을 돌리는 것이 된다." 이 싸움은 Millican의 노벨상 수상으로 끝났고, Ehrenhaft는 환멸에 빠진 나머지 끝내 정신병에 걸리고 말았다. 하지만 보다 정밀한 장치를 소유하고 Millican보다 엄밀한 측정을 한 Ehrenhaft는 장래 정당화될지도 모른다(민영기 등, 2007).

보통 사람은 평생에 한 번 벼락을 맞기도 힘들지만, 한 번 벼락을 맞고도 살아나는 것 또한 힘들다. 그러나 일곱 번이나 벼락을 맞고도 살아난, 기막히게 운이 나쁘면서도 기막히게 운이 좋은 사람이 있다. 미국 버지니아 주에 살았던 설리번이라는 공원 순찰대원이 바로 그 거짓말같은 인생의 주인공이다. 이 사람은 1942년 처음으로 벼락을 맞았고, 1977년 6월 25일에는 일곱 번째의 충격을 받았다. 그때마다 설리번은 부상을 입었는데, 처음에는 발톱 하나를 잃었으며 그 후에는 눈썹이 탔고, 어깨가 그슬리며, 머리에 불이 붙고, 다리에 화상을 입기도 했지만 살아남았다. 만약 벼락이 심장이나 척수를 통과했다면 그는 살아남지 못했을 것이다(백종민, 2002).

다. 응용

가정에서 많이 쓰이는 포장용 랩, 즉 폴리에틸렌막이 물건에 달라붙는 것도 정전기 때문이다. 랩을 꽉 잡아당겼을 때 막이 감겨 있던 부분과 떨어지면서 정전기를 띠기 때문에 랩이 물건에 달라붙는 것이다(백종민, 2002).

전기적 쇼크를 느끼는 정도는 개인차가 있다. 나이가 들면서 피부가 건조해지는 노인들은 정전기의 피해를 더 많이 호소한다. 전기 쇼크의 감도는 남녀에 따라서도 다르다. 남자는 약 4천 V 이상이 돼야 느낄 수 있지만, 여자는 약 2천 5백 V만 돼도 전기적 방전을 느낄 수 있다. 정전기에는 여자가 더 민감한 것이다. 대부분의 경우 정전기는 사람에게 위험하지 않지만, 피부 질환이 있는 환자는 정전기를 주의해야 한다. 수만 V의 전압으로 인해 염증이 악화될 소지가 있기 때문이다(백종민, 2002). 구두를 이용해 정전기를 방지하는 방법이 있다. 구두 중창에 부직포와 전도성 스펀지, 전도성 우레탄 고무 등이 혼합된 선더롱(thunderon)이란 신소재를 대고 전도성 실로 꿰맨 이 정전기 방지 구두는 3천~1만 V 가량의 정전기를 신발을 통해 내보낸다. 선더롱의 역할은 코로나방전을 유도해 인체의 정전기를 중화해 제거하는 것이다(백종민, 2002).

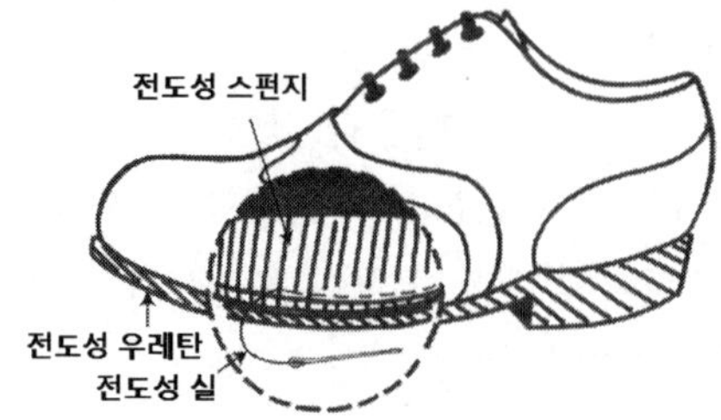

그림 2-5 정전기 방지 구두

자동차 문을 여닫을 때나 열쇠를 꽂으려고 할 때 생기는 정전기를 방지하기 위해 많은 사람들이 배기통에 금속줄을 다는 방법을 사용하고 있다. 그러나 이 방법은 그리 큰 효과가 없는 것으로 밝혀졌는데, 이것은 차체의 연결 부위에 사용된 플라스틱 등에 의해 접지 능력이 약해지기 때문이다(백종민, 2002).

컴퓨터를 조작하는 데 사용되는 접촉 감지 기술은 두 가지 방향으로 발달되고 있다. 첫째는 스크린 자체를 센서로 만들어 손가락 끝(또는 첨필)의 움직임을 감지해 전기 신호로 바꾸는 터치스크린 시스템으로 자동 예금 인출 예입 장치(ATM) 등에 널리 사용되고 있다. 둘째는 플라스틱 패드를 센서로 이용하는 터치패드 방식으로

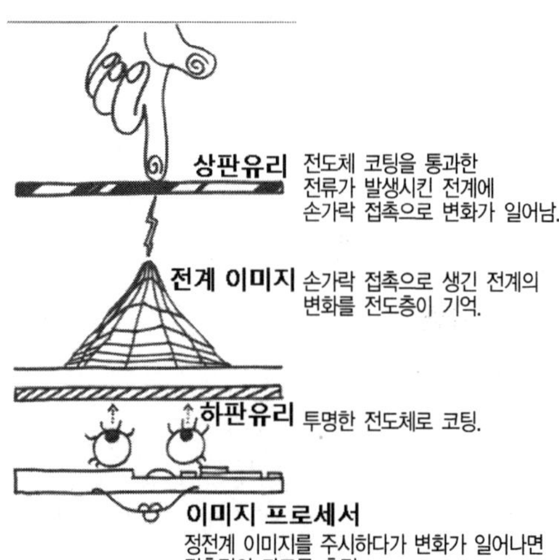

그림 2-6 터치스크린의 원리

이는 그래픽 태블릿에 처음 사용되었으며 이제는 많은 랩탑 컴퓨터(들고 다니며 사용할 수 있는 컴퓨터)의 표준 사양이 되었다. 사각형 패드 위에 손가락 움직임에 따라 화면의 커서가 움직이며, 대부분 손가락 움직임이 패드 회로의 전하 분포를 변화시켜 전기 신호를 발생시킨다(김미화·김세중 공역, 2001).

제록스사를 창립한 칼슨이 1938년 정전기를 이용한 복사기를 발명함으로써 문서와 도면을 값싸게 다량으로 빨리, 크기도 자유자재로 찍어낼 수 있게 되었다. 전화망을 통해 거리에 관계없이 문서를 고속 전송하는 팩시밀리도 복사기의 일종, 복사기와 팩스는 가장 보편화된 사무 자동화 기기로 사무 작업뿐 아니라 정보 유통에도 혁신을 불러 일으켰다. 흑백 복사기는 백지 부분에서는 반사되고 검은 부분에서는 빛을 흡수하는 반사광의 패턴이 거울을 통해 드럼으로 반사된다. 광전도성 드럼에 반사된 빛이 전하를 분산시켜 원본 상의 검은 부분에 해당되는 부분만 음전하를 띠도록 남겨 놓는다. 양전하를 띠는 토너의 흑연 입자들이 드럼의 음전하를 띠는 부분으로 끌어당겨진다. 종이에 음전하를 띠게 해 양전하를 띠는 흑연 입자들을 끌어당긴다. 마지막으로 열을 가해 흑연 입자를 종이에 고정시킨다(김미화·김세중 공역, 2001).

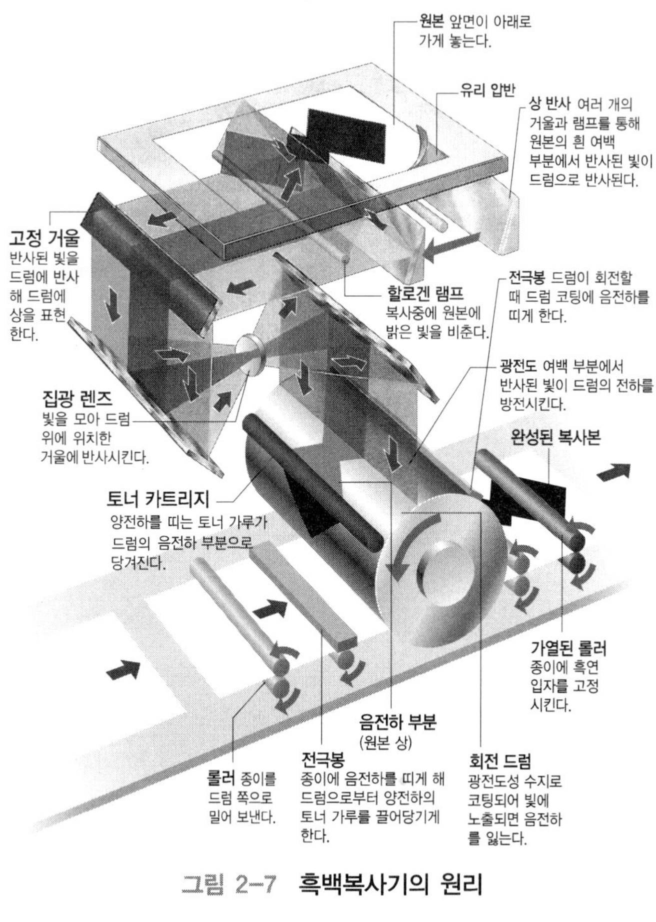

그림 2-7 **흑백복사기의 원리**

녹음이란 소리의 입력파를 전기 신호로 바꿔 마그네틱 테이프, 비닐 레코드 또는 컴팩트 디스크 같은 매체에 자기 또는 물리적인 패턴으로 저장하는 것이다. 아날로그 녹음은 연속적인 음파를 아날로그 신호로 복사해 재생하며 디지털 녹음은 음파를 불연속 펄스의 바이너리 코드로 바꾸어 기록한다. 소리 에너지를 전기 에너지로 바꾸는 기기로 마이크에서 발생되는 전압은 소리의 입력파를 아날로그 신호로 복사한 것, 마이크는 크게 콘덴서와 다이내믹 마이크로 나뉜다. 콘덴서 마이크(정전 용량형)는 음파로 진동판이 떨리면서 전기 신호를 발하고, 다이내믹 마이크(무빙 코일형)는 진동판이 자장 내의 코일을 움직여 코일 내에 유도전류를 발생시켜 전기적 음향 신호를 발한다. 콘덴서 마이크는 진동판(가변형 플레이트판)과 고정 플레이트판이 콘덴서를 형성하며 진동판 움직임에 따라 정전 용량이 달라져 회로 내 전기 신호에 변화를 가져온다. 정전 용량의 변화를 이용한 마이크로 감도가 좋아 녹음실에서 많이 사용된다(김미화·김세중 공역, 2001).

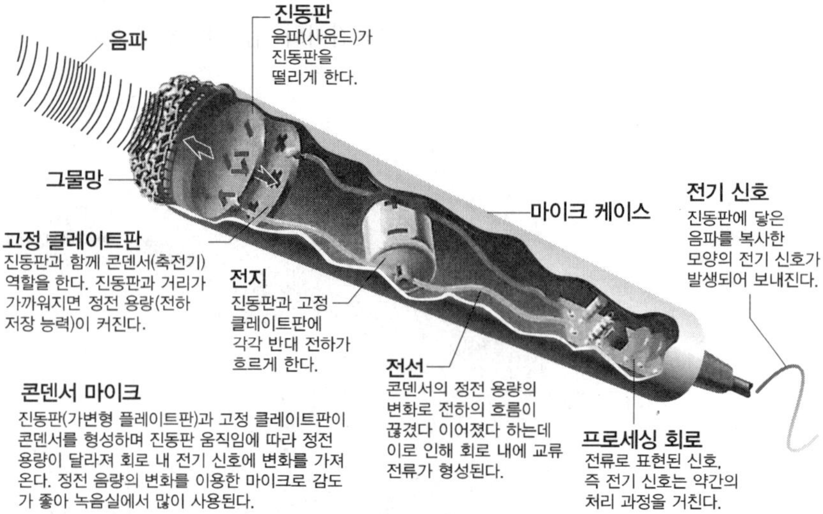

그림 2-8 마이크 원리

가끔 신문지상을 통해 골프장에서 벼락을 맞고 사망한 사고가 알려지곤 한다. 다른 곳도 아닌 골프장에서 번개에 의한 인명 사고가 자주 발생하는 것은 무슨 이유 때문일까. 골프장은 평지이거나 낮은 구릉이다. 음전하의 덩어리가 지상으로 내리칠 때는 가장 짧은 경로를 찾는데 평지에서 골프채를 가진 사람은 일단 번개의 표적이 되기 쉽다. 벼락은 전하가 많이 모여 있는 뾰족한 곳(전위차가 큰 곳)을 찾기 때문이다. 번개가 칠 때 가장 안전한 곳은 피뢰침이 있는 건물 내부라고 할 수 있다. 하지만 건물 내부에서도 주의해야 하며, 더욱이 실외라면 어떻게 몸을 피해야 할지 알아둘 필요가 있다.

번개를 피하기 위해 필수적으로 알아둬야 할 사항들은 다음과 같다.

1. 평지나 산 위에서 번개를 만났을 때는 몸을 가능한 한 낮게 하고 (그러나 완전히 엎드리거나 누우면 안 되고, 쪼그리고 앉는 정도가 가장 좋다.) 우묵한 곳이나 동굴 속으로 피한다.
2. 나무 밑은 벼락이 떨어질 가능성이 크므로 피해야 한다.
3. 낚싯대나 골프채처럼 전기가 통하는 뾰족한 물건은 버리고 이로부터 멀리 피한다.
4. 자동차에 타고 있을 때는 차를 세우고 차 안에 그대로 있는 것이 안전하다. 차에 번개가 치면 전류는 도체인 차 표면을 따라 흘러 타이어를 통해 지면에 접지된다.
5. 일반적으로 높은 건물에 있을 때 번개가 치기 전에 머리카락이 곤두서고 피부가 찌릿찌릿할 때는 벼락이 떨어질 징조이므로 재빨리 바닥에 엎드리도록 한다.
6. 집에 번개가 치면 상수도관이나 전선을 따라 전류가 흐를 수 있으므로 주의한다.
7. 번개가 칠 때 전화 통화를 하고 있거나 샤워기로 목욕을 하면 번개를 유도할 수 있다(백종민, 2002).

2.2 기전력

가. 용어

일어날 기(起), 번개 전(電), 힘 력(力). 번개를 일으키는 힘이란 의미로, 영어로는 electromotive force라고 하는데 전기의 동기가 되는 힘이란 의미이다. 그러나 기전력은 힘이 아니다. 기전력(전압)의 단위로 V(볼트)를 쓰는 것은 볼타의 업적을 기리기 위한 것이다(장수하늘소, 2007).

2.3 전류

가. 용어

번개 전(電), 흐를 류(流). 흐르는 번개라는 의미이다. 영어로는 electric current라 하는데 여기서도 흐름을 의미하는 current가 사용되었다.

나. 과학사

이탈리아의 화학자 Volta(1745~1827)가 인위적으로 전기를 발생시켜, 전기가 동물의 몸에서 나온다는 Galvani(1737~1798)의 '동물전기설'을 정면으로 부정하고 나섰다. 해부학자 Galvani는 해부실험 중 죽은 개구리의 뒷다리에 칼을 대자 경련이 일어나는 것을 목격하고 동물전기설을 주장해 왔다. 하지만 Volta는 동물이 아닌 금속을 이용해 전기를 만들면서 동물전기 열풍을 잠재웠다. Volta의 주장에 따르면 전기는 동물의 몸에서 발생하는 것이 아니라 서로 다른 종의 금속 사이에서 생긴다는 것이다. Volta의 전지는 구리판 위에 소금물에 적신 마분지를 놓고 그 위에 아연판, 다시 젖은 마분지와 구리판 식으로 판들을 쌓아 만든 것이다. 그는 금속을 많이 쌓을수록, 금속 사이에 끼운 마분지가 흠뻑 젖어 있을수록 전기의 세기가 오래 간다고 설명했다(장수하늘소, 2007). 동물전기설로 한때 학계의 주목을 받았던 Galvani가 1798년 사망하였다. 그는 죽기 전 4년 이상 자신의 '동물전기설'과 관련해 Volta와 논쟁을 벌였는데, 프랑스의 물리학자 Coulomb까지 Volta를 지지하고 나서자 심한 심적 고통을 겪었다고 한다(장수하늘소, 2007). 동물이 전류를 만들고 또 전파시킬 수도 있다는 사실은 1939년에 영국의 신경생리학자인 Hodgkin(1914~198)과 Huxley에 의해 밝혀졌다. 그들은 대서양에 사는 오징어를 이용한 실험을 통해 이 사실을 알아냈으며, 그 공로로 1963년 노벨상을 받았다(백종민, 2002).

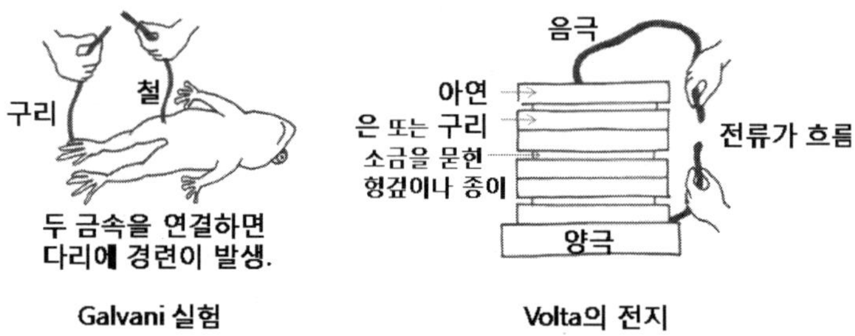

그림 2-9 Galvani 실험과 Volta 전지

Franklin(1706~1790)은 가늘고 긴 막대 두 개를 십자형으로 만들고 여기에 큰 수건의 네 귀퉁이를 묶어 연을 만들었다. 그리고 세로로 된 나무에 긴 철사를 잡아매고 연 꼭대기에서 약 30 cm 위로 나오게 했다. 연을 띄우는 데는 긴 삼끈을 사용하고 삼끈 끝에는 명주 리본을 매달고 줄과 명주 리본의 매듭에는 쇠로 된 열쇠를 매달았다. 부도체인 명주 리본을 사용한 것은 이를 손으로 잡았을 때 번개로부터 쇼크를 받지 않도록 하기 위한 것이다. 1752년 6월 어느 날 Franklin과 그의 아들은 명주 리본과 열쇠가 젖지 않게 오두막 문가에서 비를 피하면서 연을 날렸다. 한참을 기다리던 중에 축축한 삼끈에 전류가 흐르는 징조가 나타나 손가락 마디를 열쇠에 댔는데 분명한 전기 불꽃을 볼 수 있었다고 한다. Franklin은 번개를 구름에서 지상으로 끌어내릴 수 있다는 생각을 하고, 쇠막대인 피뢰침을 만들어냈다. 이때 Franklin은 벼락이 쇠막대를 타고 내려올 때 이를 만지거나 가까이 가면 매우 위험하다는 것을 알고 있었다. 그러나 그의 이러한 염려는 1753년 비극적인 사건으로 많은 과학자들의 뇌리에 심어지게 되었다. 러시아의 물리학자 Richmann이 구름에서 전기를 얻는 실험에 대해 연구하면서 장치를 점검하다가 실험 장치로 떨어진 푸른 전하 덩어리인 벼락을 맞아 사망한 것이다(백종민, 2002).

그림 2-10 Franklin의 실험

전기를 저장하는 축전기는 1745년에 독일인 Kleist와 네덜란드인 Musschebroek에 의해 만들어졌다. 그들이 발명한 축전기는 놋쇠선의 한쪽을 전기 기계에 연결하고 한 쪽을 물이 담긴 병에 넣은 것이었다. 그들은 이 도선에 전기를 통한 후 놋

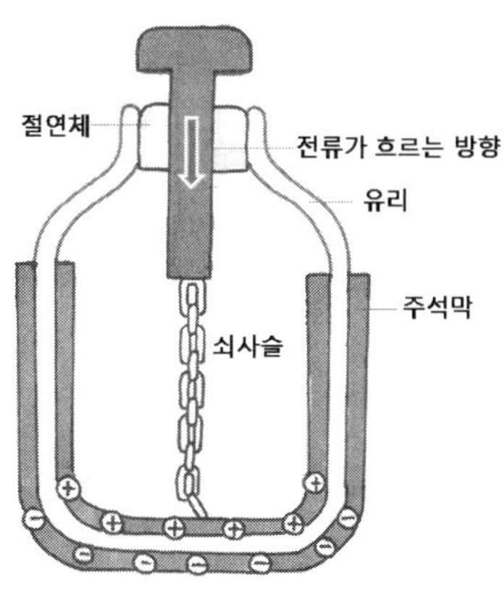

그림 2-11 Franklin이 이용한 라이덴병

라이덴병은 네덜란드의 물리학자 Musschebroek가 보이지 않는 전기를 담은 병이다. 금속으로 된 입구에 전류를 흐르게 하면 금속 사슬을 통해서 주석막 부분에 전하가 모인다. Franklin은 이러한 라이덴병을 이용해 번개로부터 전기를 모았다.

쇠선을 꺼내려고 손으로 놋쇠를 잡았을 때 생각지도 않았던 큰 충격을 받았다. 병 안의 물에 저장되었던 전기가 방전된 것이었다. 이 장치는 라이덴병이라 이름 지어져 널리 퍼졌다(곽영직, 2006).

1884년 10월 31일, Edison(1847~1931)은 신이 발명한 백열전등에 대한 이색적인 광고를 펼쳐 다시 한 번 세계의 이목을 집중시켰다. 전등을 단 헬멧을 쓴 250명의 사람들이 뉴욕 거리에서 빛의 퍼레이드를 벌인 것이다. 그가 발명한 백열전등은 기존 전등의 구리 필라멘트가 너무 쉽게 녹는 문제를 해결함으로써 40시간 동안 빛을 낼 수 있다고 하였다. Edison은 백금에서 식물성 섬유에 이르기까지 6,000여 가지의 물질로 실험한 결과 대나무 섬유를 태운 숯으로 필라멘트를 만들었다. 이 날 퍼레이드에는 발전소의 노동자 250명이 동원되었는데, 이들은 증기기관 발전기에 연결된 전선으로 서로 연결되어 있었다(장수하늘소, 2007).

우리나라의 가정용 전압을 110 V에서 220 V로 높인 것은 도선을 통해 낭비되는 전력을 줄이고 사용자들이 전기세를 덜 내도록 하기 위해서이다. 그러나 전압이 높아짐에 따라 전기 에너지의 효율이 높아졌지만 감전 사고가 일어날 확률도 높아졌다. 감전이란 사람의 몸속을 따라 흐르는 전류에 의해서 근육이나 심장 등 내부 기관이 손상을 입는 현상이다. 여기서 중요한 것은 몇 V의 전압에 의해서 감전되는가보다 얼마의 전류가 몸에 흐르는가에 따라 피해 정도가 달라진다는 점이다(백종민, 2002).

다. 응용

전기를 일으키는 물고기로는 바다에 사는 전기가오리와 민물에 사는 전기뱀장어가 잘 알려져 있다. 이 물고기들은 모두 전기를 만들어 내는 기관을 가지고 있다. 이들의 전기 기관은 헤엄쳐 나가는 데 필요한 신호를 만들어 내거나 먹이를 실신시키는 데 이용된다. 전기가오리에서 전기를 일으키는 기관은 넓적한 양쪽 날개에 자리 잡고 있다. 전기 기관의 조직은 세포들이 차곡차곡 쌓여서 만들어진다. 마치 동전을 여러 개 쌓아 놓은 것처럼 보이는 기다란 기둥 모양의 구조물 여러 개가 병렬로 배열된 형태를 지니고 있다(백종민, 2002).

2.4 전기저항

가. 용어

거스를 저(抵), 막을 항(抗). 전기가 잘 흐르지 못하도록 거슬러 막는 것을 전기저항이라고 한다.

나. 응용

고무나 플라스틱 같은 기존의 절연체는 고압 상황에서 전기를 통과시킬 수 있다. 그러므로 발전기나 변압기에는 고무나 플라스틱이 적합하지 않다. 알루미나와 자기로 만든 세라믹은 이러한 경우에 적합한 절연체로 널리 사용되고 있다. 세라믹은 20세기 초반부터 자동차 점화 플러그의 절연체로 사용되기 시작하였다(김미화·김세중 공역, 2001).

석기시대, 청동기시대, 철기시대라고 부르듯이 2000년에서 3000년대로 넘어가는 이 시기를 실리콘 시대라고 부르게 될 지도 모르겠다. 왜냐하면 마이크로칩, 트랜지스터, 태양 전지의 기본 재료이며 반도체, 우주 공학, 광통신 등 첨단 산업의 재료로 각광받고 있는 실리콘이야말로 우리 시대를 특징짓는 물질이기 때문이다. 규소(실리콘)는 지표면에 산소 다음으로 가장 많이 존재하는 원소이지만, 자연계에 규소 원소 상태로는 존재하지 않고, 주로 산소와 결합된 산화물이나 규산염 상태로 존재하며, 가장 흔한 것이 모래와 수정의 주성분인 이산화규소 형태이다. 규소 화합물은 유리를 비롯해 산업 분야에 광범위하게 쓰이며 방수와 내열성이 있는 규소 수지를 만드는 데도 사용된다. 순수한 실리콘은 짙은 회색의 광택이 있는 고체 결정체이다. 게르마늄과 같은 반도체인 순수 상태의 실리콘은 저온에서는 절연 물질이지만 가열하거나 불순물을 첨가시키면 전기적 특징을 띤다. 인을 첨가해 다량의 자유 전자를 발생시키는 실리콘을 n타입 실리콘이라 하며, 붕소를 첨가해 다량의 정공이 생긴 실리콘을 p타입 실리콘이라 한다. 마이크로프로세서의 주요소인 트랜지스터와 기타 전기 장치에는 n타입과 p타입 실리콘을 샌드위치 모양으로 겹쳐서 사용한다. 초기의 컴퓨터는 크고 느리고 비쌌는데, 회로 내 전류의 흐름을 조절하는 장치가 진공관에서 트랜지스터로 바뀌면서 사정이 나아지기 시작하였다. 하지만 진정한 혁명은 1959년 여러 개의 트랜지스터를 다양한 에칭기술(회로를 웨이퍼에 새기는 기술)을 이용해 한 개의 실리콘에 집적할 수 있게 된 것이다. 도핑한 실리콘으로 구성된 트랜지스터 여러 개를 금속선으로 연결한 이 회로를 가리켜 집적 회로 또는 실리콘칩이라 한다. 이후 실리콘칩에 더 많은 트랜지스터를 집적하기 위한 노력이 계속되다가 1971년 인텔에서 소형 컴퓨터에 필요한 주요 요소들을 한 개의 칩에 담아내는 데 성공하였다. 그 결과로 나온 것이 세계 최초의 마이크로프로세서 4004칩으로 최초의 휴대용 전자계산기에 사용되었다. 그때 이후로 점점 더 강력한 마이크로프로세서가 계속 탄생되었다. 첫 번째 마이크로프로세서는 2,300개의 트랜지스터가 집적되었는데 1999년에는 보통 1,000만개 이상을 심을 정도로 기술이 발달되었다. 실리콘칩 제작은 상당히 복잡하고 시간을 요하는 과정이다. 우선 순수한 실리콘을 추출하기 위해 석영을 녹여 불순물이 제거될 때까지 증류한다. 고도로 정제된 실리콘 용액을 액체 상태의 석영에 떨어뜨리면 커다란 원통 모양의 실리콘 기둥(봉)이 생겨난다. 다이아몬드 톱을 이용해 실리콘 봉을 가로로 잘라 얇고 매끈한 원판 모양의 웨이퍼를 만든다. 웨이퍼에 회로를 찍기 위해서는 우선 웨이퍼를 자외선에 민감한 감광 유제로 코팅한다. 전자 회로가 그려진 마스크를 그 위에 덮은 다음 웨이퍼를 자외선에 노출시키면 웨이퍼에 전자 회로가 사진 찍히듯 찍히고 마스크로 덮이지 않은 부분은 유제가 날아가 버린다. 화학적 방법을 이용해 패턴이 찍히지 않은 부분을 부식시켜 제거한 후 감광액도 없앤다. 금속선 연결을 마치면 웨이퍼 가공은 끝난다. 검사 후 합격된 웨이퍼는 다이아몬드 톱으로 절단한 낱개의 칩으로 자른다. 정상 칩만 골라 다른 장치들과 연결하기 위해 지네발 모양의 금속 핀을 붙이고 금속선을 연결시킨 다음 성형 과정에서 플라스틱 또는 세라믹 같은 것으로 감싸준다. 완성된 칩은 전기적인 특성이나 기능을 철저히 검사한 다음 사용한다. 반도체인 실리콘은 태양전지에도 사용된다. 각각의 전지는 한 개의 n타입 실리콘이 p타입 실리콘과 연결되어 있어 pn접합이라고 한다. 광선이 닿으면 전지가 전자를 방출하고 전자가 접합점을 떠돌며 전류를 생산한다. 실리콘 광전지는 약 70%의 빛 에너지를 전기 에너지로 바꾼다. 정밀 작업에 적합하며 단단하다는 성질을 이용해 최근에는 마이크로칩 생산 기술을 응용해 미세한 전동 장치, 톱니, 밸브 등 마이크로 기계를 만드는 데에도 실리콘을 이용하고 있다. 마이크로 기계는 앞으로 의학 분야나 우주선의 조종 장치에도 사용될 것이다. 같은 방식으로 작은 실리콘바를 격자 모양으로 엮어 특정 주파수의 광선을 포착하는 포토닉 크리스털을 만든다. 바 사이의 거리를 바꿈으로써 주파수를 선택하며, 격자무늬에 불순물을 첨가하거나 변화를 주어 빛이 이동하는 통로를 만들 수 있다. 미래의 데이터 전송은 전자보다 광펄스를 이용하게 될 것이므로 포토닉 크리스털은 광통신 발전에 중요한 열쇠가 될 것이다(김미화·김세중 공역, 2001). '열전반도체는 서로 다른 n형과 p형 두 개의 반도체로 이뤄져 있다. 비스무트, 안티몬과 텔루륨을 주성분으로 한 이들 반도체를 구리 전극 사이에 넣고 양쪽 전극에 플러스와 마이너스 전기를 가하면 반도체의 한쪽은 70℃까지 온도가 올라가고 반대편은 −10℃까지 내려간다. 열전반도체는 냉각은 물론 가열도 할 수 있어 요즘 인기인 차량용, 피크닉용 냉온장고에 사용된다. 또한 이미 열전반도체를 이용한 전자냉각 방식의 냉정수기, 김치 냉장고, 화장품 케이스, 보석함, 음식점용 찬 물수건 제조기, 차량용 음료수 냉각기, 혈액 보관기, 자판기, 항온 항습기, 에어컨, 졸음 방지기 등에 사용되고 있다. 일본의 한 회사는 시트 속에 열전반도체를 깔아 여름에는 시원하고, 겨울에는 따뜻하게 해주는 자동차도 내놓았다. 열전반도체는 기존 냉장고에 비해 효율이 20~25% 밖에 안 되는 게 약점이지만, 국부 냉각이 쉽고 온도 조절을 정확히 할 수 있다는 장점이 있다. 따라서 현재 열전반도체는 커다란 냉장고보다는 40 L 이하의 소형 냉장고에 사용된다. 열전반도체에 전기를 가해 냉각과 가열을 하는 원리를 거꾸로 이용하면 발전도 가능하다(조광희, 2002). 아주 낮은 온도에서 전기 저항성이 거의 없는 물질인 초전도체는 1911년부터 알려져 왔다. 1980년대 이후로 세라믹의 발전에 따라 약 −140℃ 정도의 온도에서 작동하는 새로운 고온 초전도체가 개발되었다. 이들 초전도체는 컴퓨터 회로와 초고속 자기 부상 열차의 자석 등에 많이 사용될 것이다(김미화·김세중 공역, 2001). 초전도 코일이 이용될 수 있는 것은, 너무나도 잘 알려진 차세대 교통수단인 초전도 자기 부상 열차이다. 자기 부상 열차의 레일에는 전자석이, 열차 바닥에는 초전도 코일이 들어 있다. 초전도 코일을 통해 강한 자기장을 얻어 레일과 열차 바닥이 서로 밀어내거나 끌어당겨 시속 500 km 이상으로 공중에 떠서 앞으로 나아간다. 이 속도는 비행기와 맞먹을 정도이다. 그러나 운행에 필요한 에너지는 비행기의 절반 수준이면 된다. 현재 이 분야의 연구는 일본이 가장 앞서 있다. 1962년부터 연구를 시작해 다양한 시범열차를 만들어 실험 중이다. 그러나 아직 언제쯤 실용화될 것인지에 대해서는 알 수 없다(조광희, 2002).

2.5 자기장

가. 용어

자기(magnetism)라는 말은 쇠를 끄는 성질을 갖고 있는 자철광이 산출된 마그네시아(magnesia)라는 지방 이름에서 유래되었다는 설과 마그네스(magnes)라는 양치기가 소아시아의 이다(Ida)산의 비탈에서 우연히 양을 치면서 걸어가다가 지면에 노출되어 있는 암석을 밟았는데 구두에 박은 쇠로 만든 징과 지팡이에 박은 쇠끝이 이 암석에 달라붙어서 마그네스 암석이라고 불렀다는 설이 있다(양승훈, 2003).

영어로 'compass'라고 불리는 나침반의 어원은 라틴어의 'compassus'로서, 이는 '원을 방위로 분할한다.'는 의미이다(KISTI 매일진 과학향기, 2004).

나. 과학사

자석을 이용해 처음으로 인류 문화에 기여한 물건은 나침반이다. 항해하는 선원들은 태양 빛이 흐릴 때나 밤에 배의 방위를 알기 위해 자석과 바늘을 사용하였다. 중국인들은 천연자석의 나침반을 기원전 4세기부터 사용하였다. 자석을 사용하였다는 기록이 있는 가장 오래된 문헌은 같은 시대의 '귀곡자(鬼谷子)'인데, 그 한 구절은 다음과 같다.

정(鄭)나라의 사람들은 옥(玉)을 가지러 갈 때, 길을 잃지 않도록 지남기(指南器:

남쪽을 가리키는 기구란 뜻으로, 당시의 나침반은 모두 남쪽을 가리키는 것이 선호됐다.)를 가지고 간다.

이후 중국의 나침반은 수저 또는 국자 형태의 바늘이 북극을 가리키는 별자리인 큰곰자리를 나타내도록 제작되었다. 그리고 강철 바늘이 출현하면서 물에 띄우거나 실로 고정해서 사용하는 항해용 나침반도 등장하였다(백종민, 2002). 나침반 이외에도 중국에서 만들어진 방위를 알려주는 장치로서 '지남차(指南車)'라는 것이 있는데, 이것이 나침반과 관련이 있는지에 대해서는 상당한 논란이 되어 왔다. 〈고금주(古今注)〉라는 책에는 중국의 역사시대 이전인 이른바 삼황오제(三皇五帝) 시대의 임금인 황제가 치우(蚩尤)의 군사와 전쟁을 벌일 적에 치우가 만들어 피운 연막에 고전하다가, 황제가 지남차를 만들어서 항상 남쪽을 가리켜 줌으로써 가까스로 전투를 승리로 이끌었다는 전설이 나와 있다. 또한 주나라의 주공(周公)이 기원전 12세기 경에 지남차를 발명했다는 얘기도 있고, 그밖에도 중국의 여러 과학자, 기술자들이 지남차를 만들었거나 개량했다는 기록이 있는데, 〈송사(宋史)〉, 〈여복지(輿服志)〉 등에 나온 지남차의 구조를 미루어 보건대, 수레 위에 수직으로 세워 놓은 목제인형이 톱니바퀴 장치에 의하여 늘 남쪽만을 가리키는 것이지, 속에 자석이나 나침반이 장치되어 있는 것은 아니라는 것이 오늘날의 정설이다(KISTI 매일진 과학향기, 2004). 서양에서는 유대에 기원전 1,000년경 솔로몬 왕이 자침을 동양에서 들여왔다는 기록이 있다(양승훈, 2003). 약 12세기경에 유럽에서는 '아라비아 사람들은 바늘같이 생긴 자석을 밀집에 꽂아 물 위에 띄워서 북쪽을 알아낸다.'라는 이야기가 전해졌는데, 따라서 그 무렵에 중국의 나침반이 이슬람의 선원들에 의해 서유럽에도 전래된 것으로 보인다(KISTI 매일진 과학향기, 2004). 나침반이 지구의 남북을 가리키는 이유는 무엇일까? 이 사실을 설명한 사람은 16세기 영국의 물리학자인 Gilbert이다. Gilbert는 자석에 철조각을 문질러 인위적인 자석으로 만들었으며, 나침반이 항상 북쪽을 가리키는 이유는 지구가 자기적인 성질을 가지고 있기 때문이라고 설명하였다(백종민, 2002).

영국 엘리자베스 여왕의 주치의인 Gilbert가 자석에 대한 연구 결과를 종합하여 〈자석에 대하여〉라는 책을 출간하였다. 이 책을 통해 그는 '지구는 거대한 자석'이라는 놀라운 주장을 폈다. Gilbert의 '지구는 자석'이라는 놀라운 주장에 대해 학계와 종교계는 흥분을 감추지 못하고 있다. 그때까지 사람들은 지구를 죽은 흙덩어리에 불과하다고 여겨 왔다. Gilbert의 주장대로라면 지구는 양 끝에서 강력한 자기장을 내뿜고 있는 살아 있는 생명체이다. 지구가 생명체라는 사실은 지구가 움직인다는 Copernicus의 지동설을 철학적으로 뒷받침하고 있어 지동설을 두고 논란이 되었다(장수하늘소, 2007). 실제로 지리적인 남북축과 자석이 가리키는 축은 11° 정도의 차이를 보이고 있으며, 해마다 자북(자기 북극의 방향)이 0.1° 정도씩 변하는 것이 관측되고 있다. 현재의 자기 북극은 지리학적 북극에서 1천 8백 km 떨어진 캐나다 북부의 허드슨 만 근처이며, 자기 남극은 호주의 남부에 위치하고 있다(백종민, 2002).

코펜하겐 대학의 교수였던 Oersted(1777~1851)는 1819년 학생들에게 전류가 전선을 흐르면 전선이 따뜻해진다는 '토스터 효과'를 보여주고 있었다. 실험대 위에는 전선과 전지가 스위치를 통해 연결되어 있었고, 학생들은 실험을 보기 위해 모여 있었다. 그런데 실험을 하기 위해 스위치를 켠 순간 전선 바로 옆에 우연히 놓여 있던 나침반의 바늘이 움직였다. 이를 본 Oersted는 전기적인 현상과 자기적인 현상이 관련되어 있을 것이라고 추측했고, 움직이는 전자가 자기장을 만든다는 사실을 발견해냈다(백종민, 2002).

다. 응용

작은 자석으로 알려진 것 중의 하나는 1975년 미국에서 발견된 박테리아 속의 생체 자기이다. 이 박테리아는 지구 자기장를 감지해 그 방향으로 헤엄쳐 가는 특성을 보인다. 이런 종류의 유기체들은 자기 감각으로 먹이를 찾아낸다고 한다. 전자현미경으로 보면 이 박테리아의 몸 길이는 2~3 ㎛이고, 체내에 0.04 ㎛ 정도의 자석 입자 수십 개가 염주처럼 배열되어 있다. 이 자석이 나침반 역할을 해 박테리아는 북극을 향해 헤엄쳐간다고 한다. 박테리아만이 생체 자기를 가지고 있는 것은 아니다. 비둘기도 자기 감각을 가지고 있어 지구 자기장을 이용해 자신의 위치를 인지한다. 비둘기의 강한 귀소본능은 여기에 기인하는 것이다. 1979년에는 비둘기의 머리뼈와 뇌의 경막 사이에 있는 2 mm×1 mm 크기의 작은 조직이 자석 덩어리임이 발견되었다. 이것이 나침반의 자침과 같은 역할을 한다(백종민, 2002).

최근에 병원에서 진단용으로 사용되는 장비 중 MRI(Magnetic Resonance Image)는 초전도 철사 다발로 만들어진 솔레노이드로, 액체질소를 초전도 물질에 삽입하여 저항을 0으로 만들어 3 T의 큰 자기장을 만들 수 있다. 공명의 대상 원자핵으로는 사람 몸의 $\frac{3}{4}$이 물이고 수소 원자핵의 자기 모멘트가 다른 핵종보다 월등히 크므로, 현재 사용되고 있는 대부분의 MRI 장치는 수소 원자핵을 이용한다. 인체에는 수많은 수소 원자가 있으며, 수소 원자 각각은 작은 자석과 같은 역할을 한다. 이들 원자는 무작위로 배치되어 있어, 정상적으로 우리의 몸은 자기장을 형성하지는 않는다. MRI 스캐너는 모든 수소 원자를 집중시켜 배열하도록 한 다음, 전파로 탐지하여 부분별로 수소의 밀도를 분석한다(김미화·김세중 공역, 2001).

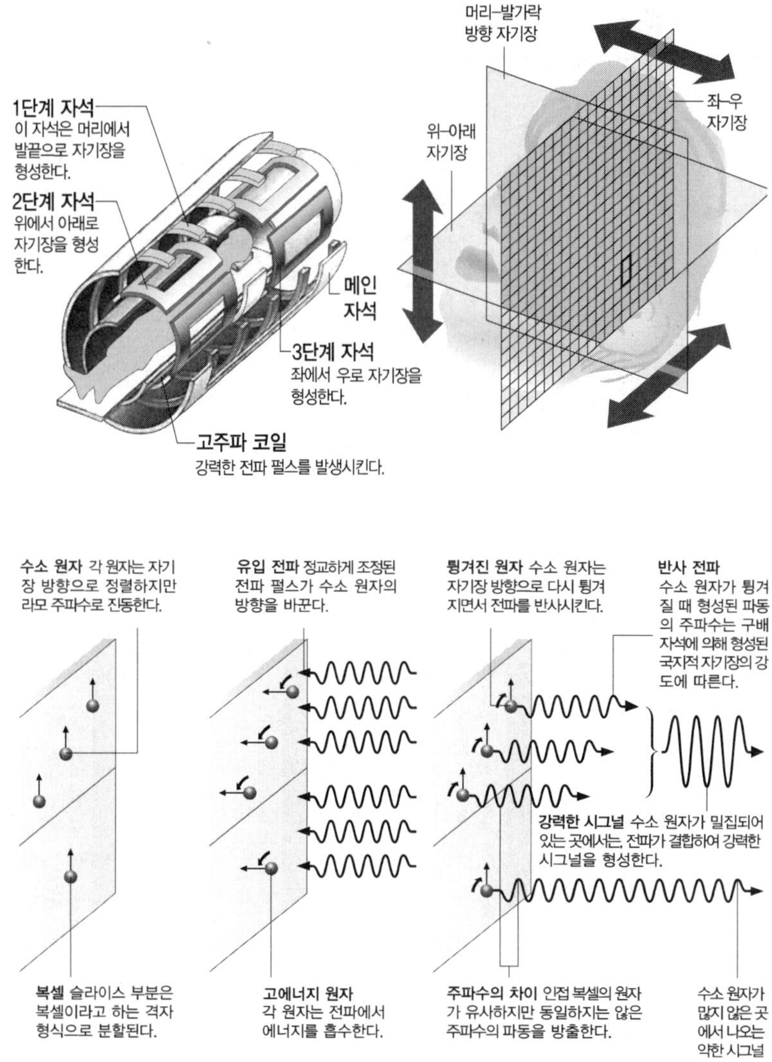

그림 2-12 MRI 스캐너의 작동 원리

인체에는 수많은 수소 원자가 있으며, 수소 원자 각각은 작은 자석과 같은 역할을 한다. 이들 원자는 무작위로 배치되어 있어, 정상적으로 우리의 몸은 자기장을 형성하지 않는다. MRI 스캐너는 모든 수소 원자를 집중시켜 배열하도록 한 다음, 전파로 탐지하여 부분별로 수소의 밀도를 분석한다.

자기 부상 열차는 자기장을 활용하여 특수 제작된 가이드웨이 위로 열차를 떠오르게 하는 독특한 방법이다. 시간당 약 450 km로 달릴 수 있는 자기 부상 열차는 단거리 항공 노선에 비해 충분한 경쟁력을 갖추고 있다. 독일과 일본에서는 이미 시험 구간에서 시간당 최대 550 km의 속도를 달성했다. 이와 같은 빠른 속도는 열차가 달릴 때 가이드웨이와 열차 사이의 접촉이 없어 기존 열차의 최대 장애물이었던 접촉 마찰 문제를 제거했기 때문에 가능한 것이다. 자기 부상 열차의 최대 문제는 공기 저항인데, 이 문제도 열차를 유선형으로 만들면 해결할 수 있다. 기존의 열차와 달리 자기 부상 열차는 추진 장치를 탑재하지 않는다. 그 대신에 추진 장치가 가이드웨이에 설치된다. 이러한 혁신적인 유도 장치와 추진 장치는 바퀴, 브레이크, 모터, 전기의 수집과 변환, 전송 등에 따르는 장치를 필요 없게 만들었다. 그러므로 자기 부상 열차는 기존 열차에 비해 더 가볍고, 더 조용하여, 내구성도 더 크다. 한편 기존 방식으로 작동되는 모노레일 기차는 자기 부상 열차처럼 특수 제작된 가이드웨이가 필요하지만, 시내 교통수단으로서 인기를 얻고 있다. 조용하고 효율적이며 상대적으로 환경오염도 적어, 많은 대도시에서 교통 혼잡 문제를 해결하는 방법으로 각광을 받고 있다(김미화·김세중 공역, 2001).

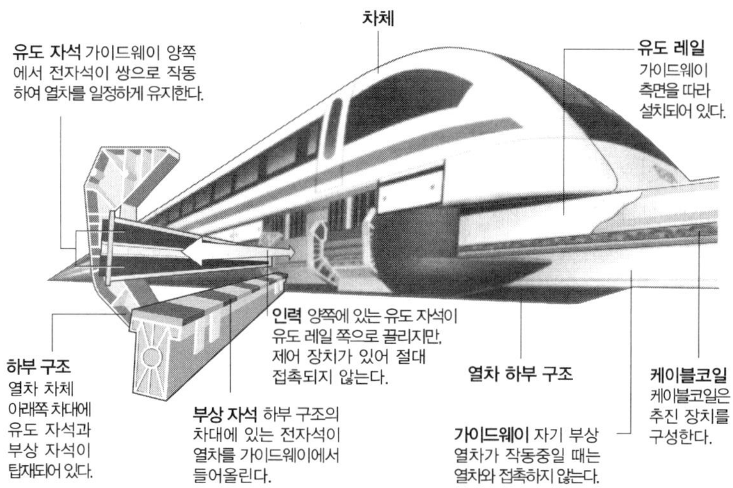

그림 2-13 자기 부상 열차

2.6 전자기 유도

가. 용어

꾈 유(誘), 이끌 도(導). 전기와 자기 현상을 꾀어내어 이끈다는 의미이다.

나. 과학사

가난한 대장장이 집안에서 태어난 Faraday(1791~1867)는 12명의 식구가 방 한 칸에서 살 만큼 매우 빈곤한 어린 시절을 보냈다. 14세 때에는 집안 경제를 돕고자 제본소의 견습공으로 취직하였다. 견습공 시절 제본소에서 찍어낸 책을 짬짬이 읽으면서 공부를 하였다. 스물한 살 때 왕립연구소 회장 Davy(1778~1829)의 강연을 듣고 감명을 받아 그의 조수가 되었고, Volta, Ampère(1775~1836) 등과 교류하며 자신의 학문을 발전시켰다. Faraday가 전자기 유도 법칙을 발표한 후 Davy는 Faraday가 자신의 연구를 훔쳤다고 주장했지만 Faraday는 스승에게 대적하지 않고 침묵으로 일관하였다(장수하늘소, 2007).

다. 응용

전기밥솥 중 IH 밥솥은 Inducting Heating 방법으로 밥솥에 유도전류가 흐르게 하여 열을 내는 방식의 밥솥이다.

놀이공원의 자이로드롭의 아래 부분은 구리로 되어 있고 좌석에는 영구자석이 있어 좌석이 바닥에 떨어지면서 속력이 낮아진다.

고음은 고주파, 저음은 저주파이며 스피커는 각각 주특기 주파수대의 소리만 낸다. 하이파이 스피커는 보통 고음용 트위터와 저음용 우퍼 두 개의 무빙 코일 드라이버를 불필요한 진동을 흡수하는(댐핑) 특수캐비넷에 넣어 소리의 폭을 넓힌다. 소리 신호를 담은 교류 전파를 앰프로부터 받은 크로스오버 회로가 고주파는 트위터에 보내고, 저주파는 우퍼로 보낸다. 전극이 수시로 바뀌는 교류가 코일에 흘러 고정 전극인 자석과의 반응으로 코일이 움직이고 콘이 같은 방향으로 일체되어 움직여 음파를 낸다. 가볍고 콘이 크고 자석이 강하고 코일이 많이 감겼을수록 스피커의 출력이 좋아진다(김미화·김세중 공역, 2001).

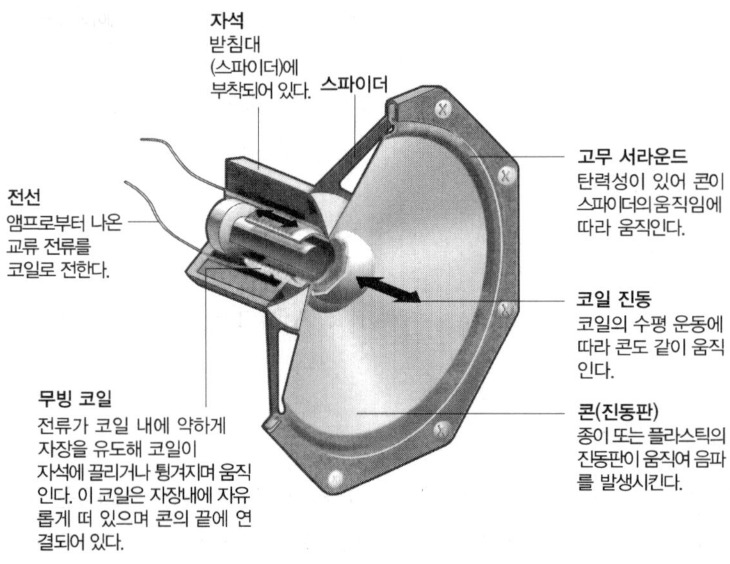

그림 2-14 스피커

스마트카드는 신용카드 기기의 플라스틱 카드로서, '집적 회로(IC)칩이 내장되어 있다. 이 칩에 의해 카드는 연산 능력과 메모리를 갖게 된다. 카드에 저장된 데이터는 최신 보안 기능으로 보호된다. 접촉식 스마트카드를 판독기에 삽입하면, 카드의 표면 접촉부가 전기 연결부와 반응하여 데이터를 전달한다. 비접촉식 카드의 경우에는, 카드를 안테나 근처에 통과시키면 약한 전자기 신호에 의해 데이터가 전송된다. 버스나 지하철 요금 지불과 같이 빠른 처리가 필요한 곳에 적합하다(사이언티픽 아메리칸 편, 김미화· 김세중 공역, 2001).

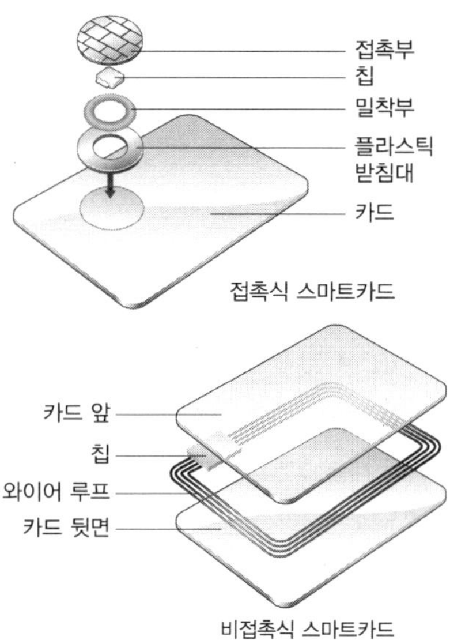

그림 2-15 스마트카드

전기 기타는 금속 기타줄의 진동이 전기 픽업에 의해서 감지되어 그 신호가 증폭기와 스피커로 전달된다. 전설적인 기타리스트 지미 헨드릭스는 자신만의 음악적 특성을 만들기 위하여 기타의 픽업 줄고리의 도선을 다시 감아서 감은 수를 바꾸곤 하였다. 이런 식으로 그는 줄고리에 유도되는 기전력의 크기를 변화시켜서 기타줄의 각 진동에 대한 상대적인 민감도를 바꾸었다. 이런 식의 부가적인 조정을 하지 않더라도 전기 기타는 통기타보다 소리를 훨씬 잘 제어할 수 있다(경상대학교 등 공역, 2006).

금속 탐지기 속에는 교류 전류가 흐르는 코일이 있다. 교류 전류가 코일 주변에 만드는 자기장은 전류의 방향이 바뀔 때마다 변화한다. 만약 이 변화하는 자기장 속에 금속이 들어오면, 전자기 유도 현상에 의해 금속 내부에 전류가 발생한다. 이 전류는 약간의 자기장을 만들어 내고, 그 자기장 변화는 금속 탐지기 내의 수신 코일에 전류를 발생시킨다. 따라서 주변에 금속으로 된 지뢰가 있는지 없는지를 수신 코일에 흐르는 전류값을 통해 확인할 수 있다.

2.7 직류와 교류

가. 용어

곧을 직(直), 흐를 류(流). 곧게 흐르는 전류를 의미한다. 영어로는 direct current(DC)라고 한다. 주고받을 교(交), 흐를 류(流). 왔다갔다하는 전류를 의미한다. 영어로는 alternating current(AC)라고 한다. alternate는 '양자택일'의 의미를 담고 있다.

나. 과학사

Edison의 전기회사는 직류 방식으로 전기를 생산하고 송전하였다. 직류는 발전소에서 소비 지역까지 송전하는 중간에 손실이 커서 발전소에서 3~4 km 이내의 지역까지만 제대로 송전할 수 있었다. 이런 직류의 단점을 극복하기 위해 Westinghouse(1846~1914)라는 사업가가 교류 방식을 채택해 전력 공급 사업에 뛰어 들었다. 교류 방식은 고압으로 멀리까지 송전할 수 있어 그의 사업을 크게 성장하였다. Edison은 위협을 느낀 나머지 교류 방식이 위험하다는 걸 알리기 위해 자신의 연구소에서 개나 고양이를 고압의 교류로 태워 죽이는 잔인한 실험을 하였다. 더 나아가 뉴욕 주의 교도소에서 사형 집행 방식으로 교수형 대신 고압의 교류를 사용하는 전기의자를 채택하도록 로비를 벌였다. 1887년 12월, 사형제도 자체를 반대하던 Edison은 마음을 바꿔 뉴욕 주 사형위원회에 "Westinghouse의 '교류 장치'에서 나오는 전류는 가볍게 접촉만 해도 즉사하므로 사형수를 위한 전기의자에 적합하다."고 편지를 보냈다. Edison의 예상대로 교류 전기를 이용한 전기의자의 발명으로 Westinghouse의 인기는 땅에 떨어졌다. 하지만 Westinghouse는 파산 일보 직전까지 갔다가 1893년 시카고 박람회를 계기로 다시 일어서게 되었다. 한편 교류 고압 전류의 위력을 본 뉴욕 주 형무소는 Edison에게 전기의자를 만들어 달라고 부탁했고, 이때부터 미국에서는 교수형 대신 전기의자로 사형을 시키게 되었다. Edison이 노벨상을 받지 못한 이유로 사람을 죽이는 전기의자를 만든 사건을 들기도 한다.

1893년 시카고에서는 콜럼버스가 미대륙을 발견한 4백 주년을 기념하는 생일잔치가 성대하게 열렸다. 바로 만국박람회이다. 이 박람회는 미국의 기술적 업적을 과시하는 데 중점을 두었으며 관람객들에게 여러 가지 즐거움을 선사하였다. 그 중에서 특히 관람객들을 즐겁게 한 것은 Westinghouse라는 사람이 설치한 25만 개의 전등불이었다. 관람객들은 그 휘황찬란한 전등불 아래서 즐겁게 밤을 지샐 수 있었다. 이 전등불은 직류 송전을 주장한 Edison에 맞서 교류 송전 사업을 벌인 Westinghouse에게 승리를 안겨줬다(백종민, 2002).

2.8 전자기파

가. 용어

'전기자기파' 중 앞의 '기'가 생략되어 '전자기파'라고 불리며 뒤의 '기'를 하나 더 생략하면 '전자파'가 된다. 하지만 '전자파'라고 하면 인체에 유해하다는 선입견을 갖게 된다.

나. 과학사

1 MHz 이상의 고주파는 전자레인지의 마이크로파가 음식 내부의 물분자를 요동시켜 온도를 높이는 것처럼, 체내의 분자를 들뜨게 해 체온을 높인다. 이 사실은 휴대폰을 사용하는 도중 두개골 부위의 온도가 높아지는 것으로 확인된다. 전문가들은 인체 조직의 온도가 1℃ 이상 상승할 경우 문제가 크다고 지적한다. 또 극저주파, 초저주파 등의 저주파는 매우 미약한 전자기 성분을 가지고 있지만, 인체에서 세포막을 이동하는 칼슘, 칼륨, 나트륨, 염소 등의 이온 분포에 영향을 줘 호르몬 분비에 영향을 미치는 것으로 지적되고 있다(백종민, 2002). 1980년대 미국에서 혼자 사는 할머니가 기르던 강아지를 목욕시킨 후 강아지 털을 말리기 위해 전자레인지에 넣었다. 이후 할머니가 씻은 후 강아지를 전자레인지에서 꺼냈는데 눈알이 터지는 등 신체에 손상을 입어 죽게 되었다. 할머니는 살아 있는 생물을 넣지 말라는 경고가 없었다며 전자레인지 회사를 상대로 소송을 벌였는데 그 회사가 한국 회사였다. 이 회사는 법정 판결과 상관없이 회사 이미지를 생각해 충분히 보상해 주었다.

Maxwell은 변화하는 자기장은 변화하는 전기장을 만들고, 이는 또다시 변화하는 자기장을 만드는 과정이 반복되며 전자기파가 나아간다고 했으며 이것을 '얼싸안기'라고 표현하였다(장수하늘소, 2007).

Roentgen(1845~1923)은 X선 발생 장치에 대한 특허권을 포기하였다. 한 유명 전기회사에서 그에게 X선의 특허권을 사겠다고 제안하였으나 Roentgen은 이를 단호히 거절하였다. X선은 의료 분야에서 광범위하게 사용될 수 있기 때문에, 이에 대한 특허권은 엄청난 돈을 벌어다 줄 수 있다. 그러나 Roentgen은 "X선은 모두의 것이 되기를 희망한다."며 특허권 신청을 포기한 채 이전과 다름없이 가난한 삶을 택하였다. X선의 발견은 인류의 축복이자 최고의 엽기적인 발견이 아닐 수 없다. X선으로 인해 웃지 못해 해프닝도 벌어졌다. 투과력이 강한 X선이 인간의 알몸을 보여줄 수도 있다는 오해 때문에 공공장소에서는 'X선 촬영기의 반입을 금한다.'는 안내문이 붙기도 하고 한 속옷회사에서는 X선이 결코 침투할 수 없는 속옷까지 개발하였다(장수하늘소, 2007).

과학에서 가장 두드러진 자기기만의 예는 1903년 프랑스의 저명한 물리학자 Blondlot(1849~1930)가 전혀 새로운 광선을 발견해 'N선'이라 명명해 발표한 사건이다. 이 사건은 프랑스 물리학회에 큰 영향을 주었다. Roentgen이 8년 전에 발견한 X선의 편광 실험 과정에서 Blondlot는 X선원에서 새로운 종류의 방사선 형적(形迹)을 발견하였다. 그는 한 쌍의 날카로운 바늘 사이에서 발생하는 스파크가 밝기를 더하는 것에서 그 존재를 확인하였다. 밝기가 늘어났다는 관측은 탐지 수단으로는 정확성을 갖지 못하고 주관적일 수 있는 인간의 '눈'에 의한 것이지만, 물리학자들이 곧 Blondlot가 얻은 결과를 재현할 수 있었기 때문에 그것은 그다지 문제가 되지 않았다. 프랑스 낭세 대학의 동료는 N선이 X선에서 뿐만 아니라 인간의 신경조직에서도 나온다는 것을 발견하였다. 또 솔본느 대학의 물리학자는 사람이 말하는 동안 브로카 중추라고 하는 뇌의 언어영역에서도 N선이 나오는 것을 발견하였다. N선은 가스, 자기장 그리고 화학 약품에서도 발견되어 곧 프랑스 과학자들 사이에 N선 추적이 성행하기에 이르렀다. 프랑스의 주요 물리학자들은 Blondlot의 발견에 찬사를 보냈고, 프랑스 과학아카데미는 1904년 그에게 영예의 르콩트상을 수여하였다. N선은 '1903년부터 1906년 사이에 적어도 40명의 과학자들에게 관측되어 약 300편의 논문을 통해 100명 이상의 과학자 또는 의사들에 의해 해석되었다.'라고 과학사가들은 N선의 에피소드에 관해 쓰고 있다. 그러나 N선은 실존하지 않았다. 그것을 보았다고 보고한 연구자는 자기자만의 희생자였다. 이 집단적 망상의 원인은 도대체 무엇이었을까? 미국의 물리학자 Wood(1868~1955)가 1904년 쓴 Blondlot의 논문에 대한 반론에서 이 의문에 대한 중요한 실마리를 찾을 수 있다. Wood는 Blondlot의 실험실을 방문했을 때 어떤 특이한 상황이 발생한 것을 분명히 간파하였다. Blondlot가 실험을 하기 위해 실내를 어둡게 한 것이 그 하나였다. N선은 프리즘을 통과한 후 다른 파장들과 분리된다. 때문에 Wood는 실험이 시작되기 전에 그 프리즘을 몰래 제거하였다. 그러나 Blondlot는 장치의 중요한 부분이 방문자의 주머니 속에 있음에도 불구하고 예상한 결과를 얻었다. Wood는 영국의 과학 잡지에 이 실험실 방문에 관한 쓰라린 기사를 썼다. 과학은 국경을 초월한 것이다. 그러나 Wood의 비판은 그렇지 않았다. 프랑스를 제외한 여러 나라의 과학자들은 즉각 N선에 대한 흥미를 상실했지만, 프랑스의 과학자들은 수년간 Blondlot를 계속 지지하였다. '이 에피소드의 가장 놀라운 점은 무척이나 많은 사람들이 속임을 당했다는 것이다. 그들은 사이비 과학자도, 사기꾼도, 몽상주의자도, 신비주의자도 아니었고, 오히려 그것과는 거리가 먼 진정한 과학자였다. 공평무사하고 명예로우며 실험 절차에 통달한, 그리고 상식을 갖춘 사람들이었다. 이것은 그 후 교수, 고문, 강사로서의 그들의 경력만 보아도 명백하다.'라고 프랑스의 과학자 Rostand은 쓰고 있다. 당시의 가장 우수한 프랑스의 물리학자들이 Wood를 비판한 후에도 Blondlot를 계속 지지한 이유와 Blondlot가 발견한 N선을 비판없이 받아들인 이유는 다분히 같은 것이었다. 그것은 과학과는 전혀 상관이 없는 국가적 자긍심에 근거한 것이었다. 1900년경 프랑스는 독일에 비해서 자국의 과학에 대한 국제적 평가가 내리막길에 처했음을 감지하고 있었다. N선의 발견은 경직된 프랑스 과학계에 존재하는 자기 불신을 융화할 수 있는 절호의 기회였다. 그 때문에 과학아카데미는 Wood가 N선 사건을 폭로한 후 해외로부터 쏟아지는 이구동성의 신랄한 비판과 프랑스 국내 인사들의 강한 의혹에도 불구하고 진실을 외면한 채 Blondlot를 지지하였다. 그리고 과학아카데미의 르꽁뜨상 위원회는 전년도에 노벨상을 수상한 Curie(1859~1906)를 제쳐놓고, Blondlot를 수상자로 선정하기까지 하였다. N선 사건을 다룬 역사가와 대부분의 과학자들은 이 사건이 병적이었거나 불합리한, 그렇지 않으면 상식에서 벗어난 사건이었다고 논평하고 있다. 메리 조 나이는 이와 같은 견해에 동조하지 않는 역사가의 한 사람이었다. 이 사건을 해명하려고 한 나이는 Blondlot의 정신구조보다는 오히려 Blondlot가 속해 있던 1900년경의 과학계의 구조와 조직을 조사하였다. 그 결과 N선 사건은 과학의 세계에서 흔히 찾아볼 수 있는 과장에 의해 초래된 것이라는 결론을 얻었다. 나이는 "이 사건은 병적인 것은 아니다. 비합리적이거나 혹은 사이비 과학적인 것은 더욱 아니었다. 조사와 논쟁의 와중에 있던 과학자들은 과학의 목적과 개인의 경쟁심, 나아가서는 제도와 지역, 국가에 대한 충성심에 영향을 받았다."라고 설명하고 있다. 과학계 전체가 어떤 비합리적인 용인으로 잘못된 길을 걷는 현상은 생각할 수 있는 일이지만 그것을 병적이라 단정 짓는 것은 단지 딱지를 붙이는 처사와 같다. 사실 N선 사건은 과학적 과정에서 나타나는 몇 가지 특유한 문제를 극단의 형태로 밝혀주고 있는데 그 하나는 인간에 의한 관찰이 적합하지 못하다는 점이다. 모든 관찰자는 아무리 잘 훈련되었다 해도 기대하는 것을 보려는 강한 경향을 가지고 있다. 하물며 스파크의 밝기처럼 주관적으로 평가되는 것은, 예컨대 카운터나 기록지 같은 장치로 측정할 때도 관찰자의 주관이 개입할 여지가 남아있게 된다. 또 관찰자가 측정 장치를 어떻게 읽어 내는가를 주의 깊게 조사한 결과 어떤 수가 무의식적으로 선호되는 숫자 선호 현상을 엿볼 수 있다는 것도 밝혀졌다. 이론상의 예단은 과학자의 관찰을 왜곡시키는 하나의 요인이다. 또 보상과 명성에 대한 욕구가 그와 같은 왜곡의 시정을 가로막는다. N선의 경우 개인적, 지역적, 국가적인 굴레 때문에 프랑스의 물리학자들은 과학적 이상에서 벗어났을 뿐만 아니라 잘못이 공지된 후에도 오랫동안 그 명백한 과오를 완강하게 고수했던 것이다(민영기 등, 2007).

상당수 병원의 수술실이나 중환자실, 인공 투석실, 응급실 등 예민한 전자의료기를 다루는 곳에는 환자 보호자의 휴대폰 사용을 금지하고 있다. 이는 전파를 사용하는 기기인 휴대전화가 작동하면 역시 전파를 이용하는 병원 내의 각종 의료기기에 영향을 미쳐 오작동을 일으키게 할 염려가 크기 때문에 내려진 조치이다. 일본 우정성이 조사한 바에 따르면 의료용 전자기기 221종을 대상으로 영향 측정을 실시한 결과 전체 60%가 넘는 138종이 휴대전화에 의해 이상이 발생하는 것으로 나타났다. 지금까지 알려진 대표적인 오작동 피해는 94년 6월 스웨덴에서 발생한 점적펌프 정지 사례이다. 점적펌프란 미량의 마취제나 항암제, 진통제 등을 환자에게 오랜 시간 연속적으로 투여하는 장치로, 펌프가 정지하면 중대한 의료사고로 연결될 수 있다. 당시 제작회사는 휴대폰에서 발생한 전자파가 점적펌프의 센서를 감지해 경보음을 울리게 함으로써 펌프의 작동이 멈추는 것을 밝혀냈다. 심장병 환자에 이식한 심장박동기가 휴대전화에 의해 오작동을 일으킨 사례도 보고돼 있으며, 병원뿐만 아니라 항공기나 무인공장 등에서도 같은 이유로 휴대전화 사용이 규제되고 있다(백종민, 2002).

다. 응용

많은 연구에서 전자파 노출이 각종 질병과 관계있다고 지적되기는 했지만, 확실하게 발병의 메커니즘이 밝혀진 것은 거의 없다. 미국 연방통신위원회(FCC)는 미국 전기자기협회(IEEE)와 미국 국가표준협회(ANSI)의 공동발표 내용 중 일부를 받아들여 인체보호기준안을 마련하였다. 이 기준안의 서론을 보면, '아직 명확한 근거는 없지만, 그렇다고 그냥 방치할 수만도 없기 때문에 기준을 마련한다.'는 말과 함께 '현명한 회피(prudent avoidance)'라는 재미있는 표현을 볼 수 있다. 즉 전자파로 인한 인체 영향에 대한 명확한 근거는 없지만 국민건강보호를 위해 관련 산업의 활동을 위축시키지 않는 범위 내에서 가장 엄격한 기준을 도입하겠다는 취지이다. 인체전자파흡수율(SAR-Specific Absorption Rate)이 있다. 이는 단위 시간 동안 인체 조직의 단위 질량에 흡수되는 전자파에너지를 말한다. FCC의 경우 휴대폰의 전자파 허용치는 1g당 평균 1.6mW이고, 유럽전기기술규격위원회의 경우 1g 당 평균 2mW이다. 우리나라는 FCC의 기준과 같다. 이 값은 휴대폰에서 발생하는 전자파의 총량으로 결정되는 것이 아니라 머리에 직접 흡수되는 것을 의미한다. 실험을 목적으로 전자파를 사람에게 직접 노출시킬 수 없고, 인체 각 부위의 SAR 값을 직접 측정하는 것도 사실상 불가능하다. 그래서 간접적인 방법, 즉 모의 인체를 이용한 측정 방법과 인체의 자기공명영상(MRI) 데이터를 이용한 계산 방법으로 SAR 값을 알아내고 있다(백종민, 2002).

화면(VDT, Visual Display Terminal)을 채용한 제품에서는 통철판이나 구리망을 넣은 유리로 전기장 성분을 차폐하는 방법을 쓰고 있다. 전자파 차단 보안경은 투명한 유리판에 전기장 흡수 물질(도체 물질)을 넣은 것으로, 화면으로부터 나오는 전자파의 전기장을 접지하여 차폐하는 것이다. 최근에 나온 제품들은 전기장 성분을 거의 99% 차폐할 수 있다. 전자레인지의 앞 유리에 들어있는 철선도 마찬가지 원리로 사용되고 있다(백종민, 2002).

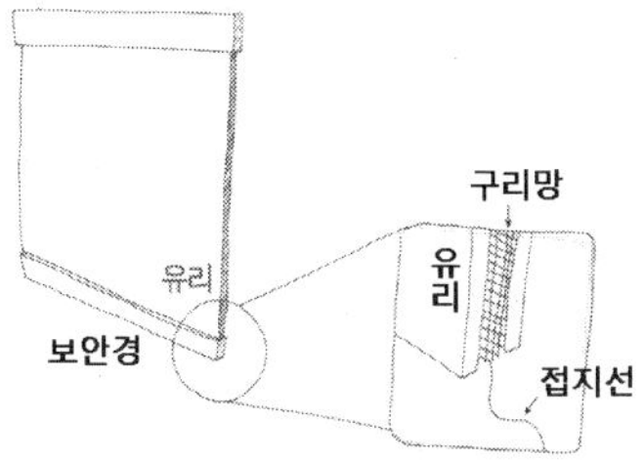

그림 2-16 전자파차단 보안경의 원리
유리 사이에 가는 구리선을 촘촘히 심어놓고 접지시킨다. 전자파의 전기장 성분은 도체인 구리망에 부딪히면 구리선을 따라 흘러 접지선으로 빠져나온다. 화면으로부터 나오는 전자파를 차단하는 보안경은 전기장 성분은 90% 이상 차단하지만, 자기장 성분은 차단하지 못한다.

1894년 이탈리아의 마르코니가 무선전신 실험에 성공함으로써 전파에 의한 통신 가능성이 확인된 이래 무선전신 분야는 눈부신 발전을 거듭해왔다. 1899년에는 영국 해협 횡단, 1901년 대서양 횡단 무선전신 성공에 이어, 한때 Edison의 조수이기도 했던 무선전신 기술자 페선던이 마침내 연속적인 전파 발생을 통한 목소리 전달에 성공하였다. 그러나 아쉽게도 세계 최초의 라디오 방송을 들은 사람은 불과 몇 명뿐이었다. 이 방송은 진폭 변조(AM)를 이용한 것으로 아직 수신기가 보급되지 않아 당시 해안에서 수백 km 이내에 있던 선박의 무선기사들만이 들을 수 있었던 것이다(장수하늘소, 2007).

음식을 데우거나 요리를 하는 데 편리한 가전제품으로 전자레인지가 있다. 전자레인지에 사용되는 마이크로파(파장 약 12cm, 진동수 2,450MHz)는 눈에 보이지 않는다. 마이크로파가 음식을 데우는 기본 원리는 공명이다. 마이크로파의 에너지는 물 분자의 회전 에너지 간격과 정확하게 같아서 공명이 일어난다. 종이, 유리, 세라믹 등으로 만들어진 그릇과 전자레인지에 넣어도 되는 플라스틱 그릇은 마이크로파를 흡수하지 않고 투과시킨다. 따라서 전자레인지에 사용해도 그릇이 가열되지 않는다. 그러나 금속은 거울처럼 마이크로파를 반사시킨다. 마이크로파는 그릇 표면에서 금속의 전자를 떼어 낸다. 그래서 금속 그릇을 넣으면 스파크가 일어나는 것이다(조광희, 2002).

라디오 송신기는 요구되는 무선신호와 같은 주파수의 전기 반송파를 발생시켜 작동한다. 변조된 과정을 통해 데이터가 반송파에 첨가되면 송신기가 변조된 신호를 송신탑으로 보내고, 송신탑에서 변조된 반송파의 모양을 반영한 무선 신호를 출력한다. 전파는 대개 여러 방향으로 퍼지며 신호의 범주는 주파수에 따라 다르다. 수신기는 모든 주파수를 포착하지만 동조회로로 특정 주파수의 신호를 분리해 낸 다음 그 신호를 복조해 원래 데이터를 찾아낸다.

방송에는 모든 방향으로 전파를 전송하는 무지향성 무선 안테나를 사용한다. 전파는 건물이나 언덕 표면에 반사되므로 다른 거리에서 보내진 같은 대역폭의 송파를 동시에 받을 수도 있다. 이 같은 현상이 원인이 되어 다중로 혼신이라는 방해 현상이 일어나게 되어 소리가 왜곡된다. AM, FM 아날로그 신호는 건물이 빽빽한 곳에서 특히 방해를 받기 쉽지만, 디지털 무선 신호는 신호를 코드화해 방해가 있더라도 수신기가 신호를 재생할 수 있어 그런 문제를 피할 수 있다(경상대학교 등 공역, 2006).

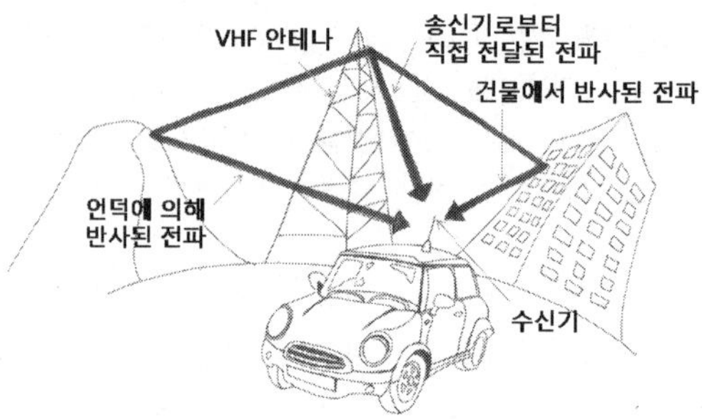

그림 2-17 **전파의 진행**

1957년 최초의 위성 스푸트니크 1호가 발사된 이래 위성은 정보 수집과 전송 부문에 혁신을 가져왔다. 통신 위성은 광속으로 이동하는 마이크로웨이브를 이용해 TV 화상, 전화통신, 인터넷 데이터를 지구의 이편에서 저편으로 전달해 준다. 그 밖에도 위성은 기상 정보 수집, 지구 환경 모니터, 광물 매장지 탐색, 항해 신호 송신 등 다양한 용도로 쓰이고 있다. 지난 40년 간 로켓과 우주 왕복선은 수천 개의 위성을 쏘아 올렸다. 위성을 적정 고도에서 적정 속도로 움직이면 지구의 중력이 타원형 또는 원형 궤도로 위성을 잡아끈다. 통신 위성은 지구 정지 궤도에서 지구가 자전하는 속도로 지구 주위를 돈다. 대개 먼저 저 궤도를 돌다가 마지막 단계에 최종 궤도로 올려 지며, 일단 궤도에 올라간 다음에는 태양 전지판에 장착된 광전지가 생산한 전력으로 작동한다. 분사 제어 로켓과 자이로스코프가 위성 궤도를 유지하고 지구를 향하도록 안테나 방향을 조절한다. 통신 위성은 지상 송신기로부터 무선 신호의 형태로 데이터를 받아(업링크) 접시 안테나를 이용해 지상의 다른 수신기로 신호를 중계한다(다운링크). 위성 송신 데이터가 폭주하면서 마이크로웨이브 대역이 고갈될 위기에 처하자 나사에서는 초고주파의 마이크로웨이브를 사용하는 위성을 실험 중이다(경상대학교 등 공역, 2006).

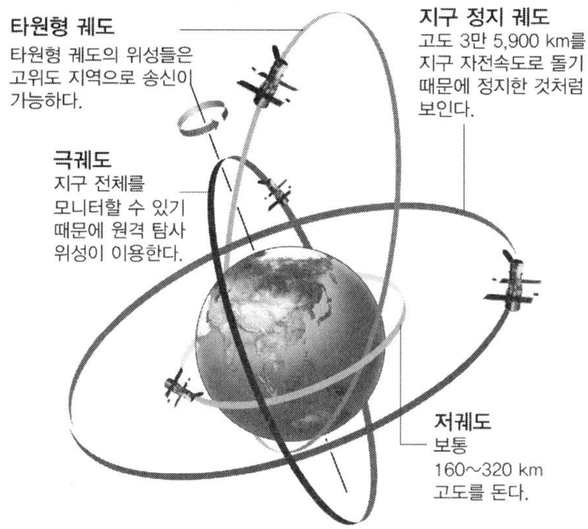

그림 2-18 인공위성의 궤도

1895년, Roentgen이 물질에 부분적으로 흡수되는 X선의 성질을 이용해 인체 이미지를 만들 수 있다는 사실을 밝혀내면서 인체의 해부학적 구조에 대한 지식이 큰 발전을 이루었다. X선은 질병과 골절의 진단과 물질의 검색은 물론 암치료와 크리스털의 구조 연구에도 널리 이용된다. 최초의 X선 기계는 뼈의 골절 부위나 관절의 염증 등을 정확히 볼 수 없었다. 이후 인체에 삽입하여 X선을 흡수하는 방사선 불투과성 물질이 개발되면서 연조직의 X선 사진도 가능하게 되었다. 위궤양을 조사할 때는 바륨을 이용하며, 심장과 신장을 검사할 때는 염색 물질을 주사한다. 이제는 컴퓨터 단층 촬영(CT) 장치라는 최첨단 기계가 도입되었는데, 이는 수많은 X선을 이용, 인체의 모습을 아주 정교하게 구성하여 보여준다. CT 검사를 하면, 모든 조직과 뼈의 구조를 아주 선명하게 볼 수 있어 진단과 치료가 크게 개선되었다(경상대학교 등 공역, 2006).

3 파동

3.1 파동

가. 용어

지속 시간이 매우 짧은 신호를 펄스(pulse)라고 하며 지속 시간이 길어지면 파동(wave)이 된다. 보다 일반적으로 표현하면 공간상 한 곳에서 발생한 어떤 물리량의 교란이 시간에 따라 공간상에서 전파하는 현상을 파동이라 한다(한국음향학회 편, 2003). 댄스의 웨이브가 파동임을 설명해 주면 이해하기 좋다.

가로 횡, 물결 파(波). 횡파. 물결이 가로로 움직이는 것을 의미한다. 여기서의 가로란 옆에서 본 모양이 아닌 파원에서 에너지가 진행하는 방향의 가로를 의미한다. 따라서 옆에서 볼 때는 위아래로 움직이는 모양인 것이다. 이와 반대로 가로 종(縱), 물결 파(波). 종파. 물결이 세로로 움직이는 것을 의미한다. 마찬가지로 파원에서 볼 때 세로의 의미이다. 중매 매(媒), 바탕 질(質). 매질. 에너지를 중매하는 바탕이 되는 물질을 의미한다.

3.2 소리

가. 용어

소리를 연구하는 학문을 음향학(音響學)이라고 한다. 소리 음(音), 울릴 향(響). 소리의 울림을 의미한다.

나. 과학사

최초의 원자론자 Democritos(B.C. 460?~B.C. 370?)는 '소리는 원자의 운동이 공기를 자극하고 이 공기의 자극이 귀에 전달되어 나타나는 현상'이라고 설명하였다(곽영직, 2006).

초저주파는 지진이나 폭우가 내리기 전 전달되어 초저주파를 인지할 수 있는 동물들이 대피하고 이를 본 사람들이 자연재해를 예측하여 대비하였다. 개미는 비가 오기 전 높은 지대로 집단 이동한다.

코끼리는 초저주파, 박쥐는 초음파로 동종간 의사소통을 한다.

캘리포니아 공대의 동물학자 코니시는 헛간올빼미를 이용하여 청력을 통한 음원의 위치 파악 능력에 대한 실험을 하였다. 코니시는 올빼미의 귓속에 작은 마이크로폰을 집어넣었다. 그리고 올빼미 둘레를 따라 음원을 이동시키며 올빼미가 어느 곳을 보는지 관찰하였다. 음원이 올빼미의 왼쪽에 있을 때, 음원에서 나온 소리는 올빼미의 왼쪽 귀에 도달한 후 약 200 μs가 지난 후 오른쪽 귀에 도달하였다. 음원이 올빼미의 정면으로 이동할수록 소리가 양쪽 귀에 도달하는 시간의 차이는 줄어들었다. 물론 음원이 정면에 있을 때에는 소리가 양쪽 귀에 함께 도달한다. 그런데 정면에 있는 음원을 위아래로 이동시키면 양쪽 귀에 들리는 소리의 세기는 달라졌다고 한다. 올빼미의 왼쪽 귀는 눈보다 높은 곳에서 아래쪽을 향하고 있으며, 오른쪽 귀는 눈보다 낮은 곳에서 위쪽을 향하고 있기 때문이었다. 코니시는 이 실험을 통해 올빼미가 두 귀에 들리는 시간 차이와 소리의 세기 차이를 감지하여 음원의 위치를 정확히 파악한다는 사실을 밝혀냈다(KISTI 매일진 과학향기, 2004).

다. 응용

초음파는 이제 가정에까지 파고들어, 초음파 가습기, 초음파 모기 퇴치기에서 청소용 로봇의 길잡이 역할을 하는 초음파센서에 이르기까지 다양하게 이용되고 있다(백종민, 2002).

야구공의 속력과 자동차의 속력은 모두 도플러효과를 이용한, 권총 모양으로 생긴 스피드건으로 측정한다(KISTI 매일진 과학향기, 2004).

비행기 이착륙 시 비행기가 날아다니는 새와 부딪쳐 사고가 나는 것을 bird strike라고 하는데 이를 예방하기 위해 활주로 주변에는 초음파 발생기가 배치되어 이착륙 시 새를 쫓아낸다.

3.3 빛

가. 과학사

Aristoteles는 아무 것도 섞인 것이 없는 순수한 빛인 백색이 빛의 본성이라고 보고, 색채는 백색과 어둠이 혼합되어 나타나는 것으로 혼합비에 따라 그 색채가 달라진다고 하였다. 이를테면 검은 숯을 태우면 빨간빛이 나오는데 이것은 불에서 나오는 빛과 숯의 어둠이 섞여진 결과라고 하였다. 또한 무지개가 일곱 가지 색깔로 나누어지는 현상은 프리즘의 두꺼운 부분을 통과한 빛은 얇은 부분을 통과한 빛보다 유리에 함유된 어둠을 많이 받아들이기 때문이라고 설명하였다. 이러한 생각은 17세기까지 강력한 영향력을 유지하였다(곽영직, 2006). Democritos의 원자론 설명에 의하면 시각은 눈에서 튀어나가는 원자와 물체의 원자가 충돌해서 변형된 원자가 망막을 자극해서 일어나는 것이다.

Galilei는 램프를 든 두 사람을 멀리 떨어져 있도록 한 다음, 한 사람이 상대방 불빛을 보면 즉시 램프의 뚜껑을 벗기고 상대방에게 빛을 보낼 수 있도록 하여 빛이 왕복하는 시간을 측정하려고 했다고 전해진다. 빛의 속도를 최초로 과학적으로 측정한 것은 덴마크의 천문학자 Roemer(1644~1710)였다. 1610년에 Galilei에 의해 목성의 4개의 위성이 발견되었었는데 Roemer는 이 중에서 가장 안쪽에 위치한 위성 이오의 운동을 이용하여 빛의 속도를 결정하였다. Roemer는 지구가 목성에 가깝게 다가가면서 측정하면 이오의 주기가 짧아지고 멀어지면서 측정하면 이오의 주기가 길어지는 것을 발견하였다. 이 시간차를 이용하여 Roemer는 빛이 지구 궤도를 가로지르는 데 11분이 걸린다고 설명하고 빛의 속도는 214,000 km/s라고 하였다. 천체 현상이 아닌 지구상의 실험 장치를 이용하여 빛의 속도를 처음 측정한 것은 Fizeau(1819~1896)였다. Fizeau는 매우 빠르게 회전하는 톱니바퀴를 이용하여 8 km를 빛의 왕복하는 데 걸리는 시간을 측정하여 빛의 속도를 315,000 km/s라고 하였다. 1850년 Foucault(1819~1868)는 회전하는 거울을 이용하여 298,000 km/s로 측정하였고, 19세기 Mi'chelson(1852~1931)과 Morley(1838~1923)가 회전 거울을 개량하여 299,792 km/s인 것을 밝혀내었다(곽영직, 2006).

파동설에 의하면 빛은 매질 속에서 속도가 느려진다고 했는데 반해 입자설에서는 매질 속에서 빨라진다고 하였다. 1850년 Foucault가 실험을 통해 물속에서의 빛의 속도가 22만 km/s라는 것을 알아내 빛의 속도가 물속에서 느려지는 것을 증명하였다. 이 실험은 빛의 파동설이 유리하도록 하였다(곽영직, 2006).

다. 응용

약품, 가열 등 자외선 이외에 다양한 살균 방법이 있지만, 자외선 살균이 인기를 끌고 있는 이유는 인체에 별다른 영향을 미치지 않을 뿐 아니라, 가열과 같이 번거롭지 않기 때문이다. 또한 모든 종류의 세균 및 곰팡이류에 대해 99.7% 이상의 강력한 살균 작용을 한다고 알려져 있을 정도로 효과가 좋을 뿐 아니라 전기도 많이 들지도 않는다. 자외선은 살균기 이외에 병원, 의약품 제조, 농산물 신선도 유지, 실내의 공기 청정 효과 등 다양한 분야에서 활용되고 있다. 하지만, 피부 투과력이 세기 때문에 인체에 자주 노출될 경우 피부를 빨갛게 붓게 하거나, 수포를 발생시키는 등 해로울 수 있으므로 주의해야 한다. 또한 살균등을 검사할 경우 반드시 보안경을 착용하여 눈을 보호하는 것도 잊어서는 안 된다(KISTI 매일진 과학향기, 2004).

3.4 반사(反射)

가. 용어

되돌릴 반(反), 궁술 사(射). 화살을 되돌린다는 의미로 풀이된다. 음선이나 광선을 화살표로 나타내므로 화살표를 되돌려 보낸다는 의미로 볼 수 있다. 전반사(全般事)의 전(全)은 '온전하다', '완전히' 라는 뜻으로, 전반사는 '전부 반사'의 준말이다.

메아리의 영어식 표현은 에코(echo)이다. 에코는 그리스 신화에 나오는 산의 요정인 오레이아스. 오비디우스의 〈변형담 Metamorphoses〉에서 에코는 헤라 여신에게 계속 이야기를 시킴으로써 남편 제우스가 바람피우는 것을 염탐하지 못하게 했기 때문에, 헤라의 노여움을 샀다. 그 벌로 에코는 남의 끝말을 되풀이하는 것 말고는 말하는 능력을 완전히 빼앗기고 말았다. 에코는 나르키소스를 사랑하지만, 나르키소스는 물에 비친 자신의 모습을 사랑하게 되었다. 이 이룰 수 없는 사랑에 절망한 에코는 차츰 쇠약해져, 마지막에는 목소리밖에 남지 않게 되었다. 그리스의 작가 롱고스에 따르면, 에코가 판 신의 유혹을 거절하자, 판 신은 목동들을 미치게 했고, 미친 목동들은 에코를 갈기갈기 찢어 죽였다. 그러자 대지의 여신 가이아는 에코의 찢긴 사지를 묻어 주고 노래하는 능력만은 계속 간직할 수 있도록 허락하였다.

나. 과학사

중세 이탈리아 어느 성당의 고해실은 둥근 곡면으로 된 벽의 끝에 있었는데, 이 마을의 한 처녀가 임신 사실을 신부에게 고해성사하였다. 처녀의 말은 벽의 다른 쪽 끝에 앉아 있던 사람에게 모두 들려 마을 사람들이 알게 되어 한바탕 소동이 일어났다. 둥근 천장을 따라 소리가 연속적으로 반사되면서 반대편에 쉽게 전달되는 현상을 '크립현상'이라고 한다(이정원, 2003).

Rayleigh(1842~1919)는 소리 그늘과 반사를 입증하기 위해 큰 건물의 모서리를 장애물로 이용하였다. 그는 음원을 건물의 남서쪽 모서리에서 멀리 떨어진 남쪽 벽면 가까운 곳에 놓았고 관찰자는 서쪽 벽면에 붙어 서게 하였다. 소리 그늘이 확실하게 형성되어 관찰자는 음원의 소리를 잘 들을 수 없었다. 그러나 적당한 크기의 화판(畵板)을 남서쪽 모서리에서 적당한 거리에 적당한 각도로 세워 소리를 반사시켜 주면 관찰자는 소리가 매우 크게 들리는 것을 체험하였다(구자현, 2008).

음향탐지기 소나(SOund Navigation And Rating)는 타이타닉호가 빙산에 부딪혀 침몰하는 사건이 계기가 되어 개발되기 시작하였다. 제1차 세계대전 후 전자장비들의 급속한 발달과 함께 음파를 이용한 탐지장치로 개발됐다. 미국에서는 제2차 세계대전이 임박한 1938년에 와서 소나의 대량생산이 가능해졌다. 미국은 소나를 대부분의 군함에 장착해 독일군 잠수함(U-boat)를 섬멸하였다(이정원, 2003).

Archimedes(B.C. 287?~B.C. 212)가 살던 시라쿠사는 Hieron 왕이 다스리고 있었는데 카르타고와 동맹을 맺고 로마와는 적대관계에 있었다. 그래서 로마와 많은 전쟁을 치러야 했다. Archimedes는 로마군이 쳐들어오자 평면거울 수십개를 오목거울 형태로 배열하여 태양빛을 반사시켜 로마군의 배를 불태워 전쟁을 승리로 이끌었다(곽영직, 2006).

다. 응용

박쥐는 어두운 밤하늘을 자유자재로 날아다니면서 조그만 나방의 날갯짓까지 알아챈다. 박쥐의 밤눈은 바로 초음파, 박쥐는 초음파가 물체에 반사돼오는 것을 감지한다(백종민, 2002).

산모의 배 속에 있는 아기의 모습이나 몸속의 종양을 진단할 때 50,000 Hz 초음파 진단기를 사용하는데, 이는 아기나 종양의 표면에서 반사되는 신호를 이용한다. 이때 장비와 피부 사이에 젤을 바르는 것은 공기층에 의한 고유 음향 임피던스 차이를 줄이기 위해서이다(김미화·김세중 공역, 2001).

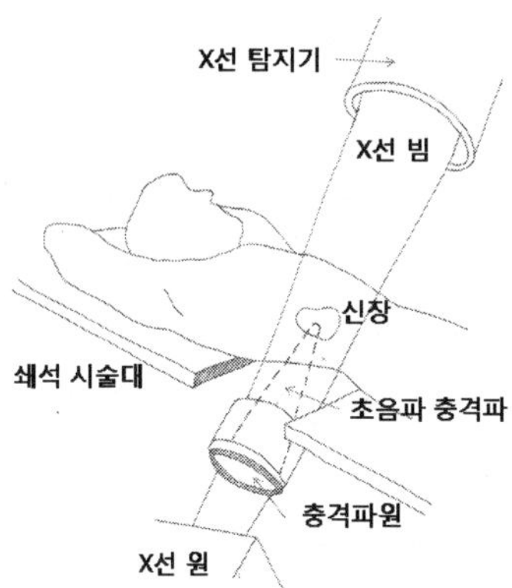

그림 2-19 초음파 쇄석술

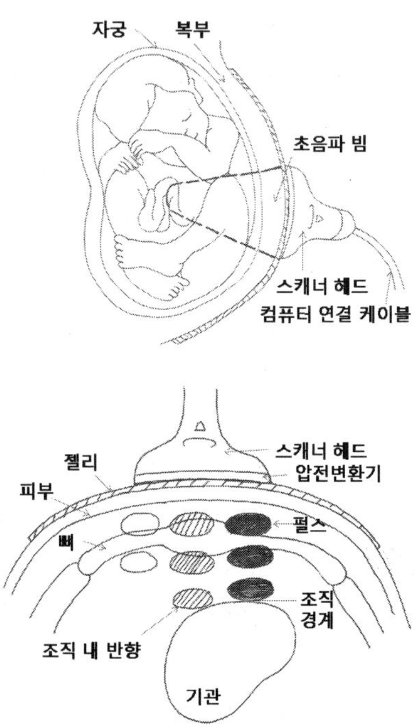

그림 2-20 초음파 영상진단법

바다 속 음향탐지기 소나는 어군탐지기, 수심측정기로 사용되고 있다.

비파괴검사 중 펄스반사법(echo-pulse method)은 구조물 사이에 생긴 공기층의 위치를 찾는 데 사용된다.

응급차의 앞면에 AMBULENCE 글자를 좌우대칭으로 쓴 것은 앞 차의 운전자가 인식하기 좋도록 하였다.

평면 거울이 만드는 상의 크기는 물체의 크기와 같지만 오목 거울이 만드는 상은 물체보다 더 크다. 이를 이용해서 오목 거울을 면도용 거울로 사용한다(경상대학교 물리학과 외 공역, 2006).

옷 가게의 전신 거울은 사람을 날씬하게 보이게 하기 위해 볼록 거울 형태로 만들어져 있다.

상점과 도로 코너에 설치된 볼록거울은 작지만 넓은 범위를 효과적으로 볼 수 있도록 설치되었다.

태양열 어레이. 캘리포니아 모하비 사막에 세계에서 가장 큰 에너지 시설이 있다. 1,000에이커(405헥타르) 규모의 거울이 합성 오일을 390도까지 가열시키며 여기에서 스팀이 발생하여 터빈을 가동하는데, 최대 275 MW의 전력을 생산한다. 거울은 모두 컴퓨터로 제어된다(김미화·김세중 공역, 2001).

그림 2-21 태양열 어레이

프랑스에 있는 태양로의 경우, 컴퓨터로 제어되는 거울이 거대한 곡선형 반사기에 햇빛을 모은다. 이 반사기는 9,500개의 거울로 만들어져 있으며, 태양 에너지를 집열기탑으로 모은다. 집열기탑의 온도는 3,800도까지 올라갈 수 있다(김미화·김세중 공역, 2001).

그림 2-22 태양열 집열기

웨스트 버지니아 그린뱅크의 국립 전파 천문대에 있는 40 m 크기의 망원경과 같은 전파 망원경을 이용, 전파를 방출하는 천체에 대한 다양한 연구가 이루어지고 있다. 광학 망원경과 비슷한 방식으로 거대한 포물면 접시 안테나로 전파를 수집하고 수신기로 모은다. 그린뱅크의 단일접시안테나 망원경은 펄사, 성운, 행성간 우주를 연구하고 은하를 조사하는 데 사용된다(김미화·김세중 공역, 2001).

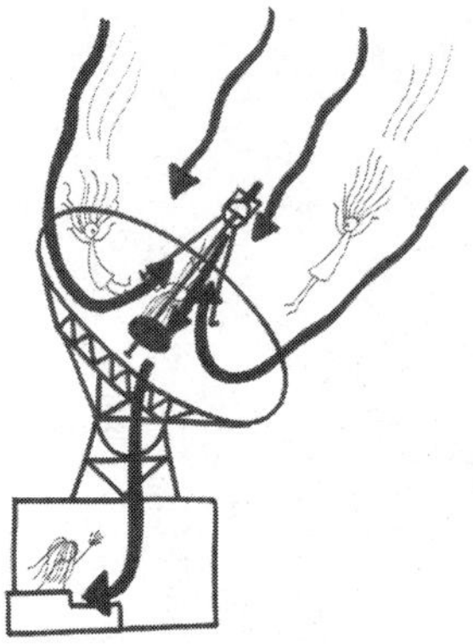

그림 2-23 포물면 접시 안테나

3.5 굴절과 분산

가. 용어

굴절은 굽을 굴(屈), 꺾을 절(折). 굽고 꺾이다는 뜻으로 풀이된다.

나. 과학사

'밤말은 쥐가 듣고 낮말은 새가 듣는다.'는 속담은 굴절과 전반사로 설명할 수 있다.

고대부터 시작된 무지개에 대한 연구는 13세기에 이르러서야 일부가 밝혀졌다. 영국의 철학자 Bacon(1561~1626)은 각기 다른 곳에 있는 사람들은 각각 다른 무지개를 보게 되고, 태양 방향에서 약 42도 벌어진 고깔(원추) 모양을 이룬다는 것을 관측해냈다. 그리고 그 비슷한 시기에 무지개가 대기의 물방울에 의한 것임이 밝혀졌다. 무지개의 원리를 처음 설명한 것은 Descartes였다. 그는 1625년부터 빛에 대해 연구해 스넬과는 별도로 빛의 굴절 법칙을 발견하기도 했는데, 이를 이용하여 무지개는 태양빛이 물방울에 의해 굴절, 반사되어 일어나는 광학 현상임을 밝혀냈다. 무지개의 일곱 빛깔에 대해 명쾌한 해답을 내놓은 사람은 Newton이었다. Newton은 2개의 프리즘을 이용한 실험에서 햇빛이 7가지 색으로 이루어져 있음을 밝혔다(장수하늘소, 2007).

다. 실험

이산화탄소로 가득 채운 풍선은 소리를 모아 주는 볼록렌즈 역할을 한다.

옆 친구의 안경렌즈를 통해 얼굴 실루엣을 보게 한다. 렌즈를 통한 실루엣이 원래 실루엣보다 안쪽이면 오목렌즈, 바깥쪽이면 볼록렌즈임을 알 수 있다.

라. 응용

인간에게는 시세포가 있어 빛을 감지하는데, 시세포 가운데 막대 세포라고도 부르는 간상 세포는 명암만 감지하고 자세한 모양과 색은 원추 세포가 감지한다. 원추세포는 각각 다른 파장의 빛에 자극을 받는데, 이때 시신경을 통하여 전기적인 신호를 보내 대뇌가 색을 인지하게 된다(김미화·김세중 공역, 2001).

빛은 삼원색을 고르게 섞어 백색이 만들어지는 가산 혼합 방식이다. 적색(R), 녹색(G), 청색(B) 빛의 혼합률을 달리해 다양한 색을 만든다. 이 현상을 이용해 컬러 TV와 컴퓨터모니터의 스크린을 만들었다. 음극선의 전자총에서 쏜 전자가 픽셀에 부딪혀 삼원색이 혼합된 빛을 발하는 것이다. 반면 인쇄 컬러는 모든 색을 제거, 즉 반사해야 흰색을 만들 수 있는 감산 혼합 방식이다. 그 이유는 안료 등은 표면에서 반사된 빛의 파장으로 색이 표현되기 때문이다. 가장 효율적인 인쇄 색 혼합의 삼원색은 yellow, cyan, magenta이다(김미화·김세중 공역, 2001).

인쇄 컬러는 빛의 색 혼합과 다르다. 안료는 광원이 아니기 때문이다. 인쇄 컬러는 입사 광선 중 표면에서 반사된 빛의 파장(혹은 흡수된 빛의 파장)으로 색이 인식된다. 색을 많이 사용할수록 입사 광선에 흡수되는 파장의 범위가 커져 반사되는 파장이 작아지는 감산 효과가 있어 삼원색을 고루 섞으면 검정색이 나온다(김미화·김세중 공역, 2001).

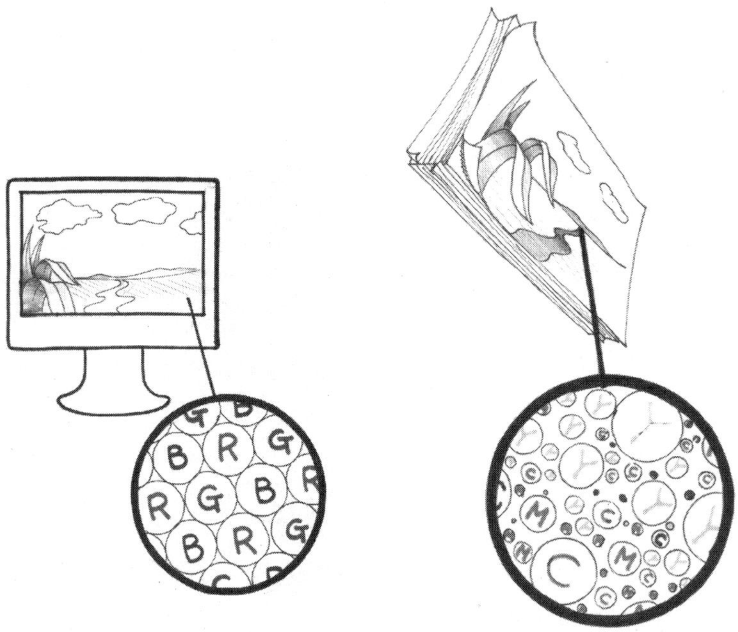

그림 2-24 **빛의 합성과 색의 합성**

텔레비전은 정지 화면을 빨리 돌리면 화면이 움직이는 듯이 보이고 삼원색 픽셀을 혼합하면 풀 컬러로 보인다는 두 가지 착시 현상을 이용한 장치다. 그러한 바탕에 음극선관과 무선 전송 기술이 결합하면서 가정에서 TV를 시청할 수 있게 되었다. TV 카메라에 들어간 빛은 적색, 녹색, 청색으로 분해되고 세 개의 광전관에 삼원색 이미지가 형성된다. 광전관은 525개 수평선으로 각 이미지를 스캔해 라인별 휘도(밝기)를 전기 신호로 기록한다. 동기 신호에 의해 세 광전관이 같은 부분을 동시에 스캔하며 초당 30개의 풀 이미지, 즉 프레임이 스캔되어 합쳐진다. 삼색의 전기 신호를 조합하면 그 부분에 대한 휘도와 색상에 대한 종합적인 데이터를 알 수 있다. 광전관에서 보낸 비디오 신호는 동기 신호, 오디오 신호와 결합되어 전송된다. 대부분의 TV 수상기는 음극선 진공관(CRT)에 기반을 둔다. CRT는 RGB 색상별 전자총 세 개와 형광 코팅된 스크린으로 구성된다. 각 전자총은 고속으로 움직이는 전자빔인 음극선을 발산하며 비디오 신호의 휘도에 따라 다른 강도로 스크린을 향해 쏜다. 스크린상의 형광 스트라이프(줄) 또는 도트(점)는 전자와 충돌 시 적색, 녹색, 또는 청색으로 발광한다. 전자빔은 스크린을 라인별로 쏘아 전송된 프레임을 재현하는데 워낙 고속이라 육안으로는 풀 컬러 동화상 이미지로 보인다(김미화·김세중 공역, 2001).

3.6 간섭

가. 용어

방패 간(干), 건널 섭(涉). 국어사전에는 상관없는 남의 일에 참견한다는 의미로 풀이되어 있다. 한 파동이 다른 파동에 영향을 미친다는 의미이다. 중첩은 무거울 중(重), 겹쳐질 첩(疊). 겹쳐져 무거워 짐을 의미한다.

나. 과학사

성덕대왕신종(에밀레종)의 웅~ 웅~ 웅~ 하는 맥놀이현상은 종의 비대칭 구조가 만드는 것으로 64.06 Hz와 64.38 Hz, 168.38 Hz와 168.44 Hz의 음파가 간섭을 지속적으로 일으키기 때문이다(이정원, 2003).

다. 응용

비행기의 날개에는 제트엔진이 달려 있는데 제트엔진은 매우 큰 소음을 발생한다. 오른쪽 날개의 제트엔진과 왼쪽 날개의 제트엔진에서 발생한 소리 중 한쪽 소리의 위상을 바꿔 양쪽에서 승객석으로 들어오는 소리의 위상이 180° 차이가 나게 한다. 두 소리가 합쳐지면 간섭에 의해 소멸되어 승객들은 제트엔진 소음으로부터 안전할 수 있게 된다.

방음벽은 주로 차로 변에 설치되는데 방음벽이 높아질수록 설치 비용은 높아진다. 방음벽의 꼭대기 부분에 소멸 간섭 장치를 설치하면 방음벽을 높이지 않고도 같은 방음 효과를 볼 수 있다.

대부분의 새들은 지저귈 때 울음판이라고 하는 그들의 소리 기관의 두 면 중의 한 면만을 사용한다. 황제펭귄의 경우에는 동시에 양쪽 면을 사용하여 목소리를 낸다. 새의 목구멍과 입 안에서 음파의 정지파가 만들어지는데, 이는 양 끝이 열린 관과 같다. 두 면은 서로 다른 진동수로 진동하는데 이 두 개의 음으로 인해 맥놀이가 만들어진다. 실험에 의하면 인간은 인식하지 못하지만 펭귄은 큰 맥놀이 진동수를 인식하는 것으로 확인되었다. 펭귄의 소리는 서로 다른 조화진동과 서로 다른 맥놀이가 풍부하게 섞여 있어서, 수 천 마리의 펭귄 무리 가운데에서도 자기 짝의 목소리를 구분할 수 있다(경상대학교 등 공역, 2006).

Anti-Reflecting coating은 상쇄 간섭을 응용한 것으로 안경과 스텔스전투기의 표면에 활용되고 있다. 안경에 하는 무반사 코팅은 렌즈를 통해 들어오는 빛의 투과율을 높이기 위한 것으로 약 98%의 빛을 투과시킬 수 있다.

홀로그램은 신용카드와 CD에 각인된 여러 가지 색상의 보안 문양이나 3-D 사진과 같이 사람들에게 친숙하다. 홀로그래피 이론은 1948년 Gabor(1900~1979)가 제기했는데, 그는 그리스어의 'hools(전체)'와 'gramma(메시지)'에서 '홀로그램'이라는 단어를 만들었다. 홀로그래피가 실용적으로 사용되기 시작한 것은 1960년대 레이저 기술이 발달된 이후부터였다(김미화·김세중 공역, 2001).

3.7 정상파

가. 용어

진행파와 반사파의 중첩에 의해 물체가 한쪽으로 이동하지 않고 마치 제자리에서만 진동하는 것처럼 보이는 파동 현상을 정상파라 하며, 정상파가 형성되면 특정 주파수만이 크게 증폭되는데 이것을 공명 현상이라 한다. 정상파를 영어로 standing wave라 한다는 것을 알려주면 이해하기 더 쉽다.

나. 과학사

1941년 미국의 타코마 현수교가 산들바람(약 19 m/s)에 의해 공명되어 심하게 흔들리다가 붕괴했다.

1985년 9월에 멕시코의 서부 해안에서 큰 지진이 발생했을 때 멕시코시티의 건물들이 붕괴된 한 원인 바로 공명이었다. 지진파가 약 400 km 떨어진 멕시코시티까지 도달했을 때 지진파는 너무 약해서 광범위한 손해를 초래할 정도는 아니었다. 하지만 멕시코시티는 땅이 물처럼 부드러운 곳에 세워져 있었고, 지진파가 약했음에도 불구하고 멕시코시티의 물렁한 땅에서는 진폭이 충분히 커질 수 있었다. 지진파의 각진동수는 3 rad/s 근처에 집중되었다. 땅이 심하게 진동했을 뿐 아니라 많은 중간 높이의 빌딩들이 약 3 rad/s의 공명 각진동수를 가지고 있었기 때문에 대부분의 중간 높이의 빌딩들이 무너졌다. 반면에 공명 진동수가 높거나 낮은 건물들은 무너지지 않았다(경상대학교 등 공역, 2006).

다. 실험

유리로 된 병 음료수를 준비하고 뚜껑을 딴 후 병 입구에 바람을 불어 소리를 발생하여 소리가 잘 나지 않음을 보여준다. 음료수를 조금씩 마시면서 동일한 행동을 반복한다. 음료수를 많이 마실수록 저음이 공명되는 것을 알 수 있다.

비어 있는 눈금실린더에 소리가 나도록 높은 곳에서 물을 붓는다. 수위가 높아질수록 고음이 발생하는 것을 알 수 있다.

라. 응용

수컷 매미는 진동막 소리를 텅 빈 배로 공명시켜 큰 소리를 낼 수 있다(윤기상, 2008).

현악기의 현은 정상파를 이루어 소리를 발생하고 공명통이 현의 소리를 증폭시킨다.

종 밑에 항아리를 묻거나 구덩이를 파서 종소리를 증폭시킨다.

그림 2-25 소리 공명의 예들

3.8 회절

가. 용어

돌 회(回), 꺾을 절(折)로 한자를 풀어보면 '돌고 꺾어진다.'는 뜻이 된다.

나. 과학사

빛의 회절 현상은 이탈리아의 Grimaldi(1616~1663)가 발견하였다. 그의 저서 피시코 마테시스 (Physico-mathesis de lumine)는 그가 죽은 후에 출판되었는데, 여기에서 그는 프리즘에 의한 태양 스펙트럼에 대해서 처음으로 언급하였다. 또 빛의 회절 현상을 보고하였으며, 간섭 실험에 대해서도 다루었다. 그는 회절 격자에 의한 빛의 분산에서 색의 문제에 관한 고찰을 통하여 색을 물체의 구조에 귀착시킴과 동시에 빛의 파동설과 다른 유체 현상과의 유사성을 밝혔다.

1904년 Rayleigh는 소리의 회절을 확실하게 보여주는 예로 '푸아송의 원반'을 제시하였다. Rayleigh는 파장이 짧은 '인공 새소리'를 음원으로 삼았다. 직경이 18

인치인 원형 유리판의 중앙에 검은 종잇조각을 붙여서 장애물로 삼았고 그 가운데 작은 구멍을 뚫은 후에 두 가닥의 가는 철사로 불꽃과 새소리 발생 장치의 허공에 매달았다. 이 장치를 이용하여 원반의 뒤에서는 민감불꽃이 요동하지 않음을 통해서 소리 그늘이 존재하는 것을 확인하고 푸아송이 계산한 거리에서 소리 그늘 속에 소리가 도달하여 불꽃이 크게 흔들리는 곳을 찾아냈다(구자현, 2008).

3.9 편광(偏光)

가. 용어

치우칠 편(偏), 빛 광(光). 우리말로는 치우친 빛이라는 뜻으로, 여기서 치우쳤다는 것은 방향이 한 가지라는 것을 의미한다.

나. 과학사

1808년에 복굴절을 연구하고 있던 Malus(1775~1812)가 우연히 창문에 반사하는 빛이 편광된 빛이라고는 것을 발견하였다. 많은 물리학자들은 이해할 수 없는 이 현상을 설명하려고 노력하였지만 실패하였다. 이 발견은 빛의 입자설에 대한 신뢰도가 낮아지는 계기가 되었다.

다. 응용

편광 선글라스는 지면이나 수면에서 반사되어 눈으로 들어오는 빛을 막기 위해 세로축으로 구성되어 있다.

3-D 아이맥스 영화는 보통 영화보다 열 배 큰 필름을 사용하며 감상자의 시야 범위를 넘는 초대형 화면에 영사함으로써 화면 속에 빠져 있는 듯한 느낌이 들게 한다. 3-D 아이맥스는 입체감을 주어 현실감을 강화한 것이다. 사람의 눈동자간 거리는 약 6.5 cm이므로 왼쪽 눈과 오른쪽 눈이 사물을 보는 각도는 약간 다르다. 이 시스템은 같은 거리에서 두 눈으로 보는 것처럼 렌즈 사이의 거리가 6.5 cm인 바이노큘라(양안) 카메라를 사용해 동시에 두 개의 필름을 촬영한 다음, 두 개의 필름을 각각 수평 편광 필터, 수직 편광 필터를 통해 영사한다. 그런 다음 한쪽은 수직 편광 렌즈, 한쪽은 수평 편광 렌즈로 된 안경을 끼고 감상하면 3-D 효과를 실감나게 느낄 수 있다(김미화·김세중 공역, 2001).

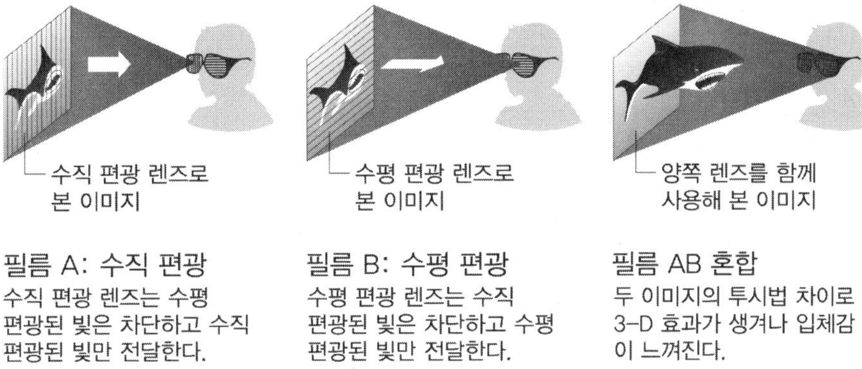

그림 2-26 3D 입체 영상의 원리

액정 분자는 액체처럼 흐르는 성질을 지녔으나, 일정한 분자 배열을 가진 독특한 물질이다. 막대 모양의 액정 분자들은 원래는 나란히 늘어서 있지만 배열 층 사이에서 정렬 상태가 바뀌고, 액정 층에 전압이 가해지면 일직선상으로 정렬한다. 따라서 전압이 가해진 상태에서는 빛을 그대로 통과시키고 전압이 가해지지 않은 상태에서는 수직 편광을 수평 편광으로 바꾼다. 보통 LCD 스크린은 1,024×768픽셀로 구성되며 각각의 픽셀은 적색, 녹색, 청색의 컬러 도트로 이루어진다. 백라이트의 백색광선 중 액정 층과 편광 필터를 거쳐 컬러 필터를 통과한 빛이 컬러 도트를 비춰 색을 나타낸다. 액티브 매트릭스 LCD는 각 칼라 도트마다 한 개씩 장착된 총 230만개의 트랜지스터 망이 전극을 켜고 끔으로써 액정의 빛 전송 성질에 영향을 미쳐 투과광의 양이 조절된다. 액정이 셔터 역할을 하는 셈이다. 컬러 도트에 투과된 빛의 강도에 따라 다양한 색이 표현된다(김미화·김세중 공역, 2001).

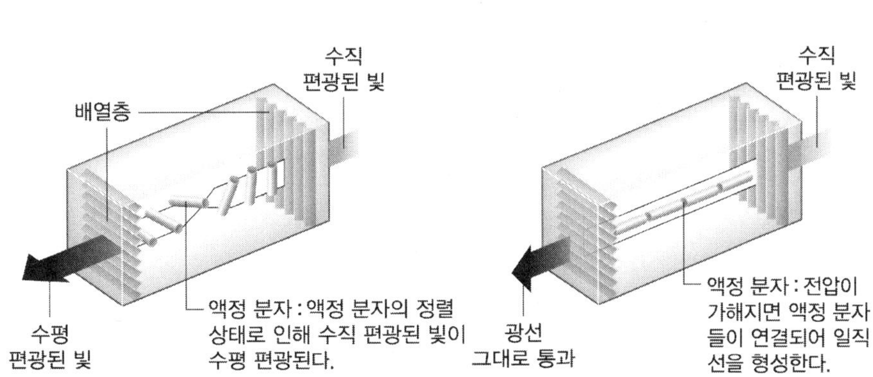

그림 2-27 액정 화면의 원리

4 현대물리

4.1 음극선

가. 용어

그늘 음(陰), 극진할 극(極), 줄 선(線). 음극은 (-)극을 의미한다.

나. 과학사

방전관의 잔류 기체의 압력을 낮은 기압으로 한 후에 고전압을 가할 때 음극과 마주 대하고 있는 양극 부근의 유리벽이 녹색의 형광을 방출하는 것에서 Flücker(1801~1868)가 방사선을 발견한 후 그것이 음전하를 가진 입자의 흐름이라는 것이 Hittorf(1824~1914)와 Crookes(1832~1919) 등에 의해서 확인되었다. 이 입자빔에 음극선이라는 이름을 붙인 것은 1876년 Goldstein(1850~1930)이며, 그 정체가 원자, 분자보다도 가벼운 입자의 흐름으로서 모든 물질에 공통으로 포함되며, 전하의 최소 단위를 지니고 있는 입자, 즉 전자일 것이라고 추론한 사람은 Thomson(1856~1940)이다.

음극선 연구의 선두 주자는 Hertz(1856~1940)의 제자였던 Lenard(1862~1947)였다. Roentgen은 Lenard에게 편지를 보내 음극선 실험에 대한 조언을 구하기도 하였다. 나아가 Roentgen은 Lenard 실험을 재현하다가 우연히 X선을 발견한 것이다. Lenard를 비롯한 몇몇 독일 물리학자들은 Crookes관 주변에서 발생하는 발광 현상을 종종 보곤 하였다. 그러나 그들은 Roentgen보다 훨씬 먼저 X선을 발견하고도 그 광선의 정체에 대해서 궁금해 하지 않았다. 그들은 단지 음극선의 성질을 연구하는 데만 관심을 쏟았기 때문에 발견의 기회를 놓쳐 버린 것이다. Lenard는 이를 매우 애석하게 생각했으며, Roentgen이 X선 발견에 관한 논문을 쓰면서 자신의 도움을 언급하지 않은 것을 크게 불평하였다. 1879년 Crookes관을 제작하여 음극선을 연구하던 Crookes도 음극선 주변에서 사진 건판이 흐려지는 것을 두고 자주 불평했다고 한다. Crookes가 불평을 멈추고 그 원인을 찾았더라면 X선 발견의 영광은 Crookes에게 돌아갔을지도 모르는 일이다(장수하늘소, 2007).

4.2 원자모형

가. 용어

Gell-Mann(1929~)은 〈피네간의 경야〉라는 매우 난해한 소설 속에서 새가 '쿼크,

쿼크, 쿼크'하고 세 번 우는 장면을 인용해 '쿼크(Quark)'라는 이름을 붙였다(박재현 옮김, 2008).

나. 과학사

고대 그리스 시대의 Democritos의 원자론은 세상이 원자와 진공으로 이루어져 있다는 생각에 기초를 두고 있다. 원자는 만물을 이루는 더 이상 쪼갤 수 없고, 창조도 파괴도 할 수 없는 알맹이로 그 수와 형태는 무한히 많다고 하였다. 원자론자들은 원자는 종류에 따라 크기, 모양, 무게가 다르며, 허공 속의 운동에 의해 소용돌이치고 있어서 큰 원자는 중심으로 밀어 넣어져서 지구를 형성하고 물, 공기, 불과 같은 훨씬 작은 원소는 바깥쪽으로 밀려나서 지구의 주변에 소용돌이를 만들었다고 하였다. 이들의 원자론이 오늘날의 원자론과는 근본적으로 다른 면이 많지만 다른 자연 철학들 중에서 가장 현대의 과학과 흡사한 내용을 담고 있으면서도 더 이상 발전될 수 없었던 것은 그들의 원자론이 실험과 자연 관찰에 기초하지 않고 형이상학적 추론에 지나지 않은데 가장 큰 이유가 있겠지만 그들의 무신론적 태도가 오랫동안 배척을 당한 것도 한 이유가 되었다. Aristoteles와 기독교의 반대로 인해 자취를 감추었던 원자론은 알렉산드리아 시대의 Epikuros(B.C. 341?~B.C. 270?), 그리고 로마의 시인 Lucretius(B.C. 94?~B.C. 55?)의 〈자연의 본질에 대하여〉에 의해 명맥이 이어졌지만 19세기 초반에 가서 Dolton에 의해 다시 제기될 때까지는 무대의 뒤로 돌려 졌었다(곽영직, 2006). 인도인들은 일찍부터 물질이 더 쪼갤 수 없는 알갱이들로 되어 있다는 생각을 가지고 있었다. 그들은 물질의 근본적인 요소에는 지, 수, 화, 풍의 네 가지가 있다고 하고 이를 4대라고 하였다. 힌두교나 자이나교에서는 이 네 원소 외에 아사카라고 부르는 제5의 원소가 있다고 하였다. 아사카는 빈 공간을 채우고 있는 것으로 불교에서 말하는 공과 비슷한 것이었다. 불교에서는 이러한 원자설을 더욱 발전시켜 근본 원자의 수를 일곱 또는 여덟 개로 보기도 하였다. 인도의 원자론은 기계론적인 물질관을 바탕으로 하고 있는 것이 아니라 감각적이고 추상적인 이론에서 벗어나지 못하고 있다. 그리스의 간단한 원자론이 근대과학의 발전에 크게 공헌한 것과는 반대로 인도의 풍부하고 다양한 원자론이 근대과학으로 발전하지 못했던 것은 인도의 원자론이 추상적이고 감각적이기 때문이었을 것이다(곽영직, 2006). 이탈리아의 남부에 있는 시칠리아 섬의 아크라가스에 살던 Empedocles(B.C. 500~B.C. 430)는 의사였다고 전해진다. 그러나 그의 가장 큰 공헌은 의학에서가 아니라 4원소설이었다. 그는 절대 변하지 않는 4개의 원소와 2가지의 힘이 우주를 이루는 근본 물질이라고 했다. 4원소는 흙, 공기, 불, 물이며 2가지 힘은 사랑과 미움, 즉 인력과 척력이었다. 또한 Empedocles는 우주의 발달에는 4단계가 있다고 주장하였다. 처음에는 구형의 우주 내부에 네 가지 원소가 뒤섞여 있다가 밀어내는 힘(미움)에 의해 점차 분리되었다. 다음 단계는 원소들이 완전히 분리된 시기이고 다음에는 원자들이 다시 인력(사랑)에 의해 부분적으로 혼합하는 네 번째 단계가 이어지고 있다고 하였다. Empedocles는 만물은 4원소가 양적으로 갖가지 비례로 결합하여 만들어진다고 하였다. 〈티마이오스〉에 의하면 창조주 Démiurgos는 뒤죽박죽되어 있는 원질을 가지고 기하학적인 방법으로 4원소를 만들었다고 하였다. 다음에는 이 4원소를 기초로 해서 모든 물질을 만들었다고 보았다. 특히 그는 4원소가 기하학적으로 구성되었다고 보았으며 상호 가변적이라고 하였다. Platon은 만물의 재료가 되는 4개의 원소가 고정 불변이라고 했던 Empedocles의 4원소설을 발전시켰다(곽영직, 2006).

우리가 Thomson의 원자모형이라고 알고 있는 원자모형을 처음 제시한 사람은 열역학에서 뛰어난 업적을 남긴 Calvin(1509~1564)이었다. 그런데 Thomson이 이 원자모형을 적극적으로 지지했으므로 그의 원자모형이라고 알려지게 되었다. Thomson의 원자모형에 의하면 수소 원자는 플러스 전하를 띤 양성자들 사이에 마이너스 전하를 띤 전자가 박혀 있는 구조로 이루어졌다. 이러한 Thomson의 원자모형은 마치 대추를 섞어 만든 호박떡을 닮았다고 하여 호박떡 모형(Plumb Pudding Model)이라고 부르기도 한다. Rutherford(1871~1937)는 원자핵 발견을 계기로 원자핵을 중심을 한 새로운 원자모형을 제시하였다. 이 원자모형에서는 양의 전하를 띤 원자핵이 중심을 차지하고 그 주위로 음의 전하를 띤 전자들이 돌고 있다. 그러나 많은 과학자들이 이 모형에 대해 이의를 제기하고 나섰다. 원자핵과 전자의 전기적 성질이 다른데 왜 전자들이 원자핵 쪽으로 달라붙지 않느냐는 것이다. 이에 대해 Rutherford는 Newton의 중력 이론과 태양계의 모형으로 설명하였다. 태양은 강력한 중력으로 행성들을 끌어당기는 반면, 행성들은 끊임없이 직선운동을 하려 한다. 결국 이 두 힘이 완벽한 조화를 이루어 행성들이 태양 주위를 빙빙 도는 것이다. Rutherford는 원자핵과 전자의 구조도 태양계와 비슷해 전자들이 끊임없이 원자핵 주위를 돌고 있다고 설명하였다(장수하늘소, 2007).

4.3 핵변화와 핵에너지

가. 과학사

폴란드 태생의 Marie Curie(1867~1934)는 남편인 Pierre Curie, Becquerel (1852~1908)과 함께 자연 방사선의 발견으로 1903년도 물리학상을 공동으로 수

상하고, 다시 라듐과 폴로늄 원소의 발견과 분리 공로로 1911년 화학상을 단독으로 수상하였다. 원자 번호 88인 라듐은 영어 radiation에서 비롯된 것이며, 원자 번호 84인 폴로늄은 그녀의 조국 폴란드를 기린 것이다. Marie Curie가 남편인 Pierre Curie와 주고받은 편지가 1990년대까지 봉인되어 있었던 이유가 재미있다. 바로 편지가 방사능 물질에 오염돼 있었기 때문이라고 한다. 분명하지는 않지만, 어쩌면 편지의 방사능 물질이 인체에 나쁜 영향을 미칠 우려가 없는 수준으로 줄어들었기 때문에 공개하지 않았을까? Marie Curie는 두 번째 노벨상을 수상한 직후에 간장이 나빠져서 장기간에 걸쳐 입원을 하였고 결국 1934년 66세에 백혈병으로 세상을 떠났다. 그녀는 항상 일정량의 방사능에 노출된 채로 연구를 진행했기 때문에 방사능은 그녀의 죽음에 중요한 원인이었다(다케우치 가오루 지음, 박재현 옮김, 2008).

Hevesy(1885~1966)는 1911년 영국, 맨체스터에서 돈에 허덕이며 살아가던 가난한 헝가리 학생이었다. 그가 먹는 것이라곤 싸구려 하숙집 여주인이 차려주는 음식이 전부였다. 여주인이 고맙긴 했지만 그는 음식 중 일부가 전날 혹은 지난 주에 남은 것으로 재탕된다는 생각이 들었다. 그는 식사 후 남은 음식에 소량의 방사성 물질을 넣고 수일 후 똑같은 음식이 나오자 간단한 방사능 탐지 도구인 금박 검전기로 점검하였다. 금박이 약간 기울어지는 것을 보고 음식이 재탕됨을 확인하였다. Hevesy 박사는 추적자법을 개발하여 1943년 노벨화학상을, 1959년 원자평화상을 수상하였다(김재희 등 공역, 2006)

일본은 제2차 세계대전 중 히로시마와 나가사키에 원자핵 폭탄을 피폭당했다. 1945년 8월 6일 오전 8시 15분 17초 히로시마에 투하된 핵폭탄의 무게는 9,700파운드, 즉 4,400 kg중이었다. 당시 최장거리 폭격기 B-29가 북 마리아나 제도의 괌 근처 티니안에서 발진하여 12시간 15분간 비행한 후 히로시마에 이르러, 고도 9,600 km 상공에서 폭탄을 투하한 후 43초 만에 지상 600 m 지점에서 핵폭발이 일어났다. 그 위력은 TNT 12,500톤 규모였다. 이 핵폭탄은 우라늄을 두 부분으로 나누어 놓은 구조인데, 그 중 하나만으로는 핵폭발의 임계질량에 도달하지 못하여 폭발이 일어나지 않는다. 그러나 그 두 부분을 가로막고 있던 것을 화학폭탄의 기폭제로 폭발시키면 1.8 m 정도 떨어져 있던 두 부분이 합해져 임계질량을 초과하여 소위 핵연쇄 반응이 순식간에 일어나서 가공할 폭발력을 가져온다. 이때의 핵폭탄은 초창기 개발품이었으므로 그 위력이 상대적으로 작은 것이었음에도 불구하고, 당시 30만 인구의 이 도시에서는 피폭 직후 7만 명이 사망하고, 그 해 연말까지 14만 명에 이르는 인명 피해가 있었으며, 건물도 76,000채 중 48,000채가 파괴되었다니 참으로 가공할 위력이라 아니할 수 없다. 3일 후 9일 나가사키에 투하된 핵폭탄은 우라늄 대신 플루토늄을 이용한 것이었다. 원래의 공격 목표는 고

구라였다고 기록되어 있으나, 그 지역에 구름이 끼어 폭격 지점을 쉽게 확인할 수 없었던 항법사는 폭격기를 나가사키로 인도하였다. 이 핵폭탄의 기본 구조는 우라늄 폭탄과는 달리 커다란 공 모양으로 그 무게는 4,900 kg중이었다. 커다란 공 모양의 중심부에 핵 물질을 두고 그 겉을 화학 폭발 물질로 싸서 외부를 단단한 금속 물질로 에워싼 구조이다. 이때 화학 폭탄을 기폭 시키면 폭발이 일어나 이것이 플루토늄의 폭발을 일으킨다. 이 폭탄은 이보다 20여일 전인 7월 16일 미국의 뉴멕시코주에서 '트라이톤'이라는 암호명으로 이미 실험을 했던 것인데 그 파괴력은 TNT 15,000톤 규모였다. 원자 폭탄 개발은 독일에서 먼저 시작되었다. 그들은 Heisenberg(1901~1976)를 중심으로 비밀리에 원자 폭탄 개발 프로젝트에 착수하였다. Einstein(1879~1955)은 자신이 세운 $E=mc^2$이란 공식이, 핵폭탄 개발에 사용될 수 있다는 것을 알고 있었다. 이미 Einstein은 독일의 원자 폭탄 개발을 눈치채고, 미국도 서둘러 원자 폭탄을 개발해야 한다고 여러 차례 Roosvelt(1933~1945) 대통령에게 편지를 보낸 바 있다. 미국은 뒤늦게 Oppenheimer(1904~1967)를 중심으로 '맨해튼계획'이라는 원자 폭탄 개발 계획에 착수했고, 결과적으로 독일보다 한발 앞서 원자 폭탄을 개발하였다. 미국은 일본에 2차례 원자 폭탄을 투여하고 항복을 받아냈다. Einstein은 "만약 미국이 일본에 원자 폭탄을 떨어뜨릴 줄 알았더라면, Roosvelt 대통령에게 그 따위 편지는 결코 쓰지 않았을 것"이라며 노골적인 분노를 드러냈다. 맨해튼계획을 성공적으로 이끌었던 Oppenheimer가 좌익 혐의와 국가에 대한 불충성 죄로 탄핵됨으로써 모든 정부 일에서 제외되었다. 그는 젊은 시절 잠시 좌익 운동에 가담한 적이 있기는 하지만 이번 탄핵의 직접적인 이유는 정부의 수소 폭탄 개발에 협조하지 않는 것에 대한 보복성 조치라는 시각이 강하다. 그러나 Oppenheimer는 연구 의욕을 완전히 상실한 상태여서 별다른 항의를 하지 않았다. 그는 자신이 개발한 원자 폭탄이 대량 살상으로 이어진 것을 보고 큰 충격을 받았고, 손에 피가 묻어 있는 환상에 시달리는 등 상당한 정신적 스트레스를 받아왔다. 주변 사람들에 따르면 Oppenheimer는 "나는 이제 세계의 파괴자가 되었고, 죽음의 신이 되었다."며 자조적인 말을 자주 하였다. 그는 두문불출한 채 인도경전을 읽는 데만 몰두하였다(장수하늘소, 2007). 미국에 이어 1949년 소련도 원자 폭탄 실험에 성공하자 미국은 또다시 수소 폭탄 개발에 착수해 1952년 수소 폭탄을 보유하게 되었다. 그러자 소련에서는 1953년 수소화리튬을 이용한 건성 수소 폭탄을 완성함으로써 수소 폭탄을 실용화시켰다. 이에 사태의 심각성을 느낀 Russell(1877~1957)과 Einstein은 인류 멸망을 불러올 이 어리석은 일을 당장 멈추어야 한다는 데 뜻을 모으고 공동으로 성명서를 작성해 저명한 학자 8명의 서명을 받아냈다. 그런 다음 미국과 소련은 물론 영국, 프랑스, 중국, 캐나다 등의 대통령 또는 총리에게 보냈다. Einstein이 사망함으로써 그의 사망 이후에야 발표된 이 성명에는 "정치적 대립이 있다하더라도 인류를 멸종시킬 수도 있는 핵무기 보유는 무슨 일이 있어도 없어야 한다."는 내용과 "전반적 군비 축소를 위해 핵무기 폐기 협정을 체결하자."는 제안이 담겨 있다(장수하늘소, 2007). Bohm은 '원자 폭탄의 아버지'인 Oppenheimer에게서 박사 학위를 받았다. 하지만 이상하게도 그는 오랫동안 준비했던 자신의 박사 논문을 공식적으로 발표할 수 없었다. 박사 학위는 수여하지만, 박사 논문은 발표해서는 안 된다는 것이다. 그 이유는 Bohm의 박사 학위 논문의 내용이 당시 미국에서 개발하고 있던 원자 폭탄의 구조와 관계가 있었기 때문이다. Bohm의 논문은 군사기밀로 취급받았기 때문에 그는 구두시험조차 치르지 않았다. 스승인 Oppenheimer는 대학 측에 "분명히 훌륭한 연구 결과를 내놓았지만 군사기밀이기에 논문은 발표할 수 없다."고 사정을 설명하였다. 그리고 논문 발표없이 박사 학위를 받는 매우 특수한 상황이 벌어졌다(박재현 옮김, 2008).

나. 응용

핵기술기반 곤충불임기술(Sterile Insect Technique; SIT)은 엄청난 수의 해로운 곤충을 길러서 높은 감마선을 쪼인 다음 성충을 불임으로 만들어 자연환경으로 방출하는 방법이다. 불임곤충과 야생곤충이 교미하도록 하여 번식을 친환경적으로 억제한다. 이 기술은 멕시코에서의 지중해 과일파리 경우와 북부아메리카와 중앙아메리카에 걸친 나사구더기(검정파리의 유충)를 박멸하는 데 크게 기여하였다(김재희 등 공역, 2006).

방사성 암석 연대 측정법. 화강암이나 현무암 같은 바위는 마그마의 미네랄이 결정화되면서 형성된다. 이런 바위가 만들어지는 과정에서 적절한 방사성 동위 원소가 포함되었다면 그 바위의 연대를 측정할 수 있다. 수십억년 된 바위의 연대를 측정하는 데는 반감기가 아주 긴 동위 원소(예: U-238)가 적당하다. 방사성 동위 원소와 이 동위 원소가 붕괴되어 형성된 안정한 산물 사이의 비율을 측정하여 연대를 정한다. 비율이 낮을수록 더 오래된 것이다(김미화·김세중 공역, 2001). 방사성 동위 원소의 반감기를 이용하여 처음으로 고고학적인 연대를 측정한 사람은 Libby(1908~1980)였다. 고대 문화의 유적이나 유물의 연대를 측정하는 데 탄소 동위 원소가 사용되는 것은 탄소 동위 원소의 반감기가 측정하고자 하는 연대와 비슷하기 때문이다. Libby는 자신이 방사성 탄소를 이용하여 결정한 연대 측정의 정확성을 확인하기 위해 연대가 잘 알려진 이집트 유물들의 연대를 측정하여 비교하였다. 그는 기원전 3000년경에 만들어진 것으로 알려진 이집트 왕의 무덤으로부터 나무 시료를 구하여 연대를 측정하였다. 한편으로는 나이테를 이용하여 정확한 연대를 알 수 있는 미국산 삼나무의 연대도 측정하였다. 이러한 일련의 실험과 관측을 통해 Libby는 탄소-14의 연대 측정법의 신뢰성을 입증하는 데 성공하였고, 그 결과 유기물을 포함하고 있는 연대를 정확하게 측정하는 데는 탄소-14가 가장 많이 사용되게 되었다(곽영직, 2006). 방사성 탄소 연대 측정법은 최대 7만 년 전 유기물(동물 또는 식물 유래)의 연대를 측정하는 데 이용된다. 모든 살아있는 개체는 다른 탄소 원자와 함께 방사성 동위 원소인 탄소-14(C-14)를 흡수한다는 점에 근거한 방법(C-14는 상층 대기에서 탄소 화합물이 우주선-우주에서 지구로 쏟아지는 방사선 등-의 공격을 받아 발생한다. 적은 양이지만 대기 중의 일정 부분을 차지한다). 개체가 죽으면, 탄소 흡수는 일어나지 않으며 기존의 C-14가 붕괴되면서 점차 사라진다(C-14의 반감기는 5,730년이다). 결국, 탄소의 총량과 C-14의 잔류량을 비교하여 연대를 측정한다(김미화·김세중 공역, 2001).

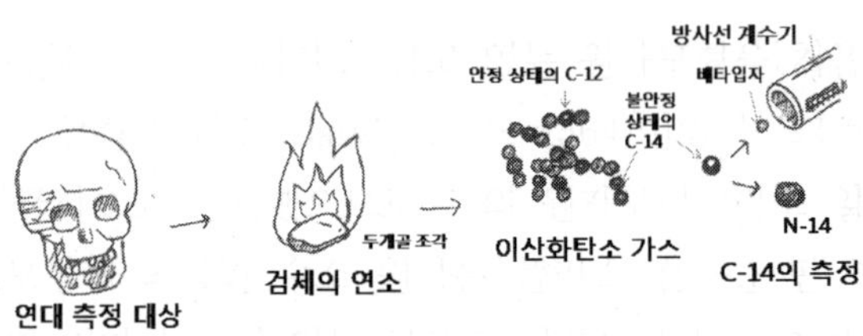

그림 2-28 방사선 탄소 연대 측정 과정

4.4 빛과 물질의 이중성

가. 용어

두 이(二), 무거울 중(重), 성품 성(性). 두 가지의 성격을 의미한다.

나. 과학사

Galilei는 소리와 빛의 전파 속도가 다름을 알았고, 소리가 파동으로 퍼져나감을 보고 빛도 파동이라고 생각하였다. 이 생각은 17세기 말 Huygens에 의해 더욱 강조되었다. 그러나 Newton은 빛이 직진하고 반사하는 등의 성질이 입자의 운동과 비슷하므로 입자설을 주장한다. Huygens의 파동설은 동시대에 살았던 Newton의 명성에 가리고, 빛의 입자설이 우세하게 되었다. 19세기 초 영국의 Young(1773~1829)과 프랑스의 Presnel(1788~1827)이 각각 빛의 간섭 현상과 회절 현상을 밝히고 빛의 파장까지 알려지게 되자 빛의 파동설이 다시 승리하였다. Maxwell이 전자기 파동의 전파 속도를 계산한 결과 값이 빛의 속도와 같음을 증명하여 빛의 파동설은 굳건해진다. 19세기 말엔 광전효과가 발견되었는데 이를 Einstein이 명확히 설명하여 빛이 입자(photon)임을 1905년에 논문을 발표하였다.

빛의 이중성에 매료된 프랑스의 귀족 de Broglie(1892~1987)는 입자라고 알고 있는 물체에도 파동성이 있을 것이라고 확신하고, 1924년에 운동량 p를 가진 입자에는 플랑크상수 h를 p로 나눈 값의 파장을 갖는 파동이 있을 것이라는 대담한 가설을 세웠다. 1920년대 초 Born(1882~1970)은 물체가 월수금요일에는 입자로, 화목토요일에는 파동으로 행동한다는 기발한 제안을 한 적도 있다. Davisson(1881~1958)과 Germer(1896~1971), Thomson은 전자 회절을 성공시켜 de Broglie의 가설을 검증하였다. de Broglie는 1929년 노벨 물리학상을 수상하였다.

다. 응용

전자 현미경은 고전압을 걸어 전자의 회절 현상이 안 생기도록 한 것이다.

사람의 눈은 어두운 곳에서 사물을 보고 인식하는 데 한계가 있다. 사물은 희미하게 보이며, 그저 흐릿한 그림자처럼 보이기도 한다. 최근에는 첨단 기술의 발달로 이 같은 한계를 극복하고 밤에도 자유롭게 볼 수 있게 되었다. 이미지(영상) 증강기는 보안 및 군사용뿐만 아니라 야생 동물 감시와 수색 구조 작업 등 다양한 분야에서 활용된다. 어두운 곳에서도 볼 수 있게 해 주는 장치는 크게 두 종류로 나눌 수 있다. 우선, 이미지 증강기는 미세한 가시광선을 수집하고 이를 수천 배 증폭시켜 스크린에 밝은 이미지를 만들어낸다. 반면에 감열 이미지 장치는 어둠 속에서 많은 사물이 방출하는 보이지 않는 적외선을 가시광선으로 전환시킨다. 증강기는 안개나 연기 같은 것이 전혀 없는 선명한 상태에서만 작동할 수 있다. 이와 달리 감열 이미지 장치는 벽이나 돌과 같이 차가운 물체를 뚫고 사람 같이 따뜻한 물체를 보여준다. 이미지 증강기에 적외선 투광기를 장착하기도 하는데, 이렇게 하여 불빛과 같은 방식으로 반사된 적외선을 증폭시킨다(김미화·김세중 공역, 2001).

참고문헌

곽영직 (2006), 자연과학의 역사, 도서출판 북스힐.
구자현 (2008), 레일리의 음향학 연구의 성격과 성과, (주)한국학술정보.
권재술, 김범기 (1993), 과학 오개념 편람 역학편, 한국교원대학교 물리교육연구실.
김태일 엮음 (2002), 운동, 끝없는 공간이동, 도서출판 성우.
닉아놀드 지음, 김혜원 옮김 (2007), 물리가 물렁물렁, 주니어김영사.
다케우치 가오루 지음, 박재현 옮김 (2008), 싸우는 물리학자, 시공사.
민영기, 박택규, 윤창주, 정해상 (2007), 탐욕의 과학자들, 일진사.
박종규 외 엮음 (2005), 창의력 쑥쑥 교과서 과학퀴즈 150, 드림웍스21.
백종민 엮음 (2002), 전자기, Maxwell의 스파크, 도서출판 성우.
김미화·김세중 공역 (2001), 첨단 기기들은 어떻게 작동되는가, 서울문화사.
양승훈 편저 (2003), 물리학과 역사, 청문각.
윤기상 (2008), 매미소음에 대한 음향학적 분석 및 청소년의 심리, 생리적 반응에 관한 연구, 공주대학교 박사학위논문.
이정원 엮음 (2003), 소리, 공기의 질주?, 도서출판 성우.
앨런 E. 월터 지음, 김재희, 이병철, 박상현 공역 (2006), 마리퀴리의 위대한 유산, 도서출판 미래의창.
장수하늘소 (2007), 미래의 눈으로 다시 읽는 과학신문2: 물리·화학, 파라북스.
조광희 엮음 (2002), 열, 따뜻한 메시지, 도서출판 성우.
폴 휴이트 저, 박찬웅 역 (2006), 터치터치 물리, 도서출판 북스힐.
한국음향학회 편 (2003), 음향 용어 사전, (주)교학사.
경상대학교 등 공역 (2006), 일반물리학 제7판 제2권.
KISTI 매일진 과학향기 (2004), 과학향기, 북로드.

제 III 장

오개념 및 물리 개념 지도

1. 오개념의 정의
2. 오개념의 특징
3. 오개념의 원인
4. 오개념 조사 방법
5. 오개념 지도의 실제

1 오개념의 정의

과학적 개념은 여러 가지 사실이나 관찰에서 얻은 지식들의 결합된 생각으로 과학적 사실과 관찰의 결과물이다(Martin, 1997). 학습을 통해 과학적인 지식을 학생들에게 소개하기 전에 학생들이 생활경험을 통해서 이미 인지구조상에 존재하는 개념으로, 과학적 개념일 수도 있고 비과학적 개념일 수도 있다. diSessa(1983)는 그러한 학생들의 선개념을 '사고 원형'이라고 하였다. 학습자는 어떤 자연 현상을 학습하기 이전에 그와 관련된 자기 나름대로의 개념을 가지고 있다고 가정하고, 이를 선개념(preconception), 대안체계(alternative framework), 직관적 신념(intuitive belief), 아동과학(children's science), 선행지식, 자발적 유추 등 다양한 용어로 쓰고 있다(이영민, 2004). 오개념은 학생들이 선개념을 학습한 후에 과학적 개념이 형성되지 않고, 인지 구조 속에 비과학적 개념의 형태로 남아있는 것을 의미한다. 오개념은 학습자 개인의 인지구조 속에 내면화되어 있는 개념을 의미하여, 지극히 개인적이어서 자기의 개념, 즉 자기 자신만이 독특한 오개념을 가질 뿐이다. 오개념(誤槪念, misconception)은 잘못 형성된 개념이라는 뜻으로, 선개념 중에서도 형식적인 학습에 의해 과학자적인 지식으로 대체되지 못하는 개념을 말하므로, 학습하기 전에 습득한 선개념(先槪念, preconception)과는 다른 의미를 지닌다(강대훈 등, 1998). 오개념은 잘못된 개념인 반면 선개념은 잘 형성된 개념일 수도 있고, 아닐 수도 있다. 그래서 학습을 하기 전에 학생들이 어떤 개념을 가지고 있는가를 조사한다면 선개념을 조사하는 것이고, 그 조사 결과 오개념이 있음이 밝혀졌다면 그 치유 방법을 찾는 연구가 필요한 것이다. 여기서는 학생들의 오개념을 중점적으로 다룬다.

인간의 지적 활동에 의해 얻어진 요약적인 체계인 기본 개념은 지식의 전 영역을 효과적으로 가르칠 수 있다. 최근 오개념에 관한 연구가 많이 이루어지고 있는데 이것은 어떤 특유한 과학 개념이 학습되는 과정을 설명할 뿐 아니라 개념의 학습 지도 방법과 자료를 개발하는 준거를 제공하여 주기 때문에 과학 교수 학습에서 중요하다(권재술, 1989). 오개념의 연구 결과에 의하면 학생들의 과학 오개념은 여러 가지 일반적인 특징과 다양한 형태로 나타난다. 선개념은 보통 일상생활과 대중매체에서 경험한 내용을 논리적으로 생각하지 못하고 경험한 그대로를 개념화한 것이다. 학생들은 자신들이 이미 갖고 있는 선개념과 상호작용을 통하여 자신의 개념을 구성하게 된다. 따라서 그 선개념이 과학적으로 올바른 개념인가 오개념인가에 따라 학습 효과에 큰 차이가 날 수 있다. 또한 학습 후에도 학생들은 자신의 오개념과 교사의 개념을 공유하기도 하고 시험에서는 교사의 개념을 사용하면서도 일상생활에서는 오개념을 기초로 하여 생각하기도 한다. 그림 3-1은 과학 개념 학습 모형을 나타낸 것이다.

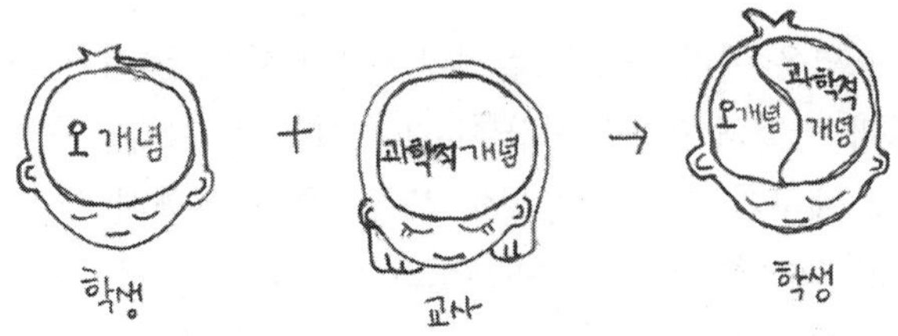

그림 3-1 과학 개념 학습 모형

2 오개념의 특징

과학철학의 역사는 17세기 초반 Bacon(1561~1626)에 의한 경험주의로부터 찾을 수 있다. 지식이란 아무런 전제 없이 관찰에만 의존하여 사실의 관찰과 논리를 통해서만 증명되고, 귀납적인 일반화에 의하여 축적되고 발전되어진다는 경험주의는 20세기 초반까지 전통적 자연과학에 크게 영향을 주어 왔다. 경험주의 철학을 배경으로 하는 행동주의 이론은 교육의 중심 사조를 이루었는데, 행동주의 이론은 학습을 백지상태로부터 경험에 의하여 얻어진 결과에 따라 나타나는 행동의 변화로 간주한다. 따라서 경험주의와 행동주의 교수학습 이론에서는 인간의 사전 인지구조의 역할에 대해서는 큰 의미를 두지 않았다. 그러나 근래에 이르러 과학철학에도 과학지식이란 객관적 사실에만 의존하는 것이 아니라 연구자 또는 과학이론 자체의 인지적 혹은 논리적 조작에 의해서 발달한다는 구성주의 이론이 경험주의를 대신하게 되었다. 구성주의 이론을 받아들인 Piaget(1896~1938)와 Ausubel은 오늘날의 과학교육에 가장 큰 영향에 미치고 있다. 이들은 학습을, 개념 체계(인지구조)의 변화로 정의하면서 학습자가 이미 파지하고 있는 개념 체계인 오개념을 중요시하고 있다. 또한 오개념은 자신들의 인지구조와 외부 환경과의 자발적인 상호작용 과정에 의해서 형성된다. 따라서 아동들의 오개념은 개인이 처한 환경에서 나름의 고유한 개념 구조들로 형성되어진다는 것이다. 학생이 갖고 있는 개념은 일상 경험에서 획득하거나 이전의 수업에서 학습한 것이다. 일상적인 개념은 주로 운동, 열, 빛과 같은 감각에 의해 경험한 것에서 생겨나는 것이 일반적으로, 이러한 감각 경험에서 발생된 오개념들은 쉽게 치유되지 않는 경향이 있다. 학생들은 교사나 교과서에 의해 제시된 정보를 그러한 자신의 생각이나 경험에 바탕을 두고 해석하거나 의미를 부여한다.

Wandersee et al.(1994)은 학생들의 과학 대안 개념에 대한 중요한 연구 결과들을 종합적으로 해석하여 대안 개념 운동(alternative conceptions movement)의 대표적인 지식 주장을 8가지로 요약하였다. 첫째, 학습자는 자연의 사물과 사건에 대한 다양한 대안 개념들을 지닌 채 정규 과학수업에 임한다. Pfundt & Duit(1991)의 연구목록집에는 1000여 개의 연구가 수록되어 있는데 그 중 약 $\frac{2}{3}$인 700여 편이 물리 분야이며 그 중에서도 역학이 가장 많고 다음으로 전기·열·광학·물성·에너지·천체물리·현대물리 순이다. 둘째, 학습자의 대안 개념에 나이·능력·성별·문화의 차이는 큰 영향이 없다. 학생들의 과학 대안 개념은 상당한 일반성을 보이는 동시에 여러 외적 요인에 따른 부분적인 차이를 보이기도 한다. 셋째, 대안 개념은 완고하고 저항적이어서 전통적인 교수 전략에 의해서는 좀처럼 소멸되지 않는다. 변화에 대한 저항은 생물 분야보다는 물리학 분야에서, 그 중에서도 운동하는 물체에 대한 반직관적 현상에 대한 부분에서 가장 두드러지게 나타난다. 그렇다 하더라도 모든 대안 개념이 완고한 것은 아니며, 대안 개념을 변화시키기 위한 강력한 수업 전략이 필요한 개념과 잘 계획된 전통적인 수업에 의해서도 변화되는 개념을 구분할 필요가 있다. 넷째, 대안 개념은 흔히 자연현상에 대해 이전 세대의 과학자나 철학자들이 제안했던 설명과 유사하다. 학생의 개념 발달 과정과 과학의 역사상 중요한 생각들 사이의 유사성 및 연관성에 대한 주장은 Piaget(1970)의 "발생론적 인식론에서의 기본적인 가정은 지식의 논리적이고 이성적인 조직화에서의 진보와 이에 대응되는 심리학적 과정 사이에는 병행성이 존재한다."는 주장에서 시작되었다. 특히 물리 분야에서는 임페투스 이론이 드러나는 역학 분야에서 많이 보고되었다. 이러한 개인의 개념 발달과 과학 개념의 역사적 발전 과정 사이의 이러한 병행성을 적절히 활용한다면 효과적인 교수 방안이 마련될 수 있다. 다섯째, 대안 개념은 직접적인 관찰과 지각·언어·교사·교수 학습 자료 등을 포함하는 개인적 경험에서 비롯된다. 역학의 단순한 분야에서의 직관적인 개념은 아동과 주위 환경 사이의 지속적이고 반복적인 상호작용의 결과라고 볼 수 있다. 또한 어린 아동의 경우 그들 가까이에 있는 부모, 형제자매, 친구 등과의 상호작용도 중요한 영향을 미치는 것으로 보인다. 특히 또래문화와 언어가 대안 개념의 형성에 영향을 미치며, 아동들이 학교에서 만나게 되는 교과서와 교사 역시 대안 개념의 원인 중의 하나일 수 있다. 여섯째, 교사도 가끔은 학생과 동일한 대안 개념을 가지고 있다. 교사들 역시 자연과학의 많은 영역에서 대안 개념을 지니고 있다. 이에 관한 연구는 주로 초등교사를 대상으로 역학·전자기학·광학·음향학 등에 대해 수행된 바 있다. 일곱째, 학습자의 사전 지식은 정규수업에서 제시되는 지식과 상호작용을 이루며, 이를 통해 의도하지 않은 다양한 학습 결과가 유발된다. 학생들은 과학 학습을 통해서 교사가 의도하지 않은 다양한 형태의 학습 결과를 갖게 될 수 있다. 수업에 의해 전혀 변화되지 않는 '흔들림 없는 결과(undisturbed outcome)', '두 관점의 결과(two perspectives outcome)', '강화된 결과(reinforced outcome)', '혼합된 결과(mixed outcome)', '통합된 결과(unified outcome)' 등이 유발될 수 있다. 여덟째, 개념 변화를 촉진하는 교수 접근들은 효과적인 수업 도구가 될 수 있다. 이때 수업을 하는 교사는 '학생들은 이 수업을 듣기 전에 이미 구성된 지식 체계를 가지고 있다. 따라서 교사의 역할은 학생들의 의미를 수정하고 형성하는 것을 돕는 것이다.'라는 가정 하에 수업에 임하여야 한다(송진웅 등, 2004).

Driver(1988)는 학생들의 개념의 특징을 다음과 같이 8가지로 정리하였는데, 첫째, 지각에 의존하여 생각한다. 학생들은 주어진 문제의 관찰 가능한 특징을 바탕으로 추론하는 경향이 있다. 즉, 현상적으로 지각된 상태로 이해하고 받아들인다. 예를 들어, 빛의 세기가 매우 강해서 물체 표면에 밝게 빛나는 부분과 같이 지각 가능한 효과가 나타나는 경우에만 빛의 존재를 인식한다. 마찬가지로 설탕이 물에 녹을 때 눈에 보이지 않는 작은 입자가 계속 존재한다고 생각하지 못하고 단순히 '사라진다.'고 생각하는 경향이 있다. 둘째, 상호작용보다는 물체의 특성에 초점을 맞춘다. 학생들은 지각적 특징이 매우 뚜렷한 것에 관심의 초점을 맞추어 특정한 물리적 상황의 제한적 측면만을 생각한다. 예를 들어, 물체의 모양과 그림자의 모양이 유사한 것에 주목하고 거리나 크기는 관심을 갖지 않는다. 따라서 광원, 물체 그리고 스크린 사이의 공간적 관계를 이해하지 못하고, 그림자는 물체의 모양이 반영된 것이라고 생각한다. 이렇게 제한된 측면만 생각하는 경우 관련된 현상을 계의 구성 요소 사이의 상호작용보다는 물체에 기인한 절대적인 특성으로 해석하기가 쉽다. 마찬가지로 주사기나 빨대의 작용을 내부와 외부의 압력 차이로 액체가 흐르는 것으로 생각하지 못하고, 그 내부에서 일어나는 현상만 생각하고 액체가 '흡입' 작용으로 빨려 들어간다고 생각한다. 셋째, 안정된 상태보다는 변화에 초점을 맞춘다. 학생들은 시간에 따라 일어나는 생활의 변화나 사건의 순서에 초점을 맞추는 경향이 있다. 따라서 계의 평형 상태보다는 일시적인 상태에 관심을 갖기 쉽다. 예를 들어, 운동이 관찰되는 경우에만 힘이 작용하고, 평형 상태인 계에서는 힘이 작용하지 않는 것으로 생각한다. 인과적 사고의 중요한 측면으로서, 학생들은 변화하는 것을 설명할 필요가 있다고 느낀다. 넷째, 단순히 인과적으로 생각한다. 변화를 설명할 때 학생들은 단순히 인과적 순서를 따라 추론하기 쉽다. 학생들은 시간적인 순서로서 일련의 결과를 만드는 원인을 가정한다. 일련의 사건을 좋아하는 방향으로 설명하는 이런 경향에 의해 학생들은 계 사이의 상호작용에서의 대칭성을 헤아리지 못한다. 사건에 대해 추리할 때 선호하는 방향으로 순서적으로 생각하는 이러한 경향은 가역적인 과정을 이해하기 어렵게 한다. 예를 들어, 작용–반작용의 법칙은 그러한 순서적인 사고방식을 포기해야 이해될 수 있기 때문에, 학생들은 힘의 그러한 가역적 본성을 헤아리지 못한다. 다섯째, 분화되지 않은 개념을 사용한다. 학생들이 사용하는 일부 생각들은 과학자가 사용하는 것과는 다른 훨씬 더 광범위한 일련의 속뜻을 담고 있다. 예를 들어, 학생들이 사용하는 전기라는 말의 속뜻은 전류, 전하, 전압, 전력, 전기 에너지를 포함하는 여러 과학 개념들의 일부 성질들을 갖고 있다. 학생들이 과학자보다 더 포괄적이고 전반적인 개념을 사용하는 경향은 학생들이 어떤 상황에서 그것을 의식할 필요 없이 한 가지 뜻에서 다른 뜻으로 슬쩍 넘어가기 쉽게 한다. 여섯째, 상황에 따라 다르게 생각한다. 과학자들이 동일한 방식으로 설명하는 다양한 상황을 해석하기 위해 여러 가지 다른 생각을 사용한다. 예를 들어, 학생들은 물체의 표면에서 빛이 반짝이는 경우와 그렇지 않은 경우에 따라 빛의 반사에 대해 상반되게 생각한다. 학생들은 주어진 상황에서 지각되는 특징이 차이가 나는 경우 공존하는 서로 다른 생각에 의존한다. 일곱째, 새로운 상황을 이해하기 위한 '능동적인 인식틀'의 역할을 한다. 학생들은 새로운 상황들을 자신이 알고 있거나 인식하고 있는 어떤 것으로 그려봄으로써 그 상황을 이해하려고 한다. 학생들의 생각은 학습을 위한 도구이고, 유추를 통한 새로운 이해를 위한 바탕을 이룬다. 예를 들어, 운동을 일으키는 작용으로서 마루에서 물체를 미는 어린 학생들의 경험은 다른 유형의 미는 운동들이 동화되는 기본적인 인식틀로 사용된다. 여덟째, 사고방식 내에서 일관성을 갖고 있다. 학생들의 관점에서 볼 때, 학생들이 사용하는 개념틀은 일관적일지 모른다. 예를 들어, 학생들은 일정한 힘이라는 말을 들으면 일정한 운동을 연상한다. 이때 학생이 사용하는 힘이란 말은 물리학자가 생각하는 의미와 같지 않다. 학생들의 개념은 마찰이 있는 세상에 잘 맞는 생각인 것이다. 이와 같은 경우에 학생의 개념틀은 사물을 바라보는 학생 자신의 방식 내에서 의미가 있다. 이와 같은 의미에서 학생의 생각은 틀린 것이 아니라, 단지 다르게 구성된 것뿐이다.

한편, Ausubel 등은 학생의 개념과 과학자의 개념은 크게 다음과 같은 세 가지 방식에서 차이가 난다고 하였다(Osborne et al., 1983). 첫째, 어린 아동은 추상적 사고를 하는 과학자와는 달리 사물을 자기중심적 또는 인간중심적 관점에서 바라보는 경향이 있다. 그리고 일상 경험에서 직접 나타나는 개체와 구성물만 고려한다. 둘째, 아동은 특별한 사건의 특이한 설명에만 관심을 갖는다. 아동은 과학자와는 다르게 다양한 현상에 대하여 모순이 없는 일관적인 설명을 찾지 않는 것처럼 보인다. 아동은 단지 자신의 제한된 경험과 특이한 설명에 집중하면서 자신이 보기에 그럴듯한 가능성이 있는 설명 중의 하나에만 몰두한다. 셋째, 아동은 일상생활에서 사용하는 언어의 영향을 받아 과학 법칙과 전혀 다른 관점을 지닐 수 있다. 그러한 관점들은 아동이 나이를 먹어도 변하지 않을 수 있고, 오히려 나이를 먹음에 따라 과학자의 생각에서 더 멀어질 수 있다(송진웅 등, 2004).

3 오개념의 원인

감각 기관을 통해 자연현상을 경험한 것이 언어로 그 의미가 명확해지기 전에 학생들은 자기 나름대로의 직관적인 기대 체계를 형성시킨다. 지각적 경험으로부터 형성된 개념들은 대부분의 학생들에게 보편적인 기대 체계를 구성한다. 개인이 소유하고 있는 독특한 개념 체계는 개인마다 다르게 형성될 수도 있다(Vinnot, 1979; McCloskey, 1983). 그 개념 체계는 옳은 것일 수도 있고 그렇지 않을 수도 있다. 여기에서 오개념이 형성되며, 개인이 소유하고 있는 개념들은 경험과 상호작용을 하므로(Strike, 1983), 또 다른 오개념의 유도자가 될 수도 있다. 예를 들어 소금이 물에 녹으면 녹지 않았을 때보다 무게가 줄어들 것이라고 생각하며, 물이 끓어 수증기로 변하면 물이 없어졌다고 생각하지 기체 상태의 수증기로 변하여 존재하는 것을 인정하지 않는다. 사람은 자신의 신념을 적용할 수 없는 상황에 처하게 되면, 자신이 경험했던 익숙한 상황에서 이루어진 지적 체계로 그 새로운 상황을 조절하여 문제를 해결하려고 한다. 이때 학생 개개인이 적용하는 유추법이 다를 것이므로 그 문제와 관련된 개념 구조가 다르게 발달될 것이다(Driver, 1985). 그래서 어떤 물체에 물리적 양, 성질을 부여하여 이를 바탕으로 이해하려는 경향이 강하게 작용한다. 쇠 1kg과 솜 1kg 중 쇠가 더 무겁다고 하는 것은 쇠는 무겁고 솜은 가볍다는 성질에 기초하여 답을 하는 형태이다(전우수, 2000).

학생들은 관찰에 의해 지각되는 현상이 아닐 때는 관심이 없다(Gillbert et al., 1982). 그래서 학생들은 문제 상황에 대면하면 직관적으로 사고하는 경향이 강하다. 직관적 사고에 의해 형성된 개념은 과학적 개념이 아닐 수도 있으며 이러한 직관적 관념의 체계는 각 직관적 개념들 사이에 서로 약하게 연결된 구조를 지니고 있어 매우 유동적이고 다른 체제와 갈등 없이도 새로운 정보와 쉽게 동화될 수 있다(이정애, 홍승호, 2008).

Ausubel에 의하면, 이같이 형성된 오개념은 쉽게 없어지거나 변화되지 않는 특성을 지니고 있으므로 학습에 많은 영향을 미친다. 따라서 아동을 교수학습의 능동적 주체로서 인정하고 학습에서 오개념의 역할을 중요하게 생각한다면, 우리들은 아동들의 오개념에 대하여 알아야만 한다. “오개념은 왜 생기는가?”에 대한 해답은 구성주의 입장을 택한 Piaget와 Ausubel의 주장에서 찾아볼 수 있다. Piaget는 아동의 인지 발달 과정을 환경과 인지구조와의 동화와 조절에 의한 상호작용으로 설명하고 있다. 즉, 아동 자신의 지식이나 개념 구조는 외부로부터의 사실과 현상을 그대로 투영하여 형성되는 것이 아니라 극히 자발적인 상호작용의 과정을 통하여 형성되는 것이므로 각 아동들은 자신들 고유의 인지구조를 갖게 된다. 아동들이 지니고 있는 인지구조는 현재의 과학 개념과 비교했을 때 올바른 것일 수도 있고 그른 것일 수도 있다.

Ausubel은 특히 교수학습 이론에서 학생들이 지니고 있는 기존 인지구조가 교수학습에 가장 중요한 역할을 한다는 것을 강조하였다. 즉 오개념은 학습에 지장을 주거나 또 다른 오개념을 강화, 확장시키기도 한다. 이와 같은 일반적인 오개념 형성 과정에 따라 구체적인 오개념 형성의 요인을 내부 요인과 외부 요인으로 구분할 수 있다. 내부 요인으로는 첫째, 아동의 지각 특성과 관련된 요인을 들 수 있는데, 아동들은 처해진 상황 내에서 관찰에 의하여 지각되는 것에 대해서는 우선적으로 생각하려는 경향이 있다. 예를 들어 물이 수증기가 되거나 얼음으로 얼면 더 이상은 물이 아니라고 생각하는 것이다. 이를 지각 우위적 사고라고 한다. 이러한 지각 우위적 사고 때문에 어떠한 관찰 가능한 특징만을 받아들여 생각하므로 쉽게 감지되지 않는 현상을 다루는 학습 내용에 대해서는 어려움을 겪게 된다.

물리 현상에 대하여 전체적인 상호작용을 고려하지 못하고 부분적인 것에만 주의를 집중하여 현상에 대한 제한된 범위 내에서만 경험이 일어나는 데, 이를 제한된 주의집중이라고 한다. 예를 들어 하나의 전기회로 내에서 저항, 전류, 전압의 변화에 의한 결과는 상호작용의 과정으로 전체 계에서 동시적으로 나타나는데, 아동들은 회로 내 어느 한 부분에서의 저항의 증가에 의한 전류 감소를 해당 부분에서만 전류 감소가 일어난 것으로 고려할 뿐 상호작용에 의한 전체 회로의 전류 감소를 생각하지 못하는 경우가 많다. 평형 상태에서 일어나는 상호작용을 깨닫지 못하고 변화하는 상태에만 관심을 집중하는 경향이 있다.

예를 들어 탁자 위에 책이 놓여 있다면 아동들은 책에 힘이 작용하지 않는다고 생각한다. 반면에 빙판 위에 썰매가 미끄러져 움직이면 관성은 생각하지 못하고 썰매가 움직이는 쪽으로 힘이 있다고 생각한다. 또한 물체에 실제 자연계에서 보장할 수 없는 물리량을 부과하는 경향이 있다. 예를 들어 전류에 대해 +전기와 -전기를 독립된 실체로 취급한다. 둘째, 아동의 논리적 추론 특성과 관련된 요인을 들 수 있는데, Piaget의 인지발달 이론에 따르면 효과적인 학습이 이루어지기 위해서는 학습 과제에 적정한 수준의 인지발달을 요구하는데, 학습할 내용에 대해 아동의 논리적 조작 능력이 미숙할 때 오개념이 일어날 수 있다. 아동들은 모든 사건들에 대해서 인과적 추론을 시도하려는 경향이 있다. 예를 들어 열의 이동이란 결과에 대한 그 원인의 제공자로서 열소(열을 지닌 입자)가 있어야 한다고 주장하기도 한다. 이와 같은 사고방식은 아동들에게 편안함과 만족감을 주기 때문에 오개념 형성의 요인이 된다. 아동들은 현상을 설명할 때 시간에 따른 순차적인 인과관계에 따라 설명한다. 예를 들어 Newton의 운동 제3법칙에서 작용과 반작용이 동시에 존재할 수 있음을 깨닫지 못하기도 한다. 일상생활에서 일어나는 현상에 대해서 그에 대한 의미를 직관적인 사고에 의지하여 해석하려 한다. 예를 들면 불꽃의 움직임에 대해 살아 있는 생명체로 인식하기도 한다. 어떤 관찰 결과에 대해서 심사숙고 없이 상식적인 생각에 의존하여 보인 현상에 대해 성급하게 결론을 내리거나 과도하게 일반화하기도 한다.

아동의 의식 속에는 관념들의 통합이 시간적으로 또는 공간적으로 근접하게 연관되어 있는 관념들 간에 쉽게 일어난다. 즉 사건들이 시공간적으로 근접하여 발생했을 때, 이와 일치하는 관념들 사이에 연합이 형성된다. 이와 같은 사고의 경향성은 아동들이 오개념을 갖게 되는 주요 요인이 된다. 예를 들어 서로 무관한 개념인 진공과 무중력을 비슷하게 생각하는 경우가 많다. 이는 영화나 다큐멘터리에서 우주 공간 내에서의 무중력 효과를 접한 데에서 기인한 것이라고 할 수 있다. 오개념 형성의 외부 요인으로 다음과 같은 것들을 들 수 있다. 그 중 첫 번째가 교과서에 의한 것이다. 과학자들의 지식 체계 구조는 아동들의 지식 체계와는 다르다. 따라서 과학자들에 의해 진술된 교과서의 개념 구조는 아동의 지식 체계에는 쉽게 받아들여지지 않을 수 있다. 받아들여진 개념이라도 과학자들이 원하는 개념과 다른 개념 구조로 존재할 수 있다. 두 번째로는 교사에 의해 발생할 수 있다. 학생들은 과학 내용을 교과서를 통해서 학습하기도 하지만 대부분은 교사와의 교수학습 과정을 통해 개념을 획득하게 된다. 따라서 학생의 인지 능력과는 상관없이 교사가 오개념을 가지고 있으면 직접적으로 학생의 개념 획득에 영향을 주게 된다. 이와 같은 시각에서 학생들이 지니고 있는 오개념을 조사하는 연구 외에 교사가 지니고 있는 개념에 대한 조사가 많이 이루어졌으며, 그 결과 교사도 상당한 오개념을 지니고 있는 것으로 나타났다. 세 번째로 언어의 모호성에 대한 오개념이 있다. 과학에서 사용하는 많은 용어들은 일상생활에서의 단어를 그대로 대체하여 사용되어진다. 이때 언어 자체의 은유적 의미와 단어가 지닌 개념에 대한 불명확한 표현으로 인하여, 아동은 과학에서 사용하는 단어의 의미를 자신이 가진 개념체계 내에서 일상적인 언어의 의미로 동화하려고 한다. 예를 들어 아동은 힘에 관하여 학습할 때 과학에서 말하는 힘의 의미와 일상생활 언어로 사용하는 힘의 뜻을 명확하게 구별하지 않고 사용함으로써 운동의 법칙을 학습하는 데 있어서 많은 어려움을 겪는다. 특히 이러한 경향은 일상생활에서 친숙하게 사용되는 언어에 대한 과학적인 의미가 특별할 때 자주 나타난다. 표 3-1은 오개념 형성의 내부 요인과 외부 요인을 정리한 것이다(권재술과 김범기, 1993).

표 3-1 오개념 형성의 내부 및 외부 요인

내부 요인	외부 요인
1. 아동의 지각 특성 · 지각 우위적 사고 · 제한된 주의집중 · 변화하는 것에만 집중 · 물체에 물리적인 양을 부과 2. 아동의 논리적 추론 특성 · 논리적 조작 능력의 미숙 · 인과적 추론 형식 선호 · 사건의 순차성 선호 · 직관적 사고 · 과도하거나 성급한 일반화 · 근접성에 대한 사고	1. 교과서 2. 교사 3. 언어의 모호성

4 오개념 조사 방법

오개념에 관한 연구는 교사가 올바른 개념을 가르쳤음에도, 학생들은 그 개념을 올바르게 이해하는 것이 아니라 학생들이 이미 가지고 있는 지식과 앞으로 배울 지식 사이의 상호작용에 의해 학습이 이루어진다고 하는 생각에서 출발한다. 그러므로 학생들이 가지고 있는 선개념을 알아내는 것이 중요하다. 그러나 학생들이 가지고 있는 진짜 생각은 단순히 말로 표현된 것과 같은 것은 아니다. 인지구조를 이루는 것을 표현한다기보다 순간순간 느낌이나 감정에 따라 문제에 응답하는 경우가 많으므로 오개념의 조사를 올바르게 하기 위해서는 매우 정교한 질문 방법을 사용하여야 한다.

가. 지필검사

지필검사는 오개념 연구뿐만 아니라 다른 연구에서도 가장 많이 이용되는 연구 방법이다. 자료를 정량화하고 통계적으로 산뜻한 결과를 얻을 수 있고, 단시간에 많은 대상을 상대로 하여 자료를 얻을 수 있는 이점 때문에 전통적으로 가장 많이 사용된다. 그 중에서도 가장 많은 지필검사 형태로는 여러 오답지 중에서 요구되는 답을 선택하게 한 후, 그것을 선택한 이유를 진술하게 하는 형태이다. 선택형만에 의한 오개념의 조사는 학생들이 가진 생각을 찾는 데 한계가 있어 그 이유를 진술하는 형태를 취하게 된다. 그러나 응답 범위가 제한적인 상황에서 진술하게 되므로 자신들의 생각을 있는 그대로 표현할 수 없다. 예를 들어 출제자의 의도를 넘어서는 예외 등에 대하여 의사표시를 할 수 없고, 때로는 추측에 의해 정답을 맞히고 그 이유를 즉흥적이고 감정적으로 진술하게 되는 경우도 있다.

나. 면담법(clinical interview)

면담법은 행동주의 학파의 통계적 방법과는 달리 면담자와 피험자 사이에 연속적인 상호작용으로 이끌어지는 개방성을 띤 실험이다. 질문의 내용에 있어서 면담자는 피험자로 하여금 제시된 구체적 상황인 사물, 환경에 대해 물리적 또는 공간적 변화를 조작하게 하여, 이 변화 결과를 예상하고 설명하게 하는 일련의 대화를 하게 된다. 이러한 질문에 대한 반응인 결론 및 행동 관찰은 피험자의 지적인 사고 과정을 추리하는 데 중요한 정보원인 것이다. 그러므로 면담자는 피험자의 반응을 최대한으로 추적 질문하여 피험자의 내적 사고의 추리에 필요한 정보를 얻어내야 한다. 면담법의 주요 진단 기술로는 첫째, 피험자의 심리 상태가 편안해야 하므로 부담 없는 대화로부터 시작되어야 하며, 둘째, 피험자에게 비지시적인 질문 형태로 질문해야 하며, 셋째, 피험자의 수준에 맞는 언어로 표현하며, 넷째, 피험자의 대화 반응 속도에 맞춰주고, 다섯째, 피험자의 입장에 대하여 자세히 관찰하는 방법과 듣는 방법을 알아야 하며, 여섯째, 피험자의 반응이 모호할 경우, 그 개념을 실제로 파악했는지를 알아보기 위하여 상반되는 문제나 논의를 제시할 수 있다(김현재, 1988). 면담법은 일대일의 유동적이고 자유로운 대화를 통하여 개인의 인지 구조에 대한 심층적인 분석이 가능하다는 장점이 있는 반면에, 면담하는 기술의 습득과 얻어진 결과를 해석하는 데 중요한 어려움이 있다. 그리고 시간적인 제약으로 소수의 대상만을 이용할 수 있기 때문에 일반화하는 데 신중을 기해야 하며 면담자와 피험자 사이에 상호작용 효과가 크다는 단점이 있다.

다. 사례제시 면담법(I.A.I.: Interview - About - Instance)

이 방법은 Osborne and Gilbert(1980)에 의해 처음 소개되었고, 면담법의 발전된 형태이다. 이 검사는 한 개념에 대한 예시와 비예시(Instance & Noninstance)를 포함하는 한 벌의 카드를 이용하여 학생들에게 각 상황이 그려진 카드들을 면담을 통해서 예시와 비예시를 범주화하게 하여 그 범주화에 대한 이유를 물어보는 형태이다. 특정한 범주화에 대한 이유를 설명하지 못한다고 하더라도 그 이유에 대해서 토론할 수 있고, 예시 분류 결과를 통하여 학생들이 가지고 있는 사고를 알아볼 수 있는 특징이 있다. 표 3-2는 이 방법의 장점과 단점을 비교한 것이다.

표 3-2 사례제시 면담법의 장점과 단점

장점	단점
1. 학생들이 면담자의 의도를 명확하게 파악할 수 있다. 2. 학생의 단일 개념에 대한 일련의 개념 체계를 다양하고 깊이 알 수 있다. 3. 학생이 파지하고 있는 부분적인 비과학적 사고를 파악할 수 있다. 4. 학생이 사용하는 용어에 대한 정확한 의미를 파악할 수 있다. 5. 면담자나 피면담자가 즐겁게 진행할 수 있다. 6. 융통성이 있고 언어의 사용과 조사의 깊이에서 필답검사보다 유리하다.	1. 일련의 적당한 예를 선택하는 데 문제가 있다. 2. 예의 순서가 학생들의 대답에 영향을 미칠 수 있다. 3. 면담을 녹음하고 면담 내용을 글로 옮기고 원고를 분석하는 데 많은 시간이 소모된다. 4. 면담 내용이 다양하고 면담 데이터 분석을 결합하는 어려움, 간결하게 보고하는 어려움이 있다.

라. 예측·관찰·설명법(P.O.E: Prediction, Observation & Explanation)

이 검사법은 어떤 단순한 물리적 장치나 그것의 조작을 보여주고 그 결과를 예측하게 한 후, 시범 실험을 통하여 관찰하게 한다. 그리고 그 관찰 사실을 설명하게 하거나 예측과 관찰 사이의 갈등을 논의하여 설명하게 하는 형태이다(Champagne, Gunstone & Kloffer, 1985). 표 3-3은 이 방법의 장단점을 비교한 것이다.

표 3-3 예측·관찰·설명법의 장점과 단점

장점	단점
1. 오개념의 견고성을 확인하는 연구에서 유용하다. 2. 개념 변화의 형태를 이해하거나 그 변화의 인지심리학적 메커니즘을 이해하는 데 중요한 방법이다. 3. 장시간의 변화를 확인하는 연구와 병행하여 실시할 경우, 단시간의 변화가 지속되는지, 또 그렇다면 어떤 변인의 영향을 받는지에 대한 연구에 유용하다.	1. 예측이 직관적이고 감정적으로 이루어져 다른 환경에서는 학생의 개념을 제대로 파악하지 못할 수 있다. 2. 학생의 설명이 생각을 표현한다기보다 억지로 갖다 붙이는 식으로 응답하게 될 때 학생의 개념을 정확하게 파악하지 못할 수 있다.

마. 종단적 연구(longitudinal study)

표 3-4는 횡단적 연구와 종단적 연구의 장점과 단점을 비교한 것으로 시간에 따른 어떤 변화를 연구하기 위해 실시한다는 점은 같지만 학생의 오개념을 파악하는 데에는 종단적 연구가 더 적합하다.

표 3-4 횡단적 연구와 종단적 연구의 장과 단점

연구방법	의미	장점	단점
횡단적 연구	다른 집단에 대해 서로 비슷한 시점에서 자료를 수집하여 전체적인 경향을 분석	소요 시간이 짧다.	변인들에 대한 고려없이 표집을 하게 되어 자료가 왜곡될 수 있다.
종단적 연구	같은 집단에 대해 서로 다른 시점에서 자료를 수집하여 개인별로 추적	개인의 발달 정도나 그 형태에 관한 것을 연구할 때 유용하다.	소요 시간이 길다.

바. 계통도 분석

계통도란 정성적 자료들의 특성이 잘 반영될 수 있도록 자료들을 엄밀하게 범주화하여 그것들의 상호관계를 몇 가지 간단한 기호를 사용하여 나타낸 범주 체계이다. 계통도를 이용한 자료의 분석은 지필검사의 선택 응답 자료의 분석보다 더욱 정밀하고 정확한 정보를 얻을 수 있다. 또한 계통도라는 인공언어를 통하여 정성적 자료 전체의 구조를 제시할 수 있는 강점이 있다.

사. 개념도

학생들의 선개념을 확인하고 오개념을 발견하는 방법 중 가장 효과적인 것이 개념도(concept map)인데, 유의미한 개념 학습은 구체적인 하위 개념들이 그보다 일반적인 상위 개념에 통합되거나 포섭됨으로써 효과적으로 일어난다는 Ausubel의 유의미학습(meaningful learning) 이론에 그 근거를 둔다. 개념도는 학생들의 선행 학습 배경과 그들의 관심과 흥미에 관한 정보도 확인함과 동시에 그 자체로 학급 도구로 사용이 가능하기 때문에 매우 유용하다. 개념도에서는 일반적으로 상위 개념은 위쪽에, 하위 개념은 아래쪽에 두고 선과 화살로 개념들을 연결한다. 그러나 학생이 직접 그리기에는 숙달이 필요하므로 간단한 것부터 연습하는 과정이 중요하다. 예를 들어 '힘'에 관한 개념도를 그린다면, 중력·전기력·자기력·핵력 등 엄청나게 많은 하위 개념들이 있고 그 중에서 중력만 하더라도 질량·중력가속도·만유인력 상수·거리 등 더 낮은 하위 개념들이 수도 없이 많아 학생들이 그리기에는 버겁다. 따라서 '힘' 중에서도 '만유인력'처럼 특정한 경우에 대해 그리도록 하여 하위 개념이 너무 많지 않도록 하여 그리게 하는 것이 바람직하다. 그림 3-2는 지구와 인공위성과의 만유인력에 관한 개념도 작성의 예이다.

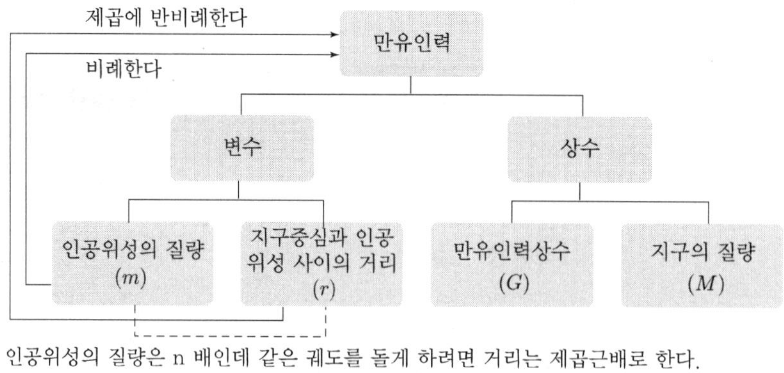

그림 3-2 지구와 인공위성과의 만유인력에 관한 개념도 작성의 예

아. Gowin의 Vee도

Vee도는 Gowin(1981)이 처음 제안한 지식에 대한 지식, 즉 초지식(Meta knowledge)

에 관한 것이다. Vee도는 개념적 사고와 방법적인 행동면이 서로 영향을 주고받는 역동적인 상호작용을 강조한다. 실험 활동 중에 사건 현상에 대한 가장 기본적인 관찰 형태인 원자료(raw data)를 기록하고 이 자료를 정리하고 구성하여 의미 있는 형태로 변형시키는 방법적인 면이 강조된다.

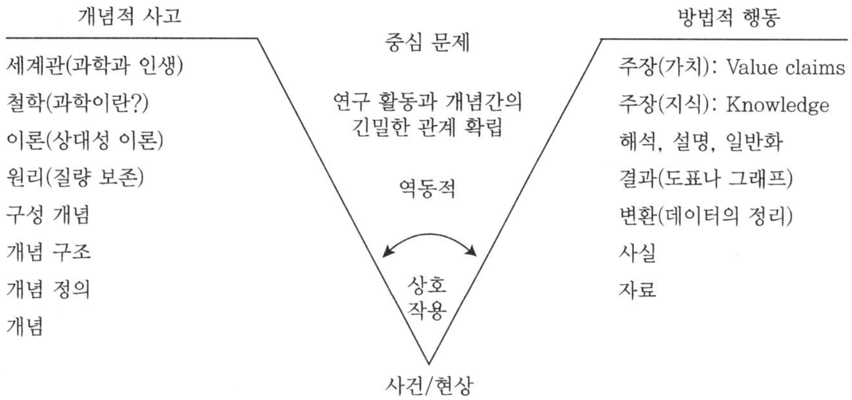

그림 3-3 Gowin의 Vee도

중심 문제는 실험 활동에서 답이 되는 핵심 문제이다. 이것을 잘 구성한다면 실험활동으로부터 유도된 것일 수도 있고, 주장(지식)에 초점을 두고 Vee도의 개념적인 면에서 유도된 것일 수도 있다. 보통은 '무엇이', '왜', '어떻게' 등이 들어가며 전통적인 관점으로는 목적에 해당된다. 개념적 사고에서 개념은 실험 활동의 적절한 이해를 위해 필수적이다. 원리와 이론은 두 개 혹은 그 이상의 개념들 사이의 중요한 관계를 나타낸다는 면에서 비슷하지만, 이론은 사건이나 현상을 기술하기 위해서 개념과 원리를 조직화한다. 즉 이론은 원리보다 포괄적이다. 방법적 행동에서 주장(지식)은 탐구활동에 대한 결론이다. 중심 문제에 대한 답이며 새로운 조사를 이끌어 낼 수 있는 새로운 문제가 될 수도 있다. 또 이것은 중심 문제와 개념, 사건 현상과 일치해야 한다. 주장(가치)은 자기의 감정이 들어가지만 주장(지식)과 서로 독립적이지 않다.

자. 벤다이어그램(Ven Diagrams)

벤다이어그램은 '집합들 사이의 관계를 그림으로 표현하는 것'으로 간단하게 정의될 수 있다. 개념 사이의 관계를 알아볼 수 있는 강력한 도구가 되며, 특히 평가 시간이 짧아서 많은 학생에게도 적용할 수 있는 장점이 있다. 그리고 반성적 사고를 진작시킬 수 있고 영상에 기초한 종합적인 상황을 기억하게 할 수도 있기 때문에 교수 기술로도 유용하다.

5 오개념 지도의 실제

5.1 역학

과학사적인 관점에서 정리하면 Aristoteles는 물질의 기본 요소를 물·불·흙·공기로 보았다. 연직운동은 물체의 본성이나 무게와 관계있는 자연운동과 강제운동이 있다고 보았다. 물체가 자연적인 위치에 있을 때, 땅과 같이 무거운 물체는 떨어지려는 경향이 있고, 불과 같이 가벼운 물체는 위로 올라가려는 경향이 있다고 하였다. 물체의 자연적인 운동을 설명할 때는 어떤 외부 요인이 필요 없지만 자연적인 운동과 반대되는 운동을 설명할 때는 어떤 원인이 필요하다는 것이다. 4원소의 성질과 자연적 위치 때문에 일어나는 자연운동을 제외한 나머지는 모두 강제운동인데, 이것이 일어나기 위해서는 두 가지의 전제 조건이 있어야만 한다고 주장하였다. 운동의 원인(mover), 혹은 힘이 있어야 하며, 동시에 이 힘은 반드시 그 물체와 직접 접촉하여야 하는데, 이것은 말을 연결해야만 마차가 움직인다는 것과 같은 것이다. 물체가 반드시 접촉해야만 힘이 전달된다는 생각은 중세에 기동력(impetus) 역학을 등장하게 하였다. Buridan(1300~1358)은 Aristoteles의 투사체 운동에 반대하였다. 팽이는 위치를 바꾸지 않으므로 교란된 공기에 의해 움직일 수 없다. 뒤끝이 평평한 창은 앞뒤가 뾰족한 창보다 더 빨리 날지 못한다. Aristoteles의 말이 맞다면 끝이 평평한 창이 빨리 날아야 한다. 그러므로 공기 대신에 운동을 지속하게 하는 힘이 기동력이라고 하였다. 중세에는 운동 원인을 기동력 이론으로 설명하려고 하였다. 기동력이란 운동하는 물체가 처음의 운동적인 원인 때문에 얻게 되는 양으로 물체에 남아있어서 계속 운동하도록 작용한다는 것이다. 즉 물체는 움직이기 시작할 때 어떤 기동력을 주어야 하며 이러한 기동력은 물체가 활동을 멈출 때까지 계속 움직이게 한다는 것이다. Aristoteles는 낙하하는 동안 물체의 속도가 일정하다고 했지만 Buridan은 낙하하는 동안에는 물체의 속도가 일정하게 증가한다고 생각하였다. 기동력은 질량과 속도로 정해진다는 면에서 운동량과 비슷하고 운동을 지속시킨다는 면에서 관성과 비슷하다. 어떤 학생들은 동전이 위로 올라가고 있을 때 기동력적인 생각을 한다. 위로 올라가는 동전의 속도가 감소하는 이유는 손의 힘이나 기동력이 감소하기 때문이라는 것이다. 또 기동력이 사라지거나 손의 힘이 0이 될 때 물체는 중력이나 무게에 의해서 아래 방향의 운동을 하게 된다는 것이다.

Aristoteles는 진공에서 운동이 불가능할 뿐만 아니라 진공이 존재한다는 가능성도 부정했다. 이유로는 운동을 기술할 때 공기가 필요하다는 것이다. 움직이는 물체의 속도는 무게를 물체의 저항값으로 나눈 값과 같으며 진공에서 움직이는 물체의 속도는 무한하기 때문에 한 물체가 동시에 두 곳에서 관찰이 가능하여 진공의 존재는 불합리하다는 것이다. Galilei는 진공을 만들기가 불가능했는데도 진공에서 물체가 떨어진다면 떨어지는 시간이 비슷할 것이라고 생각하였으며, 공기 중에서 떨어질 때 시간차가 나타나는 이유로는 공기의 저항이 관계되기 때문이라고 하였다. 처음에는 운동의 원인이나 목적에 관심을 두었으나, 운동의 표현에 관심을 두어서 물체의 속도는 낙하 시간에 비례하며, 낙하 거리는 낙하 시간의 제곱에 비례한다는 것을 발견하였다. 또한 관성이라는 용어를 직접 사용하지는 않았지만 물체의 외부 운동 원인이 직접 작용하지 않아도 물체가 계속 움직일 수 있다는 생각을 하였다. 여기서 진공 상태에서 물체에 중력이 어떻게 작용하는가의 문제가 발생한다. 떨어진 물체 사이에 작용하는 힘은 Averroes(13C)에 설명되었다. 자석은 매질의 이웃 부분을 교란(수정)하며 이러한 교란이 연속적으로 전파되어 떨어져 있는 거리에서도 힘이 전달될 수 있다는 것이다. 그렇지만 진공에서는 물리적 매질이 부족함으로 힘이 전달될 수 없다고 생각하였다. 17C에 빛의 전파를 설명하기 위하여 에테르가 소개되었다. 거리가 떨어졌을 때, 작용의 개념을 접촉력으로 변화시켜서 진공에서 힘의 작용을 설명하려고 했었다. 이는 19C에 Maxwell이 장(Field)의 개념을 도입하여 진공에서의 작용을 설명하게 되었으며, 진공에서 자유낙체를 이해하게 되었다.

관성, 힘과 운동, 여러 힘이 물체에 동시에 작용할 수 있다는 생각 등이 Newton에 의해서 명확히 받아들여졌다. 힘의 개념이 Newton 이래로 오래 사용되어 왔지만 힘의 근원을 설명할 필요가 있었다. Newton은 작용과 반작용의 법칙에 의해서 힘은 물체들 사이에 상호작용하는 것이며 상호작용하는 힘의 크기는 같으나 방향은 반대가 된다는 것을 밝혔다. 또한 이 힘은 항상 쌍으로 작용한다는 생각한 과학자는 없었으며, 과학사에서도 확립하기 어려운 개념이었다. 따라서 학생들이 운동의 3법칙을 어려워하는 이유도 여기에 있는지도 모른다(권재술과 김범기, 1993).

그림 3-4는 사람이 연직 위 방향으로 공을 던지는 모습이고 공은 공중에 떠 있는 모습이다. 이 공에 첫째, 올라갈 때, 둘째, 최고점에 도달하여 잠깐 멈추었을 때, 셋째, 내려올 때에 대해 공에 작용하는 힘들을 화살표로 그려보도록 한다. 정답은 세 경우 모두 공의 중심부터 연직 아래 방향으로 같은 길이의 화살표를 그리면 된다. 같은 중력장 내에 있으므로 같은 크기, 같은 방향의 중력이 아래 방향으로 작용한다. 다수의 오개념 형태를 보면, 첫째, 공이 올라가는 경우에, 연직 위쪽으로 화살표를 그리는 경우와 연직 아래 방향으로의 중력과 함께 연직 위 방향의 힘을 함께 그리되 위 방향의 화살표를 더 길게 그리는 형태가 많다. 둘째, 공이 최고점에 도달하여 잠깐 정지하는 경우에는 힘이 없거나 중력과 위 방향 힘의 크기가 같다고 답한 경우가 많다. 셋째, 공이 내려올 때에는 정답이 많다. 종합적으로

보면 학생들은 공이 움직이는 방향으로 힘이 작용한다고 생각한다는 것을 알 수 있다. 즉, 세 번째 경우에서도 중력만이 작용한다고 생각하기 보다는 물체가 아래쪽으로 움직이므로 아랫방향으로 힘이 작용한다고 답한 것이다. 속도와 가속도의 개념을 명확히 이해하고 구분할 수 있도록 세심한 지도가 필요하다.

(a) (b) (c)

그림 3-4 사람이 공을 수직으로 던지는 모습. (a) 공이 위로 올라가는 중, (b) 공이 최고점에 있을 때, (c) 공이 아래로 내려오는 중

그림 3-5는 수평한 직선 도로를 자전거를 타고 오른쪽 방향으로 달리는 모습을 그린 것이다. 자전거가 일정한 속력으로 달릴 때, 점점 빨라지고 있을 때, 점점 느려지고 있을 때, 각각의 경우에 자전거에 작용하는 모든 힘을 그리도록 지도한다. 정답은, 일정한 속력일 때에는 점에서 연직 아래 방향으로 중력을 표현하고 연직 위 방향으로 수직항력을 표현하되, 두 화살표의 길이를 같게 하면 되고, 여기에 점점 빨라질 때에는 오른쪽으로, 점점 느려질 때에는 왼쪽으로 화살표를 그리면 된다. 수평 방향의 화살표의 크기는 중력과 수직항력의 크기와는 상관이 없다. 하지만 대부분의 학생들은 일정한 속력일 때, 중력과 오른쪽 방향 화살표만 그리거나 여기에 수직항력을 더 그린다. 점점 빨라지는 경우에는 오른쪽 방향 화살표만 그리거나 여기에 중력을 더 그린다. 이와 마찬가지로 점점 느려지는 경우에는 왼쪽 방향 화살표만 그리거나 여기에 중력을 더 그린다. 이러한 현상은 평형에 대한 개념이 부족해서 나타난 것으로, 합력에 의해서 물체의 운동이 결정됨을 세밀하게 가르칠 필요가 있다.

그림 3-5 자전거를 타고 오른쪽으로 운동하는 모습

그림 3-6은 가는 원통형 금속관의 평면도이다. 그림 3-6과 같이 관 속 화살표 방향으로 세게 밀어 넣은 금속구가 반대편 관을 통하여 튀어나올 경우, 관을 나온 금속구의 운동 경로를 그리도록 지도한다. 이 문항은 원운동에 관한 관성을 알아보기 위한 것으로, 오답 중 가장 많은 형태가 원궤도를 그린다는 것이었다. 학생들은 대부분이 일종의 원형 관성 운동을 생각하고 있음을 알 수 있다. 이는 물체가 곡선의 경로를 움직이려면 지속적으로 경로를 바꾸는 힘이 가해져야 함을 잘 이해하지 못하는 것을 나타낸다. 이러한 학생들의 생각을 극복하게 하려면 물체가 관을 지나는 동안은 물체가 원운동하도록 구심력이 작용하지만 관을 통과한 다음 이 힘은 없어지므로 물체는 초기 운동 상태를 유지함을 지도해야 한다.

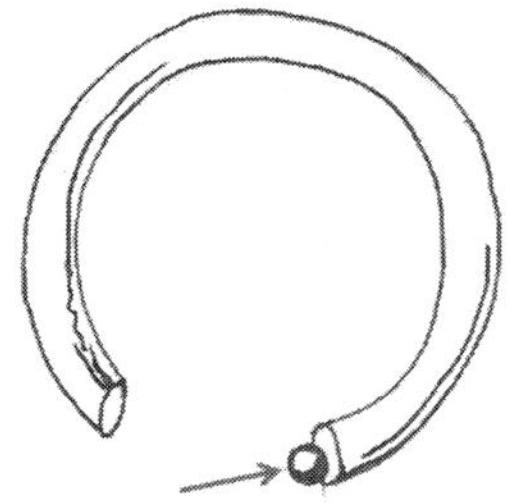

그림 3-6 원운동하는 구슬의 운동 경로

그림 3-7 중 왼쪽은 진자가 최고점에 있을 때를, 오른쪽은 최저점을 지나갈 때를 나타낸 것이다. 두 경우에 진자에 작용하는 힘을 그리도록 지도한다. 이 문항은 진자의 운동에서 진자에 작용하는 힘에 대한 학생들의 생각을 알아보기 위한 것이다. 최고점에서 진자는 중력과 장력의 합력에 의한 힘이 접선 방향으로 존재하기 때문에 곧 다시 아래로 가속된다. 그러나 학생들은 진자가 정지했으므로 힘이 없다고 생각하거나 진자가 움직이는 방향으로 힘이 있다고 생각하는 경향이 있다. 최저점에서는, 진자에 작용하는 중력은 어디서나 동일하지만 장력은 점점 증가하여 최저점에서 가장 커 작용하는 알짜힘은 수직 윗방향이다. 따라서 진자에 작용하는 힘은 중력과 중력보다 큰 장력이다. 그러나 학생들은 최고점의 진자는 멈추어 있으므로 힘이 없다고 생각하거나 진자가 움직이는 방향으로 힘이 있다고 생각하는 경향이 있으며, 최저점의 진자는 진자가 진행하는 방향으로 힘이 있거나 또는 힘이 없다고 생각한다. 학생들은 중력, 장력뿐만 아니라 물체가 움직이는 방향으로 힘이 작용하고 있다고 생각하고 있음을 알 수 있는데, 이는 학생들이 물체에 작용하는 힘은 운동 방향과 같다고 생각하고 있음을 나타내는 것이다. 이러한 학생의 생각을 극복하게 하려면, 진자의 운동을 분석하여 가속도의 방향을 구하고 힘이 상호작용이라는 관점에서 보면, 중력은 물체와 지구, 장력은 물체와 줄 사이의 상호작용이지만 운동 방향의 힘은 상호작용이 아님을 알게 한다. 또한 진자의

운동을 분석하여 최저점에서 가속도의 방향이 위 방향임을 알게 하고 힘과 가속도와의 관계를 짓도록 지도하여야 한다.

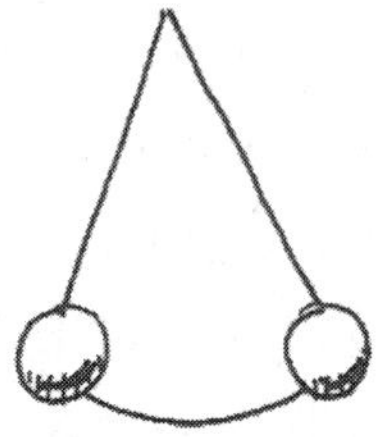

그림 3-7 진자의 운동

그림 3-8은 돌이 두 줄에 가만히 매달려 있는 모습이다. 이 돌에 작용하는 힘을 모두 표현하도록 지도한다. 대부분의 학생들이 두 줄에 장력을, 그리고 중력을 그려서 세 개의 힘을 표현한다. 하지만 대다수의 학생들이 장력을 표현할 때 짧을 줄에 비해 긴 줄에 더 큰 장력이 걸린다고 표현한다. 학생들은 세 종류의 힘이 서로 합성되고 있다는 것을 알지만 그 크기를 잘못 알고 있음을 볼 수 있다. 학생들은 줄의 기하학적 모형에 집착하여 길이와 장력의 크기가 비례하는 것으로 생각하고 있다. 이런 학생들의 오개념을 극복하게 하려면, 3개의 용수철 저울을 이용한 2차원 힘의 합성에서 각도에 따라 각 저울에 걸리는 힘의 크기를 비교하게 하는 활동을 통하여 힘에 대한 벡터적 합성 개념을 이해하게 하는 것이 필요하다. 또한 벡터 합성도 도움이 된다.

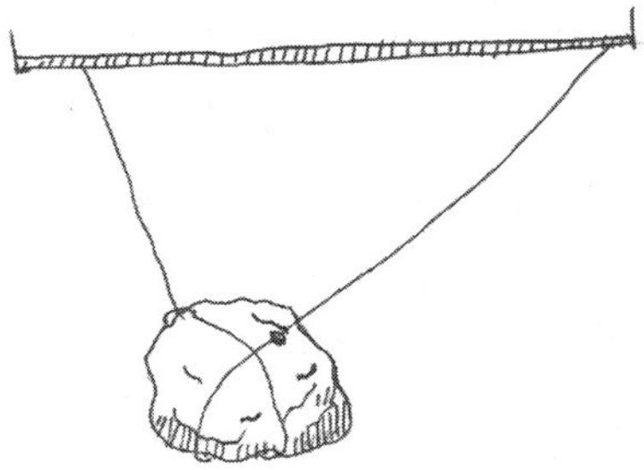

그림 3-8 천장에 매달인 돌

그림 3-9와 같이 잘 굴러가는 수레 위에서 코끼리와 생쥐가 서로 줄을 잡고 있을 때, 왼쪽에 있는 생쥐가 줄을 당기면 어떻게 되겠는지를 답하도록 지도한다. 이 문항은 작용-반작용에 대한 학생들의 생각을 알아보기 위한 것으로 생쥐가 코끼리를 당기면 생쥐와 코끼리 모두 서로를 향하여 당겨진다. 그러나 학생들 중 대부분은 오른쪽의 코끼리는 정지해 있고, 왼쪽의 생쥐는 오른쪽으로 이동한다고 답한다. 학생들은 무거운 쪽은 가만히 있고, 가벼운 쪽만 움직인다고 생각하는 경향

이 있음을 알 수 있다. 이는 바퀴가 있어서 정지 마찰력이 아주 줄어든다는 점을 잘 인식하지 못하고 있음을 나타내는 것이다. 이러한 학생들의 선개념을 극복하게 하려면 물체가 서로 당겨질 때 질량 중심으로 물체가 운동하며, 두 물체의 질량이 동일할 때부터 점점 차이가 커질 때로 개념을 확장하고 마찰력이 두 물체의 운동 상태에 어떻게 영향을 주는지 이해하게 하는 활동이 필요하다.

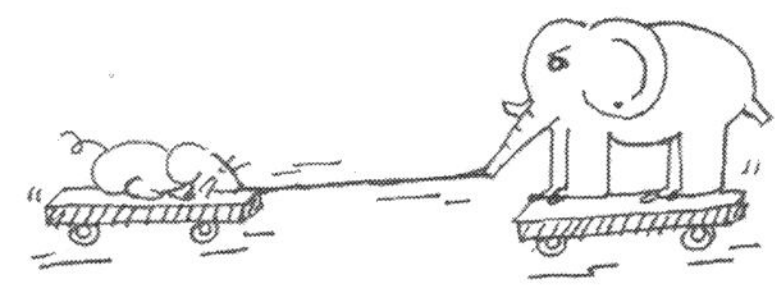

그림 3-9 생쥐와 코끼리 사이의 힘

역학 분야의 오개념 연구를 통해 송진웅 등(2004)은 다음과 같은 결론을 내렸다. 물체의 등속 직선 운동에 대하여 학생들은 물체가 운동하는 방향으로 힘이 있어야 등속 직선 운동한다고 생각함을 알 수 있다. 이는 학생들이 Galilei 이후에 확립된 관성의 법칙과 반대되는 생각을 하는 것이다. 이 때문에 학생들은 위로 던진 공에 작용하는 힘은 위쪽이라고 생각하며 물체가 위로 올라가 최고점에 도달하면 정지하기 때문에 작용하는 힘이 없다고 생각한다. 또한 물체가 아래로 내려오는 동안 등속 운동하는 이유는(학생들은 등속도 운동한다고 생각하는 경향이 있다.) 위 방향의 힘보다 더 큰 아래 방향의 힘이 존재해서, 결과적인 알짜힘이 아래쪽이어야 한다는 오개념으로 나타난다. 힘에 대한 학생들의 생각은, 운동은 그 원인인 힘 있어야만 운동한다는 Aristoteles적 개념과 물체에 한 번 작용한 힘은 그 물체가 운동하는 동안 계속 남아 있고, 이러한 힘이 사라지면서 물체의 운동이 사라진다고 생각하는 중세의 임페투스 개념과 유사하다. 이 때문에 학생들은 물체가 내려오는 동안 아래 방향의 힘과 함께 처음에 물체를 위로 던질 때 작용한 위 방향의 힘이 계속 물체에 남아 있다고 생각한다. 이와 같은 임페투스적 오개념은 학생들이 2차원적인 물체의 운동을 설명하는 데 어려움을 준다. 예를 들면, 포물선 운동에 대하여 학생들은 물체에 작용하는 힘이 아래 방향의 중력과 물체의 운동 방향 두 가지가 존재한다고 생각한다. 이와 마찬가지로 원운동하는 물체의 경우에도 접선 방향의 힘만이 물체를 원운동하게 한다고 생각하거나, 또는 구심력과 원심력이 평형을 이루고, 접선 방향의 힘이 있어야 원운동한다고 생각한다. 이는 물체가 연속적으로 방향을 바꾸는 곡선 운동에서는 지속적으로 속도를 바꾸는 힘이 경로에 수직하게 주어져야 한다는 물리학적 관점과는 다르며, 이를 본질적으로 이해시키기 위해서는 관성 기준계와 비관성 기준계의 문제를 고려해야 하고, Newton의 운동 법칙이 관성 기준계에 국한하였을 때 Newton의 3가지 운동 법칙을 동시에 만족함을 이해시켜야 하지만 이 또한 중등학생들에게는 어려운 문제이다. 임페투스적 힘 개념은 회전 운동에 대한 잘못된 관성 운동을 생각하게 만들기도 한다. 원형의 궤도를 움직이던 물체는 궤도 밖을 나와서도 계속 원형으로 돌 것으로 생각한다. 학생들은 힘과 가속도의 관계도 잘못 해석하는데, 진자 운동의 경우 진자가 최고점에 도달하였을 때 진자에 작용하는 힘이 없다고 생각하거나, 또는 중력 뿐이라고 생각하고, 진자의 최저점에서도 물체의 가속도나 힘의 방향을 잘못 설명한다. 이 과정에서 특히 학생들은 운동의 방향과 속력은 직관적으로 알지만 운동을 세분하여 어떤 가속도 운동을 하는지 잘 모르는 것으로 보인다. 이로 인하여 학생들은 힘을 가속도와 관련짓기보다는 속력과 관련짓는 것이 훨씬 편안함을 느낄 것으로 생각된다. 학생들은 정역학적 힘의 평형 개념에 대해서도 잘 이해하지 못하고 있음을 알 수 있다. 특히 힘을 벡터적으로 합성해서 크기를 비교하는 것을 잘하지 못하고, 두 줄에 매달린 물체는 기하학적 모양에 집중하여 단지 길이가 긴 쪽의 장력이 더 크다고 생각하는 경향이 있다. 작용 반작용 개념에 대한 학생들의 오개념은 힘을 주는 쪽이나 받는 쪽 일방의 문제로 생각하거나, 상호작용하는 두 물체의 질량의 크기, 종류 및 특징에 따라 다르게 생각하는 경향이 있다. 이 때문에 수레 위의 코끼리가 수레 위의 생쥐를 당기면 생쥐만 당겨진다고 생각하거나, 코끼리가 생쥐를 당기는 힘이 더 크다고 생각한다. 이러한 상황 의존적 생각은 중력의 작용에서도 나타남을 볼 수 있다.

김지영(2008)은 고등학생을 대상으로 장력 개념에 대해 연구하였는데, 주어진 실에서의 장력은 실의 어느 지점에서도 같은 값을 가지나 학생들은 문제 상황에 따라 실의 장력이 다른 값을 가진다고 이해하고 있었다고 보고하였다. 물체가 정지한 경우와 가속 운동하는 경우에 있어서 장력에 대한 정답률이 달랐으며, 정지한 경우 주어진 실의 다른 위치에서의 장력이 같다는 것을 더 잘 인식하였다고 하였고, 정지 상태일 경우 오답을 한 대부분의 학생은 실의 양쪽 끝 장력은 같다고 표현하였으나 실의 가운데 부분 장력은 양쪽 끝 장력의 합으로 장력이 크다고 생각하거나, 차로 장력이 작다고 생각하였다고 하였다. 가속 운동 상태일 경우 오답을 한 대부분의 학생은 당기는 쪽에 가까울수록 장력이 크다고 답하여 당기는 원인 행위가 실의 장력에 영향을 미친다고 생각하거나, 당기는 쪽으로 빨라지기 위해선 실에 힘이 작용하는 쪽이 장력이 커야 한다고 생각해 정지 상태와 마찬가지로 실의 관점에서 실의 한 부분에 대한 알짜힘을 고려하는 경향을 보였다고 하였다. 수평 방향과 연직 방향의 운동에서 수평 방향 운동의 경우는 장력의 정답률이 높았고, 연직 방향 운동의 경우는 정답률이 낮았는데, 주어진 실의 다른 위치에서의 장력은 당기는 힘 자체가 장력인데도 불구하고, 연직 방향의 운동은 장력과 무게를 동시에 고려해야 하는 상황으로 생각한 것으로 분석했다. 실로 연결된 두 물체를 물체에 연결된 또 다른 실로 당기는 경우인 두 실에서의 장력의 크기를 비교하는 경우는 정지 상태일 때보다 가속 운동 상태일 때 정답률이 더 높았는데, 가속 운동 상태의 경우 당기는 쪽 실의 장력이 크다는 직관적인 생각과 물리적인 상황이 일치하여 정답률이 높게 나타난 결과로 해석하였다. 정지 상태의 경우 오답을 한 학생들은 알짜힘이 0이라는 것은 고려하였지만 물체에 작용하는 모든 힘들을 따지지 못하고 단순히 눈에 보이는 장력만 고려하는 경향이 두드러졌으며, 하나의 실에서와 같이 합력의 개념을 적용하여 물체 사이에 연결된 실의 장력의 크기를 고려하거나 힘을 직접 작용하는 쪽의 실의 장력이 크다고 답하는 경향을 보였다고 하였다. 두 실에서의 장력의 크기 비교에서는 수평 방향 운동과 연직 방향 운동에서의 유의미한 차이는 없었다고 하였다. 도르래가 없을 때보다 도르래가 있을 때 하나의 실에서와 두 실에서 모두 장력을 해석하는 데 어려움을 나타내었다. 주어진 실의 다른 위치에서 장력의 크기를 비교하는 경우 도르래는 단순히 힘의 방향만 바꾸어 줌에도 불구하고 도르래가 있을 때에는 없을 때보다 직관적인 생각에 의해 답하는 경향이 두드러졌으며, 도르래가 있을 때 두 실에서의 경우는 수평 운동과 연직 운동이 복합적으로 다루어지는 경우가 대부분인데, 부분적인 물리 개념을 물리적 상황에 적용함으로써 수평 운동과 연직 운동 각각의 오개념들이 복합적으로 나타나 문제 상황을 바르게 답한 학생이 적었던 것으로 분석하였다. 연구자는 학생들은 당기는 실에서의 장력이 크다고 직관적으로 생각하는 경향이 있으므로 실 전체의 팽팽함에 대한 개념으로 장력을 인식시킬 필요가 있으며, 실의 운동과 관련하여 알짜힘을 생각하는 경향에 관해서는 실의 질량을 무시하는 이상적인 상황에 대한 이해가 선행되어야 할 것으로 판단하였다. 즉 운동하는 물체를 기준으로 알짜힘을 고려해야 함을 정확히 이해시킬 필요가 있으며 또한 장력은 작용하는 쪽만이 아니고 나머지 쪽도 같이 있다는 것이 강조되어야 한다고 주장하였다. 물체의 운동 방향과 운동 상태 등에 따라 장력을 다르게 인식하는 경우가 많으므로, 도르래를 이용한 복합적인 상황을 학습하는 것이 장력에 대한 바른 개념을 형성하는 데 도움이 될 것으로 판단하였으며, 또한 도르래는 힘을 전달하는 역할만 할 뿐 도르래를 통하여 힘의 크기가 변하는 것은 아니라는 것을 물리 교육에서 강조해야 할 필요성이 있다고 하였다. 다음의 문항들은 김지영(2008)이 연구에 사용한 것들이다.

1 그림과 같이 무게가 같은 두 물체가 실로 연결되어 있다. 물체 A를 10 N의 힘으로 왼쪽으로 당기고, 물체 B를 10 N의 힘으로 오른쪽으로 당겼더니 물체가 **움직이지 않았다.**

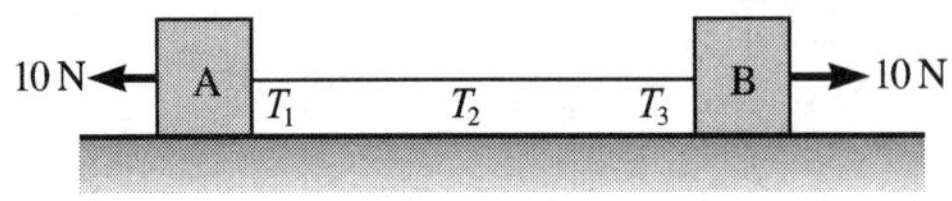

T_1: 물체 A에 붙어 있는 부분의 실의 장력
T_2: 가운데 부분의 실의 장력
T_3: 물체 B에 붙어 있는 부분의 실의 장력

실이 팽팽하게 당겨진 상태에서 T_1, T_2, T_3의 장력의 크기를 비교하면?

① $T_1 > T_2 > T_3$ ② $T_3 > T_2 > T_1$ ③ $T_1 = T_3 > T_2$
④ $T_2 > T_1 = T_3$ ⑤ $T_1 = T_2 = T_3$

그렇게 생각하는 이유

____

2 그림과 같이 무게가 같은 두 물체가 실로 연결되어 있다. 왼쪽에서 10 N의 힘으로 물체를 당기고, 오른쪽에서 물체에 연결된 실의 한쪽 끝을 10 N의 힘으로 당겼더니 물체가 **움직이지 않았다.**

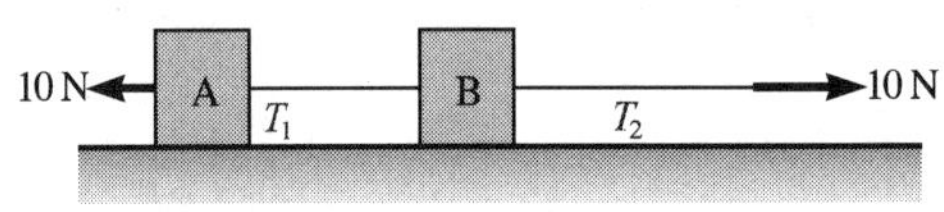

T_1: 왼쪽 실의 가운데 부분 장력
T_2: 오른쪽 실의 가운데 부분 장력

실이 팽팽하게 당겨진 상태에서 T_1, T_2의 장력의 크기를 비교하면?

① $T_1 > T_2$ ② $T_2 > T_1$ ③ $T_1 = T_2$

그렇게 생각하는 이유

____

3 그림과 같이 물체에 연결된 실의 한쪽 끝을 10 N의 힘으로 수평하게 당겼더니 물체의 **속력이 점점 빨라졌다.**

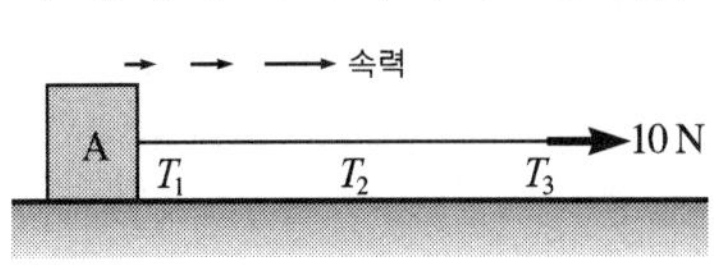

T_1: 물체에 붙어 있는 부분의 실의 장력
T_2: 가운데 부분의 실의 장력
T_3: 실을 잡고 당기는 부분의 실의 장력

실의 각 부분 T_1, T_2, T_3의 장력의 크기를 비교하면?

① $T_1 > T_2 > T_3$ ② $T_3 > T_2 > T_1$ ③ $T_1 = T_3 > T_2$

④ $T_2 > T_1 = T_3$ ⑤ $T_1 = T_2 = T_3$

그렇게 생각하는 이유

---

4 그림과 같이 무게가 같은 두 물체가 실로 연결되어 있다. 오른쪽 물체에 연결된 실의 한쪽 끝을 10 N의 힘으로 수평하게 당겼더니 물체의 **속력이 점점 빨라졌다.**

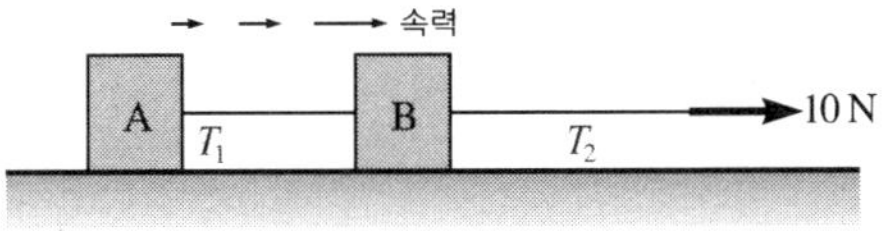

T_1: 왼쪽 실의 가운데 부분 장력
T_2: 오른쪽 실의 가운데 부분 장력

T_1, T_2의 장력의 크기를 비교하면?

① $T_1 > T_2$ ② $T_2 > T_1$ ③ $T_1 = T_2$

그렇게 생각하는 이유

---

5 그림과 같이 물체에 연결된 실의 한쪽 끝에 물체의 무게와 같은 10 N의 힘이 연직 방향으로 작용하였더니 물체가 **정지한 상태**로 매달려 있다.

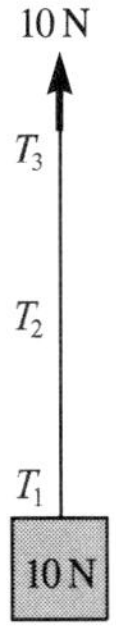

T_1: 물체에 붙어 있는 부분의 실의 장력
T_2: 가운데 부분의 실의 장력
T_3: 실을 잡고 당기는 부분의 실의 장력

실의 각 부분 T_1, T_2, T_3의 장력의 크기를 비교하면?

① $T_1 > T_2 > T_3$ ② $T_3 > T_2 > T_1$ ③ $T_1 = T_3 > T_2$

④ $T_2 > T_1 = T_3$ ⑤ $T_1 = T_2 = T_3$

그렇게 생각하는 이유

---

6 그림과 같이 무게가 10 N인 두 물체가 실로 연결되어 있다. 위쪽 물체에 연결된 실의 한쪽 끝에 두 물체의 무게와 같은 20 N의 힘이 연직 방향으로 작용하였더니 물체가 **정지한 상태**로 매달려 있다.

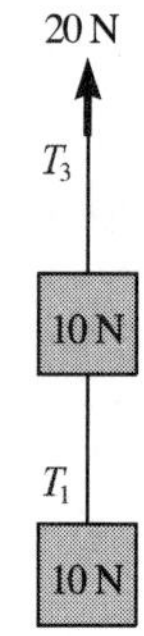

T_1: 아래쪽 실의 가운데 부분 장력
T_2: 위쪽 실의 가운데 부분 장력

T_1, T_2의 장력의 크기를 비교하면?

① $T_1 > T_2$　　② $T_2 > T_1$　　③ $T_1 = T_2$

그렇게 생각하는 이유

____

7 그림과 같이 물체에 연결된 실의 한쪽 끝에 물체의 무게보다 큰 20 N 힘이 연직 방향으로 작용하였더니 물체의 **속력이 점점 빨라졌다.**

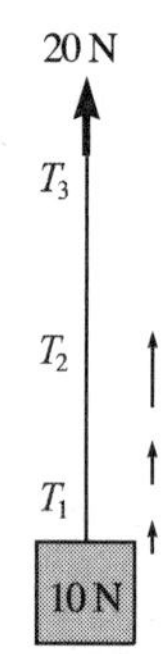

T_1: 물체에 붙어 있는 부분의 실의 장력
T_2: 가운데 부분의 실의 장력
T_3: 실을 잡고 당기는 부분의 실의 장력

실의 각 부분 T_1, T_2, T_3의 장력의 크기를 비교하면?

① $T_1 > T_2 > T_3$　　② $T_3 > T_2 > T_1$　　③ $T_1 = T_3 > T_2$

④ $T_2 > T_1 = T_3$　　⑤ $T_1 = T_2 = T_3$

그렇게 생각하는 이유

____

8 그림과 같이 무게가 10 N인 두 물체가 실로 연결되어 있다. 위쪽 물체에 연결된 실의 한쪽 끝에 두 물체의 무게보다 큰 30 N의 힘이 연직 방향으로 작용하였더니 물체의 **속력이 점점 빨라졌다.**

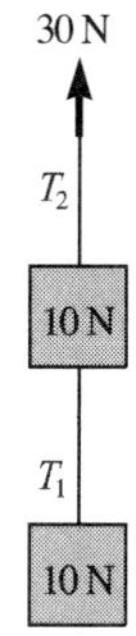

T_1: 아래쪽 실의 가운데 부분 장력
T_2: 위쪽 실의 가운데 부분 장력

T_1, T_2의 장력의 크기를 비교하면?

① $T_1 > T_2$ ② $T_2 > T_1$ ③ $T_1 = T_2$

그렇게 생각하는 이유

---

9 그림과 같이 무게가 10 N인 물체를 왼쪽 방향으로 10 N의 힘으로 당기고, 오른쪽은 도르래로 연결된 실의 한쪽 끝을 연직 방향으로 10 N의 힘으로 당겼더니 물체가 **움직이지 않았다.**

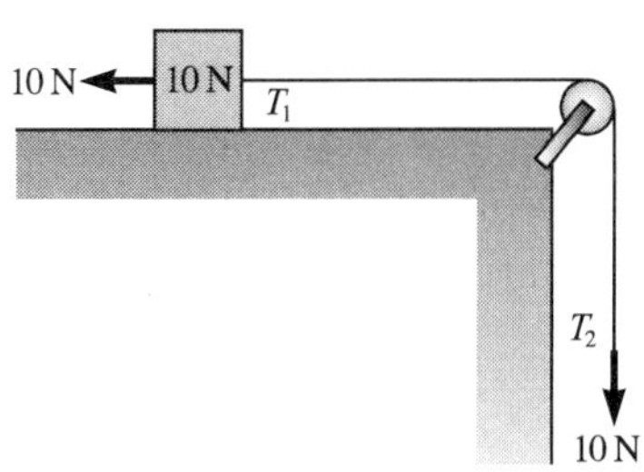

T_1: 물체에 붙어 있는 부분의 실의 장력
T_2: 실을 잡고 당기는 부분의 실의 장력

실의 각 부분 T_1, T_2의 장력의 크기를 비교하면?

① $T_1 > T_2$ ② $T_2 > T_1$ ③ $T_1 = T_2$

그렇게 생각하는 이유

---

10 그림과 같이 무게가 10 N인 두 물체가 실로 연결되어 있다. 책상 위의 물체는 왼쪽으로 20 N의 힘으로 당기고, 도르래에 매달려져 있는 무게가 10 N인 물체는 물체에 연결된 실의 한쪽 끝에 10 N의 힘을 가하여 연직 방향으로 당겼더니 물체가 **움직이지 않았다.**

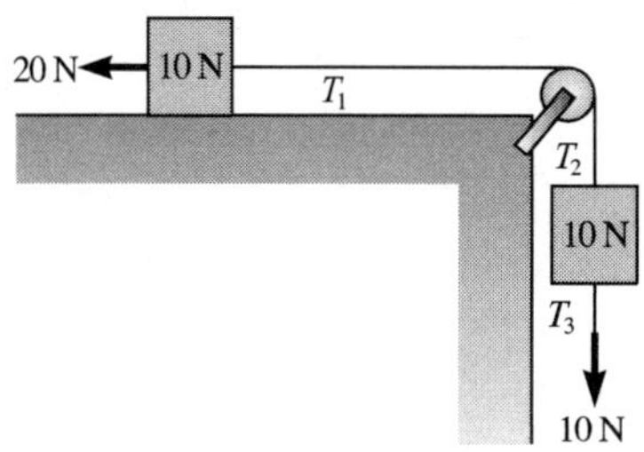

T_1: 책상 위 물체와 도르래 사이 실의 가운데 부분 장력
T_2: 도르래와 매달린 물체 사이 실의 가운데 부분 장력
T_3: 매달린 물체의 아래쪽에 연결된 실의 가운데 부분 장력

T_1, T_2, T_3의 장력의 크기를 비교하면?

① $T_1=T_2>T_3$　② $T_3>T_1=T_2$　③ $T_2=T_3>T_1$
④ $T_1>T_2=T_3$　⑤ $T_1=T_2=T_3$　⑥ 기타 (　　　　)

그렇게 생각하는 이유

____

11 그림과 같이 마찰이 없는 수평면에 놓인 무게가 10 N인 물체를 도르래를 통하여 연직 방향으로 10 N의 힘으로 당겼더니 물체의 **속력이 점점 빨라졌다.**

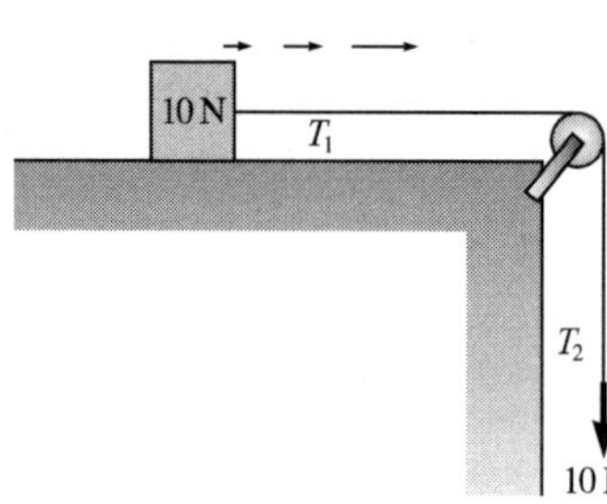

T_1: 물체에 붙어 있는 부분의 실의 장력
T_2: 실을 잡고 당기는 부분의 실의 장력

실의 각 부분 T_1, T_2의 장력의 크기를 비교하면?

① $T_1>T_2$　② $T_2>T_1$　③ $T_1=T_2$

그렇게 생각하는 이유

____

12 그림과 같이 무게가 10 N인 두 물체가 실로 연결되어 있다. 도르래에 매달린 무게 10 N의 물체에 연결되어 있는 실의 한쪽 끝을 10 N의 힘으로 당겼더니 물체의 **속력이 점점 빨라졌다.**

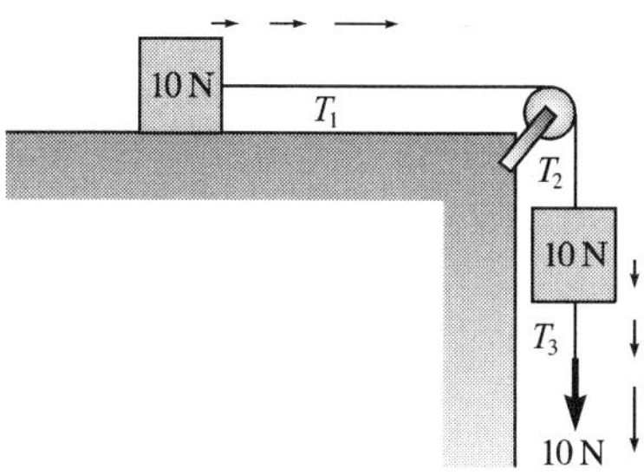

T_1: 책상 위 물체와 도르래 사이 실의 가운데 부분 장력
T_2: 도르래와 매달린 물체 사이 실의 가운데 부분 장력
T_3: 매달린 물체의 아래쪽에 연결된 실의 가운데 부분 장력

T_1, T_2, T_3의 장력의 크기를 비교하면?

① $T_1 = T_2 > T_3$　　② $T_3 > T_1 = T_2$　　③ $T_2 = T_3 > T_1$
④ $T_1 > T_2 = T_3$　　⑤ $T_1 = T_2 = T_3$　　⑥ 기타 (　　　　　)

그렇게 생각하는 이유

____

13 그림과 같이 도르래를 통하여 무게 10 N인 물체에 연결된 실의 한쪽 끝에 물체의 무게와 같은 10 N의 힘이 연직 방향으로 작용하였더니 물체가 **정지한 상태**로 매달려 있다.

T_1: 물체에 붙어 있는 부분의 실의 장력
T_2: 가운데 부분의 실의 장력
T_3: 실을 잡고 당기는 부분의 실의 장력

실의 각 부분 T_1, T_2, T_3의 장력의 크기를 비교하면?

① $T_1 > T_2 > T_3$　　② $T_3 > T_2 > T_1$　　③ $T_1 = T_3 > T_2$
④ $T_2 > T_1 = T_3$　　⑤ $T_1 = T_2 = T_3$

그렇게 생각하는 이유

____

14 그림과 같이 무게가 같은 두 물체가 도르래를 통하여 실로 연결되어 있다. 왼쪽은 무게가 10 N인 물체를 10 N의 힘으로 당기고, 오른쪽은 무게가 10 N인 물체에 연결된 실의 한쪽 끝을 10 N의 힘으로 당겼더니 물체가 **정지한 상태**로 매달려 있다.

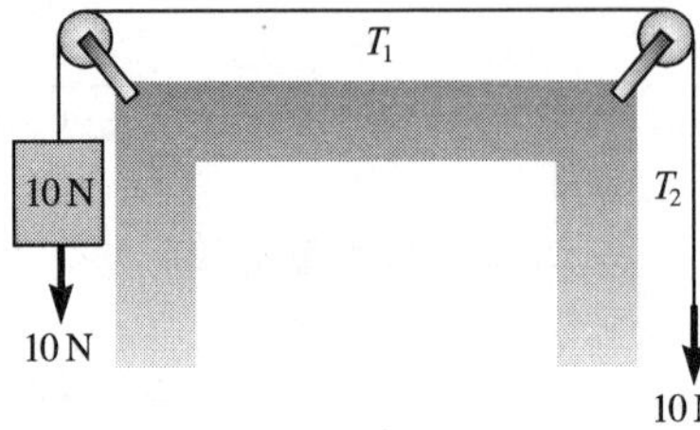

T_1: 두 물체 사이 가운데 부분의 실의 장력
T_2: 오른쪽 물체의 아래쪽에 연결된 실의 가운데 부분 장력

T_1, T_2의 장력의 크기를 비교하면?

① $T_1 > T_2$　　② $T_2 > T_1$　　③ $T_1 = T_2$

그렇게 생각하는 이유

---

15 그림과 같이 도르래를 통하여 무게 10 N인 물체에 연결된 실의 한쪽 끝에 물체의 무게보다 큰 20 N의 힘이 연직 방향으로 작용하였더니 물체의 **속력이 점점 빨라졌다.**

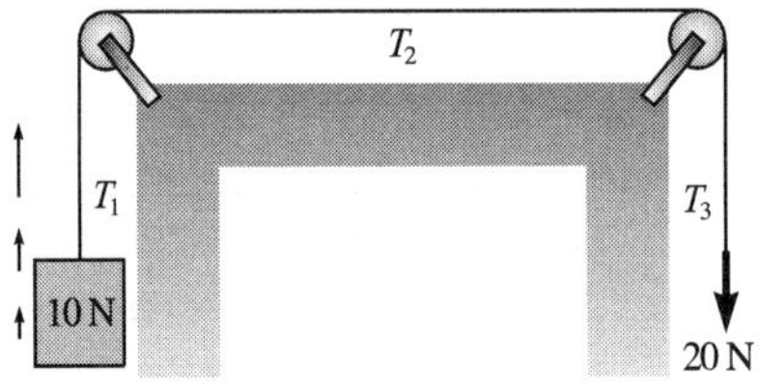

T_1: 물체에 붙어 있는 부분의 실의 장력
T_2: 가운데 부분의 실의 장력
T_3: 실을 잡고 당기는 부분의 실의 장력

실의 각 부분 T_1, T_2, T_3의 장력의 크기를 비교하면?

① $T_1 > T_2 > T_3$　　② $T_3 > T_2 > T_1$　　③ $T_1 = T_3 > T_2$

④ $T_2 > T_1 = T_3$　　⑤ $T_1 = T_2 = T_3$

그렇게 생각하는 이유

---

16 그림과 같이 무게가 10 N인 두 물체가 도르래를 통하여 실로 연결되어 있다. 무게가 10 N인 오른쪽 물체에 연결된 실의 한쪽 끝을 연직 방향으로 10 N의 힘으로 당겼더니 물체의 **속력이 점점 빨라졌다.**

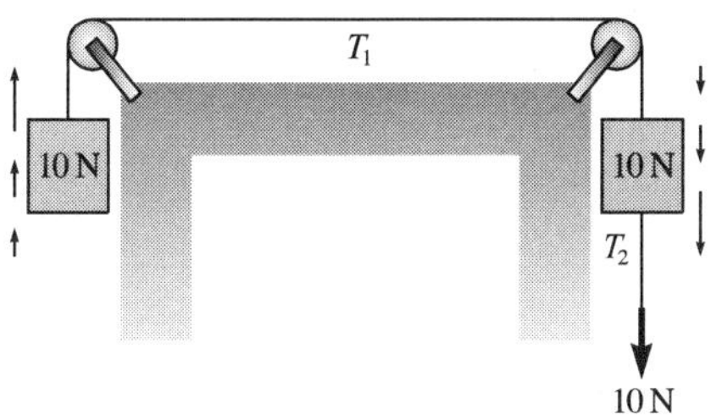

T_1: 두 물체 사이 가운데 부분의 실의 장력
T_2: 오른쪽 물체의 아래쪽에 연결된 실의 가운데 부분 장력

T_1, T_2의 장력의 크기를 비교하면?

① $T_1 > T_2$ ② $T_2 > T_1$ ③ $T_1 = T_2$

그렇게 생각하는 이유

____

이윤미(2004)는 중학생들을 대상으로 마찰력의 개념에 대해 연구하였는데, 그 결과, 고학년으로 갈수록 바른 개념 형성률을 보였으며, 2학년과 3학년 학생들의 정답률은 1학년보다 높았고, 2학년과 3학년의 차이는 없었다고 보고하였다. 연구자는 마찰력을 학습하기 이전의 1학년은 수업 경험이 없어 2, 3학년보다 낮은 것으로 판단하였으며, 이유를 진술하는 데 있어서 3학년 학생들이 1, 2학년보다는 훨씬 과학적인 진술을 하고 있어 개념이 더 정교해지거나 정착되는 것으로 추정하였다. 또한 남학생과 여학생의 개념 형성률이 다르게 나타나지는 않았다고 보고하였다. 작용·반작용 개념이 포함된 문제, 사람이나 자동차처럼 스스로 움직이는 물체의 마찰력 방향 문제, 접촉 면적이 변했을 때 운동 마찰력의 크기 문제, 빗면에서 위로 끌 때 운동 마찰력의 크기 문제는 매우 낮은 정답률을 보였으며, 작용·반작용이 포함된 복합 개념 문제의 답지 선택 이유 진술에 있어서는 3학년이 바른 개념을 갖고 있었는데, 이는 복합 개념 문제는 고학년이 더 바르고 과학적인 개념을 갖고 있는 것으로 생각하였다고 보고하였다. '물체의 접촉 면적이 넓어지면 운동 마찰력은 증가한다.'는 오개념이 전 학년에서 큰 비율로 많이 나타났고, '외력과 운동 마찰력이 비례한다.'는 오개념을 갖고 있어 물체를 움직이는 데 힘이 많이 필요하면 운동 마찰력도 커진다고 답하는 경우가 있다고 하였다. '스스로 움직이는 물체의 경우도 마찰력 방향은 물체 진행 방향과 반대 방향이다.'라는 개념을 많이 갖고 있어 '마찰력 방향은 물체 진행 방향과 반대 방향이다.'라는 생각이 학생들에게 확고하게 자리 잡고 있음을 보고하였다. 다음의 문항들은 이윤미(2004)가 연구에 사용한 것들이다.

1 다음 그림과 같이 무거운 물체가 놓여 있다. 그림 (가)와 같이 한 사람이 힘껏 밀었더니 움직이지 않았다. 이번에는 그림 (나)와 같이 두 사람이 힘껏 밀었으나 역시 물체는 움직이지 않는다.

(가)

(나)

(1) 위의 두 경우에서 물체와 지면 사이에 작용하는 마찰력의 크기는 어느 쪽이 클까요?
① (가) ② (나) ③ (가)와 (나)의 마찰력은 같다.
그렇게 생각하는 이유는?

____

(2) 물체와 지면 사이에 마찰력이 작용한다. 이때 물체가 받는 마찰력의 방향은?
① → ② ← ③ 없다
그렇게 생각하는 이유는?

____

(3) 물체가 지면에 작용하는 마찰력의 방향은?
① → ② ← ③ 없다
그렇게 생각하는 이유는?

____

(4) 사람이 지면에 작용하는 마찰력의 방향은?
① → ② ← ③ 없다
그렇게 생각하는 이유는?

____

(5) 지면이 사람에 작용하는 마찰력의 방향은?

① → ② ← ③ 없다

그렇게 생각하는 이유는?

____

2 다음 그림과 같은 물체가 있다. (가)는 한 사람이 당기고 있고 (나)는 두 사람이 당기고 있으나, 물체는 움직이지 않는다.

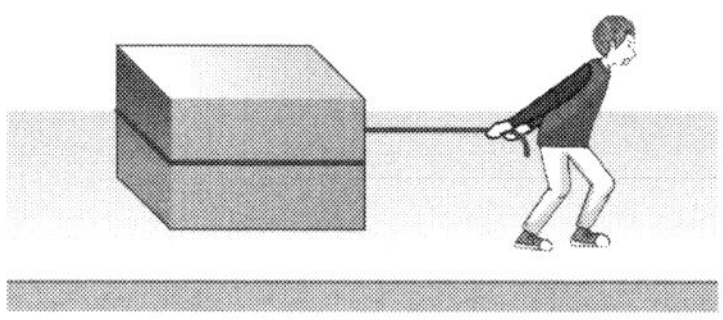

(가)

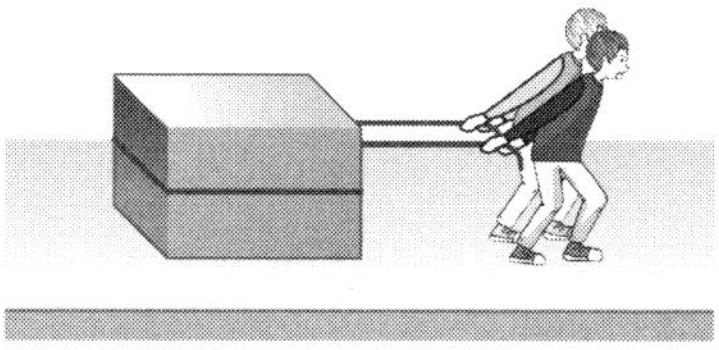

(나)

(1) 위의 두 경우에서 마찰력의 크기는 어느 쪽이 큰가?

① (가) ② (나) ③ (가)와 (나)의 마찰력은 같다

그렇게 생각하는 이유는?

____

(2) 지면이 물체에 작용하는 마찰력의 방향은?

① → ② ← ③ 없다

그렇게 생각하는 이유는?

____

3 다음 그림과 같은 물체 1개를 일정한 속도로 움직이는 데 필요한 힘이 F이다.

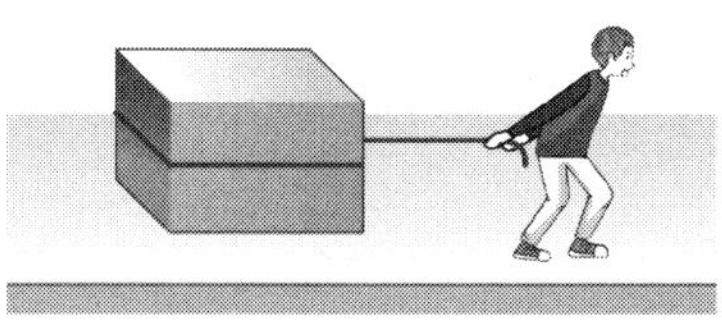

(가)

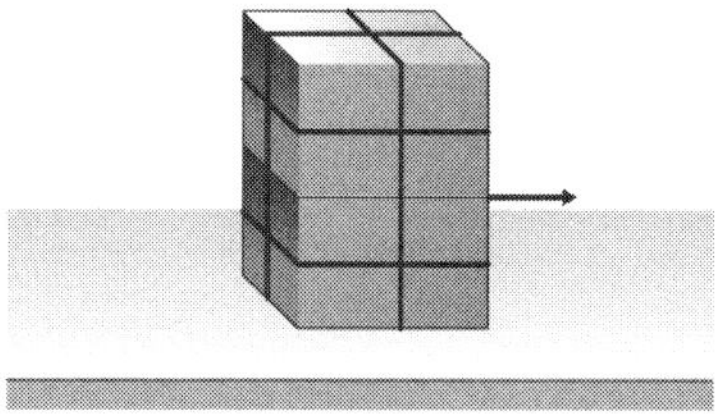

(나)

(1) (나)와 같이 물체를 하나 더 위로 올려놓고 움직이는 데 필요한 힘은 얼마인가?

① F　　② $1.5F$　　③ $2F$

그렇게 생각하는 이유는?

____

(2) 물체에 작용하는 마찰력의 방향은?

① →　　② ←　　③ 없다

그렇게 생각하는 이유는?

____

4 다음 그림과 같은 물체 2개를 쌓아 놓고 일정한 속도로 움직이는 데 필요한 힘이 F이다.

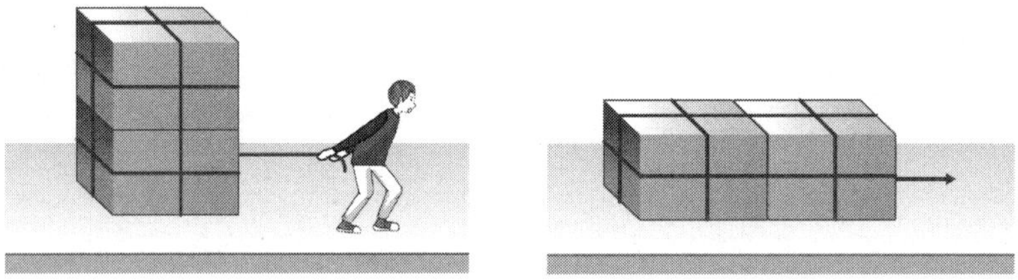

(가)　　(나)

(1) (나)와 같이 물체를 옆으로 놓고 움직이는 데 필요한 힘은 얼마인가?

① F　　② $1.5F$　　③ $2F$

그렇게 생각하는 이유는?

____

(2) 물체에 작용하는 마찰력의 방향은?

① →　　② ←　　③ 없다

그렇게 생각하는 이유는?

____

5 다음 그림과 같이 같은 재질로 된 경사각이 다른 두 빗면이 있다.

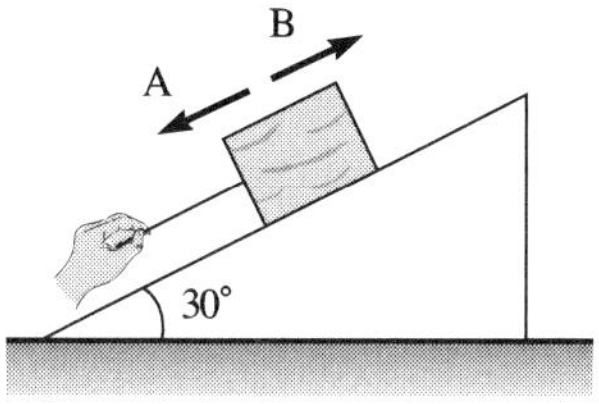

(가)

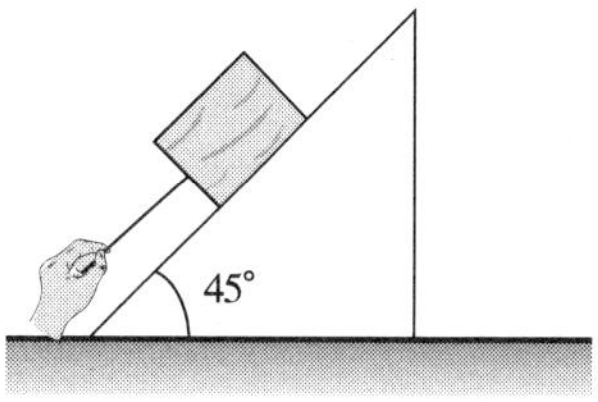

(나)

(1) 빗면에 나무도막을 올려놓고 아래로 끌고 가려고 한다. 물체가 움직이기 직전 물체의 마찰력은 어느 쪽이 큰가?

① (가) ② (나) ③ (가)=(나)

그렇게 생각하는 이유는?

____

(2) (가)의 경우 물체에 작용하는 마찰력의 방향은?

① A ② B ③ 없다

그렇게 생각하는 이유는?

____

6 다음 그림과 같이 재질과 경사각이 같은 두 빗면이 있다. (가)는 나무도막을 아래로 끌고 있고, (나)는 위로 끌고 있다.

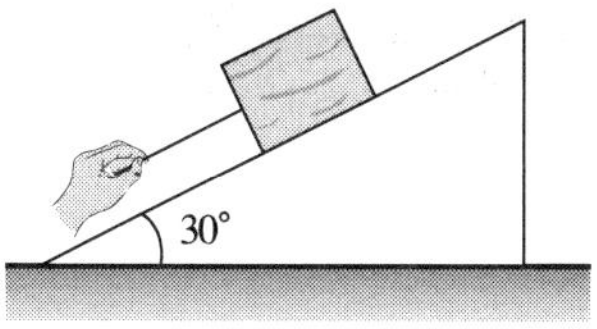

(가)

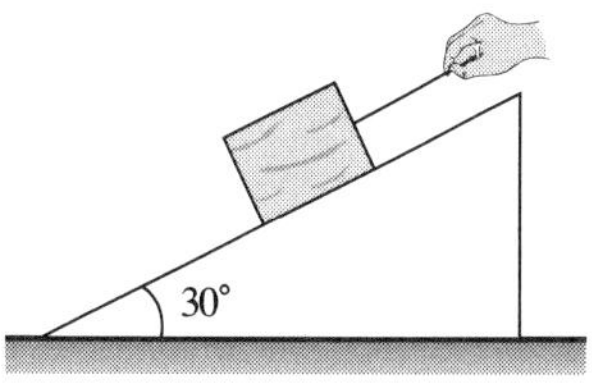

(나)

(1) 위의 두 경우 마찰력의 크기를 비교하면 어느 쪽이 큰가?

① (가) ② (나) ③ (가)=(나)

그렇게 생각하는 이유는?

____

(2) 어느 경우에 더 힘이 필요한가?

① (가) ② (나) ③ (가)=(나)

그렇게 생각하는 이유는?

____

7 다음 그림과 같이 재질과 경사각이 같은 두 빗면이 있다. (가)는 빗면에서 역학 수레가 굴러 내려오고 있고, (나)는 나무도막이 미끄러져 내려오고 있다. 두 경우 마찰력의 크기는 어느 쪽이 더 큰가?

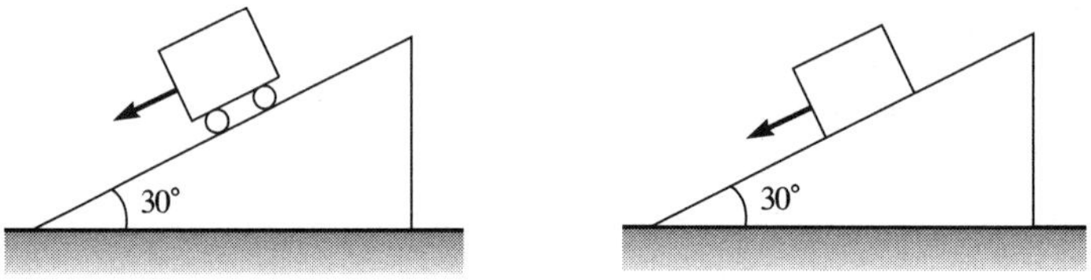

(가) (나)

① (가) ② (나) ③ (가)=(나)

그렇게 생각하는 이유는?

____

8 다음 그림과 같이 자동차가 있다. 차에 시동을 걸고 출발하려고 한다.

(1) 지면이 차바퀴에 작용하는 마찰력의 방향은?

① → ② ← ③ 없다

그렇게 생각하는 이유는?

(2) 차바퀴가 지면에 작용하는 마찰력의 방향은?

① → ② ← ③ 없다

그렇게 생각하는 이유는?

____

9 다음 그림과 같이 자동차가 있다. 브레이크를 밟아 차가 정지하려고 한다.

(1) 지면이 차바퀴에 작용하는 마찰력의 방향은?
① →　　② ←　　③ 없다
그렇게 생각하는 이유는?
____

(2) 차바퀴가 지면에 작용하는 마찰력의 방향은?
① →　　② ←　　③ 없다
그렇게 생각하는 이유는?
____

이진영(2008)은 힘을 전달하는 물체의 탄성과 운동하는 물체에 작용하는 힘의 크기에 대한 고등학생들의 이해도는 어떠한지 연구하였는데, 탄성이 없는 물체를 사용한 문항의 정답률 평균보다 탄성이 있는 물체를 사용한 문항의 정답률 평균이 낮게 나타났으며, 이것으로 학생들이 막대나 실을 사용한 경우보다 용수철이나 고무줄을 사용한 경우에 대해 더 많은 오개념을 지니고 있음을 알 수 있었다고 보고하였다. 탄성이 없는 두 물체인 막대와 실을 비교한다면 막대를 사용한 문항보다 실을 사용한 문항의 정답률이 낮게 나타났고, 탄성이 있는 경우, 용수철을 사용한 문항과 고무줄을 사용한 문항의 정답률은 큰 차이가 없다고 하였다. 당기는 힘이 작용하는 문항에 대한 정답률은 탄성이 있는 경우가 없는 경우보다 유의한 정도로 낮고 미는 힘이 작용하는 문항들의 정답률은 탄성이 있는 경우가 탄성이 없는 경우보다 낮지만 통계적으로 의미 있는 차이는 아니었으며, 미는 힘일 때보다 당기는 힘일 때 탄성 유무에 영향을 더 많이 받는다는 것을 알 수 있다고 하였다. 막대를 사용한 문항 중에서 당기는 힘이 작용하는 경우와 미는 힘이 작용하는 경우의 정답률에는 큰 차이가 없었고, 용수철을 사용한 문항 중에는 당기는 힘이 작용하는 경우보다 미는 힘이 작용하는 경우가 정답률이 조금 높게 나타났으나 유의한 정도의 차이는 아니라고 하였다. 연구자는 힘을 전달하는 물체의 탄성 유무에 따라 대표적인 오개념이 있다고 하였는데, 막대에 대해서는 질량이 없는 물체라는 조건이 잘 받아들여지지 않고 운동하는 물체와 동일하게 여겨 작용하는 힘이 있다고 생각하는 경우가 있었고, 실은 막대보다 가늘기 때문에 질량이 없는 물체라는 조건으로서 비교적 잘 받아들여졌지만 힘이 잘 전달되지 않을 것이라는 생각과 모양이 변형되거나 탄성을 지니고 있는 물체로 여기는 경우도 있었으며, 용수철에 대해서는 늘어나거나 압축되는 과정에서 힘을 소모하였을 것이라는 생각과 이미 용수철 자체에 힘을 보유하고 있어서 한 방향으로 힘을 더해 준다는 생각이 가장 많이 나타났다고 하였다. 힘을 전달하는 물체와 운동하는 물체가 연결되어 운동하는 상황에서 힘의 분배에 대한 오개념 중 가장 대표적인 것은 '외부에서 작용하는 힘이 질량을 지닌 물체에게 동일한 크기로 작용한다.'는 것인데, 외부의 힘과 질량과의 관계를 설명하는 Newton의 운동 제2법칙을 이해하지 못한 것으로 보이며, 또한 사람이 물체를 잡고 있을 때는 사람이 직접 접촉하거나 가까이 있는 물체에 작용하는 힘이 크고 멀어질수록 힘의 크기가 감소한다는 오개념도 많았다고 하였다. 학생들은 힘의 작용에 대해 탄성과 무관하게 '전달된다.', '더해진다.', '소모된다.', '보유한다.'고 표현하였는데, '전달된다.'는 힘이 흐르듯이 전달된다고 여기는 경우이고, '더해진다.'는 인접한 물체들에게 작용하는 힘들이 더해진다고 여기는 경우인데, 이런 학생들 대부분 막대와 물체의 상호작용을 이해하지 못하고 한 방향의 힘만 고려하는 오개념을 지니고 있었다고 하였다. 탄성이 있는 물체를 사용한 문항에서는 용수철의 탄성력이 한쪽 방향의 물체만 밀어 힘이 더해진다는 오개념도 나타났는데, 이런 생각은 에너지와 힘을 혼동하기 때문이라고 여겨진다. '소모한다'는 생각의 경우는 '함께 운동하지만 질량이 없다.'는 것이 어떤 의미인지 알지 못하기 때문이며 질량이 없는 물체에도 작용하는 힘이 있다는 오개념을 지니고 있는 것이라고 하였다. 용수철과 고무줄을 사용한 문항에서는 대부분의 학생들이 '탄성 때문에 소모된다.'고 기술하였는데, '보유한다.'는 운동하고 있는 물체는 그 자체에 힘을 보유하고 있다거나 질량을 그 물체가 지니고 있는 힘이라고 여기는 경우이며 관성과 힘을 혼동하는 것이라고 판단하였다. 탄성이 없는 물체 중 막대보다 실을 사용한 문항에서 오개념이 더 많이 드러났고 탄성이 있는 물체를 사용한 문항에서는 '소모한다.'와 '더해진다.'는 오개념이 가장 많이 나타났는데, 연구자는 단지 두 물체를 연결할 목적으로 힘을 전달하는 물체들을 사용할 때에는 물체의 특성에 따른 오개념을 염두에 두어 상황을 제시하여야 하며, 탄성의 크기가 큰 물체를 사용하더라도 힘의 작용 방식은 동일함을 교수 내용에 포함시킬 필요가 있다고 주장하였다. 다음의 문항들은 이진영(2008)이 연구에 사용한 것들이다.

모든 문항에서 막대, 실, 용수철, 고무줄의 질량은 무시하고 수평면은 마찰이 없다.

1 그림과 같이 물체에 막대를 붙여 10 N의 힘으로 계속 당긴다. 오른쪽으로 운동하고 있을 때 물체에 작용하는 힘의 크기는?

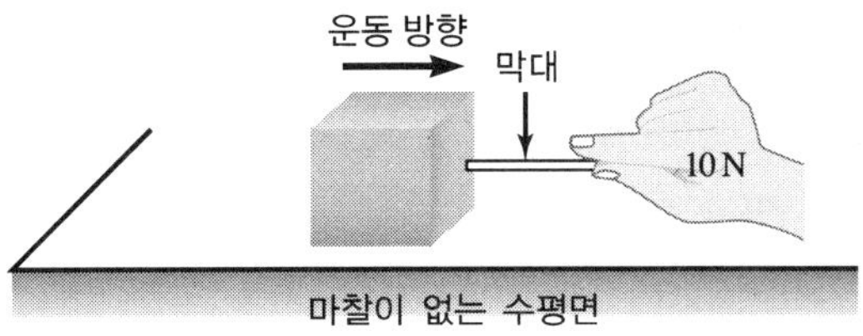

① 0 N ② 10 N보다 작다. ③ 10 N ④ 10 N보다 크다.

(이유:)

2 그림과 같이 질량이 같은 두 물체 사이에 막대를 붙인 후 일정한 힘 10 N으로 물체 B를 당기고 있다. 오른쪽으로 운동하고 있을 때 물체 A와 B에 작용하는 힘을 비교하면?

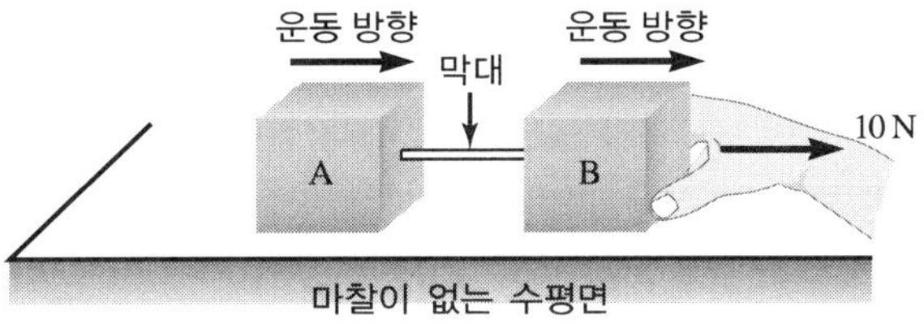

① A가 크다. ② B가 크다. ③ 같다.

(이유:)

3 그림과 같이 물체에 막대를 붙이고 10 N의 힘으로 계속 밀고 있다. 오른쪽으로 운동하고 있을 때 물체에 작용하는 힘의 크기는?

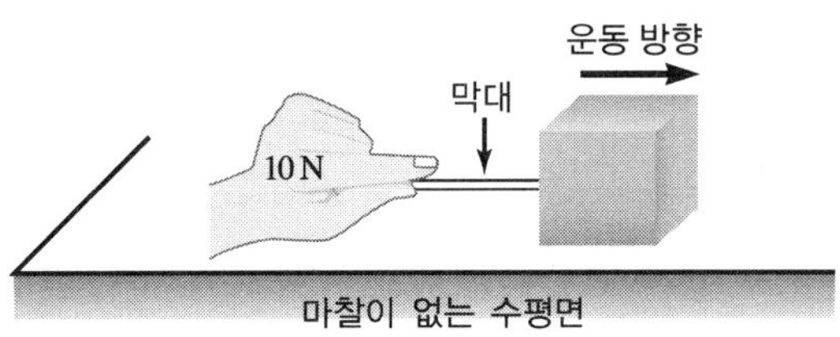

① 0 N　② 10 N보다 작다.　③ 10 N　④ 10 N보다 크다.

(이유:)

4 그림과 같이 질량이 같은 두 물체 사이에 막대를 붙인 후 일정한 힘 10 N으로 물체 A를 밀고 있다. 오른쪽으로 운동하고 있을 때 물체 A와 B에 작용하는 힘을 비교하면?

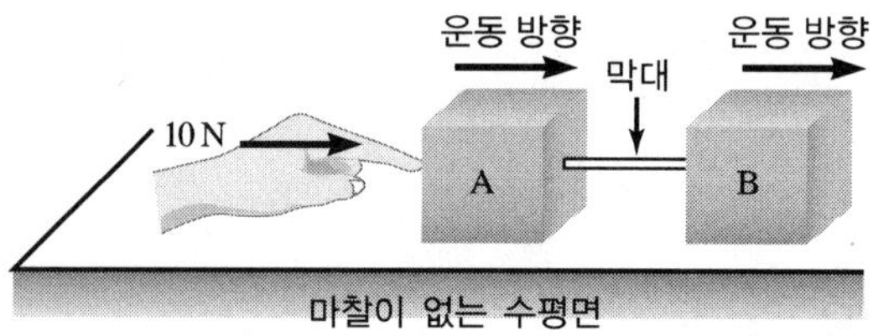

① A가 크다.　② B가 크다.　③ 같다.

(이유:)

5 그림과 같이 두 개의 동일한 막대와 질량이 같은 두 물체를 교대로 붙인 후 일정한 10 N의 힘을 가하여 막대를 당기고 있다. 오른쪽으로 운동하고 있을 때 물체 A와 B에 작용하는 힘을 비교하면?

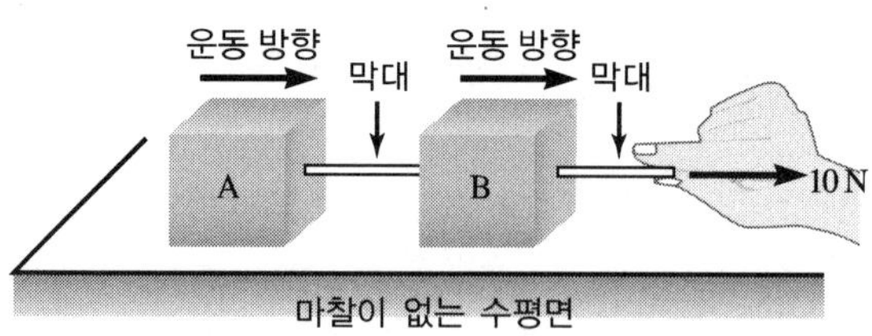

① A가 크다.　② B가 크다.　③ 같다.

(이유:)

6 그림과 같이 동일한 막대와 질량이 같은 두 물체를 교대로 붙이고 일정한 힘 10 N으로 막대를 계속 밀고 있다. 오른쪽으로 운동할 때 물체 A와 B에 작용하는 힘을 비교하면?

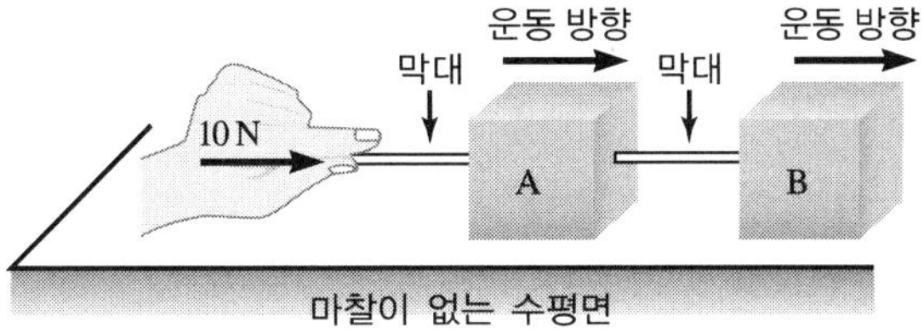

① A가 크다. ② B가 크다. ③ 같다.

(이유:)

7 그림과 같이 물체에 실을 붙여 일정한 힘 10 N으로 계속 당기고 있다. 실이 팽팽하게 당겨진 상태에서 오른쪽으로 운동하고 있을 때 물체에 작용하는 힘의 크기는?

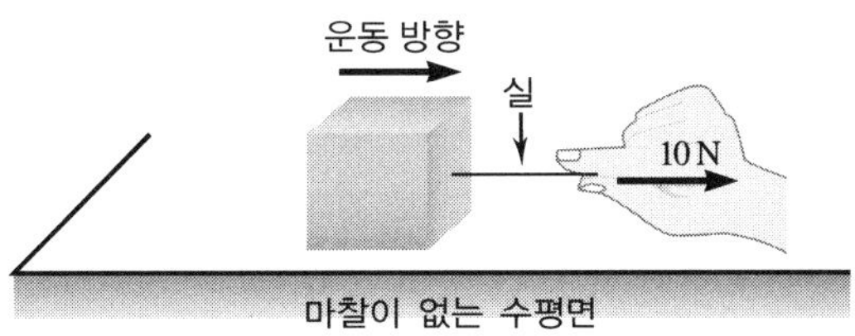

① 0 N ② 10 N보다 작다. ③ 10 N ④ 10 N보다 크다.

(이유:)

8 그림과 같이 질량이 같은 두 물체 사이에 실을 연결한 후 일정한 힘 10 N으로 물체 B를 당기고 있다. 실이 팽팽하게 당겨진 상태에서 오른쪽으로 운동하고 있을 때 물체 A와 B에 작용하는 힘을 비교하면?

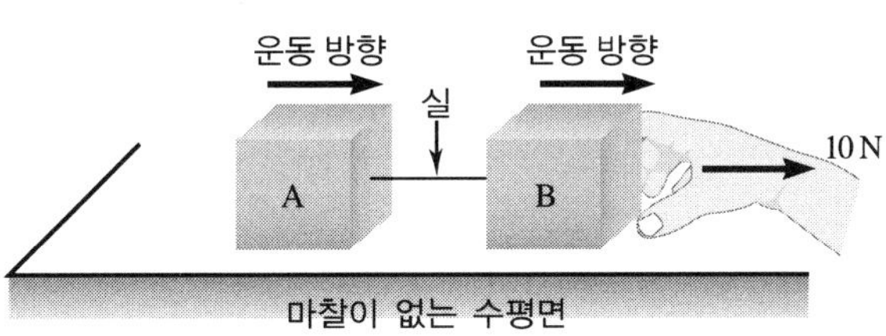

① A가 크다. ② B가 크다. ③ 같다.

(이유:)

9 그림과 같이 질량이 같은 두 물체 사이에 실을 연결한 후 일정한 힘 10 N으로 실을 당기고 있다. 실이 팽팽하게 당겨진 상태에서 오른쪽으로 운동하고 있을 때 물체 A와 B에 작용하는 힘을 비교하면?

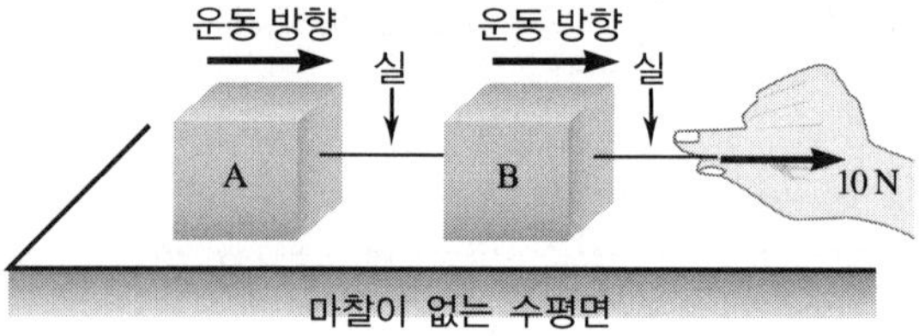

① A가 크다. ② B가 크다. ③ 같다.

(이유:)

10 그림과 같이 물체에 용수철을 연결하고 10 N의 힘으로 계속 당기고 있다. 용수철이 일정한 길이로 늘어난 상태로 오른쪽으로 운동하고 있을 때 물체에 작용하는 힘의 크기는?

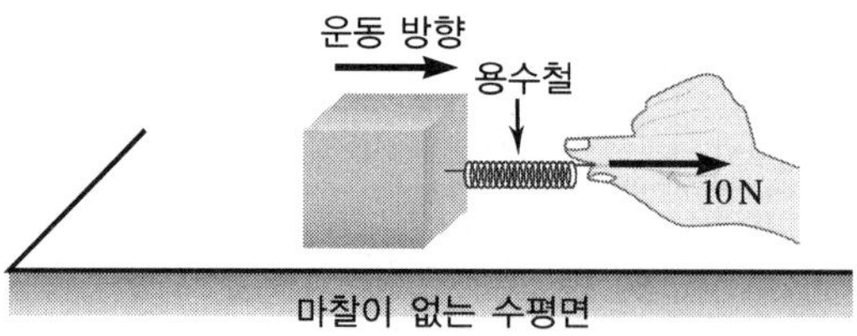

① 0 N ② 10 N보다 작다. ③ 10 N ④ 10 N보다 크다.

(이유:)

11 그림과 같이 질량이 같은 두 물체 사이에 용수철을 연결한 후 일정한 힘 10 N으로 물체 B를 당기고 있다. 용수철이 충분히 늘어난 상태로 오른쪽으로 운동하고 있을 때 물체 A와 B에 작용하는 힘을 비교하면?

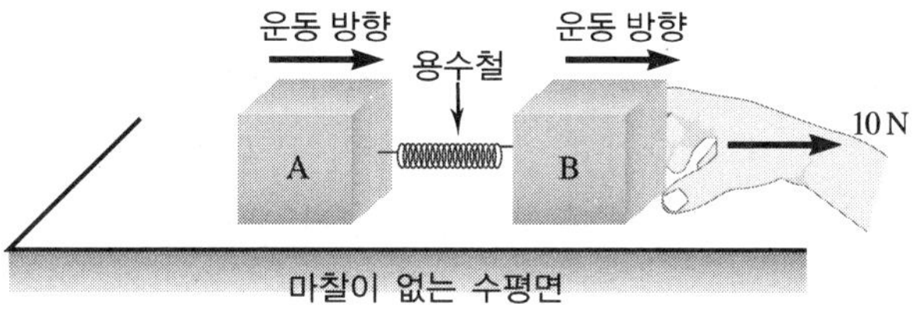

① A가 크다. ② B가 크다. ③ 같다.

(이유:)

12 그림과 같이 물체에 용수철을 붙이고 10 N의 힘으로 계속 밀고 있다. 용수철이 일정한 길이로 압축된 상태로 오른쪽으로 운동하고 있을 때 물체에 작용하는 힘의 크기는?

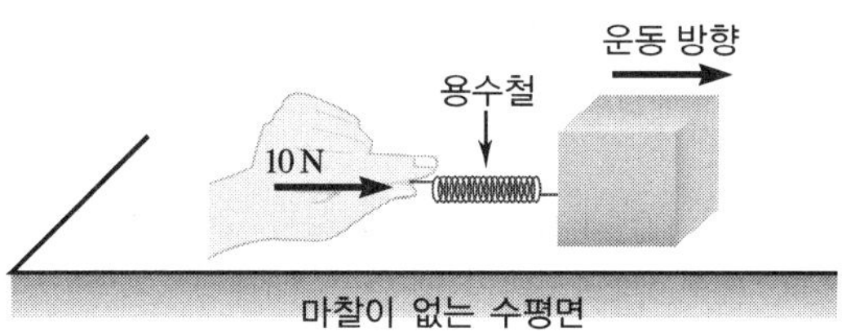

① 0 N ② 10 N보다 작다. ③ 10 N ④ 10 N보다 크다.

(이유:)

13 그림과 같이 질량이 같은 두 물체 사이에 용수철을 연결하고 10 N의 힘으로 계속 밀고 있다. 용수철이 일정한 길이로 압축된 상태로 오른쪽으로 운동하고 있을 때 물체 A와 B에 작용하는 힘을 비교하면?

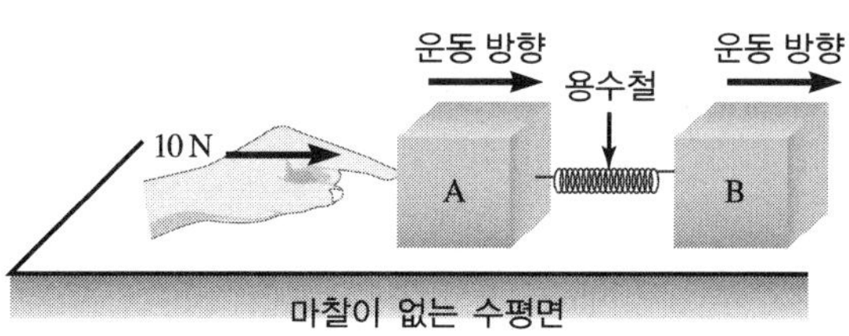

① A가 크다. ② B가 크다. ③ 같다.

(이유:)

14 그림과 같이 두 개의 동일한 용수철과 질량이 같은 두 물체를 연결하고 10 N의 힘으로 계속 당기고 있다. 용수철이 일정한 길이로 늘어난 상태로 오른쪽으로 운동하고 있을 때 물체 A와 B에 작용하는 힘을 비교하면?

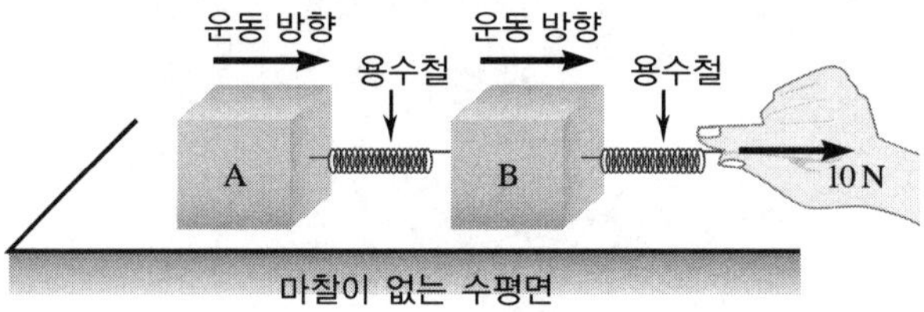

① A가 크다. ② B가 크다. ③ 같다.

(이유:)

15 그림과 같이 두 개의 동일한 용수철과 질량이 같은 두 물체를 연결하여 10 N의 힘으로 계속 밀고 있다. 용수철이 일정한 길이로 압축된 상태로 오른쪽으로 운동하고 있을 때 물체 A와 B에 작용하는 힘을 비교하면?

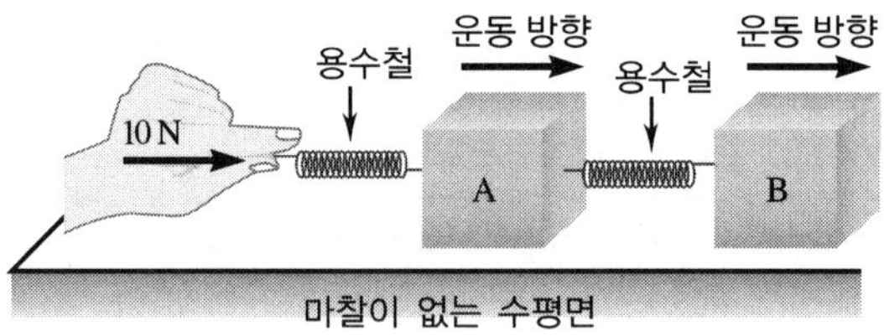

① A가 크다. ② B가 크다. ③ 같다.

(이유:)

16 그림과 같이 물체 A에 고무줄을 연결하고 10 N의 힘으로 계속 당기고 있다. 고무줄이 일정한 길이로 늘어난 상태로 오른쪽으로 운동하고 있을 때 물체에 작용하는 힘의 크기는?

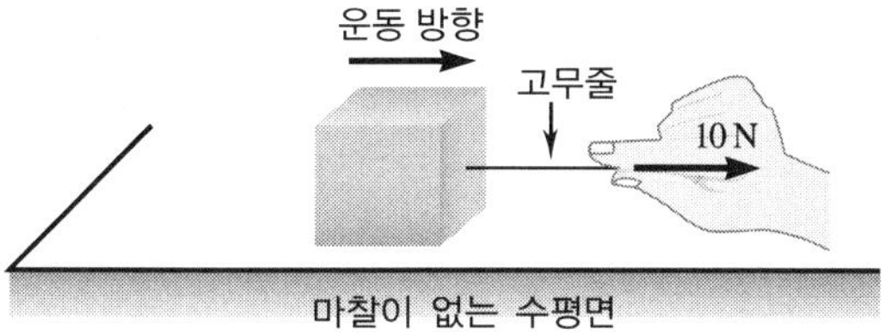

① 0 N ② 10 N보다 작다. ③ 10 N ④ 10 N보다 크다.
(이유:)

17 그림과 같이 질량이 같은 두 물체를 고무줄로 연결한 후 일정한 힘 10 N으로 물체 B를 당기고 있다. 고무줄이 일정한 길이로 늘어난 상태로 오른쪽으로 운동하고 있을 때 물체 A와 B에 작용하는 힘을 비교하면?

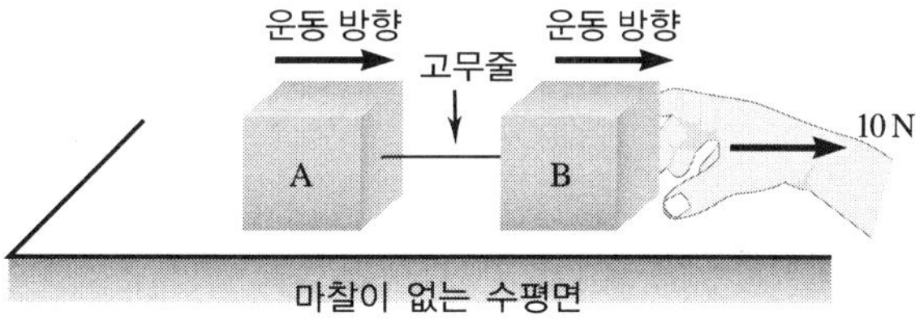

① A가 크다. ② B가 크다. ③ 같다.
(이유:)

18 그림과 같이 질량이 같은 물체 A와 B를 고무줄로 연결하고 물체 B에 연결된 고무줄을 일정한 힘 10 N으로 당기고 있다. 고무줄이 일정한 길이로 늘어난 상태에서 오른쪽으로 운동하고 있을 때 물체 A와 B에 작용하는 힘을 비교하면?

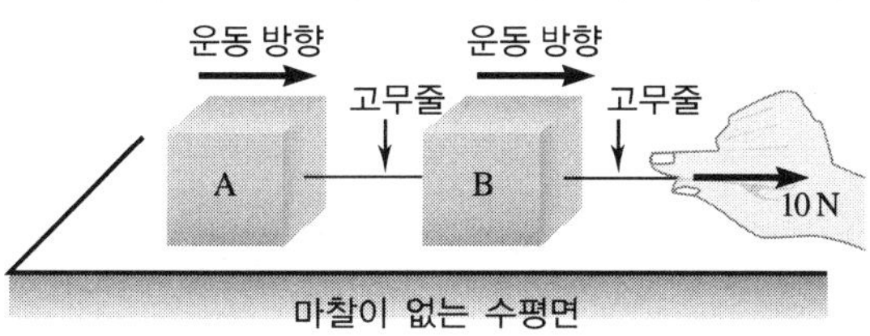

① A가 크다. ② B가 크다. ③ 같다.
(이유:)

허금정(2008)은 대학생들을 대상으로 운동량과 에너지의 개념에 대해 연구하였는데, 역학적 에너지와 운동량이 보존될 때는 계 전체에서 보존되는데 학생들은 각 물체에서 보존되는 것으로 생각하는 경향이 있었다고 보고하였다. 따라서 역학적 에너지와 운동량 보존을 지도할 때 계 전체에서 물리량이 보존된다는 것을 강조하여 지도하는 것이 학생들의 개념 형성에 도움이 될 것이라고 주장하였다. 또한 역학적 에너지가 보존될 때 물체가 미끄럼틀을 타고 내려오는 상황의 정답률이 물체를 여러 방향으로 던져 올리는 상황의 정답률보다 높게 나타났는데, 연직 상방 운동과 포물선 운동 등 다양한 상황에서 역학적 에너지 보존을 지도할 필요가 있을 것이라고도 주장하였다. 물리 개념과 관련된 문항에서 각 물리량들 사이의 관계를 독립적으로 인식하여 물리량들 사이의 관계와 물리 개념과의 관계를 제대로 이해하고 있지 못하는 경향이 있었다고 하였다. 예를 들어 질량이 다른 두 물체의 운동 에너지 변화에 대한 문항에서 일정한 힘으로 물체를 당겨 일정한 거리를 이동하면 물체에 가해진 일이 같으므로 운동 에너지 변화가 같은데, '질량이 다르므로 두 물체의 속력이 다르다.'거나 '질량을 모르므로 운동 에너지를 알 수 없다.'고 생각하는 경우가 많으므로 물리 개념을 지도할 때 학생들이 운동량과 운동 에너지와 같이 두 물리량 이상이 포함된 개념의 경우 각 물리량과 물리 개념과의 관계를 독립적이 아닌 통합적인 관계로 인식할 수 있도록 지도할 필요가 있다고 주장하였다. 멈춰 있는 진자에 또 다른 진자가 완전 비탄성 충돌하여 같이 움직이는 문제를 분석하는 것에 대한 정답률이 낮게 나타났는데, 이것은 학생들이 진자의 충돌 전·후 상황에서 역학적 에너지 보존과 운동량 보존 중 어떤 법칙을 사용해야 하는지 제대로 이해하고 있지 못하기 때문이라고 하였다. 다음의 문항들은 허금정(2008)이 연구에 사용한 것들이다.

1 바닥에 있는 가방을 탁자 위로 들어 올릴 때 중력이 한 일을 구하고자 한다. 다음 중 가방의 무게 이외에 필요한 요소를 모두 고른 것은?

ㄱ. 가방을 탁자 위로 똑바로 들어 올렸는지, 더 긴 경로로 들어 올렸는지 ㄴ. 빨리 들어 올렸는지, 천천히 들어 올렸는지 ㄷ. 바닥에서 탁자까지의 높이

① ㄱ ② ㄷ ③ ㄱ, ㄷ ④ ㄴ, ㄷ ⑤ ㄱ, ㄴ, ㄷ

2 아래 그림과 같이 마찰이 없는 두 대의 미끄럼틀이 있다. 두 미끄럼틀은 모두 높이가 h로 같다. 몸무게가 같은 영희와 철수가 정지해 있다가 서로 다른 두 대의 미끄럼틀을 타고 내려올 경우, 바닥에서 누가 더 큰 속력을 갖게 되는지 바르게 설명한 것은?

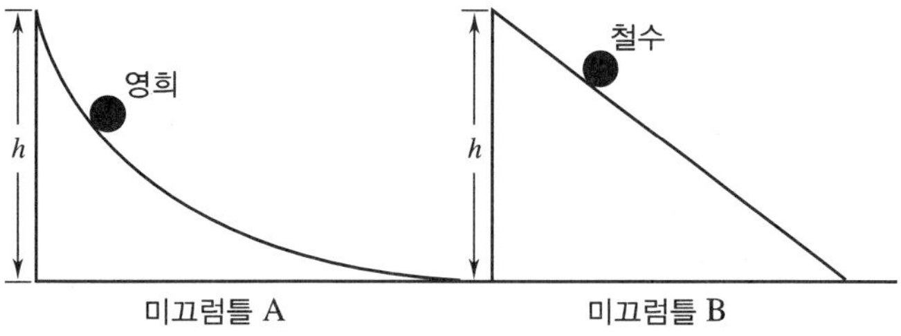

① 영희의 미끄럼틀이 철수의 미끄럼틀보다 처음 경사가 급해 가속이 더 잘되므로 영희가 더 큰 속력을 갖게 된다.
② 영희의 미끄럼틀이 철수의 미끄럼틀보다 경로가 길어 가속이 더 잘되므로 영희가 더 큰 속력을 갖게 된다.
③ 철수의 미끄럼틀이 경사가 일정해 가속이 더 잘되므로 철수가 더 큰 속력을 갖게 된다.
④ 철수의 미끄럼틀이 영희의 미끄럼틀보다 경로가 짧아 바닥에서 철수의 운동 에너지가 더 잘 보존되므로 철수가 더 큰 속력을 갖게 된다.
⑤ 영희와 철수의 속력은 같다.

3 마찰이 없는 수평면에서 움직이고 있는 흰색 당구공이 정지하고 있던 빨간색 당구공과 탄성 충돌하였다. 이 탄성 충돌에 관하여 바르게 설명한 것을 모두 고른 것은?

ㄱ. 흰색 당구공의 운동 에너지는 보존된다(충돌 전과 후가 같다).
ㄴ. 흰색 당구공의 선운동량은 보존된다.
ㄷ. 두 당구공을 포함한 계의 선운동량은 보존된다.

① ㄱ ② ㄷ ③ ㄱ, ㄴ ④ ㄱ, ㄷ ⑤ ㄱ, ㄴ, ㄷ

4 같은 공 A, B를 같은 높이에서 동일한 처음 속력 v_0로 던졌다. A는 연직 위로 던지고, B는 연직 아래로 던졌다. 바닥에 도달하기 직전 A와 B의 속력을 비교하였을 때 어느 것이 더 빠른지 바르게 설명한 것은?

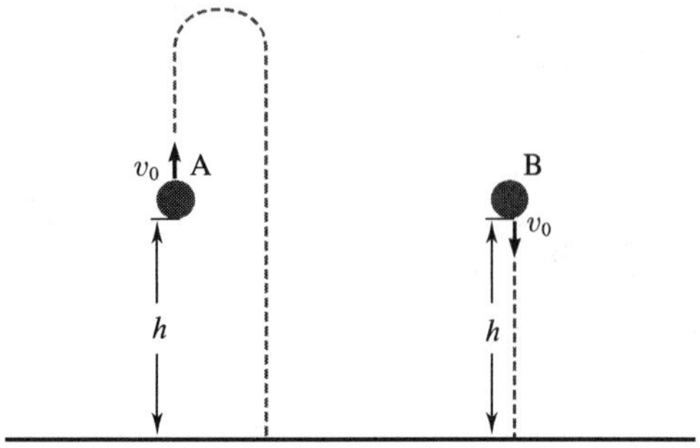

① 두 공의 속력은 같다.
② A의 경로가 더 길기 때문에 A가 더 빠르다.
③ 바닥에 도달하기까지 걸린 시간이 A가 더 길기 때문에 A가 더 빠르다.
④ A의 경로가 더 길 뿐만 아니라 바닥에 도달하기까지 걸린 시간도 더 길기 때문에 A가 더 빠르다.
⑤ 중력에 대해 한 일이 없기 때문에 B가 더 빠르다.

5 마찰이 없는 평면 위에 질량이 같은 강철도막과 나무도막이 있다. 이 두 물체에 수평 방향으로 초기 속도 v_0를 가진 동일한 총알이 발사되었다. 강철도막에 발사된 총알은 탄성 충돌한 후 튕겨 나오고, 나무도막에 발사된 총알은 나무도막에 박힌다. 강철도막과 나무도막 중 어느 것이 충돌 후 더 큰 속력으로 움직이는지 바르게 설명한 것은?

위에서 본 모습

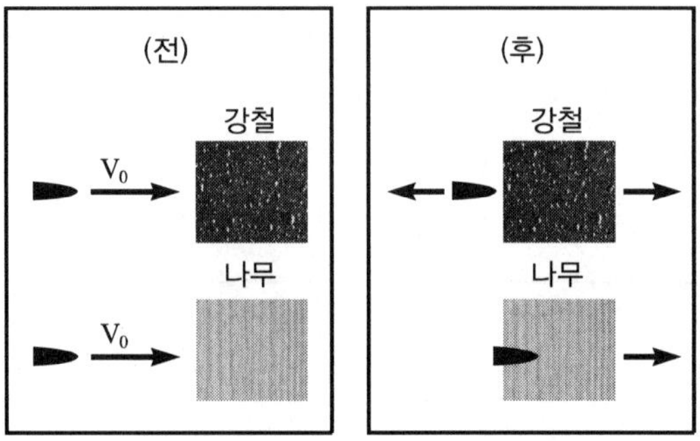

① 나무도막은 총알로부터 운동량을 얻지만 강철도막은 총알로부터 운동량을 얻을 수 없기 때문에 나무도막이 더 빠르다.
② 나무도막에 박힌 총알의 운동 에너지가 전부 나무도막에 전달되기 때문에 나무도막이 더 빠르다.
③ 뉴튼 제2법칙에 의하여 충돌 후 질량이 증가하면 더 큰 힘이 작용해 나무도막을 가속시키기 때문에 나무도막이 더 빠르다.
④ 총알이 강철도막에서 튕겨 나오기 때문에 강철도막이 더 빠르다.
⑤ 강철도막과 나무도막의 속력은 같다.

6 그림과 같이 인공위성이 일정한 속력으로 지구 주위 원 궤도를 돌고 있다. 인공위성에 작용하는 힘은 지구의 중력뿐이며, 이 힘은 지구 중심을 향한다. 인공위성이 궤도상의 점 A에서 점 B로 이동할 때 다음 설명 중 옳은 것은?

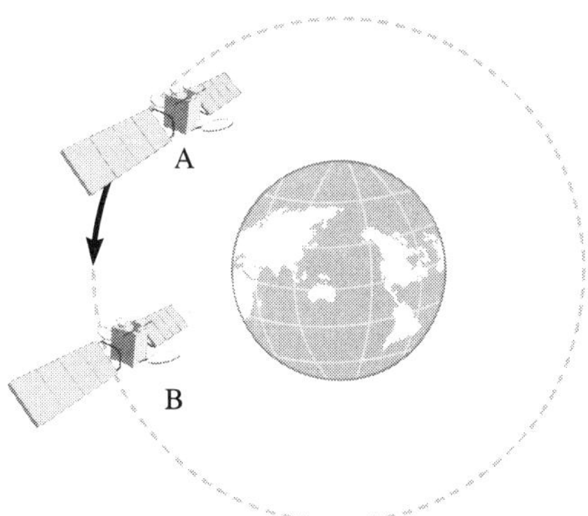

① 인공위성의 중력 퍼텐셜 에너지가 감소하였다.
② 중력이 인공위성에 한 일은 (−)이다.
③ 중력이 인공위성에 한 일은 0이다.
④ 인공위성의 속도는 변하지 않는다.
⑤ 위의 설명이 전부 옳지 않다.

7 고속도로에서 승용차와 트럭이 같은 방향으로 달리고 있다. 트럭은 등속 운동을 하고 있고 승용차는 가속 운동을 하고 있다. 어느 순간 승용차의 속력이 트럭의 속력보다 4배 더 크다면 이때 승용차와 트럭 중에서 어느 것이 더 큰 운동량을 갖는지 바르게 설명한 것은?

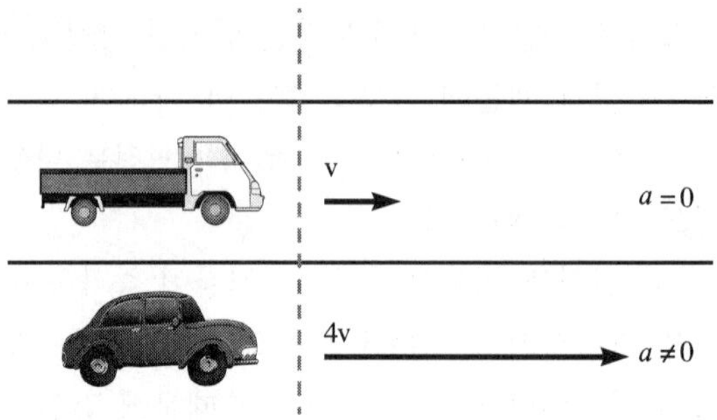

① 트럭의 질량이 더 크기 때문에 트럭이 더 큰 운동량을 갖는다.
② 승용차의 속력이 더 크기 때문에 승용차가 더 큰 운동량을 갖는다.
③ 승용차는 가속 운동을 하기 때문에 승용차가 더 큰 운동량을 갖는다.
④ 승용차의 속력이 더 크고 가속 운동을 하기 때문에 승용차가 더 큰 운동량을 갖는다.
⑤ 답하기에 정보가 충분하지 않다.

8 질량이 없는 끈으로 나무도막을 높이 h인 곳까지 일정한 속도로 올리려고 한다. 나무도막을 수직으로 들어 올리거나 마찰이 없는 경사면을 이용하여 들어 올릴 수 있다. 다음 설명 중 옳은 것은?

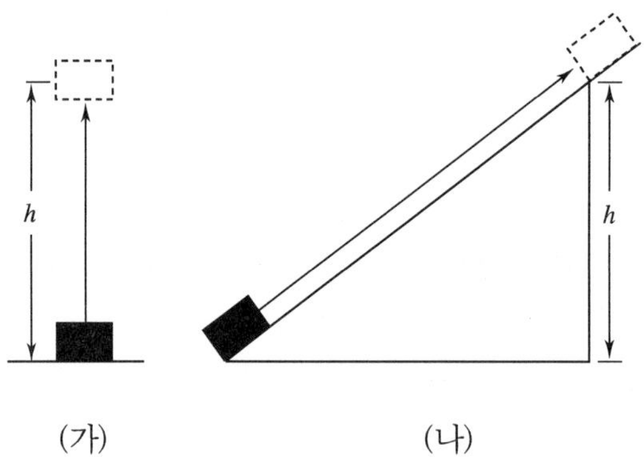

① (나)보다 (가)에 작용하는 줄의 장력이 더 작다.
② (가)와 (나) 모두 줄의 장력이 같다.
③ 장력이 나무도막에 한 일은 모두 같다.
④ 장력이 나무도막에 한 일은 (가)보다 (나)가 더 작다.
⑤ 중력이 나무도막에 한 일은 (가)보다 (나)가 더 작다.

9 철수가 자전거를 타고 언덕을 올라가고 있다. 철수와 자전거의 전체 역학적 에너지가 보존되는 경우를 모두 고른 것은? (단, 자전거와 바닥면의 마찰에 의한 에너지 손실은 무시한다.)

ㄱ. 언덕 아래에서 페달 밟기를 멈추고 관성에 의해 올라간다.
ㄴ. 페달을 밟아 언덕을 일정한 속력으로 올라간다.
ㄷ. 페달을 세게 밟아 언덕을 가속해서 올라간다.

① ㄱ ② ㄴ ③ ㄱ, ㄴ ④ ㄴ, ㄷ ⑤ ㄱ, ㄴ, ㄷ

10 마찰이 없는 수평면에서 정지해 있던 폭탄이 폭발하여 3조각으로 나누어진 후 아래 그림과 같이 평면상에서 날아간다. 다음 설명 중 옳은 것을 모두 고른 것은?

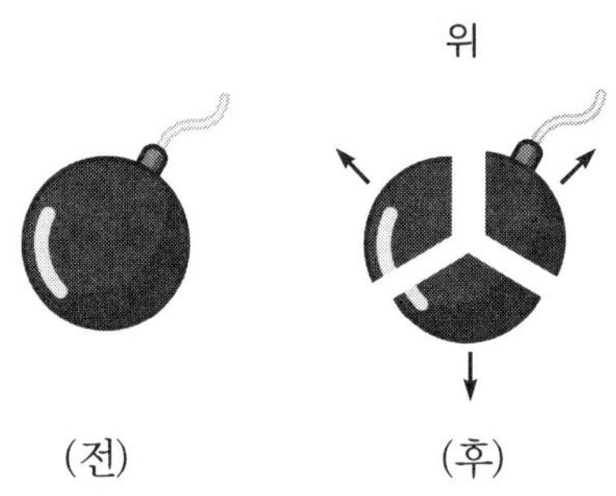

ㄱ. 폭탄 파편들의 전체 운동 에너지는 폭발 전 폭탄의 운동 에너지와 같다.
ㄴ. 폭탄 파편들의 전체 운동량은 폭발 전 폭탄의 전체 운동량과 같다.
ㄷ. 폭탄 파편들의 전체 운동량은 0이다.

① ㄱ ② ㄴ ③ ㄷ ④ ㄴ, ㄷ ⑤ ㄱ, ㄴ, ㄷ

11 철수와 수레가 마찰이 없는 수평면 위에 있다. 아래 그림과 같이 철수가 수레를 향해 공을 던졌다. 공은 수레를 맞추고 탄성적으로 되 튕겨 나왔다. 다음 중 이 상황에 대해 옳게 설명한 것은?

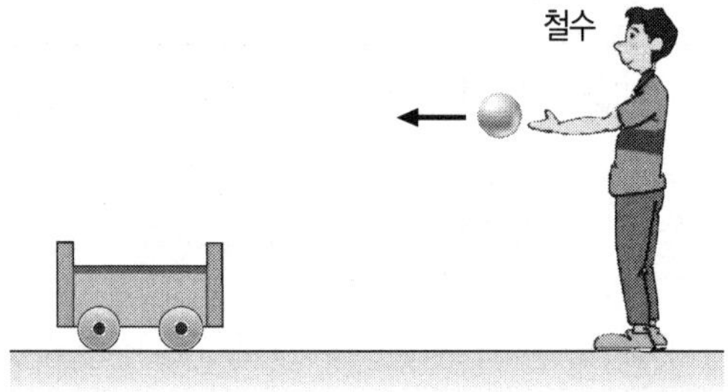

① 공이 탄성적으로 되 튕겨 나와 운동량이 전달되지 않았으므로 수레는 움직이지 않는다.
② 탄성 충돌에서 공의 운동 에너지는 보존되므로 수레는 움직이지 않는다.
③ 선운동량과 운동 에너지가 보존되므로 수레는 움직이지 않는다.
④ 선운동량과 운동 에너지가 보존되므로 철수는 공을 던진 후 움직이지 않는다.
⑤ 선운동량이 보존되어야 하므로 철수는 공을 던진 반대 방향으로 움직인다.

12 다음 그림과 같이 질량을 무시할 수 있는 줄을 사용하여 수평면을 따라 일정한 힘 F로 상자를 당겼다. 이 상자는 마찰력 F_k가 작용하는 수평면 위를 위치 A에서 B까지 일정한 속도로 움직였다. 이 상자의 운동에 대한 설명 중 옳은 것은?

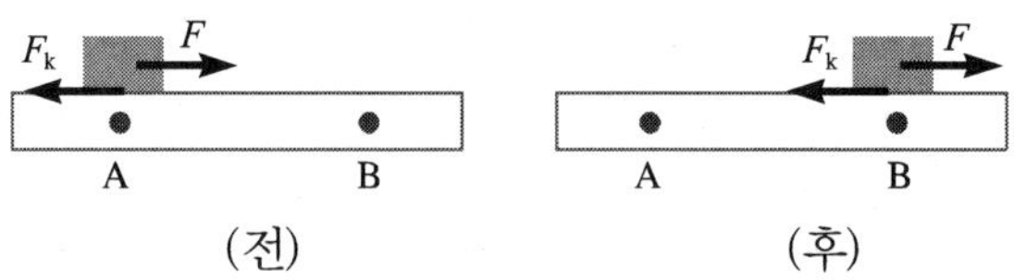

① 중력이 상자에 한 일은 0이 아니다.
② F_k가 상자에 한 일은 (+)이다.
③ 상자에 작용한 전체 힘이 한 일은 0이 아니다.
④ F가 상자에 한 일의 양은 F_k가 상자에 한 일의 양과 같다.
⑤ F의 크기는 F_k의 크기보다 크다.

[13-14] (가)에서는 높이 h에 정지해 있던 수레 A가 레일을 따라 내려와 정지하고 있는 수레 B와 완전 비탄성 충돌을 한다. (나)에서는 높이 $\frac{h}{2}$에 정지 상태로 마주 서 있던 수레 A와 B가 레일을 따라 내려와 바닥에서 완전 비탄성 충돌을 한다(단, 수레 A와 B는 동일하다).

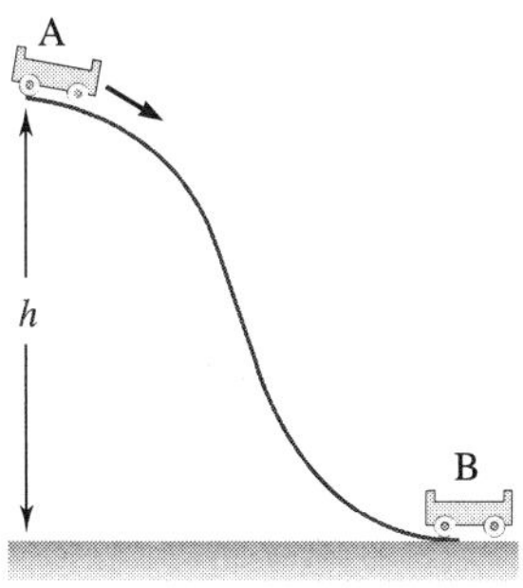

(가)

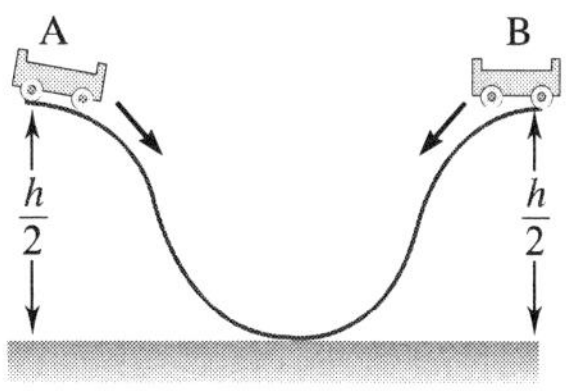

(나)

13 충돌 직전의 계에 대한 설명으로 옳은 것은?

① (나)의 경우 계의 전체 운동 에너지는 0이다.
② 계의 전체 운동 에너지는 (나)의 경우보다 (가)의 경우 더 크다.
③ (가)와 (나) 두 계의 전체 운동 에너지는 같다.
④ 계의 전체 운동량은 (가)의 경우보다 (나)의 경우가 더 크다.
⑤ (가)와 (나) 두 계의 전체 운동량은 같다.

14 충돌 직후의 계에 대한 설명으로 옳은 것은?

① 계의 전체 운동 에너지는 (가)의 경우보다 (나)의 경우가 더 크다
② (가)와 (나) 두 계의 전체 운동 에너지는 같다.
③ 계의 전체 운동량은 (가)의 경우보다 (나)의 경우가 더 크다.
④ 계의 전체 운동량은 (가)의 경우는 0이 아니지만, (나)의 경우는 0이다.
⑤ (가)와 (나) 두 계의 전체 운동량은 같다.

15 영희와 철수가 마찰이 없는 미끄럼틀을 내려오고 있다. 철수의 질량은 75 kg이고, 영희의 질량은 25 kg이다. 같은 높이에서 정지해 있던 영희와 철수가 미끄러지기 시작했다면 누가 바닥에서 더 큰 속력을 갖게 되는지 바르게 설명한 것은?

① 바닥에서 영희와 철수의 속력은 같다.
② 미끄럼틀을 누르는 힘이 영희가 철수보다 작아서 영희의 운동이 철수의 운동보다 자유 낙하에 가깝기 때문에 영희가 속력이 더 크다.
③ 철수가 영희보다 무거워서 아래방향으로 더 가속되기 때문에 철수가 속력이 더 크다.
④ 가벼운 물체는 쉽게 가속되기 때문에 철수보다 가벼운 영희가 속력이 더 크다.
⑤ 영희보다 철수가 미끄럼틀을 내려오는 데 걸리는 시간이 짧기 때문에 철수가 더 크다.

16 찰흙으로 만든 공 A와 B가 같은 길이의 줄에 매달려 있다. 높이 h_0에서 정지하고 있던 공 A가 그림과 같이 정지하고 있던 공 B에 충돌하였다. 충돌 후 두 공이 하나가 되어 최고 높이 h_f까지 올라갔다. 높이 h_f를 h_0로 표현하려고 할 때, 다음 중 어떤 원리를 사용하여야 할까? (단, 두 공의 질량은 같고 줄의 질량은 무시할 수 있다.)

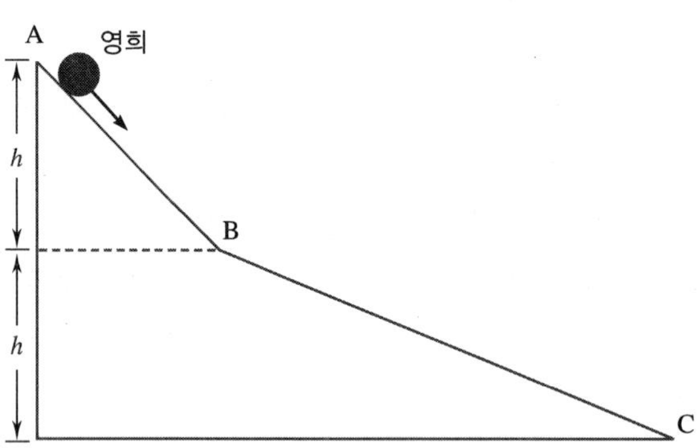

ㄱ. 역학적 에너지 보존
ㄴ. 선운동량 보존

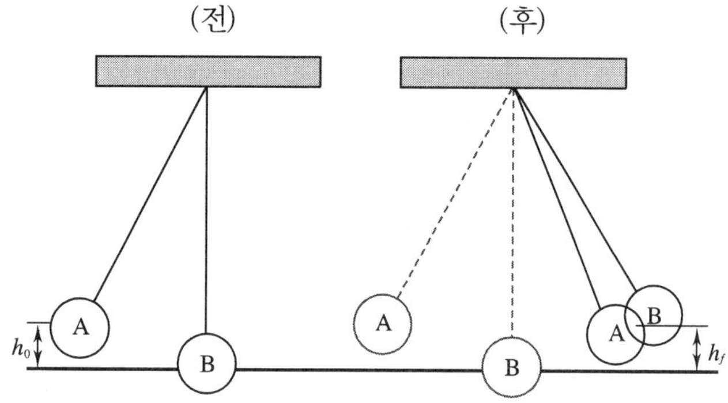

① ㄱ ② ㄴ ③ ㄱ, ㄴ ④ ㄱ과 ㄴ 둘 중 하나
⑤ ㄱ, ㄴ의 원리만으로 h_f를 구하기 충분하지 않다.

17 고층건물에서 공을 떨어뜨렸더니 중력의 영향으로 자유 낙하하였다. 다음 설명 중 옳은 것은?

① 공의 운동 에너지는 같은 시간에 같은 양만큼 증가한다.
② 공의 운동 에너지는 같은 거리에 같은 양만큼 증가한다.
③ 공이 떨어질 때 중력이 공에 한 일은 0이다.
④ 공이 떨어질 때 중력이 공에 한 일은 (−)이다.
⑤ 공의 전체 역학적 에너지는 공이 떨어짐에 따라 감소한다.

[18−19] 충격량은 평균 힘과 힘이 작용한 시간의 곱으로 결정된다. 다음 물음에 답하시오.

18 선운동량과 관련된 다음 설명 중 옳은 것은?

① 운동량은 힘이다.
② 물체의 운동량은 항상 (+)이다.
③ 운동량은 스칼라량이다.
④ 운동량의 SI 단위는 kgm^2/s이다.
⑤ 운동량과 충격량의 단위는 같다.

19 철수가 자전거를 타고 가다가, 갑자기 브레이크가 고장 났다. 콘크리트 벽보다 건초더미에 부딪치는 것이 현명한 이유로 옳은 것은?

① 건초더미에 부딪히는 경우에 철수가 받은 충격량이 더 작기 때문이다.
② 건초더미에 부딪히는 경우에 철수의 운동량을 변화시키는 데 시간이 더 오래 걸리기 때문이다.
③ 건초더미에 부딪히는 경우에 철수의 운동 에너지 변화가 더 작기 때문이다.
④ 건초더미에 부딪히는 경우에 철수의 운동량 변화가 더 작기 때문이다.
⑤ 콘크리트 벽에 부딪히는 경우에 더 많은 퍼텐셜 에너지가 콘크리트 벽에 저장되고 철수에게 큰 힘으로 작용하기 때문이다.

20 영희가 아래 그림과 같이 경사진 비탈을 내려오고 있다. 이 경사면은 얼음으로 되어 있고 마찰이 없다. 바르게 설명한 것을 모두 고른 것은?

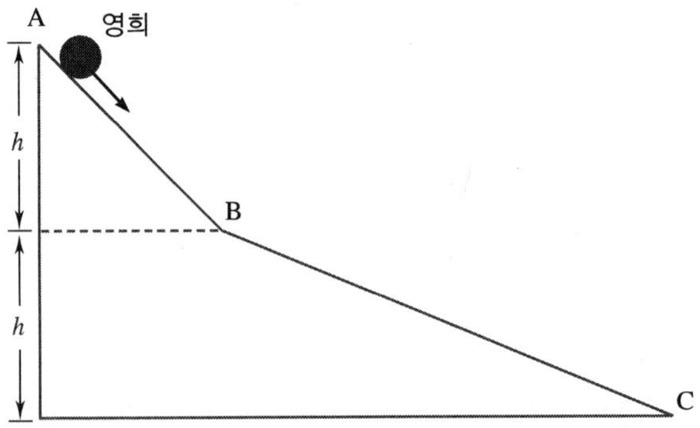

ㄱ. A에서 B까지 운동 에너지 변화와 B에서 C까지 운동 에너지 변화는 같다.
ㄴ. A에서 B까지 중력이 한 일은 B에서 C까지 중력이 한 일보다 작다.
ㄷ. A에서 B까지 중력이 한 일은 B에서 C까지 중력이 한 일보다 크다.

① ㄱ ② ㄴ ③ ㄷ ④ ㄱ, ㄴ ⑤ ㄱ, ㄷ

21 수평으로 등속 운동하는 수레가 있다. 빗속을 지나는 수레에 수직으로 빗방울이 떨어져 수레 안에 모인다. 다음 설명 중 이 상황에 관해 옳게 설명한 것을 모두 고른 것은? (단, 이 수레와 바닥의 마찰은 무시한다.)

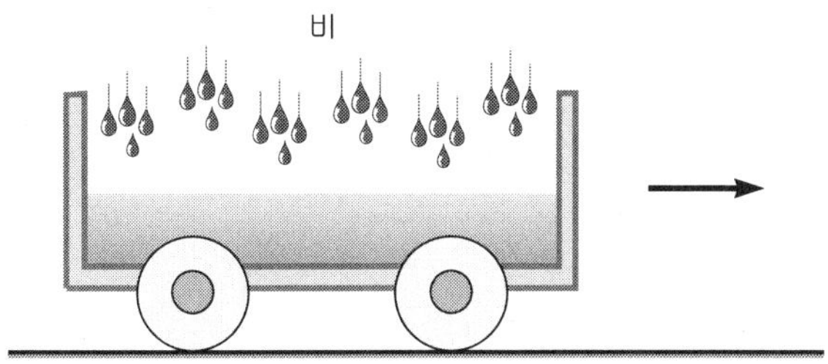

ㄱ. 수레는 수평으로 움직이는 반면 비는 수직으로 떨어지기 때문에, 수레는 일정한 속도로 계속 움직일 것이다.
ㄴ. 수레와 비로 이루어진 계의 전체 역학적 에너지는 보존되기 때문에, 수레는 일정한 속도로 계속 움직일 것이다.
ㄷ. 수레와 비로 이루어진 계의 수평 운동량이 보존되기 때문에 수레는 점점 느려질 것이다.

① ㄱ ② ㄴ ③ ㄷ ④ ㄱ, ㄴ ⑤ 답 없음

22 그림은 세 개의 공을 같은 평면상에서 처음 속력 v_0로 던지는 것을 나타낸 것이다. 공을 (가) 연직 상방으로, (나) 수평과 60°를 이루는 방향으로, (다) 수평과 45°를 이루는 방향으로 던졌고, 던져진 공은 속력이 점점 줄어든다. 공이 점선에 도달할 때의 속력이 큰 순서대로 나열한 것은? (단, 세 개의 공은 점선에 도달할 수 있을 정도로 충분한 처음 속력을 가지고 있다.)

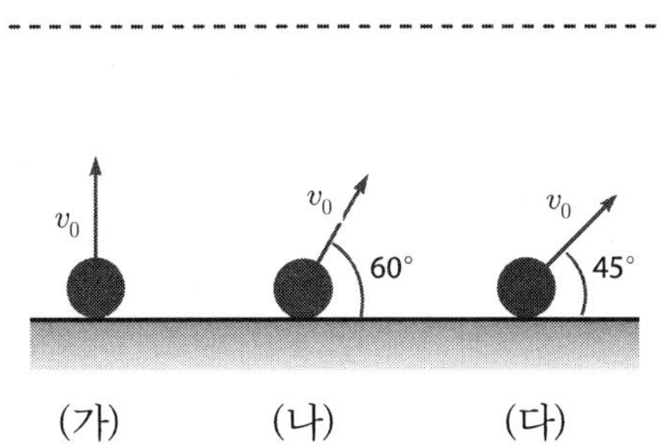

① (가) > (나) > (다)　　② (가) > (다) > (나)
③ (다) > (가) > (나)　　④ 세 개의 공은 같은 속력이다.
⑤ 공의 속력을 결정하기 위한 정보가 충분하지 않다. 왜냐하면 공의 속력은 질량에 관계되기 때문이다.

23 질량이 같은 고무공(A)과 찰흙공(B)을 같은 높이 h에서 바닥으로 떨어뜨렸다. 고무공은 바닥에 충돌한 후 튀어 오른 반면 찰흙공은 바닥에 정지하였다. 공이 바닥에 충돌하는 시간 Δt 동안에 고무공과 찰흙공이 바닥에 가한 평균 힘 $\overline{F_A}$, $\overline{F_B}$를 바르게 비교한 것은? (단, 두 경우 공이 처음 속도에서 최종 속도로 변하는 데 걸리는 시간 Δt는 같다.)

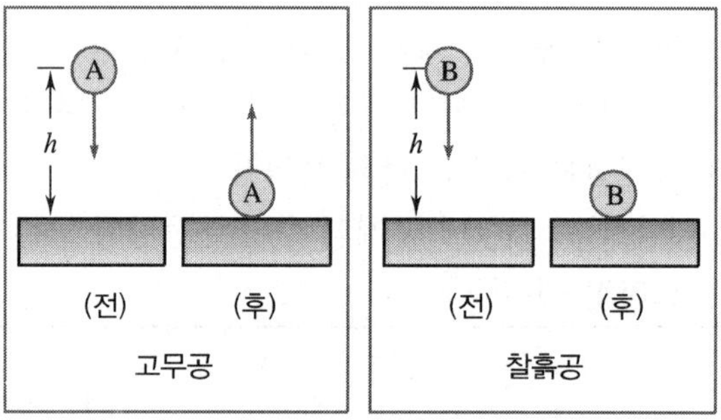

① $\overline{F_A} = \overline{F_B}$　　② $\overline{F_A} > \overline{F_B}$　　③ $\overline{F_A} < \overline{F_B}$
④ 힘은 공의 상대적 크기에 의존하기 때문에 $\overline{F_A}$는 $\overline{F_B}$에 비해 클 수도 있고, 작을 수도 있다.
⑤ 힘은 공이 떨어진 실제 높이 h에 의존하기 때문에 $\overline{F_A}$는 $\overline{F_B}$에 비해 클 수도 있고, 작을 수도 있다.

24 두 개의 나무도막이 마찰 없는 수평면상에 정지해 있다. 나무도막 A의 질량은 나무도막 B의 질량보다 작다. 그림과 같이 두 나무도막을 거리 d만큼 동일한 힘 F로 당겼다. 거리 d만큼 당긴 후 두 나무도막의 운동 에너지를 바르게 비교한 것은?(단, 힘 F는 전체 거리 d 동안 작용한다.)

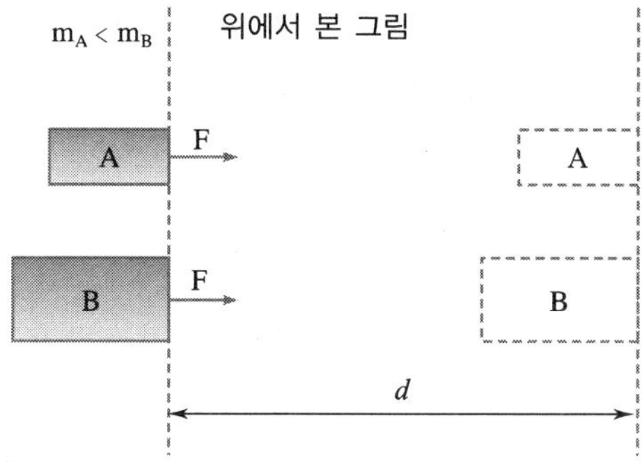

① 두 나무도막의 운동 에너지는 동일하다.

② 질량이 작은 쪽이 더 큰 속력을 얻기 때문에 운동 에너지는 질량이 작은 나무도막이 더 크다.

③ 운동 에너지는 질량이 큰 나무도막이 더 크다.

④ 정보가 충분하지 않다. 운동 에너지를 비교하기 위해서는 두 나무도막의 실제 질량을 알아야 한다.

⑤ 정보가 충분하지 않다. 운동 에너지를 비교하기 위해서는 실제로 작용한 힘의 크기를 알아야 한다.

25 A에서 처음 속력이 v_0인 상자가 마찰이 있는 수평면상을 미끄러지다가 B에서 멈추게 되었다. 상자의 운동 에너지 변화량과 같은 것은 다음 중 무엇인가?

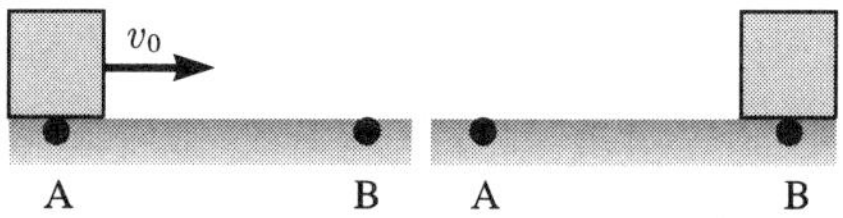

① 상자의 운동량과 정지하기까지 이동한 거리의 곱

② 상자의 운동량과 정지하기까지 경과한 시간의 곱

③ 상자의 운동량과 상자의 가속도의 곱

④ 상자의 질량과 상자의 가속도의 곱

⑤ 정답 없음

손진환(2003)은 유체에서의 압력에 대하여 대학생을 대상으로 연구하였는데, 유체의 압력에 대한 개념은 유체 내에 물체가 있는 경우와 없는 경우, 정지 유체 내에 한 점에서의 압력의 크기와 방향성에 관한 검사 문항과 개별 면담을 통해 조사하였다. 연구 결과, 대부분의 학생들은 압력의 크기 계산에 깊이만을 고려하였으나 일부는 깊이와 함께 면적의 크기를 고려하여 응답하는 경향을 보였다. 이에 대해 연구자는 일상생활에서 수심이 깊어질수록 수압이 증가하는 경험과 일치하고 대부분의 일반 물리학 교재에서 유체 압력이 깊이의 함수임을 제시하고 있는 것과 관계가 있을 것으로 추정하였으며, 유체 압력의 방향성에 관해서는 대부분의 학생들이 유체 압력이 방향성을 가지며, 그 방향은 유체가 담긴 용기 벽에 수직하거나 유체 내에 잠긴 물체의 표면에 수직한 방향이라고 응답했는데, 이는 학생들이 유체 압력의 결과로서 나타나는 힘의 방향을 유체 압력의 방향으로 생각하기 때문이라고 추정하였다. 유체 압력에 대한 과학적 설명에 의하면 유체 내의 임의의 점에서의 압력은 깊이에만 의존하고, 방향성을 가지지 않는다. 그런데 연구 결과에 의하면 유체 압력에 관한 과학적 개념을 가진 학생들은 적었으며, 학생들이 가진 유체 압력에 관한 개념은 다음의 세 가지 형태로 분류되었다. 첫째, 압력을 깊이의 함수로 이해하고 있으나 압력이 압력에 의한 힘과 마찬가지로 방향성을 갖는다고 생각하는 유형이다. 둘째, 압력을 표면에 가해진 힘의 크기로 인식하여 압력 계산에 깊이와 함께 유체 주변의 면적을 고려하고, 압력이 방향성을 갖지 않는다고 생각하는 유형이다. 셋째, 압력을 표면에 가해진 힘으로 인식하여 압력 계산에 깊이와 함께 면적을 고려하고, 힘과 마찬가지로 압력이 방향성을 갖는다고 생각하는 유형이다. 연구자는 유체 압력에 관한 학습에서 유체 내의 한 점에서의 압력이 스칼라량이라는 점과 유체 내의 한 점에서의 압력과 압력의 결과로서 나타나는 힘을 엄밀히 구분하여 제시할 필요가 있다고 주장하였다. 다음의 문항들은 손진환(2003)의 연구에 사용된 것들이다.

1-1 그림과 같이 물을 채운 비커가 있다. 비커의 내의 P1(왼쪽), P2(오른쪽), P0(가운데), P3(위), P4(아래)의 각 지점에서의 유체 압력의 방향에 대한 올바른 설명은?

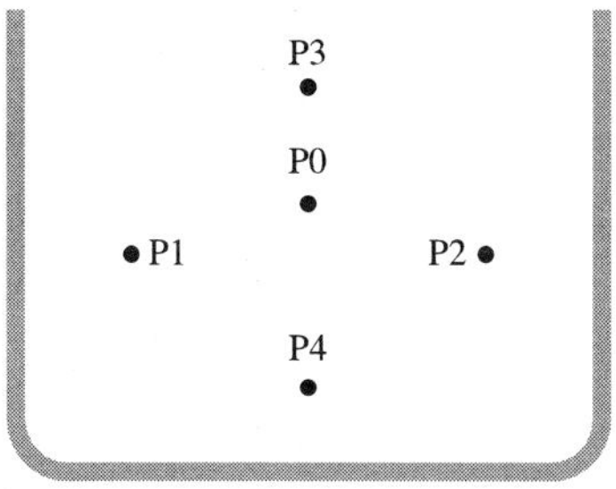

	P1	P2	P0	P3	P4
①	←	→	방향 없음	↑	↓
②	↓	↓	↓	↓	↓
③	↑	↑	↑	↑	↑
④	→	←	방향 없음	↓	↑
⑤	방향 없음	방향 없음	방향 없음	방향 없음	방향 없음
⑥	←	→	방향 없음	방향 없음	↓
기타					

1-2 위와 같이 답한 이유는?

( )

2-1 그림과 같이 세 가지 모양의 용기에 동일한 양의 물이 담겨 있다. 용기의 바닥에서 가까운 유체내의 P 지점에서의 압력에 대한 설명으로 바른 것은?

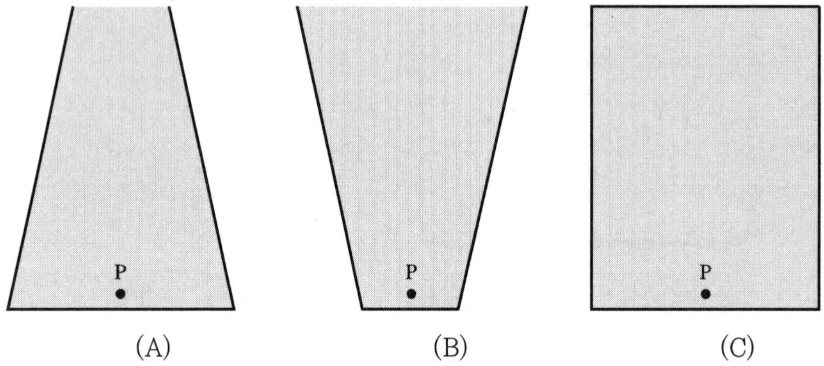

① A>C>B ② A<C<B ③ A=B=C ④ 기타 ( )

2-2 위와 같이 생각하는 이유는?
( )

3-1 그림과 같이 두 수조를 굵기가 변하는 파이프로 연결하고 유체를 채웠다. 유체 내의 A, B 지점에서의 압력은?

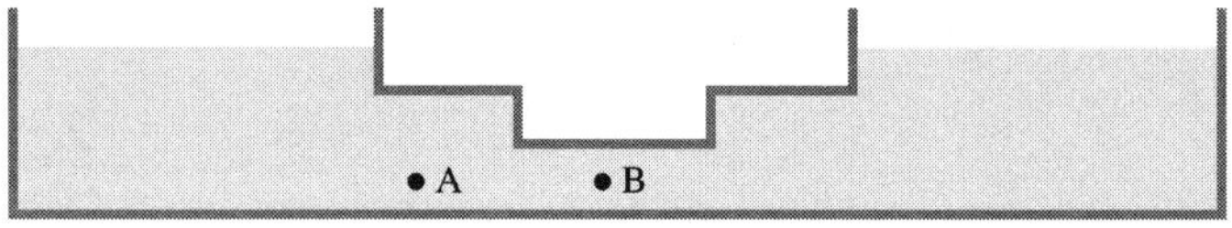

① A>B ② A<B ③ A=B ④ 기타 ( )

3-2 위와 같이 생각하는 이유는?
( )

4-1 그림과 같이 바닥면의 높이가 변하는 수조에 물을 채웠다. 유체 내의 A, B 지점에서의 압력은?

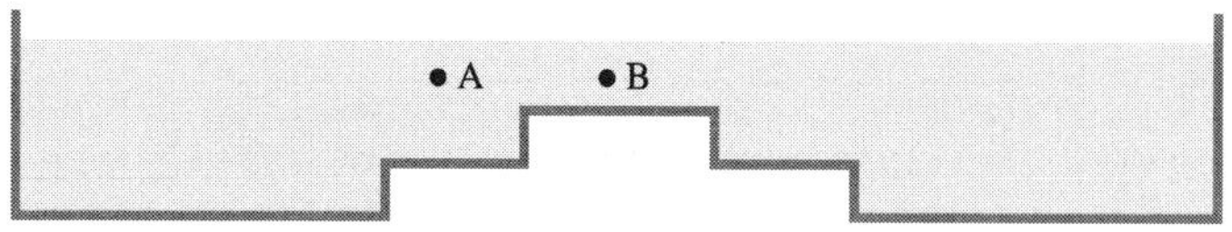

① A>B ② A<B ③ A=B ④ 기타 ( )

4-2 위와 같이 생각하는 이유는?

( )

5-1 그림과 같이 유체 내에 육면체의 물체가 잠겨 있을 때, 물체에 근접한 유체 내의 P1, P2, P3, P4 지점에서의 유체 압력의 방향에 대한 올바른 설명은?

① 아래 방향

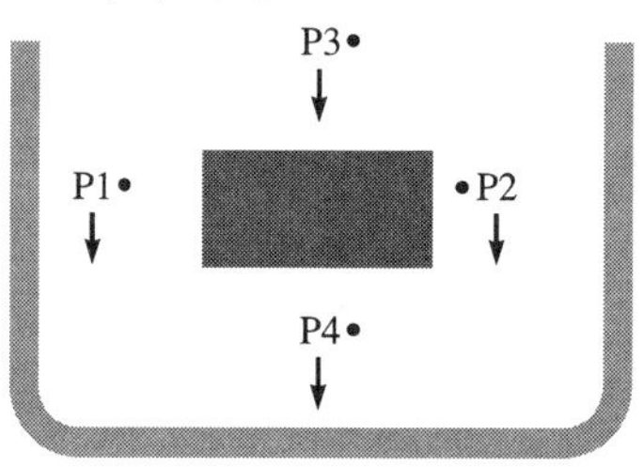

② 위쪽 방향

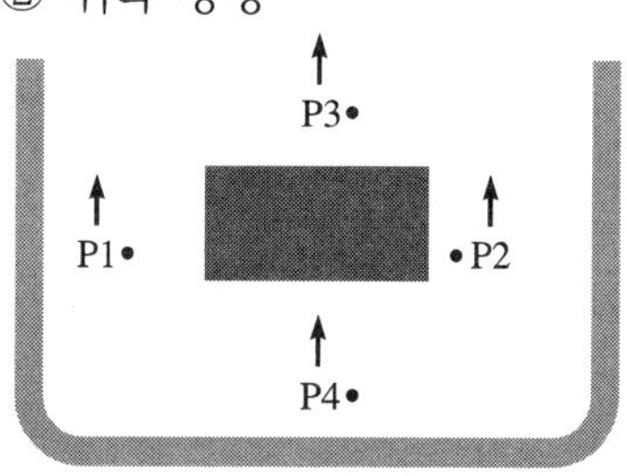

③ 표면에 수직방향

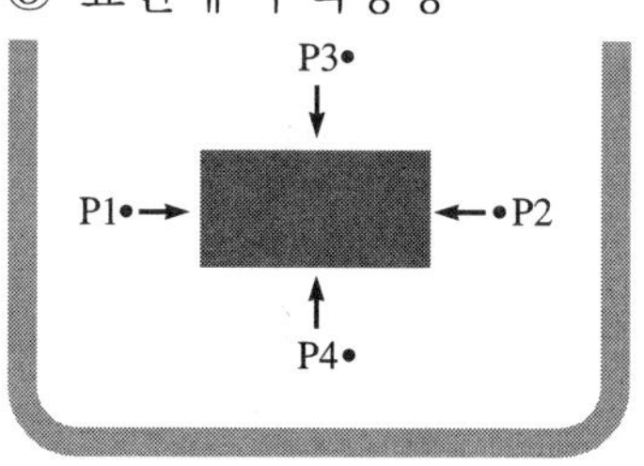

④ 방향 없음

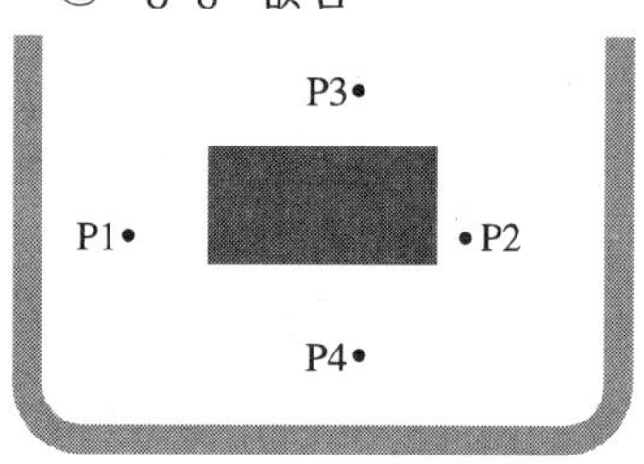

⑤ 기타 ( )

5-2 위와 같이 생각하는 이유는?

( )

6-1 그림과 같이 유체 내에 측면의 단면적이 다른 물체가 잠겨 있을 때, 유체 내의 P1, P2 지점에서의 압력에 대한 설명으로 바른 것은 ?

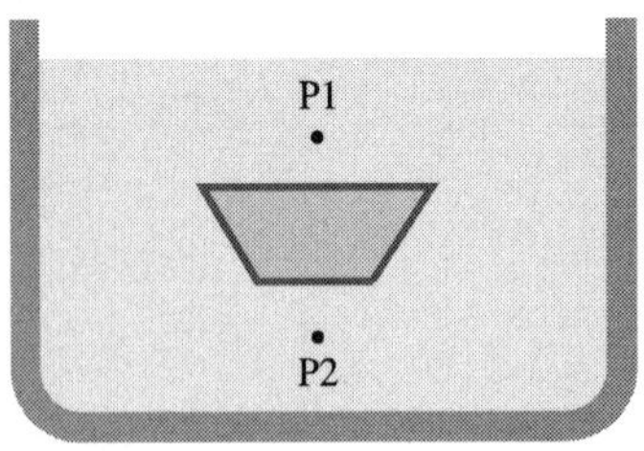

① P1> P2

② P1> P2

③ P1=P2

④ 기타 ( )

6-2 위와 같이 생각하는 이유는?

( )

7-1 그림과 같이 유체 내에 두께가 얇은 판이 비스듬히 잠겨 있을 때 판에 인접한 유체 내의 P1, P2 지점에서의 유체 압력의 방향에 대한 올바른 설명은?

① 아래 방향

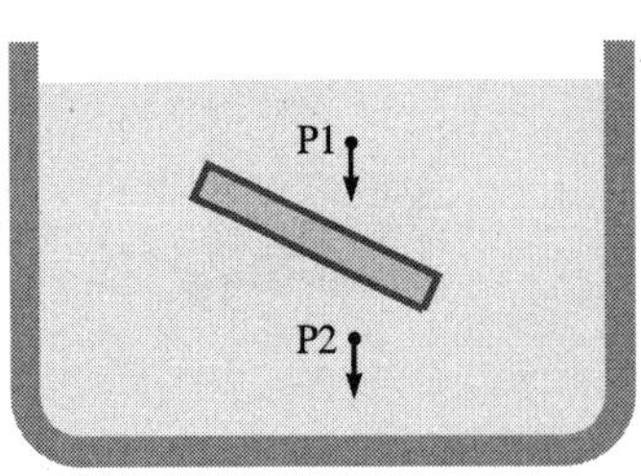

② 위 방향

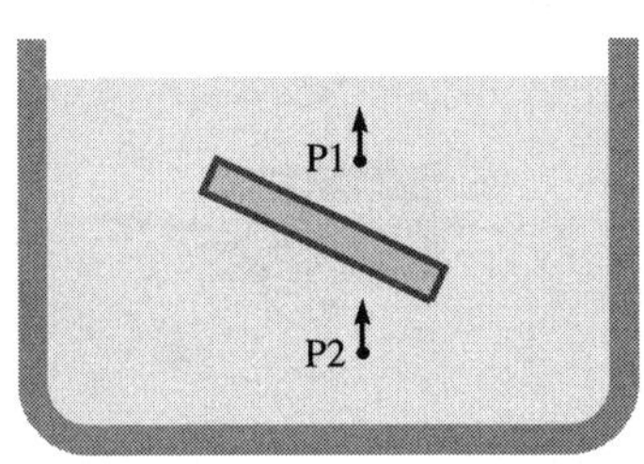

③ 표면에 수직 방향

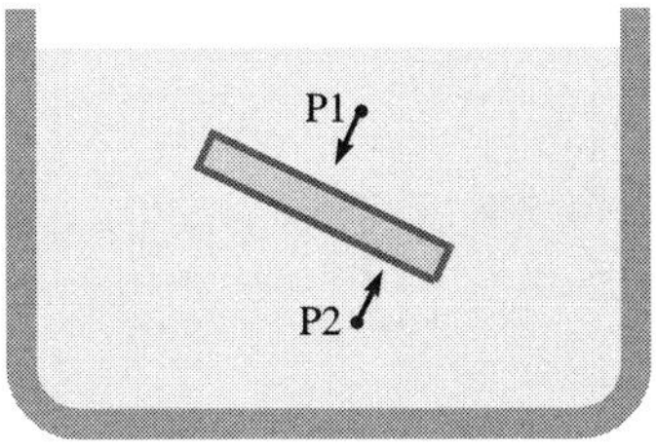

④ 방향 없음

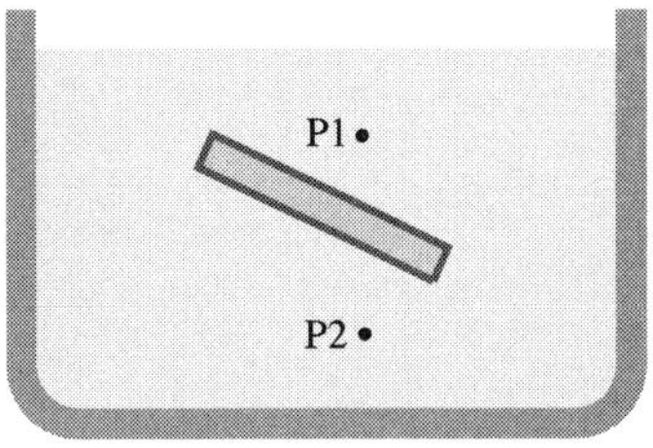

⑤ 기타 (   )

7-2 위와 같이 생각하는 이유는?
(   )

8-1 그림과 같이 유체 내에 측면의 단면적이 다른 물체가 잠겨 있을 때, 유체 내의 P1, P2 지점에서의 압력에 대한 설명으로 바른 것은?

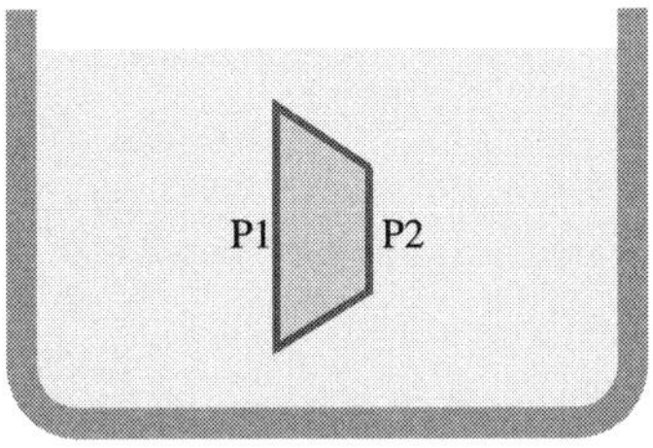

① P1 > P2
② P1 < P2
③ P1=P2
④ 기타 (   )

8-2 위와 같이 생각하는 이유는?
(   )

9-1 그림과 같이 풍선에 물을 채웠다. 풍선 내의 P1(왼쪽), P2(오른쪽), P0(가운데), P3(위), P4(아래)의 각 지점에서의 유체 압력의 방향에 대한 올바른 설명은?

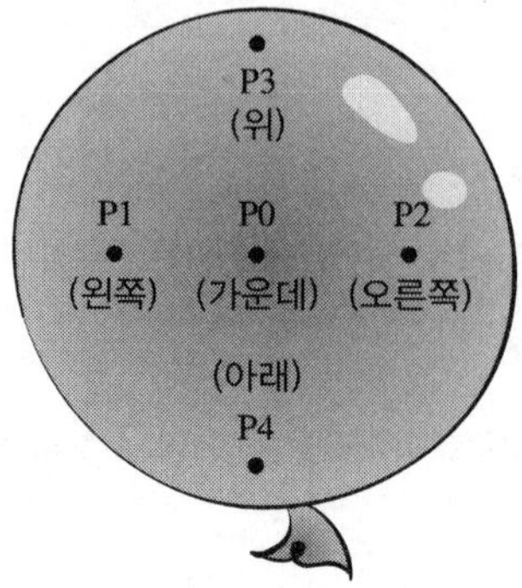

	P1	P2	P0	P3	P4
①	←	→	방향 없음	↑	↓
②	↓	↓	↓	↓	↓
③	↑	↑	↑	↑	↑
④	→	←	방향 없음	↓	↑
⑤	방향 없음	방향 없음	방향 없음	방향 없음	방향 없음
기타					

9-2 위와 같이 답한 이유는?

( )

5.2 열

2~3세부터 따스한 느낌을 줄 수 있는 뜨거운 물체를 인식하며, 5~6세가 되면 열원과 열원에 의해 영향을 받는 물체를 구분할 수 있어 열원에서 물체로의 어떤 운동을 깨닫는다. 5~7세가 되면 온도를 주변의 현상과 관련지어 알게 된다. 정량적인 용어보다는 정성적으로 물체의 상대적 뜨거움에 대한 관찰을 하는 경향이 있다. 8~9세가 되면 주변 환경과의 다양한 상호작용으로 뜨겁고 차가운 물체의 본질과 행동에 대하여 비교적 일관된 신념을 형성한다. 가열하거나 냉각하는 과정을 알고 물체의 뜨거운 상태를 〈차가운 → 따뜻한 → 뜨거운〉의 연속체로 표현하고 '뜨거움'의 대립 개념으로 '한기'를 생각한다. 그리고 온도를 열의 수준이나 정도와 관련지어 생각한다(Albert, 1978). 아동들이 열의 전이를 말할 때는 2가지 다른 의미가 숨어 있는데, 첫째, 열을 본질적인 기동력을 가진 물질적 실체로 보는 관점이다. 예를 들어 촛불로 금속막대의 한 끝을 가열하는 상황에 대하여 12세의 아

동은 '금속막대는 뜨거워진다. 왜냐하면 열이 한 곳에 더 이상 쌓여질 수 없으면 막대를 따라 이동한다.'라고 하거나 둘째, 열을 하나의 물질로 보아 열기(fume), 살(ray), 파동(wave)들과 같은 보다 은유적 용어로 표현하는 관점이다. 이러한 생각은 물체들 사이 또는 한 물체 내의 여러 곳 사이에 열을 나르는 중간물질(주로 공기)을 가정하는 것과 같다(Triplett, 1973). 8~12세가 되면 열을 살아 있는 물체, 생명에 필요함, 열원, 물체의 뜨거운 정도, 상태 변화와 팽창 등과 같이 물체에 일어나는 열의 효과와 관련짓는다. 그리고 물체 주위 매질의 온도보다는 그 물체 자체의 성질에 근거하여 온도를 판단하려는 경향이 있다(Tiberghien and Barboux, 1980). 초등학생들은 열에 의하여 온도는 상승한다고 생각하나 물질에 따라서 선택적으로 나타나는데, 저학년일수록 선택적인 경향성은 더 높으며, 물질의 양 증가를 온도 상승과 관련지어 생각하고(얼음 덩어리가 크면 더 차다.), 정량적 과제보다 정성적 과제를 더 어려워하는데 저학년일수록 더 그러하며, 상태 변화의 온도를 가열한 불의 온도, 가열 시간과 관련지어 생각하려고 한다(김현재와 김한호, 1990). 12~16세 아동들의 $\frac{1}{3}$ 정도가 열을 뜨거운 물체, 물질적 실체, 열원에서 방출되는 것으로 생각한다. 따라서 학교 교육을 받았음에도 많은 학생들이 열이라는 용어를 뜨겁고 차가운 물체들과의 일상적 경험으로 형성된 의미들로 연관 지어 생각한다. 그리고 열소 개념을 갖고 있다(Engel, 1982; Erickson, 1979; Triberghien, 1980). 이러한 연구 결과들을 종합하면, 학교 수업을 받은 학생들조차도 과학적 개념이 쉽게 형성되지 않을 뿐만 아니라 형성되었다 하더라도 짧은 시간 안에 원래 개념으로 되돌아가는 경향이 있다. 온도 개념 형성에서는 정량적 문항에 대한 반응이 정성적 문항에 대한 반응보다 낮은 비율을 나타내고, 같은 양을 섞을 때보다 다른 양을 섞을 때 더 큰 어려움을 나타낸다. 열과 온도 용어 사용에서는 구별하기보다는 혼용하는 경향이 매우 높다(송진웅, 2004).

방 안에 커피가 놓여 있을 때, 컵 안의 커피의 온도가 방 안의 공기 온도가 같다면 커피가 가진 열의 양과 공기가 가진 열의 양 중 무엇이 더 큰 가에 대한 질문에, 열의 양을 비교할 수 없음에도 대다수의 학생들이 두 열의 양이 같다고 하였다. 학생들은 왜 두 열의 양이 같다고 생각할까? 열이 온도와 밀접한 관련이 있으나, 열이 곧 온도는 아님에도 학생들은 열과 온도를 구분하지 못하고 온도가 높으면 열이 많다고 생각하는 오개념을 흔히 갖고 있기 때문이다. 물체의 온도차에 의해 한 물체에서 다른 물체로 이동하는 에너지를 열이라고 한다는 개념을 설명할 때 일에 대한 비유를 드는 것도 좋은 방법이다.

한 남자가 사우나를 하고 있다. 현재 사우나실의 온도계는 100℃를 가리키고 있다. 이 남자가 사우나에서 화상을 입지 않는 이유에 대해 학생들에게 질문하면, 사우나 안 수증기의 전체 질량이 적기 때문임에도, 사우나 자체는 100℃가 안 된다고 생각하거나 사우나실이 넓은 방으로 되어 있기 때문이라고 생각하거나 사람이 열을 빨리 내보낼 수 있기 때문이라고 다양하게 답한다. 그 중 가장 흔한 오개념은 사람이 열을 몸 밖으로 내보낼 수 있기 때문이라고 생각하는 학생들이 많다. 같은 열량이라도 구체적으로 질량이 매우 작아서 온도 차이가 큼에도 불구하고 열을 많이 공급할 수 없는 경우나 그 반대의 경우를 명시적으로 적용하도록 지도 방법을 개선해야 한다. 더운 여름에 아이스크림을 집으로 가져갈 때, 알루미늄 포일과 솜 중에서 어느 것으로 싸는 것이 더 좋은지를 질문하였을 때 더 많은 학생들이 알루미늄 포일을 선택한다. 이것은 알루미늄 포일은 차고 솜은 따뜻하다고 생각하기 때문이다. 이는 열전도와 단열에 대한 개념이 부족해서 생긴 현상으로 세밀한 지도가 필요하다. 이와 같은 맥락으로 추운 겨울날 운동장에 있는 철봉대를 손으로 만지면 차갑게 느껴지는 그 이유는 뭔지에 대해 질문하면, 대다수의 학생들이 철봉대에서 냉기가 손으로 이동하고 동시에 손에서 열이 철봉대로 이동한다고 답한다. 사실은 손에서 열이 철봉대로 이동하는 것인데도 말이다. 같은 시간에 철봉대 옆 나무에 손을 대면 덜 차갑다고 대답한다. 이는 열전도의 차이인데도 불구하고 학생들은 금속은 찬 성질이 있고 나무는 이에 비해 따뜻한 성질이 있다고 생각하는 경향이 있다.

열과 온도에 관한 오개념을 종합하면, 학생들은 열과 온도를 동일시하는 경향이 있으며, 얼음은 0℃라고 생각하고, 열평형 개념이 쉽게 학습될 수 있지만 물이 섞이는 열적 상호작용에서의 열의 이동을 어려워한다. 열 개념이 온도와 구분되지 않고 열용량에 대한 오개념은 다양하게 나타난다. 금속일수록 열전도가 잘 되어 쉽게 뜨거워지는 것을 열평형이 일어난 최종 온도와 혼동하는데, 고체의 열의 이동이 빠르기 때문에 열이 가해지면 열평형과 상관없이 고체가 열을 많이 받는 것으로 인식한다. 그리고 열전도가 잘 되어 우리의 경험이 차가운 물질이라고 인식된 물질이 차가운 성질을 가지고 있고, 열전도가 잘 될수록 열의 양이 적다고 생각한다(송진웅 등, 2004).

교사는 열의 이동을 직접 관찰이나 측정할 수 없다는 것을 강조해야 한다. 실제로 이것을 명확히 아는 학생이 거의 없으므로, 측정하거나 관찰할 수 있는 양은 질량과 온도 변화이며, 이것에서 이동된 열을 추론하는 것이다. 관찰된 것과 추론된 것을 구별해야 한다. '물체 안의 열'이라는 말을 사용하지 않는 것이 바람직하다. 즉 열이라는 단어는 계의 안으로 혹은 밖으로 이동하는 과정에만 사용해야 한다. 열을 물체 안에 있는 것처럼 말하는 것은 에너지 개념의 발달에 큰 어려움을 준다. 더구나 일이 마찰 과정을 통해서 흩어지는 것을 보고 열이 일로 바뀐다고 말하는 것은 실제로 열이 전달되는 것이 아니기 때문에 혼란을 줄 수 있다. 물체에 주어진 일은 열로 변하지 않고 직접 열적 내부 에너지가 변한다. 열, 전도 등의 물리량에 대한 기본적인 의미를 일상적 언어와 비교하여 그 차이점을 확인하고 자신의 개념을 분명하게 변화시킬 수 있어야 한다(Arons, 1990; 송진웅 등, 2004).

유지만(2003)은 열 개념에 대해 대학생들을 대상으로 연구하였는데, 그 결과, 대학생들은 학년에 관계없이 열소 개념을 가장 많이 갖고 있었으며, 실험적 상황에서는 에너지 개념으로 설명하나 일상적 상황에서는 열소 개념으로 설명하였다고 하였다. 열 개념에 대한 응답률은 학년별로 통계적으로 차이는 보이지 않았는데, 열소 개념이 견고하여 학년에 관계없이 과학적 개념으로의 개념 변화가 어려운 것과 관련이 있을 것으로 추정하였다. 이처럼 학생들의 열 개념이 과학적인 개념보다는 비과학적인 개념인 열소 개념이 높게 나타난 것은, 열소 개념이 과학적인 개념보다 그럴듯하고 견고한 개념이기 때문이라고 판단하였다. 다음의 문항들은 유지만(2003)이 연구에 사용한 것들이다.

1 다음은 열에 대한 여러분들의 생각을 알아보고자 하는 문항입니다. 물음에 답해주세요.

1) 열을 가장 적절하게 설명하고 있는 것은 무엇입니까?
① 물체 내부에 축적된 물질의 형태이다.
② 물체를 뜨겁게 하는 능력이다.
③ 두 물체 사이의 온도차에 의한 에너지 흐름이다.
④ 온도 차이로 이동한 분자운동 에너지이다.

2) 위의 답변에 적절한 예를 들어 구체적으로 설명해 주세요.

2 아래 그림과 같은 상자에 뜨거운 물을 가득 채우고 상자를 밀폐하였다. 이 때 상자 가까이 손을 가져가면 손의 느낌은 어떨까요?

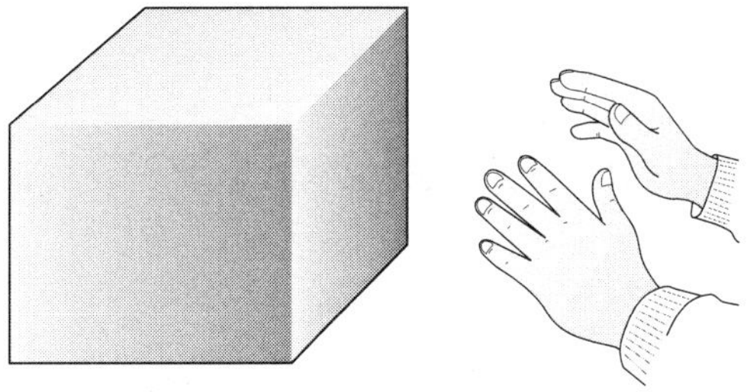

① 따뜻하게 느껴진다.
② 따뜻하게 느껴지지 않는다.
③ 기타( )

그렇게 응답한 이유를 구체적으로 설명해 주세요.

3 80℃의 뜨거운 물을 구형 통 안에 가득 채워 밀폐한 후, 20℃의 물이 담긴 수조에 넣었다. 이때 수조 안의 20℃ 물의 온도는 어떤 변화가 있을까요?

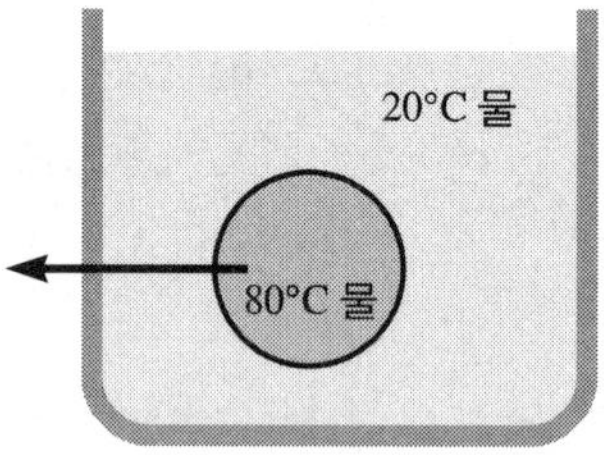

① 올라간다.
② 변화 없다.
③ 기타 ( )

그렇게 응답한 이유를 구체적으로 설명해 주세요.

4 그림과 같이 3개의 온도계 중 하나는 그대로 두고, 다른 하나는 탈지면으로 싸고, 나머지 하나는 알루미늄 포일로 싸서 저녁에 냉장고 안에 넣어 두고 아침에 열어봤다. T_1, T_2, T_3의 온도를 비교하면 어떻게 될까요?

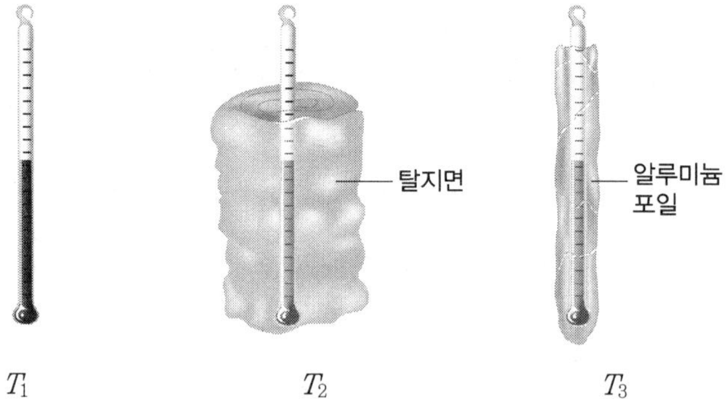

① $T_1 > T_2 > T_3$
② $T_1 > T_3 > T_2$
③ $T_2 > T_1 > T_3$
④ $T_2 > T_3 > T_1$
⑤ $T_3 > T_1 > T_2$
⑥ $T_3 > T_2 > T_1$
⑦ $T_1 = T_2 = T_3$
⑧ 기타 ( )

그렇게 응답한 이유를 구체적으로 설명해 주세요.

5 금속 그릇 안에 얼음을 넣어 두고, 잠시 후에 그릇에 손을 대어보니 그릇이 차가웠다. 금속 그릇이 왜 차갑게 느껴지는지 구체적으로 설명해 주세요.

6 냉장고의 냉장실에 플라스틱 컵과 스테인리스 컵에 물을 같은 양 넣고, 밤새 그대로 두었다(단, 컵의 크기와 두께는 동일하고, 컵 주변에 물방울은 맺히지 않는다고 하자).

1) 플라스틱 컵과 스테인리스 컵의 물의 온도를 비교하면 어떻게 될까요?
   ① 플라스틱 컵의 물의 온도가 더 높다.
   ② 스테인리스 컵의 물의 온도가 더 높다.
   ③ 두 컵의 물의 온도는 같다.
   ④ 기타(   )

그렇게 응답한 이유를 구체적으로 설명해 주세요.

2) 각각의 물컵을 손으로 만졌을 때, 어떻게 느껴질까요?
   ① 플라스틱 컵이 더 차갑게 느껴진다.
   ② 스테인리스 컵이 더 차갑게 느껴진다.
   ③ 두 컵이 똑같이 느껴진다.
   ④ 기타(   )

그렇게 응답한 이유를 구체적으로 설명해 주세요.

7 그림과 같이 전구 2개가 있다. 하나는 그대로 두고, 다른 하나는 완전한 투명 유리로 둘러막았다. 이때 온도를 잰다면 어느 쪽의 온도가 더 높을까요?

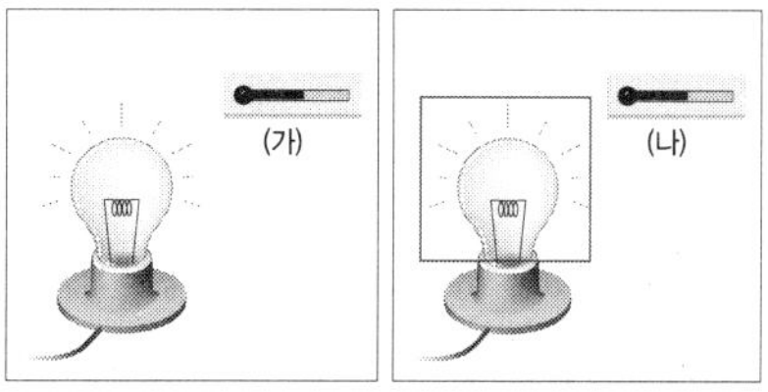

① (가)　　② (나)　　③ 같다.
④ 기타 (   )
그렇게 응답한 이유를 구체적으로 설명해 주세요.

5.3 전기와 자기

Shipstone(1985)은 전류에 대한 학생들의 생각을 몇 가지로 구분하였는데, 일부 학생들이 홀극 모형(monopole model)을 가지고 있다고 하였다. 이 모형은 전지의 한쪽 극에만 전구를 연결해도 전류가 흐른다는 생각을 말한다. 일부의 학생들은 충돌 전류 모형(clashing current model)을 가지고 있는데 이것은 전지의 양극과 음극으로부터 나오는 전류가 서로 충돌하여 전구에 불이 켜진다는 생각을 의미하고, 일부의 학생들은 분배 전류 모형 형태로 생각을 하는데, 이것은 같은 양의 전류가 여러 전구에 나누어진다는 것이다. 그는 또 일부 학생들이 전류에 대해 일방적 비보존 모형(unidirectional attention model)을 가지고 있는데 이러한 생각은 전류가 한쪽 방향으로만 순차적으로 흘러 이미 지나온 방향으로는 영향을 미치지 못하고 흘러가면서 점점 줄어든다는 생각이라고 분류하였다.

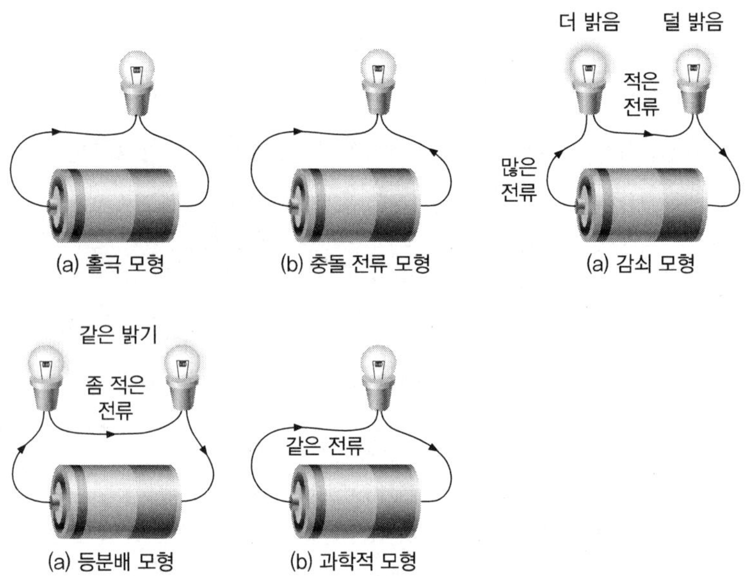

그림 3-10 학생들의 전류에 대한 생각

Light(1987)는 중등학생들의 전기에 대한 오개념을 다음과 같이 네 영역으로 구분하였다.

첫째, 전구와 저항에서 전류가 소모된다.

둘째, 전지는 항상 일정한 전류를 주며(또는 때때로 전류를 생산하며), 회로를 구성하는 소자들과 무관하다.

셋째, 직렬 연결과 병렬 연결에서 국부적이고 순차적인 사고방식을 가진다.

넷째, 전압보다는 전류 개념의 사용을 더 선호하고 전압과 전류 개념을 변별하여 사용하지 못한다.

박효기(1987)는 한국 중학생의 전기에 대한 오개념을 다음과 같이 정리하였다.

첫째, 전하량은 전선이나 전구에서 소모된다.

둘째, 전류의 방향은 (+)극, (-)극 양쪽에서 출발하여 전구 쪽으로 흘러가는 방향이다.

셋째, 전구는 (+)극으로부터 거리가 짧을수록 밝고, 멀수록 어둡다.

넷째, 전구를 직렬로 연결한 경우가 병렬로 연결한 경우보다 밝다.

다섯째, 전구의 밝기는 전구의 연결 방식과 무관하며 연결된 전지의 수에만 관계한다.

여섯째, 전지를 병렬 연결한 경우에 전지가 빨리 소모된다.

일곱째, 전기 소모 속도는 전선의 길이나 복잡성, 전구의 수에 연관이 있으나 전지 연결 방식에는 무관하다.

여덟째, 한 회로에서 전류는 보존되며, 회로 구성 소자들의 변화는 회로 전체 전류에 영향을 미친다.

김영민(1990)은 학습 전 중학생들을 대상으로 조사한 결과를 다음과 같이 정리하였다.

첫째, 같은 전압이라도 큰 전지에 연결한 전구가 작은 전지에 연결한 전구보다 밝다.

둘째, 저항의 크기 또는 저항의 변화에 상관없이 전류의 세기는 일정하다.

셋째, 직렬 연결된 두 전구에는 전류가 반씩 나누어 흐른다.

넷째, 전지의 (+)극 또는 (-)극에 가까이 연결된 전구일수록 밝다.

다섯째, 전류는 전구들을 지나면서 소모된다.

여섯째, 전류는 회로를 흐르면서 저항 변화의 영향을 순차적으로 받는다. 즉, 저항을 증가시키면 저항을 지나기 전의 전류는 변하지 않고, 저항을 지난 전류만 변화된다.

일곱째, 전구를 많이 연결할수록 어둡고, 그 중에서도 직렬로 연결된 전구들이 병렬로 연결된 전구들보다 밝다.

Rhoeneck & Volker(1984)는 전압에 대해 학생들이 가지는 생각들을 조사하여 다음과 같이 분류하였다.

첫째, 전압은 소모된다.

둘째, 전압은 종종 전류의 세기, 전류의 힘이라고 묘사된다.

셋째, 전지는 두 개의 연결된 통과 같다. 두 물통이 연결되면 수면은 동일해진다. 그 수면의 차가 생기는 것이 바로 전압이다.

넷째, 전지 속에는 화학적 액체가 있다. 음극에서 나오는 전자들은 거기서 축적된다. 그들은 양극으로 흐르고 액체로 돌아온다. 그 액체가 다 되면 전압은 0이 된다.

아래의 그림에서 두 전구는 동일하다. 어떤 것이 더 밝을까를 질문하였을 때, 가장 많은 학생들이 L1이 밝다고 하였다. 전류가 저항을 거치면서 소모된다고 생각하는 것이다. 이때 저항의 크기가 작아진다면 전구 L2의 밝기는 어떻게 될까를 질문하였을 때, 가장 많은 학생들이 같다고 대답하였다. 전구의 밝기가 저항과 관계가 없다고 생각하는 것이다. 또한 전구도 저항임을 모르는 것이다. 이와 반대로 저항의 크기가 증가한다면 전구 L2의 밝기는 어떻게 될까를 질문하였을 때, 많은 학생들이 증가할 거라고 대답하였다. 전압, 전류, 저항의 관계에 대한 기본적인 개념이 부족한 것이다. 실험을 통해 자신의 오개념을 깨우치는 것이 중요하다.

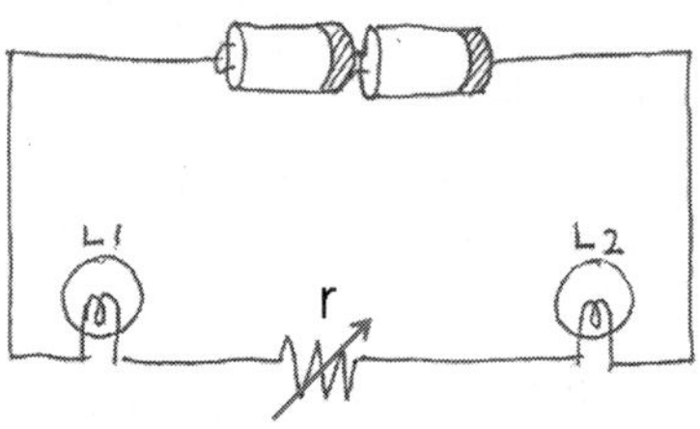

그림 3-11 두 전구의 직렬 회로

다음과 같이 두 자석 사이에 양전하를 놓았을 때 양전하는 어떤 운동을 할까라고 질문했을 때 많은 학생들이 어떤 식으로든 운동한다고 하였다. 그러나 실상은 정지해 있다. 전기와 자기의 개념을 혼동하기 때문이다. 과학사 속에서 전기와 자기 각각의 현상을 구분하지 못했던 여러 가지 역사적인 이야기를 들려주어 흥미를 갖도록 하는 것도 하나의 방법이다.

그림 3-12 두 자석 사이의 전하

전기와 자기에서 흔히 볼 수 있는 오개념을 정리하면 다음과 같다. 금속에 전하들을 첨가하면 첨가된 전하가 금속의 안과 밖에 고루 분포한다. 부도체에 전하를 첨가하면 전하가 사라진다. 전하량이 큰 물체가 전하량이 작은 물체를 더 세게 당긴다. 화살표가 있는 곳에만 전기장이 있다. 중력장 내에 전자가 있을 때, 전자는 그 자리에 머물러 있거나 중력 방향으로 등속 운동한다. 전기장에 내에 중성자가 있으면 전기장 방향으로 가속도 운동을 하거나 등속 운동한다. 부도체는 전기력을 받지 않는다. 직렬 연결한 동일한 두 전구의 밝기가 전지의 (+)극에 가까울수록 더 밝다. 가변 저항이 감소해도 (+)극에 가까이 연결된 전구의 밝기는 그대로이며, 가변저항이 증가하면 (-)극 가까이 연결된 전구의 밝기도 증가하고, 저항이 증가해도 (-)극 가까이 연결된 전구의 밝기는 그대로이다. 전구 한 개에 병렬 연결된 스위치가 열려 있는 직렬 연결한 두 전구의 경우, 두 전구의 불이 켜지지 않을 것이라고 생각하며, 스위치가 닫힐 경우에도 두 전구의 불의 밝기가 변하지 않는다. 병렬 연결한 두 전구 중에는 전지에 가까운 전구가 더 밝고, 두 전구가 병렬 연결된 회로에서의 전류 세기는 회로가 갈라지기 전의 전류 세기나 갈라진 후의 전류 세기가 같다. 저항 두 개가 직렬로 연결되어 있더라도 옆으로 나란히 연결되어 있으면 병렬로 연결된 것이다. 두 전구를 회로에 직렬로 연결할 경우 표시 전력이 높은 전구가 더 밝다. 두 전구를 병렬로 연결하는 경우, 표시 전력이 낮은 전구가 더 밝거나 표시 전력에 관계없이 밝기가 같다. 전구 한 개 연결한 경우가 가장 밝고, 두 전구를 병렬로 연결한 경우가 가장 어둡다. 한 개의 자석을 분리하면 N극이나 S극만을 가지는 자석이 될 것이다. 나침반의 북쪽을 가리키는 부분만 자석이다. 자기력은 유리·종이·구리판·진공을 통과하지 못하며, 철판은 통과하여 작용한다. 두 자석 사이에 양전하가 있으면 S극으로 끌린다. 코일 속에 은·구리를 넣으면 코일에 전류가 흐를 때, 은·구리 등이 자화되어 자석이 된다. 즉, 모든 금속은 자화될 수 있다. 코일 속에 아무 것도 넣지 않으면 코일에 전류가 흘러도 철못이 당겨지지 않거나 코일 끝에 붙는다. 전류가 흐르는 도선에서 같은 거리에 있더라도 위나 아래 부분의 자기장이 세다. 전자기파와 빛은 같지 않다. 진공 중에서는 전자기파가 전달되지 않는다.

전자기 영역 오개념 연구를 통해 분석할 때, 학생들이 전기와 자기 개념에 대해 생각하는 것이 과거의 학생이든 현재의 학생이든 거의 비슷하다고 볼 수 있으며, 이것은 앞으로 학생들에게 전기와 자기 개념을 가르칠 때에도 그대로 적용될 수 있다(송진웅 등, 2004).

김범기와 김연훈(2012)은 고등학생들이 선호하는 전지의 위치, 전류의 방향, 저항의 연결 형태의 공통된 특징을 찾아보고 선호하는 전기 회로도와 학생의 이해도 관계를 조사하였다. 연구 결과에 의하면 첫째, 사각형 전기 회로도에서 고등학생들이 선호하는 전지의 위치는 전기 회로의 하단이고 전류의 방향은 시계 방향을, 그리고 윗부분으로 전지의 위치를 바꾸어도 저항의 위치는 전지의 반대편을 선호하는 경향이 있으며, 둘째, 학생들이 선호하는 전기 회로도일수록 이해도가 높다고 한다. 고등학생들이 가장 선호한다고 응답한 전기 회로의 특징으로 '기본' 회로를 구성하여 이해도를 조사하였는데, '기본' 회로 문항에서 '기본' 회로 선호 학생이 '기본' 회로 비선호 학생보다 이해도가 높았으며, '기본' 회로 비선호 학생도 '기본' 회로 문항에서 '변형' 회로 문항보다 더 높은 이해도를 보여, 기본 회로가 모든 학생에게 보다 효과적일 수 있다고 하였다. 변형 회로의 경우, 여학생은 '기본' 회로 문항에서 정답률이 높았으나 '변형' 회로 문항에서 정답률이 남학생보다 낮아

여학생이 회로도의 변형 정도에 따라 영향을 더 크게 받는다고 할 수 있다고 보고하였다. 연구자들은 고등학생이 선호하는 전기 회로의 일반적인 특징이 존재하고 그 특징을 갖는 전기 회로도가 쉽게 이해되는 것으로 판단하였다. 표 3-5는 김범기과 김연훈(2012)이 제안하는, 학생들이 선호하는 형태의 전기 회로도들이다. 또한 김범기와 김연훈(2012)은 표 3-6에 제시된 저항의 병렬 모양 중에서는 고리형이 가장 선호하는 형태라고 보고하였다.

표 3-5 학생들이 선호하는 특징으로 구성된 전기 회로도

유형	직렬형	병렬형	혼합형
회로도	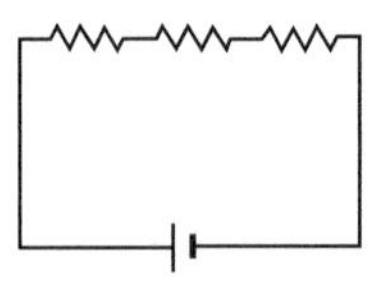	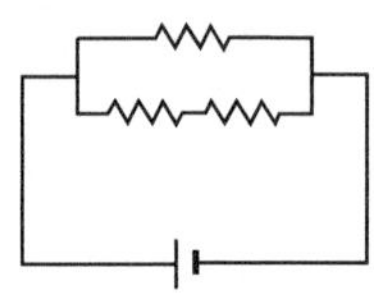	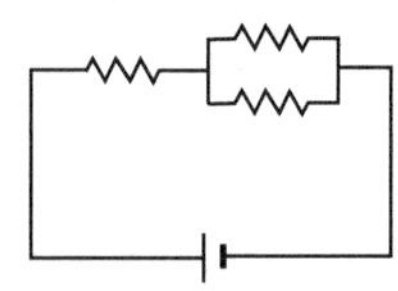

표 3-6 저항의 병렬 모양

명칭	네모형	고리형	고리마름모형	마름모형
저항의 병렬 모양	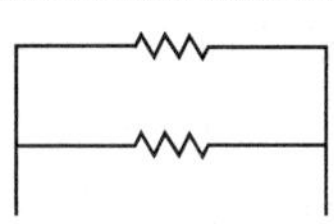	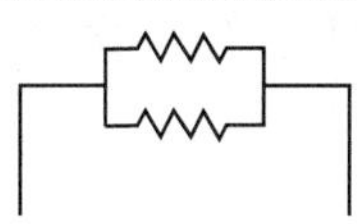	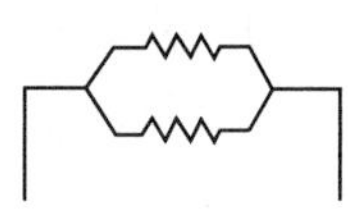	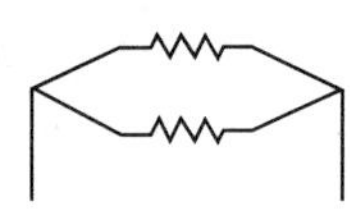

박귀득(2005)은 전기 회로에 따른 중학생들의 저항 연결 읽기를 연구하였는데 그 결과, 저항의 단순 연결은 잘 이해하고 있었으나 혼합 연결에 대한 이해도는 낮았으며 혼합 연결 중에서 두 개의 저항이 직렬 연결된 것에 하나의 저항이 병렬 연결된 것보다 두 개의 저항이 병렬 연결된 것에 하나의 저항이 직렬 연결된 전기 회로도의 이해도가 더 낮다고 보고하였으며, 또한 많은 학생들이 회로에서 저항 연결을 회로 모양이 갖는 특징을 기준으로 읽는 경향이 있었으며, 중학교 교과서에 제시된 형태의 회로도는 잘 이해하였으나 그렇지 않은 경우에는 저항 연결을 바르게 읽지 못하였다고 하였다. 저항 연결을 읽는 또 다른 기준으로 저항의 혼합 연결에서 폐회로에 전류 흐름을 적용하여 저항의 연결을 읽는 경우를 볼 수 있었으며 교과서에 제시되지 않는 전기 회로의 저항의 연결을 바르게 읽는 것을 볼 수 있어 전류의 흐름에 따라 전기 회로도를 읽는 것이 올바른 방법의 하나라고 주장하였다.

검사지 1 ( )번 이름:

( ) 안에 알맞은 저항 기호, 저항 연결이나 답을 고르고 그렇게 생각한 이유를 설명하시오.

(1)

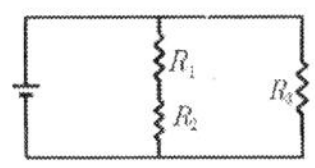

직렬:( )-( )

병렬:(,)-( )

이유:

(2)

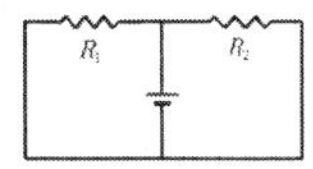

$R_1 - R_2$:( )

이유:

(3)

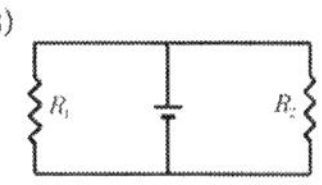

$R_1 - R_2$:( )

이유:

(4)

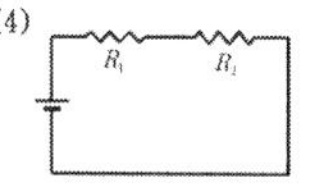

$R_1 - R_2$:( )

이유:

(5)

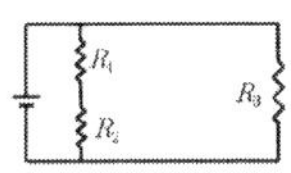

직렬:( )-( )

병렬:(,)-( )

이유:

(6)

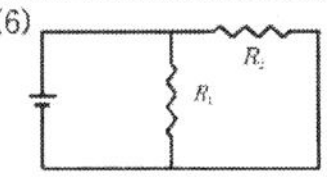

$R_1 - R_2$:( )

이유:

(7)

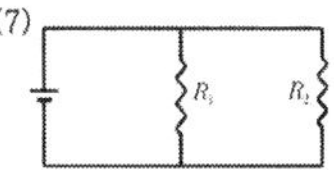

$R_1 - R_2$:( )

이유:

(8)

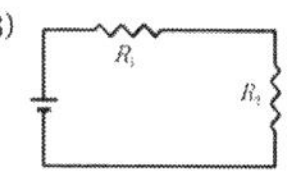

$R_1 - R_2$:( )

이유:

(9)

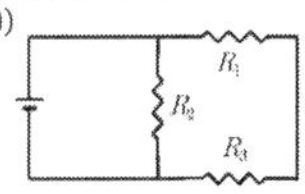

① R_1과 R_3는 직렬, R_2와는 병렬

② R_1과 R_2는 직렬, R_3과는 병렬

③ R_1과 R_3는 병렬, R_2는 직렬

이유:

(10)

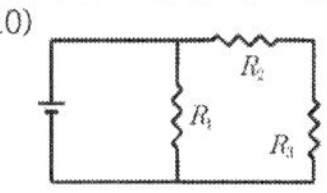

① R_1과 R_2는 직렬, R_3는 병렬

② R_1과 R_3는 병렬, R_2는 직렬

③ R_2와 R_3는 직렬, R_1과는 병렬

이유:

(11)

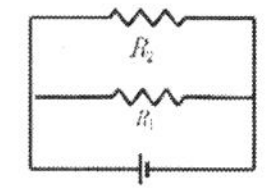

$R_1 - R_2$:( )

이유:

(12)

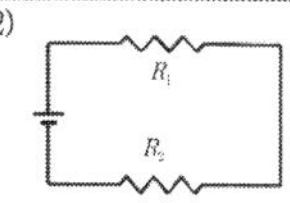

$R_1 - R_2$:( )

이유:

(13)

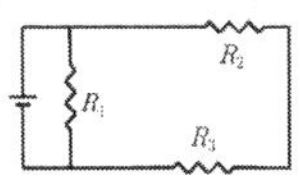

① R_2과 R_3는 병렬, R_1과는 병렬

② R_1과 R_2는 직렬, R_3과는 병렬

③ R_2과 R_3는 직렬, R_1과는 병렬

이유:

(14)

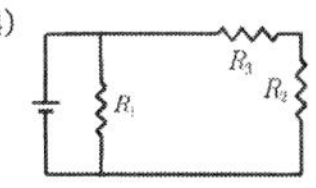

① R_1과 R_3는 직렬, R_2와는 병렬

② R_2와 R_3는 직렬, R_1과는 병렬

③ R_1과 R_2는 병렬, R_3과는 병렬

이유:

(15)

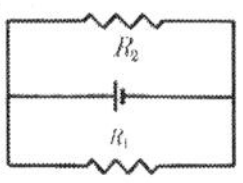

$R_1 - R_2$:( )

이유:

(16)

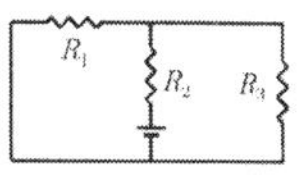

① R_2와 R_3는 병렬,R_1과는 직렬

② R_1과 R_3는 병렬, R_2와는 직렬

③ R_1과 R_3는 직렬, R_2와는 병렬

이유:

검사지 2　　　　　　　　　　　　　　　　　　　　(　　　)번　　이름:

(　　) 안에 알맞은 저항 기호, 저항 연결이나 답을 고르고 그렇게 생각한 이유를 설명하시오.

(1)

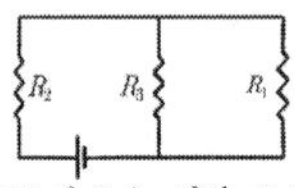

① R_1과 R_2는 직렬, R_3과는 병렬

② R_2와 R_3는 직렬, R_1과는 병렬

③ R_1과 R_3는 병렬, R_2와는 직렬

이유:

(2)

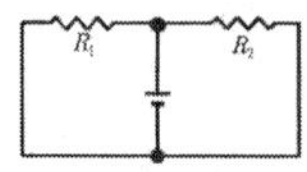

$R_1 - R_2$:(　　　)

이유:

(3)

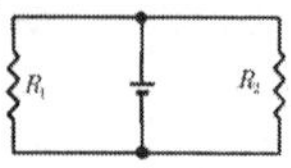

$R_1 - R_2$:(　　　)

이유:

(4)

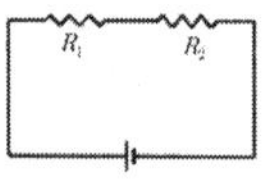

$R_1 - R_2$:(　　　)

이유:

(5)

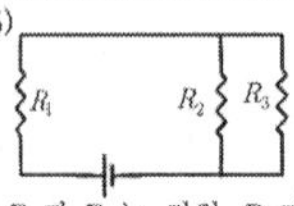

① R_1과 R_2는 직렬, R_3과는 병렬

② R_2와 R_3는 병렬, R_1과는 직렬

③ R_1과 R_3는 직렬, R_2와는 병렬

이유:

(6)

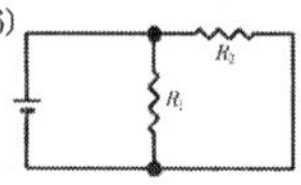

$R_1 - R_2$:(　　　)

이유:

(7)

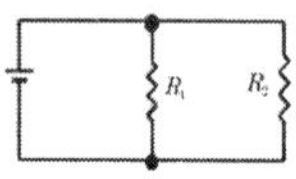

$R_1 - R_2$:(　　　)

이유:

(8)

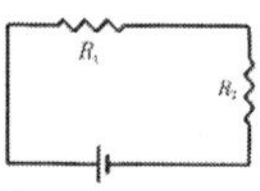

$R_1 - R_2$:(　　　)

이유:

(9)

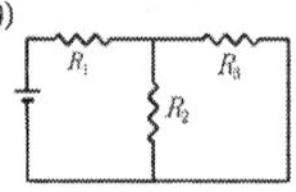

① R_1과 R_2는 직렬, R_3과는 병렬

② R_2와 R_3는 병렬, R_1과는 직렬

③ R_1과 R_3는 직렬, R_2와는 병렬

이유:

(10)

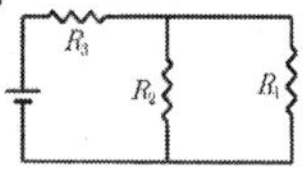

병렬:(　　)-(　　)

직렬:(　　,　　)-(　)

이유:

(11)

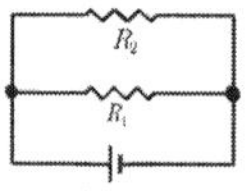

$R_1 - R_2$:(　　　)

이유:

(12)

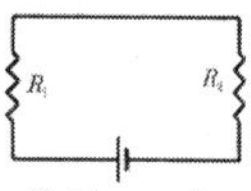

$R_1 - R_2$:(　　　)

이유:

(13)

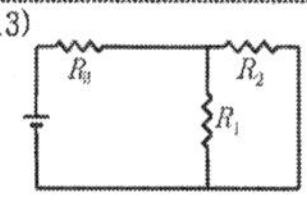

① R_1과 R_2는 병렬, R_3과는 직렬

② R_3과 R_1는 직렬, R_2와는 병렬

③ R_3와 R_2는 직렬, R_1과는 병렬

이유:

(14)

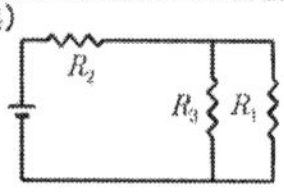

병렬:(　　)-(　　)

직렬:(　　,　　)-(　)

이유:

(15)

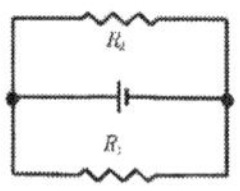

$R_1 - R_2$:(　　)

이유:

(16)

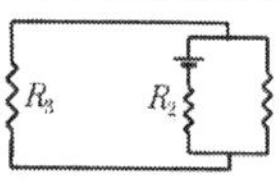

① R_1과 R_3는 병렬, R_2와는 직렬

② R_1과 R_2는 병렬, R_3과는 직렬

③ R_1과 R_2는 직렬, R_3과는 병렬

이유:

검사지 3 ( )번 이름:

( ) 안에 알맞은 저항 기호, 저항 연결이나 답을 고르고 그렇게 생각한 이유를 설명하시오.

(1)
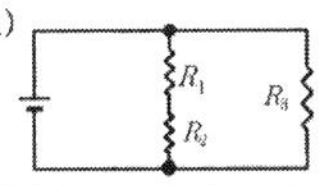

직렬:( )-( )
병렬:(,)-( )

이유:

(2)
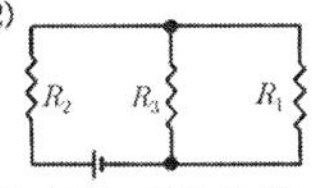

① R_1과 R_2는 직렬, R_3과는 병렬
② R_2와 R_3은 직렬, R_1과는 병렬
③ R_1과 R_3은 병렬, R_2와는 직렬

이유:

(3)
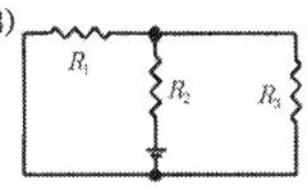

① R_2와 R_3은 병렬, R_1과는 직렬
② R_1과 R_3은 병렬, R_2와는 직렬
③ R_1과 R_3는 직렬, R_2와는 병렬

이유:

(4)
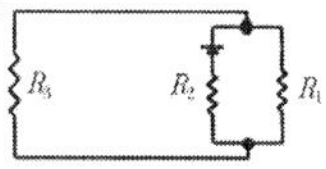

① R_1과 R_3은 병렬, R_2와는 직렬
② R_1과 R_2는 병렬, R_3과는 직렬
③ R_1과 R_2는 직렬, R_3과는 병렬

이유:

(5)
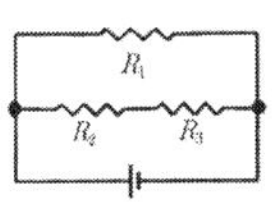

직렬:( )-( )
병렬:(,)-( )

이유:

(6)
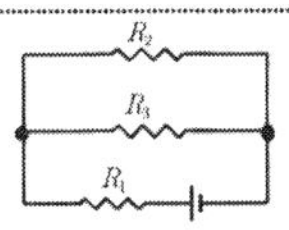

① R_2와 R_3은 병렬, R_1과는 직렬
② R_1과 R_2는 직렬, R_3과는 병렬
③ R_1과 R_3은 직렬, R_2와는 병렬

이유:

(7)
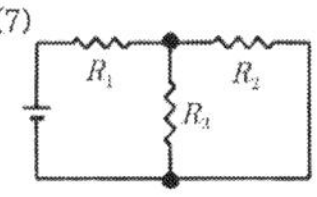

① R_1과 R_2는 직렬, R_3과는 병렬
② R_2와 R_3은 병렬, R_1과는 직렬
③ R_1과 R_3은 직렬, R_2와는 병렬

이유:

(8)
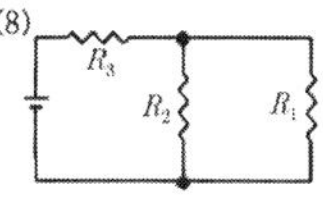

병렬:( )-( )
직렬:(,)-( )

이유:

(9)
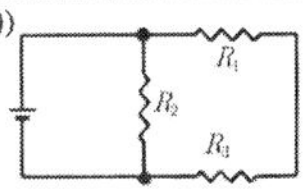

① R_1과 R_3는 직렬, R_2와는 병렬
② R_1과 R_2는 직렬, R_3과는 병렬
③ R_1과 R_3는 병렬, R_2는 직렬

이유:

(10)
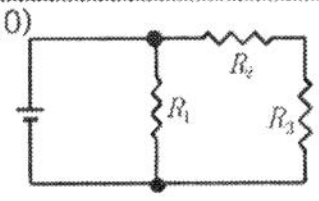

① R_1과 R_2는 직렬, R_3과는 병렬
② R_1과 R_3는 병렬, R_2와는 직렬
③ R_2와 R_3는 직렬, R_1과는 병렬

이유:

(11)
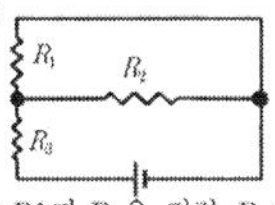

① R1과 R_3은 직렬, R_2와는 병렬
② R1과 R_2는 병렬, R_3과는 직렬
③ R_2와 R_3은 직렬, R_1과는 병렬

이유:

(12)
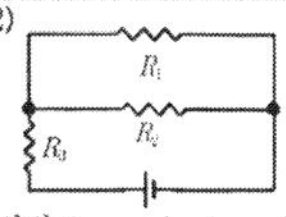

병렬:( )-( )
직렬:(,)-( )

이유:

(13)
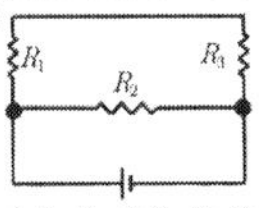

① R_1과 R_3은 직렬, R_2와는 병렬
② R_2와 R_1는 직렬, R_3과는 병렬
③ R_3과 R_1은 병렬, R_2와는 직렬

이유:

(14)
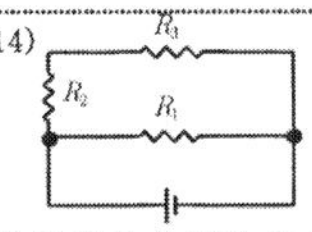

① R_1과 R_3은 병렬, R_2와는 직렬
② R_1과 R_2는 직렬, R_3과는 병렬
③ R_2와 R_3은 직렬, R_1과는 병렬

이유:

< 분기점이 있어서 도움이 되었다면 어떻게 도움이 되었는지 적어 주세요.>

5.4 파동

학생들이 빛을 무엇으로 생각하는지 알아보기 위한 외국 연구들에 의하면, 서양 언어가 가진 일상적 의미의 영향으로 학생들은 빛을 광원, 밝음 등의 의미가 혼합된 개념을 사용하고 있음을 알 수 있다. 예를 들어 영어의 'light'는 '빛'이라는 의미로도 쓰이지만, '밝은' 또는 '전구' 등의 의미로도 사용된다. 이러한 일상적 용례 때문에 학생들은 물리학적 관점에서 서로 구별되어야 하는 빛과 광원을 구별하지 못한다(송진웅 등, 2004). 10~11세 아동들 대부분은 빛이 이동하는 것이라기보다는 전구와 같은 원천, 빛살과 같은 효과, 밝음과 같은 상태로 생각하고 있다고 결론짓고, 이 시기의 학생들은 빛의 원천과 효과 사이의 공간에 존재하는 물리적 실체로는 인식하지 못한다(Guesne, 1985). Watts와 Gilbert(1985)는 학생들에 대한 개념 조사 결과를 바탕으로 '빛에 대한 학생들의 응답을 포괄하는 7가지 틀'을 요약하였는데, 〈주위를 둘러싸는 빛, 합성된 빛, 분리된 빛, 조명의 빛, 형태상의 빛, 명백한 빛, 투영되는 빛〉이다.

나그네가 깊은 산중에서 멀리 있는 집 창에 어른거리는 촛불을 보았다. 이 불빛이 어디까지 갈까를 질문하였더니 많은 학생들이 빛과 광원의 관계를 혼동하고, 빛이 광원 내부나 광원 부근에만 존재한다고 생각하는 경우가 많았다. 빛이 계속 진행하는 속성을 가지고 있다는 것과, 이러한 빛이 관측자의 눈에 도달할 때 물체가 보이게 된다는 것을 이해하게 하는 것이 중요하다.

그림 3-13 **집 안의 촛불**

촛불과 스크린 사이 적당한 지점에 볼록 렌즈를 설치하면, 스크린에 촛불의 상이 맺힌다. 이때 스크린을 치웠을 때 상을 볼 수 있는 곳을 학생들에게 질문하였을 때 많은 학생들이 스크린보다 앞쪽에 맺히거나 상이 맺히지 않는다고 하였다. 스크린에 맺힌 상을 볼 수 있는 이유는 물체에서 나온 빛이 상이 맺히는 자리에 있는 스크린에서 다시 반사되어 주변이 관측자의 눈에 들어오기 때문인데, 학생들은 상을 보게 되는 이러한 광학적 과정을 잘 알지 못하고, 스크린 자체가 상을 맺게 하는 역할을 한다고 생각하는 경향이 있다. 이러한 오개념을 치유하기 위해서는 상이란 물체에서 나온 빛이 렌즈를 통해서 우리 눈에서 인식될 때 생기는 것이라는 점과 이러한 상이 맺히게 되는 기하학적 과정을 알게 하고 실험을 통해 경험하도록 하는 것이 좋다.

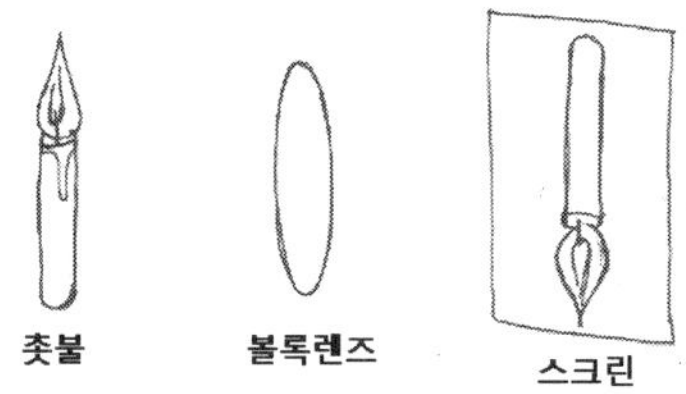

그림 3-14 볼록렌즈를 통과한 촛불의 상

방 안의 책상 위에 있는 스탠드 전구를 켰다. 방안에 빛이 있는 곳이 어디일까를 질문하였을 때 전구 부근에 있다는 답과 책상 바닥 쪽에 있다는 답이 다수였다. 많은 학생들이 빛과 광원의 관계를 혼동하고, 빛이 광원 내부나 광원 부근에만 존재한다고 생각하는 경우가 많다. 이러한 오개념을 치유하기 위해서는 빛이 진행하는 성질에 대하여 잘 알게 하는 것이 중요하며 레이저 빛이 진행하는 것을 경험하도록 하는 것이 좋다.

그림 3-15 방 안의 스탠드 전구

정육면체 모양의 어항 속에 들어 있는 물고기는 원래 크기보다 어떻게 보일까를 질문하였을 때, 변함없거나 보는 위치에 따라 다르다고 대답하는 경우가 많았는데 굴절에 대한 개념이 형성되지 않은 학생들은 물고기의 크기에 별다른 변화가 있다고 생각하지 않을 수 있고, 굴절 개념을 학습한 경우에도 어항 면이 평평하기 때문에 크기의 변화가 없다고 생각할 수 있다. 평면에서도 빛이 굴절하는 것을 레이저를 통해서 경험하는 것이 오개념 치유에 도움이 된다.

그림 3-16 어항 속의 물고기

어두운 방의 커튼을 조금만 열어 놓으면 햇빛이 어디까지 들어 올 수 있을까를 물어보면 다수의 학생들이 커튼이 열린 곳 반대편의 벽까지만 들어온다고 답한다. 하지만 먼지 등에 의한 산란, 벽에서의 난반사 등으로 방안이 전체가 다 환해진다. 학생들은 이러한 빛의 성질을 이해하지 못하고 빛이 특정 영역에만 모여 있다는 생각을 하는 경향이 있다. 따라서 이러한 생각을 하는 학생들은 커튼 부근에서 빛이 먼지 입자에 의해 산란되어 만드는 띠무늬를 보면서 그 부근에만 빛이 있다고 응답하게 된다. 이런 경우에는 빛이 진행하는 과정에서 산란이나 회절을 통하여 경로가 어떻게 달라지는지 알게 하기 위한 설명과 실제로 이를 관찰하기 위한 도구를 활용한 실험 활동이 치유에 유용하다.

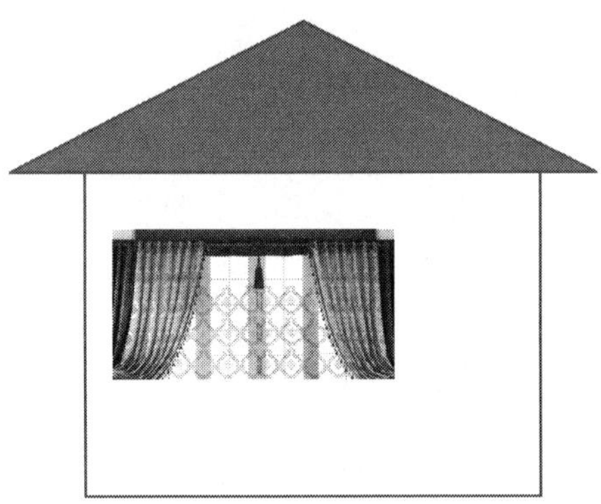

그림 3-17 커튼을 걷을 때의 방 안의 빛

학생들은 파동의 본성을 잘 이해하지 못한다. 파동과 진동은 구분하지 못하고, 파동에서 파동의 전파와 매질의 운동 사이의 구별을 잘하지 못한다. 매질의 특성이 속도를 결정하는 요인임에도 진동수와 파장의 곱이 속도를 결정한다고 생각한다. 파동을 통해서 전달되는 신호나 정보에 대해서도 파동의 속도가 유한한 것에서 발생하는 물리적 현상을 잘 이해하지 못한다. 비행기 소리가 뒤쪽에서 들리는 이유는 비행기 속도가 음파의 속도보다 빠르기 때문이라고 생각하는 반면, 북극성은 빛의 속도에 비하여 먼 거리에 있음에도 불구하고, 우리가 보는 북극성은 그러한 시간차가 존재하지 않는다고 생각한다. 또한 진동수, 진폭 등 파동의 진술 개념을 일상적 물리 현상과 연관시키는 것도 잘하지 못하는데, 특히 음파에서 진동수가 높아진다는 것이 소리의 어떤 물리적 현상과 관련이 있는지 잘 알지 못한다. 따라서 학생들은 진동수가 높아지면 소리가 더 높게 들리는 것이 아니라, 더 크게 들린다고 생각하는 경향이 있다. 빛의 전파와 관련하여, 광원 부근이나 밝은 곳 부근에만 국지적으로 모여 있다고 생각한다. 색은 물체가 갖는 고유한 성질이고, 빛은 우리 눈이 물체를 볼 수 있도록 도우며, 물체에서 반사된 빛을 보는 것이 아닌 물체의 색을 본다. 이것은 미술사에서 인상파 이전의 화가들이 색을 물체의 고유한 것으로 생각하여 사과의 색은 광원의 종류와 강도에 무관하게 항상 빨강이라고 생각했던 것과 유사하다(송진웅 등, 2004). 백색광이 빨간 셀로판지를 통과하면 백색광이 빨갛게 변질되거나 염색된다고 생각하고(Zylbersztajin and Watts, 1982), 낮에는 빛이 느리고 밤에는 빠르며(Stead and Osborne, 1980), 눈에서 빛이 나가서 물체에 도달하면 물체가 보인다 – 'visual ray' (Fetherstonhaugh and Treagust, 1990)–는 개념을 갖고 있다. 눈이 있으니까 볼 수 있다고 생각하는 경우도 있다(Osborne et al., 1990). 거울에 비친 물체의 상은 캔버스의 그림처럼 거울 표면에 있다고 생각하기도 하며(Jung, 1981), 전자가 거울에 반사된 경우 거울에 맺힌 전구의 상은 허구이므로, 이러한 상이 있어도 전구 아래 물체의 밝기는 달라지지 않는다고 생각한다. 학생들은 빛의 굴절 현상에 대한 개념이 충분하지 않고, 특히 물속에서 나온 빛이 공기 중으로 진행하는 현상에 대하여 제대로 이해하지 못한다. 따라서 학생들은 물속의 물고기가 실제의 크기나 위치와는 다르게 물 밖에서 관측된다는 점을 잘 모른다. 관측자 자신의 상이 거울에서 관측되는 경우, 관측자가 앞뒤로 이동함에 따라서 거울에서 생기는 상의 크기가 달라진다고 생각한다(송진웅 등 2004).

배호정(2003)은 빛의 굴절에 관한 개념을 중학생들을 대상으로 연구하였는데, 빛의 굴절에 관한 개념의 이해 정도는 학년에 따라 차이가 있었다고 보고하였다. 학습한지 2주가 지난 1학년이 학습한지 1년이 지난 2학년과 수업에 의한 학습 경험이 없는 3학년보다 빛의 굴절에 관한 이해 정도가 높았으며, 2학년과 3학년 사이에는 차이가 없었는데 이는 1학년 때 형성되었던 과학 개념이 시간이 지남에 따라 점점 망각해 가는 것으로 추정하였다. 성별에 따라서는 차이가 있었는데, 빛의 굴절에 관련된 20개 문항 중 18개 문항에서 남학생이 여학생보다 높은 정답률을 나타내어 남학생의 이해 정도가 높은 것으로 나타났다고 하였다. 빛의 굴절에 관한 개념의 영역별 이해 정도를 성별, 학년별로 분석한 결과, 경계면이 평면일 때 빛의 굴절과 소한 매질에서 밀한 매질로 진행할 때 빛의 굴절은 남학생이 여학생보다 이해 정도가 높았으며 굴절 현상을 제외한 대부분의 영역에서 1학년이 3학년보다 이해 정도가 높았다고 하였고, 굴절 현상을 설명하는 부분에서는 성별, 학년별로 유의미한 차이가 없이 비슷한 경향을 보인다고 하였다. 그리고 대부분의 문항에서 학교에서 수업을 받은 경험이 없는 3학년의 이해 정도가 가장 낮았지만 경계면에 수직하게 입사하는 빛의 진행 방향은 3학년의 이해 정도가 1학년과 2학년보다 높았다고 하였다. 물에 담긴 젓가락이 꺾여 보이는 방향의 경우, 수업에 의한 학습 경험이 있는 1학년과 2학년의 정답률이 3학년보다 낮았으며, 빛에 관하여 학습하지 않은 3학년 학생들이 정답률이 높은 것은 실생활에서의 경험이 과학 개념 형성에 도움을 주는 것으로 추정하였다. 대부분의 학생이 렌즈에서의 빛의 굴절을 단순히 볼록 렌즈는 빛을 모으는 작용을 하고, 오목렌즈는 빛을 퍼지게 하는 작용을 한다는 정도로만 알고 있었고 렌즈가 공기에서 유리로, 유리에서 공기로 빛이 진행할 때의 결합이라는 것을 이해하지 못해 굴절이 일어나는 면을 정확히 알지 못했으며, 오답의 유형으로는 렌즈의 가운데서 굴절하게 그린 경우와 한쪽 면에서만 굴절하게 그린 경우, 렌즈의 가운데에는 빛의 경로를 그려 넣지 않은 경우 등이 있었다고 하였다. 마지막으로 학교에서 수업한 경험이 있는 학생들은 굴절 현상을 설명할 때 '굴절'이나 '꺾임'이라는 용어를 많이 사용하였지만 물속에 잠긴 막대의 길이가 짧아 보이는 그림임에도 불구하고 '막대가 꺾여 보인다', '막대가 굴절되어 보인다'고 표현하는 등 그 의미는 부정확하였다고 하였으며, 이유를 설명할 때도 막대가 물에 들어가면 막대가 굴절하는 것인지 빛의 굴절 때문인지를 혼동하여 실생활에서 사용하는 용어와 과학적인 용어를 혼동하고 있어 상황 의존적으로 응답하는 학생들도 있었다고 하였다. 다음의 문항들은 배호정(2003)이 연구에 사용한 것들이다.

문제 1 아래 그림은 공기 중에서 물속으로 입사각을 다르게 하여 빛을 비추었을 때의 모양이다. 두 그림을 서로 비교하여 굴절하는 빛의 진행 방향을 그려 넣고 왜 그러한 경로로 진행할지 이유를 설명해 보시오.

(가) (나)

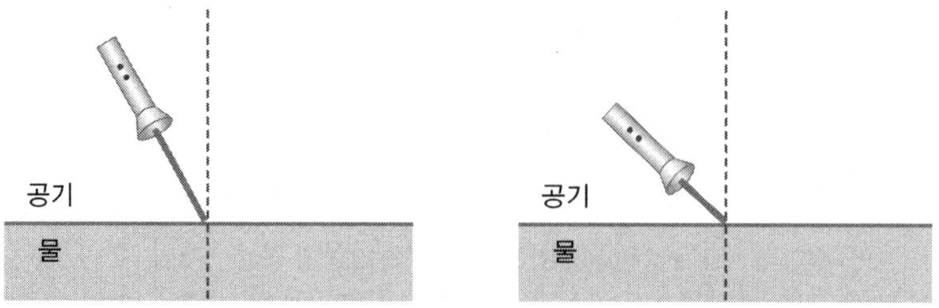

이유:

____

____

문제 2 아래의 그림은 물속에서 공기 중으로 입사각을 다르게 하여 빛을 비추었을 때의 모양이다. 두 그림을 서로 비교하여 굴절하는 빛의 진행 방향을 그려 넣으시오.

(가)

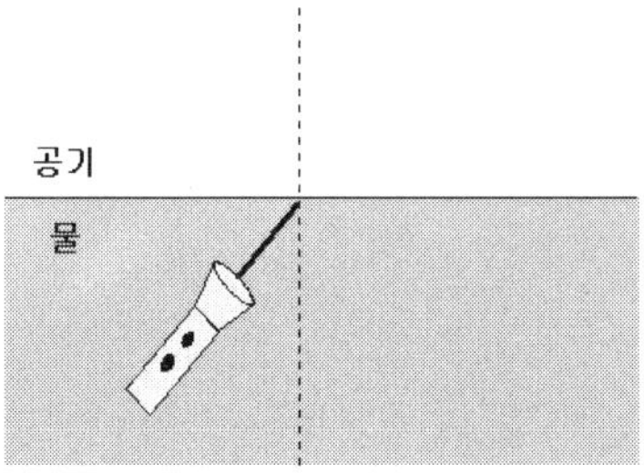

(나)

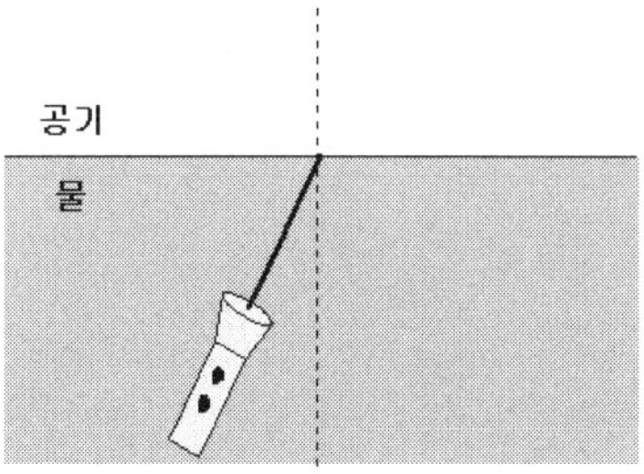

문제 3 아래의 그림은 공기 중에서 유리로 빛이 진행할 때의 모양이다. 빛이 굴절하여 진행하는 경로를 각각 그리고 이유를 쓰시오.

(가)

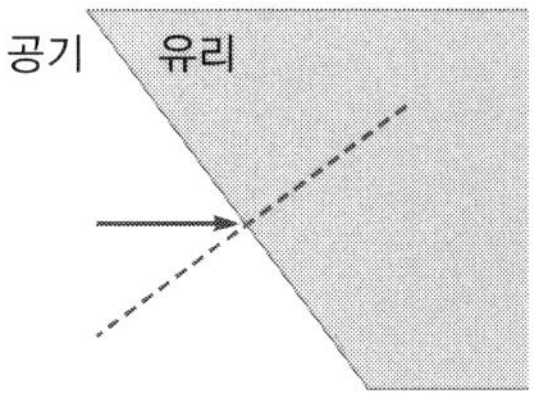

(나)

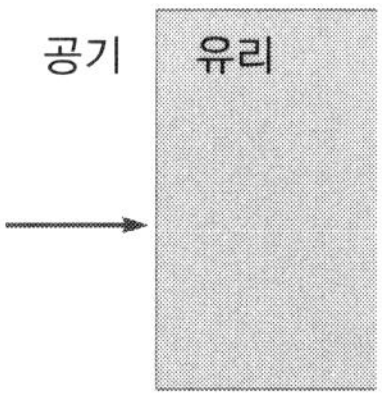

문제 4 아래의 그림은 유리에서 공기로 빛이 진행할 때의 모양이다. 빛이 굴절하여 진행하는 경로를 각각 그리시오.

(가)

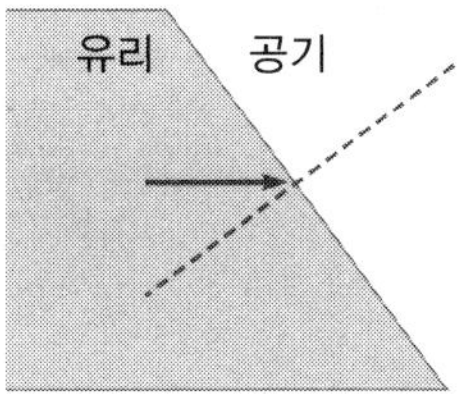

(나)

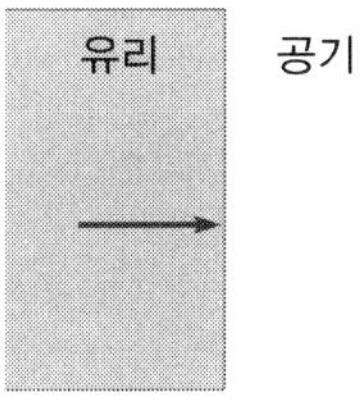

문제 5 아래의 그림은 빛이 프리즘으로 들어가는 그림이다. 빛이 굴절하여 진행하는 경로를 각각 그리고 이유를 설명하시오.

(가)

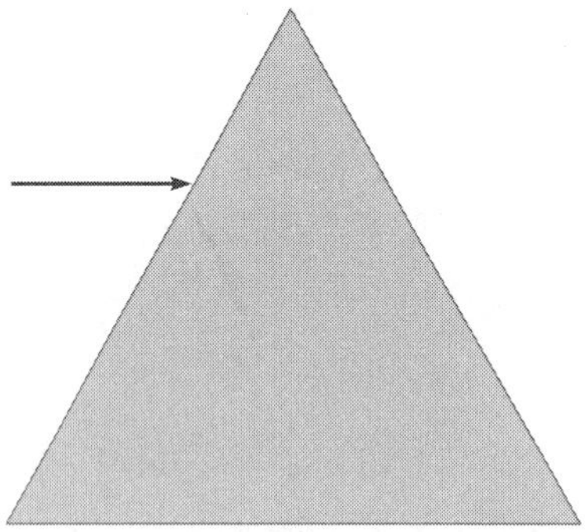

이유:

____

____

(나)

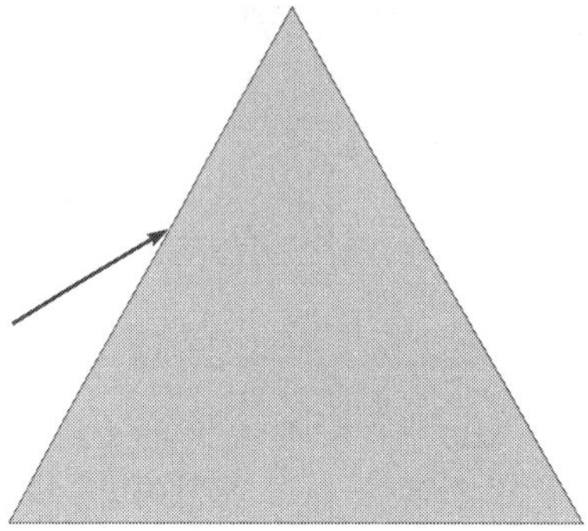

이유:

____

____

문제 6 아래 그림은 공기에서 유리로 빛이 진행할 때의 모양이다. 빛이 굴절하여 진행하는 경로를 각각 그리시오.

(가)

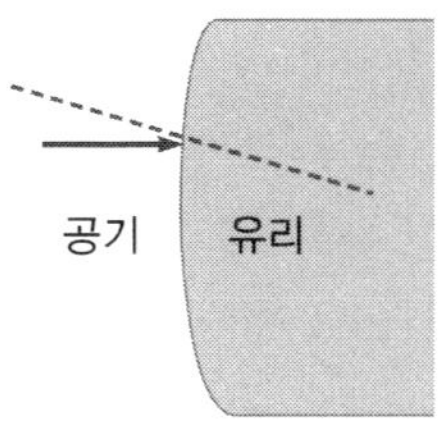

(나)

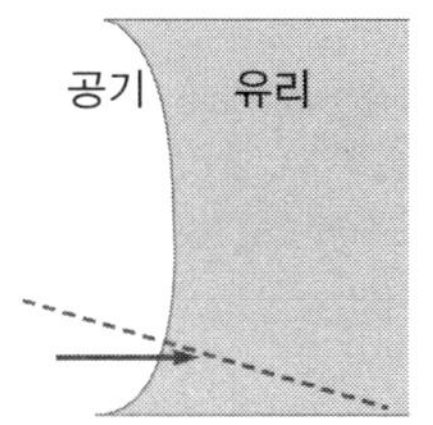

문제 7 아래 그림은 유리에서 공기로 빛이 진행할 때의 모양이다. 빛이 굴절하여 진행하는 경로를 각각 그리시오.

(가)

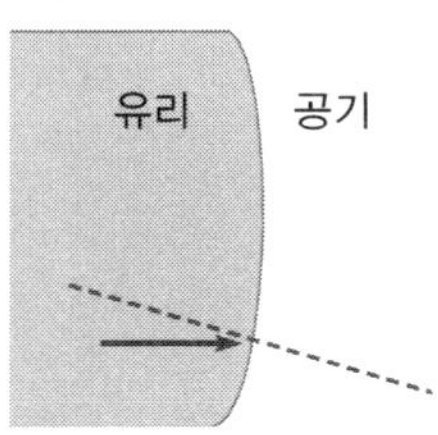

(나)

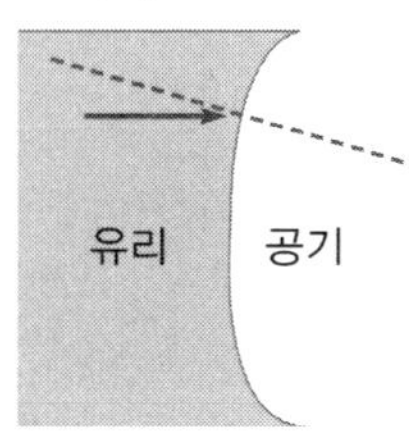

문제 8 여러 가지 렌즈에 빛을 비추었을 때의 모양이다. 빛이 굴절하여 진행하는 경로를 각각 그리고 렌즈의 종류를 고르시오.

(가)

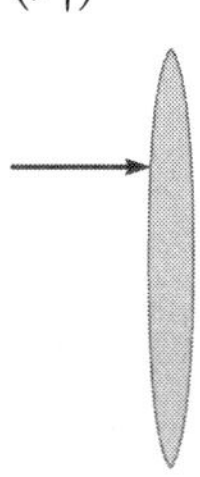

① 볼록 렌즈 ② 오목 렌즈

(나)

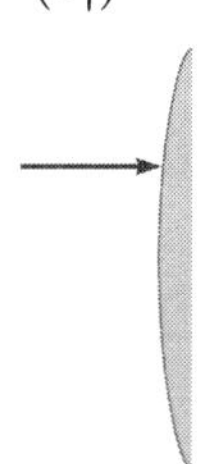

① 볼록 렌즈 ② 오목 렌즈

(다)

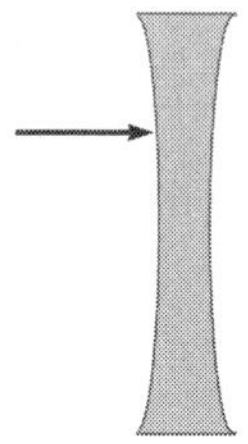

① 볼록 렌즈 ② 오목 렌즈

(라)

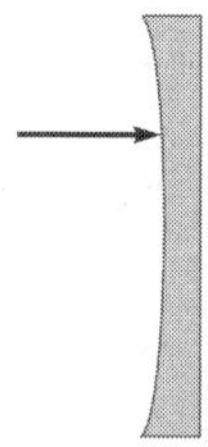

① 볼록 렌즈 ② 오목 렌즈

문제 9

아래의 사진은 수조 속에 막대기를 넣은 다음 촬영한 것이다. 그림 (가)는 수조 속에 물을 붓지 않았고 그림 (나)는 수조 속에 물을 부은 다음, 같은 위치에서 촬영한 것이다. 두 사진의 차이점은 무엇인가? 또, 이유를 설명해 보시오.

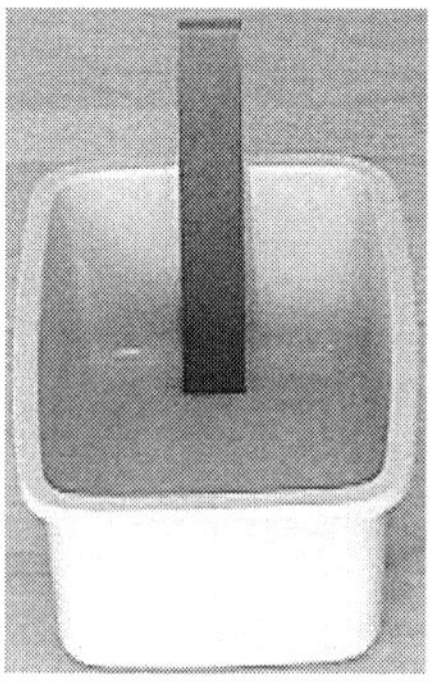

(가)

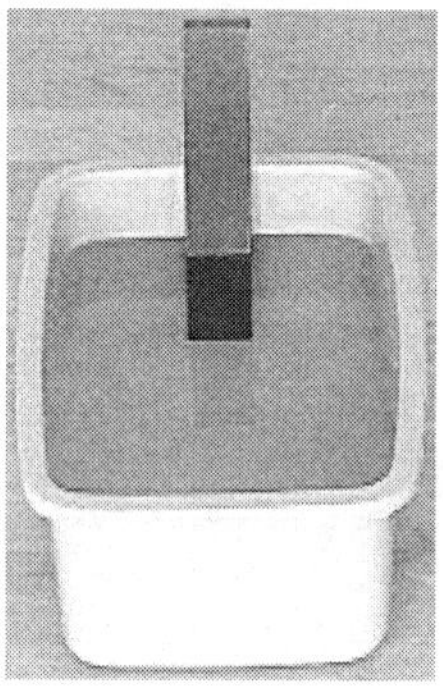

(나)

차이점:

____

____

이유:

____

____

문제 10 아래의 그림 (가)는 그릇에 물이 없을 때의 젓가락의 모양이다. 만약 그릇에 물을 반쯤 담은 다음 같은 위치에서 본다면 젓가락은 어떻게 보일까? 그림 (나)에 물속에 있는 부분이 보이는 모양을 그려 넣고 이유를 설명하시오.

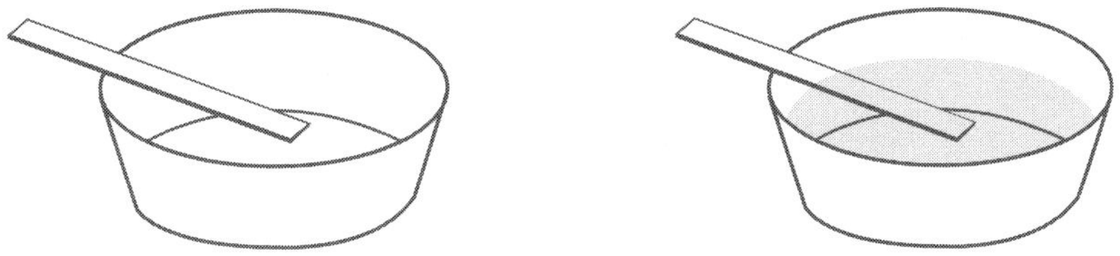

(가) (나)

이유 :

5.5 현대물리

고등학생들을 대상으로 한 송진웅 등(2004)의 연구 결과를 간략하게 정리하면, 상대론의 첫 번째 기본 가정인, "모든 물리 법칙은 관성계에서 동일하게 적용된다."에 대해서, Newton 제1법칙과 제3법칙이 빠르게 등속 운동하는 비행기 안에서는 정지된 좌표계와 다르게 적용된다고 생각하는 경우가 많다. Coulomb의 법칙과 Faraday 법칙, 볼록 렌즈의 초점 거리, 물의 끓는점이 빠르게 등속 운동하는 비행기 안에서는 정지된 좌표계의 경우와 달라진다고 생각하는 경향이 많다. 상대론의 첫 번째 기본 가정은 역학 법칙에만 한정된 것이 아니라 전자기 법칙과 광학 및 열역학 등 모든 분야의 물리학 법칙에 적용된다.

상대 속력이 빠른 기차의 경우에도 상대 속력을 고전적인 Galilei식으로만 알고 있는 학생이 많다. 상대 속력이 느린 경우에는 고전적인 Galilei식으로 설명해도 되지만, 빛의 속력에 가까운 경우에는 Galilei식 설명이 적용되지 않는데, 이를 혼동하는 경우가 있다. 음파의 경우에는 매질이 정지해 있음에도 불구하고, 음원의 상대 속력에 따라 고전적인 Galilei식으로 음파의 속력이 변한다는 생각이 많다. 빛의 속력은 관찰자의 상대 속력에 상관없이 일정하다는 상대론의 두 번째 가정은 모든 상대론적 현상을 이해하는 데 기본적인 개념임에도 빛의 속력이 관찰자의 상대 운동, 광원의 상대 운동에 따라 달라진다고 생각하는 경향이 많다. 이와 비슷한 개념으로 빛의 속력과 같이 움직이면 빛이 정지해서 보인다고 생각하는 학생도 많다. 쌍둥이 패러독스에 대해 반대하는 입장의 학생도 많다.

배새벽 등(2004)은 과학고등학교 학생들을 대상으로 상대론적 개념에 대해 조사하였는데, 개념별 사례 분석을 통해 분석한 결과로 첫째는 상대성 원리의 타당성에 관한 부분에서, 거의 모든 학생들이 Newton 방정식을 예로 사용하여 상대성 원리의 타당성을 보여주지 못했다고 하였다. 둘째로는 고전적 상대론의 부분에서, 거의 모든 학생들이 Galilei 변환이 상대성 원리를 Newton 방정식에 적용한 결과로서 산출되는 두 관성계 사이의 시간 및 공간 좌표들의 변환이라는 것을 설명하지 못했다고 하였다. 대부분의 학생들이 변환 유도에 있어서의 방법론적 공통점을 인식하지 못했고, 매질 속에서 전달되는 역학적 파동의 속도에 대한 개념이 없다고 보고하였다. 하지만 광속 불변에 대해서는 거의 모든 학생들이 잘 알고 있다고 하였다. 다음의 서술형 문항들은 배새벽 등(2004)이 연구에 사용한 것들이다.

a. 상대성 원리의 뜻을 관측자와 물리 법칙이라는 개념을 사용하여 기술하라(관련된 물리적 의미: 상대성 원리는 물리 법칙의 형식이 모든 관성계에서 동일함을 뜻한다).
b. Newton 방정식을 이용하여, 상대성 원리가 물리 법칙이 만족해야 할 참된 원리임을 설명하라(관련된 물리적 의미: Newton 방정식은 여러 관성계에서 광속보다 느린 속력의 운동에 대해 잘 적용됨이 많은 실험을 통해 입증되었으므로, Newton 방정식을 물리 법칙의 한 예로 하여 상대성 원리의 정당함을 추측해 볼 수 있다).
c. 상대성 원리와 Newton 방정식과 관련하여 Galilei 변환의 유도 원리를 설명하라(관련된 물리적 의미: Galilei 변환은 Newton 방정식이 상대성 원리를 만족한다고 할 때 산출되는, 위치와 시간의 좌표 변환이다).
d. Galilei 변환에서 시간의 변환이 인간에게 주는 물리적 의미를 쓰라(관련된 물리적 의미: 시간은 Galilei 변환에 의해 변화하지 않으므로, 두 사건 사이의 시간차는 모든 관성계에서 동일하다).
e. 광속도 불변이라는 실험적 사실이 Newton의 방정식에 미치는 영향을 상대성 원리의 관점에서 설명하라(관련된 물리적 의미: Galilei 변환에 의한 빛의 속도 변환은 관성계마다 다른 값을 줄 수 있다. 따라서 광속 불변은 Galilei 변환의 오류를 드러낸 것이며, 그것의 유도 원리 중 하나인 Newton 방정식의 참됨을 부정할 수 있는 가능성을 제시한다).
f. Michelson–Morley 실험이 Galilei 변환으로 표현되는 고전적 상대성 이론에 미친 영향을 설명하라(관련된 물리적 의미: Michelson–Morley 실험에서 위

상차가 관찰되지 않은 것은 속도의 Galilei 변환 또는 빛의 매질인 에테르의 존재를 부정한다).

g. Lorentz 변환을 유도하는 기본 원리와, 그것을 기본 원리로 한 이유를 쓰라(관련된 물리적 의미: Galilei 변환의 유도 원리와 동일한 맥락에서 취급할 수 있으며, Newton 방정식을 Maxwell 방정식으로 대체하면 Lorentz 변환을 얻을 수 있다. 한편, Galilei 변환에 의해 Maxwell 방정식의 형식이 변화되므로, 상대성 원리의 관점에서 볼 때 두 방정식이 모두 물리 법칙이 될 수 없어서 둘 중에서 하나만을 물리 법칙으로 선택해야 한다는 것을 의미한다. 광속 불변은 Lorentz 변환을 관성계 사이의 참된 좌표 변환으로 받아들이게 하는 근거가 된다).

h. 고전 상대론과 특수 상대론에서, 관찰자에 따라 동시성이 어떻게 되는지 설명하고, 차이가 있다면 그 이유를 쓰라(관련된 물리적 의미: Galilei 변환과는 달리 Lorentz 변환에 의한 시간의 변환은 위치 좌표를 포함하고 있어서, 다른 위치에서 발생한 사건의 경우 한 관성계에서의 동시성이 다른 관성계에서는 성립하지 않을 수 있다).

Posner et al(1982)은 과학자들을 위한 특수 상대성 이론의 유용성에 대해서 학생들이 인식해야 할 것들과 관련하여 다음의 다섯 가지를 제안하였는데 '가속기를 설계하는 데 있어 공학적 도구로(상대론적 역학의 이용)', '핵무기나 핵연료의 개발에 있어 기술적 도구로', '핵반응의 생성물을 예측하기 위한 핵화학에서 이론적 기술적 도구로', '천문학적 거리의 계산 · 천문학적 현상의 설명 · 별의 수명을 계산하는 데 있어 천문학자들을 도울 수 있는 이론적 · 수학적 도구로', '현대물리학의 발달을 위한 이론적 기초로서'이다.

박종원(1991)은 상대론에 대한 내용으로 개발한 교재에 의한 학습 효과가 전통적인 수업을 받은 학생들보다 높게 나왔다고 보고하였는데, 특히 '동시성의 상대성'에 대한 개념과 'Lorentz 변환에 의한 공간 간격 계산'과 '물체의 길이 측정'에 관한 문제에서 유의미하게 높게 나왔는데 몇몇 개념들에 대해서는 개념이 유지되는 현상이 나타나 보다 효과적인 학습 전략이 필요하다고 제안하였다.

Scherr(2001)는 특수 상대론 기초 개념에 대한 조사 결과 대학생들은 '기준계'의 개념과 '사건'의 시간과 공간에 대한 정의를 이해하는 데 어려움을 갖고 있었으며, 기준계를 여러 관찰자들이 어떤 사건의 시간과 공간 값을 대등하게 측정할 수 있는 계라고 생각하는 대신, 기준계를 '관점(point of view)'과 같은 의미로 이해하고 있었다고 보고하였다. 그리고 한 사건의 시간이 기준계에 의존하는 현상을 서로 다른 위치에 있는 관찰자들이 동일한 사전으로부터 나온 정보가 관찰자에게 도착하는 시간이 달라서 생긴 현상으로 해석하려 하였으며, 학생들이 자신들을 둘러싼 '실재'들에 대해서 모두 일치된 견해를 갖지 않는 것이 상대론의 특성과 일치한다는 신념을 갖고 있다고 보고하였다. 그는 이러한 부정확한 신념들은 '동시성의 상대성'과 같은 상대론적 진리를 피할 수 있기에 좋도록 편리함을 제공해 주는 문제점이 있는데, 이 동시성의 상대성은 특수 상대론의 결과를 혼란스럽게 만드는 대부분의 경우에 관련되어 있음을 지적하였다.

김영삼(2003)은 대학생과 대학원생들을 대상으로 상대성 이론의 개념을 조사한 결과, 구성주의적 과학교육자들의 주장과 같이 상대론의 기본 개념을 학습하는 데도 학습에 임하는 학생들의 생각은 백지 상태가 아니라 나름대로의 생각들을 갖고 있을 확인할 수 있었는데, 특히 특수 상대론의 경우 기본 개념들이 모두 학습상황이 아니라 실제 생활의 경험들과 밀접한 관계에 있기 때문에 학생들의 생각이 더욱 확고할 수 있다고 하였다. 학생들의 생활 경험에 의한 선개념은 대부분의 연구 결과와 마찬가지로 특수 상대론의 학습에서도 방해 요소로 작용하였다. 동시성의 상대성에 대한 이해 과정에서 동시성의 절대성에 대한 개념이 신념화되어 있어서 그러한 신념을 스스로 바꾸도록 하는 것이 얼마나 어려운지를 잘 보여 주었다. 특히 동시성의 상대성을 적용하는 과정에서 직관 의존적 사고 유형이 지속되어서 직전에 학습한 개념과 병치(co-existing)되는 형태를 보여 주기도 하였는데, 이러한 경험 습득 개념은 한 번의 학습으로 제거되는 것이 아니므로 지속적인 적용 학습을 통해서 새로운 개념의 유용성을 확장시켜 나갈 필요가 있다고 하였다. 다음은 김영삼(2003)이 개발하여 연구에 사용한 특수 상대론 학습 자료이다.

1. 동시성의 상대성

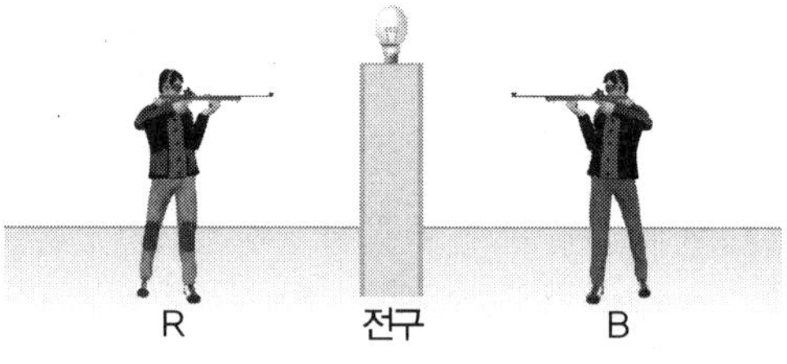

두 사람의 사수 R과 B가 레이저 총을 갖고서 철로 옆에서 누가 총을 빨리 쏘는지 시합을 하려고 한다.
두 사람의 정 중앙에 전구가 놓여 있는데 R이 먼저 맞추면 붉은 빛이, B가 먼저 맞추면 파란 빛이 켜지고, 동시에 맞추면 노란 빛이 켜지게 되어 있다.

철수는
기차와 기숙이가 오른쪽으로 움직이고 있고, 전구에서 노란 불빛이 나오는 것을 관측하였다.

질문
1. 누구 총에서 나온 빛이 먼저 도착하였을까?
2. 철수는 누가 이겼다고 판단하게 될까?

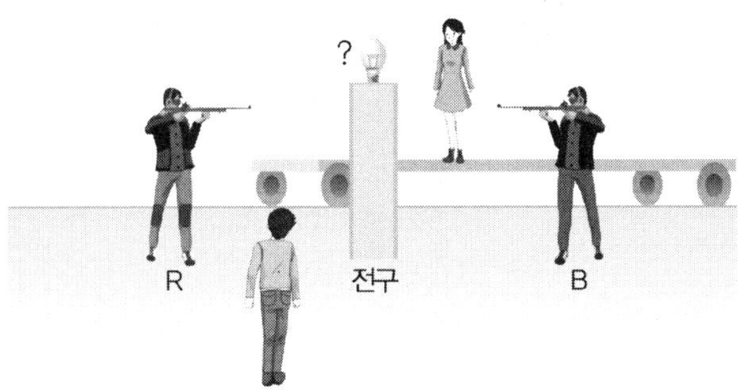

기숙이는
철로, 사수, 전구, 철수 모두는 왼쪽으로 움직이고 있는 것으로 관측한다.

질문
1. 기숙이는 무슨 색깔의 빛을 관측할까?
2. 기숙이는 누가 이겼다고 판단하게 될까?

질문
1. 기숙이의 판단 기준은 철수의 판단 기준과 같은가?
2. 기숙이와 철수가 보는 현상에 차이가 있는가? 있다면 어떤 차이가 있는가?

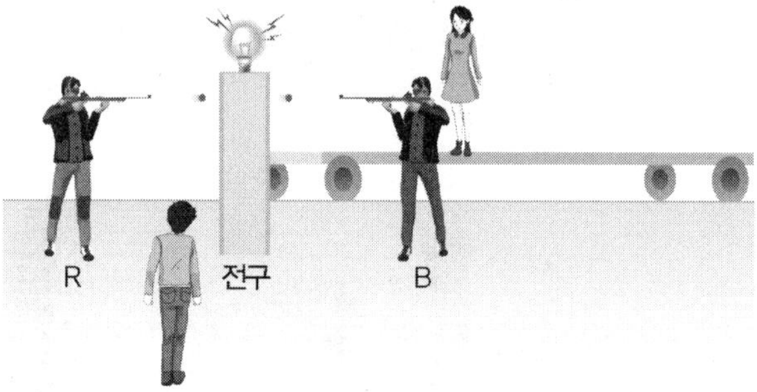

기숙이가 보면 전구는 R이 쏜 빛 쪽으로 움직이고, B가 쏜 빛에서는 멀어진다.
그렇다면 기숙이가 보면 누구의 빛이 먼저 도착하는 것으로 보일까?

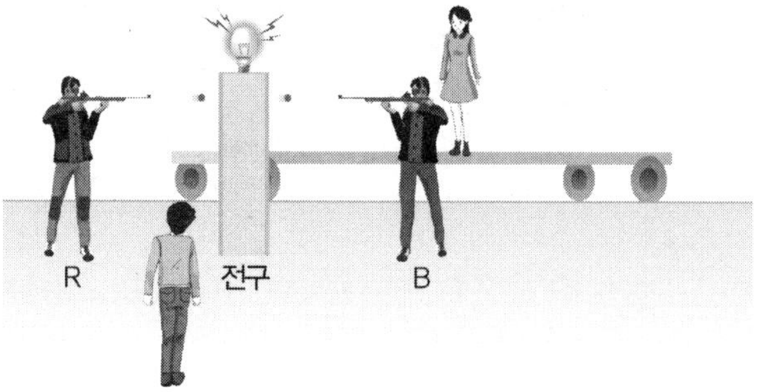

기숙이가 전구의 불빛이 빨간색인 것으로 관측한다면 철수가 노란색 빛을 관측하는 것과 다르게 된다. 두 사람이 서로 다른 색깔의 빛을 관측할 수 있는가?
어떻게 해야 이 모순을 해결할 수 있을까?

2. 시간 팽창

부산에 사는 갑순이와 서울에 사는 갑돌이는 같은 해 같은 시각에 동시에 태어나서 현재 나이 30살이 되었다.

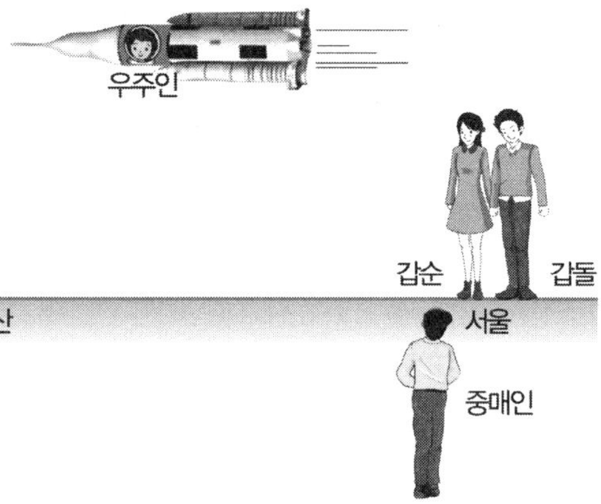

두 사람은 서울에 있는 한 찻집에서 중매인의 소개로 만나서 선을 본다.
그리고 두 사람이 태어날 때부터 지금까지 오른쪽에서 왼쪽으로 움직이고 있는 우주선 안에서 지켜보고 있는 우주인이 있다.

두 사람은 이야기 가운데 태어난 시각까지 정확히 같은 것을 알고는 천생연분이라고 생각하고 바로 결혼을 약속하게 된다.

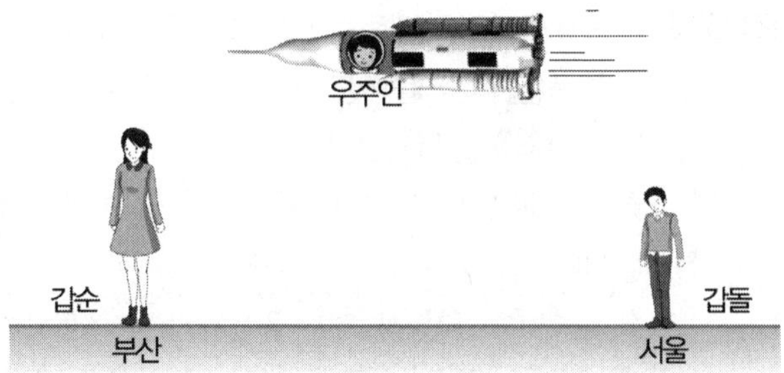

지구에 있는 중매인은 두 사람의 나이를 같게 보지만 우주선에 타고 있는 우주인이 보면 어떻게 보일까?

두 사람은 누가 먼저 태어났을까?

우주인이 두 사람이 만나는 것을 보면 여떻게 보일까? 두 사람의 나이는 같을까? 다를까?

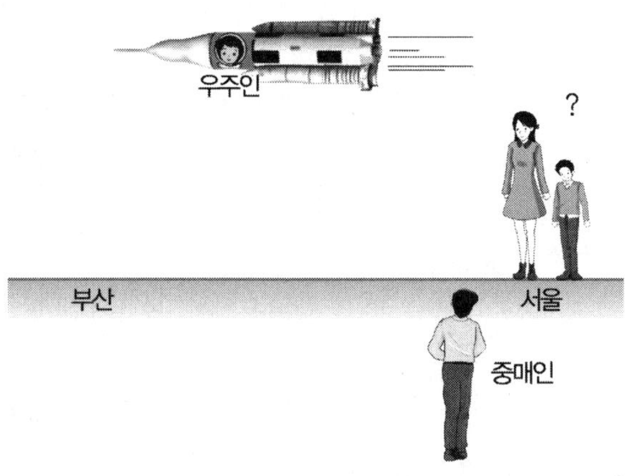

우주인이 보았을 때, 갑순이는 누나, 갑돌이는 동생으로 만난다면 중개인의 관찰 사실과 다르다. 두 사람의 관찰 사실은 서로 모순이다. 어떻게 해결할 수 있을까?

3. 길이 수축

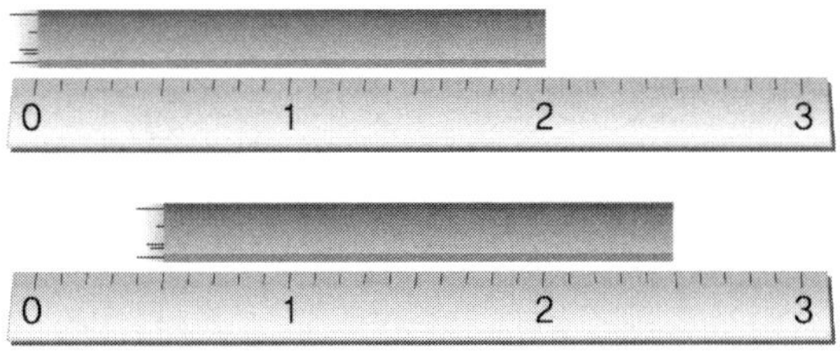

어떤 막대가 그림과 같이 오른쪽으로 일정한 빠르기로 움직이고 있다.

이 막대의 길이는 얼마인가?

길이란
막대의 양 끝점이 자의 두 점과 동시에 일치할 때, 두 눈금 값의 차이이다.

그림과 같이 손오공이 막대를 타고서 일정한 속력으로 날아가고 있고 지면에 정지한 저팔계가 이를 부럽게 쳐다보고 있다.

지면에 정지해 있는 저팔계가 볼 때 손오공이 탄 막대의 길이와 저팔계가 탄 막대의 길이는 어느 것이 긴가? 손오공이 탄 막대의 앞과 뒤가 저팔계가 탄 막대의 양 끝과 동시에 만나는가?

손오공이 보면 저팔계와 지면이 왼쪽으로 움직이는 것처럼 보인다. 손오공이 볼 때 자신이 탄 막대와 저팔계가 탄 막대의 길이는 어떨까?

저팔계가 보았을 때 막대의 길이가 같았으므로 손오공도 막대의 길이가 똑같은 것으로 관찰한다. 따라서 저팔계가 볼 때 두 막대의 양 끝이 동시에 만났고, 손오공이 보아도 두 막대는 동시에 만난다.

그런데 손오공과 저팔계가 똑같이 두 막대의 길이가 같다고 한다면 동시성의 상대성과 모순이 아닐까?

손오공이 보면 자기 막대의 앞쪽이 저팔계의 뒤쪽과 먼너 만날까? 아니면 뒤쪽이 앞쪽과 먼저 만날까? 손오공은 어느 막대가 더 긴 것으로 관측할까?

손오공이 관측한 결과와 저팔계가 관측한 결과는 어떻게 다른가? 누구의 생각이 옳은가?

만일 두 막대를 모두 정지시켜 놓고 길이를 비교한다면 누구의 막대가 더 길까? 막대의 길이에 대해서 어떠한 결론을 내릴 수 있을까?

4. 질량 증가

똘이는 질량이 똑같은 두 개의 상자 사이에 용수철을 넣고 압축한 상태로 두 상자를 실로 연결하여 책상의 정 중앙에 놓았다.

그리고 비행기를 타고 오른쪽으로 일정한 속력으로 날고 있는 순이가 있다.

똘이는 어느 순간 실을 끊었더니 압축되었던 용수철이 팽창하면서 두 상자는 똑같은 힘을 받으면서 좌우로 움직여 가서 책상의 양 끝점에 동시에 도달하는 것을 보았다.

그런데 비행기를 탄 순이는 비행기와 자신을 제외한 모든 것이 반대 방향으로 움직인다고 생각한다.

순이는 두 상자가 양 끝에 도달하는 현상을 어떻게 볼까? 순이가 보아도 동시에 도달할까?

동시성의 상대성에 의해서 순이는 오른쪽 상자가 먼저 책상 끝에 도달하는 것으로 관찰한다.

그런데 상자의 질량은 똑같고, 두 상자가 받는 힘도 같으므로 같은 순간에 양 끝에 도달해야 한다.

동시성의 상대성에 의해서 순이는 오른쪽 상자가 먼저 책상 끝에 도달하는 것으로 관찰해야 한다.
그런데 상자의 질량은 똑같고, 두 상자가 받는 힘도 같으므로 같은 순간에 양 끝에 도달해야 한다.

분명 두 조건은 모순이다. 어떻게 된 것일까?

순이가 볼 때 두 상자는 어느 쪽이 더 빠른가?
빠른 상자와 느린 상자 중에서 어느 것이 더 먼저 책상 끝에 도달할까?

동시성의 상대성과 Newton의 운동 법칙을 모두 맞게 하려면 어떻게 생각을 바꾸어야 할까?

다음은 김영삼(2003)이 인지 갈등을 일으키기 위해 제작하여 연구에 사용한 학습 교재이다.

1) 동시성의 상대성

일정한 속력으로 움직이는 기차 위에서 두 사람의 사수 R과 B가 레이저 총을 갖고서 누가 먼저 빨리 쏘는지 시합을 하려 한다. 두 사람의 중앙에는 전구를 갖는 광 수신 장치가 설치되어 있다. 이 장치는 만일 R이 쏜 빛이 먼저 도달하면 붉은 빛이, B가 쏜 빛이 먼저 도달하면 파란 빛이, 두 빛이 동시에 도달하면 노란 빛이 나오도록 되어 있다고 하자(그림 3-18).

그림 3-18 동시성의 상대성 1

그리고 이 시합을 지켜보는 두 사람의 심판이 있다. 한 사람은 기차에 타고 있는 기숙이이고, 또 한 사람은 철로 옆에 있는 철수이다. 기숙이에 의해서 시합이 시작되었는데, 시작 직후 기숙이는 전구에서 노란 빛이 방출되는 것을 보았다(그림 3-19). 기숙이는 전구로부터 두 사람까지의 거리가 같고 빛의 속도도 같다는 사실로부터 두 사람의 사격은 동시에 이루어졌고, 따라서 이 게임의 승부는 무승부라고 판정을 한다. 이번은 이 게임을 함께 지켜보고 있는 또 다른 심판 철수의 판정 결과에 대해서 생각해 보자. 기숙이가 노란 빛을 관찰하였으므로 동일한 대상인 전구에서 나온 빛은 철수가 보아도 동일해야 한다. 그렇다면 철수도 두 사수의 사격이 동시에 이루어졌다고 할 수 있을까? 두 사수의 사격이 동시라고 생각하고 그에 따른 결과가 어떻게 될지 한 번 생각해 보자.

그림 3-19 동시성의 상대성 2

철수가 볼 때 두 사수가 동시에 총을 쏘았다고 한다면 이 총의 광자(레이저 총알)가 전구에 동시에 도달할 수 없다. 총을 쏜 직후 전구가 오른쪽으로 움직여 가기 때문에 R이 쏜 광자는 B가 쏜 광자보다 더 먼 거리를 가야 전구에 도달할 수 있다. 만일 실제 총알이라면 두 사수가 동시에 총을 쏘았을 때, 총알은 동시에 도달할 수 있다. 왜냐하면 R이 쏜 총알은 더 먼 거리를 가야 하므로 거리에서는 손해를 보지만 기차가 움직이는 방향으로 운동하므로 속력에는 이득을 보게 되기 때문에 결국은 동시에 도달하게 된다. 그러나 광자의 경우에는 광원의 운동 방향과 상관없이 빛의 속도는 항상 일정하다. 따라서 R이 쏜 광자나 같은 빛의 속력을 갖고서 B쪽으로 일정하게 움직이는 전구를 향해서 움직이게 된다. 그러므로 두 사수가 동시에 총을 쏘았다면 B의 총에서 나온 광자가 전구에 먼저 도달하게 되고, 전구에는 파란 빛이 나와야 한다. 그런데 그렇게 되면 기숙이가 전구에서 노란 빛이 나오는 것을 관측했다는 사실과 모순이 된다. 이러한 모순을 없애려면, 즉 빛의 속도가 일정하다는 광속 불변의 원리와 동일한 지점에서 발생하는 사건은 관찰자에 상관없이 동일하게 관측해야 한다는 사실이 모두 맞으려면 다른 쪽에서의 생각을 바꿔야 한다. 유일한 해결책은 철수가 보았을 때 두 사수가 동시에 총을 쏘지 않는다고 생각하는 것 밖에 없다. 즉 거리에서 손해를 보는 R이 B보다 먼저 쏘아야만 같은 속력의 두 빛이 전구에 동시에 도달할 수 있다. 따라서 한 사람(기숙)에게 동시에 일어난 두 사건이 그 사람에 대해서 상대적으로 움직이는 관찰자(철수)에게는 동시가 아니어야 한다는 결론을 얻게 된다. 그렇다면 철수는 두 사건이 얼마의 시간차가 나는 것으로 관찰하게 되는지 정량적으로 살펴보면, 기숙이가 보았을 때, 두 사수 R과 B 사이의 거리를 L_0로 표시하고, 두 사수 R과 B의 위치와 일치하는 철로(철수 기준계) 위의 두 점 R′과 B′ 사이의 거리를 l이라고 하자. 그러면 기숙이가 볼 때, R은 R′과 B는 B′과 일치하는 순간에 빛이 동시에 방출되며, 두 사수 사이의 거리 L_0는 철로 상의 두 점 사이 거리 l와 같은 것으로 관측한다.

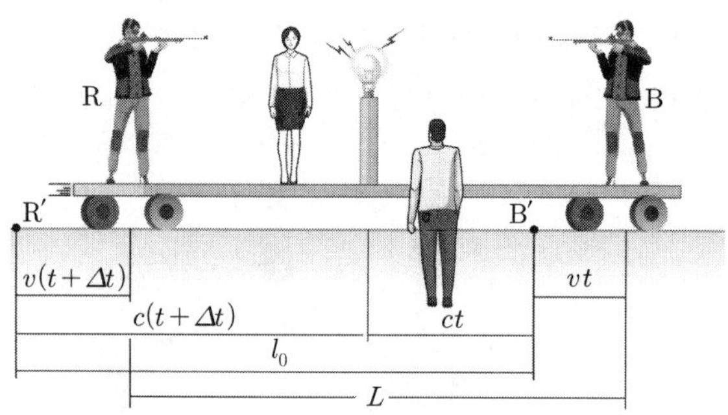

그림 3-20 동시성의 상대성 3

철수가 보았을 때 두 사수 R과 B 사이의 거리를 L로, R′과 B′ 사이의 거리를 l_0로 표시하자. 철수가 보면 두 사수의 사격이 동시가 아니라 R이 B보다 먼저 쏘는 것으로 관측되므로 이 시간차를 Δt라고 하면, 그림 3-20으로부터

$$c(t+\Delta t)-v(t+\Delta t)=\frac{L}{2},\ ct-vt=\frac{L}{2}$$

를 얻을 수 있는데, 이 식들을 정리하면

$$t+\Delta t=\frac{\frac{L}{2}}{c-v} \tag{1}$$

$$t=\frac{\frac{L}{2}}{c+v} \tag{2}$$

를 얻을 수 있다. (1)식에서 (2)식을 빼면

$$\Delta t = \frac{vL}{c^2 - v^2} \tag{3}$$

를 얻게 된다. 또한 그림 3-20으로부터 L과 l_0 사이에

$$l_0 - v\Delta t = L \tag{4}$$

의 관계가 있음을 알 수 있다. (4)식을 (3)식에 대입하여 Δt에 대해서 풀면 $\Delta t = \frac{vl_0}{c^2}$를 얻게 된다. 즉 한 관찰자에 대해서 움직이는 두 사건은 두 사건에 대해서 정지한 사람이 동시에 일어난 것으로 관측하더라도 시간 차이가 있는 사건으로 관측하게 되는데, 이때 두 사건의 시간차는 두 사건 사이의 거리에 비례함을 알 수 있다.

2) 길이 수축

그림 3-21과 같이 철수와 영희가 각각의 막대 위에 올라타 있다. 영희는 지면에 대해서 정지해 있는 막대 위에 타고 있고 철수는 그림 3-21에서 오른쪽 방향으로 일정한 속력으로 움직이는 막대 위에 타고 있다.

그림 3-21 길이 수축(영희 기준)

철수가 탄 막대가 영희의 곁을 지나갈 때 영희는 철수 막대의 양끝과 영희 자신이 타고 있는 막대의 양끝이 정확히 일치하는 것을 확인할 수 있었다. 따라서 영희는 움직이는 물체의 길이는 동시에 측정한 양 끝점 사이의 거리라는 사실로부터, 철수의 막대가 자신의 막대와 정확히 같은 크기를 갖는 막대라는 것을 알았다. 이번에는 그림 3-21과 같이 철수가 탄 막대의 관점에서 살펴보자. 철수는 자신과 막대는 정지해 있고 나머지 모두가 왼쪽으로 일정한 속력을 갖고서 움직인다고 생각한다. 그렇다면 막대의 양 끝점이 일치하는 것에 대해서는 어떻게 생각할까? 막대의 양 끝점이 일치하는 것을 하나의 사건이라고 한다면 영희에게는 두 사건이 동시에 일어났다. 따라서 철수에게도 동시에 일어날 수 없다. 철수는 동시성의 상대성에 따라서 그림을 기준으로 할 때 오른쪽 끝이 먼저 만나고 나서 왼쪽 끝이 만나는 것으로 판단하게 된다.

그림 3-22 길이 수축(철수 기준)

그러면 철수는 오른쪽 끝이 만날 때 왼쪽 끝이 아직 만나지 않았으므로 자신의 막대가 영희의 막대보다 긴 것으로 판단하게 된다. 영희는 두 막대의 길이가 자신의 것보다 더 짧은 것으로 측정하게 된다. 따라서 두 사람의 관측 결과 사이에는 기준계의 대등성이 깨어진다. 두 사람 사이에 대등한 관계를 유지하기 위해서는 어떻게 해야 할까? 철수가 자신에 대해서 움직이는 막대의 길이가 짧아지는 것으로 판단했으므로 영희도 자신에 대해서 움직이는 철수의 막대가 짧아지는 것으로 판단해야만 그들 사이의 대등한 관계를 유지할 수 있다. 따라서 영희가 관측한 철수의 길이는 그 막대가 정지했을 때의 길이가 아니라 운동에 의해서 이미 수축한 상태를 측정하는 것으로 생각하면 된다. 즉, 두 막대의 정지 길이는 영희의 것보다 철수의 것이 더 긴 상태였었다고 생각하면 기준계의 대등성에 관한 문제가 해결될 수 있다. 그렇다면 좀 더 구체적으로 자신에 대해서 움직이는 물체의 길이가 얼마만큼 수축하는지, 그 물체의 속도와 어떤 관계가 있는지 알아보자. 두 막대의 상대 속도의 크기를 v라고 하고, 영희 막대의 정지 길이를 l_0, 철수 막대의 정지 길이를 L_0, 철수가 측정한 영희 막대의 길이를 l, 영희가 측정한 철수 막대의 길이를 L이라고 정의하면 앞의 상황에서 영희가 움직이는 철수 막대의 길이가 자신의 막대와 같은 것을 확인했다고 했으므로

$$l_0 = L \tag{1}$$

의 관계식을 얻을 수 있다. 그리고 두 막대의 양 끝이 일치하는 사건들이 철수가 볼 때 L_0의 간격을 갖는다. 따라서 철수는 두 막대의 끝이 일치하는 사건들의 시간차가 동시성의 상대성에 대한 논의에서 생각했던 시간차에 따라서

$$\frac{vL_0}{c^2} \tag{2}$$

가 됨을 확인할 수 있다. 철수의 관점에서 생각하면 움직이는 영희 막대의 오른쪽 끝이 일치하고 나서 (2)에서 주어진 시간만큼 경과한 다음 왼쪽 끝이 만나므로

$$L_0 = l + \frac{vL_0}{c^2} \tag{3}$$

의 관계식을 얻을 수 있다. 그리고 두 사람의 상대 속도가 같으므로 정지 길이와 수축되는 길이의 비는 서로 같아야 한다. 따라서

$$\frac{l}{l_0} = \frac{L}{L_0} \tag{4}$$

의 관계식을 얻을 수 있다. (3)식을 정리하면

$$L_0 (1 - \frac{v^2}{c^2}) = l \tag{5}$$

를 얻을 수 있고, (4)식을 정리하면

$$l = \frac{L\, l_0}{L_0} \tag{6}$$

가 되고, (1)식을 (6)식에 대입하면

$$l = \frac{L^2}{L_0} \tag{7}$$

를 얻게 되고, (7)식을 (5)식에 대입하면 $L_0\sqrt{1 - \frac{v^2}{c^2}} = L$를 얻게 되는데, 길이 수축과 속력의 관계를 보여준다.

3) 시간 팽창

그림 3-23과 같이 서울과 부산에서 갑돌이와 갑순이가 태어났는데, 이들은 지구상에 정지한 관찰자인 지구인이 보았을 때, 정확히 같은 순간에 태어났다. 그리고 우주선을 타고서 일정한 속력으로 오른쪽으로 날고 있는 또 다른 관찰자 우주인이 있다. 그런데 갑돌이는 우주선과 같은 빠르기의 일정한 속력으로 서울에 있는 갑순이를 만나러 온다. 그렇게 되면 지구에 있는 지구인은 두 사람이 같은 나이로 한 장소에서 만나는 현상을 보게 된다.

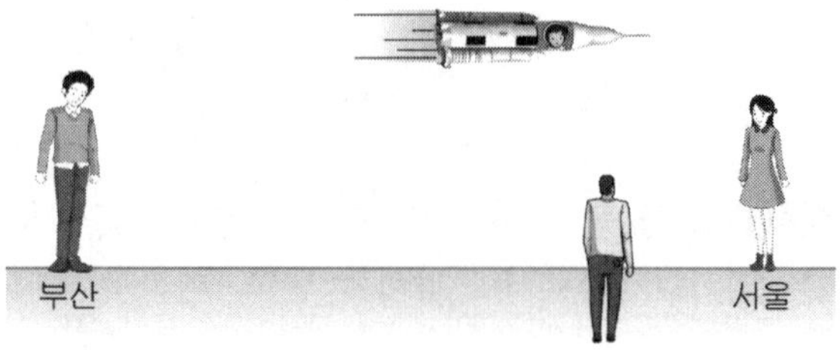

그림 3-23 **시간 팽창(지구인 기준)**

이번에는 그림 3-24와 같이 관찰자 우주인의 입장에서 생각해 보자. 지구인에게 떨어진 두 위치에서 동시에 일어난 두 사건은 상대적으로 움직이는 관찰자에게는 동시일 수 없다. 따라서 우주인은 두 사람의 출생 시각을 다르게 관측하게 된다. 동시성의 상대성에 대한 고찰로부터 우주인은 서울에 있는 갑순이가 먼저 태어나게 되는 것을 보게 된다. 그리고 부산에 사는 갑돌이가 일정한 속력으로 움직여 와서 갑순이와 만나는 현상을 또한 보게 될 것이다.

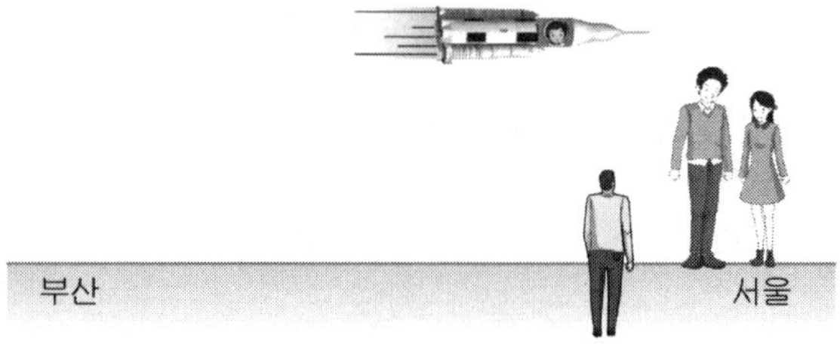

그림 3-24 **시간 팽창(우주인 기준)**

그런데 문제는 지구인과 우주인의 관측 결과가 달라질 수 있다는데 있다. 지구인에게는 두 사람이 같은 시각에 태어났기 때문에 만날 때도 같은 나이로 만난다. 그러나 우주인이 볼 때는 태어난 시각이 같지 않고 갑순이가 먼저 태어난다. 따라서 그림 3-25와 같이 갑순이는 누나로, 갑돌이는 동생으로 만나야 한다는 것이다.

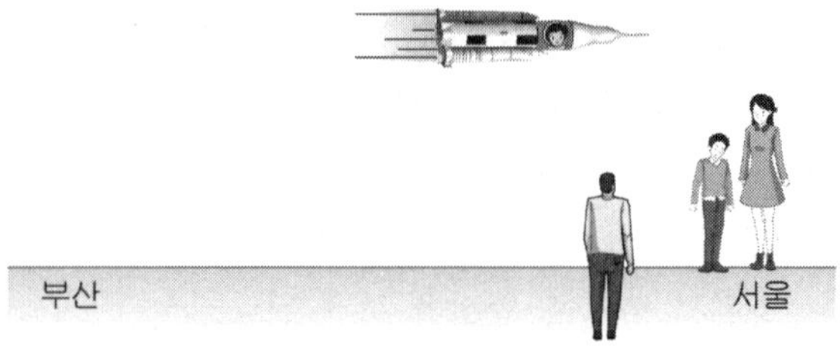

그림 3-25 **시간 팽창(모순)**

동일한 장소에서 일어나는 사건은 상대적인 운동 상태에 있는 관찰자들 모두에게 똑같이 일어나야 한다. 따라서 지구인이 갑돌이와 갑순이가 같은 나이로 만나는 것을 관찰한다고 하였으므로 우주인이 보아도 같은 나이로 만나야 한다. 그러므로 우주인이 볼 때 출생 순간이 달라서 두 사람의 나이가 다르므로 두 사람이 만났을 때 같은 나이를 가질 수 있는 유일한 방법은 갑돌이가 움직여 오는 동안에 나이를 달리 먹는 수밖에 없다. 즉 움직여 오는 갑돌이가 정지해 있는 갑순이보다 더 빨리 나이를 먹으면 두 사람의 나이는 만났을 때 같을 수 있다. 그런데 지구인이 볼 때 갑돌이와 우주선의 운동 방향이 같으므로 우주인이 보면 갑돌이보다 갑순이가 더 빨리 움직이는 것으로 보게 된다. 따라서 더 느리게 움직이는 갑돌이가 더 빨리 움직이는 갑순이보다 나이를 더 빨리 먹게 된다는 결과를 얻게 된다. 그렇다면 두 사람이 나이를 먹는 것이 그들의 속력과 구체적으로 어떤 관계에 있는지 정량적으로 살펴보자. 편의상 지구인이 보았을 때 우주선과 갑돌이의 움직이는 속도를 v로 같게 두고, 갑돌이는 태어나는 순간 갑순이를 향해서 출발하는 것으로 하자. 그렇게 되면 우주인은 갑돌이는 정지해 있고 지구와 갑순이가 v의 속도로 뒤로 움직이는 것으로 관측하게 된다. 서울과 부산 사이의 고유 길이, 즉 지구인이 측정한 서울과 부산 사이의 고유 거리를 L_0라고, 우주인이 측정한 서울과 부산 사이의 거리를 L이라 하면 동시성의 상대성에 따라서 우주인은 갑순이가 갑돌이보다

$$\frac{vL}{c^2 - v^2} \tag{1}$$

만큼 먼저 태어나게 되는 것으로 관측되는데, 이것은 동시성의 상대성에 대한 정량적인 설명을 위한 식 (3)의 결과와 같기 때문이다. 이제 움직이는 물체의 시간이 그 물체의 속력과 관계있다고 가정하고 움직이는 물체의 시간 경과를 작게 만드는 시간 지연 인자를 x라고 두자. 먼저 지구인의 입장에서 보면 어떻게 될까? 위의 가정에 따르면 지구인이 볼 때도 두 사람의 나이는 정확히 같을 수 없다. 왜냐하면 갑돌이만 일정한 속력으로 움직여 가서 갑순이를 만나기 때문이다. 따라서 지상에 대해서 정지한 갑순이가 먹는 나이를

$$\frac{L_0}{v} \tag{2}$$

라고 하면 갑돌이가 먹는 나이는

$$\frac{L_0 x}{v} \tag{3}$$

이번에는 우주인의 입장에서 생각해 보자. 우주인이 보면 갑돌이는 정지해 있고 갑순이는 갑돌이가 태어날 때까지 (1)식으로 주어진 시간 동안 v의 속력으로 움직이다가 갑돌이가 태어나는 순간부터 길이 L인 거리를 계속해서 v의 속력으로 움

직여 정지해 있는 갑돌이를 만나게 된다. 그리고 서울과 부산의 거리도 L_0가 아니라 길이 수축에 의해서

$$L_0\sqrt{1-\frac{v^2}{c^2}} \tag{4}$$

으로 관측하게 된다. 따라서 갑순이가 갑돌이를 만날 때까지 걸리는 시간은

$$\frac{L_0\sqrt{1-\frac{v^2}{c^2}}}{v} \tag{5}$$

가 되는데 이것은 곧 우주인에 대해서 정지한 갑돌이가 갑순이와 만날 때까지 먹는 나이와 같다. 그렇다면 갑순이는 나이를 어떻게 먹을까? 지구인이 생각한 것과 마찬가지로 갑순이의 나이도 시간 지연 인자 x를 곱해서 생각할 수 있다. 왜냐하면 지구인이 보든 우주인이 보든 움직이는 사람의 속력은 똑같이 v이기 때문이다. 그리고 갑순이는 우주인이 보았을 때 갑돌이보다 (1)식에 주어진 시간만큼 먼저 태어나서 그 시간 동안 갑돌이가 태어날 때까지 계속 속력 v로 움직이고 있었으므로 똑같이 시간 지연 인자 x를 곱한 값

$$\frac{vL}{c^2-v^2}x$$

만큼 나이를 더 먹은 상태이기 때문에, 두 사람이 만날 때까지 갑순이의 나이는

$$\frac{vL_0\sqrt{1-\frac{v^2}{c^2}}}{c^2-v^2}x + \frac{L_0\sqrt{1-\frac{v^2}{c^2}}}{v}x \tag{6}$$

가 된다. 두 사람의 관찰자가 측정하는 갑순이와 갑돌이의 나이는 서로 같아야 하므로

$$\frac{vL_0\sqrt{1-\frac{v^2}{c^2}}}{c^2-v^2}x + \frac{L_0\sqrt{1-\frac{v^2}{c^2}}}{v}x = \frac{L_0}{v} \tag{7}$$

$$\frac{L_0\sqrt{1-\frac{v^2}{c^2}}}{v}x = \frac{L_0}{v}x \tag{8}$$

를 얻을 수 있는데, 식 (7),(8)을 x에 대해서 풀면 두 식 모두 $x = \sqrt{1-\frac{v^2}{c^2}}$ 가 됨을 알 수 있다. 즉 정지한 사람보다 v의 속력으로 움직이는 사람은 $\sqrt{1-\frac{v^2}{c^2}}$ 배 만큼 나이를 천천히 먹음을 알 수 있다.

4) 질량 증가

그림 3-26과 같이 두 사람의 기준계를 생각하자. 하나는 실험실 기준계에 있는 관찰자 O의 기준계이고, 다른 하나는 일정한 속력으로 날고 있는 비행기를 탄 관찰자 O′의 기준계이다. 관찰자 O가 실험 탁자의 중심에 질량이 같은 두 상자를 줄로 묶고 있는 경우를 생각하자.

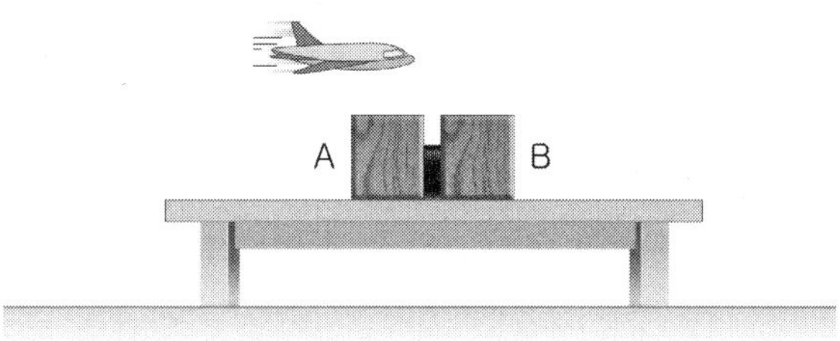

그림 3-26 **질량 증가(실험실 기준)**

어느 순간 묶어 두었던 실을 끊어서 두 상자가 서로 반대 방향으로 같은 속력을 갖게 되었다. 두 물체는 질량이 같고 그들 사이에 같은 힘을 주고받으며 처음에 정지한 상태에 있었기 때문에 어느 순간 두 물체가 갖는 속력은 같다. 따라서 관찰자 O가 보았을 때 두 상자는 실험 탁자의 양 끝에 동시에 도달하게 된다. 운동량 보존 법칙을 적용해도 같은 결과를 갖게 된다. 두 물체가 처음에 탁자의 중심에 정지해 있었기 때문에 처음의 운동량은 0이다. 용수철에 의해서 상호작용을 주고받은 후에도 그들에게 작용하는 외력이 없으므로, 운동량의 합은 0이 되어야 한다. 운동량은 질량과 속도의 곱이므로 두 상자의 질량이 같으므로 속도는 같은 크기, 반대 방향이 되어야 한다.

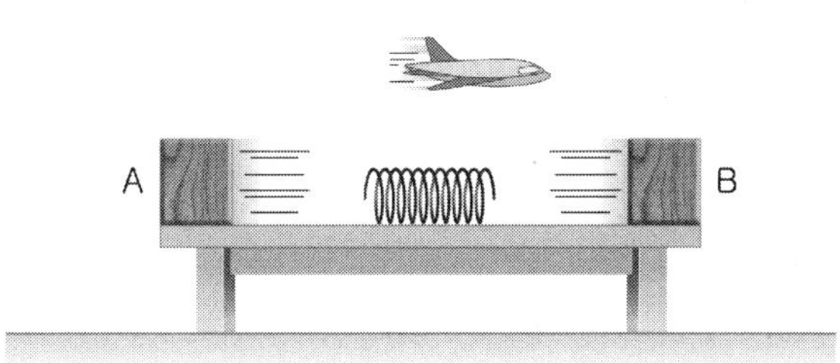

그림 3-27 **질량 증가(비행기 기준)**

이번에는 같은 현상을 그림 3-27과 같이 관찰자 O′의 관점에서 살펴보자. 관찰자 O′에게도 두 물체의 질량은 같고 그들 사이에 주고받는 힘도 같으며, 역시 운동량 보존 법칙이 성립되어야 할 것으로 생각된다. 두 기준계는 서로 동등한 관계에 있으므로 동일한 물리 법칙이 성립되어야 하기 때문이다. 그런데 관찰자 O와 O′가 보는 현상의 중요한 차이점이 한 가지 있다. 관찰자 O에게는 두 상자가 책상의 양 끝에 동시에 도달한다. 그러나 관찰자 O′에게는 두 상자가 책상의 양 끝에 도달하는 것은 공간적으로 떨어진 두 개의 사건이므로 O에게 동시였다면 O′에게는 동시성의 상대성에 의해서 절대로 동시일 수 없다. 그림 3-27을 기준으로 하면 관찰자 O′는 관찰자 O의 기준계가 왼쪽으로 일정한 속력으로 움직인다고 생각한다. 따라서 관찰자 O′는 동시성의 상대성을 적용하여, 상자 B가 A보다 책상 끝에 먼저 도달하는 것을 관찰하게 된다. 그런데 관찰자 O′의 관점에서 생각할 때 생기는 문제점이 있다. 관찰자 O′가 보았을 때도 두 물체는 같은 크기의 힘을 주고받으며, 같은 물리 법칙이 성립되어야 한다. 관찰자 O′가 보면 두 물체가 같은 시각에 출발해서 서로 다른 시각에 책상의 양 끝에 도달하므로 책상을 기준으로 한 두 상자의 속력이 다르다. 따라서 관찰자 O′에게는 운동량 보존의 법칙이 성립하지 않는다. 그러므로 관찰자 O′계에서도 운동량 보존의 법칙을 만족시키기 위해서는 두 상자의 질량이 다른 것으로 생각할 수밖에 없다. 그렇다면 관찰자 O′에게 질량이 어떻게 달라져야 운동량 보존의 법칙이 성립될 수 있는지 정량적으로 알아보자. 문제의 상황을 간단히 하기 위해서 두 상자는 아주 순간적으로 일정한 속력에 도달한 것으로 생각하고, 이때 두 상자가 얻는 속도를 관찰자 O가 측정했을 때, v라고 하자. 그리고 관찰자 O가 측정할 때 비행기의 속력도 두 관찰자의 속력과 같이 v라고 하자. 그리고 두 상자의 질량을 M_A, M_B라고 하면 관찰자 O에게는 M_A와 M_B가 같으므로 다음과 같은 운동량 보존 법칙이 성립된다.

$$0 = M_A \cdot v + M_B \cdot v$$

이번에는 관찰자 O′의 기준계에서 생각해 보자. 관찰자 O′는 실험실이 v의 속력으로 자기 뒤쪽으로 움직인다고 생각한다. 그리고 용수철에서 반발되는 두 상자의 속력은 상대론적 속도 합성에 의해서 측정하게 되는데, 두 물체의 속력을 각각 v_A, v_B라고 하면 $v_A = \dfrac{v+v}{1+\dfrac{v^2}{c^2}}$, $v_B = 0$가 되는데, 상자의 속력과 비행기의 속력이 관찰자 O가 보았을 때 같으므로 관찰자 O′가 보면 상자 B의 속력은 0이 되어 문제 상황이 더욱 간단해진다. 따라서 관찰자 O′에게 상자가 분리되기 전, 두 상자는 같은 속력 v로 움직이므로 운동량 보존 법칙을 적용하면

$$(M_\mathrm{A}+M_\mathrm{B})v = M_\mathrm{A}\frac{v+v}{1+\frac{v^2}{c^2}}$$

가 되는데 이 식에서 두 상자의 질량을 같은 값으로 두면 좌변과 우변이 같아질 수 없다. 따라서 이 운동량 보존 법칙을 성립시키기 위해서는 M_A와 M_B가 다르게 표현되어야 한다고 생각할 수밖에 없다. 관찰자 O′가 보았을 때, 두 물체의 속력이 다르므로 질량이 속력에 따라서 변화하는 형태로 표현되어야 한다. 그러므로 앞에서 나온 변환인자

$$\frac{1}{\sqrt{1-\frac{v^2}{c^2}}}$$

가 들어간 표현식을 적용해서 물체의 질량을 생각해 볼 수 있다. 이 인자를 적용해서 운동량 보존 법칙을 다시 표현하면

$$\frac{M_\mathrm{A}+M_\mathrm{B}}{\sqrt{1-\frac{v^2}{c^2}}}v = \frac{M_\mathrm{A}}{\sqrt{1-\frac{\left[\frac{v+v}{1+\frac{v^2}{c^2}}\right]^2}{c^2}}}\frac{v+v}{1+\frac{v^2}{c^2}}$$

가 되는데, 이 식에서 우변의 분모만 정리하면

$$\sqrt{1-\frac{v^2}{c^2}}\sqrt{1-\frac{v^2}{c^2}}$$

가 된다. 이 식을 운동량 보존 식에 대입하면

$$(M_\mathrm{A}+M_\mathrm{A})\frac{v}{\sqrt{1-\frac{v^2}{c^2}}} = \frac{2M_\mathrm{A}}{\sqrt{1-\frac{v^2}{c^2}}}\frac{v}{\sqrt{1-\frac{v^2}{c^2}}}$$

가 되는데, 좌변-우변에서 $M_\mathrm{A}+M_\mathrm{B}=2M_\mathrm{A}$의 관계를 생각하면 역시 좌변-우변이 같지 않아서 운동량 보존 법칙이 성립되지 않는다. 따라서 두 물체가 합쳐져 있을 때와 분리되었을 때의 합이 같다고 할 수 없다. 그러므로 분리되기 전 두 물체

의 합을 M_C로 놓고 $M_C = \frac{2M_A}{\sqrt{1-\frac{v^2}{c^2}}}$의 관계식이 성립되어야 운동량 보존 법칙이 성립됨을 알 수 있다. 그런데 위 식에서 좌변은 물체가 분리되기 전, 관찰자 O가 측정한 두 물체의 총질량이고, 우변은 역시 관찰자 O가 측정한 분리된 후 두 물체의 질량의 합과 같다. 우변의 질량 표현이 달라진 것은 관찰자 O에게도 분리된 후 물체의 속력은 0이 아니므로 질량 증가식에 따라서 질량이 달라지기 때문이다. 따라서 좌변과 우변은 분리되기 전후의 질량의 합이므로, 질량 보존을 전제로 두 값이 같다고 보면 운동량도 따라서 보존이 됨을 알 수 있다. 그런데 좀 더 정확히 위 식에서 좌변-우변에 c^2을 곱하면

$$M_C\ c^2 = \frac{2M_A}{\sqrt{1-\frac{v^2}{c^2}}}c^2 = E$$

가 되는데, 이 값은 에너지 단위가 되므로 관찰자 O가 측정한 분리 전후 총에너지로 놓을 수 있다. 따라서 에너지 보존의 법칙에 의해서 두 값을 같아질 수밖에 없다는 결론이 나온다. 결국 운동량 보존의 법칙을 만족하기 위한 과정에서 상대론적 총에너지 E에 대한 표현식을 또한 얻을 수 있게 된다. 그러므로 같은 에너지인 두 값을 양변에서 제거하면 좌변-우변이 같아져서 운동량 보존 법칙이 잘 맞음을 확인할 수 있다. 따라서 관찰자 O′가 보았을 때, 두 상자의 속력의 차이에 의해서 질량이 달라진다고, 즉 속력이 큰 물체가 작은 물체보다 질량이 더 증가한다고 생각한 앞의 논의가 맞음을 확인할 수 있다.

임성민과 김재경(2012)은 Wuttiprom 등(2009)이 개발한 '양자물리개념(Quantum Physics Conceptual Survey)'을 이용하여 물리전공 대학생들을 대상으로 광전효과, 입자-파동 이중성, de Broglie 파장, 이중 슬릿 간섭, 불확정성 원리 등 다섯 가지 주요 주제에 대해서 총 25개의 선다형 문항을 통해 조사한 결과, 입자-파동 이중성 주제에 대해서 정답률이 가장 낮았으며 de Broglie 파장 주제에 대해서는 가장 높았고 질문 유형별로 보면 상황 설정형 질문에서 매우 높은 정답률을 보인 반면, 해석적 질문에서는 가장 낮은 정답률을 보였다고 하였다. 이들은 이러한 결과로부터 학생들은 물리량에 대한 표현식을 적용하는 형태의 질문이나 주제에 대해서는 비교적 잘 이해하는 반면에, 물리량이나 현상 자체의 의미 해석을 요구하는 질문이나 주제에 대해서는 개념 이해에 많은 어려움을 갖고 있는 것을 볼 수 있다고 하였다. 이들은 학생들이 양자물리학이라는 학문 자체에 대해서 전반적으로 어려움을 보인다기보다는 양자물리학에서 다루는 특정 주제에 따

라서 또는 질문의 유형에 따라서 각각 다른 정도의 개념 이해를 보인다고 하였다. 즉 표현식이 분명한 경우에는 크게 어려움을 나타내지 않지만 물리적인 의미 해석에서는 많은 어려움을 나타낸다. 이러한 결과로부터 물리교사들은 학생들에게 양자물리학을 지도함에 있어서 물리량이나 물리 현상에 대한 의미 해석을 요구하는 주제를 학습할 때 개념 이해에 어려움이 있다는 점을 인식하고 충분한 주의가 필요하다는 것을 알 수 있었다고 하였다.

참고문헌

강대훈, 백성혜, 박국태 (1998), 중학교 3학년 학생들의 과학교과에 대한 인식 태도 조사, 화학교육, 25(4).

권재술 (1989), 과학 개념 형성의 한 인지적 모형, 새물리, 7(1), 1-9.

권재술, 김범기 (1993), 과학 오개념 편람(역학편), 한국교원대학교 물리교육연구실.

김연훈, 송영욱, 김범기 (2012), 고등학생들이 선호하는 전기 회로도 유형과 이해도 조사, 새물리, 62(9).

김영삼 (2003), 개념 구조 변화 모형에 기초한 특수상대론 이해 과정에서 개입유형별 반응 특성과 확신유형에 따른 개념변화 특성, 한국교원대학교 박사학위논문.

김지영 (2008), 물체의 운동 상태에 따른 실의 장력에 대한 고등학생의 개념 조사, 한국교원대학교 석사학위논문.

김현재, 김한호 (1990), 초등학교 아동의 온도 개념 형성에 관한 조사, 한국과학교육학회지, 10(1), 95-117.

박종원 (1991), 상대론 기초 개념 변화에 있어서 초인지의 역할, 서울대학교 박사학위논문.

배새벽, 김영화, 김영민 (2004), 과학영재교육에서의 상대론적 개념에 대한 학생 사례 분석, 영재교육연구, 14(4), 71-91.

배호정 (2003), 중학생들의 빛의 굴절에 관한 개념 조사, 한국교원대학교 석사학위논문.

손진환 (2003), 대학생들의 유체 압력 개념, 한국교원대학교 대학원 석사학위논문.

송진웅, 김익균, 김영민, 권성기, 오원근, 박종원 (2004), 학생의 물리오개념 地圖, ㈜북스힐.

유지만 (2003), 대학생들의 열 개념 조사, 한국교원대학교 석사학위논문.

이영민 (2004), 인지갈등이론을 통한 과학교육 오개념 해결을 위한 시스템 설계 및 구현, 한국교원대학교 석사학위논문.

이윤미 (2004), 중학생들의 마찰력에 관한 개념 조사, 한국교원대학교 석사학위논문.

이정애, 홍승호 (2008), 초등학생들의 곤충에 대한 개념 인지도 및 오개념 형성 원인 분석, 이화여자대학교 교과교육연구소, 교과교육학연구, 12(3), 669-686.

이진영 (2008), 힘을 전달하는 물체의 탄성과 작용하는 힘에 대한 고등학생들의 개념 조사, 한국교원대학교 석사학위논문.

이창호 (2011), 장애학생과 일반학생의 과학적 개념 및 오개념에 대한 비교 분석 연구, 위덕대학교 박사학위논문.

임성민, 김재경 (2012), 대학생들의 양자물리 기초개념 이해 조사, 새물리, 62(2), 135-141.

전우수 (2000), 과학에서 아이들의 오개념, 초등우리교육, 우리교육(초등), 11(129), 179-184.

허금정 (2008), 역학적 에너지와 운동량에 대한 대학생들의 개념, 한국교원대학교 석사학위논문.

Albert, E. (1978), Development of the concept of heat in children, Science Education, 62(3), 389-399.

Arons, A. B. (1990), A Guide to Introductory Physics Teaching, John Wiley & Sons, Inc.

diSessa, A. (1983), Phenomenology and the Evolution of Intuition. In D. Gentner & A. L. Stevens (Eds.) Mental Models. Erlbaum: Hilldales. NJ. 15-33.

Driver, R. (1988), Restructuring the science curriculum: some implications of studies on learning for curriculum development. In D. Layton (Ed.) Innovations in Science and Technology Education(Vol. Ⅱ). Unesco, 59-84.

Engel, E. (1982). The development of understanding of selected aspects of pressure, heat and evolution in pupils aged between 12-16 years. Unpublished PhD thesis, University of Leeds, Leeds.

Erickson, G. (1980), Children's conception of heat and temperature. Science Education, 63(2), 221-230.ching strategy to engender conceptual change. Paper presented to the annual meeting of the american educatioal Research Assocication. Boston.

Fetherstonhaugh, T. & Treagust, D. F. (1990), Student's understanding of light and its properties following a tea

Guesne, E. (1985), Light. In R. Driver, E. Guesne & A. Tiberghien (Eds.) Children's ideas in science. Open University Press: Milton Keynes.

Jung, W. (1985), Conceptual Frameworks in elementary optics, Working paper presented at the International workshop of problems concerning Student's Rerpesentation of physics and chemistry knowledge, Pedagogische Hochshule, Ludwigsburg.

Martin, D. J. (1999), 임청환, 권성기, 송명섭, 송남희 공역, 초등 과학 교육: 구성주의적 접근, 시그마프레스.

McCloskey, M. (1983), Intuitive Physics. Scientific American, 258, 122-238.

Scherr, R. E. (2001), An investigation of student understanding of basic concepts in special relativity, Unpublished doctoral dissertation, University of Washington.

Stead, B. F. & Osborne, R. J. (1980), Exploring science students' concepts of light, Australian Science Teachers Journal, 26(3), 84-90.

Strike, K. A. (1983), Misconceptions and Conceptual Change: Philosophical reflections on the research program. In H, Helm and J. D. Novak(Eds.), Proceedings of the International Seminar: Misconceptions in Science and Mathematics 1. Ithaca, N.Y: Cornell University, 67-78.

Tiberghien, A. (1980), Modes and conditions of learning - An example: the learning of some aspects of the concept of heat. In A. Driver, Orton. & Wood-Robinson (Eds.) Proceedings of an international seminar on cognitive development research in science and mathematics, University of Leeds, Leeds.

Tiberghien, A. & Barboux, M. (1980), Difficulte de l'acuisition de le notion de temperature par les eleves de Game. In Compte-rendus des Cinquiemes Journees Internationales sub l'Education Scientique. Chamonix: France.

Triplett, G. (1973), Research on heat and temperature in cognitive development, Journal of children's Mathematics Behavior, 2, 27-43.

Osborne, R. J., Bell, B., & Gilbert, J. K. (1983), Science teaching and childrens views of the world, European Journal of Science Education, 5, 1-14.

Osborne, J., Black, P., Smith, S., & Meadows, J. (1990), Light Research Report, Primary SPACE Project, Liverpool University Press.

Pfundt, H. & Duit, R. (1991), Bibliography: Students' Alternative Frameworks and Science Education.(2nd ed). IPN.

Piaget, J. (1970), Genetic Epistemology, Columbia University Press: New York.

Posner, G. J., Strike, K. A., Hewson, P. W. & Gerzog, W. A. (1982). Accommodation of a scientific conception: toward a theory of conceptual change, Science education, 66, 211-227.

Viennot, L. (1979), Spontaneous reasoning in elementary dynamics, European Journal of Science Education, 1(2), 205-221.

Wandersee, J. H., Mintzes, J. J., & Novak, J. D. (1994), Research on alternative conceptions in science. In D. L. Gabel (Ed.) Handbook of Research on Science Teaching and Learning. Macmillian Pub. Co.: New York, 177-210.

Watts, P. M. & Gilbert, J. K. (1985), Appraising the understanding of science concepts: Light Depaerment of Educational studies, University of Surrey, Guilford.

Wuttiprom, S., Sharmab, M. D., Johnston, I. D., Chitareea, R. & Soankwan, C. (2009), Development and Use of a Conceptual Survey in Introductory Quantum Physics. Int. Journal of Science Education. 31(5), 631-654.

Zylbersztajin, A. & Watts, D. M. (1982), Throwing somelight on colour, Momeogragh, University of Surrey, Guilford.

제IV 장

수업 모형과 수업 지도

1. 과학과 수업 모형
2. 발견학습 이론 및 수업 모형
3. 가설 검증 수업 모형
4. 순환 학습 수업 모형
5. 개념 변화 수업 모형
6. 문제 해결 학습 수업 모형

1 과학과 수업 모형

1.1 과학과 수업 모형의 특징

과학 시간에 교사가 학생들에게 과학 개념, 탐구 능력, 과학 관련 태도 등을 가르친다. 교사가 학생들에게 개념, 탐구, 태도를 효과적으로 가르치기 위하여 논리적으로 수업을 전개하는 것이 과학과 수업 모형이다. 과학 지식을 논리적으로 가르치기 위한 수업 모형으로 '개념 변화', '순환 학습' 수업 모형이 있고, 탐구 능력과 과학적 태도를 가르치기 위해서는 '탐구' 수업 모형 등이 있다. 교육학자의 학습 이론에 따라 수업 모형이 개발되는데 그중에서 Bruner(1915~)의 교수 이론에 의하여 만들어진 것이 '발견학습' 수업 모형이다. 발견 수업이란 학습 내용이 완성된 형태로 학습자에게 제시되는 것이 아니라 학습자 스스로 발견을 통해서 알아내야 한다는 것을 강조하고 있다. 탐구 과정 및 과학의 본성을 이해하고, 탐구 학습의 대표라고 할 수 있는 수업 모형이 '가설검증' 수업 모형이다. 가설검증 수업 모형은 학생들의 탐구활동 및 탐구 능력의 신장을 위해서 개발된 수업 모형이다.

Piaget(1896~1980)의 구성주의 학습 원리에 의해서 과학 학습에 대한 학습 이론이 많이 바뀌게 되었다. 구성주의의 전제는 학습자들이 수업 전에 선개념을 가지고 있다는 것이다. 구성주의 관점의 학자들은 학습이 이루어지기 전에 교사가 가르칠 내용과 관련된 학생들의 선개념을 파악하는 것이 중요하다고 보고 있다. 학습자의 선개념은 과학 개념을 배우는데 많은 영향을 미치면서 또한 견고해서 수업을 마친 후에도 오개념으로 오랫동안 남아 있는 특징이 있다. 일반적인 과학 수업으로는 올바른 과학 개념을 형성하기 어렵다고 보았기 때문에 특별한 수업 모형이 필요하게 되었다. 이와 같은 수업 모형이 순환 학습, 개념 변화 수업 모형이라고 할 수 있다.

최근 과학교육은 학생들의 통합적 사고력을 강조하게 되었다. 문제 해결 수업 모형은 학생들의 문제 해결력 및 사고력 신장을 위한 수업 모형이다. 'STS' 수업 모형은 학생들에게 합리적인 의사소통을 통해서 실생활의 문제를 해결하는 능력을 강조한다. 실생활의 문제는 단순한 개념으로 해결되는 것이 아니라, 복합적으로 문제를 해결할 수 있는 통합적 사고력이 요구된다. 과학 수업에서 주로 사용되는 과학과 수업 모형의 종류, 단계 및 특징을 보면 표 4-1과 같다.

1.2 전통적인 수업 모형

일반적으로 과학 시간에 과학 지식을 전달하기 위하여 전통적인 설명식 수업으로 가르치고 있다. 전통적인 설명식 수업은 학생 중심의 수업이기보다는 교사 중심의

표 4-1 과학과 수업 모형의 종류 및 특징

수업 모형	단계 수	단계	특징
발견 학습	5	탐색 → 자료 제시 → 추가 자료제시 → 규칙성 발견 → 적용	· 추가 자료 제시를 통한 귀납적 사고 신장 및 탐구 능력 신장 · 규칙성 발견을 통한 과학 개념 획득
가설 검증	6	탐색 → 가설 설정 → 실험 설계 → 실험 수행 → 가설 검증 → 적용	· 가설 설정을 통한 연역적 사고 신장 및 통합 탐구 능력 신장 · 학생들의 탐구 활동을 통한 과학의 본성 및 과학 개념 획득
순환 학습	3	탐색 → 개념 도입 → 개념 적용	· 논리적 수업 과정을 통해서 과학 개념 획득 · 순환 과정을 통한 개념의 정교화
개념 변화	4	선개념 확인 → 인지 갈등 → 개념 재구성 → 개념 적용	· 오개념을 과학적 개념으로 바꾸어 주기 위한 수업 모형
문제 해결	4	탐색 → 수행 → 발표 → 평가	· 수업 과정을 통한 실생활의 문제 해결력 신장 · 합리적 의사소통 능력 신장

수업이다. 전통적인 설명식 수업의 특징은 교사가 여러 학생들에게 일괄적으로 과학 개념을 전달하는 데 효과적이다. 하지만 학습자의 특징을 고려하기 보다는 교사중심의 수업 방식이기 때문에 학습자의 수준이나 흥미가 고려되지 않아 학습자의 흥미가 낮아질 수 있다.

전통적인 설명식 수업으로 가장 많이 사용되는 단계는 그림 4-1과 같이 도입, 전개, 정리 단계로 진행된다. 수업에 앞서 수업 계획 및 판서를 어떻게 할 것인가를 정하는 것도 중요하다. 한 시간의 수업일지라도 수업을 진행하기 위해서는 체계적이 절차를 거쳐야 한다. 주로 수업에 영향을 미치는 교실 환경 및 학생들의 특징을 사전에 파악해야 한다. 수업 단계별 내용으로 도입 단계에서는 학습자의 선수 학습 및 흥미 유발을 하고 학습 내용을 소개한다. 전개 단계에서는 가르쳐야 할 내용을 전달하고, 정리 부분에서는 가르친 내용에 대해서 정리를 한다. 정리 단계에서는 학습 내용을 상기시키고 그 내용을 통해서 적용해 본다.

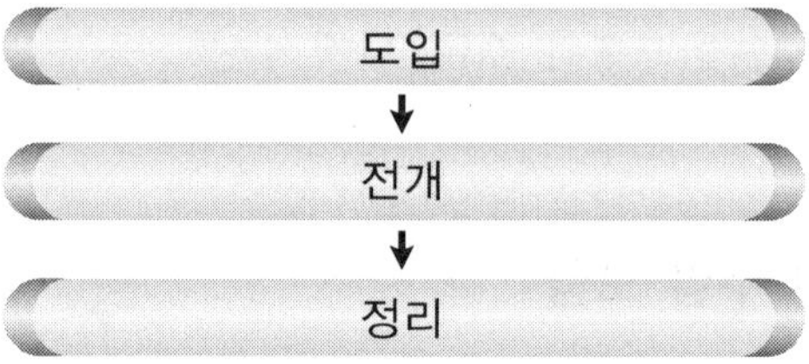

그림 4-1 전통적인 설명식 수업 3단계

1.3 전통적인 설명식 수업 모형 지도안

설명식 수업은 학습 지도 내용을 최종적인 형태로 학생들에게 제시한다. 설명식 수업은 교사의 설명에 의해서 과학 지식을 전달하는 수업이다. 이 수업은 특정 수업목표를 달성하거나 사실과 개념을 빠르게 제시하는 데 효과적이다. 또한 교사가 원하는 것을 강조하여 가르치거나, 교사 중심으로 학생들에게 새로운 지식이나 과학적 원리를 설명할 때 적합한 모형이다.

[전통적인 수업 모형 예]

단원	대단원	열에너지	배정 시간	45분
	중(소)단원	비열과 열용량은 무엇일까?	차시	2/4
	대상/인원	30명	담당 교사	
	일시	월 일	실습 교생	
학습 목표	가. 물체마다 비열이 다름을 알고, 비열을 이용하는 예를 들 수 있다. 나. 열용량의 의미를 이해하고 열용량을 이용한 예를 들 수 있다.			
학습 보조 자료	교 사		학 생	
	교과서, ppt, 학습지		교과서, 학습지	

교수 학습 단계	학습 내용	교수-학습 활동		비고
		교사	학생	
도입 (10) 준비 학습	○ 열전달 방법 전도: 주로 고체 상태의 물질에서 입자들이 이웃한 알갱이와 충돌하면서 열이 이동한다. 대류: 주로 액체나 기체 상태의 물질에서 입자가 직접 이동하면서 열이 이동한다. 복사: 매질이 없이 전자기파의 형태로 열이 직접 이동한다. ○ 물체의 뜨겁고 차가운 정도를 나타내는 방법 ○ 열의 이용	· 열의 전달에는 어떤 방식이 있는가? · 물체의 뜨겁고 차가운 정도를 어떻게 나타내는가? 차고 뜨거운 정도를 손으로 구분할 수 있을까? · 열을 어떻게 이용해 왔을까?	· 대류, 전도, 복사 · 온도계로 나타낸다. 손으로 구분할 수 있다. or 없다. · 추위를 피하거나 음식을 만든다.	발표
학습 목표 제시	가. 물체마다 비열이 다름을 알고, 비열을 이용하는 예를 들 수 있다. 나. 열용량의 의미를 이해하고 열용량을 이용한 예를 들 수 있다.	학습 목표 제시	학습 목표 인식	ppt

전개 (25분)				
학습 전개	1. 비열 비열: 어떤 물질 1kg의 온도를 1℃ 높이는 데 필요한 열량 단위: kcal/kg℃, J/kg℃ 열량과 비열의 관계 열량=비열×질량×온도 변화 $비열=\frac{열량}{질량\times 온도\ 변화}$ 금속의 비열 측정 · 온도가 높은 금속이 잃은 열량 = 열량계 속 물이 얻은 열량 · 금속의 비열 × 금속의 질량 × 금속의 온도 변화 =물의 비열 × 물의 질량 × 물의 온도 변화 $금속의\ 비열=\frac{물의\ 질량\times 물의\ 온도\ 변화}{금속의\ 질량\times 금속의\ 온도\ 변}$	· 같은 열을 가했는데도 온도가 변하는 정도는 물질에 따라 차이가 나는 경우는 언제일까? · 비열을 설명하고, 물질마다 비열이 다른 것을 설명한다. 비열의 정의로부터 비열의 단위를 설명한다. · 열량과 비열의 관계를 정성적으로 설명하고, 단위를 비교해본다. 간단한 수치를 대입하여 문제를 풀어본다. · 열평형이 일어나기까지 각각의 물체가 잃거나 얻은 열량이 같음을 이용하여, 금속의 비열을 측정하는 방법을 설명한다.	· 여름에 콘크리트와 흙바닥을 비교했을 때, 같은 태양열을 받았는데도 온도가 다르다. · 설명을 듣는다. · 간단한 문제를 푼다. · 그림을 보며 이해한다.	발표, 설명
	2. 열용량 열용량: 어떤 물질의 온도를 1℃ 높이는 데 필요한 열량 단위: kcal/℃, J/℃ 열량과 열용량의 관계 열용량=비열×질량 열량=비열×질량×온도 변화 =열용량×온도 변화	· 음식을 할 때, 재료의 종류와 양에 따라서 조리시간이 달라지는 것과 연관하여 열용량의 개념을 도입하고 정의를 설명한다. · 비열, 열량의 단위, 열용량의 정의를 바탕으로 열용량의 단위를 학생들이 유추해 보도록 한다. · 단위와 개념을 연계하여 열량과 열용량의 관계를 설명한다.	· 설명을 듣는다. · 단위를 발표한다. · 설명을 듣는다.	발표, 설명
	3. 비열과 열용량에 따른 온도 변화	· 비열과 열용량에 따라 같은 열을 주었을 때, 시간에 따른 온도 변화	· 열용량을 예측하여 발표한다.	ppt, 발표, 설명

<table>
<tr>
<td></td>
<td>
<table>
<tr><th>구분</th><th>콩기름1</th><th>콩기름2</th><th>물</th></tr>
<tr><td>질량(kg)</td><td>1</td><td>2</td><td>2</td></tr>
<tr><td>비열(kcal/kg·℃)</td><td>0.5</td><td>0.5</td><td>1</td></tr>
<tr><td>열용량(kcal/℃)</td><td></td><td></td><td></td></tr>
</table>
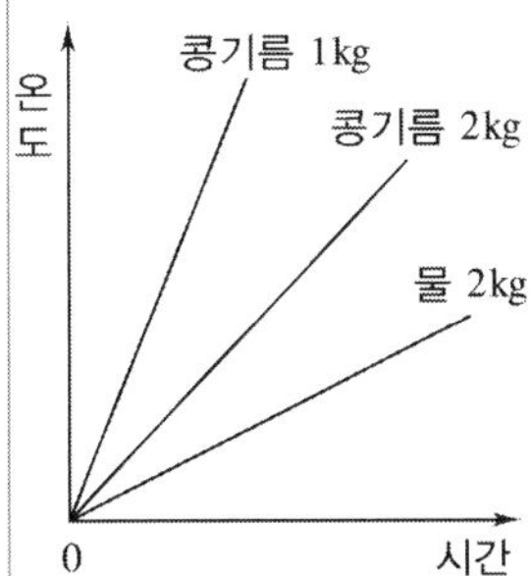

⇨ 같은 양의 열량을 얻었을 때 열용량이 클수록 온도 변화가 작다.
⇨ 같은 물질일 때 질량이 클수록 온도 변화가 작다.
⇨ 질량이 같을 때 비열이 클수록 온도 변화가 작다.
</td>
<td>가 달라질 것임을 예상하게 한다.

· 표의 3가지 경우가 각각 무엇이 다른지 인식시킨다.

· 열용량을 예측해 보게 한다.

· 실험 결과를 제시하고, 결과를 해석해 보게 한다.

· 결과를 정리한다.</td>
<td>· 결과를 해석한다.</td>
<td></td>
</tr>
<tr>
<td>정리 (10분)

정리 및 평가</td>
<td>(학습지)
전개한 학습 내용. 확인 및 적용</td>
<td>· 학습지를 나누어 주고, 문제를 풀 시간을 준다.
· 학습지의 답을 맞추어 보고 설명이 필요한 부분은 설명을 한다.</td>
<td>· 학습지를 작성한다.</td>
<td>학습지</td>
</tr>
<tr>
<td>차시 학습 예고</td>
<td>기체가 들어 있는 고무 풍선을 가열하면 부피가 늘어나 팽팽해진다. 고체나 액체를 가열하면 부피는 어떻게 변할까?

유리병에 든 음료수를 시원하게 먹기 위해 냉동실에 넣어본 경험이 있는가?

그 결과 어떻게 됐는가?</td>
<td>· 직접 경험한 일을 발표해보도록 하여, 다음 차시에 흥미를 갖도록 유도한다.</td>
<td>· 경험을 발표한다.</td>
<td>발표</td>
</tr>
</table>

[전통적인 수업 모형 예]

교사	부 장	교 감

교수-학습 과정안

소단원명	2-1. 중력	차시	1/2
학습 목표	・중력과 중력 가속도의 차이를 설명할 수 있다. ・자유 낙하 운동의 식을 적용하여 자유 낙하 물체의 운동을 설명할 수 있다.		
지도상의 유의점	・중력과 중력 가속도가 다른 것임을 이해시킨다.		
수업 모형	설명식 수업(도입-전개-정리)		
준비물	A4 용지, 책		

교수・학습 단계	교수・학습 활동		참고 자료 /유의점
	교사 활동	학생 활동	
도입 (5분)	・선수 학습 확인		
출석 확인 선수 학습 내용 확인	질문_힘(Force)의 정의가 어떻게 되었나요? ・네. 힘은 물체의 운동 상태를 변화시키거나 모양을 변화시키는 것으로 상호 작용에 의해서 생기는 것이었습니다. ・중력 공식 탄생 과정 설명 [스토리-①] ・학습 목표 제시	・물체의 운동 상태를 변화시키거나 모양을 변화시키는 것입니다.	
보충 설명	[스토리-①] 중력은 Newton에 의해서 발견되었습니다. 당시 유럽에 흑사병이 돌자 대학교들이 문을 닫게 되었습니다. 고향에 내려와서 사과나무 아래에서 쉬고 있던 Newton은 사과나무에서 사과가 떨어지는 현상을 보고 이것을 달까지 확장시켜서, 중력 법칙을 발표하게 되었습니다.		
전개 I (10분) 개념 설명	〈질문〉 두 물체가 있을 때 이들의 질량이 무거워질수록, 거리가 가까워질수록 중력은 어떻게 될까요? [판서-②] ・중력은 특별히 지구와 물체 사이에 작용하는 만유인력입니다. 이때의 공식은 약간의 보정이 필요합니다. [판서-③]	・작용 반작용에 의해서 두 물체 사이에 작용하는 힘이 같기 때문에 두 물체의 질량이 무거울수록 그리고 거리가 가까워질수록 커집니다.	

보충 설명

[판서-②]

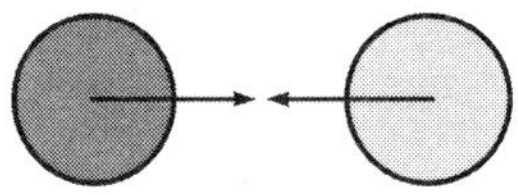

두 물체 사이에는 작용 반작용이 작용하여 힘의 크기 같음.

두 물체 사이에 작용하는 힘은 거리의 제곱에 반비례한다.
(빛의 방사를 통해 설명-거리가 2배가 되면 면적은 4배)

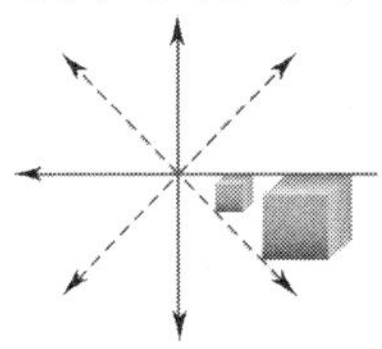

비례 관계를 없애기 위해서 중력 상수의 도입

($G = 6.67 \times 10^{-11}\text{N} \cdot \text{m}^2/\text{kg}^2$)

두 물체 사이에 작용하는 만유인력 $F = G\dfrac{m_1 m_2}{r^2}$

[판서-③]
중력의 방향은 수평면과 직각을 이루는 연직 방향으로 지구 중심을 향함.
지구와 물체 사이의 거리는 지구 반지름에 비하면 작은 수이기 때문에 무시함.

지구 반지름 R, 지구의 질량을 M,
지구와 물체 사이에 작용하는 중력은 $F = G\dfrac{Mm}{R^2}$ 이다.

전개 II (10분)	〈질문〉 Galilei의 사고 실험을 생각하면 피사의 사탑에서 깃털과 쇠공을 떨어뜨렸을 때 동시에 떨어진다고 하였는데 정말로 그럴까요? · 종이와 책을 통해 간단한 실험과 함께 접근적 사고 실험을 한다. [시범실험-④]	· $F = ma = G\dfrac{Mm}{R^2}$ 이기 때문에 m 이 지워지고 $a = \dfrac{GM}{R^2}$ 이 되어서 물체의 질량과는 관계없이 일정한 가속도가 나옵니다.	

개념 이해

[시범실험-④]
A4 용지 한 장과 책을 통해서 두 물체가 동시에 떨어진다는 것을 보여 준다.
칠판에 두 물체를 그려서 서로 가까워지도록 그림을 그리면서 동시에 떨어진다는 것을 설명한다.

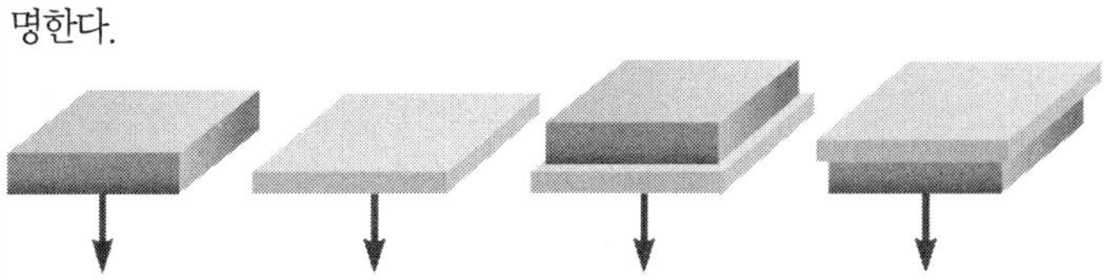

<table>
<tr><td>전 개III
(15분)</td><td rowspan="2">· 중력 가속도 설명과 자유 낙하 운동을 그래프를 통해 자유 낙하 운동 공식 유도
자유 낙하 운동 $v=gt$
$s=\frac{1}{2}gt^2$
$2gs=v^2$
· 저항력을 받을 때 낙하 운동
[추가 설명-⑤]</td><td rowspan="2">· 등가속도 운동 공식을 말한다.
$v=v_0+at$
$s=v_0+\frac{1}{2}at^2$
$2as=v^2-v_0^2$</td><td rowspan="2"></td></tr>
<tr><td rowspan="2">개념 적용</td></tr>
<tr><td colspan="3">[추가설명-⑤]
FBD를 그려서 중력과 저항력을 그리고 그때의 그래프를 그려주면서 설명한다.
알짜힘=중력 – 저항력
시간이 지날수록 물체의 속도가 증가하면 저항력이 증가한다. ➡ 가속도 감소
나중에는 중력과 저항력이 같아진다. 무중력 상태</td></tr>
<tr><td>정리
(5분)</td><td>· 예제 문제를 통해 내용 정리를 한다.
총알 낙하 실험 [문제-⑥]</td><td>· 예상 답안을 말한다.</td><td></td></tr>
<tr><td></td><td colspan="3">[문제-⑥]
총알 하나는 장총에서 수평으로 발사되어 빠른 속도로 나가는 동시에 다른 총알은 똑같은 높이에서 떨어뜨렸다. 어느 총알이 지면에 먼저 닿을까?
a) 떨어뜨린 총알
b) 발사된 총알
c) 둘다 동시에 닿는다.</td></tr>
<tr><td>차시 예고</td><td rowspan="2">· 다음 시간에는 마찰력과 탄성력에 대해서 알아보도록 하겠습니다.</td><td rowspan="2"></td><td rowspan="2"></td></tr>
<tr><td>차시 학습
내용 예고</td></tr>
</table>

2 발견학습 이론 및 수업 모형

2.1 발견학습 이론

1950년대 말부터 1960년대 초에 걸쳐 미국에서 일어난 과학 교육개혁 운동과 맞물려 Bruner의 교수 이론은 과학 교육에 지대한 영향을 미쳤다. Bruner의 교수 이론은 그 당신 생활 중심 교육사상에 바탕을 둔 교육의 문제점을 비판하면서 싹튼 학문 중심 교육 사상의 지배적 이론이었는데, 학문 중심 교육 사상은 학문의 진수 즉, 그 학문을 이루는 지식의 구조와 그 지식을 만들어 내는 과정을 학생들에게 가르쳐야 한다고 강조하였다(권재술 외, 2007). 발견학습의 가장 기본적인 요건은 학습해야 할 학습 내용이 완성된 형태로 학습자에게 제시되지 않고, 자기의 인지구조 속에 학습자 자신이 스스로 해야 한다는 점이다. 즉 학습자에게 가르쳐야 할 내용을 최종적인 형태로 제공하는 것이 아니라, 학습자가 최종 형태를 스스로 조직하도록 요구되는 상황에서 일어나는 학습이라고 할 수 있다(박승재, 조희형, 1999). 발견학습의 특징은 첫째, 학생들의 지적 능력을 증진한다. 둘째, 발견학습은 외적 보상을 내적 보상으로 바꾸어 준다. 셋째, 학생들은 발견학습 과정을 통해서 발견하는 방법과 그 속성 또는 탐구적 발견법을 학습할 수 있다. 넷째, 발견학습은 학생들의 기억을 회상할 때 효과적으로 사용할 수 있는 수단이다(김찬종 외, 2007).

2.2 발견 수업 모형

발견 수업은 학습자에게 과학 개념을 최종적인 형태로 제공하는 것이 아니라 학습자 스스로 조직하도록 요구되는 상황에서 일어나는 수업이다. 발견 수업은 교사가 완전하게 제공하는 주입식이 아니라 학생 스스로가 학습 문제를 찾고 교사의 안내, 자료, 정보, 발문을 통해서 토의하게 하고 질의, 종합함으로써 개념이나 원리, 법칙을 발견하게 하는 수업이다. 발견 수업 단계는 그림 4-2와 같이 탐색 및 문제 파악, 자료 제시 및 탐색, 추가 자료 제시 및 탐색, 규칙성 발견 및 개념 정리, 적용 및 응용 과정으로 진행된다. 발견 수업은 학생들의 귀납적 사고를 신장시키며, 탐구 기능이나 과학 개념을 동시에 획득하는 데 유용한 과학 수업 모형이다.

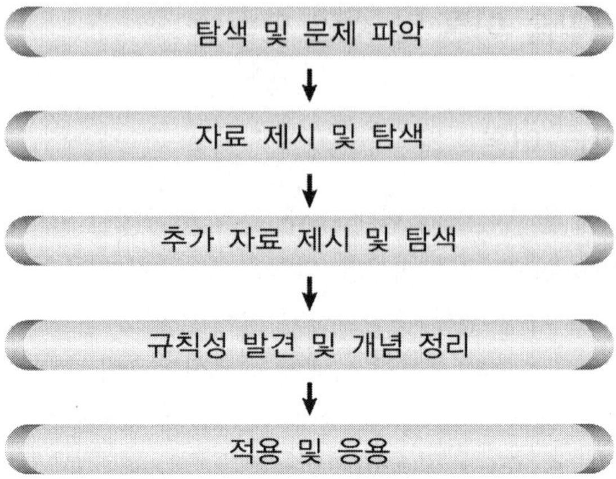

그림 4-2 발견 수업 과정 5단계

가. 발견 수업 모형의 단계별 특징

1) 탐색 및 문제 파악 단계

이 단계에서는 학습 목표와 관련된 학습 자료를 제시하여 학생들로 하여금 탐색케 함으로써 학습 문제가 무엇인지 파악하는 단계이다. 교사는 자연스럽게 학생 스스로 학습 문제를 파악하도록 안내한다. 학습 목표를 파악하기 위한 자료는 다양한 방법으로 제시되어 학습에 대한 흥미와 적극적인 학습 분위기를 조성할 수 있도록 한다.

2) 자료 제시 및 탐색 단계

이 단계에서는 교사가 적절한 자료를 선택하여 제시한다. 학생은 주어진 자료를 가능한 모두 관찰하고 기술한다. 얼마 동안의 관찰이 끝나면 교사는 관찰 결과를 발표시킨다. 여기에서 교사는 다양한 관찰 결과를 발표시키고 의미 있는 관찰이든 아니든 모두 받아들이는 태도를 가져야 한다. 교사는 관찰 결과가 의도된 학습 결과와 다를지라도 수용하고 정리하는 개방적인 수용 자세가 필요하다.

3) 추가 자료 제시 및 탐색 단계

이 단계에서는 학생들이 규칙성을 발견하여 과학 개념을 형성하거나 일반화하는 것을 더욱 강화시켜 주기 위한 단계이다. 학생들이 관찰을 통하여 나름대로 개념·법칙을 형성할 수 있도록 기회를 추가로 제공해 주는 데 목적이 있다. 관찰 사례를 증가시킬 수 있고 다양한 조건에서 관찰을 할 수 있게 해 주므로 매우 중요하다. 학생들로 하여금 자기 나름의 더 많은 관찰을 하고 개념을 유도하는 기회를 마련해 주게 된다. 보충 자료는 이미 주어진 자료를 보다 구체화시킨 자료를 제시하여 목표 개념을 명료화하거나, 정반대의 자료를 보여 주어 이미 발견된 개념을 확신시켜 주는 자료를 준비할 수 있다.

4) 규칙성 발견 및 개념 정리 단계

이 단계에서는 앞에서 관찰 탐색한 결과에 대한 발표와 토의를 통하여 일반화하고 규칙성을 발견하는 단계이다. 여기서는 교사는 관찰된 사실들로부터 어떤 규칙성을 발견하고 기록하도록 안내해야 한다. 이와 같이 기술한 것을 개념 또는 일반화된 추리라고 한다. 학생들이 형성한 개념들은 통일되지 않을 수 있다. 교사는 한 개념에 대한 여러 가지 표현을 하나로 정리하는 일을 해야 한다. 한 가지 방법으로 학생들이 형성한 개념을 칠판에 정리하고 이에 대한 토론을 거쳐 요약하는 과정을 거칠 수 있다.

5) 적용 및 응용 단계

이 단계에서는 앞에서 발견한 규칙성이나 개념의 인지적 정착을 유도하는 단계이다. 발견한 규칙성이나 형성된 개념을 이제까지 접하지 않았던 새로운 사례나 사실에 적용함으로써 활용의 범위를 넓혀 가는 것을 말한다. 이를 위해서 교사는 지금까지 제시한 자료와는 다른 새로운 자료를 제시한다. 또한 본 교수·학습 활동의 목표가 실제로 달성되었는지를 파악하게 하는 형성 평가로서 활용될 수 있다.

나. 발견 수업 모형의 특징

발견 수업 모형의 특징은 첫째, 탐구 기능 또는 규칙성의 발견이나 개념 형성을 주요 목표로 두고 있다. 둘째, 학습 안내를 위한 계획과 준비가 상대적으로 철저해야 한다. 셋째, 학습이 학생들의 적극적인 참여로 이루어져서, 추상적인 과학 개념을 학생 스스로 획득하도록 하기 때문에 교사는 불필요한 설명을 줄이고, 질문을 통하여 학습 안내를 수행해야 한다. 특히, 주어진 자료를 자세히 설명하기보다는 학습 목표에 비추어 강조되어야 할 제시물의 특성을 암시함으로써 개념 형성을 촉진시켜야 한다. 넷째, 학습이 학생들의 적극적인 참여로 이루어져서 학생 스스로 조사하고 일반화할 수 있도록 교사는 주로 질문을 활용해야 한다. 또한 교사는 자료의 중요한 부분을 암시적으로 강조함으로써 학생의 개념 형성 과정을 촉진할 수 있다(김찬종 외, 2007).

2.3 발견 수업 모형 지도안

발견 수업 모형을 적용할 수 있는 학습 내용은 그 목표가 어떤 지식을 발견해가는 과정으로 이루어져야 한다. 중요한 것은 이 학습 내용은 자료의 관찰 결과로부터 규칙성을 얼마나 탐구적으로 발견하고 이를 과학 개념으로 일반화하느냐에 있다. 따라서 교사는 학생들이 지식을 탐구적으로 잘 습득할 수 있도록 다양하고 참신한 탐구 자료를 준비하는 노력이 필요하다. 다음은 발견 수업 지도안의 예이다(설성수, 2003).

[발견 수업 모형 예]

교사	부 장	교 감

교수-학습 과정안

단원명	2-2. 파동	차시	1/2
학습 목표	용수철에 매달린 추의 진동이 물체의 질량, 용수철의 세기에 따라 다름을 설명할 수 있다.		
지도상의 유의점	어떤 영향에 의해서 추의 진동이 변화되는지 이해하도록 지도한다.		
수업 모형	발견 수업(탐색–자료 제시–추가 자료 제시–규칙성 발견–적용)		
준비물	용수철, 추(200g, 100g), 철제 스탠드, 고무줄, 클램프, 시계, 막대자		

교수 · 학습 단계	교수 · 학습 활동		참고 자료/유의점
	교사 활동	학생 활동	
탐색 및 문제 파악 (5분)	· 우리 생활 주변에 용수철을 이용한 제품은 어떤 것이 있을까? · 용수철을 당겼다 놓으면 어떤 일이 생길까? · 학습 문제를 제시한다.	· 스프링, 스카이 콩콩 등이 있습니다. · 다시 되돌아갑니다. · 조별 시험으로 관찰한다.	· 조별로 사례를 이야기하도록 유도한다. · 시범으로 용수철을 당겼다 놓는다.
자료 제시 및 탐색 (15분)	· 용수철에 매달린 추의 진동을 조별 실험을 통해 알아봅시다.	· 조별로 실험 관찰한다.	· 철제 스탠드가 떨어지지 않게 고정한다.

	① 책상 끝에 철제 스탠드를 클램프로 고정하여 용수철을 매단다. 추 200g을 매달아 밑으로 10cm 가량 당겨 놓았다. 1분간 추의 진동을 몇 회하는지 세어보자. ② 위 과정에서 용수철을 2개 매달아 같은 추 200g을 매달았다. 10cm 가량 당겼다 놓았다. 1분간 추가 진동을 몇 회하는지 세어 보자. ③ 용수철 3개를 나란하게 매달고 추 200g을 달았다. 15cm 당겼다 놓았다. 1분간 추가 진동을 몇 회하는지 세어 보자. · 용수철의 수에 따른 추의 진동수를 기록해 봅시다.	① 하나의 용수철을 매달아 실험한다. ② 두 개의 용수철을 매달아 실험한다. ③ 세 개의 용수철을 매달아 실험한다. · 용수철 개수에 따른 추의 진동수를 기록한다.	
추가 자료 제시 및 탐색 (15분)	· 이번에는 용수철 한 개를 가지고 추의 질량을 다르게 해서 달아 봅시다. ① 책상 끝에 철제 스탠드를 클램프로 고정하여 용수철을 매단다. 추 100g을 매달아 밑으로 10cm 가량 당겨 놓았다. 1분간 추가 진동을 몇 회하는지 세어 보자. ② 위 과정에서 추 100g을 200g으로 교체하여 밑으로 10cm 당겼다 놓았다. 1분 동안 몇 회 진동하는지 세어 보자. ③ 위 과정에서 추 200g을 300g으로 교체하여 밑으로 10cm 당겼다 놓았다. 1분 동안 몇 회 진동하는지 세어 보자. · 추의 질량 변화에 따른 추의 진동을 기록해 봅시다. · 다음으로는 용수철 수와 추의 질량을 일정하게 하고 밑으로 잡아당기는 길이를 다르게 했을 때 추의 진동을 관찰해 봅시다.	· 조별로 실험 관찰한다. ① 추 100g을 매달아 실험한다. ② 추 200g을 매달아 실험한다. ③ 추 300g을 매달아 실험한다. · 추의 질량 변화에 따른 추의 진동수를 기록한다.	· 처음 실험과 유사점 및 차이점을 구별한다. · 추의 질량을 변화시켰을 때와 추를 밑으로 잡아 당겼을 때의 차이점을 이해시킨다.

	① 책상 끝에 철제 스탠드를 클램프로 고정하여 용수철을 매단다. 추 100g을 매달아 밑으로 10cm 가량 당겨 놓았다. 1분간 추가 진동을 몇 회하는지 세어 보자. ② 위 과정에서 추 100g을 밑으로 10cm에서 15cm로 잡아당긴다. 1분 동안 몇 회 진동하는지 세어 보자. ③ 위 과정에서 추 100g을 밑으로 15cm에서 20cm로 잡아당긴다. 1분 동안 몇 회 진동하는지 세어 보자.	① 10cm 가량 당겨서 실험한다. ② 15cm 가량 당겨서 실험한다. ③ 20cm 가량 당겨서 실험한다.	
규칙성 발견 및 개념 정리 (15분)	· 어떤 규칙성이 있었는지 조별로 발표해 봅시다. ① 용수철을 많이 매달수록 진동은? ② 매단 물체가 가벼울수록 진동은? ③ 잡아당긴 길이에 따른 진동은? · 개념을 정리해 봅시다.	· 실험에서 얻은 자료를 조별로 발표한다. ① 진동이 빠르다. ② 진동이 빠르다. ③ 당긴 길이에는 무관하다. · 용수철에 매달린 추의 진동은 밑으로 잡아당긴 길이에는 무관하고, 용수철 수가 많고, 추의 무게가 가벼울수록 진동이 빨라진다.	· 규칙성을 발견하도록 유도한다.
적용 및 응용 (10분)	· 상자 안에 용수철 장난감을 넣고 상자를 열면 튀어와 진동하는 장난감을 만들어 봅시다.	· 발견 수업을 통해서 배운 내용을 이용해서 용수철 장난감을 만든다.	· 실생활의 문제 해결에 적용할 수 있도록 지도한다.

3 가설 검증 수업 모형

3.1 탐구 학습 이론

과학 탐구는 여러 가지 의미로 사용된다. 넓은 의미로는 자연을 탐구하는 모든 방법을 탐구라고 부른다. 여기에는 귀납적 방법, 가설 검증적인 방법, 그 밖의 여러 조사 방법이 모두 포함된다. 대표적인 탐구 방법으로 가설 검증 방법을 지칭하기도 한다. 경험 학습, 발견 학습, 또는 가설 검증 학습이 모두 탐구 학습의 범주에 포함된다. 탐구 학습은 학생들에게 과학의 본성을 체득시키기 위해 고안된 이론이다. 학생들이 탐구 학습을 통해 실험 과정에 직접 참여하는 기회가 주어지며, 과학의 본성을 이해하게 된다. 탐구 학습은 학생들이 과학자와 같은 탐구 활동을 경험하는 것이 좋은 과학 학습 방법이며, 직접 탐구 학습의 각 단계를 수행하여 나가는 것을 권장하고 있다. 하지만 학습자의 탐구 능력에 따라 탐구 수준을 고려해야 한다. 탐구 문제는 학생들에게 적합한 수준이어야 하며, 또한 동기를 유발할 수 있어야 하고 구체적이어야 한다. 슈와브는 탐구 과정 중에서 학생들이 스스로 수행하여 나가는 비율에 따라 탐구 활동의 수준을 3단계로 구분하였다. 제1수준은 문제와 과정이 제시된 탐구 활동, 제2수준은 문제는 제시되지만 과정은 제시되지 않은 경우, 제3수준은 문제와 과정이 모두 주어지지 않고 현상만 제시된 경우를 말한다.

탐구에 대한 정의는 학자들에 따라 다양하게 정의되듯이 탐구 학습도 학교 현장에서 다양하게 이루어지고 있다. 탐구를 정의한다면 사고력과 탐구 기능을 가지고 새로운 지식을 생성하는 것이다. 새로운 지식이란 탐구 학습을 통해서 배워야하는 과학 개념도 포함된다. 그림 4-3과 같이 탐구 수업을 내용, 사고, 개방수준 등의 3차원 축으로 보면 탐구 수업의 형태를 이해하는 데 도움이 된다. 내용에는 탐구 기능, 과학 개념, 자유 탐구로 나누고, 사고에는 귀납적, 가설 연역적 사고로 나눈다. 개방 수준에는 문제 및 과정의 제시 정도에 따라 1, 2, 3수준으로 나눈다.

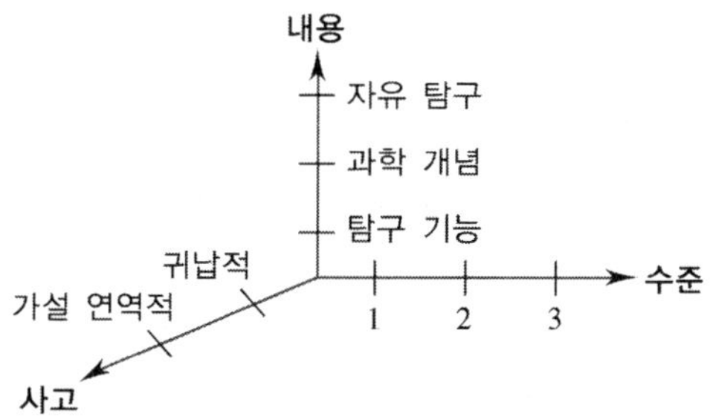

그림 4-3 탐구 학습의 3차원 축

3.2 가설 검증 수업 모형

과학에서 강조하는 탐구 수업으로는 '경험' 수업, '발견' 수업, '가설 검증' 수업 등이 있다. 이중에서 학생들이 과학자들의 연구 방법과 비슷하게 가설을 세우고, 그에 따라 실험을 계획하고, 결과를 분석하여 결론을 일반화하는 과정을 수업에 적용시킨 것이 가설 검증 수업 모형이다(김영민 외, 2005). 가설 검증 수업 모형 단계는 그림 4-4와 같이 탐색 및 문제 파악, 가설 설정, 실험 설계, 실험 수행, 가설 검증, 적용 과정으로 진행된다. 가설 검증 수업은 학생들의 가설 연역적 사고를 신장시키며, 실험 과정에 직접 참여하여 과학에 대한 본성을 이해하고, 과학자의 활동을 간접 경험해보는 데 유용한 과학 수업 모형이다.

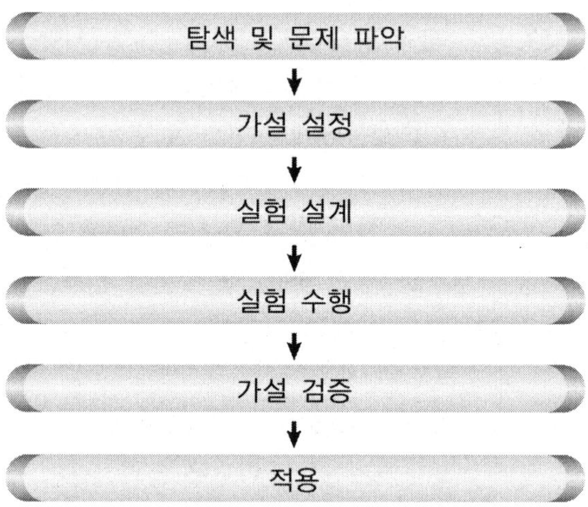

그림 4-4 가설 검증 수업 과정 6단계

가. 가설 검증 수업 모형의 단계별 특성

1) 탐색 및 문제 파악 단계

이 단계에서는 주어진 자료를 탐색하여 문제를 파악하는 단계이다. 문제 파악은 주어진 자료의 탐색으로부터 발생하는 것으로서 현재 학생들이 주어진 자료에 관련된 지식을 어느 정도 가지고 있느냐에 따라 문제 수준과 방향이 결정된다. 따라서 문제 파악을 위한 자료는 학생들의 사전 개념과 사전 학습 내용에 대한 정확한 파악을 전제로 준비되어야 한다. 교사는 학습할 내용과 관련된 선수 학습 내용, 실험 내용, 경험 등을 언급하거나 발문하여 상기시키고, 학생들이 학습할 내용 및 주제와 문제 등 학습에 대한 방향을 인식하도록 해야 한다.

2) 가설 설정 단계

이 단계에서는 제기된 문제에 대한 잠정적 해답인 가설을 설정하는 단계이다. 교사는 학생들에게 검증 가능한 진술로 가설을 제시하도록 한다. 가설 설정은 학생 개인의 차원보다는 조별로 토의 과정을 거쳐 형성해 보는 것이 타당한 가설을 찾는 데 도움이 될 수 있다. 학생들이 가설을 잘 세우지 못할 때에는 교사가 질문과 토의를 통해서 학생들이 이끌어 준다. 교사는 실험 과정이 지나친 다양성을 가진 가설이나 실험이 어려운 엉뚱한 가설은 검증에서 제외시키도록 유도할 필요가 있다.

3) 실험 설계 단계

이 단계에서는 가설을 검증하기 위해 어떤 변인이 있고 그 변인을 어떻게 통제할 것이며, 실험 상황이나 대상을 결정할 때 사용하는 기구는 무엇이고 실험 과정을 어떻게 해야 할 것인지 계획을 세우는 단계이다. 이 실험 과정은 검증 과정에 관여하는 다양한 변인들을 확인하고, 통제할 변인과 종속된 변인을 구별하며, 통제 변인의 통제 방법도 고려해야 한다. 또한 실험 기구의 적절성과 실험의 구체적인 절차의 논리성을 충분히 토의하여 결정해야 한다. 교사는 가설별로 종속 변인과 독립 변인을 구별하여 체계적으로 통제할 방법을 찾고 수용할 기구와 자료, 실험과정을 계획하도록 지도해야 한다.

4) 실험 수행 단계

이 단계에서는 위에서 확인한 변인을 통제하면서 실험을 하여 자료를 수집하는 단계이다. 교사는 학생들이 실험을 주도적으로 수행하여 나가는 능력과 실험에 필요한 기능과 기술을 익히고 발휘할 수 있어야 한다. 즉 분류, 그래프 그리기, 표 그리기, 데이터 수집 및 분석 등과 같은 기본적인 탐구 과정 기능을 익히고 발휘하는 것이 중요하다.

5) 가설 검증 단계

이 단계에서는 수집된 데이터를 표나 그래프로 조직하고 이를 일반화하여, 가설과 비교하여 가설의 수용 여부를 결정하는 단계이다. 자료 해석에서 학생들은 나름대로 그래프를 이용하여 자료의 특성을 규명하든지, 실험에서 얻은 자료의 특성을 수식화 한다든지 자료에 조작적인 방법을 추가하여 그 가치를 논리적으로 표현해줄 수 있어야 한다. 실험 결과와 가설이 잘 부합되면 가설을 그대로 수용하게 된다. 그렇지 않을 경우에는 가설을 수정하여 실험 설계 단계부터 다시 시작하여 수정된 가설을 검증할 수 있도록 해야 한다.

6) 적용 단계

이 단계에서는 학생들이 내린 결론을 실제 상황에 적용하고 설명해 보면서 응용하는 단계이다. 이러한 활동을 통해 검증된 지식의 유용성을 확인하고, 그 지식을 토대로 새로운 문제점을 발견할 수 있는 기회를 제공할 수 있다. 이러한 문제점을 다시 새로운 가설을 설정할 수 있는 조건을 제공한다. 가설 검증 수업 과정은 1차시에 완결되기도 하며, 가설에 따라 2차시 이상으로 연장하여 실시할 수 있으므로 교사는 전체적인 실험 설계 및 수행 과정을 고려하여 사전에 수업 계획을 세울 필요가 있다.

나. 가설 검증 수업 모형의 특징

가설 검증 수업 모형은 학생들이 과학자와 유사한 방법으로 문제를 연구하고 답을 얻는 활동을 하게 함으로써 과학을 이해하게 하고 탐구 능력을 신장시키는 데 목적이 있다. 가설 검증 수업 모형의 특징으로 대체로 다음과 같은 것들을 들 수 있다. 첫째, 이 수업 모형은 과학의 본질적인 과정인 가설-검증 절차를 체득하는 모형이다. 둘째, 자료 수집 이전에 가설 설정이 먼저 이루어져야 하므로 가설을 세울 수 있는 기존 지식이 필요하다. 셋째, 실험 설계를 하기 위해서는 변인을 찾아내고 변인 통제를 정확히 해야 한다(김찬종 외, 2007).

3.3 가설 검증 수업 모형 지도안

가설 검증 수업 모형은 가설 설정, 일반화 등과 같은 통합적 탐구 능력을 요구하기 때문에 형식적 조작 단계의 학생들에게 적합하다. 또한 수업 내용이 자연 현상에 대한 문제를 가설-검증 방식으로 해결하는 데 적합한 경우에 활용된다.

[가설 검증 수업 모형 예]

교수-학습 과정안

교사	부 장	교 감

단원명	6-5. 전류가 흐르는 도선에 나침반을 가까이 하면	차시	1/2
학습 목표	· 전류의 세기가 셀수록 도선 주위에 형성되는 자기장의 크기가 커짐을 설명할 수 있다. · 전류가 흐르는 도선에 가까울수록 도선 주위에 생기는 자기장의 크기가 커짐을 설명할 수 있다.		
지도상의 유의점	전류가 흐르면 도선 주위에 자기장이 생기는 현상을 관찰할 수 있도록 지도한다.		
수업 모형	가설 검증 수업(탐색-가설 설정-실험 설계-실험 수행-가설 검증-정리)		
준비물	직선 도선(굵은 에나멜선), 연결 도선, 나침반, 스위치, 직류 전원 공급기, 활동지		

교수·학습 단계	교수·학습 활동		참고자료 /유의점
	교사 활동	학생 활동	
탐색 및 문제 파악 (3분)	· (내용 복습) 전류가 흐르는 도선 주위에 놓인 나침반 바늘은 어떻게 되는가? · 그 이유는?	· 전류가 흐르는 도선 주위에 자기장이 생기므로 나침반 바늘이 움직인다.	
	· 나침반 바늘이 돌아가는 방향은 어떠한가?	· 앙페르의 오른나사 법칙을 따른다.	
	· 그렇다면, 나침반 바늘이 더 세게 (더 큰 각도로) 움직이게 하려면 어떻게 해야 할까?		
가설 설정 (7분) 가설 세우기	· 직선 도선에 흐르는 전류의 세기, 그리고 도선과 나침반 사이의 거리와 나침반 바늘의 움직임과 관련해서 가설을 세우도록 한다.	· 전류가 … 일수록 나침반의 바늘은 … 일 것이다. · 나침반과 도선과의 거리가 … 일수록 나침반의 바늘은 … 일 것이다.	
실험 설계 (5분)	· 가설 검증에 초점을 두어 실험 계획을 다양하게 세우도록 유도한다.		
변인 통제	· 가설에 따라 통제 변인과 조작 변인이 무엇인지 확인하도록 한다. · 조건을 같게 해 주어야 하는 것은? (통제 변인) · 조건을 달리 해 주어야 하는 것은? (조작 변인)	· 가설에 따라 통제 변인과 조작 변인이 무엇인지 확인한다. · 전류의 세기만을 변화시킬 때는 도선과 나침반과의 거리를 일정하게 유지한다. · 거리만을 변화시킬 때는 도선에 흐르는 전류의 세기를 일정하게 유지한다.	· 학생들이 작성한 변인표를 확인한다.

	· 실험에 필요한 변인표를 작성하도록 한다.	· 실험에 필요한 변인표를 작성한다.	
실험 수행 (15분)		· 변인표 및 실험에 대한 내용을 확인 받은 후에 실험을 수행한다.	· 실험 중 도선을 직접 만지지 않게 한다.
측정 및 기록	· 학생들이 만든 변인표를 확인하고 조작 변인과 통제 변인이 숙지가 되어 있는지 확인한다. · 변인에 대한 이해가 되어 있으면 실험을 수행하도록 한다. · 실험하여 얻은 데이터를 표나 그래프로 나타내도록 한다.	· 전류 세기를 변화시키면서 나침반 바늘의 움직임을 기록한다. · 나침반과 도선 사이 거리를 변화시키면서 나침반 바늘의 움직임을 기록한다. · 데이터를 표나 그래프로 나타낸다.	
가설 검증 (10)	· 처음에 세웠던 가설과 실험 결과를 비교해 보세요.	· 조별로 세운 가설과 실험 결과를 비교하여 발표한다.	· 가설에 대한 결론을 학생들 스스로 이해할 수 있는 시간을 준다.
· 실험 데이터 해석하기 · 실험 결과로 가설평가 · 가설의 수용 및 수정	· 전류의 세기가 셀 때와 약할 때 어느 경우에 나침반의 바늘이 더 큰 각도로 움직였는가? · 나침반이 전류가 흐르는 도선과 가까울 때와 멀 때 어느 경우에 나침반의 바늘이 더 큰 각도로 움직였는가?	· 전류가 셀수록, 전류가 흐르는 도선에 가까이 갈수록 나침반의 바늘이 돌아가는 각도가 커진다. · 가설 검증을 통해서 전류가 셀수록, 전류가 흐르는 도선에 가까울수록 자기장의 세기가 크다는 것을 이해한다.	
적용 (5분)	· 이번 시간 실험을 종합해 볼 때 어떤 결론을 내릴 수 있겠는가?	· 전류가 셀수록, 전류가 흐르는 도선에 가까이 갈수록 주변에 형성되는 자기장의 세기도 커짐을 알 수 있다.	· 다음 차시의 수업 내용과 연관짓도록 한다.
· 실생활 적용 · 새로운 탐구	· 이러한 현상이 적용되는 실생활 예는 무엇이 있는가? · 그렇다면 전류가 흐르는 원형 도선에서도 주변에 형성되는 자기장의 크기는 전류의 세기와 거리에 관계가 있을 것인가?	· 실례, 비실례 제시 · 관계가 있을/없을 것이다.	

4 순환 학습 수업 모형

4.1 순환 학습 이론

순환 학습 이론은 1950년대 초반에 Dewey(1859~1952)의 반성적 사고 과정을 바탕으로 Osborne이 제시한 고전적 순환 학습 모형에서 찾을 수 있다. 현대적 순환 학습 모형의 출발점은 Piaget의 발달 원리에 바탕을 두고 Karplus에 의하여 주도된 SCIS(Science Curriculum Improvement Study) 프로그램이다. SCIS는 과학의 기본 개념 학습 및 인지 발달을 조직하기 위하여 도입한 프로그램이다. Karplus는 수업 방법으로 환경과의 능동적 상호 작용, 개인의 직관을 통한 문제 접근과 시행착오를 통한 지식의 발견을 중시하였다. Lawson은 학생들의 탐구 능력뿐만 아니라 올바른 과학적 개념 획득을 위해서 과학적 사고력을 증진시키기 위한 방법이 필요하다고 보고 순환 학습에 의한 수업 전략을 제시하였다. Lawson은 서술적 지식과 절차적 지식을 발달시키기 위한 수업 설계에 포함되어야 할 요소로 학생의 기존 개념과 기존 절차적 지식에 바탕을 두고, 두 가지 지식에 대한 학습을 동시에 만족시켜 줄 수 있는 방법으로 순환 학습을 강조하였다. 순환 학습은 과학 교수-학습 현장에서 적용하는 효과를 검증하는 과정에서 4E 모형, 5E 모형, 7E 모형, POE(Prediction, Observation, explanation) 모형, PEOE(Prediction, Explanation, Observation, Explanation) 모형 등 다양한 형태로 변형되고 확장되었다.

POE는 White와 Gunstone(1992)에 의해 제안된 방법으로, 관찰한 현상의 결과를 예상하고 그 예상을 나름대로 정당화하는 예상, 실제로 관찰한 사실이나 실험을 통해 얻은 결과를 서술, 예상과 관찰 사이의 불일치를 해결하는 설명의 3단계로 구성된다. POE를 사용하면 학생들이 수업 전에 가지고 있는 생각이나 이해 정도를 직접 확인할 수 있으므로, 수업을 학생들의 수준에 맞도록 진행할 수 있는 장점이 있다. 또한 예상과 관찰 사이의 불일치를 해결하는 설명 단계에서 학생들의 활발한 토의를 적절히 활용하면 학생들에게 과학 개념을 이해시키는 데 효과적이다. PEOE 모형에 따른 교수-학습은 POE 모형에 따른 교수-학습보다 학생들의 설명을 더 강조한다. 직접 해보기 전 단계의 설명 단계에서 토의 활동을 적절히 활용하면 과학 교수-학습 활동에 잘 참여하지 않거나 꺼리는 학생들을 참여시키는 데 효과적이다.

4.2 순환 수업 모형

순환 수업 모형은 탐색, 용어 도입, 개념 적용 단계로 이루어진 학습 주기로 진행한다(그림 4-5). 탐색 단계는 학생들이 탐색을 통해 규칙성을 발견할 수 있는 기회를 제공한다. 용어 도입 단계는 교사가 규칙성을 나타내는 용어를 소개하고, 학생은 그 용어를 규칙성에 연결함으로써 실질적으로 개념을 획득하도록 한다. 개념 적용 단계는 학생이 새로운 상황에서 그 개념을 적용할 수 있는 사례를 찾도록 하여 습득한 개념을 적용하도록 한다.

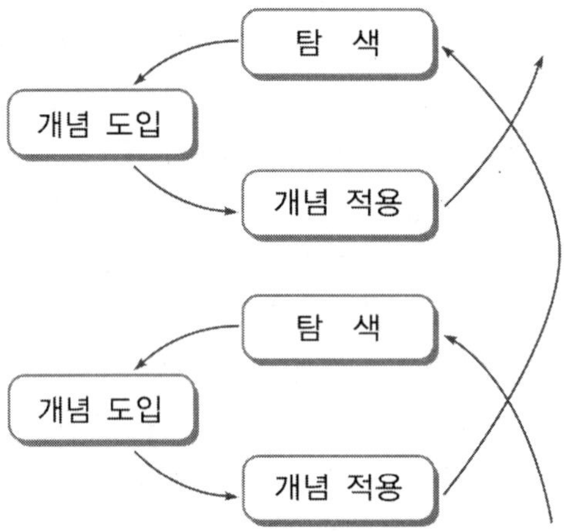

그림 4-5 순환 수업 모형

가. 순환 수업 모형의 단계별 특성

1) 탐색 단계

이 단계에서는 새로운 문제 상황을 관찰하여 문제를 인식하고, 학생 스스로의 행동과 반응을 통하여 문제에 내재한 규칙성을 발견하는 단계로 순환 수업 과정에서 가장 중요한 단계로 보고 있다. 이 단계에서는 학생들의 직접적인 경험 활동이 중시된다. 문제 상황에 대한 개별적 탐색에서 학생들은 자신의 선개념으로 설명을 시도하려고 하는데, 학생들은 자신의 기존 개념과 사고방식으로 해결할 수 없는 새로운 경험에 의문을 가지게 된다. 이 단계에서 의도하는 바는, 학생들이 이전에 흔히 접할 수 없었던 현상에 직면함으로써 현재 자신의 인지구조에 의해서 쉽게 동화시킬 수 없는 새로운 상황을 맞게 하는 것이다.

2) 개념 도입 단계

이 단계에서는 발견된 규칙성, 관련 있는 개념, 원리 등을 도입하는 단계이다. 학생들은 개념의 의미를 명확하게 인식하게 되며, 탐색 단계에서 획득한 경험과 새로 도입된 개념을 관련지음으로써 개념 체계의 조정이 일어나게 된다. 학생들은 자신의 선개념을 유지하거나 수정하게 된다. 예를 들어 밀도, 가속도, 힘과 운동, 평형 및 보존 등과 같이 가르치고자 하는 개념이나 원리를 탐색 단계에서의 활동에 바탕을 두고 도입한다. 개념 도입은 시청각 자료를 이용하거나, 교사의 직접적인 설명 등 다양한 방법을 이용할 수 있다. 이 단계에서는 학생들이 탐색 단계에서 느꼈던 갈등이 활동으로 해소되어야 한다.

3) 개념 적용 단계

이 단계에서는 개념 도입 단계를 통하여 획득한 개념, 원리 등을 다시 새로운 상황에 적용시켜 봄으로써, 새로운 개념의 적용 가능성의 범위를 확장하는 과정이다. 탐색 및 개념 도입 단계를 통해서 획득한 개념, 원리를 적용시켜 봄으로써 평형화 과정을 구체적 경험과 시간을 더욱 확보하고 개념 도입 단계에서의 평형 상태를 더욱 심화시켜, 인지구조의 내면화를 도와준다.

나. 순환 수업 모형의 특징

순환 수업은 탐색, 용어 도입, 개념 적용의 단계가 주기적으로 반복된다. 수업 단계가 간단하여 기억하고, 적용하기에 용이하기 때문에 일반적으로 과학 수업 모형으로 많이 사용된다. 단계별 특징을 보면 탐색 활동은 기존 개념의 적용을 요구하며, 또한 새로운 용어를 도입할 필요를 만든다. 용어 도입 활동도 종종 새로운 개념의 적용을 학생들 스스로 발견하도록 하는 기회를 제공하여 해결될 문제를 탐색하도록 할 수 있다. 그리고 개념 적용 활동은 앞에서 도입한 용어를 사용할 기회를 제공하고, 학생들에게 새로운 규칙성을 탐색하도록 한다. 순환 수업 모형은 다른 수업 모형과 비교하여 수업 단계가 간단하고 순환 과정을 통해서 개념의 정교화가 이루어지게 된다.

4.3 순환 수업 모형 지도안

순환 수업 모형은 학생들의 선입 개념이나 사고 패턴에 의해서 쉽게 동화할 수 없는 학습 상황을 재고해 준다. 또한 지적 갈등을 느끼게 하고, 탐구 활동을 통하여 제기된 갈등을 해소해 준다. 적절한 새로운 개념이나 사고 패턴을 형성할 수 있는 기회를 제공하는 데 활용된다. 순환 수업 모형은 순환 과정을 통해서 개념의 정교화가 이루어지게 하는 데 적용된다.

[순환 수업 모형 예]

교사	부 장	교 감

교수-학습 과정안

단원명	1-1. 전류의 세기	차시	1/6
학습 목표	· 전류의 방향과 세기를 설명할 수 있다. · 직류와 교류를 구분할 수 있다.		
지도상의 유의점	1. 전자의 이동 방향과 전류의 방향이 반대임을 확실히 지도한다. 2. 전류와 물의 흐름을 비교하여 설명할 때, 둘의 관계가 완전히 같지 않음을 인식시킨다. 3. 직류와 교류에서 전하의 이동 상 차이점을 확실히 지도한다.		
수업 모형	순환 수업 모형 (탐색 – 개념 도입 – 개념 적용)		
준비물	교사: 노트북 (ppt 및 플래쉬 자료), 교과서 학생: 교과서, 필기도구		

교수 · 학습 단계	교수 · 학습 활동		참고 자료 /유의점
	교사 활동	학생 활동	
도입 (5분)	· 모둠별 자리 배치 및 출석 확인		· 주의를 집중시킨다.
출석 확인 학습 목표 제시 동기 부여	· 학습 목표 제시 ; ppt 1쪽을 보여 주면서, 학습 목표를 함께 큰 소리로 읽어 보도록 한다. · 동기 부여 〈질문〉우리의 주위에는 전기 제품들이 많습니다. 어떤 것이 있을까요? ; ppt 2쪽을 보여 주어, 전기 제품 나열하는 것을 정리한다.	 · TV, 컴퓨터, 라디오, 냉장고, mp3 등	· 노트북과 TV를 연결하여 ppt를 학생들에게 보여 준다.
선수 학습 내용 확인	〈질문〉 전기 제품을 작동시키려면, 전기 제품 안에 어떤 일이 일어나야 할까요? · 선수 학습 확인 〈질문〉 고 1 때, 에너지로서의 전류에 대해서 배웠을 거예요. 기억나나요?	· 전기가 흘러야 해요. 전류가 흘러야 해요. · 네.	

	; 이번 시간에는 전류가 흐르고 있는 도선 속에서 어떤 일이 일어나고 있는지 배워볼 거예요.		
전개 Ⅰ (10분) 탐색	· 탐색 ; ppt 3쪽의 그림을 보여 준다. 〈질문〉 두 그림의 공통점을 찾아보세요. 〈질문〉 두 그림에서 전자는 어떤 극에서 어떤 극 쪽으로 이동하나요? 〈질문〉 그렇다면 전류의 방향은 어느 쪽인가요? ; ppt 3쪽에 있는 문제 3개를 질문하여, 전자의 이동 방향과 전류의 방향이 반대라는 것을 알게 한다.	· 전구에 불이 켜져 있어요. 전자가 움직이고 있어요. 전류가 흐르고 있어요. · (−)극에서 (+)극 쪽으로 이동해요. · (+)극에서 (−)극 쪽으로 흘러요.	
개념 도입	· 개념 도입 ; ppt 4쪽에 있는 플래쉬 파일을 이용하여, 전류의 방향과 전자의 이동 방향을 알 수 있게 한다. ①	· 선생님의 설명을 경청한다.	· 플래쉬 파일을 보여 준다.
개념 적용	· 개념 적용 ; ppt 3쪽에 있는 두 그림을 다시 보여 준다. 〈질문〉 도체에서 전류가 흐를 때와 전해질 용액에서 전류가 흐를 때, 차이점이 뭔가요? ; 도체에서 전자만 이동하는 이유를 설명한다. ②	· 도체에서는 전자만 이동하는데, 전해질 용액에서는 전자와 양전하가 모두 이동해요.	
보충 설명	① ppt 4쪽의 플래쉬 자료를 이용할 때, 스위치를 켰을 때와 껐을 때를 비교해 가면서 설명한다. ② 전류가 생기는 이유는 전하가 이동하기 때문이므로, 전자의 이동만이 전류를 발생시키는 것이 아니라 양전하의 이동 또한 전류를 발생시킨다는 것을 주지시킨다.		
전개 Ⅱ (10분) 탐색	· 탐구 ; ppt 5쪽에 있는 그림을 보여 준다. 〈질문〉 어떠한 기준으로 물살이 세거나 약하다고 말할 수 있을까요? ; 그러면 물의 흐름과 비교해서 전류의 세기에 대해서도 이야기해 봅시다.	· 시간당 관의 단면적을 지나가는 물의 양에 따라 물살이 세거나 약하다고 말할 수 있습니다.	

	〈질문〉 전류의 세기는 어떻게 나타낼 수 있을까요? 물살의 세기와 비교해서 이야기해 보세요. ③	· 시간 당 도선의 단면적을 지나가는 전하의 양입니다.	
개념 도입	· 개념 도입 ; ppt 6쪽에 있는, 전류의 세기에 관한 내용과 전류의 단위에 관한 내용을 설명한다.	· 선생님의 설명을 경청한다.	· 교과서에 집중하게 한다.
개념 적용	· 개념 적용 ; 교과서 p.102의 예제 문제를 풀 충분한 시간을 준 뒤, 칠판에 함께 풀이한다. ④	· 예제 문제를 혼자서 풀어본 뒤, 선생님의 설명을 경청하면서 문제 풀이를 듣는다.	
보충 설명	③ 전류와 물의 흐름을 비교해서 설명할 때, 전류와 물의 흐름이 완전히 같지 않음을 설명한다. ④ 교과서 p.102의 예제 문제 · 어떤 전기 회로에 4A의 전류가 흐르고 있다. 2초 동안 도선의 한 단면을 지나가는 자유 전자의 개수는 몇 개인가?		
전개Ⅲ (15분) 탐색	· 탐색 ; ppt 7쪽을 보여 준다. 〈질문〉 전기 제품을 작동시키기 위해 필요한 전원 장치의 종류 2가지는 무엇일까요? 〈질문〉 이 두 전원 장치의 차이점은 어떤 것이 있을까요? ; 많은 차이점들이 있지만, 건전지와 콘센트의 가장 큰 차이점은 이제부터 배울 내용에 있어요.	· 건전지와 콘센트요. · 건전지는 전압이 작고, 콘센트는 전압이 커요. · 건전지는 휴대가 가능해요. 등	
개념 도입	· 개념 도입 ; 직류는 방향이 일정한 전류이고, 교류는 방향이 주기적으로 변하는 전류라는 것을 설명한다. ; ppt 8쪽의 플래쉬 자료를 통해서, 직류와 교류의 차이점에 대해서 확실히 알도록 한다.	· 선생님의 설명을 경청한다.	· 플래쉬 파일을 보여 준다.
개념 적용	· 개념 적용 〈질문〉 건전지와 콘센트 중에서 직류와 교류를 고르세요. ⑤	· 건전지가 직류이고, 콘센트가 교류입니다.	
보충 설명	⑤ 우리나라의 일반 가정에서 쓰는 전기는 교류로, 우리나라의 정격 주파수는 60 Hz라는 것을 참고로 알려 준다.		

정리 (8분)	· 학습 내용 정리 ; ppt 9쪽을 보여 주고, 다 같이 큰 소리로 읽게 한다.	· 한 목소리로 크게 내용을 읽는다.	
학습 내용 정리	1. 전류는 전하의 흐름이며, 전류의 세기 I = q/t이고, 전류의 단위는 암페어(A)이다. 2. 직류는 방향이 일정한 전류이며, 교류는 주기적으로 방향이 바뀌는 전류이다.		
학습 내용 평가	· 학습 내용 평가 ; 교과서 p.103에 있는 확인 문제를 풀어 보게 한 후, 풀이한다. ⑥	· 확인 문제를 스스로 풀어 보고, 선생님의 풀이를 듣는다.	
보충 설명	⑥ 교과서 p.103의 확인 문제 1. 어떤 도선의 한 단면에 5분 동안 300 mA의 전류가 흘렀다면, 이 시간 동안에 도선의 단면을 통과한 전하량은 얼마인가? 2. 전해질 속의 어떤 단면을 1초 동안에 양(+)전하가 2 C만큼 지나가고, 음(−)전하가 반대 방향으로 2 C만큼 지나갔다면 이 전해질 속에서의 전류는 얼마인가?		
차시 예고 (2분)	· 오늘 전류의 세기에 대해서 배웠습니다. 그런데 전류의 세기에 무엇이 어떻게 영향을 미칠까요?		
차시 학습 내용 예고	· 다음 시간에는 전류의 세기에 무엇이 영향을 미치는지, 또 어떠한 관계가 있는지 알아보겠습니다.		

5 개념 변화 수업 모형

5.1 구성주의 학습 이론

1970년대 후반부터 과학 교육 학자들은 수업에 임하는 학생들이 학습해야 할 내용과 관련하여 무엇을 알고 있으며, 또한 학습한 과학 개념을 올바르게 이해하고 있는지에 관심을 갖고 꾸준히 연구하여 왔다. 학생들은 학습 이전에 이미 경험적으로 자연 현상에 대한 자기 자신의 생각을 갖고 있는데, 이것을 선개념이라 불렀다. 이와 같이, 인간이 자연과의 상호작용을 통하여 자신의 생각을 형성해 간다는 주장을 흔히 구성주의라고 한다. 학습을 구성주의적 입장에서 보는 사람들은, 학습이 이루어지기 전에 교사가 가르칠 내용과 관련된 학생들의 선개념을 파악하는 것이 매우 중요하다고 보고 있다. 왜냐하면 학생들은 이미 형성된 개념 체계에 바탕을 두고 다른 개념을 형성하는 것이므로, 선개념이 학습 과정에 지대한 영향을 미치리라고 보았기 때문이다. 구성주의자들은 학습은 학생들의 머릿속에 이미 형성된 개념과 새로 배우게 될 개념과의 상호작용에 의해서 이루어지며, 학습 과정은 학습자 스스로가 의미를 구성해 나가는 능동적 과정이라고 보고 있다.

1980년대 이후 활발하게 연구된 학생들의 선개념에 대한 연구에서는 다양한 측면에서 의미 있는 결과를 보여 주었다. 학생들은 과학을 배운 후에도 여전히 많은 오개념을 가지고 있으며, 이러한 오인은 과학 학습에 장애 요인이 된다는 사실이다. 이러한 사실은 일반적인 과학 수업으로는 과학적 개념을 형성하기 어렵다고 보았기 때문에 특별한 수업 모형이 필요하였다. 학생들의 오개념을 과학적 개념으로 변화시키기 위한 효과적인 방법으로 개념 변화 수업 모형을 개발하였다. 개념 변화 수업 모형은 학생들의 오개념을 인지 갈등 상황을 통해서 과학적 개념을 갖도록 하기 위하여 개발한 모형이다. 그림 4-6과 같이 학생들은 현상 R_1을 통해서 학생들 머릿속에 C_1이 형성되고, C_1을 통해서 R_1을 설명한다. C_1을 통해서 설명할

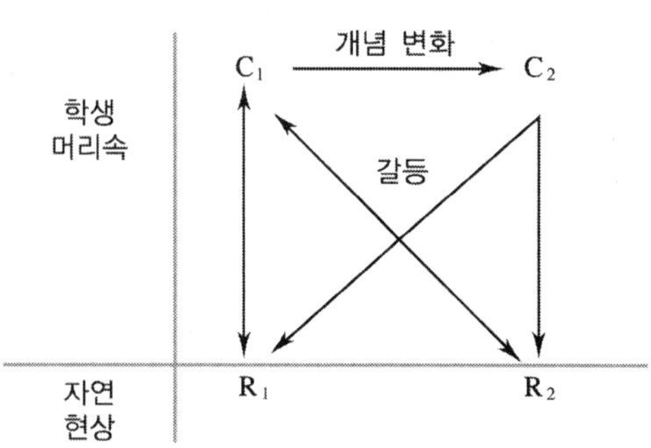

그림 4-6 인지 갈등을 통한 개념 변화 모형

수 없는 현상 R_2를 제시하면, 학생들은 C_1을 통해서 R_2를 설명할 수 없기 때문에 인지 갈등이 일어난다. 여기서 과학적 개념 C_2를 도입하여 현상 R_1, R_2를 모두 설명하게 되면, C_1에서 C_2로 개념 변화가 일어나게 된다.

5.2 개념 변화 수업 모형

개념 변화 수업 모형의 핵심은 학생들이 수업 전에 가지고 있는 선개념 중 오개념을 인지적 갈등을 통해 올바른 과학적 개념으로 변화시켜 주는 것이다. 개념 변화 수업 모형 단계는 그림 4-7과 같이 선개념 확인, 인지 갈등, 개념 재구성, 개념 적용 과정으로 진행된다. 개념 변화 수업은 학생들의 탐구 과정 및 탐구 기능의 신장보다는, 오개념을 인지 갈등을 통해서 과학적 개념을 형성하는 데 유용한 과학 수업 모형이다.

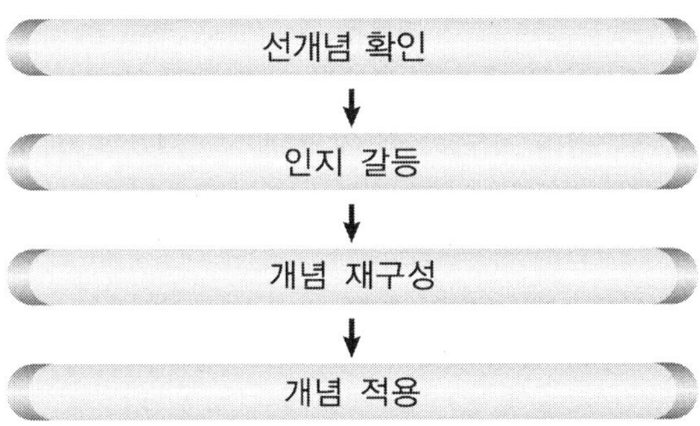

그림 4-7 개념 변화 수업 모형 4단계

가. 개념 변화 수업 모형의 단계별 특성

1) 선개념 확인 단계

이 단계에서는 학생들의 학습 전 개념을 조사한다. 교사는 학생들이 자연이나 일상생활에서 다양하게 접하는 현상에 대해 기본적으로 가지고 있는 개념을 파악하기 위해 학습 주제와 관련하여 간단한 문제나 상황을 제시한다. 또한 학생들은 이를 관찰하고, 자신의 언어로 설명하도록 한다.

2) 인지 갈등 단계

이 단계에서는 교사는 기존의 개념으로 해결할 수 없는 유사한 다른 형태의 문제나 상황을 제시한다. 학생들은 이 문제를 접하는 동안 자신들의 개념이 문제점이 있음을 스스로 깨닫게 되고 인지 갈등을 일으키게 된다. 또한 학생들은 자신의 생각을 바꾸려는 동기를 가지게 된다.

3) 개념 재구성 단계

이 단계에서는 학생들이 자신의 부족한 생각을 대체할 수 있는 새로운 생각을 구성한다. 학생들 스스로 과학적 생각을 구할 수 있으면 바람직하다. 학생들이 스스로 구성하기 어려운 과학 개념은 교사가 제시한다. 제시되는 과학 개념은 학생들이 쉽게 이해할 수 있어야 하며, 학생들의 생각과 비교할 때, 어떤 장점이 있는가 잘 드러나야 한다. 제시된 과학 개념은 얼마나 적절한지를 평가하고, 학생들이 새로운 과학 개념이 옳다는 것을 충분히 인식해야 한다.

4) 개념 적용 단계

이 단계에서는 교사가 새로운 소재나 상황을 제시하여 재구성한 생각을 적용하게 한다. 학생들이 새로운 생각이 얼마나 활용 가능성이 많은지를 인식하게 한다. 다양한 상황에서도 같은 과학적 개념으로 적용할 수 있도록 해야 하며, 개념적 미분화가 일어나도록 지도해야 한다.

나. 개념 변화 수업 모형의 특징

개념 변화 수업 모형은 자연 사물이나 현상에 대해 학생들이 수업 전에 가지고 있는 선개념 중 오개념을 인지적 갈등을 통해 올바른 과학적 개념으로 변화시켜 주는 데 효과적인 수업이다. 그러기 때문에 학생들의 수업 전 오개념을 파악하는 것이 매우 중요하다. 우선 학생들이 자신의 생각을 충분히 인식할 수 있도록 자신의 생각을 표현할 수 있는 기회를 초기에 제공한다. 또한 인지적 갈등을 일으켜서 자신의 생각에 불만을 갖도록 한다. 학생들의 생각을 변화시킬 수 있도록 과학 개념이 이해 가능하고, 활용 가능성이 많음을 보여 주어야 한다.

5.3 개념 변화 수업 모형 지도안

개념 변화 수업 모형은 많은 학생들이 오개념을 가지고 있는 학습 주제를 지도할 때 활용한다. 이 수업 모형을 적용하기 위해서는 학생들의 오개념을 미리 파악하고, 이에 대한 적절한 대응 방안을 잘 모색해야 한다. 열의 이동과 온도에 대한 개념 변화 수업 모형을 적용한 지도안 사례를 살펴보기로 한다.

[개념 변화 수업 모형 예]

교수-학습 과정안

교사	부 장	교 감

단원명	1. 열의 이동과 온도	차시	1/7
학습 목표	• 열과 온도와의 관계를 설명할 수 있다.		
지도상의 유의점	• 충분한 시간을 갖고 학생들이 가지고 있는 열과 온도에 대한 선개념이 드러나도록 해야 한다.		
수업 모형	개념 변화 모형(선개념 확인-인지 갈등-개념 재구성-적용)		
준비물	비이커, 막자사발, 시험관 집게, 온도계, 사각수조, 털장갑, 금속 추, 유리병		

교수・학습 단계	교수・학습 활동		참고 자료 /유의점
	교사 활동	학생 활동	
선개념 확인 (10분)	• 실험대 위에 놓여 있는 털장갑, 금속 추, 유리병을 손으로 만졌을 때 그것들의 온도는 어떨까? • 추운 겨울날, 운동장에 나가 철봉대를 잡으면 어떨까?	• 금속 추가 제일 차다. • 털장갑-유리병-금속추의 순서가 온도가 낮을 것이다. • 기온보다 철봉대의 온도가 더 낮을 것이다.	• 질문을 하고 학생들의 자유로운 발표를 유도 • 발표 내용을 정리 판서한 후 학생들이 동의하는지 확인
	[보충 설명] • 만져서 차가운 물체는 온도가 낮다. 그러므로 금속이 나무보다 온도가 더 낮을 것이다.		
인지 갈등 (15분)	• 왼손과 오른손을 찬물과 따뜻한 물이 담긴 각각의 그릇에 담그고 있다가 재빨리 가운데의 미지근한 물에 양손을 담가 보도록 한다. 양손이 느끼는 미지근한 물의 온도는 어떤가? 같은가? • 실험대 위에 놓여진 여러 물체들(비이커, 막자사발, 시험관 집게, 금속 추, 털장갑)의 온도를 직접 측정해 보도록 한다.	• 왼손은 따뜻하게, 오른손은 차게 느껴진다. • 물체들의 온도는 거의 같다.	• 실험 후 느낌을 발표시키고 이전의 생각과 비교해 보도록 한다.
개념 재구성 (15분)	• 열과 온도에 대해 설명한다. • 전도 개념을 통해서 감각적	• 온도와 열에 대한 개념을 재구성한다.	• 판서하고 설명한다.

	으로 느끼는 온도의 차고 더운 정도를 비교해 한다. 온도: 물체가 가지고 있는 분자들의 에너지 정도 열: 온도차에 의해서 이동하는 에너지	· 온도와 전도의 차이를 이해한다. · 감각적으로 느끼는 온도의 차고 더운 정도와 전도에 의한 차고 더운 정도를 비교하여 이해한다.	· 물체의 실체 온도와 사람이 느끼는 온도는 서로 다르다는 것을 설명한다. · 열은 질량이 없으므로 물질이 아님을 강조한다.
	[보충 설명] · 온도는 감각적으로 물체의 차고 더운 정도로 설명할 수 있다. 하지만 우리의 감각은 전도에 의해서 차고 더운 정도를 느끼기 때문에 같은 온도도 다르게 느낄 수 있다. 따라서 온도는 온도계를 이용해서 측정을 해야 한다.		
개념 적용 (5분)	· 크기가 다른 얼음의 온도는 각각 어떻게 되겠는가? · 나무도막과 쇠 조각을 만졌을 때 쇠 조각이 더 차가운 이유를 설명해 보시오.	· 형성 평가 문제를 해결한다.	· 온도는 물체의 질량이나 부피와 관계없음을 주지시킨다. · 쇠가 나무보다 더 차게 느껴지는 이유는 손과 접촉했을 때 손의 열을 빨리 전달하기 때문이다.

6 문제 해결 학습 수업 모형

6.1 문제 해결 학습 이론

문제 해결에 대한 논의는 19세기 후반부터 20세기에 이르러서야 경험적 사고와 더불어 시작되었으며, 문제 해결을 통한 교육적 방법은 듀이의 반성적 사고에 그 뿌리를 내리고 있다. 듀이의 반성적 사고 과정이 문제 해결 과정의 철학적 토대를 마련하였다. 그 이후 형태심리학자들에 의해 사고 과정에 있어서 정신적 구조 및 역할을 중요시하게 되었다. 1960년대 초반 이후부터 인지적 정보 처리 이론이 심리학을 주도하게 되었으며 인간의 뇌는 프로그램된 컴퓨터와 같다는 은유에 기초하였다. 이 이론에 바탕을 둔 연구들은 인간의 문제 해결 과정을 이해하는 것을 통해 컴퓨터 모델을 제작하려는 목적을 가지고 있으므로 행동주의자들과는 달리 문제 해결이 어떻게 일어나는가에 대한 기술에 목적을 두고 있다. 1980년대부터는 구성주의 입장을 반영한 연구들이 활발히 이루어졌다. 구성주의 관점에 의하면 외부적인 학습 상황뿐만 아니라 학습자가 가지고 있는 기존 개념 및 선행 경험에 의해서 학습이 결정되며, 학습자가 의미를 능동적으로 구성하는 것을 통하여 인지적 구조에 변화가 일어났을 때 학습이 이루어졌다고 본다. 구성주의 입장의 등장은 지식의 습득과 형성은 일방적인 전달에 의해 이루어지는 것이 아니라 학습자 스스로 지식을 내부로 표상하여 지식 습득의 과정에 적극적이고 능동적으로 참여하여 참 지식을 형성하며, 교사 중심의 학습에서 학습자 중심의 학습으로 교육의 패러다임을 변하게 하였다. 최근 학교 과학 교육 현장에서는 교사 중심의 수동적인 학습 활동을 지양하는 한편, 학생들이 적극 참여하여 주된 역할을 하는 과학 학습이 부각되고 있다. 최근 과학 수업에서 다양한 활동이 이용되고 있으며, 과학 지식을 통한 생활 문제 해결 능력을 강조하고 있다.

일반적인 문제 해결 모형으로 Bransford, Stein(1984)이 IDEAL(Identifying, Defining, Exploring, Acting, Looking) 모형을 제안하였고, Hayes(1989)의해서 구체화되었다. 창의적인 문제 해결인 CPS(Creative Problem Solving) 모형은 Osborne(1963)의 연구로부터 시작되었고 그의 제자 Parnes(1975)에 의해서 정교화 되었으며, Isaksen et al.(1994)에 의해서 더 구체화되었다. Pizzini, Shepardson(1989)은 초등학교 고학년, 중학교 저학년 학생들의 창의성과 문제 해결 신장을 위하여 SSCS(Search, Solving, Create, Share) 모형을 제안하였다. 이와 같은 문제 해결 모형은 국내의 일부 교과 연구자들에 의해서 적용되었다. 하지만 문제 해결 활동은 시간이 많이 소요되며 과정이 복잡하고(강충렬, 이용애, 2001), 새로운 문제 해결 모형에 적용하는 데 익숙해질 수 있는 충분한 훈련이 필요하며(이순미, 이경애, 2002), 학생이나 교사의 부담이 크다는 등의 문제점을 지적하고 있다.

6.2 SPPE 문제 해결 수업 모형

SPPE 문제 해결 수업 모형은 그림 4-8과 같이 탐색, 수행, 발표, 평가 과정으로 진행된다. 이 문제 해결 수업 모형은 크게 두 부분으로 나눌 수 있는데 하나는 탐색과 수행 단계와, 발표와 평가 단계로 나눌 수 있다. 탐색과 수행 단계를 통해서 문제를 해결하고, 발표와 평가 단계를 통해서 자신이 해결한 결과를 논리적으로 표현하고 피드백을 받는 단계로 되어있다. 순차적으로 진행하며 평가 단계에서 새로운 문제를 제기하거나 부족한 부분을 수정할 수 있도록 점선으로 나타냈다(송영욱, 김범기, 2007).

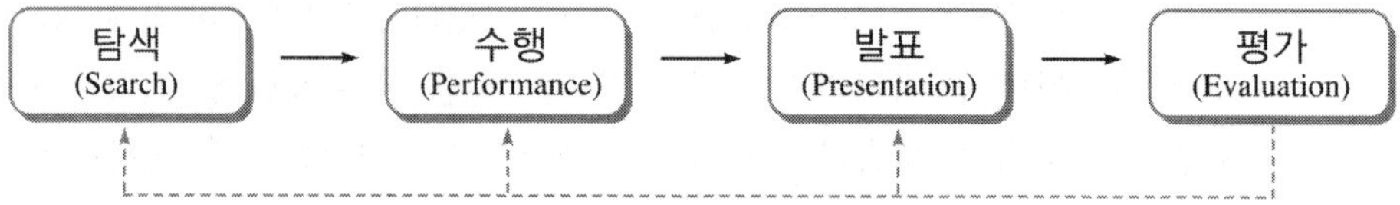

그림 4-8 문제 해결 수업 과정 4단계(송영욱, 김범기, 2007)

가. 문제 해결 수업 모형의 단계별 특성

1) 문제 탐색 단계

이 단계에서는 '문제 기록하기', '문제 결정하기', '문제 상황 기록하기'로 구성되어 있다. '문제 기록하기'는 주어진 문제나, 해결하고 싶은 문제가 있으면 간단하게 문제를 기록한다. 문제 선택 기준으로는 수업 시간, 흥미와 관심, 장비와 비용, 공간 및 안전성 등을 고려하도록 하였다. '문제 결정하기'에서는 문제 기록하기에 기록한 문제 중에서 해결하고 싶은 문제를 결정하는 단계로, 가로에는 조원들의 이름을 기록하고, 세로에 있는 문항 번호에 해결하고 싶은 문제에 체크하여 체크한 수가 많은 것을 해결할 문제로 결정하고 동수인 경우에는 조원들의 합의에 의해서 결정한다. '문제 상황 기록하기'에서는 '문제 결정하기'에서 결정한 문제 상황을 자세히 기록하는 단계이다. 결정한 문제 상황을 기록할 때는 그 문제가 가지고 있는 현재 상황과 도달하고자 하는 목표 상황을 기록하고, 현재 상황과 목표 상황에 장애물이 무엇인지 기록한다.

2) 계획 수행 단계

이 단계에서는 '조원 역할 정하기', '관련 지식 기록하기', '해결 방법 및 결과 기록하기'로 구성되어 있다. '조원 역할 정하기'에서는 조원 이름을 기록하고 그 조원이 수행해야 할 역할 및 과제를 기록한다. 담당해야 할 역할에는 조장, 기록자, 자료 수집, 데이터 처리 및 분석, 발표, 기타 등이 있다. '관련 지식 기록하기'에서는 문제를 해결하기 위한 관련 지식을 기록하게 된다. 관련 지식을 찾기 위한 자료 수집 방법으로는 인터넷 검색, 전문서적, 신문 및 잡지, 교과서 등이 있다. '해결 방법 및 결과 기록하기'에는 문제를 해결하기 위한 방법을 계획하고 수행하여 얻은 결과를 기록한다.

3) 결과 발표 단계

이 단계에서는 '발표 방법 선택하기', '발표물 만들기', '발표 연습 및 발표하기'로 구성되어 있다. '발표 방법 선택하기'에는 어떤 발표물을 만들 것인지를 선택하는 단계이다. 발표 방법에는 표, 그래프, 그림, 자료 등을 선택하고 선정 기준에는 발표 시간, 장비 유무 및 경비, 청중의 관심 및 흥미, 독창성을 등을 고려하여 선택한다. '발표물 만들기'에서는 문제 상황, 관련 지식, 해결 방법, 수행 결과를 포함하여 발표물을 만든다. '발표 연습 및 발표하기'에서는 발표연습하기 및 발표시 고려할 점이 포함되어 있다. 발표 연습하기에서는 발표 시간, 목소리, 발표 순서를 고려하여 발표 연습을 하고, 발표 시 고려할 점은 문제 상황, 관련 지식, 해결 방법, 수행 결과, 청중의 흥미 등을 유의하여 발표하도록 한다.

4) 발표 평가 단계

이 단계에서는 '자기 평가하기', '조 평가하기', '수정한 내용 기록하기'로 구성되어 있다. '자기 평가하기'에서는 자기 스스로 문제 해결 활동에 얼마나 적극적으로 참여하고 문제 해결에 기여했는지 평가하는 것이고, '조 평가하기'에서는 다른 조의 결과 발표물에 대한 평가이고, '수정한 내용 기록하기'에서는 결과 발표물에 대해 수정할 부분이 있으면 최종적으로 결과물을 수정하는 단계이다.

나. 문제 해결 수업 모형의 특성

문제 상황을 정확하게 이해하는 것이 문제를 해결하는 데 있어 중요한 요소이기 때문에 교사는 학습자들이 문제에 관심을 갖고 문제 상황을 정확하게 이해할 수 있도록 문제 탐색 전에 문제 제시하는 활동을 중요하게 생각해야 한다. 문제가 어떤 상황에 있는지 설명을 해주고 학습자들이 관심을 갖도록 하는 것이 중요하다. 문제를 해결하기 위하여 조원들의 역할과 수행 과제를 상호의사 소통을 통하여 결정하고, 문제 해결에 필요한 정보를 찾고, 계획을 수행하여 결과를 얻도록 해야 한다. 문제를 해결하기 위하여 조원들의 역할과 수행 과제를 정하여 협동적으로 해결하고, 문제 해결에 필요한 정보를 인터넷 검색, 전문서적, 신문 및 잡지, 교과서 등에서 찾도록 지도해야 한다.

6.3 문제 해결 수업 모형 지도안

이 수업 모형은 과학적 개념이나 탐구 능력 신장을 위하기보다는 학생들 간의 의사소통을 통해서 실생활의 문제를 해결하는 능력이나, 과학 수업을 통해서 배운 과학적 개념을 적용하는 데 적합한 수업 모형이다. 교사는 학생들의 문제 해결 과정을 안내하는 활동 도구를 나누어 주고, 시청각 자료를 활용하여 문제를 설명하여 준다. 학생들은 해결할 문제를 이해한 후에는 문제 탐색, 계획 수행, 결과 발표, 발표 평가 활동 순으로 진행한다.

[문제 해결 수업 모형 예]

교수-학습 과정안

교사	부 장	교 감

소단원명	2-2. 빛과 파동	차시	1/2
학습 목표	·오목 거울과 볼록 거울의 특징을 이해하고 실생활의 문제를 해결할 수 있다. ·주어진 상황을 관찰하여 예측할 수 있다. ·동료와 협력하여 주어진 문제를 해결할 수 있다. ·자신의 주장을 논리적으로 표현할 수 있다.		
지도상의 유의점	거울의 특징을 이용하여 실생활의 문제를 해결하도록 지도한다.		
수업 모형	문제 해결 수업 모형(SPPE: 탐색-수행-발표-평가)		
준비물	실물 화상기(전체1), OHP, 도화지, 색연필, 풀, 가위, 활동지		

교수·학습 단계	교수·학습 활동		참고자료/유의점
	교사 활동	학생 활동	
문제 탐색 문제 기록하기	▷ 문제 상황 제시 ·문제는 여러분이 교통부장관이 되었거나, 편의점 사장이 되었을 때 일어 날 수 있는 상황입니다. ·어떤 상황인지 발표를 해봅시다.	▷ 문제 상황 제시 ·자신이 문제 상황에 직면해 있다고 생각한다. ·문제 상황을 이해한다. ·문제 상황을 발표한다.	·문제에 관심을 가지게 한다.

	▷ 문제 기록하기 · 제시된 문제 상황을 간략하게 활동지에 빠짐없이 기록을 해봅시다.	▷ 문제 기록하기 · 제시된 문제를 간략하게 활동지에 기록한다. · 빠짐없이 기록한다.	
문제 결정 하기	▷ 문제 결정하기 · 주어진 문제 중에서 한 문제를 선택합니다. · 활동지에 자신의 이름과 해결하고 싶은 문제에 ○표를 해봅시다. · 조에서 결정된 문제를 발표해 봅시다.	▷ 문제 결정하기 · 활동지 '문제 결정하기' 표 안에 자신의 이름과 해결하고 싶은 문제 번호에 ○표를 한다. · 조에서 해결할 문제를 선택한다. · 조에서 결정된 문제를 발표한다.	· 조원들과 토의하여 문제를 결정하게 한다.
문제 상황 기록 하기	▷ 문제 파악하기 · 선택한 문제의 현재 상태, 목표 상태를 토론해 봅시다. · '목표 상태'와 '현재 상태'를 활동지에 기록해 봅시다.	▷ 문제 파악하기 · 조원들과 문제의 '현재 상태'와 '목표상태'가 무엇인지 토론한다. · 문제의 장애물이 무엇인지 토론한다. · 활동지에 결정된 내용을 기록한다.	
계획 수행 조원 역할정하기	▷ 역할 정하기 · 조별로 문제를 해결하기 위해서 어떤 역할 등이 있을까요? · 필요한 역할을 알아봅시다. · 역할에는 조장, 기록자, 자료 수집, 실험 설계, 데이터 처리 및 분석, 발표자 등이 있습니다. 그럼 역할을 정해봅시다. · 활동지에 조원의 이름을 기록하고, 적합하다고 생각하는 조원을 정해봅시다.	▷ 역할 정하기 · 조에서 필요한 역할이 무엇이 있는지 토론한다. · 조에서 필요한 역할을 정한다. · 활동지 '조원 역할 정하기'에 조원의 이름을 기록한다. · 토론하여 역할을 정하고, 활동지 '조원 역할 정하기'에 해야 할 역할을 기록한다.	· 의사소통을 통해 역할을 정하게 한다.
관련 지식 기록 하기	▷ 관련 지식 찾기 · 문제 해결을 위해서 필요한 관련 지식을 찾아봅시다. · 필요한 자료를 어디서 찾을 수 있을까요? · 인터넷, 전문서적, 교과서, 참고서, 신문 및 잡지 등에서 관련	▷ 관련 지식 찾기 · 문제 해결에 필요한 관련 지식이 무엇인지 토론한다. · 필요한 관련 지식을 어디서 찾을지 선택한다. ▷ 관련 지식 기록하기 · 관련 지식을 활동지 '관련 지식	· 직접적인 관련 지식을 주지 않고 관련 지식을 찾도록 지도한다.

	지식을 찾을 수 있습니다. · 필요한 정보를 찾아 활동지 '관련 지식 기록하기'에 기록해 봅시다.	기록하기'란에 기록한다.	
해결 방법 및 결과	▷ 문제 해결하기 · 활동지에 해결 방법 및 결과를 기록해 보세요. · 조별로 순회하면서 학생들이 해결 방법을 세우고 토론을 통해서 결정을 내리도록 지도한다. · 직접적인 관련 내용을 주지 않고 학생들이 관련 지식을 찾아 문제를 해결하도록 지도한다.	▷해결 방법 · 사고가 가장 많이 발생할 곳이라 생각되는 곳을 찾고, 토론을 하여 결정한다. · 거울의 특징 중에 넓은 범위를 볼 수 있는 거울을 선택하고, 사고 방지를 위한 거울을 선택하고, 설치할 곳을 정한다. · 활동지에 선택한 곳을 기록하고, 이유를 기록한다.	
결과 발표 발표 방법 선택하기	▷발표 방법 선택 · 조별로 해결한 문제의 결과를 발표물로 만들어 봅시다. · 발표물은 표, 그래프, 사진, 차트 등 다양하게 발표할 수 있습니다. · 발표 방법을 선정하기 전에 꼭 '선정 기준'을 확인하여 선정하세요. · 조의 결과를 잘 표현할 수 있는 방법을 선택하여 활동지에 기록하세요.	▷발표 방법 선택하기 · 발표 방법을 선택하기 전에 선정 기준을 본다. 발표 시간, 장비 유무, 청중의 과심, 독창성을 고려하여 발표 방법을 선택한다. · 조장은 조원들의 의견을 듣고, 발표방법을 결정한다. · 좀더 다양한 발표 방법을 토론한다.	· 다양한 발표방법을 선택하도록 지도한다.
발표물 만들기	▷ 발표물 만들기 · 발표물을 만들 때는 꼭 문제 상황을 기록하고 가능하면 관련 지식, 해결 방법, 결과 내용 등이 들어가도록 합시다.	▷ 발표물 만들기 · 결정된 발표 방법에 따라 결과물을 만든다. · 발표물 내용에는 관련 지식, 해결 방법, 결과 내용 등이 들어가게 한다. · 해결 방법이 잘 표현되도록 한다. · 조원들과 협력하여 발표물을 만든다.	· 산만하지 않도록 지도한다.
발표하기	▷발표하기 · 조별로 결과물을 발표하기 전에 발표 연습을 해봅시다. · 먼저 발표자, 발표 시간, 발표 장비, 목소리, 발표 순서 등을	▷ 발표 연습하기 · 발표자는 발표물의 발표 순서, 시간, 장비 등을 확인한다. · 목소리를 너무 빠르거나 느리지 않게 하고, 목소리 크기도 조절한다.	· 발표자에게 집중하도록 지도한다.

	정합시다. · 조별로 결과물을 발표해 봅시다.	▷ 발표하기 · 발표자는 청중을 고려하여 관심과 흥미를 갖도록 발표한다. · 조별로 해결한 문제 상황, 관련 지식, 해결 방법, 결과 등을 발표한다.	
발표 평가 조 평가 하기	▷조 평가 · 조별로 결과물을 발표할 때 조별 평가를 합니다. · 평가 내용은 문제 상황, 관련 지식, 해결 방법, 결과 등의 발표 내용을 평가합니다. 잘했다고 생각하면 5점, 매우 부족하다고 생각하면 1점을 기록합니다. · 자신의 조를 제외하고 점수를 기록합니다. 가장 높은 점수를 받을 조를 알아봅시다.	▷ 조 평가 · 조별로 결과물을 발표할 때 조별 발표물을 평가한다. · 문제 상황, 관련 지식, 해결 방법, 결과 등의 내용을 평가한다. · 가장 높은 점수를 받은 조를 결정한다. · 조장은 조원의 평가를 기록하여 가장 잘 발표한 조를 선정한다. · 선정된 조를 발표한다.	· 평가를 신중하게 하도록 지도한다.
자기 평가 하기	▷ 자기 평가 · 자신에 대해서 평가해 봅시다. · 역할 충실도, 조 기여도, 협동성, 적극성, 준비성 등의 내용을 평가해 봅시다. · 매우 잘했다고 생각하면 5점, 매우 못했다고 생각하면 1점을 기록합니다. · 평가서에 자신의 총점을 기록해 봅시다.	▷ 자기 평가 · 평가서에 조, 번호, 이름을 기록한다. · 역할 및 수행 과제를 기록한다. · 평가 내용을 읽어 보고, 해당하는 점수를 기록한다. · 총합을 기록한다.	· 자신의 평가를 신중하게 하도록 지도한다.
수정한 내용 기록하기	▷ 수정한 내용 기록하기 · 지적 사항이 있으면 기록합니다. · 발표 내용 중에 수정할 부분이 있으면 조원들과 토론하여 수정해 봅시다.	▷ 수정한 내용 기록하기 · 지적 사항을 수정하여 기록한다. · 질문이 무엇인지 조원들과 토론을 한다. · 문제 상황을 다시 확인하거나 관련 지식, 해결 방법, 결과 등에 대한 수정 사항을 기록한다.	

문제 해결 수업 모형 활동지 예

활동지(1)–문제 탐색

활동지(문제 탐색)

20 년 월 일 ( )요일 ( )조 이름:

◎ 문제 기록하기(간단하게)

1.
2.
3.
4.

▶ 선택 기준

1. 수업시간
2. 흥미와 관심
3. 장비와 비용
4. 공간 및 안전성
5. 기타…

◎ 문제 결정하기

조원 / 문제 번호							총합

(○ 표하세요)

◎ 문제 상황 기록하기

활동지 (2)–계획 수행

활동지(계획 수행)

20 년 월 일 ( )요일

◎ 조원 역할 정하기

(역할: 조장, 기록자, 자료 수집, 실험 설계, 데이터 처리 및 분석, 발표자, 기타…)

조원	역할 및 수행 과제

◎ 관련 지식 기록하기

▶ 자료 수집 방법

1. 인터넷 검색 2. 전문서적
3. 신문 및 잡지 4. 교과서
5. 기타

◎ 해결 방법 및 결과

활동지 (3)–결과 발표 및 평가

활동지(결과 발표 및 평가)

20 년 월 일 ( )요일

■ 결과 발표

◎ 발표 방법 선택하기 (표, 그래프, 그림, 차트...등)	▶ 선정 기준 1. 발표 시간 2. 장비 유무 및 경비 3. 청중의 관심 4. 독창성

◎ 발표물 만들기

(문제 상황, 관련 지식, 해결 방법, 수행 결과 등)

◎ 발표 연습 및 발표하기

▶ 발표 연습하기(발표자, 시간, 목소리, 발표 순서 등)

▶ 발표시 고려할 점(문제 상황, 관련 지식, 해결 방법, 수행 결과, 청중의 흥미 등)

■ 발표물 평가

◎ 자기 평가하기

◎ 조 발표물 평가하기

◎ 수정한 내용 기록하기

활동지 (3)–학생용 평가서

평가서(학생)

20 년 월 일 ( )요일 ( )조 ( )번호 이름:

■ 자기 평가

◎ 역할 및 수행 과제	

	평가 내용		평가
◎ 평 가	1. 역할 충실도	맡은 역할을 충실히 하였다.	
	2. 조 기여도	문제를 해결하는 데 기여하였다.	
	3. 협동성	조원들과 협동하여 문제를 해결하였다.	
	4. 적극성	문제 해결 활동에 적극적으로 참여하였다.	
	5. 준비성	문제 해결을 위한 준비를 철저히 하였다.	
	총점		

(5.매우 높음 4.높음 3.보통 2.낮음 1.아주 낮음)
평가란에 점수를 기입하세요.

■ 조 평가

평가 내용 \ 조	1	2	3	4	5	6	7	8
1. 문제 상황을 올바르게 이해하였다.								
2. 관련 지식을 올바르게 찾았다.								
3. 해결 방법을 세워서 수행하였다.								
4. 결과를 올바르게 기록하여 발표하였다.								
5. 청중을 고려하여 발표하였다.								
총합								

(5.매우 높음 4.높음 3.보통 2.낮음 1.아주 낮음)
평가요소란에 점수를 기입하세요.

교사 확인	

활동지 (3)–교사용 평가서

평가서(교사)

20 년 월 일 ( )요일

■ 조별 평가

내용 / 단계	평가 내용	조 평가 점수							
		1	2	3	4	5	6	7	8
문제 탐색	1. 문제 상황을 올바르게 이해하였다.								
계획 수행	2. 역할 분담을 하여 계획을 실행하였다.								
	3. 관련 지식을 올바르게 찾았다.								
	4. 해결 방법을 세워서 수행하였다.								
결과 발표	5. 결과를 올바르게 기록하여 발표하였다.								
	6. 청중을 고려하여 이해하기 쉽도록 발표하였다.								
발표 평가	7. 동료/교사의 피드백에 수용적으로 받아들였다.								
	8. 피드백 받은 내용을 수정하였다.								
활동 도구	9. 활동 도구의 내용을 빠짐없이 기록하였다.								
발표물	10. 발표물이 독창적이고 흥미를 주었다.								
	총합								

(5.매우 높음 4.높음 3.보통 2.낮음 1.아주 낮음)

평가란에 점수를 기입하세요.

참고문헌

강충렬, 이용애 (2001). 창의적 문제 해결(CPS) 모델의 초등학교 수학교과 적용 가능성 탐색 연구. 초등교육학연구, 8(2), 1-23.

권재술, 김범기, 우종옥, 정완호, 정진우, 최병순 (2007). 과학 교육론. 교육과학사.

김영민, 최경희, 박윤배, 김익균, 손정우, 김지나 (2005). 물리교재연구 및 학습지도론. 교육과학사.

김찬종, 채동현, 임채성 (2007). 과학 교육학개론. (주)북스힐.

박승재, 조희형 (1999). 교수-학습 이론과 과학 교육. 교육과학사.

설성수 (2003). 발견 학습 수업을 통한 중학생들의 역학적 진동 개념의 변화. 한국교원대학교 석사논문.

송영욱, 김범기 (2007). 활동적인 문제 해결 모형(SPPE) 개발 및 중학생들의 문제해결 활동에 대한 인식. 한국과학교육학회지, 27(4), 309-317.

이순미, 이경애 (2002). 실과 생활기술영역에서 Parnes의 창의적 문제 해결 모형 적용이 아동의 창의성 신장에 미치는 효과. 초등교육연구, 제17집, 203-222.

Bransford, J. D., & Stein, B. S. (1984). The IDEAL problem solver. NY: Freeman.

Hayes, J. R. (1989). The complete problem solver(2nd ed.). Hillsdale: Lawrence Erlbaum Associates.

Isaksen, S. G., Treffinger, D. J., & Dorval, K. B. (1994). Creative approaches to problem solving. NY: Kendall/Hunt Publishing Company.

Osborne, A. (1963). Applied imagination: principle and procedures of creative thinking. NY: Charles Scribner's Sons.

Parnes, S. J. (1975). CPSII-A program for balanced growth. Journal of Creative Behavior, 9, 24-29.

Pizzini, E. L., & Shepardson, D. P. (1989). A Rationale for and the development of a problem solving model of instruction in science education. Science Education, 73(5), 523-534.

White, R., & Gunstone, R. (1992). Probing understanding. London: The Falmer Press.

제 V 장

물리 실험 지도

1. 실험의 의미
2. 실험의 종류
3. 실험의 목적과 역할
4. 과제연구
5. 실험의 예

1 실험의 의미

많은 물리 교사와 연구자들은 중등학교 물리 교육에 실험이 필요하다는 점에 동의한다. 물리학 자체가 실험 없이 이론적 활동으로만 이루어질 수 없기 때문이고, 강의실에서 물리 이론만을 가르치고 배우는 것만으로는 실세계에 대한 구체적인 이해를 할 수 없기 때문이다. 그러나 실제로 물리학 연구에서 실험 물리가 중요한 위치를 차지하게 된 것은 17세기 이후부터였다. 더구나 서구에서 물리학 교육을 위해 실험이 필요하다는 인식이 보급되어 실제로 학교 교육에 실험이 도입된 시기는 그보다 더 늦은 19세기 후반이었다. 그 후 학교 실험은 물리 학습의 필수적인 요소로 인식되면서, 실험을 강조한 다양한 교육 프로그램과 정책이 만들어졌고, 국가적으로 이를 장려하기에 이르렀다. 우리나라에서도 예전에 비해 많은 수업시간을 물리 실험에 할애하고 있기는 하지만, 효과적인 물리 학습에 기여하는 실험 지도 연구는 아직 미흡한 실정이다.

실험은 과학적 이론을 검증하는 과정, 또는 그 설계이다. 새로운 사실을 발견하거나 이미 알려진 과학 지식을 증명하기 위한 활동이자 가설을 검증하기 위한 조작으로서 과학적 연구의 필수적 수단이다. 실험은 과학적 탐구의 본질적 속성으로서, 자연과학의 탐구 방법이자 그 기능이기도 하다. 실험은 자연을 간섭하거나 조건을 통제·조절하고, 그 결과로 나타나는 현상을 관찰하거나 측정·관측하는 탐구 기능이다. 실험은 수행하기 전에는 실험자에게 잘 알려지지 않았던 문제에 대한 해답이나 정보를 찾고, 이미 알려진 과학적 사실·개념·일반화 등을 확증하거나 예증하는 증거를 제시하는 기능을 한다. 과학 철학자들은 전자의 기능을 가지고 있는 실험을 탐구적 실험, 후자의 기능을 하는 실험을 예시적 실험이라고 한다. 이때 탐구적 실험은 과학적 실험이 탐구적 성질을 지닌다고 보는 견해의 근거가 된다. 과학적 실험에서는 사고 과정과 아울러 다양한 도구와 기구를 사용하며, 그에 따라 나름의 기술을 요구한다. 실험에서 요구하는 기술은 실험을 설계하고 자료를 분석하거나 해석할 수 있는 사고 기술, 즉 정신적 조작 기술과 실험 기구를 다룰 수 있는 수공적 조작 기술로 대별할 수 있다. 사고 기술에는 실험의 주제를 확인·진술하고, 가설을 설정하며, 보고서를 작성하는 기능도 포함되며, 수공적 조작 기술에는 실험 도구를 보관하거나 유지하는 기술, 고장이 난 것을 수선하는 기술, 어떤 목적에 따라 구조를 변형하거나 새로운 도구를 만들어 내는 기술 등도 포함된다. 실험이 없는 이론은 공허하고 이론이 없는 실험은 맹목적이라고 한다. 실험은 이론을 형성·검증하는 수단이자 방법이며, 이론은 새로운 실험 방법과 도구를 개발하는 데 필요한 지식은 물론이고 실험 방법과 도구에 대한 새로운 관점을 제공한다. 즉, 이론과 실험은 서로 발달하게 하는 상보적 관계를 맺고 있다.

실험의 의미를 정의하기 전에 염두에 두어야 할 것은, 첫째, 물리학 연구의 '실험'이든 학교 물리 '실험'이든, '실험'은 고정된 형태의 무엇이 아니라, 계속해서 변화해 가는 문화의 한 요소라는 점이다. 둘째, '학교 실험'이라는 용어가 매우 포괄적이어서 다양한 뜻으로 사용되고 있다는 점이다. 'Experiment(실험)'은 실험에 대한 과학 철학적 정의에 가까운 뜻으로 쓰여 왔다. 실험을 '가설이나 이론, 혹은 이로부터 도출된 특정한 예측을 검사할 목적으로 행해지는 계획된 간섭이나 구조화된 관찰'이라고 정의하거나, '대안 가설을 제거할 수 있는지 확인하기 위해 변인을 체계적으로 변화시키거나 통제하는 것'으로 정의한 것이 이에 해당한다. 그러나 이 정의는 다분히 논리 실증주의 측면에서 이론을 시험하는 실험의 역할만을 강조하고 있을 뿐 이론을 야기하는 실험의 특성은 반영하고 있지 않다. 따라서 이것을 '좁은 의미의 실험'이라고 할 수 있을 것이다. 반면 '넓은 의미의 실험'은 이론의 시험뿐 아니라 '현상을 탐색하고 창조하는' 이론 야기적 성격이 포함된 것이다.

전통적인 실험의 의미보다 좀 더 포괄적인 활동을 지칭하는 용어로 'Practical work'과 'Laboratory work'이 있다. 'Practical Work(실험 실습)'은 '수업의 어느 시점에서 학생들이 실물 재료를 직접 손으로 만지거나 관찰하는 것을 포함하는 모든 종류의 과학 학습 활동'을 일컫는다. 매우 포괄적인 용어로 대개 장소의 제약이 없고, 교사의 시범을 관찰하는 것도 포함되며, 실제 사물이 아닌 비디오 자료나 컴퓨터 시뮬레이션을 활용하는 것도 포함된다. 'Practical Work'과 거의 같은 뜻으로 쓰이는 'Laboratory Work 혹은 Labwork(실험 실습)' 역시 다양한 종류의 활동을 모두 포함한다. 의도적으로 고안된 환경에서 이루어지는 실천적인 활동으로, 학생들은 계획된 학습 경험에 몰두하고, 현상을 관찰하고 이해하기 위해 사물과 상호작용한다. 실험 실습을 일컫는 이 두 가지 용어는 상당히 포괄적이기 때문에 앞서 이야기한 넓은 의미의 실험에 가깝다. 좁은 의미의 실험과 달리 탐구는 문제 해결의 전 과정을 지칭한다. 본래 과학적 탐구라는 말은 과학자들의 연구 활동 전반을 일컫는 것으로 반드시 실물을 다루는 활동이 포함되어야 하는 것은 아니다. 그러나 과학 교육의 상황에서 탐구라는 용어를 사용할 때에는 대개 실험 실습을 포함한다. 'Investigation(탐구)'는 '학생들에게 다양한 정도의 자율성을 허용하면서 해가 명확하지 않은 문제를 다루는 문제 해결의 한 형태'를 말한다(Gott et al, 1999). 이러한 정의에는 개방적 활동의 중요성을 강조하는 관점이 내포되어 있다. 미국과학 교육표준에서는 'Inquiry(탐구)'를 다음과 같이 설명한다. 과학자들이 자연세계를 연구하여 자신의 연구로부터 얻은 증거에 기초하여 설명을 제안하는 다양한 방식을 일컫는다. 또한 과학적 개념 및 과학자들의 연구 방식에 대한 학생들의 이해를 발달시키는 활동을 지칭한다(National Research Council, 2000).

물리 교육에서 실험 지도가 학습에 미치는 긍정적인 효과를 입증하는 연구는 초중등 교육에 걸쳐 많이 있다. 교사가 학생들 앞에서 시범 실험을 하는 경우에도 학생들의 흥미나 관심이 높아지는 것을 알 수 있다. 교사의 간단한 물리 시범 실험은 학생들의 과학에 대한 인식 및 흥미도에 상당한 영향을 미치는 것으로 나타났다. 시범 실험은 '어렵다'라고 생각하는 물리 학습에 대한 선입견이나 오개념 등을 깨뜨리고 물리에 대한 호기심이 증가되며, 생활 주변에서 일어나는 현상이 과학적인 근거에 일어난다는 인식이 증가하였다(이규성, 1999; 이희탁, 2004). 또한 수업 전 약 20분 동안 시범실험 내용을 학생들에게 질문하여 예상되는 결과를 듣고 난 후 현상 제시 시범 실험으로 학생들이 선개념과 상반되는 결과를 보인 다음 왜 그러한 현상이 일어나는지를 생각하고 조별 토의 및 발표한 후 현상을 설명해주는 수업을 진행한 연구에서는 과학 교과에 대한 태도의 유의미한 변화뿐 아니라, 개념 변화에서도 유의미한 효과를 나타냈다(황명식, 2003). 학생들이 직접 실험을 하는 경우에, 흥미와 관심, 과학적 태도가 향상되는 것뿐만 아니라, 가설 설정과 실험 설계 능력을 향상시키는 효과도 있다(박정화, 2005). 또한 학생들은 자신의 생각과 맞지 않는 경우, 이를 확인하거나 혹은 자신의 생각을 입증하기 위한 실험을 하기를 원하게 되는데, 이렇게 학생들이 자신이 요구하는 실험을 행함으로써 자신의 선개념을 확고히 믿는 신념이 점차 줄어들고, 개념 변화를 이루게 될 확률이 높아진다(김지나, 2003). 물론 실험 지도를 하는 것은 단순히 교과서의 내용을 그대로 전달하는 것 이상의 의미를 가지기 때문에, 실험의 효과를 보기 위해서는 교사가 사전에 계획을 철저히 세우고 준비해야 한다. 전영신(2004)은 이상 조건에 대해 충분히 고려하지 않을 경우 제대로 된 실험 결과를 얻을 수 없음을 지적하고, 사전에 이상 조건에 대한 충분한 학습이 이루어지는 것이 실험의 효과를 증대시킬 수 있다고 주장하였다. 김지나(2003)는 자신의 선개념을 버리지 않는 학생들이 자신의 생각을 다시 확인하기 위해 실험을 요구할 적에, '실험 결과가 눈으로 잘 관찰하기 어렵기 때문에', '실험 도구를 더 정밀한 것으로 사용하면', '교사가 제시하는 실험은 이상화된 실험이기 때문에' 또는 '좀 더 이상화된 상황에서 실험하면' 등의 이유를 드는 것을 조사하고, 이러한 결과로 보아, 교사가 학생들의 개념과 일치하지 않는 상황을 제시하기 위해 실험 지도를 하는 경우에는 '쉽게 눈으로 관찰 가능'해야 하고, '실험 기구가 정밀'해야 하며, '일반적인 경우에도 적용 가능'해야 할 것으로 보인다고 하였다. 또한 한 번의 관찰만으로 학생들은 자신의 선개념에 대한 신념을 버리지 않는 경우가 많았는데, 자신이 필요로 하는 실험을 관찰함에 따라 점차 자신의 선개념에 대한 신념이 감소하는 것을 보아, 교사는 한 번의 실험 상황을 제시하고 그칠 것이 아니라, 여러 번의 상황을 제시하고, 학생들이 어떠한 보조 가설을 만드는지에 대한 반응을 살펴, 적절히 갈등 해소를 도와야 한다고 하였다. 실험 지도를 위한 교사 연수의 중요성도 언급되었는데, 임병황(2000)은 중학교 과학 실험 연수 교재의 물리 분야를 분석함으로써 자료 수집과 정리에는 많은 부분을 할애하고 있으나, 가설 설정, 실험 설계, 변인 통제와 같은 실험 과정에는 충실하지 못하다고 지적하였다. 실험 지도를 사전에 준비하고 계획을 세워야 할 교사들을 위한 연수에서, 정작 실험 수행 과정의 구체성과 명확성, 실험의 절차나 보고 그림, 실험 기구, 해석 및 정리 단계 등이 미흡하거나 부적절한 것으로 나타나, 이러한 문제점을 보완하고, 현장에서 자신감 있는 교수 학습이 될 수 있는 연수 교재 편찬을 요구하였다. 이렇듯 물리 교육에서 실험이 중요함에도 김미혜(2005)의 조사 결과 실질적인 물리 실험은 현 수업 시간에 비해 적은 시간이 투자되고 있다. 일반계 고등학교에서는 대학입시에 초점이 맞추어져 있다 보니 실험을 소홀히 하게 되고, 학생들의 흥미를 끌만한 감각적인 실험 주제가 적어 물리 실험을 재미없어 하기 때문이며, 실험 조교가 없는 것도 이유라고 보고하였다.

2 실험의 종류

학교 실험을 분류하는 기준은 다양하다. 앞서 지적한 대로 한 가지 획일적인 형태의 실험으로 모든 목표를 동시에 성취하는 것은 불가능하다. 목표에 맞게 고안된 실험만이 특정한 물리 학습 목표에 효과적으로 공헌할 수 있을 뿐이다. 여러 연구자들이 분류해 놓은 실험의 종류를 살펴보자.

실험이 이루어지는 공간에 따라 실험을 분류하면 크게 세 가지로 나눌 수 있는데, '물리적 공간(physical space)'에서 실재 사물을 조작하는 실험, '가상 공간(cyber space)'에서 이루어지는 컴퓨터 모의실험, 인간의 '사고 체계(mental space)' 속에서 이루어지는 사고 실험이 있다. 도만구(2006)는, 고등학교의 운동의 법칙과 관련된 탐구 활동에서 전통 실험은 조작 및 측정과 관련된 개념의 형성에 긍정적 영향을 미치지만 시각적으로 확인할 수 없는 물리량의 변화에는 큰 영향을 주지 못하지만, 가상 실험의 경우에는 조작 및 측정과 관련된 개념의 형성에는 큰 영향을 주지 못하지만 시각적으로 확인할 수 없는 물리량을 제시할 수 있다는 장점이 있어 학생들의 개념 형성에 긍정적인 영향을 준다고 보고하였다. 여기서는 물리적 공간에서 실재 사물을 조작하는 실험을 주로 다룬다.

학교 실험을 구분하는 일반적인 방법은 학습 목표에 따라 분류하는 것이다. Simpson and Anderson(1981)은 실험 실습(laboratory activities)을 그 목표에 따라 표 5-1과 같이 여섯 가지 유형으로 나누었다.

Collette and Chiapetta(1994)도 유사한 방법으로 실험 실습(laboratory work)을 다섯 가지 유형으로 구분하였는데, 확인/연역 실험, 귀납 실험, 과정 중심 실험, 기능 중심 실험, 탐색 실험이다. 확인 실험과 연역 실험을 묶어서 하나로 본 것이 Simpson and Anderson(1981)의 분류와 다른 점이다. 이와 같은 구분은 주로 학습해야 할 이론 내용과 실험이 어떤 관계를 가지는가에 따른 것으로, 물리학의 개념이나 법칙들 중에 어떤 것은 적절한 조건이 주어지면 학생들이 쉽게 발견할 수 있는 것도 있고, 또 어떤 것은 교사가 시범 실험을 보이거나 확인 실험을 하는 것이 학습에 더 효과적일 수 있다. 어떤 경우에는 기구를 사용하는 방법을 가르치는 것이 우선되어야 하고, 또 어떤 경우에는 그래프 그리는 방법을 가르치는 것이 필요하기도 하다. 따라서 교사가 적절한 상황에서 적절한 종류의 실험을 선택하는 것은 효과적인 물리 이론 학습을 위해 중요한 일이다. 그러나 교사가 의도를 가지고 어떤 유형의 실험을 선택했다고 해서 그 의도가 쉽게 성취되지는 않는다. 많은 경우 학생들은 교사의 의도와는 다른 결과를 보여주곤 한다. 확인 실험의 경우 학생들은 자신이 무엇을 알아보기 위해 실험을 하고 있는지 알지 못한 채 지시를 따르는 데 그치는 경우가 많다. 또, 교사는 쉽게 발견하리라고 기대하고 귀납

표 5-1 실험의 유형(Simpson & Anderson, 1981)

유형	목표	예시
1. 확인 실험 (Verification)	추상적 지식에 대한 구체적 경험을 갖게 한다. 교사는 학생들이 교실에서 사전에 토론을 하거나 독서를 통해서 알게 된 내용을 직접 볼 수 있는 기회를 제공한다.	옴의 법칙을 학습한 뒤 실험실에서 직접 이를 수행하는 실험을 한다.
2. 탐색 실험 (Exploration)	새로운 소재와 현상을 인식하여 흥미를 갖게 한다. 교사는 학생들이 개방된 상태에서 새로운 소재와 현상을 탐색하고 조사하게 한다.	전지, 전선, 전구 등을 이용하여 불이 켜지게 하는 방법을 탐색한다.
3. 귀납 실험 (Inductive)	몇 가지 과학적 사실들을 의미 있는 일반 명제 및 원리로 조직하게 한다. 교사는 학생들에게 답을 주지 않고 스스로 주요한 개념이나 관계를 발견하게 한다.	막대자석과 실을 주어 같은 극끼리는 밀고 다른 극끼리는 잡아당긴다는 법칙을 발견하게 한다.
4. 연역 실험 (Deductive)	주요한 개념이나 원리를 이용하여 주어진 현상을 설명하게 한다. 교사는 학생들이 이미 학습한 지식으로 현상을 설명, 예측, 서술한다.	부력에 대한 지식을 이해한 다음 나무, 쇠, 고무 등을 이용한 실험을 예측하고 시행한다.
5. 기능 개발 실험 (Skill Development)	실험 활동에 필요한 기술을 습득하게 한다. 교사는 학생들이 필요한 기술을 습득할 때까지 연습할 기회와 되먹임 및 도움을 제공한다.	오실로스코프 사용법, 시간 측정 방법, 초점 잡는 방법을 익힌다.
6. 과정 개발 실험 (Process Development)	과학의 문제 해결 과정을 활용하는 능력을 기른다. 교사는 학생들이 문제를 해결하고 해답을 설정하는 방법에 특별한 관심을 가지고 지도하며 실험 목적 달성이 어려울 때만 직접 도움을 준다.	진자의 길이와 주기의 관계를 측정하고 그래프로 그린다.

적 실험을 시켰음에도 불구하고 학생들은 중요한 변인과 그렇지 않은 변인을 잘 구별하지 못해 엉뚱한 결론을 도출하기도 한다.

과학의 내용보다 방법을 지도하는 것에 초점을 맞춘 연구자들은 다른 방식으로 실험을 구분한다. 주로 탐구의 형태 및 수준을 구분한다. 궁극적으로 학습자가 스스로의 힘으로 실험 과제를 해결하는 것이 바람직하다면, 문제 설정에서 결론 도출에 이르는 탐구의 과정에서 주도권이 누구에게 있는지가 실험의 수준을 분류하는 기준이 될 수 있다.

Pella(1961)는 실험의 과정을 문제 진술, 가설 설정, 실험 계획, 실험 수행, 자료 수집, 결론의 여섯 단계로 구분하였다(표 5-2).

Herron(1971)도 문제·과정·결론의 각각이 개방되었는지, 주어졌는지에 따라 실험을 구분하여, 표 5-3와 같이 탐구의 수준을 0~3으로 나누었다.

표 5-2 Pella(1961)의 실험 수업 형태

실험 과정	수업 형태				
	I	II	III	IV	V
문제 진술	교사	교사	교사	교사	학생
가설 설정	교사	교사	교사	학생	학생
실험 계획	교사	교사	학생	학생	학생
실험 수행	학생	학생	학생	학생	학생
자료 수집	학생	학생	학생	학생	학생
결론	교사	학생	학생	학생	학생

표 5-3 탐구의 수준(Herron, 1971)

탐구의 수준	내용
제 0수준	문제, 실험 과정, 답이 모두 주어진 경우
제 1수준	문제와 실험 과정이 학생들에게 제시된 경우
제 2수준	문제만 제시됐으나 실험 과정, 답은 제시 없음
제 3수준	문제, 실험 과정 및 답이 제시되어 있지 않음

다음은 영국의 OPENS 프로젝트에서 개방성의 정도를 달리한 탐구 과제로 예시한 것이다.

[과제 1] 못을 전자석의 철심으로 하여 코일을 10회 감은 후 전류의 변화가 전자석이 들어 올릴 수 있는 클립의 수에 어떤 영향을 미치는지 알아보아라.

[과제 2] 전류와 코일의 감은 수가 전자석의 세기에 어떻게 영향을 미치는지 알아보아라.

[과제 3] 전자석의 세기에 영향을 주는 요인들을 알아보아라.

전자석에 관한 개방적 탐구에서 [과제 2]는 방법을 제시하지 않고, 종속 변인을 구체화하지 않았다는 점에서 [과제 1]에 비해서 더 개방적이며, [과제 3]은 독립 변인이 구체화되어 있지 않다는 점에서 [과제 2]보다 더 개방적이다.

Woolnough(2000)는 실험 실습을 탐구(investigation), 연습(exercise), 경험(experience)의 세 가지 유형으로 구분하였다. 교사의 중요한 임무는 학생을 지지해 주는 환경을 만들고, 성과를 거둘만한 새로운 영역으로 학생들을 이끌어가고, 탐구를 통해 도전할 때 유용하게 쓰일 지식과 기술을 훈련시키는 것이다. Woolnough and Allsop(1985)은 이 세 가지에 대응하는 과학 실험 활동을 다음과 같이 설명하였다.

놀이: 어떤 영역에서 현상에 대해 느낌과 흥미를 가질 실질적인 경험
연습: 특정한 기능과 지식에서 능력을 개발시킬 실질적인 연습
탐색: 자극, 확신, 문제 해결을 하는 과학자들처럼 작업을 수행할 능력을 획득하기 위한 실제적인 탐색

실험 실습의 영역(the domain of practical work)을 지도(map)로 나타내기 위해 차원을 구분할 수 있는데, 한 가지 차원은 '실험 실습의 목적(A차원)'으로 의도하는 학습 결과가 무엇인가를 나타내고, 다른 한 차원은 '과제의 특성(B차원)'으로 과제를 설계할 때 변화시킬 수 있는 변인의 범위 및 과제가 수행되는 상황을 포함한다.

국내에서는 한국교육개발원이 실험을 여러 형태로 구분하였다. 실험의 성격에 따라 탐색 실험, 발견 실험, 검증 실험으로, 자료 수집 유형에 따라 정성적 실험과 정량적 실험으로, 활동 형태에 따라 개별 실험, 분단 실험, 대표 실험, 시범 실험, 사고 실험, 시청각 실험으로 나누었다.

3 실험의 목적과 역할

물리 교육에서 실험 활동은 가장 큰 비중을 차지하고 있으며 탐구 활동의 일환으로 이루어지는 실험 활동은 물리를 가르치고 공부하는 중요한 방법이자 수단이다. 물리 실험은 학생들이 과학의 본성을 깨닫게 하는 좋은 수단이다(김태영, 2008). 하지만 학생들은 물리 과목이 매우 어렵고 수학적이며 일상생활과는 거리가 멀다고 생각한다(조형욱, 2008). 일반적으로 알려진 실험 실습의 장점은 학생들에게 뭔가를 직접 보여줌으로써 이론을 더 잘 이해하게 하고 과학에 대한 긍정적인 태도를 갖게 한다. 교사들은 실험이 이론을 시각화하여 학생들이 접근 가능하여 기억하기 쉽게 하고, 가정에서 그리고 인생에서 유용한 기능을 길러주며, 탐구하는 정신을 길러주고, 지루하고 빡빡한 주제를 좀 더 재미있게 한다고 생각한다.

실험은 과학적 탐구를 인식 활동에 포함시키는 기능을 가지고 있으며, 과학의 고유한 탐구 방법이기도 하다. 그러나 모든 과학 지식이 반드시 실험을 통해서만 획득되거나 형성되는 것은 아니며, 실험이 과학의 전유물만은 아니다. 수학자는 이론을 증명하기 위해 문제풀이를 반복하는 실험을 하며, 정원사도 실험을 한다(Gower, 1997). 더욱이, 과학사는 과학적 업적이 실험보다는 형식논리적 추론이나 순수한 사고 과정을 통해서 이루어진 부분도 적지 않았음을 잘 보여주고 있다.

그렇다면 다른 과목과는 달리, 물리의 교수-학습에는 왜 실험이 필요한가? 그 이유와 이론적 근거는 실험의 본성, 과학적 연구 및 그 교수-학습에 있어서의 실험의 역할과 기능, 그 목적, 실험을 통해서 얻을 수 있는 결과 등에서 찾아볼 수 있다. 한편, 실험의 목적도 그것이 과학적 연구와 과학 교수-학습에서 하는 역할과 기능에서 도출할 수 있다. 이에 대해 연구한 많은 과학 교육 전문가 및 문헌들에 대해 정리하면 다음과 같다.

① Tamir(1976): 과학 교수-학습이 실험·실습을 통해 이루어져야 한다고 주장하고, 그 이유를 네 가지로 나누어 제시.

② Foster and Lock(1987): Tamir와 다른 관점에서 과학 실험의 중요성을 강조. 방법론적 입장에서 과학 실험의 기능과 목적을 분석, 그에 바탕을 두어 중등학교의 과학 교육 과정에서 실험이 필요한 이유를 일곱 가지로 정리하여 제시.

③ Anderson(1976): 과학 실험의 목적과 기능이 불가분의 관계가 있다고 생각하고 그 두 가지를 뚜렷하게 구분하지 않았음. 네 가지 과학 실험의 목적과 기능을 통합적 의미로 해석하고 각각을 하나의 교수 목표로 제시.

④ Simpson and Anderson(1981): 실험의 특성과 그 기능에 대한 문헌 조사 결과를 바탕으로 과학 교육의 목적이 됨과 동시에 실험 수업의 목표가 되는 실험의 기능을 다섯 가지로 대별하여 제시.
⑤ Pella(1961): 중등학교의 각종 과학 교과서와 그에 수반하는 실험 지도서를 분석하고, 140여 명의 과학 교사들과의 면담을 통해서 여덟 가지의 실험 기능과 일곱 가지의 실험 목적을 제시.
⑥ Shulman and Tamir(1973): 교수-학습 방법과 전략으로서의 실험을 중요시하고, 실험 중심의 과학 교수-학습 목표를 다섯 가지 부류로 나누어 제시.
⑦ Hegarty(1982): 실험의 목적으로서의 탐구 기능을 강조.
⑧ Wellington(2000): 실험의 역할 및 그와 관련된 목적을 요약하여 제시

이상에서와 같이 실험을 통한 과학 교수-학습의 목표를 과학 교육 전문가에 따라 다양하게 제시한다. 실험실에서 이루어지는 과학 실험의 목적은 과학과 과학적 탐구의 본질이자 한 구성 요소이기도 하다. 그러므로 실험의 목적은 과학의 본질에 대한 인식론적 견해와 함께 변해왔으며, 과학 교육학에서는 과학의 본질에 대한 연구를 수행하여 얻은 결과를 바탕으로 실험의 목적을 다양하게 제시해왔다. 지금까지 수행된 과학의 본성 및 실험의 목적에 관한 연구의 결과를 종합해 볼 때, 각급 학교의 실험을 통한 과학 교수-학습 목표를 다음과 같이 요약할 수 있다(조희형, 박승재, 1999).

- 과학 지식의 획득과 이해: 과학적 사실, 개념, 법칙, 이론, 과학 지식의 특성
- 과학의 본질에 대한 이해: 과학의 목적, 가치, 방법과 과정, 과학 및 과학적 기술과 사회, 과학자의 기능과 역할
- 과학적 태도의 함양: 과학에 대한 흥미, 호기심, 자신감, 만족감, 협동심, 개방성, 위험 부담, 책임감
- 과학적 탐구력의 배양: 과학적 사고력, 창의성, 조작적 기술

그러나 위와 같은 목표들이 반드시 실험에 의해서만 달성되는 것은 아니다. 이를테면, 첫째의 목표는 실험보다는 구체적인 지식을 논리적으로 조직하여 개발한 교수-학습 자료에 대한 강의를 통해서 더 효과적으로 달성할 수도 있다. 또한, 실험 수업의 목표들은 한두 가지의 실험을 통해서는 종합적으로 배양하기 어려우며, 한 가지 실험으로 몇 가지 목표를 달성할 수도 있다. 실험 수업의 목표들은 대개 실험과 강의의 유기적인 수업을 통해서 효과적으로 달성할 수 있다. 물리 실험은 어떠한 학습 목표를 성취하는 데 도움을 줄 수 있는가? 학교 물리 실험의 목적과 역할을 인지적, 정의적, 기능적, 과학 본성 이해의 네 가지로 나누어 검토하자.

① 인지(認知)적 주장(cognitive arguments)

실험이 물리 이론을 학습하는 데 인지적으로 도움이 된다는 주장이다. 실험이 과학에 대한 학생의 이해를 증진시키고, 과학 법칙 및 이론을 시각화 할 수 있기 때문에 개념 발달을 증진시킨다. 실험 실습을 통해 이론을 예시하거나, 증명하거나, 확증할 수 있다라고 요약할 수 있다. 이러한 주장들을 자세히 살펴보면 실험을 통해 학습자가 과학 개념을 구성해 나갈 수 있다고 생각하는 이른바 '탐구 학습' 혹은 '구성주의' 주장과, 개념을 예시하는 역할을 강조하는 주장으로 나눌 수 있다. '발견 학습' 혹은 '탐구 학습'에서는 학습자가 혼자 힘으로 현상을 주의 깊게 탐색함으로써 과학적인 이해에 도달할 수 있다고 생각한다. 교사가 활동을 제시하고, 적절한 소재와 예시를 제시하면서 경험을 구체화하면, 실험의 결과로 무엇이 나와야 하는지를 말하지 않고도 학습자를 안내할 수 있다는 것이다. 전문가의 권위를 강조하지 않으면서 아동들의 자연적인 호기심을 자극하여 자연스럽게 지식을 확장하게 한다는 점에서 매력적인 방법이 아닐 수 없다. 그러나 경험을 잘 구조화하고 배열한다면 과학 이론에 도달할 수 있다는 생각은 '소박한 경험주의'일 뿐이다. 마찰시킨 플라스틱 막대와 같은 대전체를 많이 관찰해서 이들이 어떻게 밀고 당기는지 그리고 어떤 물체가 달라붙는지 알아냈다고 해서, 마찰을 통한 전하의 이동을 알아낼 수 있는 것은 아니다. 실제로 과학자들이 이러한 결론에 도달하기 위해서는 오랫동안의 몰두와 특별한 통찰을 필요로 한다. 학교 실험에서 학생들에게 이러한 몰두와 통찰을 기대하는 어렵다. 밀러는 추상적인 개념들을 학습자가 새로 구성하는 것이 아니라 교사가 학습자에게 말해 주어야 한다고 주장한다. 학습자가 물질 세계에 대한 모든 지식을 재발견 혹은 스스로 구성해야 한다고 믿는 것은 언어가 주는 이점을 거부하는 것이라는 것이다. 비록 학생이 실험을 통해 개념을 스스로 발견하는 것이 불가능하고 인식론적으로 타당하지 못하더라도, 실험에서 얻은 결과는 개념을 지지하는 증거로 사용된다고 생각할 수 있다. 실제로 많은 교사들은 교실에서 개념을 지도할 때 실험의 결과를 인용하면서 증거로 사용한다. 그러나 정말로 실험 결과가 증거가 될 수 있는가? 예를 들어, 학생들이 옴의 법칙을 학습하기 위해 저항체가 연결된 전기 회로에서 전압을 변화시켜 가면서 전류의 세기를 측정하고 있다고 생각해 보자. 만일 이 실험에서 학생들이 전압과 전류 사이에 비례 관계가 있다는 결론을 얻지 못한다면 어떻게 되는가? 이 경우에 옴의 법칙이 잘못되었다고 생각하는 교사나 학생은 없다. 실험 기구가 잘못되었거나 실험자가 실수를 범했다고 생각할 뿐이다. 오랜 시간 동안 광범위한 증거에 의해 지지되어온 지식이 초보적인 기구를 사용한 초보자의 실험에 의해 위협받을 이유가 없는 것이다. 실험에서 이론과 다른 결과를 얻었다고 해서 기존의 설명 체계가 위협받지 않는다는 것은, 논리적으로 볼 때 설사 이론과 같은 결과가 나온다고 해도 이론이 옳다는 증거가 되지 못한다는 것을 뜻한다. 학교 실험이 개념 학습에서 하는 또 한 가지 역할은 개념을 예시하는 것이다. 옴의 법칙 실험은 '전류', '전압', '저항' 등에 대해 구체적인 지시물을 제공한다. 만일 한 번도 전기회로나 저항을 본 적이 없는 사람에게 옴의 법칙을 설명한다고 상상해 보자. 당연히 실제 사물을 보여주면서 의사소통하는 것이 훨씬 더 쉬울 것이다. 학생들은 새로운 개념을 형식적인 정의나 언어적 설명에 의해서가 아니라 예시를 봄으로써 학습한다. 우리가 학생들에게 수레에 작용하는 힘과 가속도의 관계를 탐구하게 했을 때, 우리는 '힘'과 '가속도'라는 과학 개념이 무엇을 의미하는지 구체적인 예를 제시하며 보여주고 있는 것이다. 만일 힘과 가속도 사이에 선형적인 관계가 나온다면 더욱 좋겠지만, 그렇지 않더라도 Newton의 제2법칙을 받아들이는 데는 아무 문제가 없다. 그러나 실험이 이론을 가르치는 데에 좋은 도구가 되지 못한다는 지적도 있다. 이론은 개념에 관한 것이지 사물에 관한 것이 아니고, 이론은 물리적으로 예시될 수 없는 추상적인 개념을 포함하고 있기 때문이라는 것이다.

② 정의(情意)적 주장(affective arguments)

실험이 물리 학습에 정의적으로 도움이 된다는 주장이다. 실험은 동기를 부여하고, 흥미와 열정을 불러일으키고, 학습자가 기억하는 것을 돕는다. 실제로 많은 교사들은 앞서 논의한 인지적 목적보다도 학생들의 흥미를 불러일으키는 것과 같은 정의적 목적으로 실험 수업을 한다. 그러나 실험이 모든 학생들에게 정의적으로 긍정적 영향을 주는 것은 아니다. 어떤 학생들은 실험 실습 때문에 흥미를 잃는다. 특히 실험이 잘 안되고 이를 행하는 목적을 알 수 없을 때 더욱 그러하다.

③ 기능 주장(skills arguments)

실험이 과정 기능을 학습하는 데 중요한 역할을 한다는 주장이다. 이러한 주장은 실험이 조작적이거나 수공적 기능을 길러줄 뿐만 아니라, 좀 더 높은 수준의 전이 가능한 기능, 즉 관찰, 측정, 예상, 추리와 같은 기능의 발달을 장려한다고 말한다. 전이 가능한 기능들이 장래의 과학자들에게 가치 있을 뿐 아니라, 일반인들에게도 유용하고 직업적 가치를 지닌다고 생각한다. 이러한 주장들은 타당한 면도 있겠지만, 비판의 여지도 많이 존재한다. 첫째, 과학에서 배우는 기능들이 일반적이고 전이 가능하다거나 직업적인 가치를 가진다는 증거는 거의 없다는 것이다. 둘째, 실험은 대부분 소집단 활동을 통해 이루어지기 때문에 학생들의 의사소통 능력, 상호작용, 협동과 같은 기능을 길러줄 것이라는 주장도 있었다. 일면 타당해 보이지만, 공동 활동을 면밀히 관찰하고 분석해보면 꼭 그런 것만은 아니다. 소집단 내에서 힘 있는 학생들이 약한 학생들을 지배하기도 하고, 경쟁적인 분위기가 형성되기도 하며, 일부 학생들은 종종 참여하지도 않고, 어떤 학생은 역할 분담으로 인해 실험 기구를 만져보기는커녕 아무것도 보지 못한 채 단순히 결과만을 받아 적거나 잘 정리된 표만 그리기도 한다(Wellington, 2000).

셋째, 과학 실험이 일반적인 과학 탐구 기능 혹은 과학적 방법을 길러준다는 주장이 있다. 이렇게 훈련되거나 전달된 과학적 방법은 전이 가능하고, 비록 다른 직업을 선택한다고 하더라도 모든 학생들에게 직업적인 가치를 가진다는 것이다. 그러나 어떤 영역으로든 쉽게 전이될 수 있는 과학적 방법이란 존재하지 않는다는 비판이 있었다.

④ 과학 본성(nature of science) 주장

한마디로 정의할 수는 없지만 과학 본성은 대체로 인식론적인 측면에서 '과학지식을 믿는 근거'와 사회학적인 측면에서 '과학 활동이 사회적으로 조직되는 방법, 그리고 과학자 공동체와 사회와의 관계'를 지칭한다. 즉, 다음과 같은 질문에 대한 답이 과학의 본성에 관한 내용이 될 것이다: 과학의 목적은 무엇이고 과학은 어떤 질문을 제기하는가?, 과학 지식이 어떻게 형성되고, 이들은 자연현상과 어떻게 관련이 있는가? 과학자들의 활동인 탐구는 어떤 특성을 가지는가? 과학자들의 활동은 보다 넓은 사회적 활동과 어떻게 연관 지어 지는가? 과학자들은 어떻게 상호작용하면서 연구하는가? 학교 실험이 학생들의 과학 본성 이해에 기여한다고 주장하는 사람들은, 이와 같은 내용이 실험을 통해 지도될 수 있다고 생각한다. 그러나 실제로 과학 본성을 지도하려고 할 때 부딪히게 되는 문제는 '과연 과학의 본성이 무엇인가'라는 것이다. 위에서 열거한 과학 본성의 내용에 대해 과학 철학자들은 저마다 다른 대답을 하고, 또한 개별 과학은 저마다 독특한 문화와 역사를 가지고 있다. 과학이라는 학문의 공통된 본성이 과연 존재하는가? 과학에서 물리학으로 범위를 좁히더라도 마찬가지이다. 물리학의 역학, 전자기학, 광학 등은 또다시 저마다 다른 특징을 지니고 있다. 따라서 과학 본성을 단일한 한 가지로 정의하고, 이를 획일적으로 적용하려는 시도들을 모두 실패로 돌아갈 수밖에 없었다. 그렇다고 과학 본성에 대한 지도를 포기해야 하는 것은 아니다. 많은 연구자들은 과학 교육이 학생들에게 과학 본성을 가르쳐야 할 책임이 있다는 데에 동의한다. 과학 활동에 대해 아는 것이 과학적 소양의 일부이고, 또한 과학이 포함된 민주주의 사회의 시민으로서의 자질을 갖추는 데에 필요하다는 것이다(Wellington, 2000). Hodson(1991)은 교육과정과 교과서에 나타나 있는 실험에 대한 잘못된 통념을 아홉 가지로 정리하였다.

1. 관찰은 확실한 지식에 이르는 직접적이고 신뢰할만한 방법이다.
2. 과학은 관찰로부터 시작된다.
3. 과학은 귀납을 통해 진행된다.

4. 실험은 결정적인 것이다.
5. 과학은 뚜렷하게 구별되는 특유의 과정으로 이루어져 있다.
6. 과학 탐구는 단순하고 규칙을 따르는 과정이다.
7. 과학은 가치중립적인 활동이다.
8. 소위 '과학적 태도'란 효과적인 과학 수행을 위해 필수적이다.
9. 모든 과학자들은 이러한 태도를 가지고 있다.

비록 과학 본성에 대해 합의된 결론을 도출하기는 어렵지만, 잘못된 통념에 대응하는 것으로 웰링턴은 다음과 같은 내용을 제시하였다(Wellington, 2000). 그러나 앞서 지적했듯이 과학 본성에 대한 절대적 기준은 존재할 수 없으므로 다음 일곱 가지 항목도 비판적 시각에서 고려되어야 할 것이다.

1. 과학에서 실험은 이론과 독립되어 행해질 수 없다; 즉, 실험은 이론이 없는 상태에서는 이루어질 수 없다.
2. 결과적으로 예측, 관찰, 추론은 이론 의존적이다.
3. 과학자는 공동체의 구성원으로써, 기관의 구성원으로써 활동한다. – 과학은 사람을 포함한 사회적인 활동이다. 이 사람들은 개인적인 태도, 견해, 의견, 선입견을 가지고 있다.
4. 과학자들은 사회, 문화, 역사, 정치적인 맥락 속에서 활동한다. 이러한 상황은 다음을 결정한다: 어떤 방법을 사용할 수 있는가; 어떤 질문이 받아들여지는가; 어느 정도까지 자금을 받아 연구를 추진할 수 있는가. 영국의 빅토리아 시대 혹은 독일의 나치 시대에 사용되어졌던 연구 내용과 방법들은 다른 시대에서는 받아들여지지 않았고, 앞으로도 받아들여지지 않을 것이다.
5. 과학적 이론들은 실험 자료로부터 논리적으로 추출되지 않는다(귀납의 오류). 실험은 이론들로부터 유도되거나 제안될 수 있지만, 이론은 실험에 의해 완벽하게 결정되거나 유도되지 않는다(그 중간에는 인간과 같은 존재 그리고 '상상력에 의한 도약'이 필요하다).
6. 축구 감독과 달리, 확립된 이론들은 단지 몇 가지 부정적인 결과가 있다고 해서 폐기되지 않는다. 이와 유사하게, 경쟁하는 이론들 중에서 하나를 선택하는 것은 순수하게 경험적/실험적인 근거에 의해 이루어지지 않는다. 이론은 실험 결과에 의해 입증되거나 증명되는 것이 아니라 지지될 뿐이다. 이론은 실험 자료에 의해 반증될 수 있다.
7. 과학은 한 가지 방법이 아니라 여러 가지 방법을 가지고 있다. 어떠한 과학적 방법도 일련의 알고리듬을 가지고 있지 않으며 일련의 규칙을 따르지 않는다. 과학은 또한 암묵적, 비명시적, 개인적 지식을 포함하고 있다.

4 과제연구

물리학의 연구는 실험과 관찰을 근거로 하여 시행착오를 거듭하면서 자연법칙을 발견하는 것이 보통이다. 연구 방법을 크게 나누면 두 가지가 있다. 하나는 실험과 관찰을 기초로 하여 실험적인 법칙을 만들어 내는 귀납적 방법이고, 다른 하나는 존재하는 가설에서 출발하여 그 이론적인 귀결에 대하여 실험과 관찰을 하여 모순이 없으면 초기의 가설을 법칙으로 승격시키는 연역적 방법이 있다. 기존의 실험실에서 하는 요리책식 실험 외에 열린 형식의 자유로운 실험이 필요한데(김도윤, 2005), 이것이 과제연구이다. 과제연구에는 물리학을 발전시킨 여러 가지 실험과 물리적인 현상을 응용하는 실험, 관찰 중에서 연구 주제를 설정하고, 실제로 실험과 관찰을 계획하여 연구를 이행하고, 지신의 생각을 정리한 연구 보고서를 작성하여 연구 발표를 한다. 이 과정을 통하여 물리적으로 탐구하는 능력과 태도를 몸에 익힘으로 창조적인 사고력을 신장한다. '중학교 1학년을 대상으로 학생들의 탐구 문제에 대한 변인 판별과 통제'에 대한 연구 논문(김재우, 오원근, 박승재, 1999)을 보면 안내된 탐구와 자유 탐구에 대해 논하고 있다. 안내된 탐구는 보고서나 교과서 등의 형식을 갖추어 문제나 방법이 주어진다. 즉 문제와 관련된 변인의 판별과 이들의 통제가 중요하다. 자유 탐구는 탐구 주제를 스스로 선택하는 것으로 무관련 변인의 배제와 관련 변인의 설정 및 통제, 조작적 정의 등이 중요하다. 연구 결과에 따르면 학생들은 방법 및 절차가 충분히 안내된 교과서 실험을 제시하여도 실험과 관련된 중요 변인을 무시하고 한 가지 변인만을 인식하는 경향이 있다는 것이다. 또한 2~3개의 변인을 판별하였다고 하더라도 변인 통제에 대한 구체적인 언급이 없거나 판별한 독립 변인에 대한 변인 통제를 적절히 하지 못하는 특징을 보인다. 따라서 학교 수업에서는 학생들이 변인에 대한 인식을 할 수 있는 환경을 제공하는 것은 물론, 문제에 관련된 다양한 변인을 추출하고 무관련 변인을 파악하고, 변인 통제를 통하여 이를 충분히 고려하는 학습 지도가 필요하다. 과학 성적이 상위 $\frac{1}{3}$인 이내 대상으로 연구한 자유 탐구에서도 판별한 변인의 수는 2~3개로 증가하였으나 독립 변인과 종속 변인을 혼동하거나 오개념으로 적절하게 판별하지 못하였다는 결과가 있다.

Gott and Duggan(1996)에 따르면 일부 학자는 직접적인 교수 없이 비평적으로 생각하는 기술이 실험실에서 행해지는 결과로 단순히 발달될 것이라고 한 것에 대해 과학 증명에 대한 개념(신뢰도, 타당도)의 중요성을 얘기했다. 즉, 교사는 학생들이 탐구에 있어 자신이 가지고 있는 과학 지식을 과학 증명에 대한 개념과 통합할 수 있도록 기회를 주어야 함은 물론이고 비평하는 기술을 지도할 필요가 있다. 그러기 위해서는 교사도 그런 능력을 가지도록 해야 한다.

가. 과제연구 진행 방식

2000년이라는 긴 세월 동안 믿어 온 Aristoteles의 학설을 의심한 Galilei는 낙체의 운동에 대하여 가설을 세우고 실험에 의해 자신의 생각을 확인하였다. 가설을 세우고 실험을 계획하고, 연구를 진행시키는 방법은 과학의 방법으로 현대에도 이용되고 있는 가장 기본적인 것이 되었다. 여기서는 Galilei에게서 배울 수 있는 것에서 시작하여 과제연구의 일반적 진행 방식에 대한 요령과 주의점을 배워보자.

1) 자연을 탐구하는 자세와 방법

과제연구를 시작하기 전에 물리학의 기초를 쌓아올린 Galilei가 낙체 운동을 실제로 연구한 방법을 예로 들어 자연법칙을 물리적으로 탐구하는 방법과 자세를 배우기로 하자.

가) 의문에서 과제 설정

지금부터 약 2300년 전에 그리스의 Aristoteles는 「무거운 만큼 빨리 떨어진다」고 생각하였다. 그는 모든 학문을 연구한 고대 그리스를 대표하는 학자이고, 그의 저서인 「자연철학」은 약 2000년 동안 사람들이 믿어온 것이다. 낙체에 관한 Aristoteles의 생각은 일상 경험에서 확실하다고 생각되었음에도 불구하고 Galilei는 그 생각에 의심을 가졌다. 「무거운 것과 가벼운 것을 연결하면 어느 쪽보다도 더 무겁기 때문에 연결한 것이 어느 것보다 더 빠르게 낙하해야 한다. 그러나 한편으로 연결한 물체의 무거운 쪽이 가벼운 쪽보다 빠르고 가벼운 쪽은 무거운 쪽보다 느리게 낙하하려고 하기 때문에 결국 중간 속도로 낙하할 수밖에 없다. 이것이 모순이다.」고 생각했다.

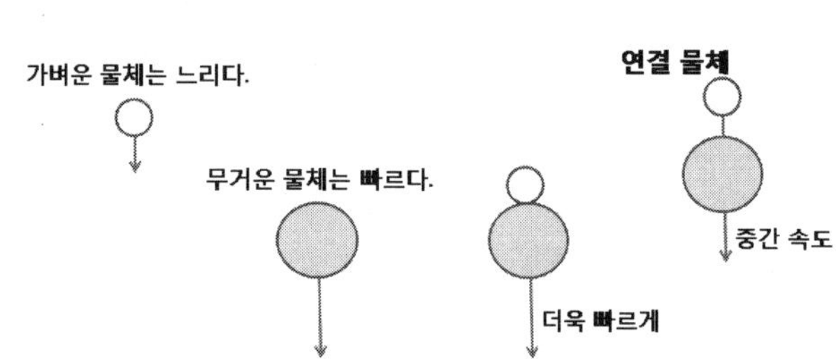

그림 5-1 Aristoteles 생각의 모순

나) 추론

Galilei는 물체의 크기와 무게에 의해서 지면에 도달하는 시각이 달라지는 것은 공기 저항이 다르기 때문이라고 생각하였다. 물체의 밀도가 작을수록 또는 낙하 속도가 빠를수록 공기 저항을 많이 받는다고 추측하였다. 그래서 물체의 밀도가 크고 낙하속도가 작을 때 공기 영향이 작아지므로 진공 중에서의 낙하 운동과 거의 같아 질 것이라고 생각하였다.

다) 가설 설정

이렇게 Galilei는 공기의 저항이 없으면 낙체의 속도가 점점 커진다는 가속도를 어렵게 생각하였다. 다음으로 이 빠르기는 낙하 거리와 낙하 시간 어느 쪽에 비례하여 커지는지에 대하여 생각하였는데 시간 쪽을 선택하였다. 오늘날의 물리 용어로 말하면, '공기 저항이 없으면 낙체의 운동은 등가속도 직선 운동을 한다.'고 가설을 세웠던 것이다. 그러나 당시 기술로는 순간 속도를 측정하는 것이 곤란하여 이 가설을 직접 확인하는 것은 불가능하였다. 그래서 Galilei는 "등가속도 운동을 하면 이동 거리는 경과 시간의 제곱에 비례한다. 따라서 낙하 거리와 낙하 시간의 제곱을 측정하여 이 비가 일정하면 이 운동은 등가속도 운동을 한다."고 생각하고 속도 대신에 거리와 시간을 측정하였다. 자신의 가설을 실험하여 측정하기 쉬운 양으로 바꾸어 놓았던 것이다.

라) 실험의 설계

스스로 「이렇게 될 것이다」고 생각하여도, 실험을 해보면 다른 결과가 나와 놀라는 경우가 있다. Galilei는 옛날 사람들이 별로 시도하지 않았던 「실험」이라는 방법으로 자신의 가설을 확인하려고 하였다. 그런데 자유 낙하는 속도가 너무 빠르므로 직접 관찰하는 것이 어려웠다. 그래서 그는 '자유 낙하가 등가속도 운동이라면 경사면을 미끄러져 내려오는 구도 비교적 작은 가속도의 등가속도 운동이 될 것이다.'고 가설을 세우고 경사면 위에서 낙하 운동 실험을 계획하였다. Galilei는 그림 5-2와 같이 미끄러져 내려오는 금속구가 천천히 직선 운동을 하도록 홈이 있는 긴 경사면을 만들었다. 그리고 경사면에서 받는 마찰과 공기 저항의 영향을 가능한 적게 하기 위해서 금속구의 표면을 잘 닦을 뿐만 아니라 홈에는 양피지를 붙여 매끈하게 하였다. 또 시간을 정확히 측정하기 위하여 물시계를 이용하였다. 충분한 양의 물을 넣은 큰 용기를 높은 장소에 올려놓고 가는 관을 나온 물의 무게를 천칭으로 측정하여 시간을 측정하였다. 이 측정을 100회 이상 반복 확인하였다.

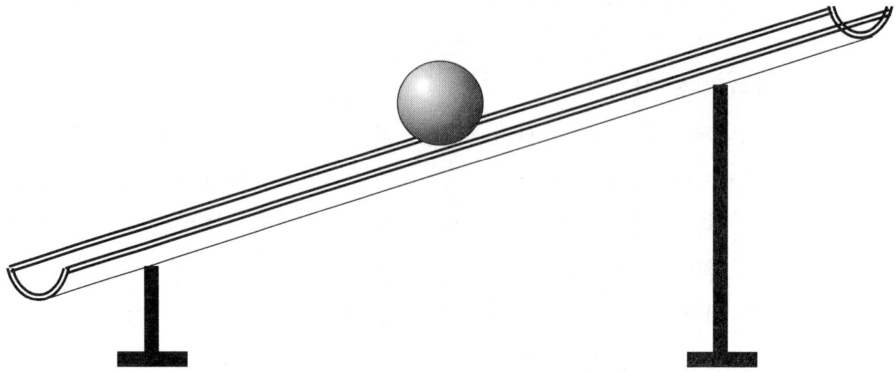

그림 5-2 Galilei의 긴 경사면

마) 실험 데이터의 분석과 법칙성의 발견

Aristoteles는 자연현상을 정성적 관찰에 기초하여 생각하였고, 측정데이터에 기초한 정량적 처리는 하지 않았다. 그러나 물리학의 진보는 정밀한 측정과 수량적 예상의 가치를 인식할 때부터 시작되었던 것이다. Galilei는 경사면 위의 낙하 운동에 대한 실험 데이터를 분석하여 낙체 운동에 대한 다음과 같이 결론을 내렸다. ① 구가 정지 상태에서 출발할 때, 임의의 일정한 시간마다 이동 거리가 1, 3, 5, ……와 같이 기수의 비로 증가하고 있다. 그래서 이 운동은 등가속도 운동이다. ② 같은 경사각의 경사면 위에 있는 구의 운동은 아주 가벼운 것을 제외하고는 그 무게와 관련이 없다. 경사면의 기울기를 변화시키고 낙하 운동의 빠르기를 변화시켜도 1, 3, 5……의 비는 항상 유지된다. ③ 경사면의 기울기가 90°가 된다고 해도 이 현상은 같을 것이다. 그렇다면 물체의 자유 낙하 운동도 낙하 거리는 시간의 제곱에 비례하고 물체의 무게와는 관계가 없다. 이와 같이 Galilei가 세운 낙체 운동에 대한 가설은 실험 결과, 옳다고 확인되었고, 낙체의 법칙이라고 불렀다. 그 후 이 법칙은 Newton이 확립한 운동의 법칙에서 유도할 수 있었다.

바) 측정

실험을 할 때에는 자와 전류계와 같은 측정 기구를 이용하여 목표량을 측정한다. 그것은 어떤 올바른 기구를 사용하고 세심한 주의를 기울여도, 기구의 정밀도에 한계가 있고 인간의 읽기 능력에도 한계가 있기 때문에 측정치가 참값을 나타내고 있는 것은 아니다. 측정치와 참값의 차이를 오차 또는 절대 오차라고 한다. 오차와 참값의 비, 또는 오차와 측정값의 비를 상대 오차라고 한다. 상대 오차는 백분율로 표시하는 것이 보통이다.

$$오차(절대\ 오차) = 측정치 - 참값$$

$$상대\ 오차 = \frac{절대\ 오차}{참값(또는\ 측정값)}$$

같은 0.5 cm의 오차라도 측정치가 5 m인 경우와 12 cm인 경우는 의미가 다르다. 측정의 정밀도와 관련하여 전자의 오차가 크다. 이와 같이 정밀도를 표시할 때에는 상대 오차가 적당하다. 오차는 이런 원인과 관련하여 다음과 같이 2가지로 분류할 수 있다. ① 계통 오차: 이론의 실수(과오), 측정 기구의 부정확성, 측정자의 읽은 습관 때문에 발행하는 오차, ② 우연 오차: 측정자가 관여할 수 없는 이유로 인하여 우연히 발생하는 오차, 이중 ①의 원인은 분명하므로 이론과 측정 기구를 개선하고 측정자를 훈련시킴으로 예방이 가능하다. ②는 인위적으로 예방할 수 없지만 양의 오차와 음의 오차가 동등하게 나타나는 경우가 많으므로 측정 횟수를 많이 하여 평균을 취하면 그런 영향을 최소한으로 억제할 수 있다. 측정 기구의 눈금을 읽을 때에는 최소 눈금의 $\frac{1}{10}$까지 읽어야 한다. 예를 들어 1 mm 눈금의 자라면 0.1 mm까지의 어림값을 읽어 「58.7 mm」라고 표시한다. 이런 경우, 5, 8, 7은 모두 측정에서 의미를 가지고 있는 숫자이므로 유효 숫자라고 하고 유효 숫자는 3자리라고 한다. 눈금선상에 측정치가 있으면 「59.0 mm」라고 읽는다. 이것의 유효 숫자는 5, 9, 0이다. 끝에 있는 0을 고의로 생략하거나 함부로 0을 끝에 첨가해서는 안 된다. 또는 1,200 m라고 하는 측정치의 경우는 어디까지가 정확히 측정하여 얻은 수치인가를 명확히 하기 위하여, 「1.20×10^3 m」라는 방법을 쓴다. 이런 경우 유효 숫자는 1, 2, 0의 3자리이고 10 m 단위까지 정확하게 측정되었다고 할 수 있다.

측정의 정밀도는 상대 오차로 표시한다. 예를 들어 58.7 mm라는 측정치의 경우, 참값은 58. 65 ~ 58.75 mm 사이에 있다고 생각하므로 ±0.05 mm의 오차를 포함한다. 따라서 상대 오차는 $\frac{0.05\ \text{mm}}{58.7\ \text{mm}} \times 100\,\% = 0.085\,\%$가 된다. 만약 측정치를 59 mm라고 읽는 경우는 오차가 ±0.5 mm이므로 상대 오차는 $\frac{0.5\ \text{mm}}{59\ \text{mm}} \times 100\,\% = 0.85\,\%$가 된다. 유효 숫자의 자릿수가 1개 달라지면 측정의 정밀도는 10배 달라진다. 유효 숫자의 자릿수는 측정의 정밀도 기준으로 대략 삼을 수 있다.

측정치는 오차를 포함하고 있기 때문에 측정치를 이용해 계산할 때에는 유효 숫자의 자릿수와 정도를 고려하여 처리하는 것이 필요하다.

(1) 합과 차: 측정치의 합과 차를 구할 때에는 소수점을 맞추어 마지막 자릿수의 오차 정도가 가장 높은 경우(소수점의 자릿수가 가장 작은 경우)에 맞추어 결과를 찾아낸다.

```
   17.1           0.0482        5.361
 + 0.483        +  2.65       -  2.5
 -------        --------      -------
   17.583         2.6982        2.861
   17.6           2.70          2.9
```

(2) 곱과 나눗셈: 곱셈과 나눗셈을 할 때에는 유효 숫자의 자릿수 중 가장 적은 것에 맞추어 결과를 찾아낸다. **예** 7.2×53.8

두 측정치 모두 소수점 1자리에 오차를 포함하고 있다. 계산할 때는 소수점 1자리의 숫자가 영향을 주는 부분(왼쪽의 계산에서의 부분)은 오차를 포함하고 있다. 그러므로 계산 결과의 유효 숫자는 두 자리가 되며 결과는 3.9×10^2이 된다. 계산하는 도중에는 최종적으로 필요한 자릿수보다 1자리 정도 많게 하여 계산한다. 예를 들어, 반경 r=5.3 cm의 원주(2πr)를 구하는 경우, π=3.141592653589....이지만, r의 유효 숫자가 2자리이므로 π=3.14로 하여 2πr=2×3.14×5.3 cm라고 계산하면 된다. 결과가 2자리이므로 계산의 토대가 되는 수치를 2자릿수(π의 자릿수)로 하면 계산의 오차가 커지므로 좋지 않다. 또한 2πr의 2는 측정치가 아니고 정확한 수치이므로 유효 숫자를 생각하지 않는 것이 좋다.

```
     7.2
  × 53.8
  ------
     576
    216
   360
  ------
   387.36
   39
```

측정에 관한 검사지인 PMQ1(Buffler and Allie, 2001; Lubben *et al.*, 2001)를 번역하여 연구에 사용한 이은미(2011)에 의하면 측정한 값에 대한 추론 유형은 점 추론(point reasoning)과 집합 추론(set reasoning) 두 가지가 있다. 점 추론은 각 측정값이 원칙적으로 참값일 수 있으며, 측정을 통하여 점과 같은 하나의 값으로 이끌어질 수 있다는 인식이다. 즉 측정값들 중에 참값이 되는 하나의 point값이 존재한다는 개념으로 측정 과정에서 오차는 0으로 줄일 수 있으며, 측정 과정을 통해 참값을 얻을 수 있다는 인식이다. 집합 추론은 각 측정값이 단지 참값에 대한 근사이며, 참값으로부터 편차는 랜덤하다는 인식이다. 많은 횟수의 측정은 몇몇의 특정 값 주위로 분포하므로 참값을 간주하는 가장 좋은 형태는 다른 일련의 데이터들과 이론을 비교하기 위한 평균이나 표준 편차와 같은 수학적 표현을 사용하여 나타낸다. 즉 측정 과정을 통해 얻은 정보는 불완전하다는 개념으로 모든 측정 과정은 오차를 0으로 줄일 수 없는 불확실성을 가지며, 모든 평균값들은 가장 적절한 값으로부터 분산, 불확실한 영역이 존재한다는 인식이다. 아래의 문제는 5회의 실험에 의해 도출된 데이터에서 대푯값을 결정하는 과정에 관한 것으로 평균값을 계산하여 432라고 적는 것이 옳다. 그러나 학생들 중 최빈값의 의미로 434나 중앙값의 의미로 434를 적는 경우가 있는데 이것은 옳지 않다.

같은 높이 h = 90 mm에서 실험을 5회 계속하여 다음과 같은 결과를 얻었습니다.

횟수	d(mm)
1	436
2	426
3	434
4	430
5	434

학생들이 거리 d에 대한 마지막 결과로 적을 것이라고 생각되는 답을 쓰세요.

위와 같이 답한 이유를 설명하세요.

d =

다음 문항은 평균값이 다른 두 조의 결과를 같다고 판단해야 하는지 다르다고 판단해야 하는지에 관한 것이다. 두 조의 데이터의 대푯값인 평균값이 다르다 하더라도 두 조의 데이터의 범위가 크게 겹치므로 집합 추론으로 해석해서 같다고 보는 것이 맞다. 하지만 점 추론으로 해석하여 평균값이 다르기 때문에 다르다고 답하는 학생들도 많다.

서로 다른 A조와 B조의 학생들이 같은 높이 h=90 mm에서 공을 놓아 5회 측정한 각각의 d값과 평균값이 다음과 같습니다.

	A 조	B 조
횟수	d(mm)	d(mm)
1	440	432
2	438	444
3	433	426
4	422	433
5	432	440
평균	433	435

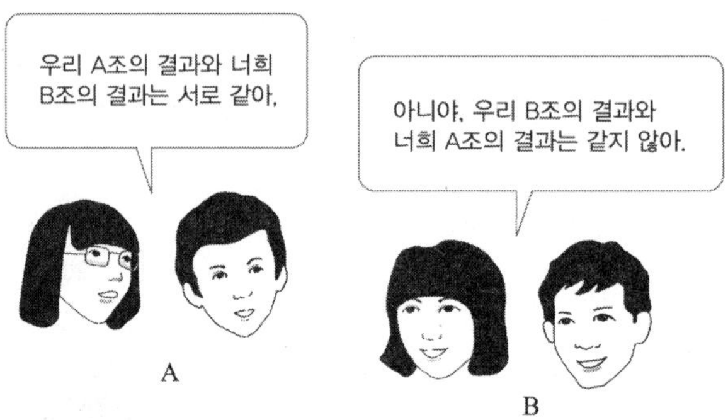

A	B

가장 동의하는 의견에 ○를 하세요.

위와 같이 선택한 이유를 설명하세요.

실험 지도는 실질적인 경험을 통해 추상적인 법칙과 이론들을 눈으로 확인할 수 있게 하고, 직접 조작하고 관찰하는 과정을 통해 하나의 현상을 총체적으로 받아들일 수 있게 해 준다. 말과 글을 통한 개념의 전달보다 더 정확하고 확실하게 과학적 개념을 전달할 수 있게 되는 이점이 있으며, 더 오래 기억할 수 있다. 그렇지만, 앞서 말한 것처럼 그 경험 자체가 잘못된 경우, 즉, 실험이 잘못된 경우에는 오히려 학생들이 혼란을 겪거나, 애초 의도했던 과학적 개념이 아닌, 잘못된 개념을 형성하게 될 우려가 있다. 그리고 이를 통해 형성된 개념은 더 확고하게 자리잡기 때문에 수정이 어려울 수 있다. 따라서 교사는 실험 실습 전에 실험 과정과 준비물들을 잘 챙기고, 실험 중에 발생할 수 있는 문제나, 오차들을 살펴보기 위해 미리 수행해 보는 것이 좋을 것이다.

나. 연구 진행 방법

1) 연구의 흐름

실험을 중심으로 한 과제연구는 그림 5-3의 흐름도처럼 진행된다. 우선 어느 정도 결과가 예측 가능한 과제를 선정하고 의문점에 대한 가설을 세운다. 다음으로 그 가설을 검증하기 위한 실험을 계획한다. 가설의 옳고 그름을 검토하면서 실험을 반복하여 과제를 해결할 때까지 계속한다. 마지막으로 실험 결과와 고찰을 보고서에 정리하고 과제를 선정한 이유, 결과, 고찰을 발표하여 서로 평가한다. 이 평가에서 새로운 문제점을 발견하여 다음 연구를 진행한다.

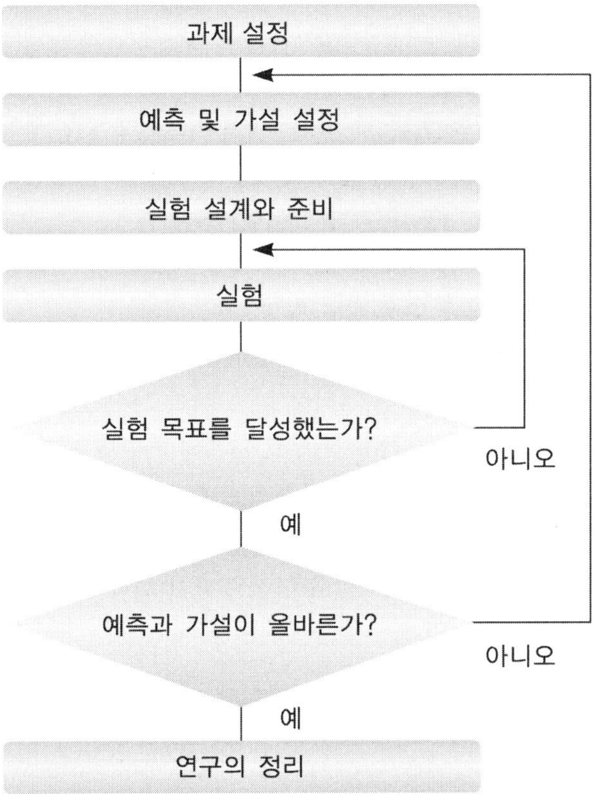

그림 5-3 과제연구 흐름도

2) 과제 설정

학생들은 자연 현상을 접하면서 '왜 하늘은 파랄까?'라는 소박하지만 탐구하기에는 구체화되지 않은 질문을 가지고 있다. 교육 상황에서는 학생들이 이러한 질문들을 직접 탐구 가능한 연구 문제로 재진술하고 스스로 탐구하는 기회를 갖도록 지도하기 위해서는 탐구 방법에 대한 교사의 지도가 필요한 것이다. 탐구가 가능한 문제로 재진술한다는 의미는 문제와 관련된 주요 변인을 찾아내고, 문제와 관련이 희박한 변인을 통제하는 과정을 거친다는 뜻이다. 이러한 과정을 거치면서 가설의 설정이나 변인의 설정 및 통제가 이루어지지 않으면 문제에 관하여 근거 있는 증거를 얻을 수 없기 때문에 문제의 설정 및 인식은 탐구의 시작에서 중요성을 가진다(조희형과 박승재, 1995). 과제연구는 스스로 과제를 선정하는 것에서부터 시작한다. 과제는 어느 정도 예측 가능하고 무리 없이 진행할 수 있는 것부터 찾도록 한다. 연구는 비교적 장기간 동안 계속되므로 흥미·관심이 있는 과제와 그룹 내에서 공통적으로 이해할 수 있는 과제를 선택하도록 한다. 이 방법이 연구에 대한 의욕을 지속시키고 연구를 진행하는 과정에서 발생하는 장애를 쉽게 극복할 수 있게 한다. 또 과제에 필요한 실험 기구가 학교에 준비되어 있는지도 과제를 선택하는 데 주의해야 한다. 교과서에 있는 실험을 실제로 해 보는 것도 여러 가지 발견과 문제점을 만날 수 있다. 여기서부터 과제를 찾아 낼 수도 있다. 그룹으로 연구하는 경우는 사전에 대화한 것부터 충분히 실행하고 각자의 역할을 포함한 대화를 연구노트 등에 기록하여 두면 좋다.

3) 연구 노트와 연구 파일 작성

패러데이는 실험에 대한 상세한 내용이나 갑자기 생각난 것을 「철학잡기장」의 좌우에 쓴 것이 아니고 아래와 같이 연구 아이디어와 준비물 양식에 기록했다고 한다. 연구 계획을 수립할 때부터 연구에 관련된 것은 무엇이든지 노트 또는 컴퓨터의 공유 파일 등에 기록하도록 유의해야 한다. 특히 그룹 연구를 할 때에는 연구 노트 또는 컴퓨터 폴더를 공유하여 조원이 조사한 내용을 기록하여 정보를 한곳에 모아 활용하는 것이 중요하고 이런 것에서 실험에 대하여 생각하지 못했던 아이디어가 생길 수도 있다.

● 연구 노트 작성의 요점

1. 목차 · 예정표: 각 페이지에는 번호를 써 넣고, 후에 목차를 작성한다.
2. 과제 설정: 과제를 설정한 이유와 설정까지의 과정을 기술한다.
3. 키워드 일람: 참고 문헌, 실험 방법 등 검색에 필요한 키워드를 기록한다. 관련된 홈페이지 주소(URL), 또는 조사한 서적과 문헌 등의 서명, 출판사, 저자, 출판년도, 참고한 페이지를 정리하여 기록하는 것이 좋다.
4. 그룹(조원)의 역할 분담
5. 설정한 가설
6. 실험 기록: 각각의 실험에 대하여 실험 제목, 날짜, 날씨, 기온, 측정자, 장치(정리 번호), 재료, 원리, 측정 데이터(표 형식), 그래프, 계산 결과, 고찰, 기타 실험에서 일어날 수 있는

것은 모두 기록한다. 별도로 그린 그래프나 도면은 연구 노트에 오려 붙여 두자. 계산도 가까이 있는 종잇조각에 하지 않고 모두 노트에 기록한다. 어떤 것을 위한 계산인지도 써 놓는 것이 좋다. 그리고 계산 처리에 이용한 컴퓨터 폴더와 파일 이름도 잊어버리지 않도록 기록해 두자.

7. 실험 장치 체크리스트: 조작이 복잡하거나 순서가 정해져 있는 장치는 장치에 관한 일러스트와 함께 조작 순서 체크리스트를 작성하여 두는 것이 좋다.
8. 연구 메모: 연구 중에 생긴 것, 생각해 본 것, 공부한 것, 의문이 생긴 것, 조원과 함께 이야기 한 것 등을 메모한 날짜를 포함하여 간단하게 기록하여 둔다.

4) 문헌 조사

연구에 참고가 되는 것들에 대하여 키워드를 중심으로 인터넷의 검색 기능을 이용하여 관련서적, 잡지 등을 조사하는 것이 좋다. 특히 역사적 실험을 연구하는 경우 문헌을 검색하여 조사하는 것이 효과적이다. 세계를 온통 감싸고 있는 컴퓨터 통신망인 인터넷을 활용하면 과제연구의 대상과 방법이 크게 넓어진다. 각국의 박물관과 과학관의 홈페이지에 접속하여 옛날의 연구 자료와 물리학사에 기록되어 있는 데이터를 수집해 보자. 예를 들어 미항공우주국(NASA)과 허블천문대 등에서 천체의 최신 화상과 정보를 얻어 범지구 규모의 실험을 하는 것도 가능하다. 또는 위도와 고도에 의존하는 중력 가속도의 차이를 아는 것이 가능하고 다른 지점에서 우주왕복선을 관찰하여 통과시각과 두 점간의 거리에서 이 속도를 아는 것이 가능하다. 더욱이 화상회의 시스템을 사용하여 동시에 공동 실험을 하는 것이 가능하다.

5) 가설과 모델 설정

처음으로 실험을 할 때는 생각한 대로 진행되지 않고 지금까지 배운 지식과 관찰 결과를 정리하여 실험 결과를 미리 예측하고 가설과 모델을 설정하는 것이 중요한 일이다. 가설을 설정하면서 지금 직면하는 문제점을 분명히 하면서 연구가 활성화되어 왔다. 처음에는 잘못된 것을 포함한 가설일지라도 문제점을 분명히 하고 실험과 관찰을 반복하는 중에 보다 진리에 가까워질 수 있다.

6) 실험의 설계

적극적으로 자연의 작용을 따라가는 실험이야말로 과제연구의 중심이다. 오직 한 번의 실험으로 목적을 달성하는 것은 어렵다. 처음에는 대략적인 실험에서부터 차츰 실험 장치와 기구를 공부하여 개선하면서 실험의 목적에 가까워지도록 계획을 세우면 좋을 것이다. 실험 장치와 기구의 사용법에 맞는 준비와 실험 재료를 구하는 법, 안전성 등에 대하여 지도교사와 충분히 협의해 두자. 필요한 실험 장비가 준비되지 않는 경우도 주변에 있는 것을 조사하여 활용한다면 훌륭한 연구가 가능할 것이다. 예를 들어 지금까지 학습해 온 탐구 활동과 실험을 참고하여 측정 장치와 기구를 스스로 개발한다면 물리 현상을 이해할 수 있고 연구의 본질을 보여주는 것이 가능할 것이다. 역사적인 실험을 검증하는 경우에도 친근한 것을 조사하여 일부분이라도 실험에 대한 독창성을 도입해 보자. 보다 정확한 결과를 도출하거나 실험 시간을 단축하기 위한 장치의 개선, 다른 재료를 이용한 실험 실습, 다른 것과는 차이가 나는 조건의 실험 등을 생각해 보자. 실험에 대해서 한 개의 조건을 변화시켰을 때 다른 모든 조건은 일정하게 보존되도록 해야 한다(조건 제어). 하나의 실험이 끝나면 다른 종류의 실험을 설계해 보는 것도 좋다.

7) 결과 정리

실험에서 얻을 수 있는 데이터의 분석이 쉽게 되는 실험 방법을 생각해 보자. 측정기 중에 한대만이 높은 정밀도를 가지고 있을지라도 다른 것의 정밀도가 나쁘다면 전혀 의미가 없다. 기기의 정밀도를 조사한 데이터를 분석해야 한다. 데이터 처리가 여러 갈래로 복잡할 때에는 컴퓨터의 표 계산 소프트웨어에 조직적으로 넣을 수 있는 계산 기능과 그래프 작성 기능 등을 효과적으로 활용하는 것이 처리 시간을 대폭 단축하고 결과의 예상을 보다 쉽게 한다. 자신의 결과가 나오면 같은 연구를 하고 있는 친구와 실험 방법, 처리 방법에 대하여 이야기한다.

다. 연구 보고서 작성과 연구 발표

연구가 끝나면 연구 노트를 기초로 보고서를 작성한다. 대학과 연구소, 기업에서 실행한 연구 또는 논문, 연구 보고서로서 공모하는 것도 사회적으로 가치 있는 것이므로 다음 연구에 도움이 될 것이다. 보고서는 간단히 결과를 전하는 것이 아니고 연구에 관한 모든 내용을 많은 사람들에게 정확하게 전하는 것이다. 보고서에는 조언과 협의 내용 등도 자신의 언어로 표시하고, 실험 방법과 데이터 등은 그림과 그래프를 이용하여 알기 쉽도록 고안한다. 문장은 정중하고 간단하게, 논리적인 흐름을 쫓아가기 쉽도록 쓰는 것이 중요하다. 연구의 끝은 발표이며, 발표를 통하여 연구 성과가 살아난다. 연구 발표회에는 슬라이드와 요약을 사용하되 제한 시간 내에 자신의 성과와 의견을 정확히 전달해야 한다. 그리고 다른 사람의 발표에 대하여는 자신의 지식으로 의문 나는 것은 질문을 하고, 이 연구를 평가해야 한다.

● 보고서의 구성과 내용

① 연구 제목, 연구자의 소속(과, 조, 반, 번호 등), 이름, 공동연구자(조원의 이름)

② 연구 기간: 연구 제목의 설정부터 보고서 정리까지의 기간을 기록한다.

③ 연구 목적: 연구 목적을 분명하고 간단하게 기록한다.

④ 연구 제목 설정 이유: 연구 제목을 설정하게 된 동기와 검토하게 된 경위를 기록한다.

⑤ 연구의 경과: 연구 목적을 어떤 방법으로 달성했는가, 역할 분담을 어떻게 했는가, 기초가 되는 자료를 언제, 누가, 어떻게 모았는가, 어떤 예상과 가설을 세웠는가, 어떤 실험을 여러 번 반복했는지 등의 경과를 기록한다. 연구의 경과에서 했을지라도 ⑥~⑨를 각 실험에 대하여 기록하시오.

⑥ 실험 제목, 실험 날짜, 날씨, 기온 등

⑦ 사용 기구, 재료, 약품: 같은 기구가 복수로 있을 때에는 정리 번호를 기입한다.

⑧ 원리: 실험의 원리가 되는 법칙과 관계식을 기록하고, 실험에서 어떻게 사용하고 있는가를 기록한다.

⑨ 조작·처리: 물리 실험서와 물리 실험 사전을 참고하여 실험 방법을 써 둔다. 특별히 고안한 실험 조작을 중심으로 기록한다. 가능한 한 실험 장치의 개요를 그림으로 표시하여 두면 후에 검토할 때 도움이 된다.

⑩ 결과: 측정 결과가 어떤 의미를 가지는지, 어떤 법칙이나 이론과 관계가 있는가를 전하는 것이다. 측정치는 보기 쉽게 표로 하고 그래프로 나타낸다. 스스로 얻은 측정 결과가 설령 예상과 다르게 나왔어도 신뢰하고 정확하게 기록한다. 있는 그대로 결과를 표시하고 그 원인을 확실히 검토할 때 새로운 중요한 발견이 나오는 경우도 있다. 또 측정치를 이용하여 계산 처리를 할 때에도 그 처리의 과정을 분명히 해 유효 숫자를 생각하여 취급해야 한다.

⑪ 고찰: 보고서에서 주장을 펼치는 가장 중요한 항목이다. 실험 방법과 처리를 고안한 것, 계산해 본 것을 중심으로 고찰하고, 자기 자신이 생각하여 기록한다. 오차의 원인과 정도, 원리와 방법의 검토 등도 기록한다. 예상과의 차이와 문헌 등과의 차이에 대하여도 확실히 서술하고, 이유는 가능한 것만 설명한다.

⑫ 결론: 실험 결과와 고찰로부터 도입한 것을 수식과 문장으로 간단히 표현한다.

⑬ 참고문헌: 한 번에 볼 수 있게 표시한다.
(예) 홍길동(2012). 물리실험. 자유아카데미, 제3장.

라. 과제연구의 예

1. 종이 프로펠러

이 탐구 주제에 대한 실험 데이터는 특정 학생들의 실험 결과이다. 따라서 다른 학생들이 다른 종이, 다른 크기 등 실험 조건을 다르게 할 경우 이 데이터와 다른 결과를 얻을 수 있다.

a. 관찰

가족과 함께 에어쇼를 하는 전시장을 방문하였다. 영화나 텔레비전에서 보았던 여러 가지 모양의 전투기와 비행기, 헬리콥터 등이 전시되어 있었다. 그런데 다른 비행기들은 날개가 고정되어 있지만, 헬리콥터의 날개는 회전할 수 있도록 다른 모양을 하고 있었다. 헬리콥터의 날개 모양이 다른 비행기와 다른 이유를 아버지께 여쭤보았더니, 헬리콥터는 활주로가 없는 좁은 공간에서도 바로 뜨고 내릴 수 있고, 여러 가지 임무를 수행하기 위한 목적으로 만들어진 항공기이기 때문이라고 하셨다. 헬리콥터의 프로펠러에는 어떤 원리가 숨겨져 있어서 좁은 공간에서 편리하게 뜨고 내릴 수 있을까? 또한 헬리콥터의 날개는 어떻게 만들어야 좋을까?

b. 탐구 주제

- 종이 프로펠러 날개의 길이에 따라 프로펠러의 비행 시간은 어떻게 될까?
- 종이 프로펠러의 손잡이의 길이에 따라 비행 시간은 어떻게 될까?
- 종이 프로펠러의 손잡이에 끼우는 클립의 개수에 따라 비행 시간은 어떻게 될까?

c. 가설 설정

- 날개의 길이가 길어질수록 공기의 저항을 많이 받으므로 비행 시간은 증가할 것이다.
- 손잡이의 길이가 길어질수록 힘을 받는 면적이 증가하여 회전수가 증가하므로 비행 시간 또한 증가할 것이다.
- 클립의 개수가 증가할수록 중력이 커지므로 공기 저항에 비해 아래로 받는 힘의 크기가 커서 비행 시간이 감소할 것이다.

c. 탐구 설계

모둠원들과 협력하여 선정한 주제를 해결할 수 있도록 가설을 설정하고, 계획을 세운다.

1) 모둠원들과 협력하여 선정한 주제를 해결할 수 있도록 가설을 설정하고, 계획을 세운다.
2) 구체적인 탐구 실험 설계를 하기 전에 실험에서 "변화시켜야 할 요소와 일정하게 유지해야 할 요소에는 무엇이 있는가?"를 생각해 본다.
3) 모둠원끼리 "어떤 과정을 따라 실험을 수행할 것인가?"에 관해 토의하고 실험 과정을 간단히 작성한다.
4) 실험 준비물로는 무엇이 필요한지도 협의하여 계획을 세운다.
5) 필요한 자료와 정보를 어떻게 구할지도 생각해 본다. 또한 누가 무엇을 어떻게 조사할 것인지에 대한 역할 분담도 한다.

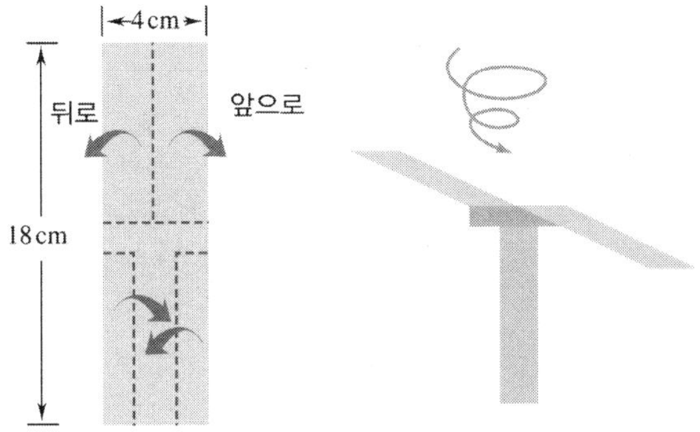

d. 탐구 수행
1) 과학적 탐구 과정으로 해결할 수 있어야 한다.
2) 각자 맡은 역할에 따라 자료와 정보를 찾아본다.
3) 필요한 경우 전문가를 찾아가 인터뷰를 실시하도록 한다.
4) 모둠원과 함께 그동안 모은 자료와 정보를 분석하고, 탐구 내용에 따라 실험 순서를 정한다.
5) 모둠원과 함께 그동안 모은 자료와 정보를 분석하고, 탐구 내용에 따라 실험 순서를 정한다.
6) 탐구를 수행하면서 실험 활동 결과를 기록 정리하고, 모둠원들끼리 결과에 대해 토의한다.
7) 탐구 결과를 자세히 분석하여 알게 된 사실을 찾아낸다.

e. 탐구 결과
1) 날개의 길이에 따른 비행 시간

표 5-4 실험 결과 자료

회수 \ 날개길이(cm)	2	4	6	8	10
1	0.64	1.07	1.35	1.56	1.66
2	0.75	0.96	1.35	1.60	1.66
3	0.70	1.07	1.28	1.60	1.70
4	0.72	0.97	1.28	1.65	1.53
5	0.72	1.00	1.40	1.65	1.59
평균	0.71	1.01	1.33	1.61	1.63

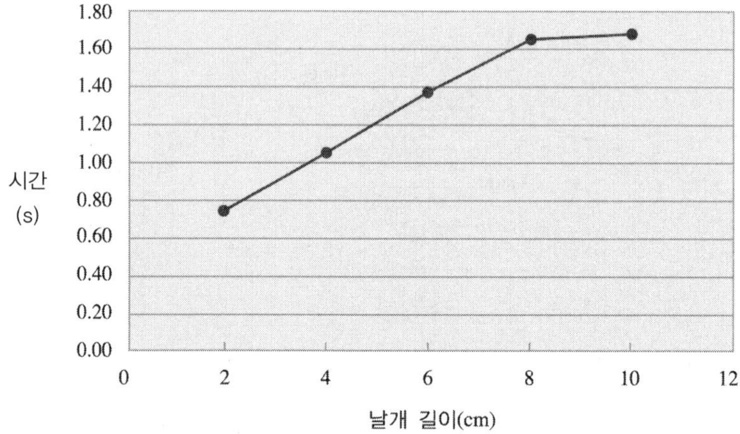

그림 5-4 날개의 길이와 낙하 시간과의 관계 그래프

2) 손잡이의 길이에 따른 비행 시간

표 5-5 실험 결과 자료

회수 \ 길이(mm)	0	5	10	15	20	30	50	60	90
1	1.87	2.44	2.30	2.31	2.32	2.53	2.10	2.37	2.35
2	1.85	2.40	2.31	2.34	2.38	2.31	2.22	2.25	2.31
3	1.90	2.44	2.32	2.25	2.37	2.37	2.22	2.32	2.32
4	2.15	2.25	2.41	2.22	2.35	2.28	2.12	2.31	2.25
5	2.25	2.19	2.43	2.32	2.28	2.53	2.19	2.28	2.25
6	2.13	2.31	2.47	2.35	2.38	2.34	2.22	2.22	2.19
7	1.84	2.19	2.41	2.38	2.16	2.22	2.21	2.28	2.25
8	1.85	2.12	2.47	2.44	2.22	2.22	2.22	2.28	2.22
9	1.84	2.35	2.53	2.40	2.29	2.47	2.29	2.31	2.25
평균	1.96	2.30	2.41	2.33	2.31	2.36	2.2	2.29	2.27

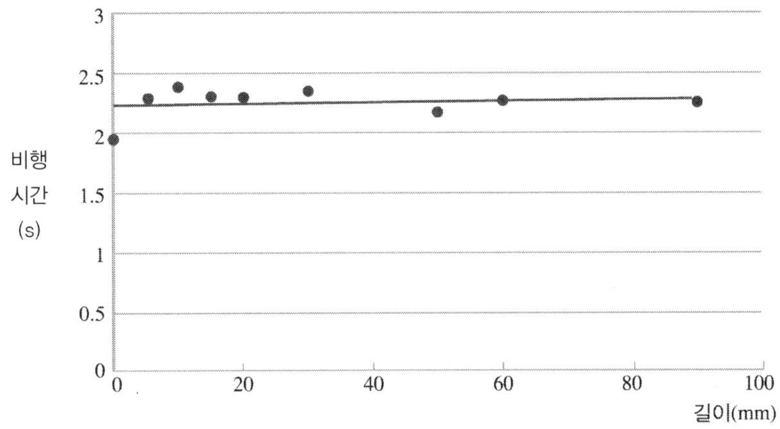

그림 5-5 손잡이 길이와 비행 시간의 관계 그래프

3) 종이 프로펠러의 손잡이에 끼우는 클립의 개수에 따라 비행 시간은 어떻게 될까?

표 5-6 클립 수에 따른 체공시간

회수 \ 클립 수	1	2	3	4	5	6	7	8	9	10
1	3.51	2.9	2.53	2.29	2.03	2.11	1.8	1.64	1.63	1.54
2	3.47	2.99	2.47	2.23	2.17	2.13	1.9	1.69	1.68	1.59
3	3.01	2.99	2.53	2.38	2.13	2.00	1.88	1.64	1.77	1.57
4	3.47	2.8	2.59	2.33	2.13	2.07	1.91	1.85	1.69	1.53
5	3.26	2.93	2.65	2.33	2.16	1.92	1.67	1.69	1.68	1.53
6	3.35	2.91	2.56	2.35	2.07	2.00	1.78	1.59	1.53	1.56
7	3.57	3.13	2.47	2.28	2.25	2.06	1.91	1.69	1.66	1.56
8	3.1	3.13	2.62	2.4	2.19	2.00	1.87	1.69	1.69	1.59
9	3.47	2.88	2.59	2.28	2.19	2.03	1.87	1.79	1.62	1.56
10	3.31	3.06	2.72	2.41	2.15	2.00	1.75	1.69	1.68	1.53
평균	**3.35**	**2.97**	**2.57**	**2.33**	**2.15**	**2.03**	**1.83**	**1.70**	**1.66**	**1.56**

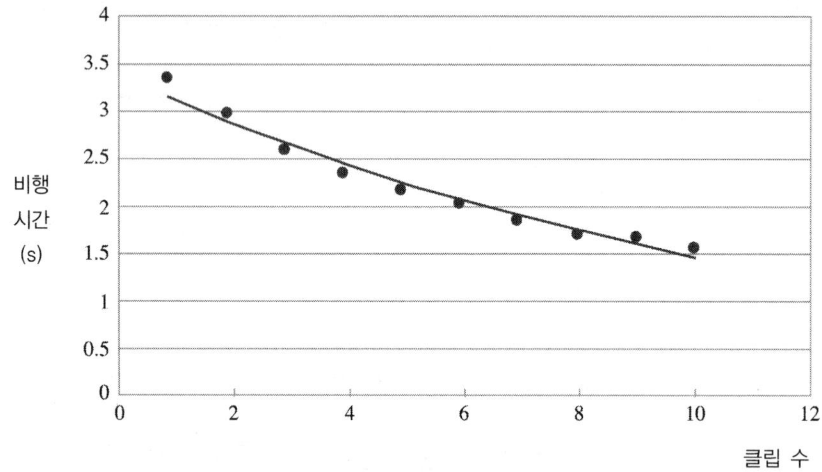

그림 5-6 클립 수에 따른 비행 시간의 관계 그래프

f. 결론

날개의 길이가 길어질수록 낙하 시간이 길어질 것이라는 가설은 '참'인 것으로 증명되었다. 날개의 길이가 길어지면 공기 저항을 받는 면적이 증가하기 때문인 것으로 추정된다. 더불어 임계치가 존재한다는 것을 알게 되었는데 우리가 제작한 프로펠러의 경우에는 10cm로, 이 길이 이상으로는 큰 차이가 없다. 즉 낙하 시간을 늘리기 위해 날개의 길이를 늘이는 것은 옳지만 무작정 길게 한다고 효과적인 것은 아니다. 실험을 통해 임계치를 구하고 임계치 내에서 설계하는 것이 바람직하다.

손잡이의 길이가 길어질수록 비행 시간이 증가할 것이라는 가설은 '거짓'인 것으로 증명되었다. 손잡이의 길이가 길어지면 힘을 받는 면적이 넓어지고 그러면 회전을 더 많이 하므로 비행 시간이 증가할 것이라고 예상하였으나 손잡이의 길이는 비행 시간에 크게 상관이 없는 것으로 나타났다.

클립 수가 증가할수록 비행 시간이 감소할 것이라는 가설은 '참'인 것으로 증명되었다. 클립 수가 증가하면 무게가 증가하는데, 즉 중력이 커지므로 일정한 공기 저항력을 제거한 알짜힘이 커진다. 따라서 가속도가 커진다.

g. 보고서 작성 및 발표

1) 보고서는 체계적이고 논리적으로 일관성 있게 작성해야 하고, 자료의 출처와 수집 방법 등을 포함시킨다.
2) 실험 결과를 나타낼 때에는 적절한 표와 그래프를 선택하여 올바르게 작성하고 설명해야 한다.
3) 앞에서 설정했던 가설과 다른 결과가 나왔을 경우 이를 해석하거나 문제점을

해결하기 위해 앞선 과정을 다시 되짚어 보고, 필요한 경우 자료와 정보를 다시 조사해 본다.

4) 실험 결과를 발표할 때에는 단순히 자료를 요약하는 것이 아니라, 실험을 통해 어떤 것을 알아냈는지를 제시하는 것이 중요하다.
5) 발표할 때에는 발표 시간이 너무 길어지지 않도록 조절하고, 예상되는 질문을 미리 작성해 본다.

2. 매미 복부를 모사한 주사기 모형의 공명 패턴

아래의 보고서는 윤기상(2010)이 대학부설 과학영재교육원 중학교 3학년생 3명을 대상으로 사사교육을 한 결과 나온 보고서를 요약한 것이다.

a. 문헌 조사

매미는 작은 몸집으로도 매우 큰 소리를 내는, 음향학적 측면에서 볼 때 매우 매력적인 곤충이다(윤기상, 2008). 개체수도 매우 많아 여름철 소음원으로 주목받기도 한다(이영준, 2001; 조은형, 2004; 윤기상, 2008). 매미의 뇌에서 발생된 전기 신호가 발음근을 수축·이완하도록 명령하면 발음근의 한 쪽 끝에 붙어 있는 진동막이 함몰하면서 소리가 발생한다. 발생된 소리는 복부 속의 공동에서 증폭되어 소리의 크기가 커지고 이 소리는 고막을 통해 방사된다(윤기상, 2008)(그림 1 참조). Helmholtz 공명기란 큰 용적과 함께 비교적 작은 개구부를 갖는 공명 장치를 말한다. 관심의 대상이 되는 파장에 비해 짧은 목과 큰 부피를 가지는 구조로 되어 있으며, 임의의 계에 부착할 경우, 이 고유 진동수의 음을 감소시키거나 증폭시키는 역할을 하는데, 공진기의 구체적인 형상은 공명 주파수에 영향을 미치지 않으며, 다른 형상일지라도 그 체적과 목의 등가 길이 및 목의 단면적이 같으면 같은 공진 주파수를 가지게 된다(한국음향학회, 2003). Helmholtz 공명기의 유형은 크게 그림 5-8과 같은 세 가지이다. 여기서 V는 공동(cavity)의 부피, L은 목의 길이, S는 목의 면적을 의미한다(Kinsler et al, 2000)(그림 5-8 참조).

Helmholtz 공명기에 의해 공명된 공명 주파수(f_0)는 다음의 식 (1)로 알 수 있다. 여기서 c는 소리의 속력, L'은 목의 유효 길이를 의미한다. 목의 유효 길이는 다음의 식 (2)로 알 수 있으며, 여기서 a는 목 입구의 반지름을 의미한다(Kinsler et al, 2000).

$$f_0 = \frac{c}{2\pi}\sqrt{\frac{S}{L'V}} \qquad (1)$$

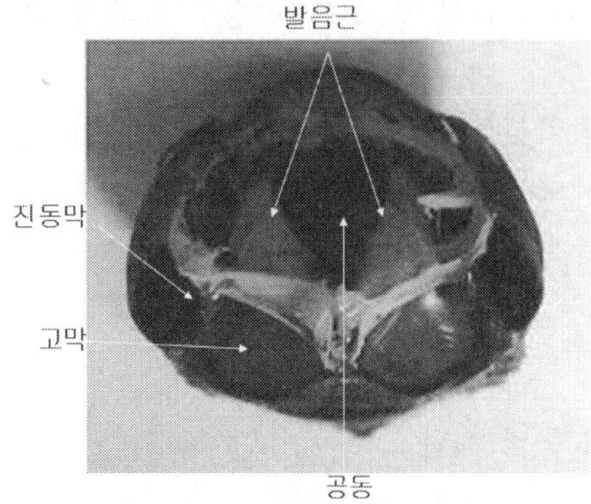

그림 5-7 매미의 발음 기관

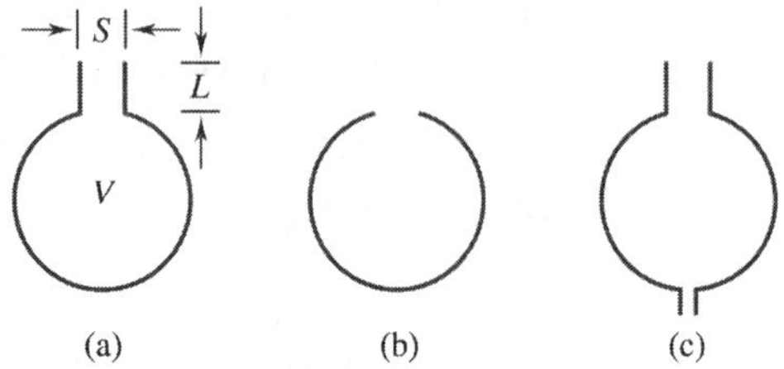

그림 5-8 간단한 Helmholtz 공명기의 세 가지 예들(Kinsler et. al, 2000).

$$L' = L + 1.7a\,(outer\ end\ flanged) \quad \text{or} \quad L + 1.4\,a\,(outer\ end\ unflanged) \quad (2)$$

Bennet-Clark and Young(1992)은 Typical cicada인 Magicicada septendecim와 Magicicada cassini의 구조를 분석하고 식 (1)에 대입하여 중심 주파수를 계산하고, 그것이 소리의 중심 주파수와 유사함을 밝히기도 하였다. Helmholtz resonator의 공명 주파수를 계산하는 식 (1)의 변수인 L, S, V를 차원(dimension)으로만 재해석하면 다음의 식 (3)으로 정리할 수 있다(Bennet-Clark and Young, 1994).

$$f_0 \propto \sqrt{\frac{S}{L \times V}} \propto \sqrt{\frac{L^2}{L \times L^3}} \propto \frac{1}{L} \quad (3)$$

매미는 소리를 내는 진동막과 진동막 소리를 크게 증폭시키는 Helmholtz 공명기 형태의 복부를 지니고 있는데(Bennet-Clark, 1999), 윤기상(2008)은 매미소리의 주파수는 진동막보다는 공명통인 복부의 공명 조건이 중요하다고 하였다. Bennet-Clark and Young(1994)은 기존에 연구된 매미 논문들을 종합하고 매미의 전체 몸길이와 매미 소리의 중심 주파수의 관계를 분석하였는데, 매미의 몸길이가 길수록 낮은 주파수의 소리를 내는 확률이 약 76.6%라고 하였다(그림 5-9 참조).

일반적으로 소리를 발생하는 물체의 크기가 크면 낮은 소리를 내는 것은 잘 알려진 사실인데, 매미의 경우에도 크게 다르지 않다는 것을 의미한다. 또한 Bennet-Clark and Young(1992)은 특정 매미의 복부를 5 mL 용량의 주사기로 모사하여 매미 소리의 특성을 연구한 바 있다. 임선화(2006)는 Bennet-Clark and Young(1992)의 주사기 모형을 모방하여 12 mL 용량의 주사기를 가공한 후

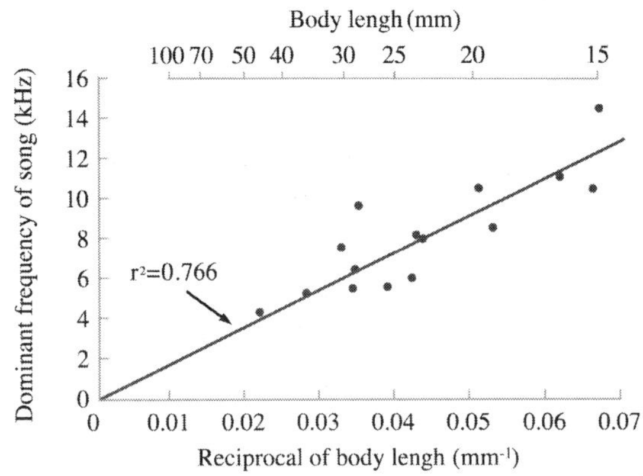

그림 5-9 매미 몸길이와 중심 주파수 사이의 관계(Bennet-Clark and Young, 1994)

Dynamic signal analyser(HP35670A)의 sweep 기능을 이용하여 기주의 길이와 공명 주파수가 정확히 반비례함을 증명하였다. 하지만 임선화(2006)의 연구에서는 기주의 길이, 즉 부피만을 변수로 하였으므로 주사기 모형이 Helmholtz 공명기임을 증명하기에는 부족함이 있다. 따라서 주사기 모형으로 매미 복부를 모사해 표현하기 위해서는 주사기 모형이 정확히 Helmholtz 공명기에 해당하는가를 더욱 다양한 변수를 적용하여 증명할 필요가 있다.

b. 가설 설정

이 탐구의 목적은 Bennet-Clark and Young(1992)이 제안한 주사기 모형이 Helmholtz 공명기에 해당하는지를 다양한 실험을 통해 증명하는 데 있다. 이 탐구를 수행하기 위한 가설은 다음과 같다.

1) 이 주사기가 Helmholtz의 공명기라면 (1)식에서 공명 주파수는 $\sqrt{S}$에 비례하는데 구멍의 개수(n)가 S에 비례하므로 공명 주파수는 $\sqrt{n}$에 비례할 것이다.
2) 이 주사기가 Helmholtz의 공명기라면 (1)식에 의해서 공명 주파수는 $\sqrt{\frac{1}{V}}$에 비례할 것이다.

c. 탐구 설계

Bennet-Clark and Young(1992)은 연구 대상 매미의 크기를 고려하여 5 mL 용량의 주사기를 사용하였으나 이 연구에서는 매미의 진동막을 대신할 발음체로, 상용화된 이어폰을 사용하기 위해서 이어폰의 직경과 유사한 직경을 갖는 12 mL 용량의 투명 플라스틱 주사기를 재료로 선택하였다. 이어폰을 설치할 부분을 만들기 위해 주사기의 바늘을 꽂는 깔때기 모양의 구조물은 실톱으로 제거하였다. 깔때기가 제거된 부분에 이어폰으로 막은 후 기주의 부피를 맛소금을 이용하여 측정하였다. 피스톤을 2 mL 위치에 놓았을 때 기주의 부피는 1.7 mL이다. 공명된 소리가 주사기 외부로 방사하는, 매미의 고막 역할을 하는 구멍은 주사기의 옆면에 드릴을 이용하여 만들었다. 드릴의 반지름은 1, 1.5, 2, 2.5, 3 mm로 다양하게 하였다. 매미의 고막은 2개이지만 실험에 더욱 많은 변수를 주기 위해서 1~6개의 구멍을 30° 간격으로 뚫었다. 주사기의 피스톤을 움직이면 기주의 길이와 부피가 바뀌는데 기주가 복부의 공동을 의미하며 기주의 길이가 매미의 크기를 대변한다(그림 5-10 참조). 기주의 부피는 2 mL 간격으로 1.7, 3.7, 5.7, 7.7, 9.7 mL로 하였다.

실험에는 노트북 컴퓨터, 녹음기(소프트웨어), Adobe Audition v1.5(소프트웨어), 이어폰, 주사기 모형, 마이크(COSY MK770)가 사용되었다. 컴퓨터 화면에는 Adobe Audition과 녹음기를 동시에 띄운 상태로 Adobe Audition에서 백색 소음을 발생시켜 wav파일로 저장한 후, 녹음기로 재생하였다. 이어폰에서 발생된 백색 소음은 주사기의 기주에서 공명되어 옆면 구멍을 통해 방사되도록 하였으며 구멍 앞 약 1 cm 거리에 마이크를 두고 입력된 소리는 Adobe Audition에 녹음하였다(그림 5-10 참조). 녹음 시 샘플링 주파수는 44.1 kHz, 분해능(Resolution)은 16 bit로 하였다. 녹음된 소리는 Adobe Audition 내의 FFT 기능을 이용하여 공명 주파수를 분석하였다.

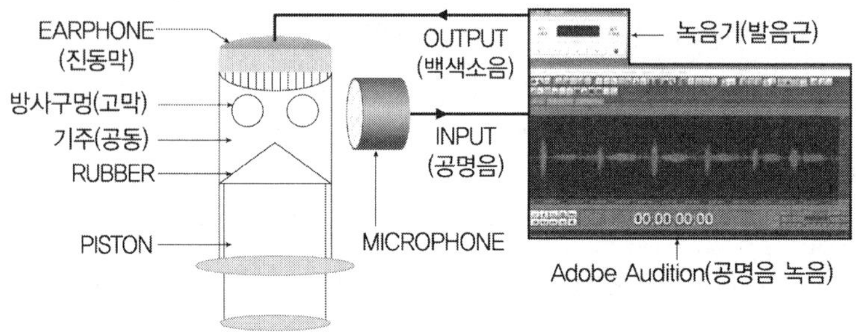

그림 5-10 주사기 모형의 공명 주파수를 찾기 위한 실험 시스템

표 5-7 매미의 발음 기관과 주사기 모형 실험의 대응 관계

매미의 발음 메커니즘	매미의 발음 기관	주사기 모형
1단계 발음근의 수축이완	발음근	녹음기(소프트웨어)
2단계 진동막의 진동	진동막	이어폰
3단계 복부에서의 공명	복부의 공동	기주
4단계 방사	고막	옆면의 구멍

(1)식을 섭씨온도(t), 드릴의 반지름(a), 구멍의 개수(n), 기주의 부피(V)로 표현하면 (4)식과 같다. x는 a의 계수이다.

$$f_0 = \frac{331+0.6t}{2\pi}\sqrt{\frac{\pi a^2 n}{(L+xa)V}} \tag{4}$$

$$f_0 \propto \sqrt{n} \text{ and } \sqrt{\frac{1}{V}} \tag{5}$$

온도(t)는 실험 당시 기온을 측정하였으며, a와 n, V를 독립 변수로 하여 실험을 수행하였다. (4)식에서 a가 하나로 정리가 되지 않아 a와 f_0의 관계를 그래프로 나타내지는 못하였다. 따라서 그래프는 $\sqrt{n}$과 f_0, $\sqrt{\frac{1}{V}}$과 f_0 사이의 관계를 엑셀을 이용하여 표현하고 모든 추세선의 결정 계수(r^2)를 구하였다.

d. 연구 결과

기주의 부피가 일정할 때 $\sqrt{n}$과 f_0 사이에 비례 관계가 있었고, 구멍의 반지름인 a가 일정할 때 $\sqrt{\frac{1}{V}}$과 f_0 사이에도 비례 관계가 있었다.

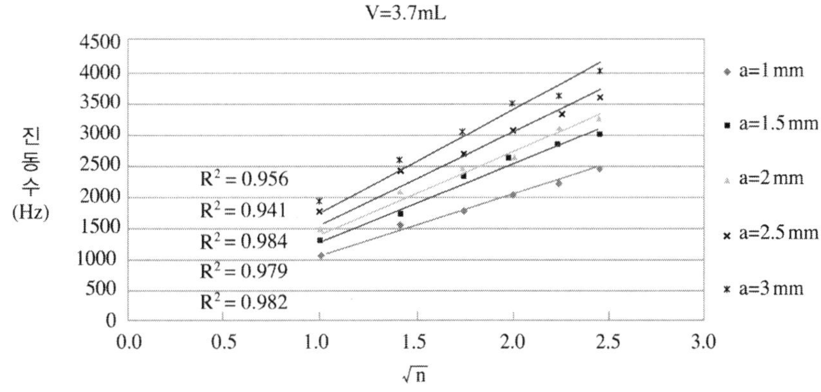

그림 5-11 V = 3.7 mL일 때의 $\sqrt{n}$과 f_0 사이의 관계 그래프

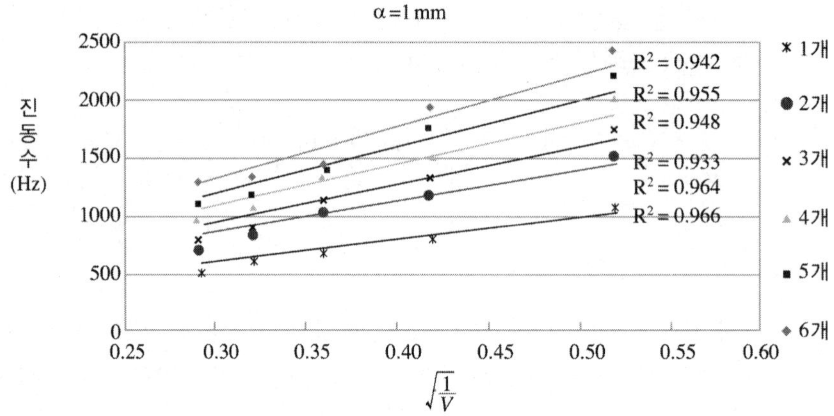

그림 5-12 a = 1 mm일 때의 $\sqrt{\dfrac{1}{V}}$과 f_0 사이의 관계 그래프

e. 결론

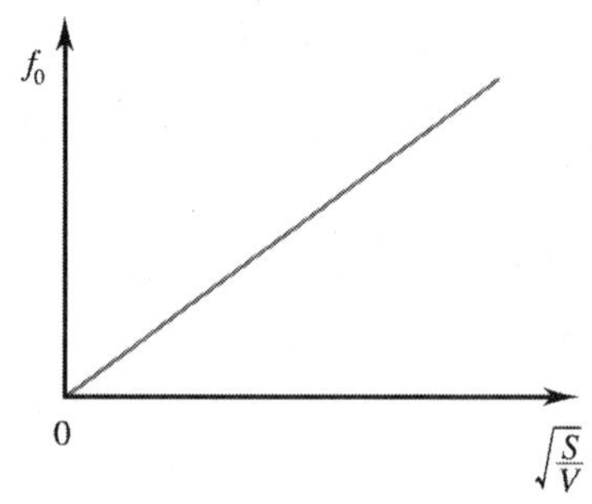

이 주사기 모형은 공명 주파수 f_0가 $\sqrt{\dfrac{S}{V}}$에 비례하여 Helmholtz의 공명식을 만족하므로 Helmholtz 공명기라 할 수 있다. 따라서 이 주사기 모형이 매미의 복부를 모사했다고 할 수 있으며, (3)식의 관계가 성립한다고 할 수 있다.

5 실험의 예

주제: 단진자의 운동

1. 개관

<table>
<tr><td>단원명</td><td>여러 가지 운동</td><td>실험 주제</td><td>단진자의 운동</td></tr>
<tr><td>지 도
목 표</td><td colspan="3">◦진자의 주기를 측정할 수 있게 한다.
◦진자의 주기와 진자의 길이, 진폭 및 추의 질량 사이의 관계를 설명할 수 있게 한다.
◦진자의 운동은 속력과 방향이 동시에 변하는 운동임을 이해할 수 있게 한다.</td></tr>
<tr><td rowspan="2">준비물</td><td colspan="2">기구</td><td>재료</td></tr>
<tr><td colspan="2">스탠드, 클램프, 초시계, 추(100 g, 300 g)</td><td>실, 자, 모눈종이</td></tr>
<tr><td>지도상
유의점</td><td colspan="3">◦진자의 운동은 방향이 변하면서 속력도 변하는 운동이다. 이는 진자의 추에 중력과 실의 장력이 동시에 작용함으로 발생하는 현상임을 이해시킨다.
◦주기의 측정은 여러 번 측정한 후 그 평균값으로 구하여 나타내도록 하여 실험의 정밀도를 높일 수 있도록 지도한다.
◦이 실험을 통해 진자의 등시성을 발견하도록 유도한다.</td></tr>
</table>

2. 세부 실험 과정 지도 내용

(1) 측정 시 지도 사항

• 진자가 흔들릴 때 스탠드도 흔들리므로 스탠드를 꼭 잡도록 지도한다.
• 주기를 한 번에 측정하는 것은 어려우므로 10회 왕복 시간을 측정하여 나누기 10을 하도록 한다.
• 처음 한, 두 번의 진동은 무시하고 세 번째 이후부터 10회 왕복 시간을 측정한다.
• 동일한 과정을 3회 이상 반복 측정하여 평균값을 구하도록 지도한다.
• 진자의 길이 1 m는 추의 중심까지의 거리임을 지도한다.
• 진폭은 중심선에서 추를 당긴 곳까지의 수평 거리임을 지도한다.
• 진동각은 가능한 5° 이내에서 실험하도록 지도한다.
• 진자를 흔들어서 진동시킬 때, 추가 같은 평면상에서 진동하도록 지도한다.
• 여러 번 측정하여 거의 동일한 결과를 얻을 수 있는지를 반드시 확인시킨다.
• 조원들이 서로 일을 나누어 효과적으로 측정하도록 지도한다.

(2) 보고서 작성 시 지도 사항

• 작성한 각각의 도표가 의미하는 바가 무엇인지 함수와 관련지어 설명하며 지도한다.
• 주기에 확실하게 영향을 주는 변수가 무엇인지를 토론을 통해 결론을 얻도록

지도한다.

- 결론을 하나의 문장으로 기술하도록 지도한다.
- 등시성의 결론을 얻을 수 있도록 지도한다.
- 오차 발생의 원인과 오차가 적은 실험을 할 수 있는 방법을 제언하게 지도한다.

3. 참고 자료

가. 단진자

실에 추를 매달아 왕복 운동시키는 것을 단진자라고 한다. 단진자에는 항상 변위의 방향과 반대 방향으로 복원력이 작용하며, 이 복원력은 변위의 크기에 비례한다. 그림에서 단진자의 복원력 F는 다음과 같이 나타낼 수 있다.

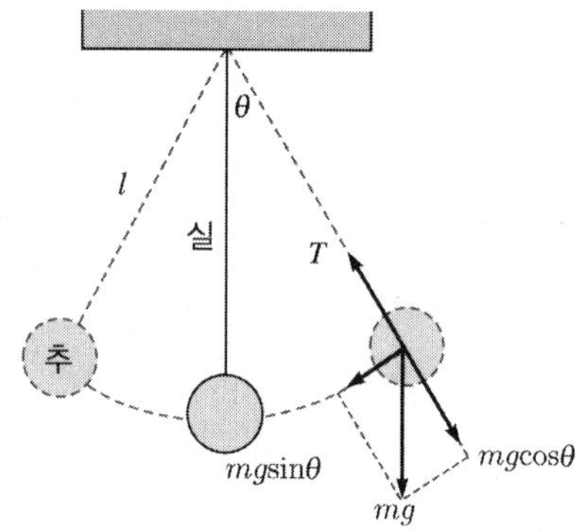

【단진자】

$$F = -mg\sin\theta$$

이때 (−)는 O를 기준점으로 할 때 복원력의 방향이 변위(χ)의 방향과 반대임을 의미한다. 단진자의 진폭이 매우 작을 때, 즉 θ가 매우 작을 때에는 $\sin\theta \fallingdotseq \frac{x}{l}$가 성립한다.

따라서 단진자의 복원력에 관한 식을 고쳐 쓰면

$$F = -mh\sin\theta = -mg\frac{x}{l} \cdots\cdots ①$$

또, 단진자의 복원력은 운동의 제2법칙으로부터 다음과 같이 나타낼 수 있다.

$$F = ma = -mw^2x = -m\left(\frac{2\pi}{T}\right)^2 x \cdots\cdots ②$$

①, ②로부터 $\frac{g}{l} = \left(\frac{2\pi}{T}\right)^2$이므로 주기 T에 대한 다음과 같은 관계식을 얻을 수 있으며, 이 식을 중력 가속도에 관해서 정리하면 다음과 같다.

$$T = 2\pi\sqrt{\frac{l}{g}} \longrightarrow g = 4\pi^2\frac{l}{T^2}$$

4. 진자의 활용 예

가. 바이킹과 그네의 위치와 빠르기

학생들이 즐겨 찾는 놀이 공원은 즐겁고 재미있게 과학 학습을 할 수 있는 공간으로 활용할 수 있다. 학생들이 좋아하는 놀이 기구 중에서 "바이킹"이 있다. 바이킹은 배 모양의 탈것으로 공중에서 70°의 각도로 왕복 운동한다.

대부분의 학생들이 바이킹을 타 본 경험이 있으므로, 바이킹이 어느 위치에 왔을 때 가장 빠르고 가장 느리게 느꼈는지를 이야기해 보게 한다. 바이킹의 중앙이 지면과 가장 가까울 때, 그러니까 진동의 중심에서 가장 빠르고 진동의 양 끝점에서 가장 느리다(속력이 0이 됨).

우리의 풍습에 오월 단오에 그네를 탄다. 그리고 초등학교나 어린이 놀이터에 그네가 설치되어 있는 곳이 많다. 그네는 바이킹과 마찬가지로 같은 길을 왔다갔다 왕복하는 진자의 운동이다. 그네의 빠르기도 진동의 중심에서 가장 빠르고 양 끝에서는 속력이 0이 된다.

나. 진자시계

1583년에 Galilei는 피사의 성당에 매달린 샹젤리제가 바람에 흔들리는 진폭이 크기에 상관없이 시간(주기)이 일정함을 발견하였다. 이때 Galilei는 오늘날과 같은 시계가 없었기 때문에 맥박을 이용하여 시간을 측정한 것으로 유명하다. 진자의 운동에서 진폭이 크지 않을 경우 진자의 주기는 추의 질량이나 진폭의 크기에 관계없이 일정하다. 이것을 진자의 등시성이라 한다. 이러한 진자의 등시성을 이용하여 진자로 움직이는 시계를 만들 수 있다.

5. 평가 항목

구 분	평 가 항 목	평가 점수					평점
		5	4	3	2	1	
태 도	◦발표나 토론에 적극적으로 참가한다. ◦실험 후 기구와 준비물들을 정리 정돈한다. ◦조원들 간에 서로 협동하여 실험한다.						
실 험 과 정	◦실험 장치를 견고하게 하였는가? ◦진자가 같은 평면상에서 진동하고 있는가? ◦3회 이상 반복 측정하여 평균값을 얻었는가? ◦진자가 흔들리는 각도가 적절한가? ◦실의 길이를 추의 중간까지 정확하게 측정하였는가?						
보고서	◦주기와 진폭 관계를 바르게 기술하였는가? ◦주기와 추의 질량과는 무관함을 기술하였는가? ◦주기와 진폭과는 무관함을 기술하였는가? ◦주기와 실의 길이 관계를 바르게 기술하였는가? ◦진자의 등시성을 기술하였는가? ◦오차의 원인과 제언을 기술하였는가?						

[평가 점수별 평가 기준]

(1) 태도

1점: 소극적인 태도로 일관하며, 전혀 협동하지 않는다.

2점: 협동적이나 구경만 하고 있다.

3점: 협동적이지는 않으나 토론과 발표에는 적극적이다.

4점: 협동적이나 발표나 토론에 적극적이지 않다.

5점: 협동적이며 적극적으로 발표나 토론에 참여한다.

(2) 실험 과정

1점: 정해진 절차와 방법(기능)을 무시하고 측정값을 아무렇게 읽고 기록한다.

2점: 정해진 절차와 방법(기능)을 다소 무시하고 측정값을 대충 읽고 기록한다.

3점: 정해진 절차와 방법(기능)을 다소 무시하나 측정값을 제대로 읽고 기록한다.

4점: 정해진 절차와 방법(기능)으로 측정하나 측정된 결과를 꼼꼼히 기록하지는 않는다.

5점: 정해진 절차와 방법(기능)으로 측정하며 측정된 결과를 꼼꼼히 기록한다.

(3) 보고서

1점: 보고서를 기록하지 않았거나 의미 없는 내용들로 기록하였다.

2점: 실험의 결과를 성의 없이 기록하였고 결론과 제언 등을 기록하지 않았다.

3점: 실험의 결과는 기록하였으나, 결론을 의미 없는 내용들로 기록하였다.

4점: 실험의 결과와 결론은 기록하였으나, 오차 원인과 제언을 기록하지 않았다.

5점: 실험의 결과를 적절한 용어를 사용하여 기록하고, 결론과 제언 등을 의미 있는 문장으로 기록하였다.

실험 활동 안내서

1. 단원명: 여러 가지 운동
2. 주　제: 단진자의 운동
3. 실험 목표
   가. 진자의 주기를 측정할 수 있다.
   나. 진자의 주기와 진자의 길이, 진폭 및 추의 질량 사이의 관계를 설명할 수 있다.
   다. 진자의 운동은 속력과 방향이 동시에 변하는 운동임을 설명할 수 있다.
4. 준비물

기구	재료
스탠드, 클램프, 초시계, 추(100 g, 300 g)	실, 자, 모눈종이

5. 유의점
   가. 진자가 흔들릴 때 스탠드도 흔들리므로 스탠드를 꼭 잡도록 한다.
   나. 주기를 한 번에 측정하는 것은 어려우므로 10회 왕복 시간을 측정하여 나누기 10을 한다.
   다. 처음 한, 두 번의 진동은 무시하고 세 번째 이후부터 10회 왕복 시간을 측정한다.
   라. 동일한 과정을 3회 이상 반복 측정하여 평균값을 구하도록 한다.
   마. 진자의 길이 1 m는 추의 중심까지의 거리이다.
   바. 진폭은 중심선에서 추를 당긴 곳까지의 수평 거리이다.
   사. 진동각은 가능한 5° 이내에서 실험한다.
   아. 진자를 흔들어서 진동시킬 때, 추가 같은 평면상에서 진동하도록 한다.
6. 실험 과정
   가. 그림과 같이 흰 종이를 부착하여 진자의 중심을 표시한다. 이때 실험 장치가 흔들리지 않도록 견고하게 하기 위하여 C형 클램프로 스탠드를 고정시킨다.
   나. 진자의 길이가 1 m 되도록 실 끝에 추 100 g을 매달아 추가 자유롭게 진동할 수 있도록 장치한다. 이때 추의 진동은 같은 평면상에서 진동하여야 한다. 추가 왕복 운동을 할 때 가장 빠른 곳과 느린 곳을 찾아보자.
   다. 진자의 길이를 1 m로 같게 하고, 진폭을 10 cm, 20 cm로 할 때, 추가 10회 왕복하는 시간을 각각 3회씩 측정하여 평균한다(소수점 첫째 자리).
   라. 진자의 길이를 1 m, 진폭은 10 cm로 하고, 추의 질량을 300 g으로 하여, 추가 10회 왕복하는 시간을 3회 측정하여 평균한다(소수점 첫째 자리).
   마. 추의 질량을 100 g, 진폭을 10 cm로 한 다음 진자의 길이를 25 cm, 50 cm, 75 cm, 100 cm로 변화시키면서 추가 10회 왕복하는 시간을 3회 측정하여 평균한다(소수점 첫째 자리).

실험 활동 보고서

[ ] 조

주제	단진자의 운동	일 시	년 월 일 교시
소속	제 학년 반 번 성명: ( )		
실험 목표	1. 진자의 주기를 측정할 수 있다. 2. 진자의 주기에 영향을 주는 변수를 말할 수 있다.		

결과 및 고찰 — 결과

1. 진자의 왕복 운동에서 가장 빠른 곳과 느린 곳을 찾아보자.
   *가장 빠른 곳: **가장 낮은 위치(가운데)** *가장 느린 곳: **양 끝**
2. 주기와 진폭 관계 측정표

진폭(cm)	10	20
10회 왕복 시간(초)	22.5	21.9
주기(초)	2.25	2.19

3. 주기와 질량 관계 측정표

추의 질량(g)	100	300
10회 왕복 시간(초)	21.8	21.1
주기(초)	2.18	2.11

4. 주기와 실의 관계 측정표

실의 길이(cm)	25	50	75	100
10회 왕복 시간(초)	11.8	15.0	17.8	21.1
주기(초)	1.18	1.50	1.78	2.11

결과 및 고찰 — 고찰

1. 진자의 주기는 진폭과 어떤 관계가 있는가? **상관없다고 볼 수 있다.**
2. 진자의 주기는 추의 질량과 어떤 관계가 있는가?
   상관없다고 볼 수 있다.
3. 진자의 주기는 실의 길이와 어떤 관계가 있는가?
   실의 길이가 길어지면 주기가 커진다.

결론

1. 진자의 주기에 영향을 미치는 요소로는 어떤 것이 있는가?
   실의 길이
2. 진자는 어떤 운동을 하는가?
   왕복 운동, 주기 운동, (부분적인)원운동
3. 결론을 한 문장으로 요약해보라.
   진자의 주기는 진폭이 크지 않을 경우 진폭의 크기와 추의 질량에 상관없이 일정하며, 진자의 길이가 길수록 주기는 작아진다.

과제

1. 진자의 등시성이란 무엇일까?
   진자의 주기는 진폭이 크지 않을 경우 진폭의 크기와 추의 질량에 상관없이 일정하다.
2. 추시계는 여름에 시간이 늦어지고, 겨울이 되면 시간이 조금 빨라진다. 그 이유는 무엇일까?
   진자의 길이가 여름에 늘어나고 겨울에 줄어들기 때문이다.

반성 및 제언

1. 오차가 발생했다면 그 원인은 무엇일까?
   3회 측정할 때 측정하는 사람을 다르게 하였는데, 사람마다 왕복의 시작과 끝이 정확하지 않아서 시간의 차이가 생기는 것 같다.
2. 실험 과정 중 아쉽거나 고쳤으면 하는 내용은 어떠한 것이 있는가?
   진자의 길이를 원하는 만큼 조정하기가 어려웠다.

평가	태도	과정	보고서	합계

등속 원운동

[목 표] 등속 원운동을 하는 물체의 질량 m, 회전 반경 r, 각속도 w와 구심력 F 사이에 성립하는 관계를 조사한다.

[준 비] 나일론 실(약 1.4 m), 유리관(양 끝이 매끄럽고, 직경 5 mm, 길이 약 15 cm), 고무마개 6호(또는 너트) 2개, 추(약 5 g) 30개, 자(1 m), 스톱워치, 비닐 테이프, 클립, 천칭 및 분동

[실 험]

(1) 유리관에 비닐 테이프를 틈이 없도록 말아 붙인다(파손할 경우의 위험 방지).

(2) 고무마개에 구멍을 2개 뚫어, 질량 m을 측정한다.

(3) 추를 5개씩 묶어, 질량 M_i을 측정한다.

(4) 고무마개의 구멍에 나일론실을 통과시켜 끝을 묶고, 휘둘러도 날아가지 않도록 다른 쪽 끝을 유리관에 통과시켜 추를 매단다.

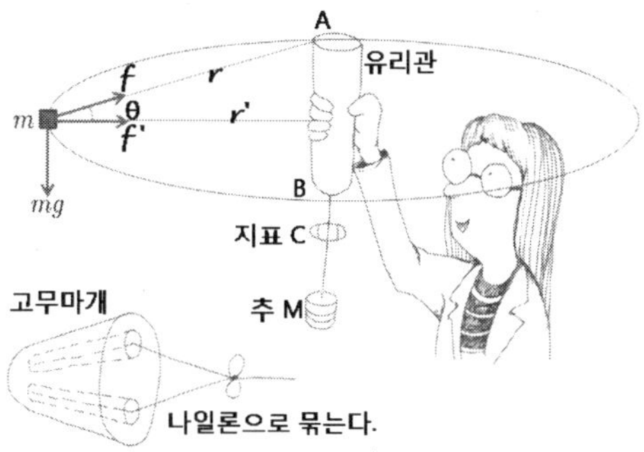

(5) 고무마개의 중앙에서부터 유리관의 입구까지의 길이를 70 cm로 하고, 유리관의 다른 쪽 끝에서 아래로 2 cm 떨어진 곳에 지표로 클립 C를 끼운다.

(6) 추를 5개 매달고, 유리관을 오른손으로 머리 위로 들어올려, 왼손으로 간격이 2 cm가 되도록 실을 잡고, 오른손으로 고무마개를 원운동시켜, 균일하게 회전을 시작하면 왼손을 놓는다.

(7) 간격이 2 cm로 고정되어 균일하게 회전하게 되면, 10회전하는 시간 t를 측정한다.

(8) r=70 cm로 고정하고, 추를 5개씩 늘리면서 같은 실험을 한다.

(9) 추를 10개 매달고, r을 30 cm, 50 cm, 70 cm, 90 cm, 100 cm로 바꿔가며 (7)과 같은 실험을 한다.

(10) 고무마개를 2개로 하여, r=70 cm((8)과 같은 반경)로 고정하고, 추를 5개부터 5개씩 늘리면서 (8)과 같은 실험을 한다.

주의: 실이 길면 주기가 길어져서 측정이 쉬워지지만, 고무마개가 처지므로, 나일론실이 머리에 닿지 않도록 높이 든다. 실이 너무 짧으면 주기가 짧아져 측정하기 힘들다.

[정 리]

(1) 실이 θ만큼 기울면 $r' = r\cos\theta$, 구심력 $f' = f\cos\theta$

$\therefore f\cos\theta = mr\cos\theta \cdot w^2$, $f = mrw^2$이 성립하므로, f, r을 구심력 및 반경으로 간주할 수 있다.

(2) 구심력은 $f = Mg$[N], 주기는 $T = \dfrac{t}{10}$, 회전수는 $n = \dfrac{10}{t}$이다.

(3) (8)로부터, r이 일정할 때 f와 n^2의 그래프(a)를 그리고 $f \propto n^2$의 관계를 찾아낸다.

(4) (9)로부터, f가 일정할 때 r과 $(\dfrac{1}{n})^2$의 그래프(b)를 그리고 $r \propto (\dfrac{1}{n})^2$의 관계를 찾아낸다.

(5) (10)으로부터, r이 일정하고 m이 2배일 때의 f와 n^2의 관계를 그래프(a)에 나타내고, 동일한 n^2일 때 f의 크기를 비교하여 $f \propto m$의 관계를 찾아낸다.

(6) 이상, $f \propto mrn^2$

(7) 비례 상수를 k라 하면, $f = kmrn^2$이 된다. k를 계산하여 이론값 $4\pi^2$과 비교한다.

1. 등속 원운동

고무마개의 질량 m (   )g

추 5개의 질량 M_1 (   )g, M_2 (   )g, M_3 (   )g,

M_4 (   )g, M_5 (   )g

	추의 질량 M[g]	회전체의 질량 m[g]	원의 반경 r[cm]	10회전의 시간 t[s]	$n^2=(\frac{10}{t})^2$	$k=\frac{Mg}{mrn^2}$
반경 일정 · 질량 m		m = ―― g	r = ―― g		$n^2=$	
구심력 M 일정 · 질량 m	M = ―― g	m = ―― g			$1/n^2=$	
반경 일정 · 질량 $2m$		$2m$ = ―― g	r = ―― cm		$n^2=$	

r = ________ cm

그래프 A

m = ________ g

그래프 B

$2m$ = ________ g

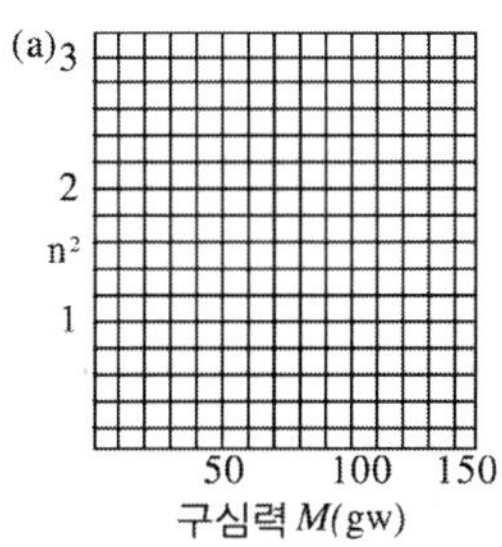

m = ________ g

M = ________ g

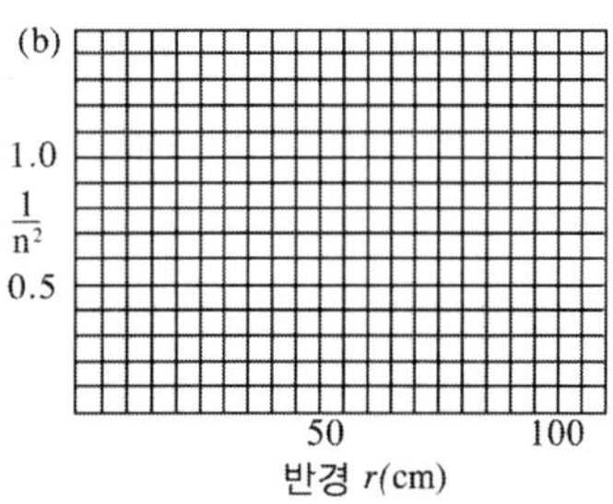

전지의 기전력과 내부저항

[목 표] 전지에 연결한 저항값을 변화시켜 흐르는 전류와 전지의 단자전압을 측정하고, 전류와 단자전압의 그래프로부터 전지의 내부저항과 기전력을 구한다.

[준 비] 건전지(헌 것), 직류 전류계(500 mA), 직류 전압계(3 V), 가변 저항기, 스위치, 건전지 홀더, 배선용 도선(6개)

[실 험]

(1) 건전지의 + 단자 → 스위치 → 전류계의 (+) 단자 → 가변 저항기 → 건전지의 (-) 단자와 먼저 직렬 회로로 연결한 다음, 병렬로 건전지의 양단에 전압계를 연결하면 틀리지 않고 빠르게 배선할 수 있다. 스위치는 꺼 놓는다.

주의: 전류계와 전압계의 +단자는, 되도록 전원의 +단자 가까이에 연결한다.

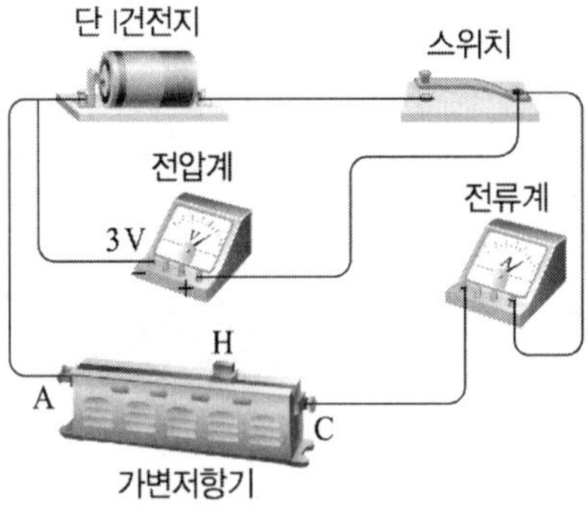

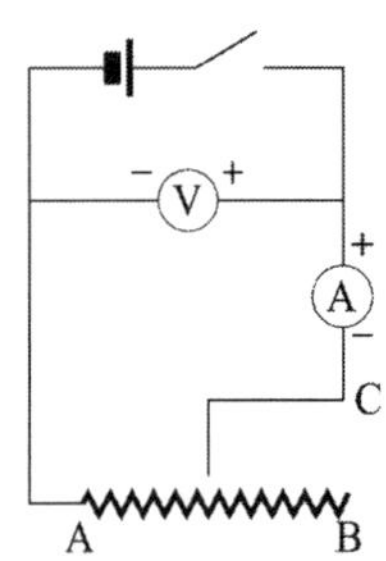

(2) 배선이 잘못되지 않았는지를 확인한 후, 가변 저항기의 손잡이 H를 C 방향으로 움직여서 저항을 최대로 하여, 스위치를 단시간 켰다가 끈다. 전류계와 전압계의 바늘이 바르게 움직이는 것을 확인한다. 바늘이 반대로 움직였을 때는 배선을 고친다.

(3) 가변 저항기의 저항이 최대의 위치에 있을 때, 전압계와 전류계의 값 V, I를 읽는다.

주의: 계기의 눈금을 읽을 때에는 시차가 없도록 직선상에서 보도록 하고, 되도록 단시간에 읽는다. 읽은 후에는 바로 스위치를 꺼서, 전지로부터 흘러나오는 전류를 단시간으로 한다.

(4) 가변 저항기의 손잡이 H를 A쪽으로 움직여서 저항을 감소시키고, 전류를 약 50 mA 씩 증가시키면서 그때마다 전압계와 전류계의 값을 읽는다.

(5) 전류계의 눈금이 너무 흔들리면, 역으로 가변 저항기의 저항을 조금씩 증가시켜, 그 때마다 전압계와 전류계의 값을 읽는다.

[정 리]

(1) 가로축에 전류 I, 세로축에 단자전압 V를 놓고, 그래프를 그린다. 전류를 증가시킬 때와 감소시킬 때, 그래프가 일치하지 않으면 색깔을 다르게 해서 그린다. 그래프는 직선이 된다.

(2) 그래프의 직선과 세로축과의 교점으로부터, 전지의 기전력 E를 구한다. 직선의 기울기로부터 내부저항 r를 구한다. 직선상의 2점의 값 $(V_1,\ I_1)$, $(V_2,\ I_2)$를 읽어낸다. $V_1 = E - I_1 r$, $V_2 = E - I_2 r$ (I는 A)로부터

$$r = \frac{V_1 - V_2}{I_2 - I_1},\quad E = \frac{V_1 I_2 - V_2 I_1}{I_2 - I_1}$$

(3) 전류가 작을 때의 측정값 2개를 위의 식에 대입하고, 계산하여 E, r을 구한다.

(4) 그래프로부터 구한 기전력 E와, 계산하여 구한 E를 비교한다.

(5) 전류를 증가시킬 때와 감소시킬 때의 그래프가 일치하지 않을 때는, 각각의 E와 r을 계산하여 비교해 본다.

전류 증가											
	전류 I [mA]										
	단지전압 V [V]										

전류 감소											
	전류 I [mA]										
	단지전압 V [V]										

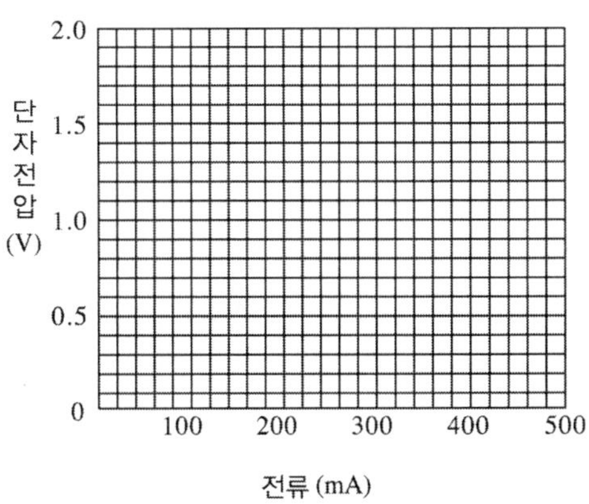

그래프 위의 2점

V_1 = ________ V, V_2 = ________ V

I_1 = ________ mA = ________ $\times 10^{-3}$A

I_2 = ________ mA = ________ $\times 10^{-3}$A

내부저항 $r = \frac{V_1 - V_2}{I_2 - I_1}$

= ________ Ω

기전력 E = ________ V

[측정값으로부터 계산] E = ________ V

r = ________ Ω

문제 1. 가변 저항기의 B와 C의 단자에 연결하고, 손잡이 H를 A쪽으로 움직이면 저항은 커질까, 작아질까?

문제 2. 새 건전지와 헌 건전지 중, 어느 쪽이 내부저항이 클까? 또한 그 이유는 무엇일까?

문제 3. 헌 건전지의 기전력은 1.5 V이지만, 꼬마전구에 불이 들어오지 않는 경우가 있다. 왜일까?

문제 4. 전류를 증가시킬 때와 감소시킬 때, E와 r은 어떤 쪽이 클까? 또한, 그 이유를 기술하라.

3. 실험 결과

① 1.38V 건전지 가변저항이 최솟값일때의 전류값 : 775mA (최대)
가변저항이 최댓값일 때의 전류값 : 25 mA (최소). } 75mA 간격으로 측정한다.

회수 \ 전류	25mA	100mA	175mA	250mA	325mA	400mA	475mA	550mA	625mA	700mA	775mA
1	1.5V	1.4V	1.35V	1.3V	1.25V	1.2V	1.1V	1.05V	0.95V	0.9V	0.9V
2	1.35V	1.3V	1.3	1.25	1.2	1.1	1.0	1.0	0.9	0.9	0.85
3	1.35V	1.25V	1.2	1.15	1.1	1.1	1.0	1.0	0.9	0.9	0.85
4	1.35V	1.3V	1.25	1.2	1.15	1.1	1.05	1.0	0.95	0.9	0.8
5	1.35V	1.3V	1.25	1.2	1.15	1.1	1.05	1.0	0.95	0.9	0.85
평균	1.38V	1.31V	1.27V	1.22V	1.17V	1.12V	1.04V	1.01V	0.93V	0.9V	0.85V
표준편차	0.06	0.049	0.051	0.051	0.04	0.04	0.037	0.02	0.02	0	0.

② 1.11V 건전지 가변저항이 최솟값일 때 : 800mA. (최대)
가변저항이 최댓값일 때 ; 25mA. (최소) } 75mA 간격으로 측정한다.

회수 \ 전류	25mA	100mA	175mA	250mA	325mA	400mA	475mA	550mA	625mA	700 mA	775mA
1	1.35V	1.3V	1.3V	1.25V	1.2V	1.15V	1.1V	1.1V	1.0V	0.95V	0.9V
2	1.35	1.3	1.25	1.2	1.2	1.15	1.1	1.05	1.0	0.95	0.9
3	1.35	1.3	1.25	1.2	1.2	1.15	1.1	1.05	1.0	0.95	0.9
4	1.35	1.3	1.3	1.25	1.2	1.15	1.1	1.05	1.0	0.95	0.9
5	1.35	1.3	1.25	1.2	1.15	1.1	1.1	1.0	1.0	0.95	0.9
평균	1.35V	1.3V	1.27V	1.22V	1.19V	1.14V	1.1V	1.05V	1.0V	0.95V	0.9V
표준편차	0	0	0.024	0.024	0.02	0.02	0	0.03	0	0	0

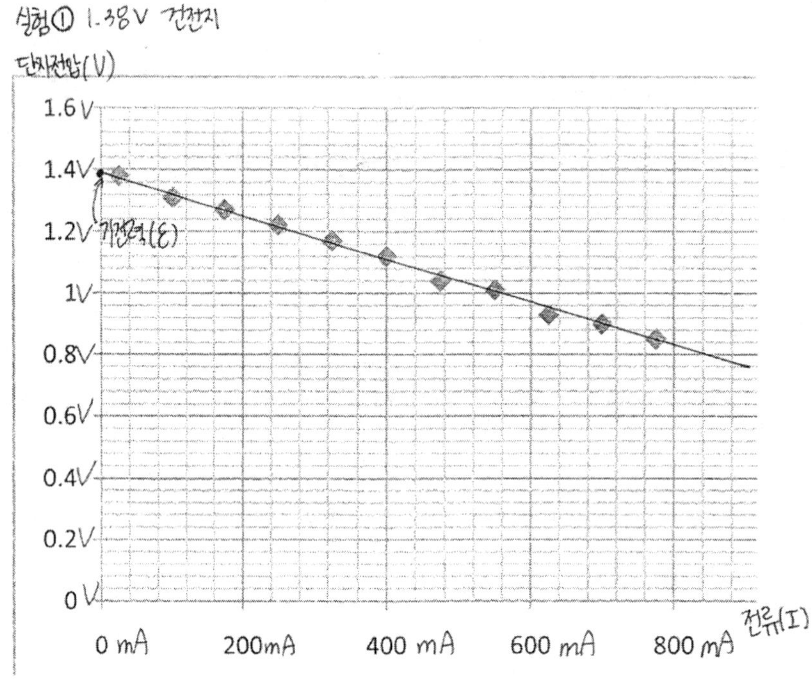
실험① 1.38V 건전지
단자전압(V)
1.6V
1.4V
1.2V
1V
0.8V
0.6V
0.4V
0.2V
0V
기전력(ε)
0 mA
200mA
400 mA
600 mA
800 mA
전류(I)

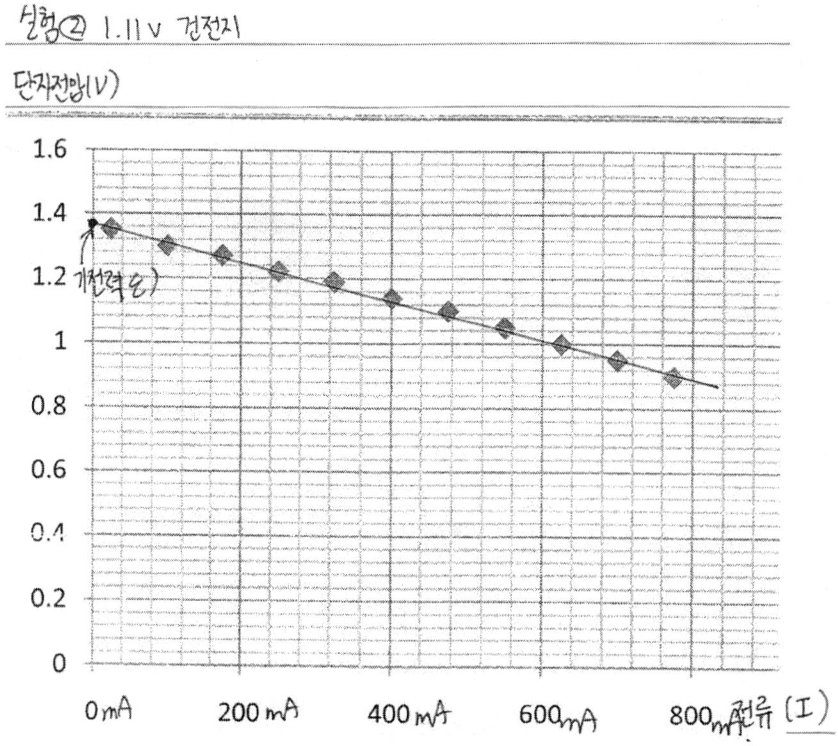
실험② 1.11V 건전지
단자전압(V)
1.6
1.4
1.2
1
0.8
0.6
0.4
0.2
0
기전력(ε)
0mA
200 mA
400 mA
600mA
800mA
전류 (I)

직선 전류에 의한 자기장

[목표] 남북 방향으로 늘어뜨린 직선 도선에 흐르는 전류가 만드는 자기장의 세기를 나침반의 진동으로부터 측정하여, 자기장의 세기가 전류의 세기와 전류로부터의 거리에 의해 어떻게 변하는지를 조사한다.

[준비] 에나멜선(직경 약 0.2 mm, 길이 약 3 m), 튼튼한 나무막대(길이 1 m, 폭 1 cm, 두께 1.5 cm 정도), 방위용 나침반(360° 눈금판 포함), 직류 전류계(5 A), 가변 저항기(20 Ω, 5 A), 직류 전원(6 V, 5 A), 양쪽스위치, 도선 3개, 자, 접착테이프, 스탠드, 못 2개

[실험]

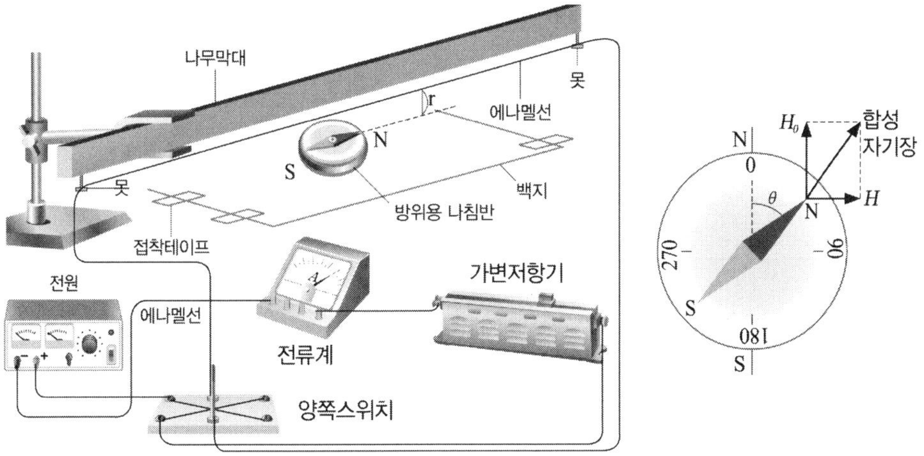

(1) 백지 위에 직선을 그은 나침반의 받침대를, 눈금판의 0–180°의 선과 일치하도록 접착테이프로 백지에 고정시킨다.

(2) 나침반의 북극이 0°, 남극이 180°의 방향을 가리키도록 백지를 책상에 고정시킨다.

(3) 나무막대의 양 끝에 못을 박고, 에나멜선의 양 끝을 약 150 cm씩 남겨, 못에 감아 팽팽하게 늘인다.

(4) 나무막대의 끝을 스탠드에 받쳐, 에나멜선이 백지의 자오선과 평행하고, 중앙의 수직 아래에 나침반이 오도록 한다.

(5) 에나멜선과 나침반과의 거리 r을 5 cm로 한다.

(6) 계기를 나침반으로부터 되도록 멀리 두도록 배선한다.

(7) 스위치를 켜서 저항기를 조절하여, 전류를 2 A로 한다. 이때의 나침반의 진동각 θ_1을 읽는다.

(8) 스위치를 다른 쪽으로 바꿔서, 전류의 방향을 거꾸로 하여 θ_2를 읽는다.

(9) 전류를 2 A로 유지하고, r을 2 cm씩 증가시켜 그 때마다 (7),(8)의 조작을 한다.

(10) r=10 cm로 유지하고, 전류를 0.5 A부터 0.5 A씩 증가시켜, 그 때마다 (7), (8)의 조작을 한다.

[정리]

(1) 나침반은 지자기의 수평성분 힘 H_0와, 전류에 의한 자기장 H와의 합성 자기장의 방향을 향한다. $H = H_0 \tan\theta$

(2) (7), (8)의 나침반의 진동각도 θ_1과 θ_2의 평균값 θ를 구한다.

(3) (8), (9)로부터 i=일정할 때 $\frac{1}{r}$과 $\tan\theta$의 그래프를 그려, $H \propto \tan\theta \propto \frac{1}{r}$의 관계를 보인다.

(4) (10)으로부터 r=일정할 때 i와 $\tan\theta$의 그래프를 그려, $H \propto \tan\theta \propto i$의 관계를 보인다.

(5) (9), (10)으로부터 $H \propto \frac{i}{r}$인데, 자기장의 세기 H의 이론값은 $H = \frac{i}{2\pi r}$

(6) 지자기의 수평 성분 힘 H_0를 구한다. $H_0 = \frac{H}{\tan\theta} = \frac{i}{2\pi r \tan\theta}$를, 표의 $\overline{H_0}$와 비교한다.

직선전류에 의한 자기장

자기장의 세기와 거리와의 관계 전류의 세기 i = ______ A = 일정						
r[m]	$\frac{1}{r}$	θ_1	θ_2	평균 θ	$\tan\theta$	$\frac{i}{2\pi r\tan\theta}$
0.						
0.						
0.						
0.						
0.						
					지자기 H_0의 평균	

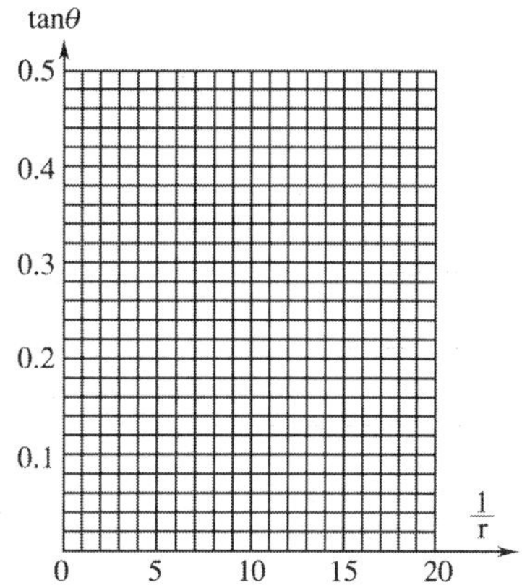

자기장의 세기와 전류와의 관계 거리 r = 0.______ m = 일정					
i	θ_1	θ_2	평균 θ	$\tan\theta$	$\frac{i}{2\pi r\tan\theta}$
				지자기 H_0의 평균	

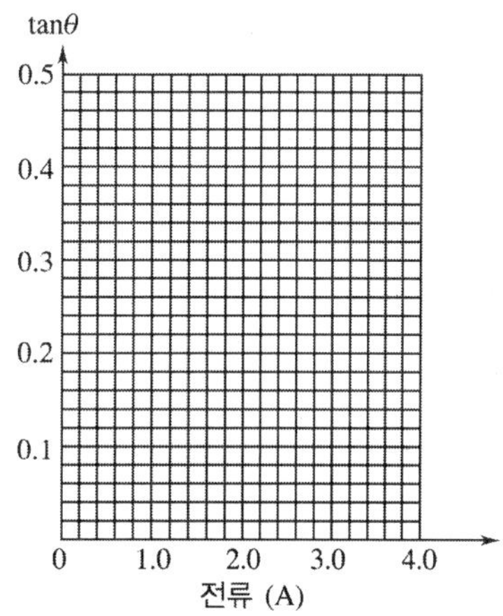

문제1. 지자기의 측정값이 표의 값보다 상당히 작은 이유는 무엇일까?

____

3. 실험 결과.

① 3cm 에서 전류의 세기 변화.

전류(A)	각도(°)					$\tan\theta$				
	1회	2회	3회	평균	표준편차	1회	2회	3회	평균	표준편차
0.1A	33°	33°	32°	32.67°	0.57735	0.65	0.65	0.62	0.64	0.017
0.2A	43°	44°	47°	44.67°	2.08	0.93	0.97	1.07	0.99	0.072
0.3A	55°	57°	57°	56.33°	1.1547	1.428	1.54	1.54	1.503	0.065
0.4A	60°	65°	64°	63°	2.64575	1.732	2.115	2.05	1.966	0.205
0.5A	65°	67°	70°	67.33°	2.516611	2.1445	2.356	2.75	2.4	0.3073

Date No.

* 실험값과 이론값의 비교 (자기장 B의)

지구 자기장의 수평 성분의 크기 : Be

전류에 의한 자기장의 크기 : B

$\tan\theta = \frac{B}{Be}$. $B = Be \tan\theta$. (같은지역에서 Be 일정 ⇒ $B \propto \tan\theta$)

$Be = 0.30 \times 10^{-4}$T. 자기장 구하는 이론식 : $B = 2\times10^{-7}\frac{I}{R}$ (R=m)

	0.1×15A	0.2×15A	0.3×15A	0.4×15A	0.5×15A
실험값	1.92×10^{-5}T	2.97×10^{-5}T	4.51×10^{-5}T	5.90×10^{-5}T	7.2×10^{-5}T
이론값	1×10^{-5} T	2×10^{-5}T	3×10^{-5}T	4×10^{-5} T	5×10^{-5} T
오차율	92%	48.5%	50.3%	47.5%	50%

* 거리 R = 0.03m.

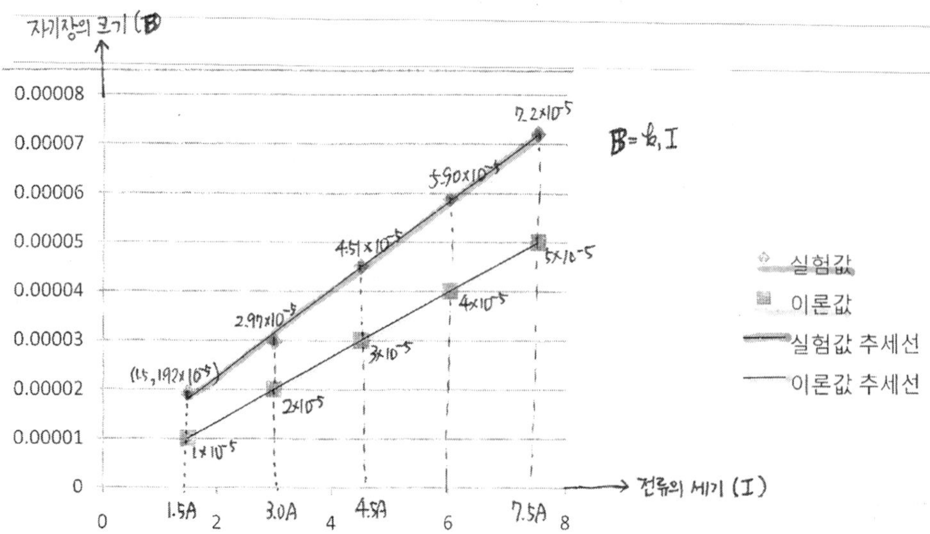

실험② 0.3A 에서 거리 3cm. 6cm. 9cm. 12cm.

거리.	각도(°)					tanθ				
	1회	2회	3회	평균	표준편차	1회	2회	3회	평균	표준편차
3cm	55°	57°	57°	56.33°	1.1547	1.428	1.54	1.54	1.503	0.065
6cm	49°	50°	52°	50.33°	1.5275	1.15	1.19	1.28	1.2	0.0666
9cm	43°	42°	40°	41.67°	1.5275	0.93	0.9	0.84	0.89	0.03741
12cm	33°	34°	32°	33°	1	0.65	0.6745	0.625	0.65	0.02475

* 자기장 B의 실험값과 이론값 비교.

$I = 0.3 \times 15 A$.

	0.03 m	0.06 m	0.09 m	0.12 m
실험값	$4.51\times10^{-5}T$	$3.6\times10^{-5}T$	$2.67\times10^{-5}T$	1.95×10^{-5}
이론값	$3\times10^{-5}T$	$1.5\times10^{-5}T$	$1\times10^{-5}T$	7.5×10^{-6}
오차율	50.3%	140%	167%	160%

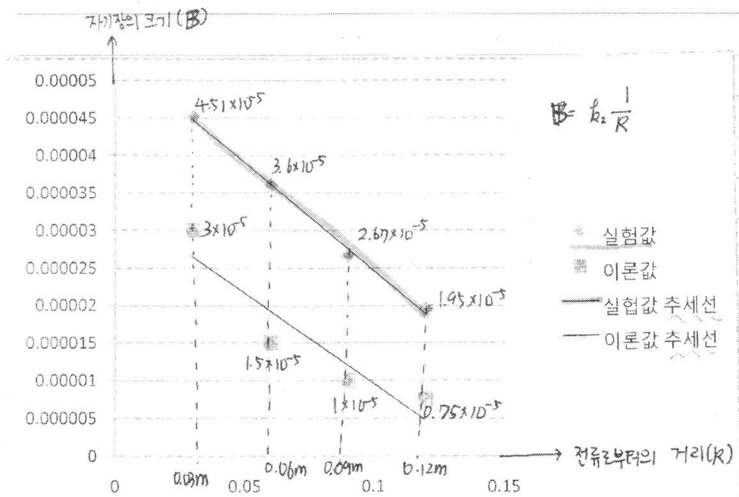

참고문헌

권재술, 김범기, 우종옥, 정완호, 정진우, 최병순 (1998). 과학 교육론. 서울: 교육과학사.

김도윤 (2005). 고등학교 물리실험에서의 탐구 실험 개선 방안 연구. 성균관대학교 석사학위논문.

김미혜 (2005). 고등학교 물리실험교육에 대한 조사 및 개선 방안. 군산대학교 석사학위논문.

김양균 (2002). 초등학교 과학과 실험 수업에 대한 교사들의 인식 및 실태 조사. 한국교원대학교 석사학위논문.

김지나 (2003). 불일치 상황에 직면한 학생들이 요구하는 실험을 통한 인지 갈등과 물리 개념 변화 과정. 한국교원대학교 박사학위논문.

김재우, 오원근, 박승재 (1999). 중학교 1학년을 대상으로 학생들의 탐구 문제에 대한 변인 판별과 통제. 한국과학교육학회지, 19(4), 674-683.

김태영 (2008). 탐구 기반 기초 물리 실험 수업이 예비과학교사의 과학의 본성에 대한 관점의 이해에 미치는 영향. 대구대학교 석사학위논문.

김현정 (2003). 시범실험 수업이 초등학생들의 과학 관련 태도에 미치는 효과. 한국교원대학교 석사학위논문.

도만구 (2006). 고등학교 물리 교과에서 컴퓨터 시뮬레이션을 이용한 가상 실험의 효과 연구. 경기대학교 석사학위논문.

박정화 (2005). 가설 설정과 실험 설계 능력 향상을 위한 물리 실험 탐구 수업의 효과. 한국교원대학교 석사학위논문.

윤기상 (2010). 과학영재교육원 사사교육을 위한 모형 개발과 매미 복부 모형의 공명 패턴 연구에의 적용. 한국교원대학교 석사학위논문.

이규성 (1999). 시범 실험이 학생들의 물리 학습 흥미에 미치는 영향. 한국교원대학교 석사학위논문.

이은미 (2011). 중·고등학생들의 측정에 대한 인식. 한국교원대학교 석사학위논문.

이희탁 (2004). 시범실험을 활용한 물리 수업이 고등학생의 학습 태도에 미치는 효과. 한국교원대학교 석사학위논문.

임병황 (2000). 중학교 과학 실험 연수 교재의 물리 분야 분석. 한국교원대학교 석사학위논문.

전영신 (2004). 이상 조건의 불충분한 고려가 실험결과에 미치는 영향. 한국교원대학교 석사학위논문.

조형욱 (2008). 중학교 물리 실험 분석 및 교과 내용과의 연계성 고찰: 역학 부분을 중심으로. 한양대학교 석사학위논문.

조희형, 박승재 (1995). 과학론과 과학 교육. 교육과학사.

조희형, 박승재 (1999). 과학교수학습. 교육과학사.

황명식 (2003). 현상 제시 시범 실험이 실업계 고등학생들의 과학 학습 태도와 물리 개념 변화에 미치는 영향. 한국교원대학교 석사학위논문.

Anderson, R. O. (1976). The experience of science: A new perspective for laboratory teaching. New York: Teachers College Press.

Buffler, A., & Allie, S. (2001). The development of first year physics students' ideas about measurement in terms of point and set paradigms. International Journal of Science Education, 23(11), 1137-1156.

Collette, A. T., & Chiappetta, E. L. (1994). Science Instruction in the Middle and Secondary Schools. Columbus, Ohio: Merrill.

Frank Safayeni, Natalia Derbebtseva & Alberto J. Canas (2005). A Theoretical Note on Concept and the Need for Cyclic Concept Maps. Journal of research science teaching, vol.42, NO.7, pp.741-766.

Foster, D., & Lock, R. (1987). Teaching science 11-13. London: Croom Helm.

Gower, B. (1997). Scientific method: An historical and philosophycal introduction. London: Routledge.

Gott, R., Duggan, S. & Johnson, R. (1999). What do practising applied scientists do and what are the implications for science education?, Research in Science & Technological Education, 17(1), 97-107.

Hegarty, E. H. (1982). The role of laboratory work in science cource: implications for college and high school levels. In M. B. Row(ed.) Education in the 80's. Washington, DC: NEA.

Herro, M. D. (1971). The nature of scientific inquiry. School Review. 70, 171-212.

Hodson, D. (1991). Philosophy of science and science education. In M. R. Matthews, History, philosoph, and science teaching: Selected readings. New York: OISE Press.

Lubben, F., Campbell, B., Buffler, A., & Allie, S. (2001). Point and set reasoning in practical science measurement by entering university freshmen. Science Education, 85(4), 311-327.

National Research Council (2000), Inquiry and the national science education standards: A guide for teaching and learning, National Academy Press.

Shulman, L. S., & Tamir, P. (1973). Research on teaching in the national science.

In P. M. Travers(ed). Second Handbook of research on teaching. Chicago: Rand McNally.

Simpson, R. D. & Anderson, N. D. (1981). Science, students, and schools. New York: Macmillan Publishing Company.

Tamir, P. (1976). The role of the laboratory in science teaching. Technacal report No. 10. Iowa City, IA: The University of Iowa.

Pella, M. O. (1961). The laboratory and science teaching. The Science Teaching. 28(5), 29-31.

Walter J. 저, 이기우 역 (1995). 구술문화와 문자문화. 문예출판사.

Wellington, J. (2000). Teaching and learning secondary science: Contemporary issues and practical approaches. London: Routledge.

Woolnough, B. & Allsop, T. (1985). Practical work in science. London: Cambridge University Press.

제 VI 장

물리 학습 평가

1. 과학 학습 평가의 원리
2. 지식 영역의 평가 방법
3. 탐구 영역의 평가 방법
4. 과학 관련 태도 영역의 평가 방법
5. 탐구 활동 평가
6. 과학 논술 평가
7. 외국 평가의 실례

1 과학 학습 평가의 원리

1.1 과학 학습 평가의 의미

과학 학습 평가란 교육과정에 의하여 교수-학습이 이루어진 후 목표하는 바에 얼마나 도달되었는가를 알아보는 것이다. 학생들의 지식, 탐구, 태도에 관한 측정 결과를 설정된 목표에 비추어 그 가치나 달성 정도를 파악하는 과정으로서 학생들에게 제공한 학습프로그램의 효율성은 어떠하며, 교사의 교수 방법은 학생들에게 적절한 것이었는지를 알아본다.

평가에는 측정(measurement), 평가(evaluation), 총평(assessment)과 같이 쓰임에 따라 다른 용어로 사용된다(김영민 등, 2005). 측정은 인간의 모든 능력과 행동은 객관화 혹은 수량화시킬 수 있다는 초기의 실험 심리학, 심리 측정, 검사 제작 이론에서 출발하였다. 측정은 일정한 규칙에 따라 객관성 있게 표현하고 있는가에 관련된 개념이다. 평가란 말의 사전적 의미는 어떤 것의 가치나 수준을 판단하고 평정하는 일이다. 교육 평가의 어의적 의미는 분명 교육의 가치를 따지고 판단하는 활동이다. 아무런 가치 판단이 이루어지지 않았다면 그것을 평가라고 말할 수 없다. 총평이란 개인에 대한 총체적인 평가의 의미를 가진 용어로서 학습자가 가진 문제를 규명하고, 그에 대한 의사결정을 위해서 자료를 수집하는 과정이라고 정의한다.

1.2 평가의 종류

평가의 종류는 평가의 시기, 평가 준거에 따라 나눌 수 있다. 평가 시기에 따라서는 진단평가, 형성평가, 총괄평가로 나누어 보고, 평가 준거에 따라서는 절대평가, 상대평가로 나누어 알아본다.

가. 평가 시기에 따라

평가가 이루어지는 시기에 따라 진단평가, 형성평가, 총괄평가로 구분되어진다. 진단평가, 형성평가 및 총괄평가에 대한 특징은 다음과 같다.

1) 진단평가

학생들의 선수 학습 정도, 적성, 흥미 등 학습자의 상태를 정확히 파악해야 할 필요가 있다. 이와 같이 학습하고자 하는 과제와 관련하여 일반적으로 수업이 시작되기 전에 학습자의 상태를 진단하는 평가 활동을 진단평가라고 한다. 진단평가는 학습할 과제의 교육 목표를 어느 정도 성취했는가는 관련이 없기 때문에 학업 성취도의 평가, 이른바 성적에는 포함되지 않는 평가이다.

2) 형성평가

학습이 진행되는 과정 동안에 학습이 의도한 교육 목표에 부합하게 잘 진행되고 있는지를 점검하여 그에 따라 학생들에게 피드백을 제공하고 교수-학습 방법을 개선하여 학생들의 학습을 증진시키기 위해 실시하는 평가이다. 교사가 수업 시간에 자주 실시하는 쪽지검사, 퀴즈 등이 여기에 속한다.

3) 총괄평가

일련의 학습 과제 혹은 특정한 교과의 학습이 끝난 다음에 교수 목표가 어느 정도 실현되었는지 확인하는 평가 활동을 총괄평가 혹은 총합평가라 한다. 흔히 시행되는 중간고사나 학기말고사가 여기에 해당된다.

나. 평가 준거에 따라

평가가 이루어지는 준거에 따라 평가는 절대평가, 상대평가로 구분되어 진다. 절대평가 및 상대평가에 대한 특징은 다음과 같다.

1) 절대평가

절대평가는 학생이 속해 있는 집단과 상관없이 주어진 교육 목표를 어느 정도 달성했느냐에 바탕을 두는 평가 방법이다. 절대평가는 평가를 통해서 학생들이 이해한 부분과 이해하지 못한 부분을 파악할 수 있어 현재 보충·개선해야 할 학습에 대해 정보를 제공하여 교수-학습 과정을 개선하는 데 도움을 준다. 교수-학습 과정이 적절하기만 하다면 많은 학생들이 교육 목표를 달성할 수 있으므로 학생들은 지적인 성취감을 느낄 수 있을 뿐만 아니라 지나친 경쟁심보다는 협동심을 갖게 된다.

2) 상대평가

상대평가는 주어진 교육 목표의 달성도와 상관없이 한 학생의 학업성취도를 그가 속한 전체 집단 속에서 상대적인 비교를 통하여 해석하고 판단을 내리는 방법이라고 할 수 있다. 상대평가는 평가를 통하여 학생들의 우열을 가려내고 학생을 분류하거나 선발하는 대학 입시나 입사시험 등에 많이 이용된다.

1.3 평가 방법

평가하는 방법에는 크게 지필평가, 수행평가로 나눈다. 지필평가는 결과 중심의 평가 방법이고, 과정 중심의 평가 방법은 수행평가 방법이다.

가. 지필평가

지필검사의 종류에는 크게 객관식 검사와 주관식 검사로 나눈다. 객관식 검사 및 주관식 검사에 대한 특징은 다음과 같다.

1) 객관식 검사

객관식 검사는 여러 개의 답지 중에서 학생이 정답을 선택하는 형식의 평가 문항으로서, 보통 문항수가 많고 비교적 간단한 반응을 요구한다. 객관식 검사의 가장 큰 장점은 문항수가 많기 때문에 학생들이 학습한 내용을 광범위하게 다룰 수 있으며, 채점의 객관성과 신뢰성이 높다는 점이다. 객관식 평가 문항에는 선다형, 조합형, 연결형, 진위형 등이 있다. 선다형은 여러 답지 중에서 정답을 찾는 유형이다. 조합형은 문제부에 [보기]의 형식으로 선택할 수 있는 선택항들이 나열되어 있으며 답지부는 그러한 선택항들의 나열로 구성되어 있다. 연결형은 일련의 전제와 일련의 답지, 그리고 전제와 답지를 연결시키는 지시문의 세 가지로 구성되어 있다. 진위형은 진술문을 제시하고 그 진술문의 진위, 정오를 판단하게 하는 평가 문항이다.

2) 주관식 검사

주관식 검사는 학생들이 주어진 문제에 적합하도록 답안을 계획하여 답하는 형식의 평가 문항으로서, 보통 문항수가 적고 학생들이 답안을 작성하는 데 상당한 자유를 허용하여 학생들의 고차원적 인지 능력의 평가가 용이하다. 그러나 객관식 검사에 비해 평가하는 데 있어 평가자의 주관이 개입되기 쉬워 측정의 오차가 생기는 단점이 있다.

주관식 검사에는 논술형, 단답형, 완성형 등이 포함되어 있다. 논술형은 주어진 혹은 지식에 따라 자유롭게 답을 구성할 수 있는 형태의 평가 문항이다. 단답형은 주어진 질문에 대해 간단한 단어, 구, 문장, 숫자, 그림 등 제한된 형태로 대답하게 하는 형식의 평가 문항이다. 완성형은 괄호 안에 알맞은 단어나 문구 등을 써넣는 형식의 평가 문항이다.

나. 수행평가

수행평가는 학생이 해답을 구하거나 무엇을 만들어냄으로써 자신의 능력이나 지식을 드러내 보일 것을 요구하는 여러 가지 종류의 검사 방법들을 통틀어서 표현한 용어이다. 수행평가는 교과별로 평소 수업과 과제를 통하여 학습 참여도, 과제 해결 능력, 학습 성취도 등을 수시로 평가하여 성적에 반영하는 제도를 말한다. 이는 단순히 필기 시험을 통해 산출되는 점수를 성적에 반영하는 현행 평가 방식과 달리 학교 수업 전반을 종합적으로 관찰하여 성적을 산출하는 것이다. 수행평가의 유형에는 관찰 평가, 순환실험 평가, 과제형 평가, 실험보고서 평가, 포트폴리오 평가 등이 있다.

1) 관찰 평가

학생을 이해하고 평가하기 위한 가장 보편적인 방법의 하나로 일화기록법, 점검표, 평정척도를 사용하기도 하고, 보다 객관적이고 정확한 관찰을 위해 비디오 녹화를 한 후 분석하는 방법을 쓰기도 한다.

2) 순환실험 평가

순환실험 평가는 비교적 단순한 탐구 기능 평가에 많이 사용한다. 전형적인 순환실험 평가 방법은 실험실에 실험대를 여러 개 설치하고, 각 실험대마다 다른 탐구 기능을 측정하도록 준비한다. 학생들은 한 가지 평가가 끝나면 다른 실험대로 가서 다른 실험 기능을 평가받는 것이다.

3) 과제형 평가

자신의 능력이나 흥미에 적합한 주제를 선택하여 자료를 수집 · 분류하고 조사 분석하여 문제 해결을 해 가는 것으로, 연구 주제나 범위에 따라 개인적 또는 모둠별로 할 수 있다. 과제를 계획하고 보고하는 전 과정에서 과학적 호기심과 계획성, 준비성, 적극성, 인내성, 자신감 등 과학적 태도와 탐구 사고력, 창의력, 일상생활에의 적용성 등을 평가할 수 있다.

4) 실험보고서 평가

실험보고서 평가는 학생들이 개별적으로 또는 모둠별로 작성한 실험보고서를 미리 준비한 평가 준거에 의해서 평가하는 방식이다. 실험보고서 평가를 위해서는 보고서 양식을 잘 고안하여 제시하여 주고, 세부 항목별로 평가 준거를 마련하여야 한다.

5) 포트폴리오 평가

학습지, 시험노트, 보고서, 실험 · 실습의 결과 보고서 등을 정리한 학생의 성장과 학습 과정사의 자기반성을 포함하는 '자료철'로 자신만의 작품 모음집을 만드는 데 과제 수행을 위한 증거 자료를 모으고 수집된 자료가 스스로가 판단하기에 얼마나 훌륭한가 등에 대한 서술도 포함시킨다.

1.4 평가 도구의 준거

제작된 평가 도구가 좋은 검사인지, 제대로 작성되어 측정하려는 내용을 충실히 재어내느냐 등 평가 도구의 양호도를 알아보기 위해서 분석하고 평가해야 한다. 어떠한 평가 도구가 좋은 평가 도구인가 하는 것은 그 평가 도구가 타당도, 신뢰도, 난이도, 변별도를 가지고 있는가 하는 것에 달려 있다. 이러한 기준들이 높은 수준으로 확인될 때 그 평가 도구가 양호하다고 말한다.

가. 타당도의 정의 및 종류

타당도란 평가 도구가 측정하려고 하는 내용 자체를 재고 있는 충실성의 정도를 가리키는 말이다. 타당도는 측정하려고 하는 내용 자체를 얼마만큼 충실하게 재고 있느냐 하는 문제를 다루고 있다. 따라서 타당도는 평가 문항이 학습자가 학습해야 하는 교육 목표 혹은 학습 목표를 충실하게 반영하고 있는지를 나타낸다. 일반적으로 타당도는 내용 타당도, 구인 타당도, 예언 타당도, 공인 타당도 등으로 구분된다.

1) 내용 타당도

내용 타당도는 그것이 평가하려고 하는 내용, 즉 교육 목표를 어느 정도로 충실히 측정하고 있는지 분석할 때 쓰이는 타당도로서 논리적 타당도, 안면 타당도라 부른다. 예를 들면 이원 분류에 나타난 내용과 행동이 어느 정도 교과내용 또는 목표를 충실하게 반영하고 있으며, 내용 및 행동 영역에 각각 배정된 문항의 비율이 어느 정도 교과 내용 및 목표와 일치되고 있느냐 하는 것을 이론적으로 기술하는 것이 내용 타당도이다.

2) 구인 타당도

구인 타당도는 검사의 점수에 반영되어 있다고 짐작되는 심리학적 구인과 관계가 있는 것으로, 관련 있는 심리학적 특성이나 구인이 검사의 성취에 어느 정도 반영되었는가를 평가한다.

3) 예언 타당도

예언 타당도는 한 검사의 결과 미래의 행동이나 특성을 어느 정도로 정확하고 완전하게 예언하느냐에 관한 것을 의미하며, 학교에서는 진로지도나 앞으로의 학습효과 등 미래의 상황을 예측하는데 사용한다.

4) 공인 타당도

공인 타당도는 검사의 결과를 동시에 같은 목표를 측정하는 다른 검사의 결과와 비교했을 때 공통된 요인이 어느 정도인지를 말한다. 즉, 새로 만든 A검사를 기존의 B, C검사와 비교해서 상관도가 높은지 알아본다.

5) 타당도를 높이는 방법

타당도를 높이기 위해서는 불명확한 지시 사항, 어휘와 문장 구조의 어려움, 검사 문항 난이도의 부적절성, 모호성, 정답의 동일한 양상을 줄여야 한다. 또한 검사에 충분한 시간을 제공해야 하며, 가급적이면 쉬운 문항을 앞에 넣고 뒤에는 어려운 문항을 넣고 난이도의 순서대로 배열하는 것이 좋다. 또한 가급적이면 문항을 해결하면서 학습되어 뒷 문항을 해결할 때 영향을 미치지 않게 해야 한다.

나. 신뢰도의 정의 및 종류

신뢰도는 얼마나 평가 도구가 '얼마나 정확하게', '얼마나 오차 없이' 측정하고 있는가 하는 개념으로, 즉 측정하고 있는 것이 일관성 있는가, 측정의 오차가 얼마나 적은가 하는 문제이다. 예를 들어 하나의 평가 도구를 특정한 집단에 실시했을 때 그 결과가 측정할 때마다 거의 비슷하게 나왔다면 그 평가 도구는 신뢰도가 높다고 한다. 일반적으로 신뢰도는 재검사 신뢰도, 동형 검사 신뢰도, 반분 신뢰도, 내적 일치도 등으로 구분된다.

1) 재검사 신뢰도

재검사 신뢰도는 한 개의 평가 도구를 같은 집단에게 두 번 실시하여 전후의 결과에서 얻은 점수를 기초로 상관계수를 산출하는 방법이며, 이것은 두 점수 사이에 어느 정도 안정성이 있느냐를 보는 것이기 때문에 안정성 계수라고 한다.

2) 동형 검사 신뢰도

동형 검사 신뢰도는 미리 두 개의 동형 검사를 제작하여 이것을 같은 피험자에게 두 동형 검사에서 얻은 점수 사이의 상관을 산출하는 방법으로 동형성 계수라고 한다. 동형 검사는 표면적, 외형적인 내용은 서로 다르지만, 두 검사가 측정 이론에서 보아 동질적이며 동일하다고 추정할 수 있는 문항으로 구성된 검사이다.

3) 반분 신뢰도

반분 신뢰도는 동질성 계수를 보는 한 가지 방법이다. 이것은 한 개의 평가 도구를 피험집단에 실시하고 그것을 적절한 방법에 의하여 두 부분의 점수로 분할하고, 분할된 두 부분을 독립된 검사로 생각하여 둘 사이의 상관을 계산하는 방법이다. 이 방법은 재검사 신뢰도가 부적절할 때, 또 동형 검사를 만들기 어려울 때 쉽게 사용할 수 있는 방법으로 사용된다.

4) 내적 일치 신뢰도

내적 일치 신뢰도는 피험자가 각 문항에 반응하는 일관성, 합치성에 기초를 둔다. 또한, 검사 속의 한 문항을 모두 독립된 한 개의 검사 단위로 생각하고, 합치성, 동질성, 일치성을 종합하는 방법이다.

5) 신뢰도 높이는 방법

신뢰도를 높이기 위해서는 피험자의 동기가 있고, 집단이 이질적이며, 변별도가 높거나 적절한 난이도를 가진 문항이 되도록 해야 한다. 검사의 길이가 늘어날수록 신뢰도는 늘어난다. 동일한 내용을 근거로 한 문항으로 구성된 검사와 10문항으로 구성된 검사를 사용했을 때, 누구나 문항이 많은 검사 쪽의 점수에 신뢰를 더 둘 것이다. 그러나 검사의 길이의 증가에 따라 신뢰도는 증가하지만 그 증가의 폭은 감소한다.

다. 난이도

난이도는 '한 문항의 어려운 정도', '한 문항에 학생들이 정답을 한 확률', '전체 응답자 수에 대한 정답자 수 비율' 등으로 정의된다. 난이도는 기본적으로 정답자 비율이기 때문에 이 값이 높을수록 쉬운 문항이다. 어느 정도의 난이도를 가져야 좋은 문항인가는 검사의 목적과 상황에 따라 달라진다. 개인차 변별을 목적으로 하는 난이도가 20~30%인 문항을 포함하여 평균 난이도가 50% 정도가 되도록 하는 것이 좋다. 20% 이하는 어려운 문항이고, 75% 이상은 쉬운 문항이고 할 수 있다. 그러나 우수자 선발일 경우 난이도가 20~30% 이하의 문항이 적합하다고 본다.

$$P = \left[\frac{R - \frac{W}{K_i - 1}}{N - NR} \right] \times 100$$

P: 난이도 R: 정답자
W: 오답수 Ki: 답지의 수
N: 전체 응답자 수
NR: 당해 문항의 무응답자 수

라. 변별도

변별도는 어떤 문항이 그 검사가 측정하고자 하는 능력의 상하를 얼마나 잘 변별해 주는가의 정도를 의미한다. 한 검사에서 높은 점수를 받는 학생들에게는 쉬운 반면 낮은 점수를 받는 학생들에게는 어려운 문항이 변별이 잘된 문항이다. 따라서 변별도는 검사의 총점이라는 준거에 비추어 문항의 타당도라고도 볼 수 있다. 문항 변별도 지수는 일반적으로 존슨의 DI(discrimination index)로 나타낸다.

$$DI = \frac{R_U - R_L}{f}$$

DI: 문항 변별도 지수 f: 집단의 학생 수
R_U, R_L: 각각 상위 집단, 하위 집단의 정답자 수

변별도를 판단하는 절대적인 기준은 없으나, Ebel & Frisbie(1991)에 의하면 0.40 이상은 매우 좋은 문항, 0.30~0.39는 좋은 문항, 0.20~0.29은 약간 좋은 문항으로 개선될 필요가 있는 문항이고, 0.19 이하는 좋지 않은 문항으로 버리거나 수정되어야 문항이다.

2 지식 영역의 평가 방법

2.1 지식 영역 평가의 원리

지식 영역의 평가틀에는 Bloom(1913~1999)의 교육 목표 분류를 대표적으로 사용한다. 블룸은 교육 목표를 인지적, 정의적, 심체적 기능의 3개 영역으로 구분하였다. 지식 영역은 인지적 영역에 해당된다. 인지적 영역에는 지식, 이해, 적용, 분석, 종합, 평가 등으로 나누었다. 인지적 영역의 요소 중에서 지식, 이해, 적용을 주로 평가 항목으로 활용하고 있다. 각 요소에 해당하는 특징 및 평가 문항을 알아본다.

가. 지식(기억)

지식(기억)이란 교육과정 속에 담겨져 있는 정보나 현상을 기억했다가 재생할 수 있는 능력을 의미한다. 여러 종류의 지식을 알고, 특정한 술어, 특정한 사실, 인명, 일자, 사건 또는 법칙, 원리 등을 기억하는 것은 다른 문제를 해결하거나 그들 간의 관계를 연결 지어 구성하고 종합하는 데 도움이 된다. 지식(기억)에 대한 평가문항을 제작할 때에는 세밀한 변별이나 엄밀한 사용을 요구하기보다는 수업에서 다룬 개념정도 수준의 평가가 보다 바람직하다. 평가 문항을 기술하는 데에 있어서도 학생들에게 생소한 용어나 평가 장면이 제시되면 적용력이나 분석력을 평가하는 문항이 되기 쉬워 지식(기억)에 대해 평가하는 데 적절하지 않다.

보기 1 한 지점의 위치를 나타내기 위해서 꼭 필요한 것을 바르게 고른 것은?

ㄱ. 방향	ㄴ. 시간	ㄷ. 기준점
ㄹ. 속력	ㅁ. 거리	

① ㄱ, ㄷ, ㄹ　② ㄱ, ㄴ, ㅁ　③ ㄱ, ㄹ, ㅁ
④ ㄴ, ㄷ, ㄹ　⑤ ㄷ, ㄹ, ㅁ

보기 2 파동을 횡파와 종파로 구분하는 기준은 무엇인가?

① 진폭의 차이
② 파장의 차이
③ 진동수의 차이
④ 파동의 진행과 매질의 이동 여부
⑤ 파동의 진행 방향과 매질의 진동 방향

나. 이해

지적 능력 및 기능의 가장 기본이 되는 능력이 이해력이다. 이해력은 자료가 전달하는 내용을 이해하고 자료나 아이디어를 이용할 수 있는 능력을 의미한다. 이해력은 수준에 따라 번역, 해석, 추론의 세 가지로 나눈다. 다시 말해서 예를 들면서 추상 개념을 번역하는 능력, 언어로 주어진 자료를 다른 방법으로 명료하게 나타내는 능력, 그래프나 표 등을 해석하는 능력, 표에 제시된 자료로부터 추론하는 능력 등이 이해력에 포함된다. 이해력을 평가하는 문항은 수업 내용과 완전히 똑같을 필요는 없다. 사용되는 언어나 기호, 내용 등은 비슷하게 하면서 제시되는 자료는 적절히 변형시켜 사용하는 것이 오히려 진정한 이해력을 평가하는 데 효과적이다.

보기 1 그림은 수평면 위에서 직선으로 움직이는 물체의 운동을 시간 기록계로 기록한 종이테이프의 일부이다.

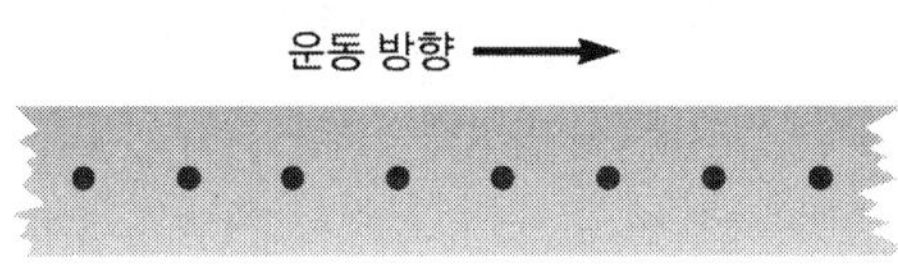

이 구간에서 물체의 시간에 따른 이동 거리를 나타낸 그래프로 옳은 것은?

①
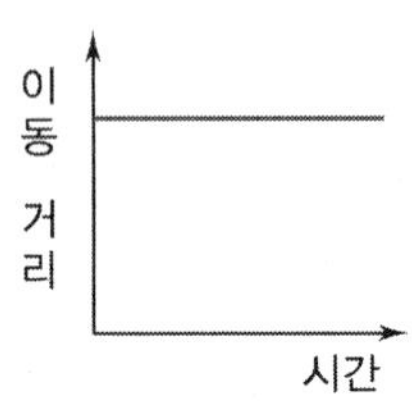

②
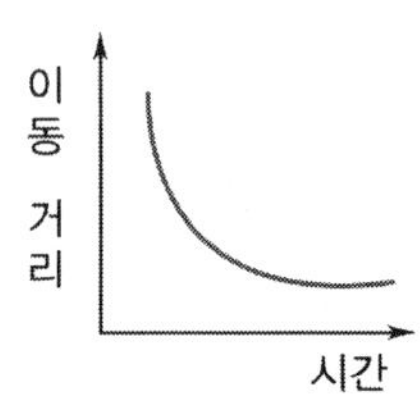

③
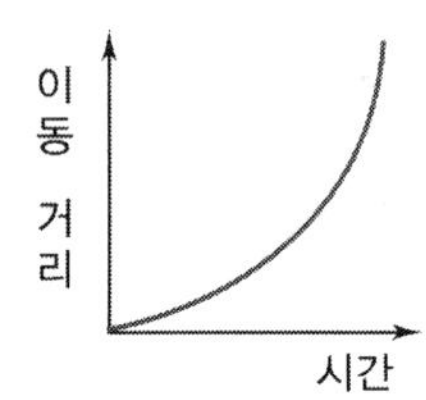

④
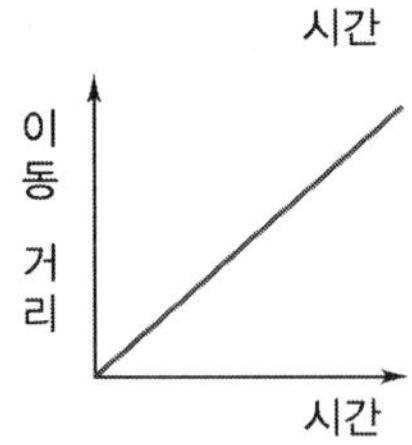

⑤
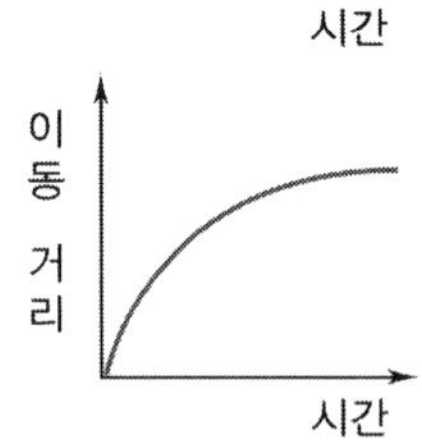

보기 2 그림 (가)와 같이 저항 R_1, R_2가 들어 있는 두 개의 열량계를 전원 장치에 연결한 후, 시간에 따른 물의 온도를 측정하였다. 그 결과 (나)와 같이 온도와 시간과의 관계 그래프를 얻었다.

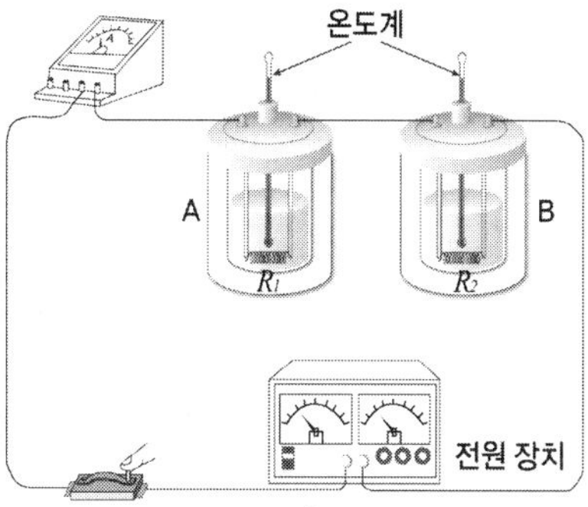

(가)

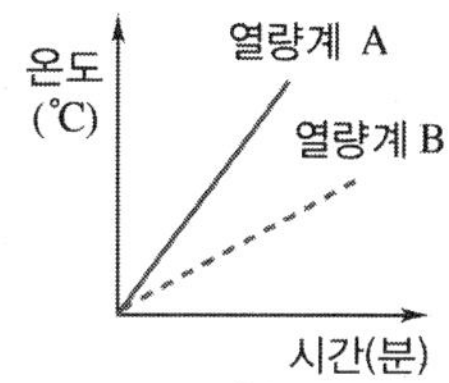

(나)

이 실험으로 알 수 있는 사실로 옳은 것은? (단, 두 열량계에 들어 있는 물의 양은 같다.)

① 저항 R_1과 R_2의 저항비는 1 : 2 이다.
② 두 저항 R_1과 R_2에 걸리는 전압은 같다.
③ 저항 R_1보다 R_2에 더 많은 전류가 흘렀다.
④ 저항 R_2에서의 발열량이 R_1에서의 발열량보다 크다.
⑤ 발열량은 전류가 흐른 시간에 비례한다.

다. 적용

적용력은 특수한 사태, 구체적인 현상 등에 일반적인 아이디어, 법칙, 이론 등의 추상 개념을 사용하는 능력을 의미한다. 예를 들어 어떤 문제를 해결하기 위해서 필요한 법칙과 공식을 사용하거나 어떤 준거에 따라 현상이나 방법을 분류하는 능력, 특정한 법칙이나 타당한 논리적 추리를 통해서 구체화시킨 법칙과 예언을 정당화·일반화하는 능력 등이 포함된다.

보기 1 질량이 40 kg인 사람이 그네를 타고 있다. 최하점 도달 속력이 2 m/s일 때, 이에 대한 설명으로 옳은 것을 〈보기〉에서 모두 고른 것은? (단, 모든 마찰은 무시하며, 중력 가속도는 10 m/s^2이다.)

〈보 기〉
ㄱ. 모든 지점의 역학적 에너지는 80 J이다.
ㄴ. 출발 지점의 높이는 최하점으로부터 0.2 m이다.
ㄷ. 최하점으로부터 0.1 m 지점에서의 운동 에너지와 위치 에너지의 비는 1:1이다.

① ㄱ ② ㄴ ③ ㄱ, ㄴ ④ ㄴ, ㄷ ⑤ ㄱ, ㄴ, ㄷ

보기 2 그림과 같이 6Ω인 저항과 미지의 저항 R을 직렬로 연결한 후, 5 V의 전압을 걸어 주었더니 0.5 A의 전류가 흘렀다.

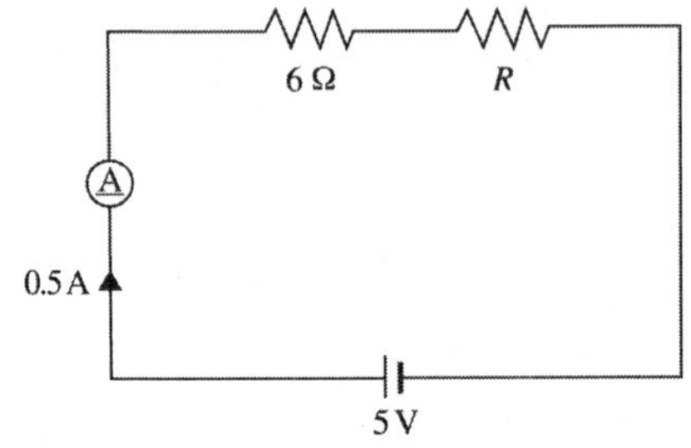

다음은 미지의 저항 R을 구하기 위한 학생들의 대화이다. 바르게 설명을 하고 있는 학생을 모두 고른 것은?

> 철수: 직렬 연결된 각 저항에 흐르는 전류의 세기는 같아.
> 영희: 회로에 걸리는 전체 전압이 5 V이고, 6Ω에 걸리는 전압은 3 V이므로 R에는 2 V의 전압이 걸리겠군.
> 민수: 직렬연결에서 각 저항에 걸리는 전압은 저항의 크기에 반비례하므로 미지의 저항 R는 9Ω이 되어야 해.

① 철수 ② 영희 ③ 민수
④ 철수, 영희 ⑤ 영희, 민수

라. 분석력

주어진 자료를 구성 성분으로 분해하고 부분간의 관계와 그것이 조직되어 있는 방법을 발견하는 능력을 분석력이라고 한다. 분석력은 '요소의 분석', '관계의 분석', '조직 원리의 분석' 능력의 하위 능력으로 구분되어 있다. 요소의 분석은 문제의 요소를 분석하는 능력으로, 다시 말해서 자료를 통해서 전달자가 의도하는 가정, 가치, 관점이 무엇인지 분석할 수 있는 능력 등이 포함된다. 예를 들어 자료에서 가설과 사실을 구별하거나, 결론과 그 결론을 지지하는 진술을 찾아내거나 또는 관계있는 자료와 관계없는 자료를 구별해내는 능력, 한 아이디어가 다른 아이디어와 어떻게 관련되어 있는가를 발견하는 능력 등이 해당된다.

마. 종합력

종합력이란 이전까지는 없었거나 분명하지 않았던 어떤 전체를 구성하도록 요소와 부분을 모아 조직하는 능력을 일컫는다. 다시 말해서 종합력은 이전에 경험한 것들을 통합하여 새로운 자료로 창안하는 능력이므로 창의력과 유사한 능력이다. 예를 들면, 문제 해결이나 가설 검증의 방법을 제시하는 능력과 수집된 정보나 이론 등을 분석하고 그 결과에 따라 새로운 가설이나 이론 등을 세우는 능력 등이다.

사. 평가력

평가력은 어떠한 준거에 근거하여 아이디어 방법 등을 비판하는 능력이며, 각 개인이 지니고 있는 의견이나 가치, 주장 등이 작용할 수 있어 상당한 부분의 정의적 요소가 포함된다. 평가력은 하위 능력에는 논리성, 정확성, 일관성 등의 내적 준거에 의한 판단 능력과 설정된 기준에 비추어 판단하는 외적 준거에 의한 판단 능력이 있다.

2.2 지식 문항 제작 방법

선다형은 지식 영역 평가에 널리 사용되고 있는 평가 문항의 한 형태이다. 이 장에서는 선다형 문항 작성의 원리 및 답지 작성의 유의점에 대해서 알아본다.

가. 선다형 문항 작성의 원리

선다형 문항은 가능한 긍정적인 문항으로 진술하는 것이 좋으며, 답지에서 반복적으로 사용되는 어구는 문두에 표현하여 생략하는 것이 좋다. 또한 답지는 논리적 순서에 따라 간결하게 진술하는 것이 좋다. 문장의 표현을 잘못 해독하여 오답을 하지 않도록 작성되어야 한다. 문항을 작성할 때에는 다음의 사항들에 유의하여 제작한다.

① 가능한 한 문두는 긍정적인 문항으로 진술하는 것이 좋다. 평가도 하나의 학습 기회이다. 긍정문으로 했을 때 평가된 문항 내용은 그대로 학습이 된다. 그러나 부정적인 문두로 묻는 평가는 그 학습 내용에 맞지 않는 사항만을 기억하게 할 가능성이 있다. 부득이 부정적인 진술문을 할 때에는 반드시 '아닌 것을 골라라'에 밑줄을 그어준다.

② 술어의 정의를 평가하는 문항에서는 길게 설명을 요구하는 술어는 문두에서 진술하고, 그 술어에 대한 정의는 간결하기 때문에 답지에서 고르게 한다.

③ 답지 사이에는 중복을 피하고, 답지의 길이는 서로 비슷해야 한다. 답지에서

반복되는 어구는 앞의 문두에서 표현하도록 해야 한다. 문두와 답지가 내용상으로나 문법적으로나 논리적으로 적절한 관련성을 갖도록 해야 한다.

④ 답지에 어떤 논리적인 순서가 있으면 그에 따라 배열해야 한다.

⑤ 가능한 문두는 길고 자세하게 표현하고, 답지는 간결하게 줄이는 것이 좋다.

⑥ 답지 중에서 정답은 분명하고 정확해야 하며, 오답은 그럴듯하게 만들어야 한다.

아래 보기는 선다형 문항에 대한 문항 제작시 주의점이다.

보기 1 다음 그림은 가전제품을 콘센트에 연결한 모습과 그것을 모식도로 나타낸 것이다.

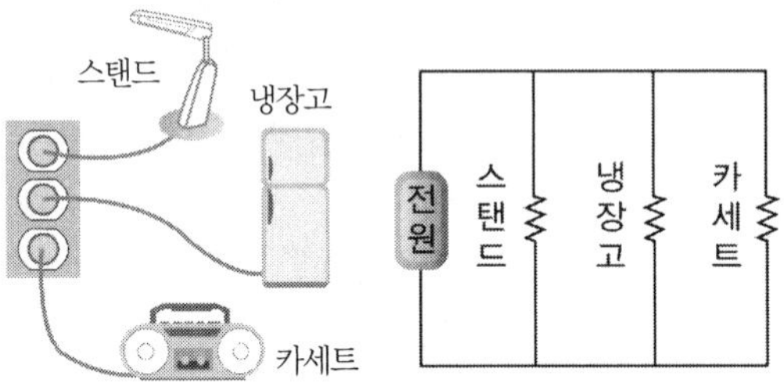

이에 대한 설명으로 옳지 않은 것은?

① 콘센트에 가전제품을 많이 꽂을수록 전압은 증가한다.

② 콘센트에 가전제품을 많이 꽂을수록 전류는 증가한다.

③ 콘센트에 가전제품을 많이 꽂을수록 저항은 감소한다.

④ 가전제품을 콘센트에 꽂는 것은 병렬로 연결하는 것과 같다.

⑤ 한 콘센트에 가전제품을 많이 꽂으면 많은 전류가 흘러 위험할 수 있다.

〈문항 제작시 주의점〉

오답을 찾는 문제이고, 답지에 필요 없는 말이 중복되어 있다. 콘센트에 가전제품을 많이 꽂는다는 내용을 문두에 적고 그것에 대한 답지에 내용을 작성하는 편이 낫다.

보기 2 다음 중 틀린 내용은?

① 사람이 철봉에 매달려있을 때 사람이 철봉을 당기는 힘과 철봉이 사람을 당기는 힘은 작용－반작용의 관계에 있다.

② 수평 방향으로 등속도 운동하는 비행기에서 물체를 가만히 떨어뜨릴 때 조종사 입장에서 그 물체는 자유 낙하 운동을 한다(단, 공기 저항 무시).

③ 두 물체의 질량이 달라도 중력 가속도는 같지만 중력은 다르다(단, 공기 저항 무시).

④ 두 물체의 질량과 떨어진 거리가 클수록 만유인력은 크다.

⑤ 중력과 물체가 지구를 당기는 힘은 작용 반작용의 관계에 있다.

〈문항 제작시 주의점〉
답지의 배열이 너무 불규칙하고 읽기에도 길다. 표나 간결한 문장으로 답지를 구성하는 편이 낫다. 논리적 순서에 의해서 답지가 배열되어 있지 않고, 답지만 보고도 정답이 무엇인지 유추할 수 있을 정도로 문제의 답이 극명하다.

나. 답지 작성의 유의점

답지는 평가하려는 목표를 정확하게 수행한 학생들이 정답을 찾을 수 있도록 작성이 되어야 한다. 선다형 문항이 만들어지면 바로 정답 이외의 정답이 있을 수 있는지 확인하고, 정답을 보고 거꾸로 문항에 맞는 답인지를 확인해 본다. 답지 작성을 할 때에는 다음의 사항들에 유의하여 제작한다.

① 문두가 작성되면 바로 정답을 만들어야 하며, 정답 이외의 정답이 있을 수 있는지 확인한다.
② 찾아 놓은 정답이 그 문두에 대한 정답으로 성립될 수 없는 조건 또는 상황이 있을 수 있는가를 탐색해 본다.
③ 주어진 정답을 찾는 데 필요한 조건들이 문두에 빠짐없이 명시되어 있는지 확인한다.
④ 정답은 문법적으로나 논리적으로 문두와 일치해야 하며, 반드시 타당한 정답 또는 최선의 답이 하나만 있어야 한다.
⑤ 정답의 위치는 골고루 흩어져 있어야 하며, 문제를 보지 않고 답지만 읽고 답을 추측할 수 있으면 안 된다.
⑥ 교과서에 나오는 숫자, 용어 또는 표현이 그대로 정답이 되지 않도록 고려한다.

다. 오답지 작성의 유의점

오답지는 평가하려는 목표를 정확하게 수행하지 못하는 학생들에게 매력을 느끼도록 해야 한다. 오답지로써 매력이 없으면 정답을 추측하여 맞힐 확률이 높아진다. 다음의 사항들에 유의하여 제작한다.

① 오답지의 매력도가 유사하도록 세심한 주의를 기울여 오답지를 만들어야 한다.
② 작성된 오답지가 정답이 될 수 있는 조건 또는 가능성을 검토해 보아야 한다.
③ 답지 내용이 중복되지 않도록 오답지의 길이, 구성, 표현 등이 정답지와 서로 비슷해야 한다.
④ 답지 간에 어떤 논리적 서열이 있으면 그 서열에 따라 답지를 배열한다.

3 탐구 영역의 평가 방법

3.1 탐구 영역 평가의 원리

과학에서 평가는 과학 원리나 지식의 평가뿐만 아니라 탐구 과제를 얼마나 잘 해결할 수 있는지 혹은 탐구 능력이 얼마나 숙달되어 있는지 등의 탐구 기능의 평가도 이루어져야 한다. 그러나 지식 영역의 평가는 지필 평가만으로도 효과적인 평가가 가능한 반면, 탐구 능력의 평가는 실험 수행의 과정이 포함되며 평가 문항 제작 또한 용이하지 않기 때문에 실시하는 데 있어 시간과 경비, 교사의 노력이 필요하다. 학교 현장에서 탐구 영역 평가가 매우 중요하면서도 제대로 이루어지지 못하고 있으며, 대부분의 현장에서 주로 결과 중심의 탐구 능력 평가로 이루어지고 있다. 이것은 과정 중심의 탐구 능력 평가에 비해 결과만을 평가하기 때문에, 실험 수행 과정을 지켜볼 필요가 없으며, 한꺼번에 다수의 학생을 대상으로 탐구 능력을 평가하는 것이 가능하기 때문이다.

가. 결과 중심의 평가

실험 평가는 본질적으로 과정 중심이어야 한다. 그러나 결과 중심의 평가가 그 대안으로 언급되는 이유는 과정 중심의 평가에 비해 상당히 간편하기 때문이다. 학생들이 실험과 같은 탐구 활동을 수행하는 과정을 지켜볼 필요도 없으며, 활동 결과 만들어낸 결과물만을 평가하면 되기 때문에 한꺼번에 많은 학생을 평가할 수 있어 현재 우리나라 교육 현실의 문제를 다소 해결하는 데 적합하기 때문이다. 과제 자체가 단순할 때는 결과를 평가하는 것만으로 충분한 경우가 많다. 예를 들어 간단한 측정, 즉 질량이나 부피 등을 재거나 시약을 만드는 것 등은 결과만으로도 어느 정도 정확하게 탐구 능력을 평가할 수 있다. 실제 학교 현장에서는 학급당 인원수가 많기 때문에 평가자가 일일이 학생 개개인의 실험 능력을 관찰하여 평가하기에는 너무 많은 노력과 시간이 소요된다. 이에 많이 활용하고 있는 방법 중의 하나가 실험보고서 평가이다.

나. 과정 중심의 평가

탐구 활동을 평가자가 직접 관찰하여 탐구 능력을 평가할 때에는 반드시 과정과 관련된 평가의 준거가 필요하다. 탐구 능력 중에서도 관찰 능력, 실험 설계 능력, 실험 결과 분석 등은 결과 중심 평가 준거로도 평가가 가능하지만, 얼마나 실험 기구를 능숙하게 다루는가와 같은 조작 기능 혹은 탐구 과제를 성실히 수행하고 있는가? 등을 평가하고자 할 경우에는 직접 관찰하는 방법이 더 효과적이기 때문에 과정 중심의 평가를 많이 사용한다. 실험 과정의 관찰 평가에는 점검표를 이용하는 것이 효과적이며, 점검표는 학생의 가능한 모든 행동을 예상하여 모두 포함하고 있어야 한다. 점검표는 평가하고자 하는 구체적인 상황을 마련해 놓은 후 그 상황을 실행했는지의 여부를 파악하여 예 · 아니오 형식으로 평가한다. 과정 중심 평가에서는 학생들의 탐구 능력 숙달도와 탐구 과제의 수행 여부를 조사하는 것을 주요 내용으로 하며, 일반적으로 관찰에 의한 체크리스트를 이용한다. 체크리스트는 과학 탐구 과정들 각각의 능숙 정도를 나타내는 몇몇의 척도로 나누어 개발된다. 학생들이 실제로 탐구 능력에 숙달 정도를 나타낼 수 있는 범위는 학년, 탐구 환경과 같은 요인에 의존하지만, 교사들은 그 학년에 적합한 체크리스트를 준비하고 체크리스트에 의해 실제 학생들의 숙련도를 비교하게 된다. 탐구 능력의 숙련도를 평가하는 데 관찰에 의한 방법은 매우 적합한 방법이지만, 구조화되거나 반구조화된 면담과 병행하여 관찰을 함으로써 학생들의 탐구 능력 성취와 진보에 많은 정보를 얻을 수 있다.

3.2 탐구 기능 평가

탐구력의 평가 영역은 보통 탐구 과정에 따라 문제 인식 및 가설 설정, 탐구의 설계, 탐구의 수행, 자료의 해석, 결론 도출 및 평가의 다섯 단계로 구분된다. 탐구 능력 평가는 실험하는 과정을 평가하는 것이 바람직하나 시간이 많이 소요되고 실시에 어려움이 따르기 때문에 지필검사나 실험보고서 등의 다양한 방법이 사용되고 있다. 다음에서는 지필검사로 탐구 기능을 검사하는 방법을 알아본다.

가. 기초 탐구 과정

1) 관찰

사물의 형태나 사건의 현장으로부터 오감을 이용하여 올바른 정보나 자료를 찾아내고 기술하는 것이다. 오감을 통해 물체와 자연현상을 관찰하고, 이를 통해 얻어지는 정보는 주위 환경에 대한 호기심, 의문 등과 같은 과학적 태도를 가지게 하며 더 나아가 조사와 실험을 이끈다. 관찰은 가장 기초적인 능력으로 추론, 의사소통, 예상, 측정, 분류와 같은 다른 과학 탐구 능력을 개발하는 데 필수적이다. 또, 관찰은 인간의 오감을 이용하여 주위의 환경으로부터 데이터를 수집하는 일련의 과정으로 관찰자의 상상력, 창의력, 직관력이 요구되는 활동이다.

보기 다음 4개의 그림 중 다른 하나를 찾으시오. ----------- (　　)

①

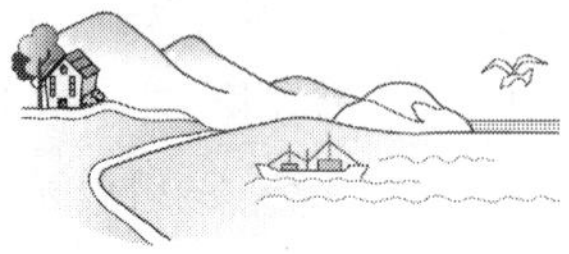

②

③

④

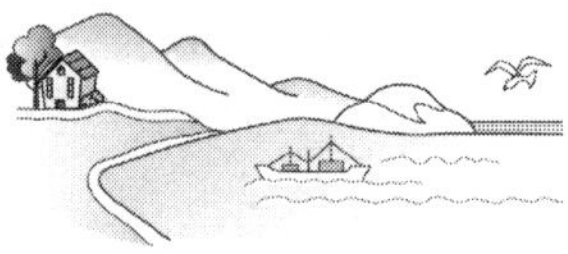

2) 분류

수집된 사물이나 사건으로부터 여러 가지 특성을 찾아내고 그 특성에 따라 나누는 것이다. 주위의 세계에 있는 많은 수의 물체, 사건, 생물을 이해하기 위해서는 이러한 것들을 어떤 순서에 따라 제시할 필요가 있다. 우리는 적절한 목적에 따라 유사성, 차이점, 관련성에 의해 물체를 분류한다. 물론 이렇게 나눠진 분류 체계는 기본적으로 유용해야만 하고, 사건과 사물을 알리기 위하여 관찰되는 유사성이나 차이점을 확인할 때 적용한다.

보기 다음의 여러 가지 물체를 비슷한 물체끼리 두 집단으로 나누려고 한다. 가장 좋은 방법은 어느 것일까? ---------------------------------- (　　)

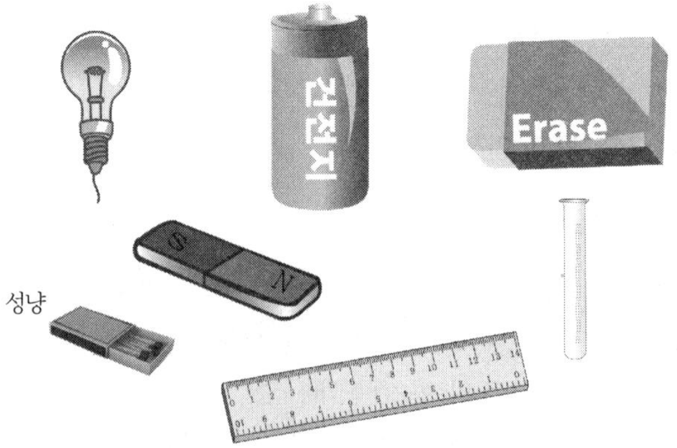

① 모양으로　　② 색깔로
③ 길이로　　④ 부피로

3) 측정

계측기를 이용하여 관찰한 것을 정량화하는 것이다. 가격이 얼마인가? 얼마나 먼가? 크기는? 얼마나 긴가? 얼마나 많은가? 얼마나 빠른가? 이들은 우리가 일상생활에서 매일 다루는 질문들이다. 따라서 쉽게 다룰 수 있어야 한다. 잘 개발된 측정 능력은 정량적인 관찰, 분류, 비교, 다른 사람과 효율적으로 의사소통을 하는 데 필수적이다. 메트릭 체계는 우리에게 일상에서 사용하는 단위를 쉽게 배울 수 있도록 한다.

보기 그림과 같이 막대 자 옆에 연필이 나란하게 있다. 이 연필의 길이는 얼마인가?
-- (   )

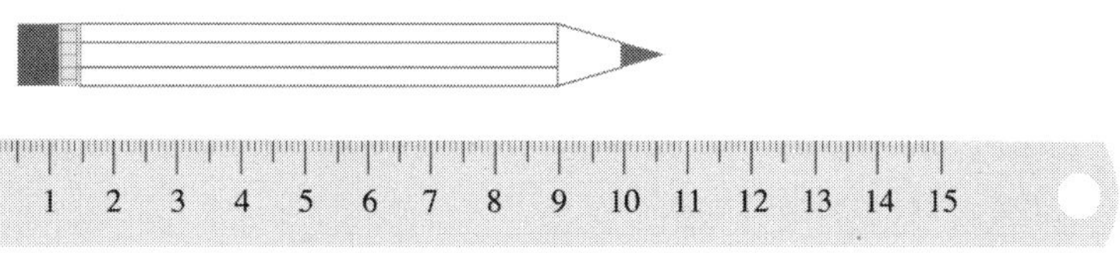

① 9 cm ② 10.1 cm ③ 10.7 cm ④ 11.0 cm

4) 예상

예상은 현재의 관찰 결과를 토대로 앞으로의 결과를 예측하는 활동이다. 구제적인 데이터가 없이도 가능한 추리와는 달리 예상은 일정한 경향성 또는 규칙성을 보이는 데이터를 근거로 이루어진다. 따라서 예상은 앞으로 무엇을 관찰해야 하는지를 미리 알려주면, 물체가 사건에 대하여 예상을 구성할 수 있는 추론, 분류와 밀접한 연관을 가진다. 예상은 주의 깊은 관찰에 기초하고, 추론은 관찰된 사건들 사이의 관계로 만들어진다. 추론은 관찰의 해석이나 설명이고, 관찰에 의해 지지된다.

보기 어떤 도형의 모양을 관찰하였더니 매일 다음과 같은 순서로 변했다.

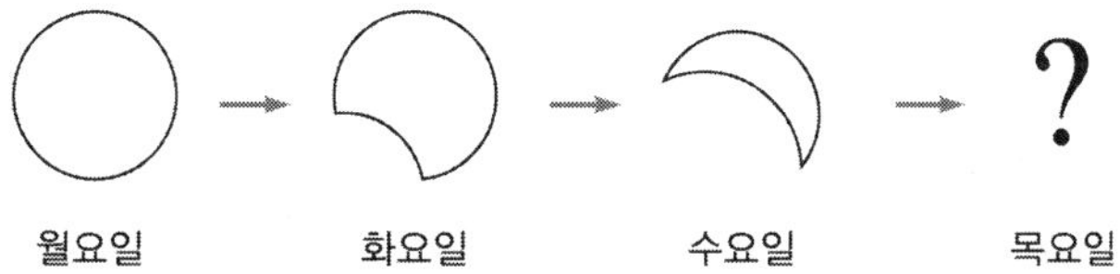

목요일에 나타나는 이 도형의 모양은 다음 중 어느 것인가?---------- (   )

① ② ③ ④

5) 추리

주어진 사건 혹은 사실로부터 이미 일어난 사건을 돌이켜 생각하는 것이다. 추리는 관찰한 사실을 설명하기 위해 필요한 과정으로 하나의 관찰 사실에서 여러 가지 추리가 가능하다. 따라서 추리는 관찰이나 실험에서 얻은 데이터를 수집하여 이들간의 관계나 이유를 생각하여 직접 관찰이 안 된 새로운 사실을 이끌어 내는 과정으로 관찰에 근거를 두고 있지만 관찰 그 이상을 포함하며, 다른 관찰에 의해 반드시 확인되어야 한다.

보기 아래 그림은 연못에 돌을 던지고 나서 잠시 후의 모습을 그린 것이다. 몇 개의 돌을 던졌을까? -- (   )

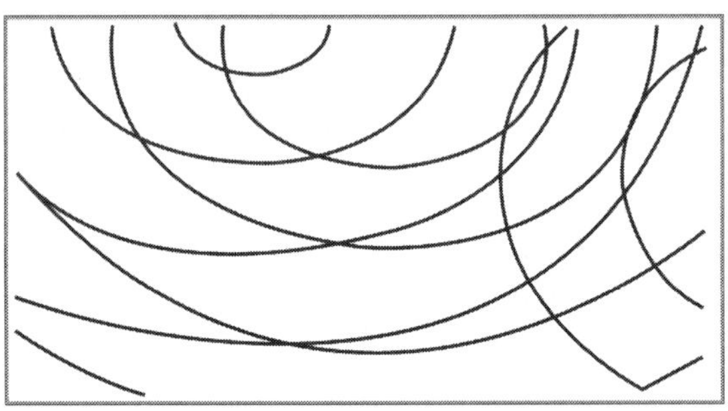

① 2개 ② 3개 ③ 4개 ④ 5개

나. 통합 탐구 과정

1) 문제 인식

탐구란 자연현상으로부터 문제를 인식하고, 이를 해결하기 위한 방법을 구사하고, 이 구성된 방법대로 실행하여 문제를 해결해 나가는 과정이다. 탐구 활동의 시발점이 되는 문제 인식은 과학 지식과 비교하여 의구심을 갖는 "왜 그럴까?" 라는 질문을 통하여 얻어진다.

문제 인식 단계는 단순히 어떤 문제가 있는지를 인식하는 데 그치지 않고 그 문제에 접근하는 방법에 대한 단서를 직관적으로 감지하는 수준까지 포함하는 것으로 보기 때문에 문제 인식은 반드시 논리적이거나 분석적인 사고 과정을 거쳐서만 이루어지는 것은 아니며, 때로는 직관적 과정을 거쳐서 이루어지는 사례가 많다. 또한 과학의 역사를 돌이켜 보면 주어진 문제의 인식보다는 과학자 스스로 문제를 만들어 내는, 즉 문제를 발상하는 것이 탐구 활동의 시발점이 된 예를 많이 볼 수 있다.

보기 철수는 바퀴벌레를 관찰하고 있다. 다음 중에서 가장 알맞은 연구 질문은?

① 온도는 바퀴벌레 활동에 영향을 미칠까?
② 왜 바퀴벌레는 밤에만 나올까?
③ 어떻게 바퀴벌레는 빠르게 움직일까?
④ 왜 바퀴벌레는 그렇게 칙칙한 곳에 살까?

2) 가설 설정

가설은 문제 해결에 있어서 예상되는 잠정적인 답의 형태로 진술되고 실험으로 검증할 수 있어야 하는 것이다. 다시 말해서 가설은 잠정적인 아이디어로 구성되는데, 어떠한 자료가 어떻게 수집되고 분석되며 어떤 결론에 도달될 수 있을 것인가에 대한 개략적인 계획과 예상까지 포함되어 있어야 한다. 가설을 설정하는 능력은 검증할 가능한 가설을 찾아내어 가설을 세운 후 검증할 수 있는 실험 방법을 제시하도록 하거나 혹은 실험 설계, 실험 과정, 실험 결과와 일치하는 가설을 세워 보도록 함으로써 평가할 수 있다.

보기 철수는 일곱 가정의 잔디를 깎았다. 어떤 잔디밭의 잔디는 크고, 어떤 잔디밭의 잔디는 작았다. 철수가 실험을 통해서 알아보기에 가장 알맞은 것은?

① 날씨가 따뜻하면 잔디 깎기가 더 어렵다.
② 잔디는 주는 비료의 양이 중요하다.
③ 잔디는 주는 물의 양에 따라 더 자란다.
④ 잔디밭이 비탈일수록 잔디 깎기가 더 어렵다.

3) 변인 통제

변인에는 결과에 영향을 주는 독립 변인, 영향을 받는 종속 변인 그리고 독립 변인 이외에 종속 변인에 영향을 주어 통제하여야 하는 통제 변인이 있다. 연구에 대한 가설이 주어지면 학생들은 실험 결과에 관여하는 종속 변인과 독립 변인이 무엇인지 찾아내고, 나머지 통제 변인을 구분할 수 있어야 한다. 이렇게 두 변인 사이의 관계에 영향을 줄 수 있는 나머지 요인을 통제하는 것을 변인 통제라 한다.

보기 철수는 온도가 곰팡이 성장에 영향을 줄 거라고 생각하였다. 그래서 같은 양의 같은 음식을 9개 접시에 넣고 곰팡이를 관찰하였다. 3개 접시는 0℃를 유지하고, 다른 3개 접시는 30℃, 또 다른 3개 접시는 90℃를 유지하였다. 4일 후에 곰팡이 수를 관찰하였다.

이 실험에서 똑같이 해야 하는 것은?

① 접시 온도　　③ 곰팡이 온도
② 접시 모양　　④ 음식 양

이 실험에서 변화는 것은?

① 곰팡이 수　　③ 접시 온도
② 음식 양　　④ 접시 수

이 실험에서 달리해야 할 것은?

① 접시 온도　　③ 곰팡이 수
② 음식 양　　④ 접시의 수

4) 실험 설계

가설이 주어지면 그 가설을 검증하기 위하여 독립 변인과 종속 변인 사이의 관계를 추출할 수 있는 적절한 실험 과정을 설계할 수 있어야 한다. 즉, 실험 설계는 학생들이 실험을 수행하는 데 필요한 실험 기구와 재료를 선정하고 실험 설계에 맞게 실험 장치를 구성하는 능력을 의미한다.

보기 철수는 기름의 온도가 높아질수록 기름이 흐르는 속력이 빠를 것으로 생각하였다. 이것을 확인하기 위해서는 다음 중 어느 방법으로 조사하면 되겠습니까?

① 기름을 각각 다른 온도로 가열하여 용기에서 흘러나오게 한 후 기름의 무게를 잰다.
② 마찰이 없는 빗면에 온도가 다른 기름을 흘리고 그 속력을 측정한다.
③ 각각 다른 각도의 빗면에서 기름을 흘리고 그 속력을 측정한다.
④ 농도가 다른 기름을 담은 용기에서 모두 흘러나오는 데 걸리는 시간을 잰다.

보기 철수는 강낭콩을 빨리 싹트게 하고 싶었다. 강낭콩이 습한데서 빨리 싹튼다고 생각하고 몇 개의 화분에 강낭콩을 뿌렸다. 다음 중에서 가장 알맞은 연구 방법은?

① 각 화분에 물을 주는 양을 다르게 하여 강낭콩이 싹이 틀 때까지 걸리는 날짜 수를 센다.
② 각 화분에 물을 준 후 매일 강낭콩의 키를 잰다.
③ 각 화분에 뿌린 물의 양을 각각 잰다.
④ 각 화분에 뿌린 강낭콩의 수를 센다.

5) 자료 해석

자료 해석은 탐구 활동을 통해서 얻은 자료를 탐구 문제를 해결하는 데 의미 있는 결론을 얻을 수 있도록 정량적 또는 정성적 측면에서 분석하여 조직하고 정리하는 단계라 할 수 있다. 학생들은 이 단계에서 실험이나 관찰, 측정 등을 통해 얻은 자료를 실험 목적에 따라 쉽게 해석할 수 있는 형태로 변환시키고, 자료를 선별하여 분류 · 선택하고, 자료와 자료 사이의 상관관계를 찾아내는 일련의 활동 등을 할 수 있어야 한다.

보기 어느 소비자 단체가 엔진(배기량)의 크기가 각각 서로 다른 자동차에 대해서 가솔린 1리터당 주행 거리를 조사하였다. 아래 그래프는 그 결과이다. 그래프를 가장 잘 설명한 것은?

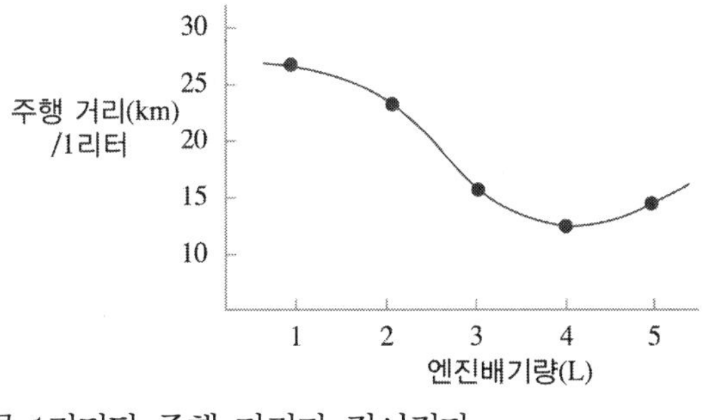

① 엔진이 클수록 1리터당 주행 거리가 길어진다.
② 1리터당 주행 거리가 짧을수록 엔진이 작아진다.
③ 엔진이 작을수록 1리터당 주행 거리가 길어진다.
④ 1리터당 주행 거리가 길수록 엔진이 커진다.

6) 결론 도출

수집된 자료를 분석 · 해석하고 중요한 정보들을 추출하여 실험 사실을 포괄적으로 설명할 수 있는 종합적인 아이디어를 이끌어내는 과정을 결론 도출이라 한다. 결론을 이끌어 낼 때에는 수집된 자료, 즉 실험 데이터나 관찰한 사실 등을 근거로 하여 합리적으로 진술되어야 한다. 다시 말해서 결론은 실험의 결과에만 근거를 두어야 하며 비약하거나 확대 해석을 해서는 안 된다.

보기 철수는 매일 2 km를 조깅한다. 조깅을 한 후, 매일 맥박을 측정하였다. 그 결과 조깅을 한 후 2분 후에는 맥박이 1분에 140번, 4분 후에는 115번, 6분 후에는 105번, 8분 후에는 90번, 10분 후에는 75번 뛰었다. 결과를 볼 때 가장 알맞은 결론은?

① 철수는 너무 많이 뛰었다.
② 철수는 충분하게 뛰지 않았다.
③ 철수의 맥박은 조깅을 한 후에 시간이 지남에 따라 점차적으로 감소했다.
④ 철수의 맥박은 시간에 비례하여 점차적으로 감소했다.

7) 일반화

실험을 통해서 혹은 관찰이나 그 밖의 활동을 통해 얻은 자료를 서로 비교하고 관련성을 조사하여 공통적으로 나타나는 특성이나 규칙성을 발견하고, 이를 보다 넓은 영역에 적용하는 능력을 말한다. 즉, 주어진 자료로부터 얻은 규칙성을 다른 실험이나 자연현상, 실생활 등으로 확장하는 능력이다.

보기 동물에 따라 맥박 수를 조사하여 다음과 같은 표를 만들었다. 이 표로부터 동물의 맥박 수는 주로 무엇에 관계된다고 볼 수 있을까?

동물	맥박 수
소	40 ~ 46
돼지	55 ~ 60
고양이	100 ~ 120
쥐	140 ~ 150

① 동물의 크기　② 동물의 빠르기
③ 동물의 먹이　④ 동물 꼬리의 길이

4 과학 관련 태도 영역의 평가 방법

4.1 과학 관련 태도 평가의 원리

과학 교육에서 정의적 영역은 그 중요성에 비하여 실제 지도와 평가에서 소홀히 취급되고 있다. 이러한 현상은 학교 현장에서 정의적 영역보다 상대적으로 지적 영역을 중요시하기 때문이다. 더 실제적인 문제는 과학적 태도와 같은 정의적 영역을 어떻게 지도해야 하고 평가해야 하는지에 대한 분석적인 이해가 부족하고 구체적인 방안이 미흡하기 때문이다. 태도는 특정한 행동을 결정하지는 않지만, 어떤 종류의 행동을 어느 정도 가능하게 해주는 '반응 경향' 또는 '반응 준비성'의 특성을 가진 상태로서 설명할 수 있다(전성영, 2000). 또한 태도는 경험을 통하여 형성되며, 모든 대상과 상황에 대한 개인의 반응에 직접적이고 역동적인 영향을 발휘하는 정신적, 신경적 준비 상태이며, 단 한 번의 경험으로 갑자기 획득될 수도 있고 점진적으로 변화될 수도 있다(Gagne, 1985).

그러면 태도는 어떻게 행동을 옮기게 될까? 일반적으로 지식(정보)을 많이 얻게 되면 가치와 태도가 형성되어 행동으로 옮기게 된다고 한다. 하지만 정보는 태도 변화의 선행조건으로 학습자가 획득할 필요는 있지만, 정보학습 그 자체가 태도 변화를 야기시키지는 못한다(Gagne, 1985). 그러면 어떻게 태도 변화를 줄 수 있을까? 지식(因)이 곧 행동(果)으로 나타나는 것이 아니라, 어떤 문제 상황에 대한 지식을 인식하면 관심도가 높아져서 내적으로 문제 인식을 갖게 되고 문제와 관련된 가치 판단을 하여 독자적인 신념을 내면화하고, 그 신념을 바탕으로 형성된 태도에 따라 행동을 하게 된다. 그러면 효과적인 태도 변화에는 무엇이 있을까? Gagne(1985)는 문제 해결의 성공적인 경험이라고 한다. 즉 기대에 대한 성공적 성취는 긍정적 태도 형성에 강력한 요인이 되며, 반대로 성공을 해보지 못하면 그 활동에 대한 부정적인 태도를 갖게 될 수 있다.

4.2 과학 관련 태도 평가 영역

과학 관련 태도는 학생들이 성장하여 과학에 관련된 직업이나 활동을 하는 데 중요한 역할을 한다. 과학에 대한 긍정적인 태도를 갖게 하는 것은 학생들이 미래에 과학과 관련된 직업을 선택할 가능성을 높일 뿐만 아니라(권치순 외, 2004; Parker & Gerber, 2000) 과학과 관련된 정책 등을 결정할 때 사회의 구성원으로서 긍정적인 영향을 미치도록 하는 데 도움이 된다(이미경, 김경희, 2004; Norris & Philips, 2003). 과학에 대한 긍정적인 태도 함양은 미래의 우수한 과학 기술인력 확보를 통한 국가 경쟁력 신장이라는 측면에서도 중요하다(이미경, 홍미영, 2007). 하지만 과학 교육에서 전반적으로 지적 영역은 강조되지만 정의적 영역은 무시되거나 소홀히 여겨지고 있는데, 이는 정의적 영역이 가지는 개념의 모호성과 교육과정 개발 및 객관적 평가의 어려움 때문이다(정완호 등, 1994). 일반적으로 '과학 관련 태도'는 크게 '과학적 태도'와 '과학에 대한 태도'로 나눌 수 있으며, '과학적 태도'는 인지 중심의 태도인 반면에 '과학에 대한 태도'는 정서 중심의 태도이다(송진웅 등, 1992; Gardner, 1975). 과학 관련 태도는 일반적으로 과학에 대한 태도와 과학적 태도로 크게 구분할 수 있다.

가. 과학에 대한 태도

과학에 대한 태도는 과학, 과학자, 과학 직업 등 과학과 관련된 대상에 대한 태도를 의미한다. 과학에 대한 태도는 주로 리커트형 질문을 이용한 지필평가로 한다. 과학 관련 태도 평가 도구로 Fraser(1978)가 개발한 TOSRA(Test of Science-Related Attitude)가 활용되었다.

TOSRA는 클로퍼의 평가틀을 기본으로 7개 영역에 걸쳐 70문항으로 되어 있다. 여기에서는 6개 영역의 30문항 예를 들었다(표 6-1).

나. 과학적 태도

과학적 태도란 '문제를 해결하고 아이디어와 정보를 평가하고 의사결정을 하는데 있어서의 특별한 접근 방법의 태도로서 과학자의 정의적 특성일 뿐 아니라, 모든 사람이 가지고 있기를 바라는 태도'라고 한다(김주훈, 이양락, 1986). 다시 말해서 과학적 태도란 과학자가 어떠한 문제 해결을 할 때 특별하게 나타나는 정의적 태도이며, 일반인도 가지기를 바라는 태도라고 할 수 있다.

특별하게 나타나는 정의적 태도라는 것은 문제 해결에 필요한 탐구 능력과 사고력과 다르며 심리학적인 태도 구인과도 구별되는 정서적이고 사고적인 정의적 태도라고 할 수 있다(이경훈, 우종옥, 1996). 과학적 태도는 탐구하는 자세, 과학 정신과 관련된 것으로 문제를 해결하고, 아이디어와 정보를 평가하고, 의사를 결정하는 데 있어서의 특별한 접근 방법에 대한 태도이다. 과학적 태도 요소 및 문항에 대한 사례를 알아본다.

1) 과학적 태도 요소

과학적 태도 요소는 연구자에 따라 다르게 선정되어 있다. 이 중에서 학교 현장에서 중요하게 가르쳐야 할 과학적 요소로 개방성, 객관성, 계속성, 비판성, 신중성, 자진성, 정직성, 준비성, 협동성, 회기심 등이 있다. 표 6-2는 과학적 태도 요소 및 정의이다.

표 6-1 TOSRA의 과학에 대한 태도 영역 및 문항(Fraser, 1978)

영역	문항
과학의 사회적 함의	· 과학을 위해 돈을 투자하는 것은 좋은 일이다. · 과학은 인간의 가장 나쁜 적이다. · 지난 몇 년간 과학에 투자된 공공 자금이 현명하게 사용됐었다. · 과학적 발견은 이로운 것보다 해로운 것이 더 많다. · 정부는 과학 연구에 더 많은 예산을 써야 할 것이다.
과학자의 평범성	· 과학자들은 쉴 때에도 실험실에서 일하는 것을 좋아한다. · 과학자들은 다른 사람들처럼 평범하고 건전하다. · 과학자들은 가족과 보내는 시간이 충분하지 못하다. · 과학자들은 다른 사람들과 마찬가지로 운동을 좋아한다. · 과학자들은 다른 사람들에 비해 덜 친근하다.
과학 탐구에 대한 태도	· 나는 어떤 일이 일어난 원인을 말보다는 실험을 통해서 알아내는 것을 좋아한다. · 실험을 하는 것은 선생님에게서 지식을 얻는 것보다 못하다. · 나는 어떤 사실을 책으로 읽는 것보다 직접 실험하는 것을 좋아한다. · 나는 스스로 실험을 통하여 사실을 알아보기보다는 다른 사람의 말을 믿는다. · 나는 선생님에게 과학 정보를 배우는 것보다 직접 실험을 하는 것을 더 좋아한다.
과학 수업의 즐거움	· 과학 시간은 재미있다. · 나는 과학 시간을 싫어한다. · 학교에서 과학 시간을 더 늘려야 한다. · 과학 시간은 나를 지루하게 한다. · 과학은 학교에서 가장 재미있는 과목 중의 하나이다.
과학에 대한 취미적 관심	· 나는 과학반에서 활동하고 싶다. · 나는 집에서 텔레비전의 과학 프로를 보는 것을 지루하게 생각한다. · 나는 선물로 과학 책이나 과학 기구를 받고 싶다. · 나는 휴일에 과학에 관한 책을 읽는 것은 싫어한다. · 나는 집에서 여러 가지 과학 실험을 해보고 싶다.
과학에 대한 직업적 관심	· 나는 미래에 과학자가 되기 싫다. · 나는 커서 과학자들과 함께 일하고 싶다. · 나는 커서 과학 연구실에서 일하고 싶지 않다. · 실험실에서 일하는 것은 살아가기 위한 좋은 방법이다. · 과학 분야의 직업은 재미없고 지루할 것이다.

표 6-2 과학적 태도 요소 및 정의

요소	정의
개방성	자신의 주장을 변경하거나 반대의 견해나 결론도 기꺼이 수용하며 새로운 사실, 방법, 아이디어 등을 추구하는 태도
객관성	결론을 내리기 전에 자신의 주관적인 생각에 치우치지 않고, 가능한 많은 자료를 수집하여 타당한 근거로 결론을 내리는 태도
계속성	한 번 시작한 일은 중도에 어려움이 있어도 포기하지 않고, 계속적으로 해결하고 노력하는 태도
비판성	다른 사람의 의견이나 결론을 비판 없이 수용하기보다, 그 의견이나 결론에 대하여 옳고 그름을 판단하는 태도
신중성	확실한 근거에 의하거나 자신의 주장이 옳다고 인정되지 않는 한 성급히 판단하거나 결론을 내리지 않는 태도
자진성	타인의 권유와 강요에 하기보다는 흥미와 관심 있는 일을 찾아 스스로 참여하여 적극적으로 하는 태도
정직성	어떤 결과나 일을 왜곡하거나 선택적으로 취하지 않고, 사실 그대로 나타내는 태도
준비성	어떤 일에 대하여 준비가 부족하여 실패하거나 급하게 하지 않고, 필요한 것을 미리 준비하는 태도
협동성	주관적이거나 독단적으로 일을 처리하기보다, 여러 사람들과 어울려서 일을 하는 태도
호기심	새로운 것에 대한 경험을 좋아하며 궁금한 것이 있으면 그냥 지나치지 않고, 질문을 하거나 그 원인을 알아보는 태도

2) 과학적 태도 문항

과학적 태도 요소에 해당되는 평가 문항은 표 6-3과 같다.

표 6-3 과학적 태도 요소 및 문항의 예

요소	문항
개방성	· 나는 나의 주장이 틀렸다고 생각될 때는 곧 그것을 고친다. · 나는 친구들의 의견이 내 의견과 다르더라도 주의 깊게 듣는다. · 나와 다른 의견을 가진 친구와 토론을 통해 내 의견을 바꿀 수 있다. · 나는 다른 사람들의 이야기 듣기를 좋아하며, 옳다고 생각하는 것은 따른다.
객관성	· 나는 실험에서 결론을 내릴 때에는 실험에서 얻은 자료를 근거로 한다. · 어떤 논쟁에서 찬성하는 사람과 반대하는 사람의 의견을 다 들어보는 것이 좋다. · 나는 나의 실험 결과를 친구와 참고서의 내용과 비교해보고 올바른 결론을 내린다. · 실험 결과에 대한 토론을 할 때 나의 의견과 반대되는 사람의 의견도 다 들어본다.
계속성	· 나는 실험 학습을 할 때 시간이 부족하면 쉬는 시간이나 방과 후에 그 실험을 다시 하려고 노력한다.

	· 나는 목표를 정하면 이룰 때까지 꾸준히 노력한다. · 나는 실험 결과가 잘못 나오면 실망하지 않고 다시 그 실험을 해본다. · 나는 다른 친구들이 실험을 먼저 끝내더라도 내 실험을 끝까지 한다.
비판성	· 나는 의견을 제시하기 전에 그 의견이 옳은지 먼저 신중히 생각한다. · 나는 친구들이 발표하는 실험 결과에 대하여 충분한 근거가 있는지 따져 본다. · 나는 선생님의 설명이 옳지 않다고 생각되면 질문한다. · 나는 남들이 다 옳다고 하더라도 증거가 불충분하다면 다른 의견을 제기한다.
신중성	· 나는 의견을 제시하기에 앞서 그 의견이 옳은지 먼저 신중히 생각한다. · 다른 사람의 생각이나 주장에 대해서는 충분히 생각해본 후 자기의 의견을 말한다.
자진성	· 나는 분단 실험을 할 때 앞장서서 스스로 해 본다. · 나는 내가 할 수 있는 것을 찾아서 스스로 한다. · 의문 나는 문제는 사전이나 책을 찾아보거나 선생님께 물어서 해결하려고 노력한다. · 나는 궁금한 과학 문제가 생겼을 때 책을 찾아서 스스로 해결한다.
정직성	· 내가 실험한 결과가 다른 학생의 결과와 다르더라도 그대로 적는다. · 나는 실험 결과와 책에 있는 실험 결과가 다르더라도 실험 결과를 그대로 적는다. · 연구한 결과가 다른 사람의 생각과 다르더라도, 그대로 발표한다.
준비성	· 나는 실험이나 관찰을 하기 전에 미리 필요한 자료를 준비한다. · 나는 실험이 끝난 후 기구나 약품을 제자리에 정리 정돈을 한다. · 나는 실험이나 관찰을 하는 도중에 필요한 것을 준비한다.
협동성	· 혼자 해결하기 어려운 문제는 선생님이나 친구들과 협의하여 해결해도 된다. · 나는 실험을 할 때 친구들이 도움을 청하면 기꺼이 도와준다. · 나는 조별 실험을 할 때 역할 분담을 토의해서 결정한다. · 나는 분단 실험을 할 때 친구들과 잘 의논하여 함께 실험하려고 한다.
호기심	· 나는 새로운 현상을 보면 왜 그런지 알아보고 싶다. · 나는 집에 있는 물건이 고장 나면 왜 그런지 궁금해진다. · 나는 무엇을, 어떻게, 언제, 왜 등이 들어가는 질문을 많이 한다. · 나는 과학에 대해 궁금한 것이 많고 그에 관한 여러 가지를 알고 싶다.

4.3 과학 관련 태도 평가 방법

과학 태도의 평가 방법에는 지필과 관찰에 의한 평가 방법이 있다. 지필 평가 방법에는 리커트식 척도, 서스톤 척도, 의미 분석법 등이 있고, 관찰 평가에서는 체크리스트법, 평정법 등이 있다.

가. 지필 평가

1) 리커트식 척도

과학 태도의 척도화 기법 중에서 일반적으로 가장 많이 사용하고 있는 방법이

리커트식 척도화 방법이다. 이 기법의 가장 큰 장점은 검사지 제작이 간편하며, 사용 및 수정, 해석이 다른 기법들에 비하여 용이하기 때문이다. 이 방법은 학생들이 과학을 좋아하고 지지하는 긍정적 태도를 지녔는지의 여부를 알아보기 위해 긍정적 혹은 부정적 문항을 제시하고 찬성 여부를 답하게 하는 방법으로 제작도 비교적 용이하여 태도나 가치를 측정하는 데 널리 쓰이는 척도 중의 하나이다. 학생들은 각 문장에서 '매우 그렇다', '그렇다', '보통이다', '아니다', '매우 아니다'와 같이 구성된 5점 단위로 되어 있는 난에 표시하도록 한다.

표 6-4 과학적 태도에 대한 리커트식 평가 예(송영욱, 김범기, 2010)

학년	반	번호	이름	매우 그렇다	그렇다	보통이다	아니다	전혀 아니다
				○표 해 주세요				
1	나는 과학 시간에 궁금한 것이 많다.			5	4	3	2	1
2	나는 실험 시간에 친구들의 의견을 듣는다.			5	4	3	2	1
3	나는 부모님께 자주 질문을 한다.			5	4	3	2	1
4	나는 가족들의 의견을 듣는다.			5	4	3	2	1
5	나는 길에 사고가 생기면 그 이유를 알고 싶다.			5	4	3	2	1
6	나는 물건을 살 때 친구들의 여러 의견을 듣는다.			5	4	3	2	1
7	나는 과학 시간이 끝나도 모르는 문제를 끝까지 알려고 한다.			5	4	3	2	1
8	나는 실험 시간에 의견을 말하기 전에 꼼꼼히 생각한 후 말한다.			5	4	3	2	1
9	나는 시작한 숙제는 다한 후에야 논다.			5	4	3	2	1
10	나는 가족들의 의견을 따르기 전에 꼼꼼히 생각한 후 따른다.			5	4	3	2	1
11	나는 처음 시작한 취미활동(운동, 악기…)을 끝까지 배운다.			5	4	3	2	1
12	나는 물건을 사기 전에 다시 한 번 생각한 후 구입한다.			5	4	3	2	1
13	나는 실험 결과를 솔직히 적는다.			5	4	3	2	1
14	나는 과학 시간에 친구들이 발표한 내용이 맞는지 따져 본다.			5	4	3	2	1
15	나는 부모님께 실수를 솔직하게 말한다.			5	4	3	2	1
16	나는 TV의 정보가 옳은지 따져 본다.			5	4	3	2	1
17	나는 거스름돈을 더 받았을 때는 돌려준다.			5	4	3	2	1
18	나는 물건을 살 때 점원의 설명이 맞는지 따져 본다.			5	4	3	2	1
19	나는 과학 시간에 모르는 것이 있으면 질문하여 알려고 한다.			5	4	3	2	1
20	나는 실험하기 전에 필요한 기구나 재료를 준비한다.			5	4	3	2	1

2) 의미 분석법

의미 분석법은 사람들이 어떠한 단어나 생각에 대해 어떻게 반응하는가를 측정할 수 있는 평가 방법이다. 이는 평가하고자 하는 개념이나 대상, 양극적인 형용사의 쌍, 양극적 형용사 사이의 확정되지 않은 빈 칸의 3요소로 이루어져 있다. 평가하고자 하는 개념이나 대상은 물리학, 물리 수업 등 과목이나 생각 등 거의 모든 것들이 될 수 있다. 평가자는 개념이나 대상에 관련된 양극적인 형용사를 선정하게 되는데, 이때 양극적 형용사는 개념 혹은 대상과 직접적으로 관련되고 학생들이 형용사의 사전적인 의미에 치중하지 않도록 학생의 지식과 경험 정도를 고려하여 한 쌍 이상을 선정하게 된다. 이렇게 선정된 양극적인 형용사들은 각각 긍정적 형용사는 왼쪽에, 나머지 반은 오른쪽에 위치하도록 한 후 일관성 없이 섞어 놓아야 한다.

나. 관찰 평가

1) 체크리스트법

과학 태도의 평가에서 체크리스트는 관찰하고자 하는 행동을 명확히 기록한 체크리스트의 각 항목의 해당란에 표시를 하는 방법으로, 정량적 판단을 요하지 않는다. 체크리스트는 어떤 행동 요소, 과정이 '있다', '없다'만을 기록하기 때문에 각 항목들의 질이 중요하게 고려되지 않는 상황에서 사용된다. 따라서 체크리스트는 명확한 단계, 행동, 또는 구성 요소들로 나누어질 수 있는 경우에 이용하는 것이 바람직하다. 표 6-5는 과학적 태도를 평가하기 위한 체크리스트의 예이다. 이러한 체크리스트법은 과학 태도에 대해 적어도 20~30개의 문항을 제작하여 실시해야 의미가 있다.

표 6-5 과학적 태도에 대한 체크리스트 평가 예

행동 영역	평가 관점	평가 횟수					판정
개방성	· 나는 나의 주장이 틀렸다고 생각될 때는 곧 그것을 고친다. · 나는 친구들의 의견이 내 의견과 다르더라도 주의 깊게 듣는다. · 나와 다른 의견을 가진 친구와 토론을 통해 내 의견을 바꿀 수 있다.						
객관성	· 나는 실험에서 결론을 내릴 때에는 실험에서 얻은 자료를 근거로 한다. · 어떤 논쟁에서 찬성하는 사람과 반대하는 사람의 의견을 다 들어보는 것이 좋다. · 실험 결과에 대한 토론을 할 때 나의 의견과 반대되는 사람의 의견도 다 들어본다.						
계속성	· 나는 목표를 정하면 이룰 때까지 꾸준히 노력한다. · 나는 실험 결과가 잘못 나오면 실망하지 않고 다시 그 실험을 해본다. · 나는 다른 친구들이 실험을 먼저 끝내더라도 내 실험을 끝까지 한다.						
비판성	· 나는 의견을 제시하기 전에 그 의견이 옳은지 먼저 신중히 생각한다. · 나는 친구들이 발표하는 실험 결과에 대하여 충분한 근거가 있는지 따져본다. · 나는 남들이 다 옳다고 하더라도 증거가 불충분하다면 다른 의견을 제시한다.						
신중성	· 나는 의견을 제시하기에 앞서 그 의견이 옳은지 먼저 신중히 생각한다. · 다른 사람의 생각이나 주장에 대해서는 충분히 생각해본 후 자기의 의견을 말한다.						
자진성	· 나는 분단 실험을 할 때 앞장서서 스스로 해 본다. · 나는 내가 할 수 있는 것을 찾아서 스스로 한다. · 나는 궁금한 과학 문제가 생겼을 때 책을 찾아서 스스로 해결한다.						
정직성	· 내가 실험한 결과가 다른 학생의 결과와 다르더라도 그대로 적는다. · 나는 실험 결과와 책에 있는 실험 결과가 다르더라도 실험 결과를 그대로 적는다. · 연구한 결과가 다른 사람의 생각과 다르더라도, 그대로 발표한다.						
준비성	· 나는 실험이나 관찰을 하기 전에 미리 필요한 자료를 준비한다. · 나는 실험이 끝난 후 기구나 약품을 제자리에 정리 정돈을 한다. · 나는 실험이나 관찰을 하는 도중에 필요한 것을 준비한다.						
협동성	· 혼자 해결하기 어려운 문제는 선생님이나 친구들과 협의하여 해결해도 된다. · 나는 실험을 할 때 친구들이 도움을 청하면 기꺼이 도와준다. · 나는 조별 실험을 할 때 역할 분담을 토의해서 결정한다.						
호기심	· 나는 새로운 현상을 보면 왜 그런지 알아보고 싶다. · 나는 무엇을, 어떻게, 언제, 왜 등이 들어가는 질문을 많이 한다. · 나는 과학에 대해 궁금한 것이 많고 그에 관한 여러 가지를 알고 싶다.						

2) 평정법

평정법은 한 개인의 과학 태도에 대한 의견의 표본을 조직적, 객관적으로 수집하는 방법으로, 평정자 혹은 관찰자가 평정 받는 객체를 유목이나 숫자의 연속체위에 분류하는 측정 도구이다. 평정법은 제작하기 쉽고, 사용하기 간편하며, 평정자의 훈련이 많이 요구되지 않는다는 대중성, 보편성, 간편성 때문에 일선 학교에서 많이 사용하고 있는 방법이다.

평정법이 체크리스트와 다른 점은 정의적 특성의 존재 유무뿐만 아니라 이들 특성의 질적 또는 양적 수준의 정도를 판정하는 데 있다. 과학 태도는 관찰을 통하여 평가할 때 평가 당시의 행동을 체크리스트나 메모를 이용하여 누가 기록하였다가 최종 판정 시 평정법을 사용하는 것이 좋다.

표 6-6 과학에 대한 태도 평정 예

행동 영역	평가 관점	평정 척도		
		1	2	3
흥미	· 새로운 현상을 보면 왜 그런지 알고 싶어하는가? · 무엇을, 어떻게, 언제, 왜 등이 들어가는 질문을 많이 하는가? · 스스로 실험을 설계하고, 실험하는 것을 좋아하는가?			
습관	· 과학 수업을 재미있어 하는가? · 실험하는 것을 재미있어 하는가? · 실험, 관찰을 할 때 기록 및 정리를 잘하는가? · 의문이 생기면 재실험 또는 관찰을 하여 끈기 있게 해결하는가?			
태도	· 어떤 사실을 직접 실험하는 것을 좋아하는가? · 불완전한 데이터에 의한 결론에 의문을 갖는가? · 과학적인 방법으로 처리하는가? · 문제를 해결하려는 의지와 노력이 있는가?			

5 탐구 활동 평가

5.1 탐구 활동 평가의 의미

탐구 능력의 향상은 과학 교육의 중요한 목표이다. 우리나라의 과학과 교육과정에서도 탐구의 중요성을 강조하고 있다. 이렇게 과학 교육에서 탐구가 차지하는 위치는 다른 교과와 구분되는 특징적이면서 핵심적인 활동으로 과학을 수행하는 방법 이상의 의미를 가지고 있다. 학생들은 탐구 활동을 통하여 과학적 개념을 습득하고 과학적 탐구 과정과 과학의 본성을 이해하며 과학에 대한 긍정적인 자세를 갖추게 된다(Abd-El-Khalick *et al.*, 2004). 2007년 개정 과학과 교육과정에서는 학생 스스로 관심 있는 주제를 선택하여 탐구하게 함으로써 자기 주도적 탐구 기회를 제공하고 탐구 기능 신장과 과학에 대한 흥미와 관심을 고취시키기 위하여 '자유 탐구'를 설정하였다. '자유 탐구'는 주제 선정에서부터 계획 수립, 탐구 수행, 결과 발표에 이르기까지 학생들이 주도적으로 탐구 활동을 수행하며, 비교적 긴 기간 동안 이루어지는 탐구로, 종합적인 탐구의 기회를 제공하는 활동이다(교육과학기술부, 2008). 내용보다는 그 과정을 학생 스스로 체험하게 함으로써 과정으로서의 과학 탐구를 익히게 하는 데 목적이 있다(신현화, 김효남, 2010). 이러한 좋은 취지에도 불구하고 현장에서 많은 교사와 학생들은 자유 탐구를 운영함에 있어 여러 가지 어려움이 있다고 한다(정우경 외, 2011). 첫째, 탐구 활동의 개방성이 너무 높고, 둘째, 교사가 탐구 활동에 대한 이해가 부족하고, 셋째, 활용할 만한 지도 자료의 부족 및 평가의 어려움이 있다. 교사의 어려움 중에서 탐구 활동 지도에 어려움도 있겠지만 탐구 활동에 대한 평가의 어려움도 크다. 다음에는 탐구 활동 평가의 어려움을 돕고자 탐구 활동 평가 요소 및 평가 방법에 대해서 알아본다.

5.2 탐구 활동 평가 요소 및 방법

탐구 활동 평가는 지속적이고 형성적인 평가의 전형이다. 학생들은 이론적 배경 연구를 통해서 연구 문제나, 연구에 사용되는 방법과 도구, 데이터 분석 방법 등을 다듬어 나간다. 초기 실험은 더 나은 실험 설계와 과정을 위한 피드백을 제공하고, 최종 실험에 대한 보고서는 이후 연구를 위한 제언들과 형성적인 평가들로 마무리 된다. 학교에서 일반적인 학생들은 총괄적인 평가를 일차적으로 경험하게 되지만, 과정 위주의 탐구 활동에서는 형성적인 평가에 중점을 두기도 한다. 이러한 지속적인 피드백이 제공되는 형성적인 평가는 형식적이거나 비형식적인 방법으로 체크리스트나 평가표를 사용하여 이러한 과정의 신뢰도를 향상시킨다.

여기에서 제시되는 평가표는 기초적이고 심화적인 실험 설계 원리에 중점을 두고 있다. 어떤 평가표에는 등급이 필요한 경우에 사용할 점수가 정해진 평가 기준들이 제시되어 있다. 각 평가표는 학생들의 탐구 활동에 적힌 기준들의 중요성과 개념을 어떻게 가르치는가에 대해서 연관되어 있다. 평가표는 자기 평가, 동료 평가, 가족 평가 및 교사 평가에 모두 사용된다. 물론 이러한 평가들은 학생의 탐구 활동에 대한 형성적인 평가와 총괄적인 평가 모두를 포함한다. 다음은 Cothron, Giese, & Rezba(1993)가 개발한 평가표를 일부 수정한 평가표이다.

가. 실험 설계, 과정 및 자료 수집하기

- 실험 설계 평가 기준 및 점수: 질문 전략과 실험 설계에 대한 기초 개념 이해도 평가를 위해 1부 설계의 기본 개념과 2부 4가지 질문 전략으로 나누어진다.

1. 실험 설계

이름 ________ 과정: ________ 날짜 ________

1부; 설계의 기본 개념(100점)			
기준/점수	자기 평가	동료/ 가족 평가	교사 평가
제목(5)			
가설(5)			
독립 변수(10)			
독립 변수의 단계(10)			
통제군(10)			
반복 횟수(10)			
종속 변수의 조작적 정의(10)			
상수(15)			
실험 설계 도표(10)			
창의성/복잡성(5)			
2부; 4-질문 전략(100점)			
문1: 쉽게 사용가능한 소재(30)			
최고 목록			
좋은 목록			
나쁜 목록			
문2: 실험재료의 효과(10)			

최고 해결책(정확)			
좋은 해결책(부분적 정확)			
나쁜 목록(틀림)			
문3: 실험 재료를 다양하게 하는 방법(30)			
최고 목록			
좋은 목록			
나쁜 목록			
문4: 효과를 측정하는 방법(20)			
최고 목록			
좋은 목록			
나쁜 목록			
즉각적인 창의성(5)			
브레인스토밍(5)			

- 실험 과정 평가 기준 및 점수: 질문 전략과 실험 과정을 마무리 정리하는 것을 포함하는 '실험 과정 구성 능력'을 평가한다.

2. 실험 과정

이름 ______________ 과정: ______________ 날짜 ______________

1부; 설계의 기본 개념(100점)

기준/점수	자기 평가	동료/ 가족 평가	교사 평가
모든 과정이 들어 있는가(30)			
모든 재료/도구가 들어 있는가(20)			
독립 변수가 한 단계에 대해 작성된 과정인가(10)			
반복 시도가 재현되었는가(10)			
독립 변수 수준에 따른 재현이 있는가(10)			
주어진 양식에 맞게 쓰여졌는가 - 목록이나 도표(10)			
철자법/문법(5)			
문장/문단 구조(5)			

- 실험 자료 수집하기 평가 기준 및 점수: 실험 자료를 모으고, 시간 계획에 따라 제출하는 능력을 평가하는 기준들이다. 물론 개정 작업을 위한 샘플 보고서가 제공되고, 추가 시간도 주어진다.

3. 자료 수집

이름 ______________________ 과정: __________________ 날짜 ________________

기준/점수	자기 평가	동료/ 가족 평가	교사 평가
데이터 수집(100점)			
시간 관리 (25)			
모든 데이터 제출 시간 준수(25)			
일부 데이터 제출 시간 준수(15)			
모든 데이터가 제시간에 제출 안 됨/추가시간 허락 안 됨			
과정의 타당성(25)			
과정의 이행(25)			
과정의 부분적 이행(15)			
과정의 불이행(0)			
미가공 데이터의 수집(50)			
양적 데이터 수집(10)			
미가공 양적 데이터를 위한 표(10)			
양적 데이터와 관찰 사실의 기록(10)			
미가공 질적 데이터를 위한 표(10)			
정확한 측정/관찰(5)			
실험을 수행했다는 증거(5)			
개정과 연장			

개정의 요구, 마감 시간 연장
(공간이 부족하면, 뒷 페이지를 쓰세요)
1. 프로젝트 주제가 무엇인가요?

2. 개정하고자 하는 목적은 무엇인가요? 그것이 왜 필요한가요?

3. 앞으로 어떤 부분이 밝혀지게 될까요?

4. 언제 다른 데이터가 밝혀지게 될까요?

교사 승인 :____________________________날짜 ____________________________

나. 표와 그래프 그리기

데이터 표, 선 그래프, 막대그래프를 작성하는 능력을 평가하는 세 부분의 평가표이다.

4. 표, 그래프

이름 ________________ 과정: ________________ 날짜 ________________

1부; 데이터 표(100점)			
기준/점수	자기 평가	동료/ 가족 평가	교사 평가
제목(5)			
독립 변수를 위한 열이 있는가(10)			
독립 변수의 제목과 단위가 표시되어 있는가(5)			
독립 변수의 측정값이 있는가(10)			
종속 변수를 위한 열이 있는가(10)			
종속 변수의 제목과 단위가 표시되어 있는가(5)			
종속 변수 열이 반복 실험별로 나누어져 있는가(10)			
종속 변수가 정확하게 기입되어 있는가(10)			
유도량를 위한 열이 있는가(10)			
유도량의 단위가 표시되어 있는가(10)			
유도량이 정확하게 계산되었는가(10)			
2부; 선 그래프(100점)			
제목(5)			
X축의 단위가 정확한가(10)			
Y축의 단위가 정확한가(10)			
X축의 보조 단위가 정확하게 나뉘어 있는가(15)			
Y축의 보조 단위가 정확하게 나뉘어 있는가(15)			
짝데이터가 정확하게 표시되었는가(15)			
데이터 경향성이 선으로 요약되는가(10)			
데이터 경향성이 문장으로 요약되는가(15)			
3부; 막대 그래프(100점)			
제목(5)			
X축의 단위가 정확한가(10)			
Y축의 단위가 정확한가(10)			
X축의 보조 단위가 정확하게 나뉘어 있는가(15)-불연속적으로			
Y축의 보조 단위가 정확하게 나뉘어 있는가(15)			
짝데이터가 정확하게 표시되었는가(15)			
데이터 경향성이 문장으로 요약되는가(15)			

다. 간단한 보고서 쓰기

제목/안내, 실험 설계, 실험 과정, 데이터 표와 그래프로 나타내는 결과, 결론을 포함하는 간단한 보고서를 쓰는 능력을 평가하는 평가표이다.

5. 실험 보고서

이름 ____________ 과정: ____________ 날짜 ____________

기준/점수	자기 평가	동료/ 가족 평가	교사 평가
제목/소개(16)			
정확한 제목(4)			
이론적 해석(4)			
실험 목적(4)			
가설(4)			
실험 설계(16)			
명칭/수준/독립 변수 단위(4)			
통제군(4)			
반복 시도(4)			
명칭/종속 변수 단위(4)			
실험 과정(12)			
모든 과정, 도구, 재료 포함 여부(4)			
한 수준의 독립 변수에 대해 쓰여져 있는지 (2)			
독립 변수의 수준에 맞게 재현 반복시도의 유무(2)			
철자법/문법(4)			
결과–데이터 표(16)			
독립 변수 열에 명칭을 적었는지(4)			
종속 변수 열에 명칭을 적었는지(4)			
유도량 열에 명칭을 적었는지(4)			
독립 변수, 종속 변수, 유도량의 값이 정확한지(4)			
결과–그래프(16)			
X축의 명칭/단위/눈금이 정확한지(4)			
Y축의 명칭/단위/눈금이 정확한지(4)			
짝데이터가 정확하게 표시되었는지(4)			
데이터 경향성이 요약되었는지(4)			
결론(24)			
실험의 목적(2)			
주요 발견 사항(4)			
가설을 지지하는 결과(4)			
비교/설명(4)			
권고 사항–추가 연구/발전(4)			
철자법/문법(6)			

라. 자료를 전달하고 분석하기

- 기술 통계 평가 기준 및 점수: 데이터 표를 만들고, 그래프와 결과 도표를 그리고 결론을 짓는 네 가지 능력을 평가하는 평가표이다.

6. 기술 통계

이름 ____________ 과정: ____________ 날짜 ____________

기준/점수	자기 평가	동료/ 가족 평가	교사 평가
1부; 데이터 표(100점)			
제목(5)			
독립 변수/수준/단위(5)			
종속 변수의 단위(5)			
데이터에 대한 적합한 기술적 통계			
중심 경향(10)			
변이(10)			
수 (5)			
기술적 통계의 정확한 계산			
중심 경향(10)			
변이(10)			
수 (5)			
2부; 그래프(100점)			
제목(5)			
데이터에 대한 적합한 그래프 종류(15)			
X축의 명칭/단위/눈금이 정확한지 (25)			
Y축의 명칭/단위/눈금이 정확한지 (25)			
짝데이터가 정확하게 표시되었는가(15)			
3부; 도표: 결과(100점)			
주제 문장(10)			
계산된 중심 경향성의 비교(25)			
변이에 대한 설명(25)			
가설을 지지하는 데이터(15)			
문장/도표 구조(10)			
문법/철자법(15)			
4부; 결론(100점)			
실험의 목적(10)			
주요 발견 사항(15)			
가설을 지지하는 데이터(10)			
다른 연구와 비교(15)			
발견 사실에 대한 설명(10)			
제언(10)			
문장 구조(10)			
문법/철자법(15)			

• 추측 통계 평가 기준 및 점수: 추측 통계 테스트를 수행, 추측 통계 자료를 포함하는 데이터 표 만들기, 결과의 도표를 그리고, 결론을 쓰는 네 가지 능력을 평가하는 평가표이다.

7. 추측적 통계

이름 ______________ 과정: ______________ 날짜 ______________

기준/점수	자기 평가	동료/ 가족 평가	교사 평가
1부; 추측 통계 검사(100점)			
영가설의 정확성(10)			
유의성 수준의 정확성(5)			
통계적 테스트의 정확성(5)			
계산의 정확성(30)			
자유도의 정확성(10)			
통계를 위한 참고 값의 정확성(5)			
테스트에 대한 설명의 정확성-유의성(10)			
영가설의 효용성에 대한 정확성(10)			
연구 가설에 대한 정확성(10)			
2부; 데이터 표(100점)			
제목(5)			
기술적 통계(40)			
추측적 통계의 명칭(10)			
계산된 값과 참고 값의 비교(20)			
자유도(10)			
유의도/확률 수준(10)			
3부; 도표: 결과(100점)			
주제 문장(10)			
기술적 통계의 비교(25)			
통계적 테스트의 설명(15)			
통계적 테스트의 해석(15)			
연구 가설의 지지 정도(10)			
작문/문법/철자법(25)			
4부; 결론(100점)			
실험의 목적(10)			
주요 발견 사항, 통계 테스트(15)			
가설을 지지하는 데이터(10)			
다른 연구와 비교(15)			
발견 사실에 대한 설명(10)			
제언(10)			
문장 구조(10)			
작문/문법/철자법(25)			

마. 논문 쓰기 및 발표하기

• 문헌에 대한 요약문 쓰기 기준 및 점수: 독립 변수와 종속 변수에 일반적인 배경 지식을 제공하는 능력, 선행 연구 분석하기(선택 사항), 연구 문제 진술하기, 우수한 작문 기법 보이기, 보고서에 관한 표준 양식을 따르기 등의 능력을 평가하는 평가표이다.

8. 문헌 요약문

이름 ____________ 과정: ____________ 날짜 ____________

기준/점수	자기 평가	동료/가족 평가	교사 평가
데이터 수집(100점)			
일반적인 배경 지식(30~60)			
독립 변수(15~30)			
종속 변수(15~30)			
선행 연구 – 선택 사항(0~30)			
선행 연구의 설명(10)			
선행 연구의 분석(10)			
향후 연구에 대한 발문(10)			
연구 문제의 언급(15)			
이론적 근거(5)			
목적(5)			
연구 가설(5)			
작문(15)			
논리적 조직화/효과적인 이행(5)			
문장/문단 구조(5)			
문법/철자법(5)			
일반 문서 양식(10)			
제목 쪽(2)			
참고도서 목록(4)			
각주(2)			
다른 요구 사항 (2)			
교사 의견			

• 과학적 연구 논문 쓰기 기준 및 점수: 연구 소개, 연구 방법, 도구, 결과, 논의-결론 쓰기, 우수한 작문 기술 보이기, 논문에 관한 표준 양식을 따르기 등의 능력을 평가하는 평가표이다.

9. 연구 논문

이름 ____________ 과정: ____________ 날짜 ____________

기준/점수	자기 평가	동료/ 가족 평가	교사 평가
소개(15)			
독립 변수와 종속 변수의 배경(5)			
선행 연구의 개관(5)			
연구 문제의 언급(5)			
방법과 재료(10)			
모든 재료/도구의 포함 여부(5)			
명확하고 정확한 설명(5)			
결과(20)			
데이터 표(5)			
그래프 (5)			
결과 도표(5~10)			
통계적 테스트-선택 사항(0~5)			
논의와 결론(20)			
실험의 목적(3)			
주요 발견 사항(5)			
데이터에 의한 연구 문제의 지지(3)			
다른 연구와 비교(3)			
발견 사항에 대한 설명(3)			
제언(3)			
작문(20)			
논리적 조직화/효과적인 변환(5)			
문장/문단 구조(5)			
문법/철자법(10)			
일반 문서 양식(10)			
초록(5)			
제목 쪽(2)			
각주(2)			
참고 문헌(2)			
감사의 글(2)			
부록(2)			

• 과학적 연구 발표 기준 및 점수: 연구를 타인에게 전달하기, 질문에 대답하기, 효과적으로 연구를 발표하기 등의 능력을 평가하는 평가표이다.

10. 연구 발표

이름 ______________ 과정: ______________ 날짜 ______________

기준/점수	자기 평가	동료/ 가족 평가	교사 평가
목차(50)			
배경 지식(5)			
연구 문제의 언급(5)			
방법과 재료(10)			
결과(15)			
논의와 결론(15)			
질의(20)			
주제에 관한 지식(5)			
연구의 한계에 대한 인식(5)			
향후 연구에 대한 제언(5)			
감사의 글(5)			
발표와 관련성(5)			
가독성/매력도(5)			
슬라이드의 질/투명도(5)			
연구 발표 – 효과적인 발표를 위한 적절한 규범에 따른다.			
시각적 표시			
제한 크기(6)			
정확성(6)			
가독성(6)			
사진/그림 등의 품질(6)			
매력도(6)			
구두 발표(30)			
전달성(15)			
시선 마주침(5)			
소리 크기(5)			
완급 조절(5)			
시청각 재료(15)			

6 과학 논술 평가

6.1 과학 논술의 의미

논술(論述)이란 국어사전(교학사, 2004)에 의하면 '사물을 논하여 뜻을 설명한다.'로 되어 있다. 이때 논술이란 단어의 뜻을 잘 분석해보면 이 속에 두 가지 의미가 있다. 하나는 대상에 대해 논리적 분석과 판단의 '논(論)'의 의미와 말이든 글이든 어떤 표현 수단을 통해 전달한다는 '술(述)'의 의미이다. 술이란 주어진 과제나 문제 상황을 설정하여 자신의 생각을 논리적인 과정을 통하여 해결하고 주장의 타당성을 확보하기 위한 논리성과 합리성을 갖추어 그 결과를 한 편의 완성된 언어로 서술하는 글쓰기인 것이다(이희나, 2009). 논술문은 주어진 주제와 정보 속에서 문제를 일으키고 있는 바가 무엇이며 그 문제를 어떻게 해결할 것인가를 스스로 분석하고, 해결하기 위해 삶과 현실에서 얻어낸 근거를 바탕으로 생각한 과정 전체를 글로 나타내어야 한다(이경선, 2003). 그러기 위해서는 우선 문제를 발견하는 능력이 있어야 하고, 발견한 문제를 해결하는 과정이 이루어져야 하며, 또한 여러 요인에 대한 복합적인 시각으로 문제를 검토하는 종합적인 능력을 바탕으로 글쓰기가 적용되어야 한다. 그러기 위해서 논술문은 많은 지식이 근간이 되어 그 지식을 단순하게 나열하는 것이 아니라 지식들 간의 유기적 관계를 맺고, 그들 사이에서 창조적 과정을 거쳐 보여주는 글이어야 한다. 그러나 일반적인 논술의 개념과 과학 논술의 개념은 다소 차이가 있다. 과학 논술은 일반적 논술의 특성을 바탕으로 과학적 사고와 내용 지식이 연결되어야 한다. 따라서 다양한 제시문 간의 관점 비교를 통해 자료를 분석할 수 있는 능력이 필요하고, 그러한 제시문 간의 연결 고리를 과학적 사고력을 바탕으로 논리적으로 작성할 수 있어야 한다.

6.2 논술의 평가 유형

논술 평가의 유형은 크게 수리형, 과학형, 통합교과형으로 구분할 수 있다. 기존의 수리형과 과학형의 평가 유형에서 교육과학부에서 2005년 8월 논술고사 가이드라인을 발표하면서부터 통합 교과형 과학 논술의 유형을 강조하게 되었다. 교육과학부에서는 논술 유형으로 제시되서는 안 되는 유형으로 첫째, 단답형 또는 선다형 유형, 둘째, 특정 교과의 암기된 지식을 묻는 유형, 셋째, 수학, 과학과 관련한 지식 위주의 풀이 과정이나 정답을 요구하는 유형, 넷째, 외국어로 된 제시문의 번역 또는 해석을 필요로 하는 유형 등이 있다. 다음에서 수리형, 과학형, 통합교과형에 대한 특징을 알아본다.

가. 수리형

수리형은 종전의 수학 문제를 비교적 긴 제시문으로 포장한 것이 특징이다. 관련된 수학식을 찾아내고 이 식들을 사용하여 구체적인 답이나 결과를 도출한다. 때로는 결과를 찾아가는 과정을 글로 설명한다.

보기 서울대 2008년 자연계열 논술 1차 예시문제

어느 부부가 아홉 쌍의 부부를 집으로 초대하여 파티를 열었다. 이 자리에 모인 열 쌍의 부부는 서로 아는 사이도 있고, 처음 만나는 사이도 있다. 이들 가운데, 서로 알던 사람들은 악수를 하지 않았지만, 처음 만나는 사람들은 정중하게 악수를 한 번씩 나누었다. 저녁 식사가 끝나고 집 주인은 그 자리에 모인 19명에게 오늘 모임에서 악수를 몇 번 하였는지 질문을 하였다. 놀랍게도 이들이 악수한 횟수는 모두 달랐다. 이때 집 주인의 부인은 악수를 몇 번이나 하였을지 생각해보고, 부인이 악수한 횟수를 일반화하여 설명하시오.

나. 과학형

과학형은 과학 문제를 제시문으로 한다. 과학과 관련된 과학적 원리나 법칙을 사용하여 구체적인 답이나 결과를 도출한다. 때로는 도출 과정을 글로 설명한다.

보기 고려대학교 2006년 수시 2차 수리과학논술 예시문제

인류 역사상 가장 야심적인 우주 프로젝트로 꼽히는 유럽우주의 발사선 Huygens 호가 미국항공우주국의 우주선 카시니 호에 탑재되어 지난 1998년 발사되었다. 7년간 12억 8천만 km를 날아간 Huygens 호는 마침내 지난 1월 토성의 위성 중 가장 크고 유일하게 대기층을 가진 타이탄에 도착했다고 한다. 타이탄 위성의 질량은 대략 지구 질량의 0.02배이고 반지름은 지구 반지름의 0.4배이다. 탐사선 Huygens 호에 저울과 공을 싣고 갔다고 가정하자. 지구에서 이 공을 저울에 올려놓았을 때 저울의 눈금이 1kg을 가리켰다면, 타이탄 위성의 표면에서 저울의 눈금은 얼마가 되겠는가?

다. 통합교과형

통합교과형은 수학과 과학, 과학과 과학, 과학과 인문, 과학과 사회학, 과학과 예술 등에 대한 하나 또는 여러 개의 긴 제시문이 주어지고 이것으로부터 요구하는 결과를 논리적인 사고 과정을 거쳐 얻어내야 한다. 그리고 결과를 얻기까지의 과정을 글로 기술한다.

보기 물리 문항의 예시(양승준, 2007)

16세기에 Copernicus는 지구가 자전한다고 발표했으나 반대론자들은 움직이는 지구에 대하여 다음과 같은 반론을 폈다. "새가 큰 나무 꼭대기에 앉아 있고, 지상에는 움직임이 둔하고 먹잇감으로 적당한 한 벌레 한 마리가 기어가고 있다. 새가 벌레를 보고 수직으로 내려와 벌레를 잡는다. Copernicus의 생각이 옳다면 지구는 매년 태양 둘레를 30km/s의 속력으로 운동해야 한다. 새가 나뭇가지에서 1초 만에 내려온다고 할지라도 지구가 움직이므로 벌레는 이미 30km 거리만큼 멀어졌을 것이다. 따라서 이런 조건에서는 새가 벌레를 잡는 것을 불가능하게 된다. 제시문에 대하여 학생의 생각을 적으시오.

6.3 과학 논술의 지도 및 평가 방법

가. 과학 논술 지도

논술로서의 글쓰기는 일반적인 글쓰기의 방법과 구별되는 특성을 갖는다. 일반적인 글쓰기는 대부분 표현의 방법적인 측면인 글의 형식이나 부분적인 표현에 치우치고 있는데, 과학 논술은 과제에 대한 사고와 내용의 전개 방법에 중점을 두고 있다. 과학 논술은 자신의 논지를 분명하게 드러내며 타당한 객관적 논거를 들어 논리적으로 진술하는 것이다. 그러므로 논술을 해결하기 위해서는 논술에 필요한 과정과 단계적 절차를 거쳐야 한다. 일반적으로 논술 문제를 해결하는 절차와 과정은 논제 분석하기 → 제시문 분석하기 → 논점을 확정하여 주제문 작성하기 → 주요 논점에 대한 논거 마련하기 → 논술문의 개요 짜기 → 실제로 논술문 쓰기 → 퇴고하기 순이다(이석록, 2003). 과학 논술을 잘 하기 위해서는 하나의 사실을 배우더라도 확실히 이해하고 넘어가도록 지도한다. 또한 평소 자주 글을 쓰도록 지도해야 하며, 글의 길이 조절, 논리성 등은 평소 글쓰기를 통해 길러야 한다. 최근 과학 동향에 관한 관심을 가지도록 지도한다. 신문, 인터넷, 과학도서 등을 통해 적당한 수준의 지식을 갖출 필요가 있다. 과학도서 등에 있는 그래프나 도표를 이해하고 분석하는 능력을 기르고, 의사소통 능력을 기른다. 과학 개념에 대한 친구들과 토의를 하면서 이해도를 높이고 자기 생각을 정리할 줄 아는 능력을 기르도록 지도한다.

- 첨삭(添削)의 일반적 절차

첨삭 지도는 먼저 칭찬하고 나중에 부족한 점을 지적하는 것이 좋다. 첨삭문은 경어체를 써주는 것이 좋고 글씨를 깨끗하고 또박또박하게 쓴다. 논술문 첨삭의 단계는 일반적으로 학생들이 글을 쓰는 반대 과정, 즉 글 전체→단락→문장→단어의 순서로 한다. 다음은 첨삭의 일반적인 절차이다(김민희, 2009).

① 서론-본론-결론이 각각 어디까지인가? (각각의 분량을 적절하게 안배하고 있는가)
② 결론에서 어떤 주장을 하고 있는가? (주제가 분명하고 논제에서 벗어나지 않았는가)
③ 결론에서 중심 생각을 제대로 뒷받침하여 확장하고 있는가? (비약은 없는가)
④ 본론을 몇 단락으로 나누어 결론의 근거를 제시하고 있는가?
⑤ 본론에서 제시문이 내용을 적절히 활용하고 있는가? (제시문 간의 관계를 올바로 파악하고 있으며 제시문의 내용을 정확하게 이해하고 있는가, 글에 깊이가 있는가, 객관성을 유지하면서 초점이 흐트러지지 않고 집중력이 있는가 등)
⑥ 서론에서 문제점을 제대로 제기하고 있는가? (논제가 무엇인지 분명하게 제시하고 있는가, 서론-본론-결론의 흐름이 서론에서 제기한 문제에 대하여 논리적 일관성을 유지하고 있는가)
⑦ 단락 쓰기의 원리를 지키고 있는가? (중심 생각-일반적 진술을 구체적 진술로 뒷받침하고 있는가, 중심 내용에 따라 적절하게 구분하고 있는가, 연결어-전환구는 제대로 붙였는가)
⑧ 문장이 어법에 맞고 자연스러운가? (문장이 간결하고 주어와 서술어가 호응하고 있는가, 영어식 문장은 없는가)
⑨ 단어의 쓰임이 적절한가? (상위어와 하위어를 적절히 사용하고 있는가, 맞춤법에 맞는가, 불필요한 외래어 사용은 없는가)
⑩ 원고지 사용법을 지키고 있는가? (띄어쓰기, 문장 부호, 단락 줄 바꾸기 등)

나. 평가 준거

과학 논술 평가 준거는 논술 유형에 따라, 제출자의 의도에 따라 다양하게 선정될 수 있다. 여기에서는 통합교과형에 따른 일반적인 과학 논술의 평가 기준은 다음과 같다(이혁우, 2008).

① 주제의 이해도(글의 주제에 대한 이해도)

단순히 한 사물을 설명하는 글일지라도 사물의 어떤 기능에 초점을 맞추느냐에 따라 글의 방향이 달라진다. 글의 주제를 이해하는 것은 논술을 쓰기 전에 가장 먼저 해야 한다.

② 과학성(과학적으로 타당한 주장)

과학 논술은 과학과 관련된 주장이기 때문에 자신만의 경험이나 추측에 의한 주장은 글의 의미를 상실한다. 미래에 가능한 사실로 변할지 모르는 사실은 충분한 근거를 들어 설명하면 글을 읽는 사람을 설득할 수 있다.

③ 창의성(자신의 생각을 표현)

글은 남의 생각을 반복하거나 이미 모든 사람들이 인정하고 있는 내용을 새로운 것처럼 주장하면 글의 힘이 떨어진다. 지금까지 누구도 주장하지 않았거나 새로운 사실을 주장하면 가장 좋겠지만 그런 창조에 가까운 일은 쉬운 것이 아니다. 창의성이란 이미 있던 내용이라도 새로운 현상에 적용하거나 다른 방향으로 접근하는 것도 해당된다.

④ 논거의 타당성(주장에 대한 올바른 근거)

논술은 남을 설득하기 위한 글이다. 설득하려면 자신이 말하는 주장의 근거가 납득이 가야 한다. 정확하고 학자들이 밝힌 사실, 이론, 법칙 등에 근거한다.

⑤ 논리성(일관성 있는 서술)

논리적인 글은 글을 읽는 사람을 빨리 이해시킬 수 있고 감동을 준다. 글 전체적으로 일관성 있는 흐름으로 글을 서술하는 것은 글의 가장 기본이다.

표 6-7 논술 평가 기준의 예시(김민희, 2008)

구분	평가 내용 및 기준
이해·분석력 (20점)	· 주어진 논제에 대한 정확한 이해·분석 능력 · 제시문에 대한 정확한 이해·분석(독해) 능력 · 논술문이 논제에 충실한 정도 · 제시문을 적절히 활용한 정도
논증력 (30점)	· 근거 설정 능력 –주장에 대한 적절하고 분명한 논거 제시 여부 –주장과 논거의 논리적 타당성 –논제에 대한 분명한 견해 표현 –표현 견해가 제시문의 논의에 의거해 적절한 뒷받침 · 구성 조직 능력 –전체 논의 전개에 정합성 및 일관성이 유지 –전체 논의 전개에 있어 논리적 비약 여부 –글의 전체적인 흐름이 체계적이고 조직적으로 전개
창의력 (40점)	· 심층적인 논의 전개 –본인의 주장이나 논거에 대해 스스로 가능한 반론들의 고려

	–본인의 논의가 지니는 더 나아간 함축이나 귀결들에 대해 고려 –논의가 전개되고 있는 맥락이나 배경 상황에 대한 적절한 고려 –묵시적인 가정이나 생략된 전제에 대한 더 나아간 고찰 · 다각적인 논의 전개 –발상이나 관점 전환을 시도 –가능한 대안들에 대한 고려 –여러 개념들의 종합 –암묵적으로 가정된 전제에 대한 비판적 고찰 · 독창적인 논의 전개 –주장이나 논거에 새로움 –문제를 통찰함에 있어 특이함 –관점이나 논의 지평이 참신함
표현력 (10점)	· 표현의 적절성 –문장 표현이 매끄럽고 자연스러움, 적절한 비유 등 –맞춤법, 원고지 사용법

다. 과학 논술 문항 제작

과학 논술 문항을 제작할 때에는 학생들의 특징 및 통합적 사고력을 측정할 수 있도록 고려하여 문항을 제작해야 한다. 또한 질문에 대한 논리성 및 채점 기준 등을 생각해야 한다. 다음은 과학 교사가 과학 논술 문항을 제작할 때 고려해야 할 사항들이다(황정훈, 2008).

1) 평가하려는 학생 집단의 성질을 고려해야 한다.

문항 내용이나 지시문 등의 어휘 수준이 학생의 수준에 적합해야 한다. 문항 수는 학생의 능력에 맞게 적절하고, 각 문항에 충실이 답할 수 있도록 적절한 응답 시간을 배려해야 한다.

2) 단순한 지식보다는 고등 정신 능력을 측정하도록 한다.

논술형 문항의 장점은 다른 문항 형식에서는 측정하기 어려운 사고력, 추리력, 종합력, 비판력, 분석력, 응용력, 표현력, 창의력과 같은 정신 기능을 측정할 수 있다는 데 있다.

3) 질문을 구조화시키고 제한성을 갖도록 한다.

문항이 애매모호하면 학생은 어떻게 응답해야 할지 혼란을 빚게 된다. 또한 학생의 반응이 너무 다양해져 채점 과정에서 어려움을 겪을 가능성도 커진다. 문항이 요구하는 영역을 규정하고, 이것을 잘 구조화시킬 필요가 있다.

4) 여러 문항 중에서 선택해서 쓰도록 하지 않게 한다.

여러 문항이 서로 이질적인 내용일 경우 시험의 타당도가 떨어지게 된다. 각기 다른 문항을 선택해서 답을 했을 경우, 그에 대한 채점 점수는 학생들이 서로 다른 능력을 갖고 있기 때문에 점수를 상호 비교할 수 없게 된다. 또한 채점의 노력과 시간이 배가 된다.

5) 응답 요소의 종류를 나열하도록 할 경우에는 가지 수를 한정해야 한다.

응답 요소를 나열하도록 할 경우에는 '몇 가지만 제시하시오.'라고 한정하고, 채점 과정에서는 지시한 '몇 가지'까지만 채점하고 뒤에 나열되는 요소에 대해서는 채점을 하지 않는 것을 원칙으로 한다.

6) 가능하면 채점 기준 및 문항 점수를 미리 제시한다.

채점 기준을 미리 제시하면 학생의 반응을 한 곳으로 방향 짓게 하는 데 도움이 될 뿐만 아니라, 학생이 어떻게 반응하는 것이 유리한 것인지를 아는 데도 도움이 된다.

7) 채점 기준은 포괄성 및 배타성의 원칙을 준수해야 한다.

포괄성이란 채점 기준을 설정했을 때 학생들이 제시한 답안상의 반응을 모두 포함할 수 있어야 함을 뜻하며, 배타성이란 채점 기준의 범주 혹은 수준 구분이 서로 겹쳐서는 안 됨을 뜻한다.

8) 문항을 배열할 때 쉬운 문항에서 어려운 문항으로 배열한다.

첫 문항부터 어려워서 좌절하여 버리거나, 시간이 오래 걸리면 능력을 제대로 발휘할 수 없다. 교사가 평가해 보아 쉬운 문항부터 어려운 문항의 순서로 배열해 주는 것이 동기 유발에 효과적이다.

9) 논쟁을 다루는 문항은 어느 한편의 견해를 지지하는 입장에서만 논술하라고 지시하지 말고, 학생 자신의 견해를 밝히고 그의 견해를 논리적으로 전개할 수 있도록 유도해야 한다.

보기 과학 논술 문항 출제 예시(황정훈, 2008)

가. 질량이 m인 행성이 태양 주위를 반지름 R, 속도 v, 주기 T로 등속원 운동할 때 행성이 받는 구심력은 $F=\dfrac{mv^2}{R}$으로 주어지고 등속 원운동의 주기는 $T=\dfrac{2\pi R}{v}$이다. 여기에 Kepler 제3법칙 $T^2=kR^3$을 적용해 구심력을 행성의 질량과 반지름으로 표현하면 $F=\dfrac{4\pi^2 m}{kR^2}$이고, 작용 반작용 법칙에 의해 태양이 받는 구심력 F는 $F=\dfrac{4\pi^2 m}{kR^2}$이다. 여기서 힘 F는 $F\propto\dfrac{1}{R^2}\propto M\propto m$의 관계를 갖는다. 즉 두 물체 사이에 작용하는 만유인력 F는 물체의 질량 M, m의 곱에 비례하고, 물체 사이의 거리 R의 제곱에 반비례해 $\dfrac{GMm}{R^2}$이다. 이것을 Newton의 만유인력 법칙이라 하고, 비례상수 G를 만유인력 상수하고 한다. 만유인력 상수는 MKS 단위계에서 $G=6.67259\times10^{-11}\mathrm{N\cdot m\cdot kg^{-2}}$ 임이 실험으로 밝혀졌다. 지구 주위의 물체들이 지구 중심 방향으로 떨어지는 이유 역시 만유인력으로 설명된다. 물체나 지구가 서로 당기는 힘은 같지만 지구가 훨씬 더 무겁기 때문에 물체가 지구로 낙하한다.

나. 오른쪽 그림과 같이 속이 빈 껍질을 구각이라 한다. 균일한 구각은 내부에 있는 입자에 아무런 중력도 작용하지 않는다. 구각 내부의 한 점에서 받는 만유인력은 입체각을 갖는 구각 부피 V_1, V_2로부터 받는 힘인 F_1, F_2의 합이 된다. 물체의 질량은 m, 지구의 밀도를 ρ라 하고 작은 꼭지각을 가정할 때 구각 부피는 구각의 두께 h와 구각 면적이 이루는 육면체로 생각할 수 있다. 힘 F_1, F_2는 각각

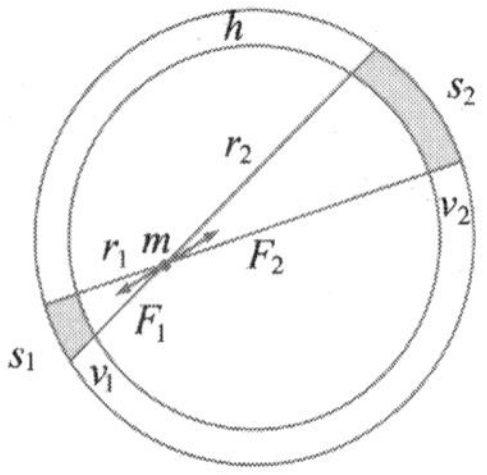

$$F_1=G\frac{(s_1h\rho)m}{r_1^2},\qquad F_2=G\frac{(s_2h\rho)m}{r_2^2}$$

이 된다. 이때 구각의 면적비는 거리비의 제곱이므로 $\dfrac{s_1}{r_1^2}=\dfrac{s_2}{r_2^2}$이고, 결국 $F_1=F_2$이다. 즉 구각 내부에 존재하는 질량은 임의의 방향으로 같은 크기, 반대 방향으로 힘을 받으므로 전체 구각에 의한 만유인력의 총합은 0이다. 따라서 지구 내부에서 중력을 계산할 때 물체가 있는 곳을 기준으로 안쪽 부분의 질량만이 인력에 관여한다.

■ 문1 만일 지표상의 어느 한 점에서 지구 중심을 지나는 터널을 지구 반대편까지 뚫었다고 가정해보자. 이때 터널에 질량을 가진 물체를 가만히 떨어뜨린다면 이 물체는 어떤 운동을 할지 제시문 (가)와 (나)를 이용해 논하라. 단 지구 내부의 밀도는 균일하다고 가정하고, 물체가 운동하는 동안 작용하는 공기 저항력은 무시한다.

■ 문2 제시문 (나)에 주어진 것처럼 구 껍질 내부의 중력장 크기는 0이다. 이와 마찬가지로 도체 구 표면에 분포한 전하 역시 도체 구 외부 영역에는 전기장을 만들어내지만 도체 구 내부 영역의 전기장은 0이다. 도체 구 표면에 전하가 분포해 있지만 도체 구 내부 전기장이 0이라는 사실을 이용해 설명 가능한 현상을 2가지 나열하고 각각의 현상을 물리적으로 설명하라.

7 외국 평가의 실례

7.1 미국의 평가

가. ACT(Americal College Testing)

ACT는 미국 대학 입시 제도로 미국 내 ACT 응시자가 200만 명을 넘었다고 한다. ACT는 미국 전체의 고등학교에서 사용되는 교과서 및 학습 자료를 분석하여 만들어진 핵심 교육과정을 기반으로 개발된 시험으로 학업 성취도 평가이다. ACT의 평가 목표는 대학교육에 필요한 준비 정도를 측정하고 학업 및 진로 안내를 위한 것이므로, 대학에서 요구되는 능력의 범위와 수준에 따라 평가 방향이 결정된다. 과학은 생물학, 지구과학/우주과학, 화학, 물리학 분야의 해석 및 분석, 평가, 논리, 문제 해결 능력을 평가한다. 다음은 ACT 문항 예시이다.

● ACT 문항 예시: [물리, 대립된 관점 영식]

Aristoteles는 자연에서 일어난 현상을 보고 생각한 것을 기초로 물리계를 발전시켰다. 예를 들면 그는 돌을 정지 상태에서 떨어뜨리면 그것은 즉시 어떠한 속력에 다다를 것이며 떨어지는 동안 그 속력을 유지할 것이라고 생각했다. 그는 또한 돌이 떨어지는 속력은 돌의 무게에 따라 달라질 것이라고 생각했다. 예를 들어 5파운드의 돌은 1파운드의 돌보다 5배 더 빠르다고 생각했다. Aristoteles는 또한 돌은 물속으로도 계속해서 떨어질 것이지만 공기를 통과할 때보다는 느려진다는 것에 주목하였다. 느려지는 이유를 설명하기 위해, 그는 물체가 떨어질 때의 용액의 저항 정도가 속력에 영향을 준다고 말하였다. 따라서 그는 떨어지는 물체의 속력은 용액의 저항에 따라 역으로 변할 것이라고 생각했으며, 저항의 크기는 모든 물체에 동일할 것이라고 말했다.

Galilei는 이러한 Aristoteles의 생각에 반대하였다. 그는 Aristoteles에 반박하여 다음과 같이 설명하였다.(cubit: 완척, 팔꿈치에서 가운뎃손가락까지의 길이 약 46~56cm). 말뚝을 땅에 세워 놓고 무거운 돌을 여러 높이에서 떨어뜨려 말뚝을 찍어 보자. 만일 돌이 4cubit의 높이에서 떨어졌을 때 말뚝이 4 손가락 넓이만큼 내려갔다고 하자. 그러나 만일 돌이 1cubit의 높이에서 떨어진다면, 말뚝은 훨씬 조금 내려갈 것이다. Galilei는 확신에 찬 듯 말했다. 만일 돌이 말뚝으로부터 나뭇잎 두께 정도만큼의 높이에서 떨어진다면 말뚝은 거의 내려가지 않은 것처럼 보일 것이다.

세심한 실험에 근거하여, Galilei는 물체를 정지 상태에서 떨어뜨리면 시간이 지남에 따라 속력이 증가할 것이라고 주장했다. 또한, 물체가 떨어진 거리는 (공기 저항을 무시하면) 떨어진 시간의 제곱에 비례하여 증가한다고 말했다. 따라서 Galilei가 말한 대로, 물체는 실제로 등가속도로 떨어지며, 만일 공기 저항을 무시한다면 모든 물체는 정확히 동일한 가속도를 가질 것이다.

1. 공기 저항을 무시한다는 조건에서 정지 상태에서 떨어지는 물체의 속력-시간에 대한

Galilei의 이론을 정확히 나타내는 그래프는 어떤 것인가?

A

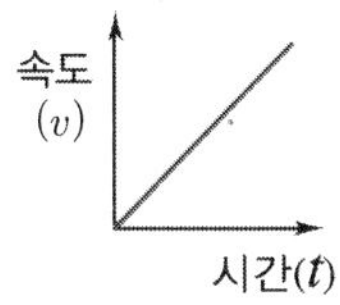

B

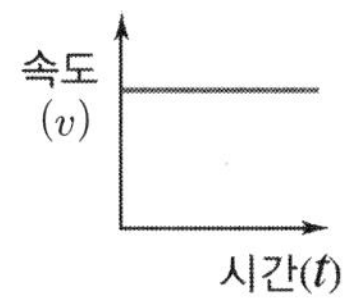

C

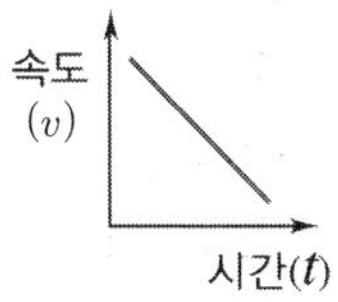

D

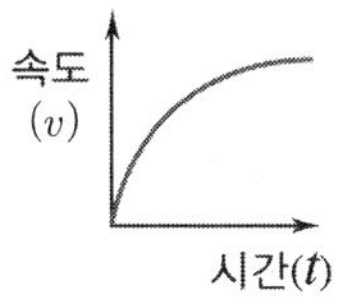

2. 1 m에서 책 한 권을 떨어뜨렸더니 바닥에 도달하는 데 t초가 걸렸다. Aristoteles의 견해를 고집한다면, 무게가 3배인 책을 몇 미터에서 떨어뜨려야 같은 시간에 바닥에 도달하겠는가?

A. $\frac{1}{9}$　　B. $\frac{1}{3}$　　C. 1　　D. 3

3. 무거운 물체가 어깨높이에서 떨어져 t초 만에 바닥에 도달했다고 가정하자. 갈릴레오에 의하면, 만일 공기의 저항을 무시했을 때 무게가 절반인 물체를 같은 높이에서 떨어뜨린다면 몇 초 만에 바닥에 도달하겠는가?

A. $0.5t$　　B. $1.0t$　　C. $1.5t$　　D. $2.0t$

4. 2파운드 무게의 퍼티 조각을 높은 건물의 꼭대기에서 굴뚝 아래로 떨어뜨렸다. 1초 후 3파운드의 퍼티 조각을 굴뚝 아래로 떨어뜨렸다. Aristoteles에 의하면, 비교적 오랜 시간이 흘러가면서 두 조각의 퍼티에는 어떤 일이 일어날 것인가?

A. 바닥에 도달할 때까지 두 조각 사이의 간격이 일정하게 증가할 것이다.
B. 바닥에 도달할 때까지 두 조각 사이의 간격은 일정하게 유지될 것이다.
C. 무거운 조각이 가벼운 조각을 따라잡을 것이며, 달라붙은 두 조각은 무거운 조각이 가졌던 속력으로 함께 떨어질 것이다.
D. 무거운 조각이 가벼운 조각을 따라잡을 것이며, 달라붙은 두 조각은 둘이 가졌던 속력보다 더 빠른 속력으로 함께 떨어질 것이다.

나. SAT(Scholastic Aptitude Test)

한국의 대학수학능력시험과 같은 미국의 표준화된 시험으로, 미국 대학에 진학할 때 입학 사정에 반영된다. 이 시험 성적을 통해 각 대학은 각기 다른 고등학교에서 다른 시스템으로 공부하는 학생들을 같은 기준으로 평가하게 된다. 예비 대학생은 물리 과정을 이수할수록 유리하며, 수학은 대수학과 삼각함수를 이수할수록 좋다. 또한 물리 실험의 경험이 많을수록 좋다.

SAT Physics에는 복잡한 계산이 나오지 않는다. 60분에 75문제를 풀어야 하니 거의 다 한눈에 풀리거나 한눈에 막히는 문제들이다. 따라서 학교에서 주는 숙제나 AP 준비에 연습하는 문제와는 성질이 아주 다르다. 한마디로 개념이 중요하지 계산이 중요하지는 않다. 다음은 SAT 문항 예시이다.

● SAT 문항 예시: Part A (선택형)

■ 문제 1, 2

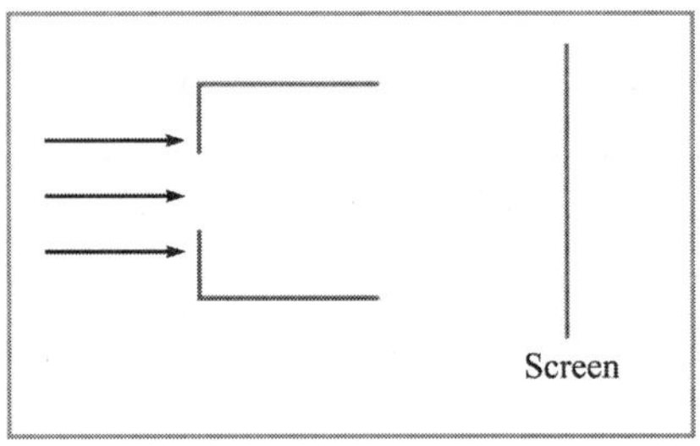

한 쪽에 구멍이 뚫린 상자 안으로 빛이 지나가는 모습을 옆에서 본 모양이다. 상자의 뒤는 열려있다. 빛이 상자를 지난 후 스크린에 닿을 것이다. 아래의 그림처럼 박스 안에 장치가 들어 있을 때

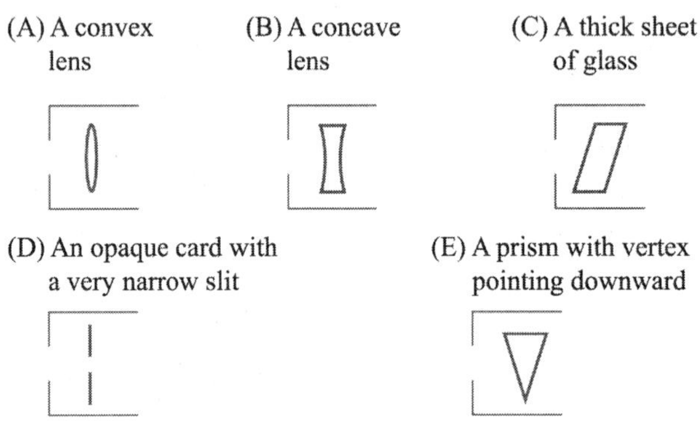

1. 스크린에 닿는 빛이 작은 점으로 보이도록 만드는 장치는 어떤 것인가? (A)

2. 어떤 장치가 중앙에 밝은 테가 있고 중앙에서 멀어질수록 어두워지는 테가 순차적으로 배열된 회절하는 모양을 만들 수 있는가? (D)

※ 문제 3, 4

전하량이 +Q인 점전하 근방에 A-E의 다섯 지점을 다음 그림처럼 지정하였다.

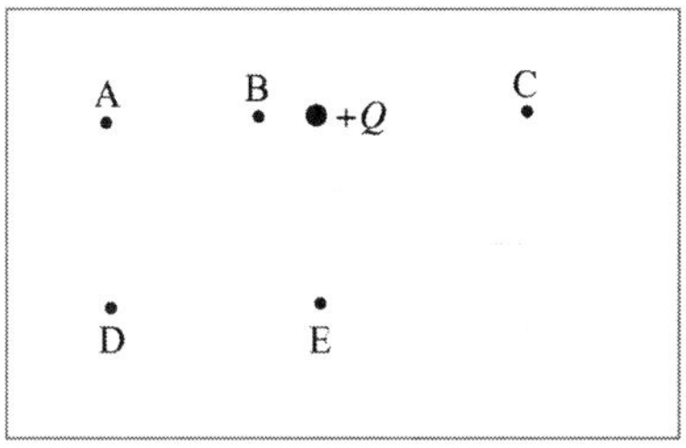

3. 어느 지점이 전기장의 크기가 가장 작은가? (D)

4. 각 지점에 전자를 놓았을 때 어느 지점에서 위를 향하는 방향의 힘이 작용하는가? (E)

Part B (오지선다형)

5. 크기가 6units인 벡터에 8units인 벡터를 더하면 벡터의 크기는 얼마가 될까? (E)
   (A) 정확히 2units
   (B) 정확히 10units
   (C) 정확히 14units
   (D) 0units 10units 혹은 그들 사이의 어떤 값을 가진다.
   (E) 2units 14units 혹은 그들 사이의 어떤 값을 가진다.

6. 5kg 무게의 벽돌이 천장에 매달려 있다. 끈에 매달린 벽돌에 작용하는 끈의 장력은 대략 어느 정도일까? (C)

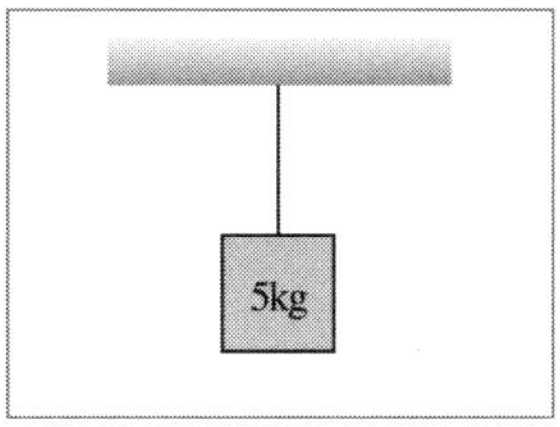

(A) 0 (B) 25 N (C) 50 N (D) 100 N (E) 200 N

■ 문제 7, 8

파도가 10(m/s)의 속력, 진동수 2(1/s)로 해변으로 이동하고 있다.

7. 파도의 파장은 대략 어느 정도인가? (C)
   (A) 0.2 m (B) 0.5 m (C) 5 m (D) 10 m (E) 20 m

8. 해변에서 떨어진 곳에서 보트를 타고 있는 아이가 파도를 관찰하고 있다. 보트가 해변에

서 멀어지면서 움직이고 있을 때와 보트가 해변으로부터 일정한 거리를 유지하면서 정지하고 있을 두 가지 경우를 비교한다면, 다음의 파도의 성질들 중 어느 것이 움직이는 경우가 정지한 경우보다 더 큰 값을 가지는가? (C)

I. 보트에 대한 파도의 속력 II. 연속된 마루들 사이의 진동수 III. 마루와 다음 마루 사이의 거리

(A) I
(B) III
(C) I, II
(D) II, III
(E) I, II, III

9. 구리의 비열을 측정하기 위한 실험이다. 구리 덩어리를 오븐에 가열한 후 물이 든 비커에 넣는다. 구리의 비열을 측정하기 위해서 이 실험에서 실험자가 알아야 하고 측정해야 할 것이 아닌 것은? (D)
(A) 물의 질량
(B) 물과 구리의 처음 온도
(C) 물과 구리의 마지막 온도
(D) 구리를 물에 떨어뜨린 후 평형에 도달할 때까지 걸리는 시간
(E) 물의 비열

10. 입자의 운동 에너지 K를 나타낸 그래프 중 가장 적당한 것은?(B)

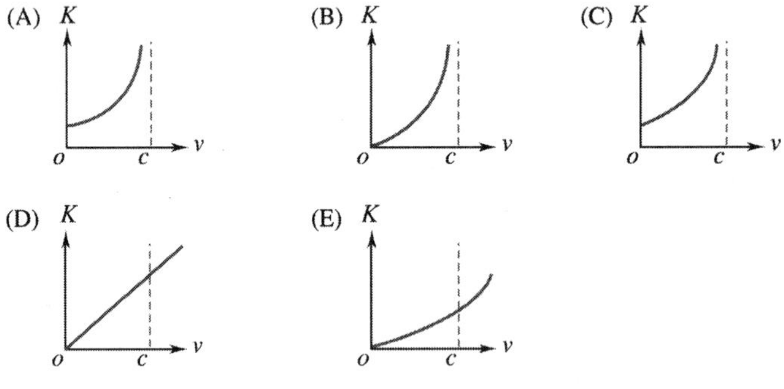

11. 주어진 과정에서, 이상 기체에 12 J의 열을 가했고, 이 기체는 8 J의 일을 했다. 이 과정 동안 내부 에너지에 대한 다음 설명 중 옳은 것은? (B)
(A) 20 J 증가
(B) 4 J 증가
(C) 변함없다.
(D) 4 J 감소
(E) 20 J 감소

12. 직선 운동을 하는 물체가 움직이는 동안의 시간과 위치에 대한 그래프이다. 그래프에 나타난 시간 동안 속력과 물체의 가속도는 어떤 특성을 지니는가? (D)

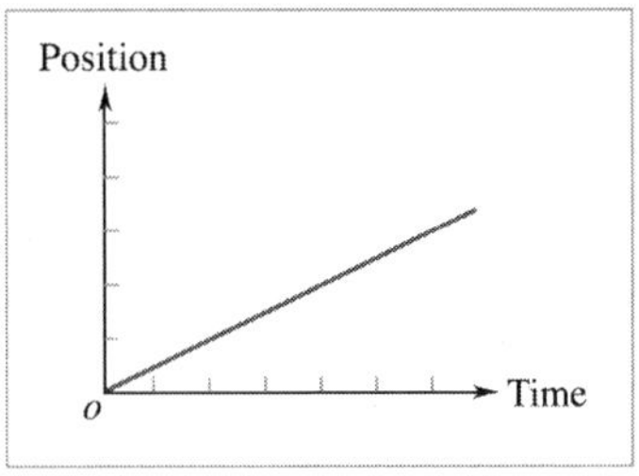

속력	가속도
(A) 증가	증가
(B) 증가	0은 아니지만 일정
(C) 0은 아니지만 일정	증가
(D) 0은 아니지만 일정	0
(E) 0	0은 아니지만 일정

13. 4 kg의 원반을 동쪽을 향하여 1 m/s의 속력으로 움직이게 하였다. 이 원반은 기둥을 치고 튕겨서 같은 속도로 북쪽을 향한다. 이 충돌 과정에서 원반의 운동량의 변화량 중 동쪽 방향 성분의 크기는? (A)

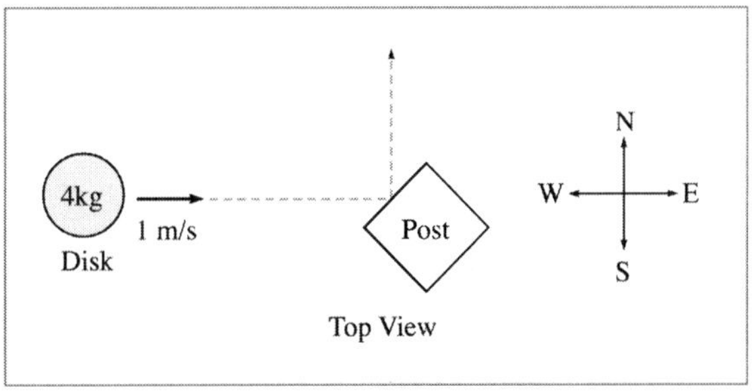

(A) -4 kg·m/s (B) -1 kg·m/s (C) 0 kg·m/s
(D) 1 kg·m/s (E) 4 kg·m/s

14. 원자의 에너지준위를 아래에 그려 놓았다. $n=2$ 상태인 원자가 자발적으로 방출한 광자가 가질 수 있는 에너지 값은? (A)

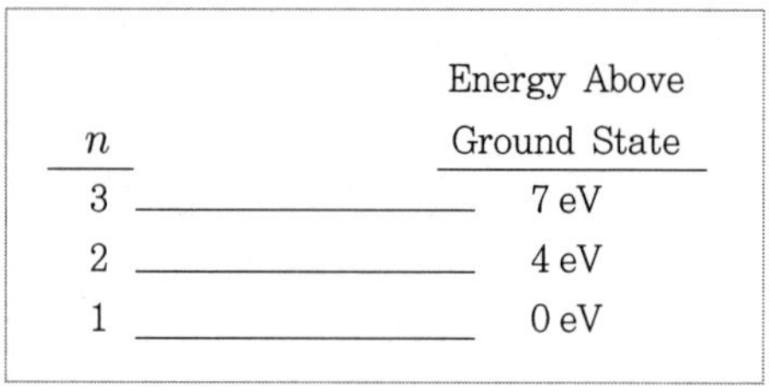

(A) 4 eV
(B) 7 eV
(C) 3 eV, 4 eV
(D) 3 eV, 7 eV
(E) 3 eV, 4 eV, 7 eV

15. 질량이 m인 상자를 마찰이 없는 곡선면의 위치 1에서 가만히 놓았다. t시간 동안 위치 2까지 거리 d만큼 이동하여 수직 거리 h만큼 떨어졌다. 위치 2에서의 순간 속력을 v라고 하고 순간 가속도를 a라고 하자. 다음의 공식 중 이 상황에 가장 타당한 것은? (E)

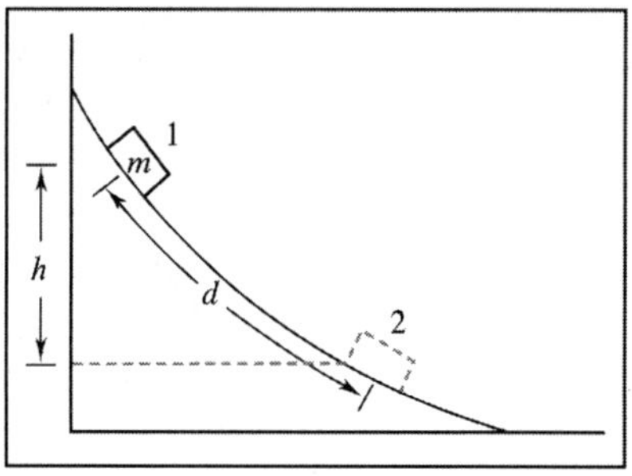

(A) $h=vt$ (B) $h=\frac{1}{2}gt^2$ (C) $d=\frac{1}{2}at^2$
(D) $v^2=2ad$ (E) $mgh=\frac{1}{2}mv^2$

■ 문제 16, 17

하나의 저항 R에 하나의 전지를 연결하였다. 전류는 I, 열로 소비되는 전력은 P이다. 저항은 그대로 두고, emf를 두 배로 변화시켰다.

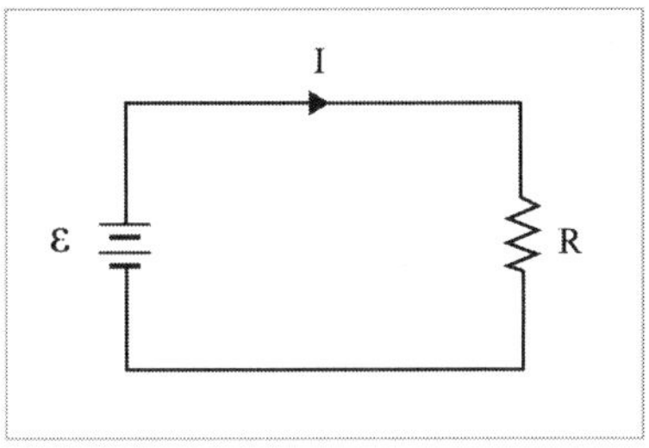

16. 변화시킨 후 전류는? (D)

(A) $\frac{I}{4}$ (B) $\frac{I}{2}$ (C) I (D) $2I$ (E) $4I$

17. 변화시킨 후 저항에서 소모되는 전력은?(E)

(A) $\frac{P}{4}$ (B) $\frac{P}{2}$ (C) P (D) $2P$ (E) $4P$

18. 긴 직선 도선에 흐르는 전류에 의해 발생하는 자기장에 대한 설명 중 옳은 것은?(E)

(A) 자기장은 어디에서나 균일하다.
(B) 도선으로부터 거리가 멀어질수록 자기장의 세기는 커진다.
(C) 자기력선은 전류의 방향과 평행이며 반대이다.
(D) 자기력선은 도선으로부터 방사적으로 퍼지는 방향이다.
(E) 자기력선은 도선을 중심으로 원형이다.

19. 다음 중 한 곳에서 다른 곳으로 에너지를 전달하는 것은? (E)

I. 전자기 방사
II. 음파
III. 대류 흐름

(A) I
(B) III
(C) I, II
(D) II, III
(E) I, II,, III

20. 지구의 반지름은 6400 km이다. 인공위성의 궤도는 지구 중심으로부터 12,800 km 거리이다. 만약 지구에서 인공위성이 100 kN이라면 현재 궤도상의 인공위성에 작용되는 중력은? (B)

(A) 11 kN (B) 25 kN (C) 50 kN (D) 100 kN (E) 200 kN

21. 길이가 l, 질량이 m인 추가 매달려 작은 진폭으로 흔들리고 있는 진자가 있다. 주기를 두 배로 만들기 위해서는 어떻게 해야 하는가? (E)
    (A) 추의 질량 m을 두 배로 한다.
    (B) 진자를 흔들 때 두 배의 힘으로 처음에 밀어준다.
    (C) 진자의 진폭을 두 배로 한다.
    (D) 추의 질량 m을 4배로 한다.
    (E) 진자의 길이 l을 4배로 늘린다.

■ 문제 22, 23

분필 조각을 수직으로 위로 던지고 떨어질 때 같은 높이에서 잡았다. 손에서 떨어져 있는 동안 위치를 측정하였다. 위 방향을 (+)로 정하자.

22. 위로 올라갈 때 위치, 속력, 가속도의 값은 어떻게 되는가?(B)

	위치	속력	가속도
(A)	+	+	+
(B)	+	+	−
(C)	+	−	−
(D)	−	+	−
(E)	−	−	−

23. 아래로 내려갈 때 위치, 속력, 가속도의 값은 어떻게 되는가?(C)

	위치	속력	가속도
(A)	+	+	+
(B)	+	+	−
(C)	+	−	−
(D)	−	+	−
(E)	−	−	−

ANSWERS

The estimated difficulty level, on a scale of 1 to 5, with 1 the easiest and 5 the most difficult, is in parentheses.

1. A (3)	7. C (1)	13. A (4)	19. E (4)
2. D (3)	8. C (3)	14. A (4)	20. B (5)
3. D (1)	9. D (3)	15. E (4)	21. E (4)
4. E (2)	10. B (2)	16. D (3)	22. B (4)
5. E (2)	11. B (3)	17. E (5)	23. C (5)
6. C (1)	12. D (2)	18. E (3)	

7.2 영국 AQA(Assessment Qualifications Alliance)

영국의 학제는 우리나라의 초등학교에 해당하는 6년 과정 (5~11세), 중등과정은 5년 과정 (11~16세), 고등과정은 Sixth form 과정으로(16세 ~18세) 대학진학을 목표로 AS Level 과정과 A Level 과정의 2년 과정으로 이루어져 있으며, 초중등과정까지는 의무교육이다. 영국 학생들은 중등학교를 졸업하는 15세에 GCSE(The General Certificate of Secondary Education) 시험을 보게 되며 이 성적은 Sixth form 진학 및 취업 시에 매우 중요하게 취급되는 성적이다. 또한 이 성적은 학력 수준에 대한 일종의 자격증으로 통용되고 있다. 17세가 되면 Sixth form의 졸업반으로 일종의 대입시험인 GCE(General Certificate of Education) A Level 시험을 보게 된다. 여기에서는 물리를 주제로 한 시험 예를 알아본다.

● 영국 AQA 문항 예시

과학 A

물리 P1a 단원 (에너지와 전기) **PHY1A**
물리
물리 P1a 단원 (에너지와 전기)
2006년 11월

AQA
ASSESSMENT and QUALIFICATIONS ALLIANCE

기본 등급 또는 고급 등급 둘 중 하나만을 선택하여야 한다.
고급 등급은 이 시험지의 14페이지 부터이다.

기본 등급
SECTION ONE
문제 1부터 6까지
이 문제에서는 문자 A, B, C, D를 숫자 1–4와 연결하여라.
각각의 답은 오직 하나이다.
답지에 답을 표기하여라.

■ 문제 1

대부분의 사람들이 핸드폰을 가지고 있다. 핸드폰은 에너지를 전달한다. 문장에 있는 숫자 1~4와 에너지의 종류 A, B, C, D를 연결하여라.

A. 전기 B. 열 C. 빛 D. 소리

핸드폰에 입력되는 에너지는 (1) 에너지이다.
스피커에서 출력된 편리한 에너지는 (2) 에너지이다.
스크린에서 출력된 편리한 에너지는 (3) 에너지이다.
핸드폰에서 출력되어 낭비된 에너지는 (4) 에너지이다.

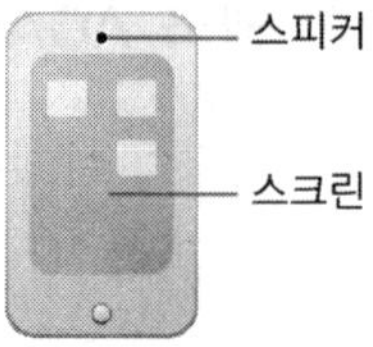

■ 문제 2

그림은 우리의 미래에너지 자원인 네 가지 유형의 발전소를 나타낸다.
각각의 다른 에너지 자원을 이용하여 전기를 생산한다.
에너지 자원 A, B, C, D와 발전소 1~4를 연결하여라.

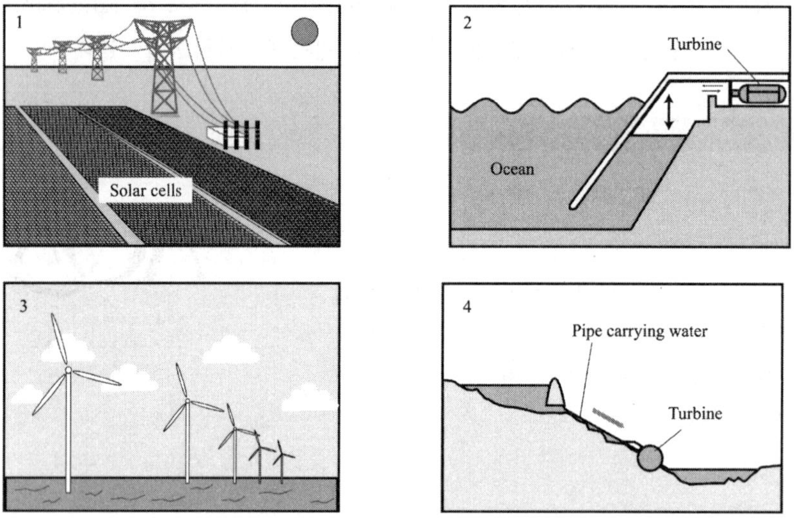

A. 수력 B. 태양력 C. 조력 D. 풍력

■ 문제 3

다른 에너지를 사용하여 전기를 생산하는 네 개의 다른 국가가 있다.
다른 네 국가에 대한 파이 도표이다. 각 파이 도표에는 전기를 생산하기 위해 사용된 주된 에너지 자원의 명칭이 적혀 있다.

표에 있는 국가 A, B, C, D와 파이 도표 1~4를 연결하라.

국가	가장 오염이 될 것 같은 것은?
A	여분의 이산화탄소와 이산화황이 대기를 오염시킨다.
B	여분의 이산화탄소와 대기를 오염시키지만 이산화황은 오염원이 아니다.
C	소음 공해가 생긴다.
D	방사능 물질에 의해 환경이 오염된다.

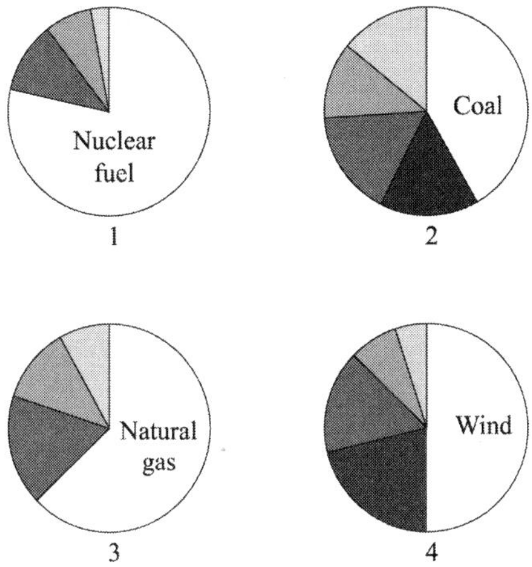

■ 문제 4

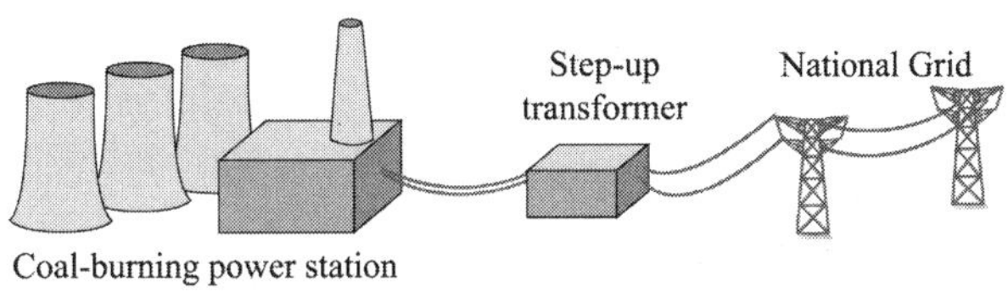

발전소는 국가의 전력 계통망에 전기를 공급한다.
각 부분 A, B, C, D와 화력 발전소의 발전 흐름에서 빈 칸 1~4를 연결하라.

A. 보일러 B. 발전기 C. 변압기 D. 터빈

석탄을 태움
↓
1
↓
증기발생
↓
2
↓
3
↓
전기 생산
↓
4
↓
전력 계통망

■ 문제 5

화성에 가기

우주의 온도는 매우 낮다. 인간의 체온은 37℃를 유지하여야 한다. 만약 화성으로의 여행이 가능하다면 우주선으로부터 열의 전달은 과학자와 기술자들이 극복해야 할 문제이다.

A, B, C, D의 단어와 1~4의 문장을 연결하여라.

A. 전도　　　B. 대류　　　C. 단열　　　D. 복사

> 열은 우주선의 금속 벽을 통하여 빠져나간다. (1)
> 금속 벽으로부터의 열전달은 (2)으로 줄일 수 있다.
> 우주선으로부터 열은 (3) 과정에 의해서 빠져나간다.
> (4) 과정은 공기 중에서는 일어나지만 우주의 진공 상태에서는 일어나지 않는다.

■ 문제 6

> **저온 핵융합 – 미래의 에너지인가?**
>
> 1989년 3월 23일, 두 명의 과학자는 저온 핵융합 과정을 발견하였다고 주장하였다. 그들은 저온 핵융합이 값싼 에너지 자원이 될 것이라고 생각하였다. 세계 도처에서 다른 과학자들이 이 과정을 모방하여 시도하였지만 어느 누구도 성공하지 못했다.

잡지의 기사에서 발췌한 다음 글을 읽고 A, B, C, D의 단어와 문장에 있는 1~4를 연결하여라.

A. 결론　　　B. 증거　　　C. 신빙성　　　D. 연구

다른 과학자들은 실험 결과를 재현할 수 없었다. 그래서 저온 핵융합에 대한 증거는 (1)이 없다. 이러한 과학자들은 저온 핵융합이 일어날 수 없다고 (2) 내렸다. 지금까지, 어느 누구도 저온 핵융합의 꿈을 이루지 못하였다. 비록 보다 많은 (3)가 이루어져야 하지만, 저온 핵융합의 존재가 발견되었다는 것을 지지하는 어떤 (4)도 없다.

> SECTION TWO
> 문제 7부터 9까지
> 각각의 문제는 네 부분으로 이루어져 있다.
> **각 부분에서 오직 하나의 답만을 선택한다.**
> 답지에 답을 표기하여라.

■ 문제 7

어떤 가족이 오래된 세탁기를 바꾸어야 했다. 그들은 어떤 새로운 모델을 보러 갔다.

7A. 한 모델의 세탁기에 다음과 같은 글이 붙어 있었다.

이 가격에서 다른 어떤 세탁기보다 효율적이다.

만약 이것이 과학적으로 사실이라면, 다른 세탁기와 이 세탁기를 비교하였을 때 이 세탁기는 어떠한가?

1. 작동하는 비용이 적게 든다.
2. 전기 에너지를 적게 소비한다.
3. 실용적으로 세탁기에 공급된 전기 에너지를 더 많은 비율로 변환한다.
4. 실용적으로 세탁기에 공급된 전기 에너지를 더 적게 변환한다.

7B. 보다 효율적인 세탁기가 사회에 이득이 되는 이유는?
1. 미래에 재활용하기가 용이하기 때문에
2. 환경에 영향을 덜 주기 때문에
3. 물을 적게 사용하기 때문에
4. 낮은 온도에서 세탁을 할 수 있기 때문에

7C. 세탁기의 평균 전력은 2400W이다. 2400W와 같은 것은?
1. 0.24kW　2. 2.40kW　3. 24kW　4. 240kW

전력량(kWh)=전력(kW)×시간(h)

7D. 2400W의 세탁기를 60분 동안 사용한다면 얼마의 에너지가 변환되는지를 kWh로 나타내면?
1. 2.4　2. 40　3. 144　4. 144000

■ 문제 8

농부는 항상 밖에 있는 양들을 지킨다. 공기의 온도는 항상 양의 체온보다 낮으며, 양털 가죽은 낮은 열전도체이다.

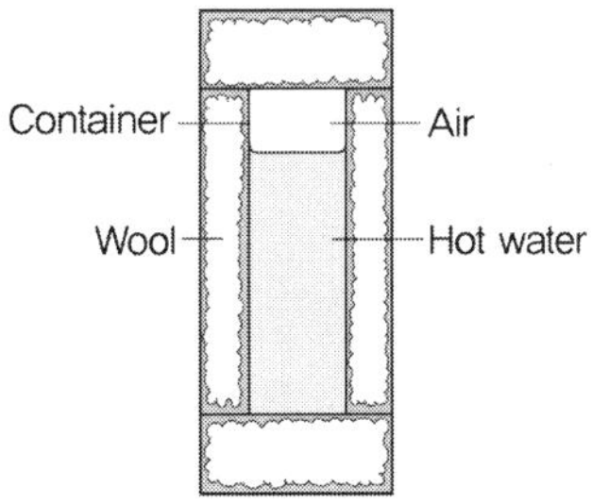

8A. 양모는 열전도율이 낮은 물체이다. 그 이유는?
1. 자연산이기 때문이다.
2. 부드럽기 때문이다.
3. 따뜻하기 때문이다.
4. 공기를 가두어 두기 때문이다.

8B. 농부는 양들마다 각각 다른 비율로 열을 전달한다는 사실을 알고 있다. 다음 중 두 가지 가능한 설명에 대하여 옳은 것은?

	형태의 차이 때문	크기의 차이 때문
1	아니오	아니오
2	아니오	예
3	예	아니오
4	예	예

8C. 그림은 색깔이 다른 검은색과 흰색의 양 네 마리를 나타낸 것이다. 어떤 양이 추운 날에 열복사를 가장 많이 하는가?

1 2 3 4

8D. 두 학생은 양모에 대한 열전달을 조사할 계획이다. 학생들은 뜨거운 물이 든 용기를 양모로 단열할 계획이다. 표에서 가장 유용한 결과를 줄 것으로 생각되는 일련의 실험 계획을 기술한 것을 찾으면?

	단열재의 두께	시작 온도	시간 간격	용기 속 물의 질량
1	다르다	같다	같다	같다
2	다르다	다르다	같다	같다
3	같다	다르다	다르다	같다
4	같다	같다	다르다	다르다

■ 문제 9

이것은 새로운 작업장에 대한 설계이다.

9A. 작업장에서 열손실을 줄이기를 위해 설계 변경을 해야 하는 것은?

1. 창문을 더 크게 한다.
2. 이중으로 끼운 유리 보다 단면으로 유리를 끼운다.
3. 건물 내부의 온도를 높인다.
4. 지붕의 단열재의 두께를 크게 한다.

9B. 건물 내에는 움직이는 부분을 가지고 있는 몇 대의 기계 장치가 있다. 이에 대한 설명으로 옳지 않은 것은?
1. 기계 장치 모두는 얼마의 에너지를 낭비한다.
2. 마찰은 종종 효율성을 떨어뜨리는 원인이다.
3. 기계 장치 중 어떤 것은 효율적이다.
4. 전체 입력된 에너지는 출력되는 쓸모 있는 에너지와 같다.

9C. 모든 에너지는 결국에는 주변으로 전달된다. 어떤 에너지 형태로 전달되는가?
1. 전기 2. 열 3. 빛 4. 소리

9D. 그래프는 작업장 내부와 바깥에서의 온도를 보여 준다. 그래프에서 해석할 수 있는 결론은?

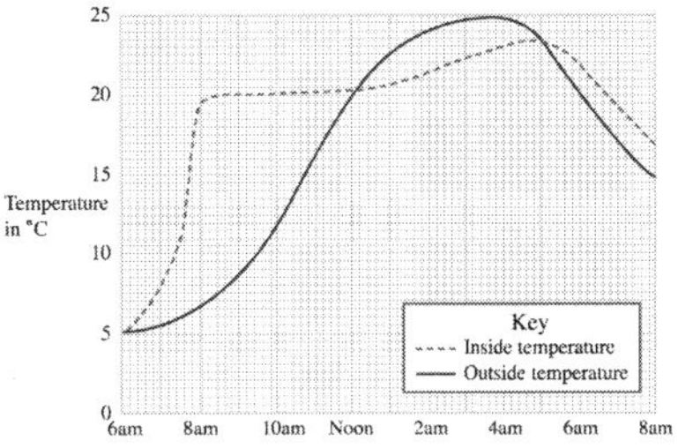

1. 오전 6시에 켜고 정오에 끈다.
2. 오전 8시에 켜고 정오에 끈다.
3. 오전 6시에 켜고 오후 5시에 끈다.
4. 정오에 켜고 오후 5시에 끈다.

7.3 프랑스 시험(Baccalauréat)

바칼로레아는 중등교육을 마치고 치르는 시험에 합격한 자에게 수여하는 학위 또는 그 시험 자체를 말한다. 즉, 대학 입학 자격증과 중등교육 졸업증이라는 이중의 성격을 지닌다. 바칼로레아 시험은 해마다 6월에 실시되는데, 고등학교 2년차 말에 실시되는 예비시험과 3년차 말에 실시되는 최종 시험으로 나뉜다. 예비 시험 과목으로는 이전에는 프랑스어만 치렀으나, 2002년부터 계열별로 과학 교육, 수학-정보과학 과목이 추가되었다.

● 바칼로레아 문항 예시

■ EXERCISE II. 슈퍼 축전기 연구(5점)

이 문제의 목적은 ultra caps et en français라고 이름붙인 super축전기의 부품을 학습하기 위한 것이다. 이것은 매우 큰 전기용량을 가진 축전기이다. 일반적인 축전기는 전기용량이 mF~μF이다. 이 super축전기는 전기용량이 수천 패럿이다. 실제로 이것은 화학 전지와 일반적인 축전기의 중간 형태라고 할 수 있다. Bombarder 회사가 MVV Verkehr AG와 합쳐 Mitrac Energy Saver 프로젝트를 진행하고 있는데 이것은 철도에 이 super 축전기를 설치하는 것에 관한 것이다. 이 축전기를 철도 지붕에 설치하면 에너지를 저장했다가 브레이크를 밟을 때 방출한다. 이것은 단지 실험실에서나 있을 법한 호기심은 아니다.

II-1. 일정한 전압을 사용하여 콘덴서 충전

제작자가 전기용량이 1 F이라고 주장하는 축전기가 있다. 이 축전기의 전기용량을 확인하기 위해 아래와 같은 회로를 구성했다.

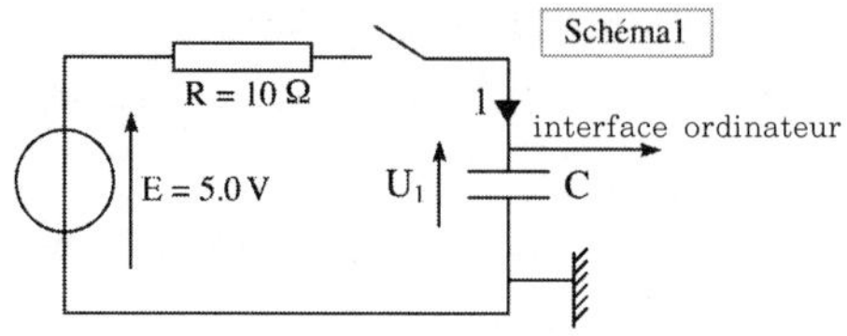

RC 회로에 5.0 V의 전원 장치를 연결하였다. 전류와 전압의 방향은 그림에 나타나 있다. 축전기는 데이터를 받을 인터페이스에 연결되어 있다. 시간 0초일 때 스위치를 닫고 축전기에 전압을 공급하였다. 그 결과 뒤에 따로 첨부한 그래프를 얻었다.

II. 1. a. 키르히호프 제2법칙(전압에 관한)을 이용하여 uc(t)와 이에 대한 시간 미분식 사이의 관계를 파악하라(uc(t)에 대한 미분 방정식을 세워라).

II. 1. b. 위에서 세운 미분 방정식의 해가 $u_c(t) = E(1-e^{t/\tau})$ 임을 증명하고 $t=0$일 때 uc 값도 0임을 보여라. τ를 회로의 특성을 이용하여 나타내시오.

II. 1. c. 그래프를 이용하여 전기용량 C값을 구하고 제작자의 주장과 비교해 보아라.

II. 2. 에너지와 정전류 방전으로 교환

위의 축전기의 전기용량을 1.0 F이라고 가정하자.

그 축전기가 아래 그림과 같은 부품 안에 들어 있다.

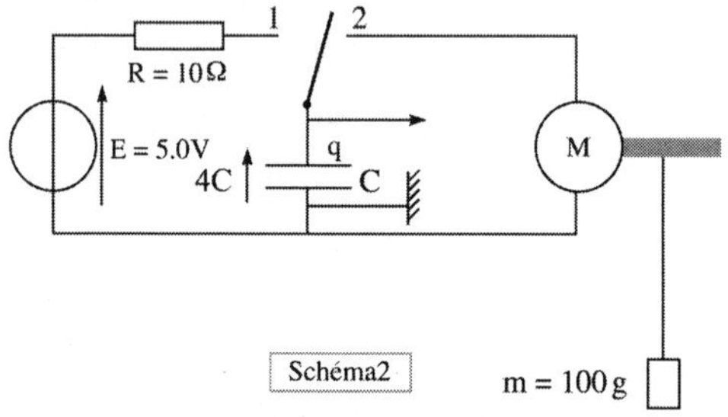

그림에는 전류의 방향과 기전력 값, 축전기에 걸리는 전압 uc 및 축전기 전극이 나타나 있다. M은 질량이 100 g인 물체를 매달고 있는 실이 그 축에 감겨 있는 전동기이다.

II.2.a. 새로운 상황을 시간 0초로 잡아 이때 스위치를 2번 쪽으로 닫는다. 축전기가 방전되면서 전동기가 움직여 질량 100 g짜리 물체를 들어올리기 시작한다.

이 물체는 18초 동안 3.10 m를 올라온다.

컴퓨터에 자료가 아래와 같이 기록되었다.

$t=0$: uc(0)=4.9 V , T=18초: uc(18)=1.5 V

컴퓨터에는 또한 다음 식과 같은 일차원 직선 그래프가 나타났다.

$$uc(t)=at+b\ (a<0,\ b>0)$$

b. 값을 계산하여라.

II.2.b. 축전기의 순간 전하량 q(t)를 시간의 함수로 나타내어라.

II.2.c. 다음을 차례대로 계산하여라.
- t=0일 때 축전기에 저장된 에너지
- t=18일 때 남아 있는 에너지
- 축전기가 방출한 에너지
- 물체의 역학적(위치) 에너지(g=9.8 m/s^2)
- 전동기의 에너지 효율(%)

■ EXERCICE III. 수평 용수철 진자의 진동(4점)

질량 80g인 물체가 매달려 있는 용수철 진자가 마찰이 없는 수평면 상에서 움직이고 있다. 이 용수철의 한 끝은 고정되어 있고 질량은 무시할 수 있으며 용수철 상수는 k이다. 물체의 위치는 수평축 위에 x로 나타내며 평형 상태에서 물체의 질량 중심 G는 원점 O와 같은 위치에 있다.

Schéma3

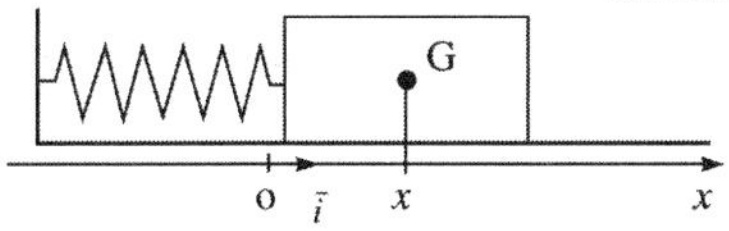

III. 1 단진동 연구(마찰이 없는 상태)

이 문제에서는 모든 마찰력은 무시한다.

III.1.a. 용수철을 잡아당기는 힘 F(벡터)를 무게 중심의 좌표 x와 단위 벡터 i의 관계식으로 나타내시오.

III.1.b. 물체에 작용하는 힘을 찾아보자. 위의 그림을 그리고 그 힘을 표시해보라.

III.1.c. Newton의 운동 제2 법칙을 이용하여 운동에 관한 미분 방정식을 세워라. (x(t)와 그 시간 미분 사이의 관계)

III.1.d. 용수철의 위치 기록 장치로 단진동의 주기 T_0가 2.0초임을 알 수 있다.

$T_0=2\pi\sqrt{\dfrac{m}{k}}$ 일 때, 용수철 상수 값은 얼마인가?

III. 2 감쇄 진동 연구

운동 장치를 바꿔서 마찰이 중요해졌다. 운동에 관한 미분 방정식은 다음 식과 같다

: $a+\alpha v+\beta x=0$, $a=\dfrac{d^2x}{dt^2}$는 G의 가속도이고, $v=\dfrac{dx}{dt}$은 속도이다.

III.2.a. 차원 분석을 통해 α와 β를 S.I. 단위로 나타내어라.

III.2.b. 오일러의 방법(수치 반복)을 이용하면 미분 방정식을 풀 수 있다. 이 식을 풀기 위한 계산 값이 아래 표에 주어져 있다.

Indice t, a, v, x	Instant t (s)	Accetetation a ($m.s^2$)	Vitesse v ($m.s^2$)	Abscisso x (m)
0	0.00	−30.0	0.00	0.030
1	0.01	−9.0	−0.30	0.027
2	0.02	0.3	−0.39	0.023
3	0.03	4.0	−0.39	0.019
4	0.04	5.1	−0.35	0.016
5	0.05	5.0	−0.30	0.013
6	0.06	4.5	−0.25	0.010
7	0.07	a_7	−0.20	0.008
8	0.08		v_X	x_X

미분 방정식을 이용해 0.07초일 때 가속도 a^7을 계산하시오.

III.2.c. 오일러 방법을 이용해 0.08초일 때 속도 $v8$과 위치 $x8$을 구하시오.

III.2.d. 주어진 그래프 용지에 시간에 대한 위치 함수를 그래프로 나타내시오(1 cm는 0.01초, 1 cm는 0.002 m로 잡는다).

III.2.e. 진동자의 두 진자는 무엇이라 부르는가? 앞의 그래프로 이 진자를 파악할 수 있는가?

■ EXECICE III. 천문학의 문제(4점)

진공 중 빛의 속도 $c=3.00\times10^8$ m/s이다. 천문학자들은 별에서 방출되는 전자기파를 찾고 있다. 빛에 관한 연구는 스펙트럼 연구의 한 부분일 뿐이다. 이러한 시도는 다른 기구를 사용하는 특별한 관점의 연구를 천문학에 제안하고 있다.

III.1. 전자기파는 그 파장이 수 nm부터 1 km 이상 다양하며 이들이 함께 스펙트럼을 이룬다. 전자기파의 파장 λ, 빛의 속도 c, 진동수 N의 관계를 나타내시오.

III.2. 전자기파를 파장에 따라 순서대로 나열하시오(라디오파, 자외선, X선, 적외선, 가시광선 및 감마선).

III.3. 예를 들어 전파 천문학자들은 진동수가 470 MHz인 전자기파에 관심을 갖고 있다. 이 파의 파장을 계산하시오. 이 복사파는 어느 영역에 해당하는가?

III.4. 팔로마 산의 망원경(고도 1800 m)은 Newton식이다. 즉, 주거울에서 반사한 빛이 부거울에서 다시 반사된다. 주거울은 포물경이지만 근사적으로 완전한 구형으로 간주할 수 있다. 구경 D=5.08 m, 초점거리 f=16.3 m이다. 부거울은 평면경이다.

III.4.a. 무한히 먼 곳에 있는 천체에서 온 빛은 망원경의 광축에 거의 나란하게 들어온다. 부거울이 없다면 천체의 상은 어떻게 나타나는가? 그림으로 나타내 보자.

III.4.b. 부거울은 주거울의 중심에서 14 m 떨어진 곳에 광축과 45도 경사로 놓여 있다. 이 거울에 의한 A의 상 A′은 어디에 위치하는가?

III.4.c. $\frac{1}{100}$ 축척으로 축에 나란하게 망원경으로 들어오는 복사파의 경로를 그려라. 특히 다음을 정확히 나타내라.

- 주거울에서의 반사
- 부거울에서의 반사

III.4.d. 상 A′을 초점거리가 0.50 m인 접안 렌즈(L)로 보려고 한다. 무한대에 형성된 상 A″을 보려면 이 렌즈를 어떻게 배치해야 하는가? 그림에 위치(L)를 정확히 나타내시오.

III.5. 제한

광학기구의 성능은 예를 들어 서로 떨어져 있는 쌍성을 구분하거나 혹은 작은 분화구나 유성의 세부 조각도 구분해 낼 수 있는 능력을 일컫는다. 기하광학의 법칙에 따르면 서로 떨어져 있는 두 지점 A와 B는 두 개의 상으로 보여야 한다. 그러나 다른 현상(파동의 회절) 때문에 만약 각 AOB가 분해능이라 불리는 각 α보다 크게 되면 O점에 있는 관찰자는 A와 B를 두 개의 상으로 구분할 수 없다.

Schéma3

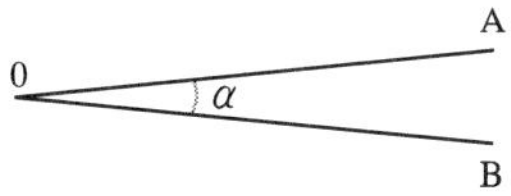

광학기구의 직경을 D, 무한대에서 오는 빛의 파장을 λ라 하면 분해능 $\alpha = 1.22\lambda/D$ (라디안)이다.

III.5.a. 육안으로 파장 λ=600 nm인 빛을 관측한다면 분해능은 얼마인가? (동공의 직경은 2.5 mm라 하자.)

III.5.b. 같은 파장의 빛을 팔로마 망원경으로 관측하면 분해능은 얼마인가?

III.6. 또 다른 영역 특히 긴 파장의 빛을 관측하려면 그에 걸맞은 전파 망원경을 만들어야 한다. 운석의 분화구를 보기 위해 푸에르토리코의 아레시보(arecibo)에 구경이 305 m인 포물경 반사 망원경을 세웠다. 문제 III.에서 사용한 진동수가 470 MHz인 전자기파를 관측할 때 이 망원경의 분해능은 얼마인가?
이 값을 팔로마 망원경에서 얻은 값과 비교해보자.

7.4 동경대 물리 문제

I. 바이올린의 현은 활로 문질러서 진동시킨다. 활의 힘과 속력의 영향을 그림 1과 같은 모델을 통해 생각해 보자. 길이 L인 가벼운 실을 장력 F로 수평 방향으로 당겨 놓은 후, 실의 가운데 부분에 질량 m인 상자를 놓는다. 상자는 실과 수평 상태로 놓아 실의 수직 이등분선상을 미끄러지듯이 움직일 수 있도록 한다(그림 1-1(a)).

그림 1-1(b)과 같이 실의 중심점을 상자의 변위 x의 원점으로 정하고, 활을 미는 방향을 변위와 힘의 (+) 방향으로 정한다. 상자의 변위가 실의 길이에 비해 충분히 작으므로 실의 장력은 일정하다고 볼 수 있다.

그림 1-1(c)과 같이 상자 위에는 그 위에 접촉한 채로 속도 V로 움직일 수 있는 벨트를 올려놓는다. 벨트에서 본 상자의 속도를 벨트와 상자의 상대속도로 정의한다. 벨트와 상자가 접촉된 상태에서 상대 속도가 0일 때, 벨트가 상자에 정지 마찰력을 작용한다. 정지 마찰력 계수를 μ로 하자. 벨트가 상자에 작용하는 운동 마찰력 및 실과 상자에 작용하는 공기 저항력은 무시한다.

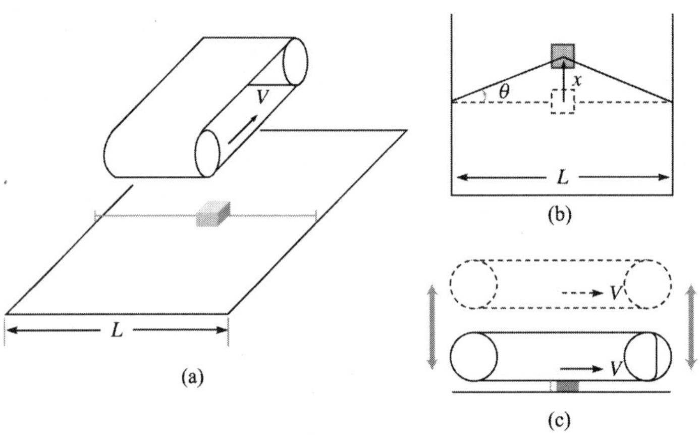

그림 1-1

1. 벨트를 상자에 접촉시키기 전에 상자의 운동을 생각해 보자. 그림 1-1(b)과 같이 실의 양끝 부분과 실이 이루는 각을 θ라 하자. 필요하다면, θ의 절대 값이 1에 비해 충분히 작을 때 성립하는 근사식 $\sin\theta \cong \tan\theta \cong \theta$을 사용해도 좋다.

   (1) 실에서 상자에 작용하는 복원력의 크기를 F와 θ로 나타내어 보자. 또, 이 복원력의 크기를 F, L, x로 나타내 보자.

   (2) 상자의 초기 변위가 상자의 초기 속도에 영향을 미쳐 상자는 단진동을 하게 된다. 단진동의 주기 T를 L, F, m으로 나타내 보자.

2. 상자가 단진동하고 있을 때, 일정한 수직 항력 N으로 벨트를 상자에 접촉시켰더니, 벨트가 상자에 붙은 상태와 서로 미끄러지는 상태가 교대로 나타났다. 상자의 변위 x가 0

이고, 상자의 속도가 V(즉, 벨트와 상자의 상대 속도가 0)인 순간을 시간의 원점 $t=0$로 하자.

$t>0$일 때, 상자의 변위 x가 그림 1-2의 OPQRP′Q′R′에 나타난 바와 같이 주기적으로 변화한다(2주기의 변화를 나타냄). OP는 직선, PQ는 정현곡선의 일부, QR은 직선, RP′Q′R′은 OPQR의 반복이다. 또, 직선 OP는 점 P에서 정현곡선 O′PQ와 만난다. 점 O에서 점 R까지 상자의 1주기 운동에 필요한 시간을 T'로 하자.

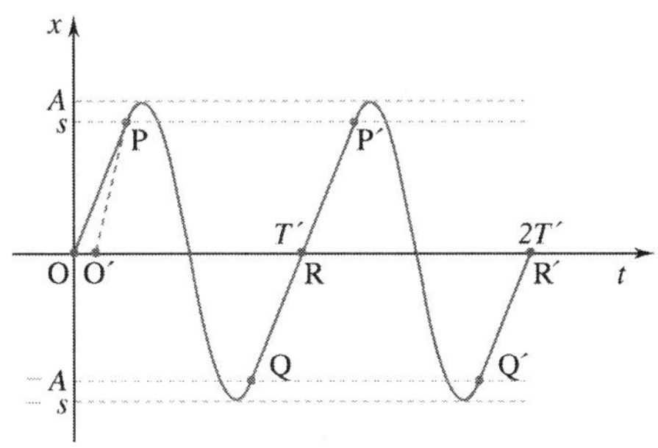

그림 1-2

(1) $0 \le t \le 2T'$일 때 (a) 상자의 속도, (b) 벨트와 상자의 상대 속도, (c) 실이 상자에 작용하는 복원력, (d) 벨트가 상자에 작용하는 정지마찰력을 그림 1-3의 (가)~(마) 중에서 각각 골라보자.

(2) 상자가 벨트에 대해 미끄러지기 시작하는 점 P에서 상자의 변위 s를 L, F, μ, N로 나타내어 보자.

(3) PQ 동안, 상자는 문제 1의 (2)와 같은 단진동을 한다. 상자의 최대 변위 A를 L, F, m, V, μ, N으로 나타내 보자.

(4) 벨트가 상자에 작용하는 수직 항력 N을 증가시키면, 상자의 최대 변위 A와 상자의 운동 주기 T'은 각각 증가할까? 감소할까? 변화하지 않을까? 이유와 함께 답해 보자. 이유를 설명하기 위해 그림을 사용해도 좋다.

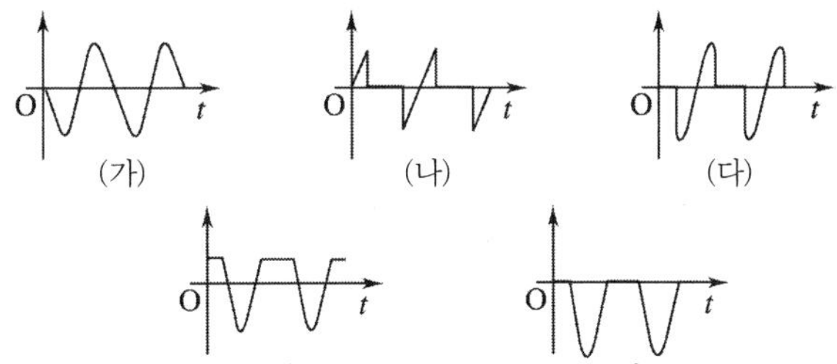

그림 1-3

II. 그림 2-1(a)과 같이 도체로 이루어진 속이 빈 원통형 관을 수직으로 세우고, 원주형의 자석을 N극이 항상 위로 향하도록 하여 가만히 떨어뜨리면, 얼마 지나지 않아 일정한 속도로 낙하한다. 이것은 자석이 원통형 관을 통과할 때 전자기 유도에 의해 원통형 관 둘레에 전류가 흐르기 때문이다. 자석의 낙하 속도가 어떻게 결정되는지 이해하기 위해, 도체의 원통형 관을 그림 2-1(b)와 같이 많은 수의 도체 고리가 일정한 간격으로 쌓아올려진 상태로 바꾸어놓고 생각해 보자. 아래의 질문에 답해 보자.

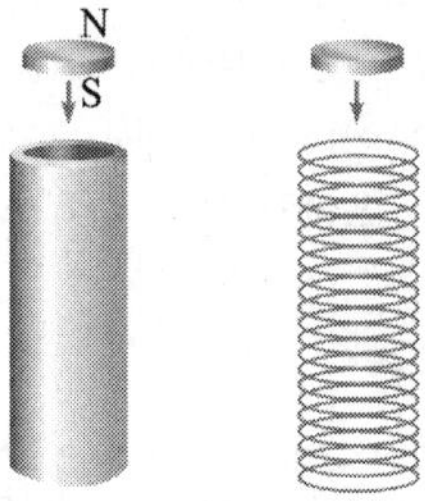

그림 2-1

1. 우선, 그림 2-2와 같이 하나의 도체 고리만 수평으로 고정시켜 놓고, 자석이 일정한 속도 v로 아래 방향으로 고리 중심을 통과해 나가는 경우를 생각해 보자. z좌표에서 고리의 중심을 원점으로 하고, 연직으로 위쪽 방향을 (+)로 하자. 자석은 z축을 따라 아래 방향(-)으로 운동한다는 것에 유의해야 한다.

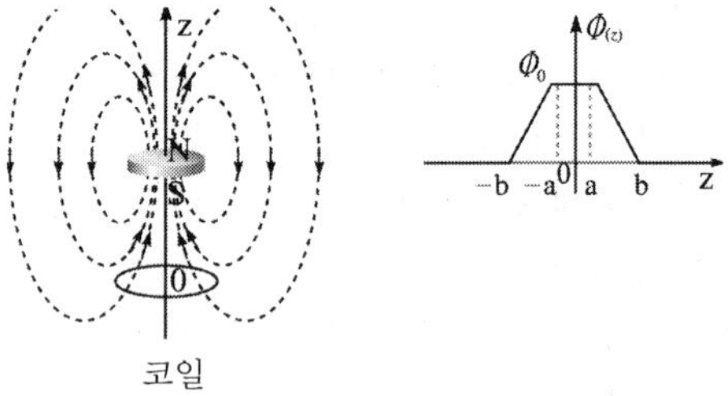

그림 2-2

(1) 자석이 고리에 가까울 때와 멀 때 각각 고리에 흐르는 전류의 방향과 이 유도전류가 자석에 작용하는 힘의 방향은 어떠한가? 전류의 방향은 나사가 위로 올라가면서 오른쪽으로 회전하는 방향을 (+)로 하여 (+), (−)로 나타내어라.

(2) 자석의 중심 좌표가 z축에 놓여 있을 때, z=0에 놓아둔 관을 통과하는 자속 $\Phi(z)$을 그림 2-3과 같이 사다리꼴 형태의 함수로 근사시켰다. 자속은 구간 $-b \leq z \leq -a$에서 자속은 0에서 최대 ϕ0까지 일정한 비유로 증가하고, 구간 $a \leq z \leq$에서 자속은 ϕ0에서 0으로 다시 일정하게 감소한다. 위쪽 방향을 자속의 (+)방향으로 한다. 자석이 통과하기 전후에 일시적으로 이 도체 고리에 유도 기전력이 발생한다. 이 유도기전력의 크기를 ϕ0, v, a, b로 나타내 보자.

(3) 도체 고리의 저항을 R이라고 할 때, 유도 기전력에 의해 발생하는 전류의 시간 변화 I(t)를 그래프로 나타내 보자. 고리에 전류가 흐르기 시작하는 시간을 t의 원점으로 하고, 전류의 방향과 크기, 전류가 변화하는 시각도 나타내어라(단, 고리의 자기 인덕턴스는 무시해도 좋다).

2. 이제, 그림 2-1(b)과 같이 전류 고리를 연직 방향으로 쌓아올려 고리 중간에 문제 1에서 와 같은 자석을 떨어뜨리는 경우를 생각해 보자. 연직 방향으로 단위 길이당 감긴 수를 n으로 하자.
   (1) 고리에 전류가 흐를 때 줄열이 발생한다. 자석이 속도 v로 낙하할 때, 쌓인 전류 고리 전체에 단위 시간당 발생하는 줄열을 구하여라.
   (2) 자석은 에너지 보존 법칙에 따라 일정한 속도로 낙하함을 알 수 있다. 자석의 질량을 M, 중력 가속도를 g라 할 때, 이 속도 v를 구해 보자(단, 이때 공기 저항은 무시하기로 하자).

3. 그림 2-1(a)에서, 자석의 N극과 S극을 바꾸어 실험하면, 자석은 어떤 운동을 할까? 그 이유도 함께 적어 보자.

III. 그림 3-1과 같이 높이 L, 단면적 S인 원통 용기에 n몰의 기체를 넣고 밀폐시키고 기체의 절대온도를 T로 일정하게 유지시켰다. 이때 일정한 중력이 작용하기 때문에 기체의 밀도는 용기 아래쪽으로 갈수록 커지므로 밀도는 경사 상태에 있게 된다. 용기의 아래에서 측정한 높이를 z, 단위 부피당 기체의 몰수를 c라 하면, c와 z는 관계식 $c(z+\Delta z)-c(z)=-\alpha\Delta zc(z)$ … (*)에 근사하는 함수 관계로 볼 수 있다. 이때 Δz는 높이차, α는 높이 z에 관계없는 비례 상수이고, $\alpha\Delta z$는 충분히 작은 값을 갖는다고 하자. 또한, 기체 1몰당 질량을 m, 기체 상수를 R, 중력 가속도의 크기는 g라고 하자.

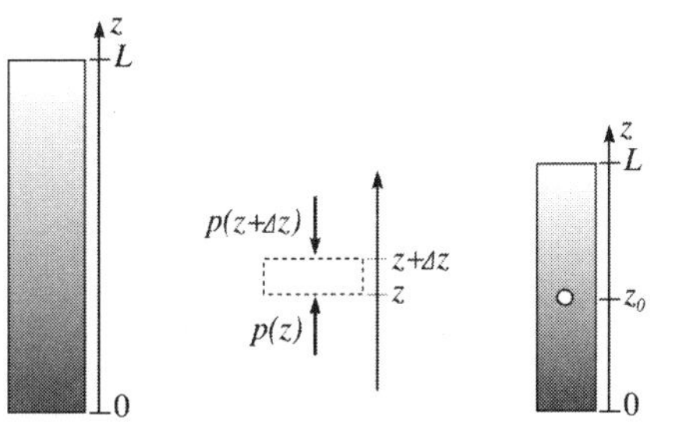

그림 3-1 그림 3-2 그림 3-3

1. 용기 안의 기체는 이상 기체로 보고, 아래의 질문에 답해 보자.
   (1) 높이 z 지점의 기체 압력 $p(z)$를 $c(z)$, T 및 R로 나타내어라.
   (2) 그림 3-2와 같이 높이 z에 위치한 두께 Δz, 단면적 S인 기체 기둥을 생각해 보자. 이때 높이 z, $z+\Delta z$지점의 기체 압력을 각각 $p(z)$, $p(z+\Delta z)$라 하자. 또한 기체 기둥 안의 $c(z)$ 변화량은 충분히 작아 기체 기둥 안의 몰수는 $c(z)S\Delta z$라고 할 수 있다. 이 기체 기둥에 연직 방향으로 작용하는 힘의 평형에 관한 식을 세워 보아라.
   (3) (1), (2)의 결과를 이용하여 관계식(*)에 계수 α를 m, g, T, R로 나타내어라.
   (4) 기체의 온도가 13℃로 일정할 경우, 단위 부피당 기체 몰수 c가 0.10 % 감소하게

되는 높이차 Δz를 구하여라. 단, 기체 1몰당 질량 $m = 1.3 \times 10^{-1}$ kg/mol, 기체 상수 $R = 8.3$ J/mol · K, 중력 가속도의 크기 $g = 9.8$ m/s^{2}이다.

(5) 용기의 위아래 면에 대한 단위 부피당 기체 몰수 차이 $c(0) - c(L)$을 m, g, T, R, n 및 S로 나타내어라.

2. 그림 3-3과 같이 가볍고 형태가 변하지 않는 작은 물체를 용기 안의 기체 속에 넣었더니 높이 z_0지점에서 정지하였다. 물체의 부피를 v, 질량을 M이라 할 때 아래의 질문에 답해 보자.

(1) 높이 z_0 지점의 단위 부피당 기체 몰수 $c(z_0)$를 M, v, m으로 나타내어라.

(2) 이 물체가 높이 $z = z_0 + \Delta z (\Delta z > 0)$ 지점에 있을 때, 물체에 작용하는 힘 F의 크기를 M, g, α, Δz로 나타내어라. 이 힘의 방향은 어느 쪽인가?(단, Δz가 충분히 작으므로 관계식(*)이 성립한다고 생각해도 좋다.)

참고문헌

교육과학기술부 (2008). 교육인적자원부 고시 제2006-75호 및 제2007-79에 따른 중학교 교육과정해설서 III. 서울: 대한교과서 주식회사.

권치순, 허명, 양일호, 김영신 (2004). 초 · 중 · 고 학생들의 과학 태도 변화에 대한 학습환경의 원인 분석. 한국과학교육학회지, 24(6), 1256-1271.

김민희 (2009). 과학논술 첨삭지도 실습(1). 부산광역시교육청, 121-128.

김영민, 최경희, 박윤배, 김익균, 손정우, 김지나 (2005). 물리교재연구 및 학습지도론. 교육과학사.

김주훈, 이양락 (1986). 국민학교 자연과 평가의 원리와 실제. 한국교육개발원: 서울.

동경대학교 홈페이지. http://www.u-tokyo.ac.jp/.

양승준 (2007). 과학논술의 실제(1): 물리. 부산광역시교육청, p177.

이경선 (2003). 논술 지도 방법연구, 단국대학교 교육대학원 석사학위논문.

이경훈, 우종옥 (1996). 과학 관련 태도의 타당한 측정을 위한 연구 II. 한국과학교육학회지, 16(2), 190-199.

이미경, 김경희 (2004). 과학에 대한 태도와 과학 성취도의 관계. 한국과학교육학회지, 24(2), 399-407.

이미경, 홍미영 (2007). 우리나라 중학생의 과학에 대한 태도 추이 분석 및 국제비교. 한국과학교육학회지, 27(3), 201-211.

이석록 (2003). 논술의 지도와 실제. 서울특별시교육과학연구원, 26-35.

이혁우 (2008). 과학논술 첨삭지도 실습(2). 부산광역시교육청, p138.

이희나 (2009). 고등학교 과학과 통합 교과형 논술 교육에 대한 과학 교사들의 인식 조사와 과학과 통합 논술 고사 문항 분석. 한국교원대학교 교육대학원 석사학위논문.

송영욱, 김범기 (2010). 과학적 태도 요소 선정 및 한교, 가정, 사화 상황을 고려한 과학적 태도 측정 도구 개발. 한국과학교육학회지, 30(4), 380-393.

송진웅, 박승재, 장경애 (1992). 초중고 남녀 학생의 과학 수업과 과학자에 대한 태도. 한국과학교육학회지, 12(3), 109-118.

신현화, 김효남 (2010). 초등학교 과학과 자유탐구 활동에서 교사와 학생이 겪는 어려움 분석. 초등과학교육, 29(3), 262-276.

전성연, 김수동 (2000). 교수-학습 이론. 서울: 학지사.

정완호, 허명, 윤병호 (1994). 국민학생의 과학적 태도 측정을 위한 도구 개발. 한국과학교육학회지, 14(3), 265-271.

정우경, 이준기, 오상욱(2011). 중학교 학생들의 자유탐구 활동 중 주제선정단계에서 나타난 어려움 조사. 한국과학교육학회지, 31(8), 1199-1213.

한국어사전 편찬실(2004). 교학한국어사전. 교학사.

황정훈(2008). 과학논술 문항출제 실습(1): 물리. 부산광역시교육청, 77-81.

Abd-El-Khalick, F., Boujaoude, S., Duschl R., Lederman, N. G., Mamlok-Naaman, R., Hofstein, A., Niaz, M., Treagust, D., & Tuan, H. (2004). Inquiry in science education: International perspectives. Science Education, 88(3), 397-419.

ACT homepage. http://www.act.org/.

AQA homepage. http://web.aqa.org.uk/.

Cothron, J. H., Giese, R. N., & Rezba, R. J. (1993). Students and Research. Kendall/Hunt.

Ebel, R. L., & Frisbie, D. A. (1991). Essential of educational measurement (5th ed). Englewood Cliffs, NJ: Prentice-Hall.

Fraser, B. J. (1978). Development of a test of science-related attitudes. Science Education, 62(4), 509-515.

Gagné, E. D. (1985). Cognitive control: A study of individual consistencies in cognitive behavior. Psychological Issue, 20-25.

Gardner, P. L. (1975). Attitudes to science: A review. Studies in Science Education, 2, 1-41.

Juial H. Cothron, Ronald N. Giese & Richard J. Rezba, “Students and Research: Practical Strategies for Science Classrooms and Competitions", Hunt Publishing Company, pp.41-53, 1993.

Norris, S. P., & Philips, L. M. (2003). How literacy in its fundamental sense is central of scientific literacy. Science Education, 87, 224-240.

Parker, V., & Gerber, B. (2000). Effects of a science intervention program on middle-grade student achievement and attitudes. School Science and Mathematics, 100(5), 236-242.

SAT homepage. http://www.sat.org/.

부록

- 물리 용어 한·일·중·영 비교표
- 찾아보기

물리 용어 한·일·중·영 비교표

한글	日本語	中文	English
1차 코일	一次コイル	初级线圈 (chujixianquan)	primary coil
2배음	二倍音	两项谐波 (liangxiangxiebo)	double sound
2배 진동	二倍振動	二倍震动 (erbeizhendong)	double vibration
2차 코일	二次コイル	次级线圈 (cijixianquan)	secondary coil
2차파	二次波	次波 (cibo)	three times wave
3배음	3倍音	三谐波 (sanxiebo)	three times sound
3배 진동	3倍振動	3 次振动 (3 cizhendong)	three times vibration
60분법	60分法	60分法 (60 fenfa)	sexadecimal method
CGS 단위계	CGS 単位系	CGS 单位制 (CGS danweizhi)	CGS unit system
MKS 단위계	MKS 単位系	MKS 单位制 (MKS danweizhi)	MKS unit system
y 성분	y成分	y成分 (ychengfen)	Y component
가법 정리	加法定理	加法定理 (jiafadingli)	addition theorem
가속도	加速度	加速度 (jiasudu)	acceleration
가시광선	可視光線	可见光 (kejianguang)	visible ray
가역 과정	可逆過程	可逆过程 (keniguocheng)	reversible process
가역 변화	可逆変化	可逆变化 (kenibianhua)	reversible change
각속도	角速度	角速度 (jiaosudu)	angular velocity
강체	剛体	刚体 (gangti)	rigid body
같은 위상	同位相	同相位 (tongxiangwei)	same phase
개관	開管	开管 (kaiguan)	open pipe
격자 정수	格子定数	晶格常数 (jingtichangshu)	lattice constant
고유 진동	固有振動	自振 (zizhen)	proper oscillation, proper vibration
고유 진동수	固有振動数	固有频率 (guyoupinlv)	characteristic frequency, eigenfrequency, natural frequency
고저파	高低波	高低波 (gaodibo)	high-and-low wave
고정단	固定端	固定端 (gudingbo)	fixed end

고정단 반사	固定端での反射	固定端反射 (gudingduanfanshe)	fixed end reflection
고체	固体	固体 (guti)	solid
골	谷	谷 (gu)	trough
공명	共鳴	共鸣 (gongming)	resonance
공명 상자	共鳴箱	共鸣箱 (gongmingxiang)	resonance box
공진	共振	共振 (gongzhen)	resonance
과전류	過電流	过电流 (guodianliu)	overcurrent
관구 보정	開口端補正	开尾校正 (kaiweijiaozheng)	open end correction
관성	慣性	惯性 (guanxing)	inertia
관성의 법칙	慣性の法則	惯性法则 (guanxingfaze)	law of inertia
관성 질량	慣性質量	惯性质量 (guanxingzhiliang)	inertial mass
광로차	光路差	光程差 (guangchengcha)	optical path difference
광섬유	光フィバー	光纤 (guangxian)	optical fiber
광축	光軸	光轴 (guangzhou)	optical axis
광학 거리	光学距離	光程 (guangcheng)	optical distance
광학적 밀	光学的に密	光密 (guangmi)	optically dense
광학적 소	光学的に疎	光疏 (guangshu)	optically rare
광학 지레	光のてこ	光杠杆 (guangganggan)	optical lever
교류	交流	交流 (jiaoliu)	alternating current
교류 전류	交流電流	交流电流 (jiaoliudianliu)	alternating electric current
교류 전압	交流電圧	交流电压 (jiaoliudianya)	alternating current voltage
교류 발전기	交流発電器	交流发电机 (jiaoliufadianji)	alternating current generator
구면파	球面波	球面波 (qiumianbo)	spherical wave
굴절각	屈折角	折射角 (zheshejiao)	angle of refraction, refraction angle
굴절률	屈折率	折射率 (zheshelv)	index of refraction, refractive index
굴절의 법칙	屈折の法則	折射定律 (zheshedinglv)	law of refraction [Snell's law]

균일한 자기장	一様な磁場	相同磁场 (xiangtongcichang)	uniform magnetic field
극성 분자	極性分子	极性分子 (jixingfenzi)	polar molecule
근사 공식	近似公式	近似公式 (jinsigongshi)	approximate formula
근사치	近似値	近似值 (jinsizhi)	approximate value
기본 단위	基本単位	基本单位 (jibendanwei)	base unit, fundamental unit
기본량	基本量	基本量 (jibenliang)	fundamental quantity
기본음	基本音	基本音 (jibenyin)	fundamental tone
기본 진동	基本振動	基本振动 (jibenzhendong)	fundamental vibration
기준 수평면	基準水平面	标准水平 (biaozhunshuiping)	fundamental horizontal plane
뉴턴링	ニュートンリング	牛顿环 (niudunhuan)	Newton's ring
대기압	大気圧	大气压 (daqiya)	atmospheric pressure
도체	導体	导体 (daoti)	conductor
동조	同調	同步 (tongbu)	tuning
등가속도 운동	等加速度運動	匀加速运动 (yunjiasuyundong)	uniformly accelerated motion
등가속도 직선 운동	等加速度直線運動	匀加速直线运动 (yunjiasuzhixianyundong)	uniformly accelerated straight line motion
등가 회로	等価回路	等价电路 (dengjiadianlu)	equivalent circuit
등속도 운동	等速度運動	匀速运动 (yunsuyundong)	uniform motion
등속 원운동	等速円運動	匀速圆运动 (yunsuyuanyundong)	uniform circular motion
등속 직선 운동	等速直線運動	匀速直线运动 (yunsuzhixianyundong)	uniform straight line motion
등압 변화	等圧変化	等压变化 (dengyabianhua)	isobaric change
등온 곡선	等温曲線	等温曲线 (dengwenquxian)	isothermal curve
등온 변화	等温変化	等温变化 (dengwenbi9anhua)	isothermal change
등온선	等温線	等温线 (dengwenxian)	isotherm
등적 변화	等積変化	等体积变化 (dengtijibianhua)	isochoric change
띠 스펙트럼	帯スペクトル	带状光谱 (daizhuangguangpu)	discrete spectrum
마루	山	山 (shan)	crest
마찰각	摩擦角	摩擦角 (mocajiao)	angle of friction

마찰력	摩擦力	摩擦力 (mocali)	frictional force
마찰열	摩擦熱	摩擦热 (mocare)	frictional heat
마찰 전기	摩擦電気	摩擦电 (mocadian)	frictional electricity, tribo-electricity
매질	媒質	介质 (jiezhi)	medium
맥류	脈流	脉动 (maidong)	ripple current
무차원량	無次元量	无量纲量 (wuliangganglian g)	dimensionless
물열량계	水熱量計	水热计 (shuireji)	water calorimeter
물질의 3태	物質の三態	物质的3态 (wuzhide3tai)	state of matter
물체계	物体系	物体系 (wutixi)	object system
박막	薄膜	薄膜 (baomo)	thin film
반사각	反射角	反射角 (fanshejiao)	angle of reflection, reflection angle
반송파	搬送波	载波 (zaibo)	carrier wave
반작용	反作用	反作用 (fanzuoyong)	reaction
배	腹	腹 (fu)	antinode
백색광	白色光	白光 (baiguang)	white light
병렬 연결	並列接続	并联 (guanlian)	parallel connection
병진 운동	並進運動	平移运动 (pingyiyundong)	translation motion
보조원	補助円	补助圆 (buzhuyuan)	auxiliary ring
보존력	保存力	保守力 (baoshouli)	conservative force, conservation force
보존력장	保存力の場	保守力场 (baoshoulichang)	conservative force field
복각	伏角	俯角 (fujiao)	auxiliary circle
복원력	復原力	复原力 (fuyuanli)	restoring force, force of restoration
부도체	不導体	绝缘体 (jueyuanti)	insulator
부력	浮力	浮力 (fuli)	buoyance [~ buoyancy], buoyant force
부력의 중심	浮力の中心	浮力中心 (fulizhongxin)	center of buoyance
부분 편광	部分偏光	部分偏光 (bufenfuli)	partially polarized light
분극	分極	分极 (fenji)	polarization
분력	分力	分力 (fenli)	component of force

분산 스펙트럼	分散スペクトル	分散光谱 (fensanguangpu)	dispersion spectrum
분자 스팩트럼	分子スペクトル	分子光谱 (fenziguangpu)	molecular spectrum
분자의 열운동	分子の熱運動	分子的热运动 (fenzireyundong)	thermal motion of molecular
분해	分解	分解 (fenjie)	decomposition
비가역 과정	不可逆過程	不可逆过程 (bukeniguocheng)	irreversible process
비가역 변화	不可逆変化	不可逆变化 (bukenibianhua)	irreversible change
비보존력	非保存力	非保守力 (fenbaoshouli)	non−conservative force
비열	比熱	比热 (bire)	specific heat
빛 스팩트럼	光のスペクトル	光谱 (guangpu)	spectrum
빛 에너지	光エネルギー	光能 (guangneng)	light energy
빛의 분산	光の分散	散色 (sanse)	light dispersion
빛의 산란	光の散乱	散色光 (sanseguang)	light scattering
삼각함수	三角関数	三角函数 (sanjiaohanshu)	trigonometric function
상	相	相 (xiang)	image, phase
상대 속도	相対速度	相对速度 (xiangduisudu)	relative velocity
상호유도	相互誘導	相互诱导 (xianghuyoudao)	mutual induction
선 스펙트럼	線スペトル	线光谱 (xianguangpu)	line spectrum
소밀파	疎密波	纵波 (zongbo)	compressional wave
속도	速度	速度 (sudu)	velocity
속도의 분해	速度の分解	速度分解 (sudufenjie)	resolution of velocity
속도의 합성	速度の合成	速度的合成 (sududehecheng)	composition of velocity
속력(빠르기)	速さ	速量 (suliang)	speed
송전	送電	送电 (songdian)	transmission
수압	水圧	水压 (shuiya)	hydraulic pressure
수직 항력	垂直抗力	垂直阻力 (chuizhizuli)	normal force
수평 투사	水平投射	水平投射 (shuipingtoushe)	horizontal throwing

순간 가속도	瞬間の加速度	瞬时加速度 (shunshijiasudu)	instantaneous acceleration
순간 속력	瞬間の速さ	瞬时速度 (shunshisudu)	instantaneous speed
시각	時刻	时刻 (shike)	time
시간	時間	时间 (shijian)	time, time interval, hour
시험 전하	試験電荷	试验电荷 (shiyandianhe)	test charge
액체	液体	液体 (yeti)	liquid
양이온	陽イオン	阳离子 (yanglizi)	cation, positive ion
역학적 에너지	力学的エネルギー	力学能 (lixueneng)	mechanical energy
역학적 에너지 보존 법칙	力学的エネルギー保存則	力学能守恒定律 (lixuenengshouhengdinglv)	mechanical energy conservation law
연속 스펙드럼	連続スペクトル	连续光谱 (lianxuguangpu)	continuous spectrum
연직 아래로 던지기	鉛直投げおろし	垂直向下抛 (chuizhixiangxiapao)	throwing vertical under
연직 위로 던지기	鉛直投げ上げ	垂直向上抛 (chuizhixiangshangpao)	throwing vertical onto
열	熱	热 (re)	heat, column, sequence, train
열량	熱量	热量 (reneng)	quantity of heat
열량의 보존	熱量の保存	热能守恒 (renengshouheng)	conservation of heat quantity
열선	熱線	热线 (rexian)	heating wire
열 에너지	熱エネルギー	热能 (reneng)	thermal energy, heat energy
열역학 제1법칙	熱力学第一法則	热力学第一定律 (relixuediyidinglv)	first law of thermodynamics
열역학 제2법칙	熱力学第二法則	热力学第二定律 (relixuedierdinglv)	second law of thermodynamics
열용량	熱容量	热容量 (rerongliang)	heat capacity, thermal capacity
열의 일당량	熱の仕事当量	热功当量 (regongdangliang)	mechanical equivalent of heat

열전도	熱伝導	热传导 (rechuandao)	heat conduction, thermal conduction
열평형	熱平衡	热平衡 (repingheng)	thermal equilibrium, heat balance
열효율	熱効率	热效率 (rexiaolv)	thermal efficiency
오른나사 법칙	右ねじの法則	右旋螺杆法则 (youxuanluoganfaze)	law of clockwise screw
오목 렌즈	凹レンズ	凹透镜 (aotoujing)	concave lens
완전 편광	完全偏光	完全偏光 (wanquanpianguang)	perfect polarization
외력	外力	外力 (waili)	external force
운동 마찰 계수	動摩擦係数	运动摩擦系数 (yundongmocaxishu)	coefficient of kinetic friction
운동 마찰력	動摩擦力	运动摩擦力 (yundongmocali)	force of kinetic friction
운동 방정식	運動方程式	运动方程式 (yundongfangchengshi)	equation of motion
운동 에너지	運動エネルギ	动能 (dongneng)	kinetic energy
운동의 법칙	運動の法則	运动法则 (yundongfaze)	law of motion
운동의 제1법칙	運動の第一法則	运动学第一定律 (yundongxuediyifaze)	first law of motion
운동의 제2법칙	運動の第二法則	运动学第二定律 (yundongxuedierfaze)	second law of motion
운동의 제3법칙	運動の第三法則	运动学第三定律 (yundongxuedisanfaze)	third law of motion
원자 스팩트럼	原子スペクトル	原子光谱 (yuanziguanpu)	atomic spectrum
원자핵	原子核	原子核 (yuanzihe)	atomic nucleus
위상	位相	相位 (xiangwei)	phase
위상차	位相差	相位差 (xiangweicha)	phase difference
위치 에너지	位置エネルギ	势能 (shineng)	potential energy
유도 기전력	誘導起電力	誘導起電力 (youdaoqidianli)	induced electromotive force
유도량	誘導量	诱导量 (youdaoliang)	derived quantity
유도 전동기	誘導モーター	异步电动机 (yibudiandongji)	induction motor

유도전류	誘導電流	感应电流 (ganyingdianliu)	induced current
유전 분극	誘電分極	诱导分化 (youdaofenhua)	dielectric polarization
유전체	誘電体	电介质 (dianjiezhi)	dielectric
유체	流体	流体 (liuti)	fluid
음극선	陰極線	阴极线 (yinjixian)	cathode ray
음색	音色	音色 (yinse)	tone, tone colo(u)r, timbre, quality of sound
음이온	陰イオン	阴离子 (yinlizi)	anion, negative ion
음전하	負電荷	负电荷 (fudianhe)	negative charge, negative electric charge
음파	音波	音波 (yinbo)	acoustic wave, sound wave, sonic wave
이상 기체	理想気体	理想气体 (lixiangqiti)	ideal gas
이상 기체 상태 방정식	理想気体の状態方程式	理想气体的状态方程式 (lixiangqitidezhuangtaifangchengshi)	ideal gas equation
이항 정리	二項定理	二项定理 (erxiangdingli)	binomial theorem
일	仕事	功 (gong)	work
일률	仕事率	功率 (gonglv)	power
일의 원리	仕事の原理	功的定理 (gongdedingli)	proinceple of work
임계각	臨界角	临界角 (linjiejiao)	critical angle
짝힘	偶力	力偶 (li · ou)	pairing force
포물선 운동	放物運動	抛体运动 (paotiyundong)	projectile motion, motion of projectile
힘	力	力 (li)	force
힘의 3요소	力の3要素	力的三要素 (lidesanyaosu)	three elements of force
힘의 모멘트	力のモーメント	力矩 (liju)	moment of force
힘의 분해	力の分解	力的分解 (lidefenjie)	resolution of force
힘의 합성	力の合成	力的合成 (lidehecheng)	composition of forces

찾아보기

| 저자 소개 |

김 범 기
서울대학교 물리교육과 졸업
서울대학교 물리교육전공 석사
일본 히로시마대학 대학원 교육학박사
한국교원대학교 명예교수

송 영 욱
건국대학교 응용물리학과 졸업
한국교원대학교 대학원 물리교육 교육학석사
한국교원대학교 대학원 물리교육 교육학박사
현: 한국교원대학교, 청주교육대학교 시간강사

윤 기 상
공주대학교 과학교육과 물리전공 졸업
공주대학교 환경교육 석사
한국교원대학교 물리교육 석사
공주대학교 환경과학 박사
현: 대전전민고등학교 교사

물리 교재 연구 및 수업 지도

|저 자 김범기 · 송영욱 · 윤기상
|펴 낸 이 주정희
|펴 낸 곳 자유아카데미
|주 소 경기도 파주시 문발동 527-2
파주출판도시
|전 화 031-955-1321
|팩 스 031-955-1322
|전자우편 main@freeaca.com(대표)
editor@freeaca.com(편집)
|홈페이지 www.freeaca.com
|등 록 제406-2003-017호, 1980. 7. 12
|제1판1쇄 2013년 2월 28일 발행
|정 가 32,000원

저자와의
협의하에
인지생략

ISBN 978-89-7338-997-1 93420